NJW Praxis

Im Einvernehmen mit den Herausgebern der NJW
herausgegeben von
Rechtsanwalt Felix Busse

Band 54

Schiedsgericht und Schiedsverfahren

von

Professor Dr. Dr. h. c. Rolf A. Schütze

Rechtsanwalt in Stuttgart

6., neu bearbeitete und erweiterte Auflage 2016

www.beck.de

ISBN 978 3 406 69245 1

© 2016 Verlag C. H. Beck oHG
Wilhelmstraße 9, 80801 München
Druck und Bindung: Druckhaus Nomos
In den Lissen 12, 76547 Sinzheim
Satz: Druckerei C. H. Beck, Nördlingen
(Adresse wie Verlag)

Gedruckt auf säurefreiem, alterungsbeständigem Papier
(hergestellt aus chlorfrei gebleichtem Zellstoff)

Für B. A.

Vorwort zur 6. Auflage

Vor vier Jahren ist die Vorauflage erschienen. Die Schiedsgerichtbarkeit hat sich in der Zwischenzeit weiter entwickelt. Rechtsprechung und Literatur sind ins Abundante gewachsen.

Nachdem es so schien, als ob die Schiedsgerichtsbarkeit als gleichberechtigte Rechtsschutzform neben der staatlichen Gerichtsbarkeit anerkannt sei, ist die Schiedsgerichtsbarkeit, ausgehend von der Investitionsschiedsgerichtsbarkeit, ins Kreuzfeuer der Kritik politisch aktiver Gruppen, insbesondere des linken Spektrums, geraten. Man mutmasst, eine „konzernfreundliche" Hinterzimmerrechtsprechung gefährde soziale und Umweltstandards. Dadurch ist eine gefährliche Diskussion losgetreten worden, die das Wesen der Schiedsgerichtsbarkeit verzerrt. Die Neuauflage ist deshalb um Bemerkungen zur Investitionsschiedsgerichtsbarkeit ergänzt worden.

Die Rechtsprechung, die auf einem schiedsgerichtsfreundlichen Pfad schien, hat diesen zwischenzeitlich wohl verlassen. Im Rahmen der Geltendmachung von Ausgleichsansprüchen von Handelsvertretern hat das OLG München Schiedsvereinbarungen für unwirksam erklärt, die – Verbindung mit einer Rechtswahlklausel – dazu führen könnten, dass dem Handelsvertreter ein Ausgleichsanspruch unter Anwendung des gewählten ausländischen Rechts nicht zugesprochen würde. In dieser Rechtsprechung, die an die frühere Judikatur des BGH zu Börsentermingeschäften anknüpft, zeigt sich ein gehöriges Mass von Misstrauen in die Schiedsgerichtsbarkeit.

Im internationalen Bereich haben weitere Staaten das UNCITRAL Modellgesetz übernommen, was zu steter Rechtsvereinheitlichung führt. Mehrere bedeutende institutionelle Schiedsgerichte haben ihre Schiedsordnungen reformiert. Alles berücksichtigt die Neuauflage. Manche neuen Kapitel und Abschnitte sind hinzugekommen. Das machte es leider unmöglich, die bisherige Randnumerierung beizubehalten.

Gedankt sei dem Verlag C. H. Beck und seinem Lektor Dr. Christian Rosner für kritische Begleitung und aufmunternden Zuspruch.

Stuttgart/München, im Juni 2016 *Rolf A. Schütze*

Inhaltsübersicht

Vorwort zur 6. Auflage	VII
Inhaltsverzeichnis	XI
Abkürzungsverzeichnis	XIX
Literaturverzeichnis	XXV
Einleitung	1
1. Teil: Die Beteiligten des Schiedsverfahrens	19
§ 1 Das Schiedsgericht	19
§ 2 Die Parteien	53
§ 3 Die Parteivertreter	61
§ 4 Das Gericht	62
2. Teil: Die Grundlagen des Schiedsverfahrens	67
§ 5 Die Schiedsvereinbarung	67
3. Teil: Der Gang des Schiedsverfahrens	97
§ 6 Grundsätze des Schiedsverfahrens	97
§ 7 Voraussetzungen und Arten des Rechtsschutzes durch Schiedsgerichte	101
§ 8 Das Schiedsverfahren im Einzelnen	103
§ 9 Besondere Verfahrensarten	148
4. Teil: Durchsetzung, Überprüfung und Aufhebung von Schiedssprüchen	157
§ 10 Die Vollstreckbarerklärung von Schiedssprüchen	157
§ 11 Die gerichtliche Überprüfung von Entscheidungen des Schiedsgerichts, insbesondere die Aufhebung von Schiedssprüchen	199
5. Teil: Schiedsverfahren für besondere Sachgebiete	209
§ 12 Das arbeitsrechtliche Schiedsverfahren	209
§ 13 Das Künstlerschiedsverfahren	213
§ 14 Das patentrechtliche Schiedsverfahren	213
§ 15 Das kartellrechtliche Schiedsverfahren	214
§ 16 Das Börsenschiedsverfahren und das Verfahren für Streitigkeiten aus Finanztermingeschäften	215
§ 17 Das gesellschaftsrechtliche Schiedsverfahren	217
§ 18 Das restitutionsrechtliche Schiedsverfahren	218
§ 19 Außervertragliche Schiedsgerichte	219
§ 20 Das insolvenzrechtliche Schiedsverfahren	221
§ 21 Das Investitionsschiedsverfahren	224
Anhang	227
Sachregister	333

Inhaltsverzeichnis

Einleitung 1
  I. Geschichte, Zulässigkeit und Wesen der Schiedsgerichtsbarkeit 1
    1. Geschichte der Schiedsgerichtsbarkeit 1
    2. Das Schiedsgericht als privates Gericht 2
    3. Verfassungsrechtliche Zulässigkeit der Schiedsgerichtsbarkeit 3
    4. Abgrenzung zum Schiedsgutachter 4
    5. Abgrenzung zum Verbandsgericht 5
    6. Abgrenzung zu alternativen Methoden der Streiterledigung 6
    7. Schiedsgerichtsbarkeit und Rechtsvergleichung 7
  II. Rechtsquellen der Schiedsgerichtsbarkeit 8
  III. Zweckmäßigkeit einer Schiedsvereinbarung 14
    1. Faires Verfahren 15
    2. Spezielle Sachkunde 15
    3. Verfahrensdauer 16
    4. Kosten 16
    5. Verfahrensgestaltung 17
    6. Vertraulichkeit 17
    7. Durchsetzbarkeit des Schiedsspruchs 17
    8. Vernachlässigung der wirtschaftlichen Bedeutung von Rechtsstreitigkeiten durch staatliche Gerichte 18
    9. Mangelnde Präzedenzwirkung 18

1. Teil: Die Beteiligten des Schiedsverfahrens 19

§ 1 Das Schiedsgericht 19
  I. Ad hoc-Schiedsgerichte und institutionelle Schiedsgerichte 19
    1. Ad hoc-Schiedsgerichte 19
    2. Institutionelle Schiedsgerichte 19
      a) Merkmale des institutionellen Schiedsgerichts 20
      b) Wichtige institutionelle Schiedsgerichte 21
      c) Sonstige Institutionelle Schiedsgerichte 31
  II. Der Schiedsrichter 32
    1. Qualifikation des Schiedsrichters 32
    2. Bestellung des Schiedsrichters 34
      a) Ernennung durch die Partei 34
      b) Ernennung durch Dritte 35
      c) Ernennung durch das Gericht 36
      d) Ernennung durch ein ständiges Schiedsgericht 36
      e) Institutionelle Schiedsrichterernennung 37
      f) Der nichternannte „Schiedsrichter" 37
    3. Ablehnung des Schiedsrichters 38
      a) Ablehnungsgründe 38
      b) Offenbarung von möglichen Ablehnungsgründen 40
      c) Verfahren der Ablehnung 41
    4. Beendigung des Schiedsrichteramtes 43
      a) Beendigungsgründe 43
      b) Verfahren der Geltendmachung der Beendigung 44
    5. Wegfall des Schiedsrichters und Ersatzbestellung 45
  III. Rechtsverhältnis des Schiedsrichters zu den Parteien 45
    1. Der Schiedsrichtervertrag als Grundlage des Rechtsverhältnisses des Schiedsrichters zu den Parteien 45
      a) Ad hoc-Schiedsverfahren 46
      b) Institutionelle Schiedsgerichtsbarkeit 47

Inhaltsverzeichnis

2. Inhalt des Schiedsrichtervertrages	48
a) Gesamtschuldnerische Haftung	48
b) Mitwirkung am Schiedsverfahren	48
c) Verschwiegenheit	48
d) Befristung des Mandats	48
e) Auskunft	49
f) Vergütung	49
g) Vorschuss	49
h) Haftung und Haftungsbegrenzung	50
3. Form des Schiedsrichtervertrages	51
4. Beendigung des Schiedsrichtervertrages	51
5. Internationale Schiedsrichterverträge	52
a) Anwendbares Recht	52
b) Vergütung und Auslagenersatz	52
c) Haftung	53
§ 2 Die Parteien	53
I. Partei- und Prozessfähigkeit	53
1. Parteifähigkeit	53
2. Prozessfähigkeit	53
3. Immunität	54
II. Subjektive Schiedsfähigkeit	54
III. Die arme Partei	55
IV. Mehrparteienschiedsgerichtsbarkeit	56
1. Streitgenossenschaft	57
2. Bestellung der Schiedsrichter	57
V. Beteiligung Dritter am Schiedsverfahren	58
1. Streitverkündung und Streithilfe	58
2. Hauptintervention und Prozessübernahme durch den benannten Urheber	59
3. Rechtsnachfolge	59
4. Drittwiderklage	60
5. Beiladung	60
6. Mehrfachtitel	60
§ 3 Die Parteivertreter	61
I. Vertretung durch Rechtsanwälte	61
II. Vertretung durch sonstige Bevollmächtigte	61
§ 4 Das Gericht	62
I. Aufgaben und Befugnisse im Schiedsverfahren	62
1. Ernennung und Ersetzung von Schiedsrichtern	62
2. Hilfsfunktionen im Schiedsverfahren	62
3. Aufhebung von Schiedssprüchen	63
4. Vollstreckbarerklärung von Schiedssprüchen	63
II. Zuständigkeit	64
III. Verfahren	65
2. Teil: Die Grundlagen des Schiedsverfahrens	67
§ 5 Die Schiedsvereinbarung	67
I. Die Rechtsnatur der Schiedsvereinbarung	67
II. Die Parteien der Schiedsvereinbarung	68
1. Grundsatz: Parteiautonomie	68
2. Bindung Dritter an die Schiedsvereinbarung	68
a) Universalsukzession	68
b) Singularsukzession	69
c) Haftung für fremde Schuld (akzessorische Haftung)	70
d) Bindung im Konzern	70
e) Bindungswirkung bei Durchgriffshaftung	71
f) Bindungswirkung bei Strohmanngesellschaften	72
g) Vertrag zu Gunsten Dritter	72

h) Bindungswirkung im joint venture	72
i) Bindungswirkung in der Insolvenz	72
III. Zulässigkeit und Grenzen der Schiedsvereinbarung	73
1. Objektive Schiedsfähigkeit	73
2. Subjektive Schiedsfähigkeit	75
3. Rechtsstaatlicher Mindeststandard	75
4. Wahrung der Grundsätze überparteilicher Rechtspflege	76
5. Gesetzesverstoß	76
IV. Form der Schiedsvereinbarung	77
1. Schiedsvereinbarungen von und mit Verbrauchern	77
2. Schiedsvereinbarungen ohne Verbraucherbeteiligung	78
3. Notarielle Beurkundung	80
4. Gerichtlicher Vergleich	80
5. Rügelose Einlassung zur Hauptsache	81
6. Internationale Schiedsvereinbarungen	81
V. Inhalt der Schiedsvereinbarung	82
1. Notwendiger Inhalt	83
2. Gebotener Inhalt	83
VI. Wirkungen der Schiedsvereinbarung	84
1. Prozesshindernde Einrede	84
2. Ausschluss der Einrede	84
3. Antizipiertes Legalanerkenntnis	85
4. Internationale Schiedsvereinbarungen	85
5. Materiellrechtliche Wirkungen der Schiedsvereinbarung	85
VII. Wegfall der Schiedsvereinbarung	86
1. Generelle Gründe für die Beendigung der Schiedsvereinbarung	86
2. Insbesondere: Armut im Schiedsverfahren	86
a) Verarmung des Schiedsklägers	86
b) Verarmung des Schiedsbeklagten	87
c) Undurchführbarkeit der Schiedsvereinbarung	87
d) Internationale Schiedsvereinbarungen	88
VIII. Auslegung der Schiedsvereinbarung	88
IX. Überprüfung der Schiedsvereinbarung	89
1. Nachprüfung im Rahmen einer Einrede im Hauptsacheprozess	90
a) Erhebung der Einrede	90
b) Verfahrenskonkurrenzen	91
2. Nachprüfung im Schiedsverfahren	91
a) Kompetenz-Kompetenz	91
b) Entscheidung	92
c) Überprüfung der Entscheidung	92
d) Verfahrenskonkurrenzen	93
3. Nachprüfung durch das staatliche Gericht in der präarbitralen Phase	93
a) Örtliche und sachliche Zuständigkeit	94
b) Internationale Zuständigkeit	94
c) Rechtsschutzinteresse	94
d) Verfahren	95
e) Entscheidung	96
3. Teil: Der Gang des Schiedsverfahrens	**97**
§ 6 Grundsätze des Schiedsverfahrens	97
I. Parteiherrschaft	97
II. Die lex fori internationaler Schiedsgerichte	98
1. Bedeutung der lex fori	98
2. Bestimmung der lex fori	98
III. Parteipflichten	99
1. Zahlung von Honoraren, Gebühren, Auslagen und Vorschüssen	99
2. Verfahrensförderung	99
IV. Rechtliches Gehör	100

§ 7 Voraussetzungen und Arten des Rechtsschutzes durch Schiedsgerichte 101
    I. Arten der Schiedsklagen 101
    II. Rechtsschutzinteresse 102
    III. Fingierte Schiedsverfahren 102

§ 8 Das Schiedsverfahren im Einzelnen 103
    I. Der Schiedsort 103
       1. Bestimmung des Orts des Schiedsverfahrens 103
       2. Auseinanderfallen von Ort des Schiedsverfahrens und Sitzungsort 104
       3. Fehlende Bestimmung des Schiedsortes 104
    II. Das anwendbare Schiedsverfahrensrecht 104
       1. Die Bedeutung des anwendbaren Schiedsverfahrensrechts 104
       2. Die Bestimmung des anwendbaren Schiedsverfahrensrechts 105
    III. Die Schiedsklage 105
    IV. Einlassung und Schiedsklageerwiderung 107
       1. Vorbringen der Parteien 107
       2. Vorbringen Dritter 107
    V. Zustellungen 107
       1. Förmliche Zustellung 108
          a) Inlandszustellung 108
          b) Auslandszustellung 108
       2. Formlose Zustellung 108
          a) Persönliche Übergabe 108
          b) Zustellung durch die Post 109
          c) Zustellung durch Kurierdienste 109
    VI. Prozesshandlungen der Parteien 109
       1. Wirksamkeit und Wirkung von Prozesshandlungen 109
       2. Die Prozesshandlungen im Schiedsverfahren 110
    VII. Der Beweis 110
       1. Bestimmung der Beweisregeln 111
       2. Beweismittel 112
          a) Beweis durch Augenschein 112
          b) Zeugenbeweis 113
          c) Beweis durch Sachverständige 114
          d) Beweis durch Urkunden 115
          e) Beweis durch Parteivernehmung 116
          f) Beweis durch Auskunft 116
       3. Beweiserhebung und Beweiswürdigung 116
       4. Beweiserhebung im Ausland 117
       5. Neue Beweisformen 118
          a) chess clock Verfahren 118
          b) Witness conferencing 118
       6. Beweissicherung 119
    VIII. Fristen 120
    IX. Verfahrenssprache 120
    X. Das vom Schiedsgericht anzuwendende materielle Recht 121
       1. Bedeutung des anwendbaren Rechts im Schiedsverfahren 122
       2. Bestimmung des anwendbaren Rechts 123
          a) Grundsatz: Parteiautonomie 123
          b) Hilfsanknüpfung: engste Verbindung 124
          c) Handelsbräuche 124
          d) Grenzen der Rechtswahl 124
       3. Anwendung deutschen Rechts 125
       4. Anwendung europäischen Rechts und Vorlage an den EuGH 125
       5. Anwendung ausländischen Rechts 126
       6. Allgemeine Rechtsgrundsätze und lex mercatoria 127
       7. Der amiable compositeur 128
       8. Das Problem der punitive damages 128
       9. Das Problem der Geldwäsche im Schiedsverfahren 129

XI. Aufrechnung	130
1. Anwendbares Recht	130
2. Zulässigkeit der Aufrechnung	131
3. Bestimmung der Jurisdiktionsgewalt des Schiedsgerichts durch die Schiedsklage?	131
XII. Vertraulichkeit im Schiedsverfahren	132
XIII. Beendigung des Schiedsverfahrens	133
1. Verfahrensbeendigender Beschluss	133
a) Nichteinreichung der Schiedsklage	133
b) Schiedsklagerücknahme	134
c) Einverständliche Verfahrensbeendigung	134
d) Nichtbetreiben des Schiedsverfahrens durch die Parteien	134
e) Unmöglichkeit der Fortführung des Schiedsverfahrens	135
f) Rechtsfolgen des verfahrensbeendigenden Beschlusses	135
g) Anfechtbarkeit des verfahrensbeendigenden Beschlusses	135
2. Schiedsspruch	135
a) Erlass des Schiedsspruchs	135
b) Form und Inhalt des Schiedsspruchs	136
c) Bindung des Schiedsgerichts an Entscheidungen anderer Schiedsgerichte oder Gerichte	137
d) Dissenting opinion	138
e) Arten von Schiedssprüchen	139
f) Mitteilung des Schiedsspruchs	141
3. Schiedsspruch mit vereinbartem Wortlaut	141
a) Rechtsnatur des Schiedsspruchs mit vereinbartem Wortlaut	141
b) Erfordernisse des Schiedsspruchs mit vereinbartem Wortlaut	142
c) Erlass des Schiedsspruchs mit vereinbartem Wortlaut	142
d) Wirkungen des Schiedsspruchs mit vereinbartem Wortlaut	143
e) Vollstreckbarerklärung	143
XIV. Rechtsmittel gegen den Schiedsspruch	143
XV. Berichtigung, Auslegung und Ergänzung des Schiedsspruchs	144
1. Berichtigung	144
2. Ergänzung	144
3. Auslegung	144
4. Formen und Fristen	145
XVI. Kosten	145
1. Entscheidung über die Kostentragungspflicht	145
2. Festsetzung der Kosten	146
3. Keine Kostenfestsetzung zugunsten Dritter und der Schiedsrichter	146
4. cautio iudicatum solvi	147
XVII. Wirkung des Schiedsspruchs	147
§ 9 Besondere Verfahrensarten	148
I. Urkundsprozess	148
II. Wechsel- und Scheckverfahren	149
III. Mahnverfahren	149
IV. Verfahren des einstweiligen Rechtsschutzes	149
1. Prinzip: Parteiautonomie	150
2. Paralleler Rechtsschutz als gesetzliche Regel	151
a) Arten des einstweiligen Rechtsschutzes	151
b) Erfordernisse der Anordnung einer Maßnahme des einstweiligen Rechtsschutzes	151
c) Verfahren vor dem Schiedsgericht	151
d) Form der Entscheidung	152
e) Sicherheitsleistung	152
f) Vollziehung	152
g) Keine Derogation bei Vereinbarung eines ausländischen Schiedsgerichts	152
3. Schadensersatzanspruch wegen ungerechtfertigter Vollstreckung	153
V. Ehe-, Kindschafts- und Betreuungsverfahren	153

VI.	Vollstreckungsgegenklage	153
VII.	Widerklage	154
	1. Anwendbares Recht	154
	2. Erfordernisse der Widerklage	154
	3. Streitwert und Vorschüsse	155
VIII.	Drittwiderklage	155
IX.	Class Arbitration	156

4. Teil: Durchsetzung, Überprüfung und Aufhebung von Schiedssprüchen 157

§ 10 Die Vollstreckbarerklärung von Schiedssprüchen 157
I. Rechtsnatur der Vollstreckbarerklärung 157
II. Vollstreckbarerklärung inländischer Schiedssprüche 158
    1. Erfordernisse der Vollstreckbarerklärung 158
       a) Wirksamer Schiedsspruch 158
       b) Inländischer Schiedsspruch 158
       c) Keine reine Prozessentscheidung 158
       d) Kein Vorliegen von Aufhebungsgründen 159
    2. Verfahren der Vollstreckbarerklärung 159
       a) Rechtsschutzinteresse 159
       b) Einleitung des Verfahrens 159
       c) cautio iudicatum solvi 160
       d) Aufrechnung 160
       e) Entscheidung 161
       f) Keine révision au fond 162
    3. Rechtsbehelfe 162
    4. Sicherungsvollstreckung 162
III. Anerkennung und Vollstreckbarerklärung ausländischer Schiedssprüche ... 163
    1. Nationalität des Schiedsspruchs 164
    2. Konkurrenz des Verfahrens nach § 1061 ZPO und anderer
       Verfahrensarten 164
    3. Anerkennung und Vollstreckbarerklärung nach UN-Übereinkommen .. 165
       a) Erfordernisse der Wirkungserstreckung 166
       b) Verfahren der Wirkungserstreckung 168
    4. Anerkennung und Vollstreckbarerklärung aufgrund anderer
       Staatsverträge 169
    5. Die Bedeutung eines ausländischen Urteils über die Wirksamkeit eines
       Schiedsspruchs, insbesondere die Vollstreckbarerklärung im Ausland
       aufgehobener Schiedssprüche 169
IV. Vollstreckungsgegenklage 171
    1. Zulässigkeit der Vollstreckungsgegenklage 171
    2. Konkurrenz der Verfahrensarten 171
V. Schadensersatz wegen völkerrechtswidriger Verweigerung der
    Vollstreckbarerklärung 172
VI. Immunität im Vollstreckbarerklärungs- und Vollstreckungsverfahren 172
    1. Vollstreckbarerklärungsverfahren 172
    2. Vollstreckung 172
VII. Anerkennung und Vollstreckbarerklärung deutscher Schiedssprüche im
    Ausland 173

§ 11 Die gerichtliche Überprüfung von Entscheidungen des Schiedsgerichts,
insbesondere die Aufhebung von Schiedssprüchen 199
I. Die gerichtliche Überprüfung von Entscheidungen des Schiedsgerichts 199
    1. Die verfassungsrechtlich gebotene Nachprüfbarkeit von
       schiedsgerichtlichen Entscheidungen 199
    2. Die schiedsgerichtlichen Entscheidungen im Einzelnen 200
       a) Verfahrensverfügungen 200
       b) Sicherheitsleistung für die Prozesskosten 200
       c) Entscheidung des Schiedsgerichts über seine Zuständigkeit
          (Kompetenz-Kompetenz) 200

       d) Die Entscheidung des Schiedsgerichts über die Befangenheit von
          Schiedsrichtern 201
       e) Entscheidungen des einstweiligen Rechtsschutzes 201
    II. Die Aufhebung von Schiedssprüchen 201
      1. Schiedssprüche, deren Aufhebung zulässig ist 201
       a) Endschiedssprüche 201
       b) Teilschiedssprüche 201
       c) Zwischenentscheide 202
       d) Vorbehaltsschiedssprüche 202
       e) Schiedssprüche über den Grund 202
       f) Anerkenntnis-, Verzichts- und Säumnisschiedssprüche 202
       g) Schiedssprüche mit vereinbartem Wortlaut 203
       h) Beschlüsse über die Berichtigung, Auslegung und Ergänzung des
          Schiedsspruchs 203
       i) Verfahrensbeendende Beschlüsse 203
      2. Aufhebungsgründe 203
       a) Unwirksamkeit der Schiedsvereinbarung 204
       b) Versagung rechtlichen Gehörs 204
       c) Überschreiten der Grenzen der Schiedsvereinbarung 205
       d) Schwere Verfahrensverstöße 205
       e) Mangelnde objektive Schiedsfähigkeit 205
       f) Ordre public Klausel 206
       g) Restitutionsgründe 206
      3. Verfahren der Aufhebung 206
      4. Wirkung der Aufhebung 207

5. Teil: Schiedsverfahren für besondere Sachgebiete 209

§ 12 Das arbeitsrechtliche Schiedsverfahren 209
    I. Die Schiedsvereinbarung 209
      1. Wirkung der Schiedsvereinbarung 210
      2. Erlöschen der Schiedsvereinbarung 210
    II. Zusammensetzung des Schiedsgerichts 210
    III. Das Verfahren im Einzelnen 211
      1. Rechtliches Gehör 211
      2. Vertretung 211
      3. Beweisaufnahme 211
    IV. Abschluss des Verfahrens 212
    V. Vollstreckbarerklärung 212
    VI. Aufhebungsklage 212

§ 13 Das Künstlerschiedsverfahren 213

§ 14 Das patentrechtliche Schiedsverfahren 213

§ 15 Das kartellrechtliche Schiedsverfahren 214

§ 16 Das Börsenschiedsverfahren und das Verfahren für Streitigkeiten aus
     Finanztermingeschäften 215

§ 17 Das gesellschaftsrechtliche Schiedsverfahren 217

§ 18 Das restitutionsrechtliche Schiedsverfahren 218

§ 19 Außervertragliche Schiedsgerichte 219
    I. Letztwillig angeordnete Schiedsgerichte 219
    II. Durch Satzung angeordnete Schiedsgerichte 221
    III. Durch Auslobung angeordnete Schiedsgerichte 221

§ 20 Das insolvenzrechtliche Schiedsverfahren 221
    I. Schiedsvereinbarungen des Insolvenzverwalters 222
    II. Schiedsvereinbarungen des Gemeinschuldners 222

III. Insolvenzeröffnung während des Schiedsverfahrens 223
IV. Der Schiedsrichtervertrag in der Insolvenz 223
§ 21 Das Investitionsschiedsverfahren 224
 I. ICSID 225
 II. Energy Charter Treaty 225
 III. Ad hoc Schiedsgericht 226

Anhang 227
 Ausgewählte Texte zur Schiedsgerichtsbarkeit 227
  I. Die Regelung der Schiedsgerichtsbarkeit im deutschen autonomen Recht .. 227
   1. Die Regelung der Schiedsgerichtsbarkeit im 10. Buch der ZPO
      (§§ 1025–1066 ZPO) 227
   2. Die Regelung der Schiedsgerichtsbarkeit im 4. Teil des ArbGG
      (§§ 101–110 ArbGG) 238
  II. Die Regelung der Schiedsgerichtsbarkeit in völkerrechtlichen Verträgen ... 240
   1. UN-Übereinkommen über die Anerkennung und Vollstreckung
      ausländischer Schiedssprüche vom 10.6.1958 240
   2. Europäisches Übereinkommen über die internationale
      Handelsschiedsgerichtsbarkeit vom 21.4.1961 244
  III. Musterschiedsordnung UNCITRAL-Schiedsordnung (Arbitration Rules) . 252
  IV. Materialien Begründung zur Novellierung der §§ 1025–1066 ZPO (BT-
      Drucks. 13/5274) 264

Sachregister 333

Abkürzungsverzeichnis

aA	anderer Ansicht
AAA	American Arbitration Association
aaO	am angegebenen Ort
Abk.	Abkommen
abl.	ablehnend
Abs.	Absatz
abw.	abweichend
AcP	Archiv für die civilistische Praxis
aF	alte Fassung
AGB	allgemeine Geschäftsbedingungen
AktG	Aktiengesetz
aM	anderer Meinung
amtl.	amtlich
Anh.	Anhang
Anm.	Anmerkung
AP	Nachschlagewerk des Bundesarbeitsgerichts
ArbGG	Arbeitsgerichtsgesetz
Arb.Int.	Arbitration International
Arb.J.	Arbitration Journal
Art.	Artikel (Sing.)
Artt.	Artikel (Plural)
ASA	Association Suisse de l'Arbitrage
ASA Bull.	Bulletin de l'Association Suisse de l'Arbitrage
Aufl.	Auflage
AusfG	Ausführungsgesetz
AusfVO	Ausführungsverordnung
AWD	Außenwirtschaftsdienst des Betriebsberaters
BAG	Bundesarbeitsgericht
BAGE	Entscheidungen des Bundesarbeitsgerichts, amtliche Sammlung
BauR	Baurecht
BB	Der Betriebsberater
Bd.	Band
bestr.	bestritten
BGB	Bürgerliches Gesetzbuch
BGBl.	Bundesgesetzblatt
BGH	Bundesgerichtshof
BGHZ	Entscheidungen des Bundesgerichtshofs in Zivilsachen, amtliche Sammlung
BNotO	Bundesnotarordnung
BörsG	Börsengesetz
BR	Bundesrat
BR-Drs.	Bundesratsdrucksache
BT	Bundestag
BT-Drs.	Bundestagsdrucksache
Brüssel I VO	VO (EG) Nr. 44/2001
Brüssel Ia VO	VO (EU) Nr. 1215/2012
BVerfG	Bundesverfassungsgericht
BVerfGE	Entscheidungen des Bundesverfassungsgerichts, amtliche Sammlung
bzw.	beziehungsweise
c.	chapter
cc.	code civil, codice civile
CCI	Chambre de Commerce Internationale
CIM	Internationales Übereinkommen über den Eisenbahnfrachtverkehr

CIV	Internationales Übereinkommen über den Eisenbahn-, Personen- und Gepäckverkehr
Clunet	Journal Clunet
CLYB	Comparative Law Yearbook of International Business
CMR	Übereinkommen über den Beförderungsvertrag im internationalen Straßenverkehr
COTIF	Übereinkommen über den internationalen Eisenbahnverkehr
cpc	codice di procedura civile, code de procédure civile
CPO	Civilprozessordnung
DB	Der Betrieb
ders.	derselbe
dh	das heißt
DIS	Deutsche Institution für Schiedsgerichtsbarkeit
DIS-MAT	DIS-Materialien, herausgegeben von der Deutschen Institution für Schiedsgerichtsbarkeit
Diss.	Dissertation
DJ	Deutsche Justiz
DNotZ	Deutsche Notar-Zeitschrift
DR	Deutsches Recht
DRiZ	Deutsche Richterzeitung
dt.	deutsch
DVO	Durchführungsverordnung
DZWir	Deutsche Zeitschrift für Wirtschaftsrecht
ECE	United Nations Economic Commission for Europe
EGBGB	Einführungsgesetz zum Bürgerlichen Gesetzbuch
EGBVO	VO (EG) Nr. 1206/2001
EGZVO	VO (EG) Nr. 1348/2000
Einf.	Einführung
Einl.	Einleitung
EIPR	European Intellectual Property Review
ERA	Einheitliche Richtlinien und Gebräuche für Dokumentenakkreditive, Revision 2007 (ERA 600)
Erl.	Erläuterung
EU	Europäische Union
EuGH	Gerichtshof der Europäischen Gemeinschaften
EuGHE	Entscheidungen des Gerichtshofs der Europäischen Gemeinschaften, amtliche Sammlung
EuGVÜ	EWG Übereinkommen über die gerichtliche Zuständigkeit und die Vollstreckung gerichtlicher Entscheidungen in Zivil- und Handelssachen (Brüsseler Übereinkommen)
EuLF	The European Law Forum
EuR	Europarecht
EuZW	Europäische Zeitschrift für Wirtschaftsrecht
EuGVVO	VO (EG) Nr. 44/2001
EWiR	Entscheidungen für Wirtschaftsrecht
EWR	Europäischer Wirtschaftsraum
EWS	Europäisches Wirtschafts- & Steuerrecht
f., ff.	folgend, folgende
FamFG	Gesetz über das Verfahren in Familiensachen und in den Angelegenheiten der freiwilligen Gerichtsbarkeit
FamRZ	Ehe und Familie im privaten und öffentlichen Recht, Zeitschrift für das gesamte Familienrecht
FG	Festgabe
Fn.	Fußnote
FS	Festschrift
G	Gesetz
gem.	gemäß
GG	Grundgesetz
ggf.	gegebenenfalls

GKG	Gerichtskostengesetz
GmbH	Gesellschaft mit beschränkter Haftung
GmbHG	Gesetz betreffend die Gesellschaften mit beschränkter Haftung
GmbHRdSch	GmbH-Rundschau
Gruch.	Gruchots Beiträge zur Erläuterung des deutschen Rechts
GRUR	Gewerblicher Rechtsschutz und Urheberrecht
GS	Großer Senat oder Gedächtnisschrift
GVBl.	Gesetz- und Verordnungsblatt
GVG	Gerichtsverfassungsgesetz
GWB	Gesetz gegen Wettbewerbsbeschränkungen
HBÜ	Haager Beweisübereinkommen
HEZ	Höchstrichterliche Entscheidungen in Zivilsachen
HGB	Handelsgesetzbuch
hL	herrschende Lehre
hM	herrschende Meinung
HRR	Höchstrichterliche Rechtsprechung
HZPA	Haager Zivilprozessabkommen 1905
HZPÜ	Haager Zivilprozessübereinkommen 1954
HZÜ	Haager Zustellungsübereinkommen
ICC	International Chamber of Commerce
I.C.L.Q.	The International and Comparative Law Quarterly
ICLR	International and Comparative Law Review
ICSID	International Center for Settlement of Investment Disputes
idF	in der Fassung
IDR	Journal of International Dispute Resolution
IHK	Industrie- und Handelskammer
IHR	Internationales Handelsrecht
InsO	Insolvenzordnung
IntJbSchg	Internationales Jahrbuch für Schiedsgerichtswesen in Zivil- und Handelssachen
Int. Lawyer	The International Lawyer
IPG	Gutachten zum Internationalen Privatrecht
IPRax	Praxis des Internationalen Privat- und Verfahrensrechts
IPRG	Gesetz zur Neuregelung des internationalen Privatrechts
IPRspr.	Die deutsche Rechtsprechung auf dem Gebiete des Internationalen Privatrechts
iS	im Sinne
iVm	in Verbindung mit
IWB	Internationale Wirtschaftsbriefe
IWRZ	Zeitschrift für Internationales Wirtschaftsrecht
iwS	im weiteren Sinne
IZPR	internationales Zivilprozessrecht
JBl.	Österreichische Juristische Blätter
JCIP	Jurisclasseur Périodique
JIntArb	Journal of International Arbitration
JMBl	Justizministerblatt
Journal Clunet	Journal du droit international
JPS	Jahrbuch für die Praxis der Schiedsgerichtsbarkeit
JR	Juristische Rundschau
JuS	Juristische Schulung
JW	Juristische Wochenschrift
JZ	Juristenzeitung
KG	Kammergericht
KTS	Konkurs-, Treuhand- und Schiedsgerichtswesen, seit 1989: Konkurs, Treuhand, Sanierung
LCIA	London Court of International Arbitration
LG	Landgericht
lit.	Buchstabe
Lloyd's Rep.	Lloyd's Reports
LM	Nachschlagewerk des Bundesgerichtshofs, herausgegeben von Lindenmaier und Möhring

LugÜ	Lugano-Übereinkommen
LZ	Leipziger Zeitschrift für Deutsches Recht
maW	mit anderen Worten
MDR	Monatsschrift für Deutsches Recht
MittRhNotK	Mitteilungen der Rheinischen Notarkammer
M. L. J.	Malayan Law Journal
mwN	mit weiteren Nachweisen
N	Note oder Fußnote
Nachw.	Nachweis oder Nachweise
Ned.Jur.	Nederlandse Jurisprudentie
nF	neue Fassung
N. F.	Neue Folge (ZSR)
NiemeyersZ	Niemeyers Zeitschrift für internationales Recht
NIPR	Nederlands Internationaal Privaatrecht
NJA	Nya Juridiskt arkiv (Finnland)
NJW	Neue Juristische Wochenschrift
NJW-RR	NJW-Rechtsprechungs-Report Zivilrecht
NotBZ	Zeitschrift für die notarielle Beratungs- und Beurkundungspraxis
Nr.	Nummer
NVwZ	Neue Zeitschrift für Verwaltungsrecht
OGH	Österreichischer Oberster Gerichtshof
OLG	Oberlandesgericht
OLGE	Entscheidungen der Oberlandesgerichte, amtliche Sammlung
ÖAnwBl.	österreichisches Anwaltsblatt
öJZ	Österreichische Juristen-Zeitung
PatG	Patentgesetz
PKH	Prozesskostenhilfe
pp	und so weiter (lat.: perge, perge)
Prot.	Protokoll oder Protokolle
RabelsZ	Rabels Zeitschrift für ausländisches und internationales Privatrecht
Rass.arb.	Rassegna dell arbitrato
RdA	Recht der Arbeit
Rn.	Randnummer
Recht	Das Recht, Rundschau für den deutschen Juristenstand
Rev. Arb.	Revue de l'Arbitrage
Rev. crit.	Revue critique de droit international privé
RG	Reichsgericht
RGBl.	Reichsgesetzblatt
RGZ	Entscheidungen des Reichsgerichts in Zivilsachen, amtliche Sammlung
RIW	Recht der internationalen Wirtschaft (ab 1982)
RIW/AWD	Recht der internationalen Wirtschaft/Außenwirtschaftsdienst des Betriebsberaters (bis 1982, danach RIW)
Rpfleger	Der Deutsche Rechtspfleger
RPS	Recht und Praxis der Schiedsgerichtsbarkeit, Beilage zum Betriebsberater
Rspr.	Rechtsprechung
RTDE	Revue trimestrielle de droit européen
RT-Drs.	Reichstagsdrucksache
RVG	Rechtsanwaltsvergütungsgesetz
S.	Seite oder Satz
s.	siehe
SchiedsVfG	Schiedsverfahrens-Neuregelungsgesetz
SchiedsVZ	Zeitschrift für Schiedsverfahren
SchO	Schiedsordnung
schweizJZ	Schweizerische Juristenzeitung
Seuff.Arch.	Seufferts Archiv für Entscheidungen der obersten Gerichte in den deutschen Staaten
SJZ	Süddeutsche Juristenzeitung
so	siehe oben
Sp.	Spalte

SpuRt	Sport und Recht
str.	streitig
Suppl.	Supplement
SZIER	Schweizerische Zeitschrift für internationales und europäisches Recht
TVG	Tarifvertragsgesetz
ua	unter anderem
UNCITRAL	United Nations Commission on International Trade
UN-Übereinkommen	New Yorker Übereinkommen über die Anerkennung und Vollstreckung ausländischer Schiedssprüche 1958 (auch abgekürzt: UNÜ)
unstr.	unstreitig
UWG	Gesetz gegen unlauteren Wettbewerb
VersR	Versicherungsrecht
vgl.	vergleiche
VO	Verordnung
VwGO	Verwaltungsgerichtsordnung
WBL	Wirtschaftsrechtliche Blätter
WIPO	World Intellectual Property Organization
WLR	The Weekly Law Reports
WM	Wertpapiermitteilungen
WuB	Entscheidungssammlung zum Wirtschafts- und Bankrecht (WM)
WuW	Wirtschaft und Wettbewerb
YCA	Yearbook Commercial Arbitration
ZAkDR	Zeitschrift der Akademie für Deutsches Recht
ZeuP	Zeitschrift für Europäisches Privatrecht
ZfA	Zeitschrift für Arbeitsrecht
ZfRV	Zeitschrift für Rechtsvergleichung
ZGR	Zeitschrift für Unternehmens- und Gesellschaftsrecht
ZHR	Zeitschrift für das gesamte Handels- und Wirtschaftsrecht
ZIP	Zeitschrift für Wirtschaftsrecht und Insolvenzpraxis
ZPO	Zivilprozessordnung
ZRHO	Rechtshilfeordnung in Zivilsachen
ZRP	Zeitschrift für Rechtspolitik
ZS	Zivilsenat
ZSR	Zeitschrift für Schweizerisches Recht
zT	zum Teil
ZUR	Zeitschrift für Umweltrecht
ZVglRWiss.	Zeitschrift für Vergleichende Rechtswissenschaft
ZZP	Zeitschrift für Zivilprozess
ZZPInt.	Zeitschrift für Zivilprozess International

Verzeichnis abgekürzt zitierter Literatur

Aden	Internationale Handelsschiedsgerichtsbarkeit, 2. Aufl. 2003
Baumbach/ Lauterbach/ *Hartmann*	Zivilprozessordnung, 74. Aufl., 2016
Calavros	Das UNCITRAL-Modellgesetz über die internationale Handelsschiedsgerichtsbarkeit, 1988
Husslein-Stich	Das UNCITRAL-Modellgesetz über die internationale Handelsschiedsgerichtsbarkeit, 1990
Geimer, IZPR	Internationales Zivilprozessrecht, 7. Aufl., 2015
Geimer/Schütze, IRV	Internationaler Rechtsverkehr in Zivil- und Handelssachen, 2. Aufl. 1973ff
Granzow	Das UNCITRAL-Modellgesetz über die internationale Handelsschiedsgerichtsbarkeit von 1985, 1988
Lachmann	Handbuch für die Schiedsgerichtspraxis, 3. Aufl., 2008
Maier	Handbuch der Schiedsgerichtsbarkeit, 1979
MüKoZPO/ *Bearbeiter*	Münchener Kommentar zur ZPO, 4. Aufl., 2012 f.

Reithmann/
Martiny/*Bearbeiter* Internationales Vertragsrecht, 8. Aufl., 2015
Schack, IZVR ...... Internationales Zivilverfahrensrecht, 6. Aufl., 2014
Schlosser .... Das Recht der internationalen privaten Schiedsgerichtsbarkeit, 2. Aufl.,1989
Schütze, DIZPR ... Deutsches Internationales Zivilprozessrechtunter Einschluss des Europäischen Zivilprozessrechts, 2. Aufl., 2005
Schütze/Tscherning/
Wais, ... Handbuch des Schiedsverfahrens, 2. Aufl., 1990
Schwab/Walter .... Schiedsgerichtsbarkeit, 7. Aufl., 2005
Stein/Jonas/
Bearbeiter .... Kommentar zur ZPO, 23. Aufl., Bd. 5, 2015
Thomas/Putzo/
Bearbeiter .... Thomas/Putzo, Kommentar zur ZPO, 37. Aufl., 2016
Wieczorek/Schütze/
Bearbeiter .... Grosskommentar zur ZPO, 4. Aufl., 2013 ff., (Bd. 11, 2014)
Zöller/*Bearbeiter* .. Kommentar zur ZPO, 31. Aufl., 2016

Literaturverzeichnis

Das Schrifttum zur Schiedsgerichtsbarkeit ist in abundante Fülle gewachsen[1] und wächst weiter. Durch die Novellierung des 10. Buchs der ZPO ist die bisherige Literatur zwar nicht Makulatur geworden, sie ist aber nur begrenzt noch verwendbar.
In der nachfolgenden Übersicht sind Aufsätze aus Raumgründen nicht aufgenommen. Sie sind jedoch in den Fußnoten ausgewertet. Die Übersicht beschränkt sich auf Schrifttum zum deutschen Schiedsverfahrensrecht und teilweise deutsche Literatur zu ausgewählten ausländischen Rechten. Die Deutsche Institution für Schiedsgerichtsbarkeit e. V. gibt eine Reihe unter dem Titel DIS-Materialien heraus, die insbesondere Zusammenstellungen wichtiger Tagungsbeiträge enthält. Die Reihe ist zunächst als DIS-MAT erschienen und wird nunmehr – wieder – im Carl Heymanns Verlag als Schriftenreihe der Deutschen Institution für Schiedsgerichtsbarkeit unter der Herausgeberschaft von *Böckstiegel, Berger* und *Bredow* fortgeführt.

Aden Internationale Handelsschiedsgerichtsbarkeit, 2. Aufl. 2003
Adolphsen Internationale Dopingstrafen, 2003
Ahner Investor-Staat-Schiedsverfahren nach Europäischem Unionsrecht, 2015
Ahrendt Der Zuständigkeitsstreit im Schiedsverfahren, 1996
Ahrens Die subjektive Reichweite internationaler Schiedsvereinbarungen und ihre Erstreckung in der Unternehmensgruppe, 2001
Albers Der parteibestellte Schiedsrichter im schiedsgerichtlichen Verfahren der ZPO und das Gebot überparteilicher Rechtspflege, 1995
Altenrath Grundlage und Wirkung des Schiedsspruchs, Diss. Jena 1907
Anbuhl Außervertragliche Schiedsgerichtsanordnung, Diss. Würzburg 1952
Arntz Eskalationsklauseln – Recht und Praxis mehrstufiger Streiterledigungsklauseln, Diss. Köln, 2012
Asmussen Schiedsfähigkeit von Beschlussmängelkonflikten in Körperschaften, 2008
Backhausen Schiedsgerichtsbarkeit unter besonderer Berücksichtigung des Schiedsvertragsrechts, 1990
Baldus Der elektronisch geschlossene Vertrag mit Schiedsabrede, Diss. Saarbrücken 2003
Balser/Bögner Schiedsvertrag und Schiedsverfahren, 1954
Bandel Einstweiliger Rechtsschutz im Schiedsverfahren, 2000
Barber Objektive Schiedsfähigkeit und ordre public in der internationalen Schiedsgerichtsbarkeit, 1994
Bartos Internationale Handelsschiedsgerichtsbarkeit, 1984
Baumann Patentstreitigkeiten vor Schiedsgerichten, 2010
Baumbach/Lauterbach/Albers/Hartmann Zivilprozessordnung, 74. Aufl. 2016
Baumgartner Die Kosten des Schiedsgerichtsprozesses, 1981
Baur Neuere Probleme der privaten Schiedsgerichtsbarkeit, 1980
Beck Mediation und Vertraulichkeit, 2009
Berger Internationale Wirtschaftsschiedsgerichtsbarkeit, 1992
Berger International economic arbitration, 1993
Berger (Hrsg.) Das neue Recht der Schiedsgerichtsbarkeit, 1998
von Bernuth Die Doppelkontrolle von Schiedssprüchen durch staatliche Gerichte, 1995
Bertheau Das New Yorker Abkommen vom 10.6.1958 über die Anerkennung und Vollstreckung ausländischer Schiedssprüche, 1965
Blessing EG/US Kartellrecht in internationalen Schiedsverfahren, 2002
Beulker Eingriffsnormenproblematik in internationalen Schiedsverfahren, Parallelen und Besonderheiten im Verhältnis zur staatlichen Gerichtsbarkeit, 2005
Böckstiegel/Berger/Bredow (Hrsg.), Die Beteiligung Dritter an Schiedsverfahren, 2005
von Bodungen ua Taktik im Schiedsverfahren, 2008

---

[1] Vgl. für Literaturübersichten *Berger,* Internationale Wirtschaftsschiedsgerichtsbarkeit, 1992, S. XXXIII ff.; *Schwab/Walter,* S. XIX ff. und *Schütze/Tscherning/Wais,* S. XXXV ff.

Böckstiegel/Berger/Bredow (Hrsg.) Schiedsgerichtsbarkeit und Kartellrecht, 2006
Böckstiegel/Berger/Bredow (Hrsg.) Arbitration in Singapore and Germany – Recent Developments, 2009
Böckstiegel/Glossner Internationale Schiedsgerichtsbarkeit im Ost-West Handel, 1975
Böckstiegel/Kröll/Nascimiento (Hrsg.) Arbitration Law in Germany, 2007
Böcker Das neue Recht der objektiven Schiedsfähigkeit, 1998
Bösch Einstweiliger Rechtsschutz in der internationalen Handelsschiedsgerichtsbarkeit, 1989
Borges Das Doppelexequatur von Schiedssprüchen, 1997
Borges (M. F. P.) Verbandsgerichtsbarkeit und Schiedsgerichtsbarkeit im internationalen Berufsfussball, 2009
Bork/Stöve Schiedsgerichtsbarkeit bei Börsentermingeschäften, 1992
Borris Die internationale Handelsschiedsgerichtsbarkeit in den USA, 1987
Bosch Rechtskraft und Rechtshängigkeit im Schiedsverfahren, 1991
Brinkmann Schiedsgerichtsbarkeit und Maßnahmen des einstweiligen Rechtsschutzes, 1977
Bühr Der internationale Billgikeitsschiedsspruch in der privaten Schiedsgerichtsbarkeit der Schweiz, 1993
Buhmann Das auf den internationalen Handelsschiedsvertrag anwendbare nationale Recht, Diss. Regensburg 1970
Calavros Das UNCITRAL-Modellgesetz über die internationale Handelsschiedsgerichtsbarkeit, 1988
Christ Berichtigung, Auslegung und Ergänzung des Schiedsspruchs, 2008
Cohn/Domke/Eisemann Handbook of Institutional Arbitration in International Trade, 1977
Courvoisier In der Sache anwendbares Recht vor internationalen Schiedsgerichten, 2005
Dasser Internationale Schiedsgerichte und lex mercatoria, 1989
Degenhardt Das UNCITRAL-Modellgesetz über die internationale Handelsschiedsgerichtsbarkeit und nationales Recht – Eine Untersuchung, 2005
Dickler Schiedsgerichtsbarkeit und Reform der EuGVVO, 2015
Diesselhorst Mehrparteienschiedsverfahren, Internationale Schiedsverfahren unter Beteiligung von mehr als zwei Parteien, 1994
Ebbing Private Zivilgerichte, Möglichkeit und Grenzen privater (schiedsgerichtlicher) Zivilrechtsprechung, 2003
Eberl (Hrsg.) Beweis im Schiedsverfahren, 2015
Eckstein-Puhl Prozessbetrug im Schiedsverfahren, 2005
Edler Die Aufhebung von Schiedssprüchen und der Erlass einstweiliger Massnahmen in Deutschland und Schweden, 2009
Epping Die Schiedsvereinbarung im internationalen privaten Rechtsverkehr nach der Reform des deutschen Schiedsverfahrensrechts, 1999
Ernemann Zur Anerkennung und Vollstreckung ausländischer Schiedssprüche nach § 1044 ZPO. Begriff – anzuwendendes Verfahrensrecht – Rechtswirksamkeit, 1979
Feldmann Rechtsbehelfe in der Zwangsvollstreckung aus Schiedssprüchen, 2014
Fellhauer/Strohbach Handbuch der internationalen Schiedsgerichtsbarkeit, 1969
Fremuth-Wolf Die Schiedsvereinbarung im Zessionsfall, 2004
Frost Schiedsfähigkeit im Bereich des geistigen Eigentums nach deutschem und US-amerikanischem Schiedsrecht, 2001
Gal Die Haftung des Schiedsrichters in der internationalen Handelsschiedsgerichtsbarkeit, 2009
Geiben Die Privatsphäre und Vertraulichkeit im Schiedsverfahren. Eine rechtsvergleichende Untersuchung des deutschen, englischen und US-amerikanischen Schiedsrechts, 2001
Geimer Internationales Zivilprozessrecht, 7. Aufl., 2015
Geimer Schiedsgerichtsbarkeit und Verfassung, 1994
Geimer/Schütze Internationaler Rechtsverkehr in Zivil- und Handelssachen, 2. Aufl. 1973 ff.
Gentinetta Die lex fori internationaler Handelsschiedsgerichte, 1973
Gessner Anerkennung und Vollstreckung von Schiedssprüchen in den USA und in Deutschland, 2001
Gildeggen Internationale Schieds- und Schiedsverfahrensvereinbarungen in Allgemeinen Geschäftsbedingungen vor deutschen Gerichten, 1991
Gilfrich Schiedsverfahren und Scheidungsrecht, 2007
Glossner/Bredow/Bühler Das Schiedsgericht in der Praxis, 3. Aufl. 1990
Gottwald (Hrsg.) Internationale Schiedsgerichtsbarkeit, 1997
Granzow Das UNCITRAL-Modellgesetz über die internationale Handelsschiedsgerichtsbarkeit von 1985, 1988

Greminger Die Genfer Abkommen von 1923 und 1927 über die internationale private Schiedsgerichtsbarkeit, 1957
Grenz Der Faktor Zeit im Schiedsverfahren, 2013
Haas Die Anerkennung und Vollstreckung ausländischer und internationaler Schiedssprüche, 1991
Haft/Schlieffen Handbuch Mediation, 3. Aufl., 2016
Handorn Zur Bestimmung des anwendbaren materiellen Rechts gemäß § 1051 Abs. 1 und 2 Zivilprozessordnung, 2005
Happ Schiedsverfahren zwischen Staaten und Investoren nach Artikel 26 Energiechartervertrag, 2000
Harbst Die Rolle der staatlichen Gerichte im Schiedsverfahren. Ein Rechtsvergleich zwischen dem englischen Arbitration Act 1996 und dem deutschen Schiedsverfahrensrecht, 2002
Harder Das Schiedsverfahren im Erbrecht, 2007
Hartmann Zum Problem der Kompetenz-Kompetenz der Schiedsgerichte, 1961
Hauck „Schiedshängigkeit" und Verjährungsunterbrechung nach § 220 BGB, 1996
Hausmaninger Die einstweilige Verfügung im schiedsgerichtlichen Verfahren, 1989
Heigl Das deutsche Schiedsverfahrensrecht von 1998 im Vergleich zum englischen Arbitration Act 1996, 2000
Heller Der verfassungsrechtliche Rahmen der privaten internationalen Schiedsgerichtsbarkeit, 1996
Henn Schiedsverfahrensrecht, 3. Aufl. 2000
Hesselbarth Schiedsgerichtbarkeit und Grundgesetz, Diss. Jena 2004
Heukamp Schiedszusagen in Fusionskontrollentscheidungen der Europäischen Kommission zur Nutzung privater Streitbeilegungsverfahren durch die Exekutive, Diss. Köln, 2005
von Heymann Der ordre public in der privaten Schiedsgerichtsbarkeit, 1969
Hilbig Das gemeinschaftsrechtliche Kartellverbot im internationalen Kartellverfahren, 2007
Hochbaum Missglückte internationale Schiedsvereinbarungen, 1995
Hochtritt Internationale Sportschiedssprüche vor deutschen Gerichten, 2007
Höttler Das fingierte Schiedsverfahren, 2007
Hoffet Rechtliche Beziehungen zwischen Schiedsrichtern und Parteien, 1991
von Hoffmann Internationale Handelsschiedsgerichtsbarkeit. Bestimmung des maßgeblichen Rechts, 1970
Holder Vertraulichkeit im Schiedsverfahren nach deutschem Recht, 2009
Holeweg Schiedsvereinbarungen und Strohmanngesellschaften, 1997
von Hülsen Die Gültigkeit von internationalen Schiedsvereinbarungen, 1973
Husslein-Stich Das UNCITRAL-Modellgesetz über die internationale Handelsschiedsgerichtsbarkeit, 1990
Iffland Börsenschiedsgerichtsbarkeit in Deutschland und Russland, 2008
Inderkum Der Schiedsrichtervertrag, Diss. Freiburg 1988
Jaeger Die Umsetzung des UNCITRAL-Modellgesetzes über die internationale Handelsschiedsgerichtsbarkeit im Zuge der nationalen Reformen, 2001
Jeong-Ha Einstweilige Maßnahmen in der Schiedsgerichtsbarkeit, 1991
Jestaedt Schiedsverfahren und Konkurs, 1985
Jürschik Die Ausdehnung der Schiedsvereinbarung auf konzernzugehörige Unternehmen, „Group of Companies"-Doktrin und nationale Ausdehnungsistitute, 2011
Kahlert Vertraulichkeit im Schiedsverfahren, 2015
Kaiser Das europäische Übereinkommen über die internationale Handelsschiedsgerichtsbarkeit vom 21. April 1961, 1967 (Reprint 1977)
Kaissis Die Aufhebung von Schiedssprüchen (griech.), 1989
Kellerhals (Hrsg.) Schiedsgerichtsbarkeit, 1997
Kempken Probleme der Bühnenschiedsgerichtsbarkeit, 1965
Kessler Die Bindung des Schiedsgerichts an das materielle Recht, 1964
Kilgus Zur Anerkennung und Vollstreckbarerklärung englischer Schiedssprüche in Deutschland, 1995
Kleinheisterkamp International Commercial Arbitration in Latin America, 2005
Knof Tatsachenfeststellung in Streitigkeiten des internationalen Wirtschaftsverkehrs. Eine vergleichende Studie der Schiedspraxis der ICC- und UNCITRAL Arbitration Rules unter besonderer Berücksichtigung der Rechtsprechung des Iran-United States Claims Tribunal, 1995
Koch Außergerichtliche Streitbeilegung im japanischen Wirtschaftsverkehr unter besonderer Berücksichtigung der Schiedsgerichtsbarkeit, 2000
Kölbl Schiedsklauseln in Vereinssatzungen, Diss. Marburg, 2003
Kohl Vorläufiger Rechtsschutz in internationalen Handelsschiedsverfahren, 1990

Konrad/Gurtner Die Umsatzsteuer im Schiedsverfahren, 2008
Korff Beschlussmängelstreitigkeiten der Kapitalgesellschaft im Schiedsverfahren, 2004
Kornblum Probleme der schiedsrichterlichen Unabhängigkeit, 1968
Kornmeier Die Schiedsfähigkeit GmbH-rechtlicher Nichtigkeits- und Anfechtungsklagen, Diss. Bochum 1980
Kowalke Die Zulässigkeit von internationalen Gerichtsstands-, Schiedsgerichts- und Rechtswahlklauseln bei Börsentermingeschäften, 2002
Krafzik Die Spruchpraxis der Hanseatischen Schiedsgerichte unter besonderer Berücksichtigung des Gedankens der Rechtsfortbildung, 1974
Krapfl Die Dokumentenvorlage im internationalen Schiedsverfahren, 2007
Krause/Bozenhardt Internationale Handelsschiedsgerichtsbarkeit, 1990
Kreindler Strafrechtsrelevante und andere anstößige Verträge als Gegenstand von Schiedsverfahren, 2005
Kreindler/Schäfer/Wolff Schiedsgerichtsbarkeit. Kompendium für die Praxis, 2006
Kröll Ergänzung und Anpassung von Verträgen durch Schiedsgerichte, 1998
Kronenburg Vollstreckung ausländischer Schiedssprüche in den USA, 2001
Kulpa Das anwendbare (materielle) Recht in internationalen Handelsschiedsgerichtsverfahren, 2005
Labes Schiedsgerichtsvereinbarungen in Rückversicherungsverträgen, 1996
Lachmann Handbuch für die Schiedsgerichtspraxis, 3. Aufl. 2008
Landolt Rechtsanwendung oder Billigkeitsentscheid durch den Schiedsrichter in der privaten internationalen Handelsschiedsgerichtsbarkeit, 1955
Langkeit Staatenimmunität und Schiedsgerichtsbarkeit, 1989
Lassig Die Außenhandelsschiedsgerichtsbarkeit im Rat für Gegenseitige Wirtschaftshilfe, 1991
Lehmann Die Schiedsfähigkeit wirtschaftsrechtlicher Streitigkeiten als transnationales Rechtsprinzip, 2003
Leiss Zur Effizienz außergerichtlicher Verfahren im Wirtschaftsrecht, 2005
Lentz Die internationale Wirtschaftsschiedsgerichtsbarkeit in der Russischen Föderation, 2000
Lepschy § 1051 ZPO – Das anwendbare materielle Recht in internationalen Schiedsverfahren, 2003
Liao Die Schiedsgerichtsbarkeit in Taiwan, 2003
Lionnet/Lionnet Handbuch der internationalen und nationalen Schiedsgerichtsbarkeit, 3. Aufl. 2005
Lörcher Das internationale Handelsschiedsverfahren in Frankreich, 1997
Lörcher/Lörcher Das Schiedsverfahren – national und international – nach neuem Recht, 2. Aufl. 2001
Loos Die Schiedsgerichtsbarkeit in der Verwaltungsgerichtsbarkeit, Diss. Kiel 1984
Lorenz Kartellrechtliche Probleme der nationalen und internationalen Schiedsgerichtsbarkeit, Diss. Münster 1986
Lühmann Die Rechtskraft des Schiedsspruchs im deutschen und US-amerikanischen Recht, 2014
Lüke Punitive Damages in der Schiedsgerichtsbarkeit, 2003
Märkl Schiedsgerichtsbarkeit in Russland, 1998
Maier Europäisches Übereinkommen über die internationale Handelsschiedsgerichtsbarkeit und UN-Übereinkommen über die Anerkennung und Vollstreckung ausländischer Schiedssprüche, 1966
Maier Handbuch der Schiedsgerichtsbarkeit, 1979
Mannhart Mediation im System der außergerichtlichen Streitbeilegung, dargestellt anhand von Patentstreitigkeiten, 2004
Martens Wirkungen der Schiedsvereinbarung und des Schiedsverfahrens auf Dritte, Diss. Kiel 2003
Marx Der verfahrensrechtliche ordre public bei der Anerkennung und Vollstreckung ausländischer Schiedssprüche in Deutschland, 1994
Massuuras Dogmatische Strukturen der Mehrparteienschiedsgerichtsbarkeit, 1998
Maurer The Public Policy Exception under the New York Convention, 2. Aufl., 2013
Meifort Der Begriff der Enteignung nach der Rechtsprechung der internationalen Schiedsgerichte zum internationalen Investitionsschutzrecht, 2009
Meyer Der Schiedsgutachtervertrag, 1995
Möckesch Attornney-Client Privilege in International Commercial Arbitration, xxx
Mönnike Die Reform des deutschen Schiedsverfahrensrechts – Das neue 10. Buch der ZPO, 2000
Mohs Drittwirkung von Schieds- und Gerichtsstandsvereinbarungen, Diss. Frankfurt/Main 2006
Müller Die Zuständigkeit des Schiedsgerichts, 1997
Müller (K. H.) Echte Schiedsgerichtsbarkeit im Verwaltungsrecht, 2014
Münchener Kommentar zur Zivilprozessordnung, Bd. 3, 4.Aufl., 2012, 10. Buch bearbeitet von *Münch*

Münzberg Die Schranken der Parteivereinbarungen in der privaten internationalen Schiedsgerichtsbarkeit, 1970
Nagel/Gottwald Internationales Zivilprozessrecht, 7. Aufl. 2013
Naim/Heneghan (Hrsg.) Arbitration World, 5. Aufl., 2015
Nienaber Die Anerkennung und Vollstreckung im Sitzstaat aufgehobener Schiedssprüche, 2002
Niklas Die subjektive Reichweite von Schiedsvereinbarungen, 2008
Nöcker Das Recht der Schiedsgerichtsbarkeit in Kanada, 1988
Noussia Confidentiality in International Commercial Arbitration, 2010
Oetiker Eintritt und Wirkungen der Rechtshängigkeit in der internationalen Schiedsgerichtsbarkeit unter besonderer Berücksichtigung der Schiedsordnungen der ICC, des LCIA, der Zürcher Handelskammer und der UNCITRAL, des schweizerischen und englischen Schiedsverfahrensrechts und des UNCITRAL Modellgesetzes über die internationale Handelsschiedsgerichtsbarkeit sowie des materiellen schweizerischen und englischen Rechts, 2003
Oetting Der Schiedsrichtervertrag nach dem UML im deutschen Recht unter rechtsvergleichenden Aspekten, 1994
Offenhausen Mehrparteienschiedsgerichtsverfahren bei der Beteiligung einer Gesellschaft bürgelichen Rechts, 2007
Orgel Class Arbitration, 2013
von Pachelbel-Gehag Das reformierte deutsche und schwedische Schiedsverfahrensrecht, 2002
Pandakowski-Lier Schiedsgerichtsbarkeit in Polen, 1998
Papmehl Die Schiedsfähigkeit gesellschaftsrechtlicher Streitigkeiten, 2001
Peltzer Die dissenting opinion in der Schiedsgerichtsbarkeit, 1999
Pfaff Die Außenhandelsschiedsgerichtsbarkeit der sozialistischen Länder im Handel mit der Bundesrepublik Deutschland unter Berücksichtigung des internationalen Privatrechts, 1972
Pikó Schiedsgerichtsbarkeit in Ungarn, 1998
Pirrung Die Schiedsgerichtsbarkeit nach dem Weltbanküberkommen für Investitionsstreitigkeiten unter besonderer Berücksichtigung der Rechtslage bezüglich der Bundesrepublik Deutschland, 1972
Plewe Die Schiedsgerichtsbarkeit im internationalen Schuldvertragsrecht, Diss. Bonn 1969
Quinke Börsenschiedsvereinbarungen und prozessualer Anlegerschutz, 2005
Raeschke-Kessler/Berger Recht und Praxis des Schiedsverfahrens, 4. Aufl. 2007
Rahmann Ausschluss staatlicher Gerichtszuständigkeit. Eine rechtsvergleichende Untersuchung des Rechts der Gerichtsstands- und Schiedsvereinbarungen in der Bundesrepublik Deutschland und den USA, 1984
Rauh Die Schieds- und Schlichtungsordnung der UNCITRAL, 1983
Real Der Schiedsrichtervertrag, 1983
Rehm Schiedsgerichtsbarkeit im Rechtssystem, 2009
Reiner Handbuch der ICC-Schiedsgerichtsbarkeit, 1989
Reithmann/Martiny Internationales Vertragsrecht, 8. Aufl., 2015
Renggli Die Grenzen der Parteifähigkeit im internationalen privatrechtlichen Schiedsverfahren, 1955
Rensmann Anationale Schiedssprüche, 1997
Riedberg Der amiable compositeur im internationalen privatrechtlichen Schiedsverfahren, 1962
Ritz Die Geheimhaltung im Schiedsverfahren nach schweizerischem Recht, 2007
Roth Der Vorbehalt des Ordre Public gegenüber fremden gerichtlichen Entscheidungen, 1967
Rudnay Die Haftung aus dem Schiedsrichtervertrag, Diss. Wien, 2002
Ruthemeyer Der amicus curie brief im internationalen Investitionsrecht, 2014
Ruzik Die Anwendung von Europarecht durch Schiedsgerichte, 2003
Saathoff Möglichkeiten und Verfahren gerichtlicher Hilfe bei der Beweisaufnahme zugunsten fremdnationaler Handelsschiedsgerichtsverfahren mit internationaler Beteiligung, Diss. Köln 1987
Sachs Verhaltensstandards für Schiedsrichter, 2008
Sachslehner Schiedsvereinbarungen in wettbewerbsbeschränkenden Verträgen, 2001
Sareika Die Gültigkeit von Schiedsgerichtsvereinbarungen nach kanadischem und deutschem Recht, 1978
Satmer Verweigerung der Anerkennung ausländischer Schiedssprüche wegen Verfahrensmängeln, 1994
Sawang Geheimhaltung und rechtliches Gehör im Schiedsverfahren nach deutschem Recht, 2010
Schack Internationales Zivilverfahrensrecht, 6. Aufl., 2014
Schäfer Die Verträge zur Durchführung des Schiedsverfahrens, 2010
Schäffler Zulässigkeit und Zweckmäßigkeit der Anwendung angloamerikanischer Beweismethoden in deutschen und internationalen Schiedsverfahren, 2003

Schämann Schiedsgerichte unter staatlicher Kontrolle, 2001
Scheef Der einstweilige Rechtsschutz und die Stellung der Schiedsrichter bei dem Abschluss von Schiedsvergleichen nach dem deutschen und englischen Schiedsverfahrensrecht, 2000
Schilf Allgemeine Vertragsregeln als Vertragsstatut, 2005
Schlosser Das Recht der internationalen privaten Schiedsgerichtsbarkeit, 2. Aufl. 1989
Schlosser ua Schiedsgutachten versus Schiedsgerichtsbarkeit, 2007
Schmitt Die Einrede des Schiedsvertrages im Verfahren des einstweiligen Rechtsschutzes, Diss. Giessen 1987
Schottelius Die kaufmännische Schiedsgerichtsbarkeit, 1953
Schottelius Die internationale Schiedsgerichtsbarkeit, 1957
Schütze Deutsches internationales Zivilprozessrecht, unter Einschluss des Europäischen Zivilprozessrechts, 2. Aufl. 2005
Schütze Ausgewählte Probleme des deutschen und internationalen Schiedsverfahrensrechts, 2006
Schütze (Hrsg.) Institutionelle Schiedsgerichtsbarkeit, 2. Aufl., 2011
Schütze/Tscherning/Wais Handbuch des Schiedsverfahrens, 2. Aufl. 1990
Schulze Grenzen der objektiven Schiedsfähigkeit im Rahmen des § 1030 ZPO, 2003
Schumacher (Hrsg.) Beweiserhebung im Schiedsverfahren, 2011
Schwab/Walter Schiedsgerichtsbarkeit, 7. Aufl. 2005
Schweyer Patentnichtigkeit und Patentverletzung und deren Beurteilung durch internationale private Schiedsgerichte nach dem Recht der Schweiz, Deutschlands, Italiens und Frankreichs, 1981
Schwytz Schiedsklauseln und Schiedsrichtervertrag, 1976
Seog-Ung Die Bestimmung des anwendbaren materiellen Rechts in der internationalen Handelsschiedsgerichtsbarkeit nach § 1051 ZPO, 2004
Sieveking Schiedsgutachtenverträge nach deutschem und New Yorker Recht, 2007
Simms Das Recht der Schiedsgerichtsbarkeit in Irland, 2002
Solomon Die Verbindlichkeit von Schiedssprüchen in der internationalen privaten Schiedsgerichtsbarkeit. Zur Bedeutung nationaler Rechtsordnungen und der Entscheidungen nationaler Gerichte für die Wirksamkeit internationaler Schiedssprüche, 2007
Sonnauer Die Kontrolle der Schiedsgerichte durch die staatlichen Gerichte, 1992
Splittgerber Online-Schiedsgerichtsbarkeit in Deutschland und in den USA, 2002
Spohnheimer Gestaltungsfreiheit bei antezipiertem Legalanerkenntnis des Schiedsspruchs, 2010
Stauder Recht und Praxis der internationalen Handelsschiedsgerichtsbarkeit in Indien – eine rechtsvergleichende Untersuchung mit dem deutschen Schiedsverfahrensrecht, 2015
Stein/Jonas Kommentar zur ZPO, Bd. 5, 23. Aufl. 2015, 10. Buch bearbeitet von Schlosser
Steger Präklusion von Versagungsgründen bei der Vollstreckung ausländischer Schiedssprüche im Rahmen des New Yorker Übereinkommens, 2015
Stolle Das Recht der nationalen Schiedsgerichtsbarkeit in Schweden und Deutschland im Vergleich, 2004
Stolzke Aufrechnung und Widerklage in der Schiedsgerichtsbarkeit, 2006
Sykora Der schiedsgerichtliche Billigkeitsentscheid, 2011
Straatmann/Ulmer Handelsrechtliche Schiedsgerichtspraxis, Bd. I, 1975; Bd. II (bearbeitet von *Timmermann*), 1982; Bd. III und IV unter dem Titel: Rechtsprechung kaufmännischer Schiedsgerichte bearb. von *Timmermann*, 1984 und 1988
Strieder Rechtliche Einordnung und Behandlung des Schiedsrichtervertrages, 1989
Synatschke Die Unzuständigkeitserklärung des Schiedsgerichts, 2005
Teufer Alternative Beilegung privater Wettbewerbsstreitigkeiten – Kartellmediation, Kartellschiedsgerichtsbarkeit und Wettbewerbsvergleich im Spannungsfeld zwischen Privatautonomie und staatlicher Regelung, 2006
Thomas Das privatrechtliche Schiedsverfahren, 2. Aufl. 1957
Thomas/Putzo Kommentar zur Zivilprozessordnung, 37. Aufl. 2016
Tief Discovery und Informationspflichten der Parteien in der internationalen Schiedsgerichtsbarkeit. Ein deutsch-amerikanischer Vergleich, 2000
Torggler (Hrsg.) Schiedsgerichtsbarkeit, 2007
Ude/Wedam-Lukić Schiedsgerichtsbarkeit in der Republik Slowenien, 1998
Ungeheuer Die Beachtung von Eingriffsnormen in der internationalen Handelsschiedsgerichtsbarkeit, 1996
Unland-Schlebes B2C-Online Dispute Resolution, Diss. Münster, 2003
Varga Beweiserhebung in transatlantischen Schiedsverfahren, 2006
Verny Schiedsgerichtsbarkeit in der Tschechischen Republik, 1998

Vocke Die Bestimmung des anzuwenden materiellen Rechts in internationalen Handelsschiedsverfahren im Licht des deutschen Schiedsverfahrensrechts vom 1.1.1998, 2002
Vogt Der Schiedsrichtervertrag nach schweizerischem und internationalem Recht, 1996
Wackenhuth Der Erfolg einer auf eine mängelbehaftete Schiedsvereinbarung gestützte Einrede der Unzuständigkeit des Schiedsgerichts im Vollstreckbarkeitsverfahren eines in- und ausländischen Schiedsspruchs, soweit sich die Parteien rügelos eingelassen haben, Diss. Konstanz 1984
Wagner/Schlosser (Hrsg.) Die Vollstreckung von Schiedssprüchen, 2007
Weigand Practitioner's Handbook on International Arbitration, 2. Aufl. 2009
Weihe Der Schutz der Verbraucher im Recht der Schiedsgerichtsbarkeit, 2005
Weise Lex mercatoria. Materielles Recht vor der internationalen Handelsschiedsgerichtsbarkeit, 1989
Wetzmüller Der „internationale" Schiedsspruch im UN-Übereinkommen über die Anerkennung und Vollstreckung ausländischer Schiedssprüche vom 10.6.1958 von New York, Diss. Mainz 1966
Wieczorek/Schütze Großkommentar zur ZPO, 4. Aufl., 10. Buch bearbeitet von *Schütze,* Bd. 11, 2014
Wilke Interessenkonflikte in der internationalen Schiedsgerichtsbarkeit – Unparteilichkeit, Unabhängigkeit und Offenbarungspflichten, Diss. Berlin 2006
Wimalasena Die Veröffentlichung von Schiedssprüchen als Beitrag zur Normenbildung, 2016
Wolf Die institutionelle Handelsschiedsgerichtsbarkeit, 1992
Wunderer Der deutsche „Ordre Public d'Arbitrage International" und Methoden seiner Konkretisierung, 1993
Yunis Alternative Streitbeilegung über elektronische Datennetze, 2011
Zerbe Die Reform des deutschen Schiedsverfahrensrechts auf der Grundlage des UNCITRAL-Modellgesetzes über die internationale Handelsschiedsgerichtsbarkeit, 1995
Zimmer Zulässigkeit und Grenzen schiedsgerichtlicher Entscheidung von Kartellrechtsstreitigkeiten, 1991
Zimmermann Rechtsstaatsprinzip und Parteigerichtsbarkeit – Zur Anwendbarkeit rechtsstaatlicher Grundsätze im Schiedsverfahren nach § 10 Abs. 5 PartG, 1979
Zobel Schiedsgerichtsbarkeit und Gemeinschaftsrecht, 2005
Zöller Kommentar zur ZPO, 31. Aufl. 2016, 10. Buch bearbeitet von *Geimer*

Einleitung

I. Geschichte, Zulässigkeit und Wesen der Schiedsgerichtsbarkeit

1. Geschichte der Schiedsgerichtsbarkeit

Literatur: *Broggini,* Judex arbiterve. Prologomena zum Officium des römischen Privatrichters, 1957; *Glossner,* Arbitration, A Glance into History, Festschrift für Eisemann, 1978, S. 19 ff.; *ders.,* Der Gebietsstreit zwischen Itanos und Hierapytna auf Kreta im 2. Jahrhundert a. Chr., Diss. Erlangen 1948; *Lemosse,* Réflexions sur la conception romaine de l'arbitrage internationale, Festschrift für Schmidt, 1966, S. 341 ff.; *Matthiass,* Die Entwicklung des römischen Schiedsgerichts, Festschrift für Windscheid, 1888, S. 1 ff.; *ders.,* Das griechische Schiedsgericht, Festschrift von Ihering, 1892, S. 1 ff.; *Roebuck,* The Charitable Arbitrator, 2002; *Sanders,* Recent Developments in International Commercial Arbitration, Festschrift für Fragistas, Bd. I, 1966, S. 625 ff.; *Taubenschlag,* Die ptolemäischen Schiedsrichter und ihre Bedeutung für die Rezeption griechischen Rechts in Ägypten, Opera minora, Bd. II, 1959, S. 575 ff.; *Ziegler,* Das private Schiedsgericht im antiken römischen Recht, 1971.

Formen der Schiedsgerichtsbarkeit sind älter als die staatlichen Gerichte. Man muss die historischen Wurzeln nicht in der Mythologie suchen, zB beim Verfahren vor Paris,[1] dem Hermes die Entscheidung des Zeus verkündet: 1

Lege alle Furcht ab, die Göttinen kommen zu dir als ihrem Schiedsrichter: dich haben sie gewählt zu entscheiden, welche von ihnen dreien die Schönste sei. Zeus befiehlt dir, dich diesem Richteramte zu unterziehen.[2]

Auf historisch gesichertem Terrain befinden wir uns in ptolemäischer Zeit. *Taubenschlag*[3] berichtet über ptolemäische Papyri, aus denen hervorgeht, dass der Stratege als Schiedsrichter weitaus größere Bedeutung als der staatliche Richter hatte. Offenbar war die staatliche Gerichtsbarkeit in ptolemäischer Zeit schwerfälliger und langsamer als die Schiedsgerichtsbarkeit, die der Stratege ausübte. *Glossner*[4] berichtet über einen Gebietsstreit auf Kreta, in dem die Schiedsgerichtsbarkeit offenbar die beste – vielleicht auch die einzige – Möglichkeit effizienter Entscheidungsfindung war. 2

Auch das antike römische Recht kennt die Schiedsgerichtsbarkeit als anerkannte Streitschlichtungsinstitution.[5] Rechtsgrundlage war das prätorische Zwangsedikt gegen den säumigen Schiedsrichter.[6] Während die Durchsetzung des Schiedsspruchs ursprünglich durch Vertragsstrafe gesichert wurde, fand in der nachklassischen Zeit unter Anknüpfung an die Schiedspraxis unter Justinian eine Neukonzeptionierung des Schiedswesens statt. Der eidlich bekräftigte oder anerkannte Schiedsspruch konnte durch die actio in factum für vollstreckbar erklärt werden. 3

---

[1] Vgl. für das Beispiel *Sanders,* Festschrift für Fragistas, S. 625 ff., 626.
[2] Man mag in der Aufforderung des Hermes die Schiedsrichterbestellung, in der Überreichung des Apfels an Aphrodite den Schiedsspruch sehen. Aber nach richtiger Ansicht handelt es sich wohl um eine Entscheidung in einem Schönheitswettbewerb wie er heute bei Misswahlen vorkommt.
[3] Vgl. *Taubenschlag* S. 575 ff.
[4] Vgl. *Glossner,* Der Gebietsstreit zwischen Itanos und Hierapytna auf Kreta im 2. Jahrhundert a. Ch.
[5] Vgl. dazu *Lukits,* Die private Schiedsgerichtsbarkeit im römischen Recht und heute, SchiedsVZ 2013, 269 ff.; *Ziegler,* Das private Schiedsgericht im antiken römischen Recht, 1971.
[6] EP Tit. XI § 48: „Qui arbitrium pecunia compromissa receperit, eum sententiam dicere cogam."

4　Im common law hat die Schiedsgerichtsbarkeit eine lange Tradition.[7] Die Schiedsgerichtsbarkeit ist dort älter als die staatliche Gerichtsbarkeit.[8] Erst im 17. Jahrhundert wurde die Schiedsgerichtsbarkeit durch die staatlichen Gerichte „degradiert".[9] Der Beginn des Abstiegs wird in dem Vynior's Case[10] gesehen, in dem Lord Coke die gerichtliche Durchsetzbarkeit einer Schiedsvereinbarung verneinte.

5　Auch im französischen Recht reichen die Wurzeln der Schiedsgerichtsbarkeit weit in die Geschichte zurück. So bestimmt schon eine Ordonnance Ludwigs XII aus dem Jahre 1510: *„En cas d'arbitrage, il y aura recours au juge ordinaire, mais l'exécution sera prealable".*[11] Die schiedsfreundliche Haltung des französischen Rechtssystems findet ihren Höhepunkt in der Verfassung von 1791. Art. 5 des Kap. V bestimmt: *„Das Recht der Bürger, auf schiedsrichterlichem Wege ihre Streitigkeiten endgültig zu entscheiden, kann durch Verfügungen der gesetzgebenden Gewalt nicht eingeschränkt werden".*

2. Das Schiedsgericht als privates Gericht

Literatur: *Duve/Rösch*, Lösen internationale Gerichte die internationale Schiedsgerichtsbarkeit ab?, ZVglRWiss. 114 (2015), 387 ff.; *Ebbing*, Private Zivilgerichte, 2003; *Schütze*, Privatisierung richterlicher Tätigkeit: Ersetzung staatlicher Gerichte durch private Schiedsgerichte?, ZVglRWiss 99 (2000), 241 ff.; *Voith*, Privatisierung der Gerichtsbarkeit, JZ 1997, 120 ff.

6　Die Parteien können auf den verfassungsrechtlich garantierten (Art. 101 GG) gesetzlichen Richter verzichten und zur Entscheidung für bestimmte Streitigkeiten anstelle der Zuständigkeit der staatlichen Gerichte die eines Schiedsgerichts vereinbaren. Die Tauglichkeit der Schiedsgerichtsbarkeit als Rechtsprechungssystem ist insbesondere von *Ebbing* untersucht und überzeugend bejaht worden.[12] Das Schiedsgericht wird durch die Schiedsvereinbarung zum gesetzlichen Richter.

7　Das Schiedsgericht ist ein privates Gericht, das echte streitentscheidende Funktionen hat. Seine Zuständigkeit kann ausschließlich oder fakultativ sein.[13] Ihre Rechtfertigung findet die Schiedsgerichtsbarkeit in der Parteiautonomie.[14] Man kann von einer Privatisierung der Gerichtsbarkeit sprechen.[15] Die Parteien bedürfen für die Regelung ihrer privatrechtlichen Beziehungen und die Entscheidung der daraus entstehenden Streitigkeiten nur insoweit des Schutzes des Staates als sie es wollen oder öffentliche Interessen es erfordern. Im übrigen haben sie kein Kindermädchen notwendig. Wenn sie eine Streitigkeit durch pactum de non petendo jeglicher bindender Entscheidung entziehen können, dann kann es ihnen nicht verwehrt werden, die Entscheidungszuständigkeit einem privaten Gericht zu übertragen. Das 10. Buch der ZPO ist nur ein Ausfluss dieses Grundsatzes und regelt seine Durchführung. Allerdings ist die Schiedsgerichtsbarkeit immer im jeweiligen politischen und wirtschaftlichen Umfeld zu sehen und wird von diesem beeinflusst.[16]

8　So kritisiert *Voith*[17] die Reform des Schiedsverfahrensrechts aus rechtspolitischen Gründen, da der Gesetzgeber die Schiedsgerichtsbarkeit nicht mehr als Ausdruck der Privatautonomie der Parteien verstehe, sondern als eine aus sich selbst heraus legitimierte

---

[7] Vgl. *Hogg*, The Law of Arbitration, 1936, S. 3.
[8] Vgl. *Holdsworth*, A History of English Law, vol 14, 1964, S. 187.
[9] Vgl. *Borowsky*, Das Schiedsgutachten im Common Law, 2001, S. 16 ff.
[10] (1609), 8 Co. Rep. 81 b.
[11] Vgl. *Roebuck*, The Charitable Arbitrator, S. 16.
[12] Vgl. *Ebbing* S. 58 ff.
[13] Vgl. auch BGH NJW 1976, 852.
[14] Vgl. *Schwab/Walter* Kap. 1 Rn. 7 f.
[15] Vgl. *Voith*, Privatisierung der Gerichtsbarkeit, JZ 1997, 120 ff. (kritisch).
[16] Vgl. dazu *Herrmann* in: Böckstiegel (Hrsg.), Schiedsgerichtsbarkeit im Umfeld von Politik, Wirtschaft und Gerichtsbarkeit, 1992, S. 13 ff.
[17] JZ 1997, 120 ff.

Gerichtsbarkeit. Damit sei *"nicht nur die innere Legitimation des Schiedsgerichtsbarkeit verschüttet, sondern der Schiedsgerichtsbarkeit"* werde *"der Boden entzogen."* Eine – aus Sicht *Voiths* unerwünschte – Privatisierung der Gerichtsbarkeit sei eingeleitet.

3. Verfassungsrechtliche Zulässigkeit der Schiedsgerichtsbarkeit

Literatur: *Distler,* Private Schiedsgerichtsbarkeit und Verfassung, 2000; *Geimer,* Schiedsgerichtsbarkeit und Verfassung, in: Schlosser (Hrsg.), Integrationsprobleme im Umfeld der Justiz, 1994, S. 115 ff.; *Heller,* Der verfassungsrechtliche Rahmen der privaten internationalen Schiedsgerichtsbarkeit, 1996; *Hesselbarth,* Schiedsgerichtsbarkeit und Grundgesetz: Verfassungswidrigkeit des reformierten Schiedsverfahrensrechts, Diss. Jena 2004; *de Ly,* Human Rights and Arbitration, in: Böckstiegel (Hrsg.), The Relevance of Public International Law in International Arbitration, DIS-MAT XI (2005), S. 29 ff.; *Matscher,* Schiedsgerichtsbarkeit und EMRK, Festschrift für Nagel, 1987, S. 227 ff.; *Prütting,* Schiedsgerichtsbarkeit und Verfassungsrecht, Festschrift für Schlosser, 2005, S. 705 ff.

Nachdem die Schiedsgerichtsbarkeit im 10. Buch der ZPO geregelt ist, sollte man meinen, dass ihre verfassungsrechtliche Zulässigkeit unstreitig sei. In der Tat ist die Übertragung von Rechtsprechungsaufgaben auf die Schiedsgerichte im Grundsatz unbestritten. Das hat der BGH entschieden,[18] und das Schrifttum pflichtet dem bei,[19] obwohl neuerdings Stimmen laut werden, die die „Privatisierung der Rechtsprechung" mit Misstrauen betrachten, da nach der Reform des 10. Buchs der ZPO auch Ansprüche schiedsfähig sind, über die sich die Parteien nicht vergleichen können.[20] Die Kritiker gehen davon aus, dass die Gleichwertigkeit von privater Schiedsgerichtsbarkeit und staatlicher Gerichtsbarkeit, die der Gesetzgeber zum Ausgangspunkt der Regelung der Schiedsfähigkeit gemacht habe, verfassungsrechtlich nicht haltbar sei.[21] Die in Art. 2 Abs. 1 GG manifestierte Privatautonomie finde in Art. 92 GG ihre Schranke. Art. 92 GG beinhalte das grundsätzliche Prinzip der staatlichen Gerichtsbarkeit.

Es gibt aber kein absolutes Rechtsprechungsmonopol des Staates. Die Parteien können im Rahmen der Parteiautonomie in den Grenzen der Regelung in der Zivilprozessordnung auf den gesetzlichen staatlichen Richter zugunsten eines von ihnen gewählten privaten Richters verzichten. Dieser wird dann der gesetzliche Richter. Eine „verfassungsrechtliche Versteinerung" des Rechtszustandes von 1949 ist abzulehnen.[22] Der Staat ist verfassungsrechtlich nicht verpflichtet, den Rechtsuchenden den Schutz durch staatliche Gerichte aufzuzwingen.[23]

Die Schiedsgerichtsbarkeit ist auch mit den Verfahrensgarantien des Art. 6 Abs. 1 EMRK zu vereinbaren. Der Menschenrechtsgerichtshof in Strassburg hat in diesem Sinne mehrfach entschieden, dass die Parteien berechtigt sind, auf die nach Art. 6 EMRK gewährten Rechte teilweise zu verzichten.[24] Dem stimmt *Matscher*[25] zu, fordert aber eine strenge Überprüfung der Freiwilligkeit der Unterwerfung unter die Schiedsgerichtsbarkeit, die das deutsche Recht ohnehin vorsieht. *"War diese Freiwilligkeit gegeben, dh haben sich die Parteien darauf eingelassen, dass über ihre Zivilrechtsstreitigkeiten im Rahmen des Freiraums entschieden wird, den die staatliche Rechtsordnung der Ausgestal-*

---

[18] Vgl. BGHZ 65, 69.
[19] Vgl. für Nachweise *Geimer,* Schiedsgerichtsbarkeit und Verfassung, S. 115 ff.; Wieczorek/Schütze/*Schütze* § 1025 Rn. 10.
[20] So *Detterbeck* in: Sachs, Kommentar zum Grundgesetz, 7. Aufl. 2014, Art. 92 Rn. 29; *Hesselbarth* S. 1 ff.
[21] Vgl. *Hesselbarth* S. 19 ff., 26 ff.
[22] Vgl. *Geimer,* Schiedsgerichtsbarkeit und Verfassung, S. 152.
[23] Vgl. *Geimer,* Schiedsgerichtsbarkeit und Verfassung, S. 152; *Sonnauer,* Die Kontrolle der Schiedsgerichte durch die staatlichen Gerichte, 1992, S. 23.
[24] Vgl. Entscheidung 1197/61 v. 5.3.1962, Yearbook Commercial Arbitration V, (1980) 95; Entscheidung Nr. 8588/79 und 8589/79 v. 12.10.1982, EuGZZ 1983, 428.
[25] Festschrift für Nagel, S. 227 ff.

tung des schiedsgerichtlichen Verfahrens überlässt, bleibt auch die Überprüfung durch das staatliche Gericht auf die Beachtung der wesentlichsten Gebote der Rechtsstaatlichkeit durch das Schiedsgericht beschränkt."[26]

4. Abgrenzung zum Schiedsgutachter

Literatur: *Borowsky,* Das Schiedsgutachten im Common Law, 2001; *Bulla,* Gerichtliche Nachprüfbarkeit von Schiedsgutachten, NJW 1978, 397 ff.; *Döbereiner,* Anfechtung und Geltendmachung der Unwirksamkeit eines Schiedsgutachtens durch den/die Schiedsgutachter, VersR 1983, 712 ff.; *Elsing,* Bindungswirkung von Schiedsgutachten, ZVglRWiss 114 (2015), 568 ff.; *Gehrlein,* Wirksamkeitsmängel von Schiedsgutachten, VersR 1994, 1009 ff.; *Gelhaar,* Die gerichtliche Nachprüfung von Schiedsgutachten, DB 1968, 743 f.; *Greger/Stubbe,* Schiedsgutachten, 2007; *Habscheid,* Das Schiedsgutachten, Festschrift für Lehmann, Bd. II, 1956, S. 789 ff.; *ders.,* Das Schiedsgutachten als Mittel der Streitentscheidung und Streitvorbeugung, Festschrift für Kralik, 1986, S. 189 ff.; *ders.,* Zur Frage der rechtsstaatlichen Ausgestaltung des Schiedsgutachtenverfahrens, Festschrift für Laufke, 1971, S. 303 ff.; *Kurth,* Zur Kompetenz von Schiedsrichtern und Schiedsgutachtern, NJW 1990, 2038 ff.; *Meyer,* Der Schiedsgutachtervertrag, 1995; *Raeschke-Kessler,* Die neuere Rechtsprechung zu Schiedsgutachten, RPS, Beil. BB17/1993, 19 ff.; *Rauscher,* Das Schiedsgutachtenrecht unter besonderer Berücksichtigung der Regelungen der Praxis des Massenverkehrs, 1969; *Sachs,* Die rechtliche Abgrenzung des Schiedsgutachtens vom Schiedsverfahren am Beispiel des Unternehmenskaufvertrages – Zugleich ein deutsch-französischer Rechtsvergleich, Festschrift für Schlosser, 2005, S. 805 ff.; *Sieg,* Die feststellenden Schiedsgutachter in Privatversicherungsrecht, VersR 1965, 629 ff.; *Sieveking,* Schiedsgutachtenverträge nach deutschem und New Yorker Recht, 2007; *Volmer,* Das Schiedsgutachtenrecht – Bestandsaufnahme und Fragen der Praxis, BB 1984, 1010 ff.; *Wittmann,* Struktur und Grundprobleme des Schiedsgutachtenvertrages, 1978.

12   Durch seine streitentscheidende Funktion unterscheidet sich das Schiedsgericht vom Schiedsgutachter. Durch das Schiedsgericht wird ein Rechtsstreit endgültig entschieden, der Schiedsgutachter stellt dagegen nur ein – in einem Verfahren vor einem staatlichen oder Schiedsgericht – entscheidendes Element des Rechtsstreits für Parteien und (Schieds-) Gericht bindend fest. Die Grenzen von Schiedsgericht und Schiedsgutachter sind fließend.[27] Schiedsgutachten können rechtsbegründend, rechtsändernd und rechtsklärend sein.[28] Die Rechtsprechung geht davon aus, dass sich die Tätigkeit des Schiedsgutachters nicht auf die Ermittlung einzelner Tatbestandselemente zu beschränken habe, dass ihm vielmehr auch deren rechtliche Einordnung übertragen werden kann.[29] Dem Schiedsgutachter kann auch eine Leistungsbestimmung übertragen werden.[30]

13   Der Bundesgerichtshof führt dazu aus:[31]

Es mag sein, dass im Ergebnis die Stellung eines Schiedsgutachters der eines Schiedsrichters sehr ähnlich sein kann. Das ändert aber nichts daran, dass es nicht ausgeschlossen ist, dem Schiedsgutachter auch eine rechtliche Beurteilung zu übertragen, von der die von ihm zu

---

[26] Vgl. *Matscher,* Festschrift für Nagel, S. 227 ff., 243.
[27] Vgl. dazu im Einzelnen *Habscheid,* Festschrift für Lehmann, S. 189 ff.; vgl. auch BGHZ 48, 25: „Es mag sein, dass im Ergebnis die Stellung eines Schiedsgutachters der eines Schiedsrichters sehr ähnlich sein kann. Das ändert aber nichts daran, dass es nicht ausgeschlossen ist, dem Schiedsgutachter auch eine rechtliche Beurteilung zu übertragen, von der die von ihm zu treffende Tatsachenfeststellung in der Weise abhängt, dass dies ohne vorherige Beantwortung der vorgreiflichen Rechtsfrage nicht vorgenommen werden kann". Das OLG München (SchiedsVZ 2006, 286) nimmt an, dass im Zweifelsfall grundsätzlich davon auszugehen ist, dass wegen der erheblichen Tragweite der Regelung kein Schiedsgericht gewollt ist, sondern nur eine Schiedsgutachterklausel. Vgl. zur Abgrenzung auch den interessanten Singapore Fall Evergreat Construction Co Pte Ltd v Presscrete Engineering Pte Ltd (2006) 1 SLR 644.
[28] Vgl. *Habscheid,* Festschrift für Lehmann, S. 789 ff.; Wieczorek/Schütze/*Schütze* § 1025 Rn. 58a.
[29] Vgl. RGZ 152, 201; BGH NJW 1955, 655; BGHZ 48, 25.
[30] Vgl. RGZ 152, 203; *Lachmann* Rn. 20.
[31] Vgl. BGHZ 48, 30 f.

treffende Tatsachenfeststellung in der Weise abhängt, dass dies ohne die vorherige Beantwortung der vorgreiflichen Rechtsfrage nicht vorgenommen werden kann.

Besondere Bedeutung hat das Schiedsgutachten in folgenden Bereichen: 14
- *Qualitätsfeststellung:* Bei Waren, insbesondere verderblichen Gütern, wird die Feststellung der Abweichung von der vertraglich vereinbarten Qualität und der Minderwert oft einem Schiedsgutachter übertragen. Für die Qualitätsarbitrage – deren Bezeichnung als Arbitrage missverständlich ist – stehen teilweise besondere Verfahrensordnungen zur Verfügung.[32]
- *Wertermittlung:* Dem Schiedsgutachter kann die Ermittlung des angemessenen Kaufpreises,[33] des Unternehmenswertes,[34] der angemessenen Mieterhöhung pp. übertragen werden.
- *Bewertungen:* In Unternehmenskaufverträgen findet sich häufig eine Schiedsgutachterklausel für die Feststellung und Bewertung von Bilanzposten, die für die Kaufpreisbemessung von Bedeutung sind. Dem Schiedsgutachter kann auch die Aufstellung einer Abschichtungsbilanz[35] oder die Wertermittlung des Gesellschaftsvermögens zum Zwecke der Auseinandersetzung[36] übertragen werden.
- *Schadensfeststellung und -schätzung:* Gegenstand von Schiedsgutachten kann auch die Schätzung von Mängeln bei der Kfz-Reparatur[37] oder sonstiger Schäden sein.

Auf das Verfahren der Erstellung eines Schiedsgutachtens sind die Vorschriften des 15
10. Buchs der ZPO nur begrenzt entsprechend anwendbar, zB die §§ 1034 bis 1039.[38] Im Übrigen folgt das Schiedsgutachtensverfahren eigenen Regeln. Insbesondere sind die Bestimmungen über Wirkungen und Aufhebung von Schiedssprüchen nicht analog auf das Schiedsgutachten[39] anwendbar. Hier gelten §§ 317 ff. BGB.

5. Abgrenzung zum Verbandsgericht

Literatur: *Kölbl,* Schiedsklauseln in Vereinssatzungen, 2004; *Schlosser,* Vereins- und Verbandsgerichtsbarkeit, 1972; *Westermann,* Zur Legitimität der Verbandsgerichtsbarkeit, JZ 1972, 537 ff.

Vom Verbandsgericht unterscheidet[40] sich das Schiedsgericht – wie auch das Verbands- 16
schiedsgericht nach § 1066 ZPO[41] – dadurch, dass dessen Sprüche nicht endgültig bindend, vielmehr gerichtlich überprüfbar sind,[42] während Schiedssprüche keiner sachlichen Nachprüfung unterliegen. Sie werden deshalb nicht als Schiedsgerichte angesehen.[43] Verbandsgerichte finden sich insbesondere bei Sportverbänden[44] und Parteien.[45]

---

[32] Vgl. dazu *Straatmann,* Festschrift für Stödter, 1979, S. 109 ff.
[33] Vgl. dazu LG Hamburg NJW 1970, 2064; *Rauscher* BB 1974, 629 ff.
[34] Vgl. dazu ua *Ribbert* DB 1978, 2085 ff.
[35] Vgl. BGH NJW-RR 1991, 228.
[36] Vgl. RGZ 67, 73; OLG Düsseldorf EWiR § 317 BGB 1/98 *(Kröll).*
[37] Vgl. AG Erlangen BB 1976, 252.
[38] Vgl. *Schwab/Walter* Kap. 2 Rn. 9.
[39] Vgl. zur Bindungswirkung von Schiedsgutachten *Elsing,* ZVglRWiss 114 (2015), 568 ff.
[40] Vgl. dazu *Fenn,* Festschrift für Henckel, 1995, S. 173 ff.; *Lachmann* Rn. 19.
[41] Vgl. dazu unten Rn. 845.
[42] Vgl. BGHZ 29, 352; OLG Frankfurt/Main NJW 1970, 2250.
[43] Vgl. BGH NJW 2004, 2226; OLG Frankfurt/Main NJW 1970, 2250; OLG Köln NVwZ 1991, 1116; *Lachmann* Rn. 26; Wieczorek/Schütze/*Schütze* § 1025 Rn. 66; *Westermann* JZ 1972, 537 ff.
[44] Vgl. dazu *Adolphsen,* Internationale Dopingstrafen, 2003; *Baumann,* Die Vereinsstrafgewalt des Deutschen Fußballbundes über die Bundesligavereine, Lizenzspieler und Fußball-Lehrer, Diss. Bonn 1971; *Hantke* SpuR 1998, 186 ff.; *Haug* SchiedsVZ 2004, 190 ff.; *Wax,* Internationales Sportrecht, 2009, S. 95 ff.; *Westermann* JZ 1972, 537 ff.;
[45] Vgl. zB OLG Frankfurt/Main NJW 1970, 2250; *Vollkommer,* Festschrift für Nagel, 1987, S. 474 ff., der allerdings das Parteigericht nach der Parteigerichtsordnung der CDU für ein echtes

6. Abgrenzung zu alternativen Methoden der Streiterledigung

Literatur: *Berger*, Private Dispute Resolution in International Business, 2006; *Böckstiegel* (Hrsg.), Alternative Dispute Resolution, DIS-MAT V (1999); *Breidenbach/Henssler* (Hrsg.), Mediation für Juristen, 1997; *Duve*, Mediation und Vergleich im Prozess, 1998; *ders./Eidenmüller*, Mediation in der Wirtschaft, 2004; *Eidenmüller*, Vertrags- und Verfahrensrecht der Wirtschaftsmediation, 2001; *Glasl*, Konfliktmanagement, 9. Aufl. 2010; *Haft*, Verhandlung und Mediation, 2. Aufl. 2000; *ders.*, Mediation – Palaver oder neue Streitkultur?, Festschrift für Schütze, 1999, S. 255 ff.; *ders./Schlieffen*, Handbuch Mediation, 3. Aufl., 2016 (mit weiterführender Literatur bei *Haft* ebenda S. 69 f.); *Hager*, Konflikt und Konsens, 2001; *Henssler/Koch*, Mediation in der Anwaltspraxis, 2. Aufl., 2004; *Klowait/Gläser*, Mediationsgesetz, 2014; *Koch*, Mediation im internationalen Streit, Festschrift für Schlosser, 2005, S. 399 ff.; *Leiss*, Zur Effizienz aussergerichtlicher Verfahren im Wirtschaftsrecht, 2005; *Meyer*, Court-connected Alternative Dispute Resolution, 2005; *Montada/Kals*, Mediation, 3. Aufl. 2013; *Ponschab/Schweizer*, Kooperation statt Konfrontation, 2. Aufl., 2010; *Prütting*, Außergerichtliche Streitschlichtung, 2003; *Risse*, Wirtschaftsmediation, 2. Aufl. 2016; *Schütze*, Alternative Streitschlichtung, ZVglRWiss 97 (1998), 117 ff.; *Stumpf*, Alternative Streitbeilegung, 2006; *Unberath*, Mediationsverfahren, ZKM 2011, 4 ff.; *ders.*, Auf dem Weg zu einer differenzierten Streitkultur – Neue gesetzliche Rahmenbedingungen für die alternative Konfliktlösung, JZ 2010, 975 ff.; *ders.*, Qualität und Flexibilität der Mediation, ZKM 2010, 164 ff.; *Wendenburg*, Der Schutz der schwächeren Partei in der Mediation

17 In jüngerer Zeit wird im Rahmen der Schiedsgerichtsbarkeit die alternative Streiterledigung, die in zahlreichen Ländern,[46] insbesondere in Japan[47] und in den USA,[48] Verbreitung gefunden hat, auch in Deutschland diskutiert. Zu den alternativen Streitschlichtungsmethoden zählen ua conciliation, mediation,[49] mini-trial, Med-Arb.[50] Die Verfahren alternativer Streiterledigung sind dazu bestimmt, die Parteien zu einer Lösung zu führen, ihnen bei einer einverständlichen Regelung zu helfen und zur Seite zu stehen. Sie bringen aber keine Entscheidung des Streitfalls. Darin liegt der Unterschied zur Schiedsgerichtsbarkeit, die echte streitentscheidende Tätigkeit ist. Die Diskussion über Vor- und Nachteile der Mediation dauert an. Empirische Untersuchungen leiden darunter, dass repräsentative Erhebungen nicht vorliegen[51] und die vorliegenden Erhebungen durch die Gestaltung der Fragebögen subjektiv geprägt sind.[52]

18 Bei Langzeitprojekten finden sich Schiedsverfahrensregelungen mit integrierter Schlichtung.[53] Hierbei handelt es sich – anders als bei den reinen Methoden der alternativen Streitschlichtung – um echte Schiedsverfahren, in denen die integrierte Schlichtung

---

Schiedsgericht hält, jedenfalls für Ausschluss- und Ordnungsverfahren. Das OLG Köln hat die Parteischiedsgerichte der CDU dagegen nicht als echte Schiedsgerichte angesehen, vgl. OLG Köln NJW 1992, 122; dazu auch *Fenn*, Festschrift für Henckel, S. 173 ff., 177.

[46] Vgl. dazu *Schütze* ZVglRWiss 97 (1998), 117 ff.

[47] Vgl. dazu *Kono* in: Baum (Hrsg.), Japan: Economic Success and Legal System, 1997, S. 69 ff.; *Kojima*, in: Festschrift Chuo University, 1998, S. 685 mwN.

[48] Vgl. dazu *Duve*, in: Vögele (Hrsg.), Mediation – vermitteln – verhandeln – schlichten, Loccumer Protokolle 2/98, S. 40 ff.; *ders.* RPS BB-Beil. 9/1998, 15 ff.;*Gottwald*, Streitbeilegung ohne Urteil: Vermittelnde Konfliktregelung alltäglicher Streitigkeiten in den Vereinigten Staaten aus rechtsvergleichender Sicht, 1981; *Klingenberg*, in: Böckstiegel (Hrsg.), Schiedsgerichtsbarkeit im deutsch-amerikanischen Wirtschaftsverkehr, 1985, S. 73 ff.;weitere umfassende Literaturnachweise bei *Leiss* S. 183 ff.

[49] Vgl. dazu *Beseler*, Mediation, 5. Aufl. 1995; *Breidenbach*, Mediation, 1995; *Hoellering*, Festschrift für Glossner, 1994, S. 137 ff.; *Henssler/Schwackenberg* MDR 1997, 409 ff.; *Lionnet*, Journal of International Arbitration 4 (1987), 69 ff.

[50] Vgl. dazu *Berger*, Internationale Wirtschaftsschiedsgerichtsbarkeit, 1992, S. 10 mit Nachweisen in Fn. 68.

[51] Die Untersuchung von *Leiss* ist offenbar nur in einer „führenden internationalen Anwaltssozietät" durchgeführt worden (S. 52) und kann deshalb kaum als repräsentativ gelten.

[52] So fehlt bei *Leiss* in ihrer Evaluation die Auseinandersetzung mit dem Problem der Verlängerung und Verteuerung des Verfahrens bei Scheitern der Mediation.

[53] Vgl. dazu *Nicklisch* RIW 1998, 169 ff.

nur einen Weg zur nichtstreitigen Beilegung des Rechtsstreits darstellt. In diesen Fällen führt – das ist der Vorteil – die Schlichtung bei Scheitern nicht zu einer Verzögerung wie bei den sonstigen ADR-Verfahren, wo dann nach uU monatelangen Verhandlungen ganz von vorne vor dem staatlichen oder dem Schiedsgericht begonnen werden muss.

In Umsetzung der europäischen Mediationsrichtlinie[54] wurde die Mediation in einem besonderen Gesetz (Mediationsgesetz[55]) geregelt. Die Regelung in diesem Gesetz ist unvollkommen und umschreibt im wesentlichen Stellung, Ausbildung und Aufgaben des Mediators.

Wird das Ergebnis der Mediation Gegenstand eines Schiedsverfahrens zur Erlangung eines vollstreckbaren Titels, so wird ein solcher Schiedsspruch zuweilen als „Mediationsschiedsspruch" bezeichnet[56]. Das ist irreführend. Es handelt sich nicht um einenechten Schiedsspruch[57] da bei Einleitung des Schiedsverfahrens kein Streit mehr besteht, der entschieden werden könnte. Auch der Schiedsspruch mit vereinbartem Wortlaut setzt zwar bei Erlass des Schiedsspruchs keinen Streit mehr voraus, wohl aber bei Einleitung des Verfahrens. Wenn beide Parteien nach Abschluss des Mediationsverfahrens einen vllstreckbaren Titel wollen, dass kann dies über einen Anwaltsvergleich erreicht werden.

7. Schiedsgerichtsbarkeit und Rechtsvergleichung

Literatur: *Balthasar* (Hrsg.), International Commercial Arbitration, 2016; *Lew*, Comparative International Commercial Arbitration, 2003; *Poudret/Besson*, Comparative law of international arbitration, 2. Aufl. 2007; *Schütze*, Schiedsgerichtsbarkeit und Rechtsvergleichung, ZVglRWiss 110 (2011), 89 ff.

Die Schiedsgerichtsbarkeit ist objektives Recht, die Rechtsvergleichung hat dagegen Rechtsanwendungs- und Rechtsforschungsfunktion. In beiden beeinflusst sie das Recht der Schiedsgerichtsbarkeit.

Schiedsgerichtliche Rechtsvergleichung wird ermöglicht durch Kenntnis fremder Rechte. Zahlreiche Publikationen zu ausländischen Schiedsrechten erleichtern eine komperative Analyse, so das von *Paulsson* herausgegebene Handbook on Commercial Arbitration, die von *Weigand* edirte Sammlung[58], die von *Balthasar* herausgegebene Darstellung[59] oder die Darstellung des Schiedsrechts Ost- und Mitteleuropas in der von *Liebscher* und *Fremuth-Wolf* herausgegebenen Loseblattsammlung „Arbitration Law and Practice in Central and Eastern Europe". Für Lateinamerika ist 2005 ein umfassender Überblick von *Kleinheisterkamp* „International Commercial Arbitration in Latinamerica"[60] erschienen. *Nairn/Heneggan* bringen in „Arbitration World"[61] Darstellungen von 38, *Carter* in The International Arbitration Review[62] von 44 Rechtsordnungen. Für Asien existiert eine praktisch brauchbare aktuelle Sammlung der wichtigten Schiedrechte – auch „exotischer" Rechtsordnungen – von *Respondek*[63]

Weltweit besteht ein rechtspolitischer Konsens, eine private – weitgehend der Parteiautonomie anheimgegebene – Gerichtsbarkeit neben der staatlichen Gerichtsbarkeit zu-

---

[54] Vgl. Richtlinie 2008/52/EG des Europäischen Parlaments und des Rats vom 21. Mai 2008 über bestimmte Aspekte der Mediation in Zivil- und Handelssachen.
[55] Vgl. Mediationsgesetz vom 21. Juli 2012, BGBl. 2012 I, 1577.
[56] Vgl. dazu *Schmidt*. Die Typologie von Schiedssprüchen, 2012, S. 25 ff.
[57] Vgl. *Schmidt*, Die Typologie von Schiedssprüchen, 2012, S. 33.
[58] Vgl. *Weigand*, Practitioner's Handbook on International Commercial Arbitration, 2. Aufl., 2009.
[59] Vgl. *Balthasar*, International Commercial Arbitration, 2016.
[60] 2005.
[61] 5. Aufl. 2015.
[62] 2. Aufl. 2011.
[63] Vgl. *Respondek*, Asia Arbitration Guide, 44. Aufl., 2015.

zulassen. Der Staat hat seit dem Altertum insoweit eine Grundsatzentscheidung getroffen. Er verzichtet auf sein Rechtsprechungsmonopol, wenn die Parteien es so wollen. Damit ist der Weg frei zur Erreichung des Hauptzieles jeglicher Rechtsvergleichung: der Rechtsvereinheitlichung.

24 Bei der Rechtsvereinheitlichung sind so große Fortschritte erreicht worden. Das UNCITRAL Modellgesetz, das nach jahrelangen rechtsvergleichenden Vorarbeiten von der UN Vollversammlung 1985 den Staaten zur Annahme empfohlen worden ist, hat sich zu einem juristischen Bestseller entwickelt und ist in über 60 Staaten Grundlage der nationalen Schiedsgesetze geworden.[64] Durch das Genfer Protokoll 1923, das Genfer Abkommen 1927 und das UN-Übereinkommen 1958 ist durch staatsvertragliche Regelung eine weitgehende Vereinheitlichung des Rechts der Schiedsvereinbarung und der Anerkennung und Vollstreckbarerklärung ausländischer Schiedssprüche erreicht worden, die in Deutschland so weit geht, dass der Gesetzgeber auf eine eigenständige Regelung der Wirkungserstreckung ausländischer Schiedssprüche verzichtet und in § 1061 ZPO das UN-Übereinkommen für generell (auch gegenüber Nichtvertragsstaaten) für anwendbar erklärt hat.

25 Auch durch private Regelwerke ist eine Rechtsvereinheitlichung auf Teilgebieten entstanden. So haben die IBA Rules of Evidence[65] zu einem Kompromiss der kontinentaleuropäischen und anglo-amerikanischen Beweissysteme geführt.[66]

26 Darüber hinaus sind bei der Rechtsfortbildung und der Rechtserkenntnis Erfolge zu verzeichnen. So hat die Rechtsprechung des Iran-United States Tribunal die Rechtsfortbildung befruchtet.[67]

II. Rechtsquellen der Schiedsgerichtsbarkeit

27 Das Schiedsverfahren ist im 10. Buch der ZPO geregelt (§§ 1025 bis 1066 ZPO). Die Regelung findet nach dem in § 1025 ZPO manifestierten Territorialitätsgrundsatz auf alle Schiedsverfahren und -sprüche Anwendung, soweit der Schiedsort in Deutschland liegt.[68] Die Reform 1997 hat durch die weitgehende Übernahme des UNCITRAL-Modellgesetzes[69]

---

[64] Vgl. zur Umsetzung des UNCITRAL Modellgesetzes *Jaeger*, Die Umsetzung des UNCITRAL-Modellgesetzes über die internationale Handelsschiedsgerichtsbarkeit im Zuge der nationalen Reformen, 2001; *Zobel*, Schiedsgerichtsbarkeit und Gemeinschaftsrecht, 2005, S. 241 ff.

[65] Vgl. dazu *Hafter*, The Provisions on the Discovery of Internal Documents in the IBA Rules of 1999, Festschrift für Briner, 2005, S. 347 ff.; *Raeschke-Kessler*, Die IBA-Rules über die Beweisaufnahme in internationalen Schiedsverfahren, in: Böckstiegel (Hrsg.), Beweiserhebung in internationalen Schiedsverfahren, 2001, S. 41 ff.; jüngst zu den Reformen *Kreindler* Possible Future Revisions to the IBA Rules on Taking Evidence in International Commercial Arbittration, in: Böckstiegel/Berger/Bredow (Hrsg.), The Taking of Evidence in International Commercial Arbitration, 2010, S. 85 ff.

[66] Vgl. *Schütze* ZVglRWiss 110 (2011), 89 ff., 94

[67] Vgl. dazu *Wühler* Die Bedeutung des Iran-United States Tribunal für die Rechtsfortbildung, in: Böckstiegel (Hrsg.), Rechtsfortbildung durch die Internationale Schiedsgerichtsbarkeit, 1989, S. 93 ff.

[68] Vgl zu Nationalität von Schiedsverfahren und Schiedsspruch unten Rn. 688 f.

[69] Vgl. dazu *Alexander*, The UNCITRAL Model Law on International Commercial Arbitration, World Arbitration and Mediation Report 15 (2004), 105 ff.; *Alvarez/Kaplan/Rivkin*, Model Law Decisions: Cases applying the UNCITRAL Model law on International Commercial Arbitration (1995–2001), 2003; *Binder*, International Commercial Arbitration in UNCITRAL Model Law Jurisdictions, 2000; *ders.*, The UNCITRAL model law on international commercial arbitration, 1999; *Böckstiegel*, Das UNCITRAL-Modellgesetz für die internationale Wirtschafts-Schiedsgerichtsbarkeit, RIW 1984, S. 670 ff.; *Broches*, Commentary on the UNCITRAL Model Law on International Commercial Arbitration, 1990; *Calavros*, Das UNCITRAL-Modellgesetz über die internationale Handelsschiedsgerichtsbarkeit, 1988; *Degenhardt*, Das UNCITRAL-Modellgesetz über die internationale Handelsschiedsgerichtsbarkeit und nationales Recht – eine Untersuchung,

nach Diskussionen in der Literatur[70] die veraltete Regelung von 1879 – später nur lückenhaft den modernen Erfordernissen angepasst – abgelöst.[71] Mit dieser Reform ist Deutschland einem weltweiten Trend zur Vereinheitlichung der Schiedsgerichtsbarkeit gefolgt.[72]

Das UNCITRAL-Modellgesetz[73] ist ein juristischer „Bestseller" geworden. Es ist **28** Grundlage von Schiedsgesetzen in zahlreichen Staaten,[74] so ua Ägypten,[75] Armenien, Aserbeidschan, Australien (New South Wales, Northern Territory, Queensland, South Australia, Tasmania, Victoria, Western Australia),[76] Bahrain, Bangladesh,[77] Belarus[78], Belgien,[79] Bermuda[80], Bhutan, British Virgin Islands, Brunei-Darussalam, Bulgarien,[81]

2005; *Friedrich,* UNCITRAL Model Law on International Commercial Arbitration, SchiedsVZ 2004, 297 ff.; *Glossner,* Das UNCITRAL-Modellgesetz als Gesetzesmodell für die internationale Schiedsgerichtsbarkeit, RIW 1983, 120; *Granzow,* Das UNCITRAL-Modellgesetz über die internationale Handelsschiedsgerichtsbarkeit von 1985, 1988; *Herrmann,* The UNCITRAL Model Law – its background, salient features and purposes, Arb.Int, 1985, 6 ff.; *Holtzmann/Neuhaus,* A Guide to the UNCITRAL-Model Law on International Commercial Arbitration, 1989; *Hußlein-Stich,* Das UNCITRAL-Modellgesetz über die internationale Handelsschiedsgerichtsbarkeit, 1990; *Jaeger,* Die Umsetzung des UNCITRAL-Modellgesetzes über die internationale Handelsschiedsgerichtsbarkeit im Zuge der nationalen Reformen, 2001; *Kerr,* Arbitration and the Courts: the UNCITRAL model law, I. C. L. Q., 1985, S. 1 ff.; *Real,* UNCITRAL-Modellgesetz über die internationale Handelsschiedsgerichtsbarkeit, ZVglRWiss 89 (1990), 407 ff.; *Reid,* The UNCITRAL Model Law on International Commercial Arbitration and the English Arbitration Act: Are the Two Poles Apart?, JIntArb 21 (2004), 227 ff.; *Roth,* UNCITRAL Model Law on International Commercial Arbitration, in: Weigand (Hrsg.), Practitioner's Handbook on International Commercial Arbitration, 2. Aufl. 2009, 14.01 ff. (S. 953 ff.); *Sanders,* UNCITRAL's Model Law on International Commercial Arbitration: present situation and future, Arbitration International 2005, 443 ff.

[70] Vgl. *Kornblum,* Jahrbuch für die Praxis der Schiedsgerichtsbarkeit I (1987), S. 34 ff.; *Labes/Lörcher* MDR 1997, S. 420 ff.; *Lörcher* ZRP 1987, 230 ff.; *Sanders,* Jahrbuch für die Praxis der Schiedsgerichtsbarkeit 4 (1990), S. 121 ff.; *Schlosser* ZIP 1987, 492 ff.; *Schwab,* Festschrift für Nagel, 1987, S. 427 ff.; *Zerbe,* die Reform des deutschen Schiedsverfahrensrechts auf der Grundlage des UNCITRAL-Modellgesetzes über die internationale Handelsschiedsgerichtsbarkeit, 1995.

[71] Vgl. zur Übernahme im Einzelnen *Schumacher* RPS BB-Beil. 2/1998, 6 ff.

[72] Vgl. *Bredow* RPS BB-Beil. 2/1988, 2 ff.

[73] Vgl. zur Umsetzung des UNCITRAL-Modellgesetzes auch die sorgfältige Zusammenstellung der nationalen Rechtsquellen bei *Zobel,* Schiedsgerichtsbarkeit und Gemeinschaftsrecht, 2005, S. 241 ff.

[74] Vgl. *Jaeger,* Die Umsetzung des UNCITRAL-Modellgesetzes über die internationale Handelsschiedsgerichtsbarkeit im Zuge der nationalen Reformen, 2001. Vgl. für eine umfassende Literaturübersicht *Weigand,* Prctitioner's Handbook on International Commercial Arbittration, 2. Aufl. 2009, S. 1120 ff.

[75] Law 27 of 1994 enacting a Law concerning Arbitration in Civil and Commercial Matters. Dazu *Aboul-Enein,* Reflections on the New Egyptian Law on Arbitration, Arb Int'l 11 (1995), 1/75 ff.; *El-Ahdab,* The New Egyptian Arbitration Act in Civil and Commercial Matters, J Int'l Arb 12 (1995), 2/ 65 ff.

[76] International Arbitration Act, 1974, mehrfach ergänzt und geändert, durchgreifend 2006; vgl. dazu *Baron,* The Australian International Arbitration Act, the Fiction of Severability and Claims for Restitution, (2000) 16 Arb Int'l 159;*Foster/Martignoni/Morrison,* in: Nairn/Henghan (Hrsg.), Arbitration World, 5. Aufl. 2015, S. 307 ff.

[77] Vgl. *Maniruzzaman,* The Bangladesh Arbitration Act 2001 – some reflections, Asian Dispute Review, 2005, 73 ff.; *ders.,* Bangladesh Embraces the UNCITRAL Model Law on Arbitration: But Not Quite, Mealey's Int'l Arb. Rep. 19 (2004), 61 ff.

[78] Vgl. *Shelkoplyas,* The Belarusian Law on Internationale Arbitration Court: The Spirit of the Letter of the Model Law, J.Int'l. Arb. 17 (2000), 155 ff.

[79] Gesetz v. 24.6.2013, J. O. v. 28.6.2913, 41263

[80] Vgl. *Rawling* ADR: Bermuda's International Cociliation and Arbitration Act 1993, Arb. Int 10 (1994), 99 ff.

[81] Law on International Commercial Arbitration v. 29.7.1988, dazu *Gueorguiv,* La loi bulgare sur l'arbitrage commercial international, Rev.arb. 1996, 39 ff.; *Stalev,* Jahrbuch für die Praxis der Schieds-

Chile,[82] China (einschliesslich Hongkong und Macao),[83] Costa Rica, Dänemark,[84] Dominikanische Republik, Estland[85], Georgien, Griechenland,[86] Guatemala, Honduras, Hongkong,[87] Indien,[88] Iran[89], Irland,[90] Japan,[91] Jordanien, Kambodia, Kanada (Alberta, British Columbia, Manitoba, New Brunswick, Neufundland und Labrador, North-West Territories, Nova Scotia, Nunavut, Ontario, Prince Edward Island, Quebec, Saskatchewan, Yukon),[92] Kenia, Korea (Republik),[93] Kroatien,[94] Litauen,[95] Macao, Madagaskar, Malediven, Malta, Mauritius, Mazedonien (ehemalige jugoslawische Republik),Mexiko,[96] Mon-

gerichtsbarkeit 2 (1988), S. 208 ff.; *Tschipev*, in: Böckstiegel (Hrsg.), Recht und Praxis der internationalen Schiedsgerichtsbarkeit in Staaten Zentral- und Osteuropas, 1998, S. 55 ff.

[82] Vgl. dazu *Conejero Roos*, The new Chilean arbitration law and the influence of the model law, Journal of Internationale Arbitration 22.2 (2005), 149 ff.; *Harasic/Cero*, in: Carter, The International Arbitration Review, 2010, S. 48 ff.; *Källmann*, Internationale Handelsschiedsgerichtsbarkeit in Chile, IHR 2006, 137 ff.

[83] Schiedsgesetz 1995; vgl. dazu *Chua Eu Jin*, Arbitration in China, Asian International Arbitration Journal 1 (2005), 83 ff.; *Fung/Wang* (Hrsg.), Arbitration in China, 2004; *Murray/Lin*, in: Nairn/Heneghan (Hrsg.), Arbitration World, 5. Aufl. 2015, S. 409 ff.

[84] Vgl. dazu *Jørgensen/Terkildsen*, The new Danish Arbitration Act, International Arbitration Law Review, 2005, 203 ff.; *Lookowsky/Kristoffersen*, The new Danisch Arbitration Act, Stockholm Int'l Arb Rev 2006, 43 ff.; *Meurs-Gerken*, Distinctive features of the new Danish Arbitration Act, ICC Bulletin 16.2, 47 ff.

[85] Vgl. *Hallmägi*, Länderbericht Estland, in: Böckstiegel (Hrsg.), Recht und Praxis der internationalen Schiedsgerichtsbarkeit in den Staaten Zentral- und Osteuropas, 1998, S. 95 ff.; *Lezheiko* Comparative analysis of the new Estonian arbitration law provisions on the choice of law applicable to the international commercial arbitration dispute, Stockholm Int'l Arb. Rev. 2005, 15 ff.

[86] Vgl. Gesetz Nr. 2735; dazu *Kerameus* The new Greek law on international commercial arbitration, Revue hellénique de droit international 1999, 583 ff.; *Koussoulis*, Greek arbitration law – introduction, 2005.

[87] Arbitration Ordinance (Amendment) (No. 2) Ordinance 1989. Vgl. dazu *Mc Alpine/Nijar*, in: Nairn/Heneghan, Arbitration World, S. 551 ff.; weiter *Shepherd/Gooding*, Hong Kong case report: applying articel 8 (1) of the UNCITRAL Model Law – New Sound Industries Ltd. v. Meliga Ltd., Asian International Arbitration Journal, 2005, 95 ff.

[88] Vgl. Arbitration and Conciliation Act, 1996; dazu *Shroff/Karia/Kapoor/Gupta*, in: Nairn/Heneghan, Arbitration World,, S. 571 ff.; *Sharma/Pf*aff, Das indische Schiedsrecht, RIW 2011, 817 ff.

[89] Vgl. dazu *Seifi*, Journal of International Arbitration, 15 (1998), No. 2, 5 ff.

[90] Vgl. Arbitration (International Commercial) Act, 1998; dazu *Pinsolle/Griffin*, Quelques Observations sur la Loi Irlandaise sur l'Arbitrage International de 1998, Revue de l'Arbitrage, 2000, 4 ff.; *Dunleavy/Carey*, in: Nairn/Heneghan, Arbitration World,, S. 593 ff.; *Simms*, Das Recht der Schiedsgerichtsbarkeit in Irland, 2002.

[91] Vgl. Gesetz Nr. 138/2003; dazu *Iwasaki*, Asian International Arbitration Journal 2 (2006), 76 ff.; *Nakamura*, Salient Features of the New Japanese Arbitration Law Based upon the UNCITRAL Model law on International Commercial Arbitration, Mealey's International Arbitration Report, 2003, 18 ff.; *Oghigian*, Japan's new arbitration law, Asian Dispute Review, 2005, 56 f.; *Roughton*, Asian International Arbitration Journal, 2005, 127 ff.; *Tezuka*, in: Rowley (Hrsg.), Arbitration World, 3. Aufl. 2010, S. 365 ff.

[92] Commercial Arbitration Act v. 17.6.1986; dazu *Boivin*, International Arbitration in Canada, J. Int.Arb. 20 (2003), 507 ff.; *Chibuedze* The Adoption and Application of the Model Law in Canada Post Arbitration Challenge, (2001) 18 J Int'l Arb. 191; *Haigh/Grant/Rojas/Beke/Quintal/Luur* in: Nairn/Heneghan, Arbitration World, S. 367 ff.; *Nöcker*, Das Recht der Schiedsgerichtsbarkeit in Kanada, 1988; ders. RIW 1988, 363 ff.

[93] Schiedsgesetz 1999; vgl. dazu *Lim/Kim (S.)/Kim(J.)*, in: Nairn/Heneghan, Arbitration World,, S. 873 ff.

[94] Vgl. *Zakon o arbitrazi*, GBl. 88/2001 v. 11.11.2001; dazu *Kresimir*, Das kroatische Recht der internationalen Schiedsgerichtsbarkeit, 2005; *ders.*, Festschrift für Jayme, 2004, S. 793 ff.; *Uzelac/Keglević*, in: Oberhammer (Hrsg.), Schiedsgerichtsbarkeit in Zentraleuropa, 2005, S. 131 ff., 133 f.

[95] Vgl. dazu *Godiene*, in: Böckstiegel (Hrsg.), Recht und Praxis der internationalen Schiedsgerichtsbarkeit in Staaten Zentral- und Osteuropas, 1998, S. 153 ff.

[96] Commercial Code – Art. 1415 ff., 1993; dazu von *Wobeser*, in: Rowley (Hrsg.), Arbitration World, 3. Aufl. 2010, S. 399 ff. (in der 5. Aufl. nicht mehr behandelt).

tenegro, Myanmar,[97] Neuseeland,[98] Nicaragua, Nigeria,[99] Norwegen, Österreich,[100] Oman, Paraguay, Peru,[101] Philippinen, Polen,[102] die Russische Föderation,[103] Rwanda, Sambia, Schottland,[104] Serbien, Simbabwem, Singapur,[105] Slowenien, Spanien, Sri Lanka, Thailand, Tschechien,[106] Türkei, Tunesien, Uganda,[107] die Ukraine,[108] Ungarn,[109] USA (nur California, Connecticut, Florida, Geogia, Illinois, Louisiana, Oregon und Texas), Venezuela, Zypern,[110] während andere Länder auch in neueren Gesetzen „kritische Distanz" wahren, so England.[111]

Rechtsquelle der internationalen Schiedsgerichtsbarkeit sind in großem Maße Staatsverträge.[112] Deutschland ist Mitgliedstaat aller wichtigen Konventionen auf diesem Gebiet:

- Genfer Protokoll über die Schiedsklauseln v. 24.9.1923,[113] gilt im Verhältnis zu den Bahamas
- Genfer Abkommen zur Vollstreckung ausländischer Schiedssprüche v. 26.9.1927,[114] gilt im Verhältnis zu: Anguilla und den Bahamas

---

[97] Union Law No. 5/2016 dazu *Respondek/Witte,* Länderbericht Myanmar, in Geimer/Schütze, Internationaler Rechtsverkehr, 1093a, 14 f.
[98] Arbitration Act, 1996; dazu *Williams/Walker,* in: Rowley (Hrsg.), Arbitration World, 3. Aufl. 2010, S. 431 ff. (in der 5. Aufl. nicht mehr behandelt).
[99] Arbitration and Conciliation Decree 1988.
[100] SchiedsRÄndG 2006, durch das die §§ 577 ff. ZPO neugefasst worden ist; vgl. dazu *Reiner/Aschauer,* in: Nairn/Heneghan, Arbitration World, S. 329 ff.
[101] Ley General de Arbitraje 1992.
[102] Vgl. dazu *Kakolecki/Nowaczyk,* Poland's new Arbitration legislation, ICC Bulletin 16.2, 41 ff.
[103] Law on International Commercial Arbitration, 1993; vgl. dazu *Lovyrev/Udovichenko,* in: Nairn/Heneghan, Arbitration World„ S. 801 ff.; *Märkl,* Schiedsgerichtsbarkeit in Rußland, 1998; *Komarov,* in: Böckstiegel (Hrsg.), Recht und Praxis der internationalen Schiedsgerichtsbarkeit in Staaten Zentral- und Osteuropas, 1998, S. 265 ff.
[104] Law Reform (Scotland) Act, 1990.
[105] Vgl. International Arbitration Act, 1994; dazu *Hwang/Boo/Lai,* in: Paulsson (Hrsg.), International Handbook on Commercial Arbitration, Bd. IV, Singapore, 1 ff.; *Howell* SchiedsVZ 2003, 114 ff.; *Pillay* Arb.Int, 20 (2004), 355 ff.
[106] Gesetz Nr. 216/1994; vgl. dazu *Pauknerová/Růžička,* in: Oberhammer (Hrsg.), Schiedsgerichtsbarkeit in Zentraleuropa, 2005, S. 253 ff., 255. Die Reform 1994 hat allerdings nur zur Übernahme einer sehr modifizierten Form des UNCITRAL Model Law geführt.
[107] Code de l'arbitrage v. 26.4.1993.
[108] Law on International Commercial Arbitration v. 24.3.1994, dazu *Kiszczuk* RIW 1995, 641 ff.; *Porbirtschenko,* in: Böckstiegel (Hrsg.), Recht und Praxis der internationalen Schiedsgerichtsbarkeit in Staaten Zentral- und Osteuropas, 1998, S. 449 ff.; *Sourjikowa-Giebner,* Schiedsgerichtsbarkeit in der Ukraine, 1998.
[109] Vgl. dazu *Engelhardt* RPS BB-Beil. 5/1996, 6 ff.; *Horváth,* in: Böckstiegel (Hrsg.), Recht und Praxis der internationalen Schiedsgerichtsbarkeit in Staaten Zentral- und Osteuropas, 1998, S. 505 ff.; *Pikó,* Schiedsgerichtsbarkeit in Ungarn, 1998.
[110] The International Arbitration Law, 1987.
[111] Vgl. dazu *Ajibola,* Festschrift für Böckstiegel, 2001, S. 1 ff.; *Kerr,* Festschrift für Böckstiegel, 2001, S. 377 ff.; *Reid,* The UNCITRAL Model Law on International Commercial Arbitration and the English Arbitration Act: Are the Two Systems Poles Apart?, JIntArb 21 (2004) 227 ff.; *Triebel/Plassmeier* RPS BB-Beil. 13/1997, 2 ff., 3.
[112] Vgl. zu den jüngsten Neuregelungen *Pörnbacher/Loos/Baur* BB 2011, 711 ff.
[113] RGBl. II 1925, 47; vgl. dazu *Greminger,* Die Genfer Abkommen von 1923 und 1927 über die internationale private Schiedsgerichtsbarkeit, 1957; *Mezger* RabelsZ 24 (1959), S. 222 ff.; *Schütze,* in: Geimer/Schütze, internationaler Rechtsverkehr, 710. 3ff
[114] RGBl. II 1930, 1068; vgl. dazu *Bettelheim* JBl. 1931, 407 ff.; *Brachet,* De l'exécution internationale des sentences arbitrales, 1928; *Bülow* RiW 1956, 27 ff.; *Edler,* RabelsZ 5 (1931), 361 ff.; *Greminger,* Die Genfer Abkommen von 1923 und 1927 über die internationale private Schiedsgerichtsbarkeit, 1957; *Habscheid* ZZP 70 (1957), 28 ff.; *Mezger* RabelsZ 24 (1957), 222 ff.; *Schütze,* in: Geimer/Schütze, Internationaler Rechtsverkehr, 712. 1 ff.; *Volkmar* JW 1930, 2745 ff.

- UN-Übereinkommen v. 10.6.1958 über die Anerkennung und Vollstreckung ausländischer Schiedssprüche,[115] gilt im Verhältnis zu: Ägypten, Afghanistan, Albanien, Algerien, Antigua und Barbuda, Argentinien, Armenien, Aserbaidschan, Australien, Bahamas, Bahrain, Bangladesch, Barbados, Belarus, Belgien, Benin, Bhutan, Bolivien, Bosnien-Herzegowina, Botsuana, Brasilien, Brunei Darussalam, Bulgarien, Burkina Faso, Burundi, Chile, China, Cook-Inseln, Costa Rica, Dänemark, Dominica, Dominikanische Republik, Dschibuti, Ecuador, Elfenbeinküste, El Salvador, Estland, Fidschi, Finnland, Frankreich, Gabun, Georgien, Ghana, Griechenland, Guatemala, Guinea, Guyana, Haiti, Heiliger Stuhl, Honduras, Indien, Indonesien, Iran, Irland, Island, Israel, Italien, Jamaica, Japan, Jordanien, Jugoslawien (ehemaliges), Kambodscha, Kamerun, Kanada, Kasachstan, Katar, Kenia, Kirgisistan, Kolumbien, Komoren, Kongo (Dem.Rep.), Korea (Republik), Kroatien, Kuba, Kuwait, Laos, Lesotho, Lettland, Libanon, Liberia, Liechtenstein, Litauen, Luxemburg, Madagaskar, Malaysia, Mali, Malta, Marokko Marshallinseln, Mauretanien, Mauritius, Mazedonien(ehemalige jugoslawische Republik), Mexiko, Moldau, Monaco, Mongolei, Montenegro, Mosambik, Nepal, Neuseeland, Nicaragua, Niederlande, Niger, Nigeria, Norwegen, Oman, Österreich, Pakistan, Palästina, Panama, Paraguay, Peru, Philippinen, Polen, Portugal, Ruanda, Rumänien, Russische Föderation, Sambia, San Marino, Sao Tomé und Principe, Saudi-Arabien, Schweden, Schweiz, Senegal, Serbien und Montenegro, Simbabwe, Singapur, Slowakei, Slowenien, Sowjetunion (ehemalige), Spanien, Sri Lanka, St. Vincent und die Grenadinen, Südafrika, Syrien, Tadschikistan, Tansania, Thailand, Trinidad und Tobago, Tschechien, Tschechoslowakei (ehemalige), Tunesien, Türkei, Uganda, Ukraine, Ungarn, Uruguay, Usbekistan, Venezuela, Vereinigte Arabische Emirate, Vereinigtes Königreich, Vereinigte Staaten von Amerika, Vietnam, Zentralafrikanische Republik, Zypern
- Europäisches Übereinkommen v. 21.4.1961 über die internationale Handelsschiedsgerichtsbarkeit,[116] gilt im Verhältnis zu: Albanien, Aserbaidschan, Belarus, Belgien, Bosnien-Herzegowina, Bulgarien, Burkina Faso, Dänemark, Frankreich, Italien, Jugoslawien (ehemaliges), Kasachstan, Kroatien, Kuba, Lettland, Luxemburg, Mazedonien (ehemalige jugoslawische Republik), Moldau, Montenegro, Obervolta, Österreich, Polen, Rumänien, Russische Föderation, Serbien und Montenegro, Slowakei, Slowenien, Sowjetunion (ehemalige), Spanien, Tschechien, Tschechoslowakei (ehemalige), Türkei, Ukraine, Ungarn.

30 Das Übereinkommen zur Beilegung von Investitionsstreitigkeiten zwischen Staaten und Angehörigen anderer Staaten vom 18.3.1965 (Weltbankübereinkommen)[117] ist nur für Investitionsstreitigkeiten im öffentlich-rechtlichen Bereich bedeutsam, regelt nicht die private internationale Schiedsgerichtsbarkeit. Keine echten Schiedsgerichte sind auch der

---

[115] BGBl. II 1961, 122, vgl. dazu *Bajons,* Festschrift für Machacek und Matscher, 2008, S. 703 ff.; *Bertheau,* Das New Yorker Abkommen vom 10. Juni 1958 über die Anerkennung und Vollstreckung ausländischer Schiedssprüche, 1965; *Bredin* Journal Clunet 87 (1960), 1002 ff.; *Bülow* KTS 1959, 1 ff.; *Glossner,* Festschrift für Stödter, 1979, S. 47 ff.; *Klein* SJZ 1961, 229 ff.; *Kröll* SchiedsVZ 2009, 40 ff.; *Maier,* Europäisches Übereinkommen über die internationale Handelsschiedsgerichtsbarkeit und UN-Übereinkommen über die Anerkennung und Vollstreckung ausländischer Schiedssprüche, 1966; *Sedlacek* ZfRV 1962, 23 ff.

[116] BGBl. II 1964, 426; vgl. dazu *Bülow* AWD 1961, 144 ff.; *Gentinetta* AWD 1969, 46 ff.; *ders.* Schw. Jahrb.Int.R. 25 (1968), 149 ff.; *Kaiser,* Das europäische Übereinkommen über die internationale Handelsschiedsgerichtsbarkeit vom 21. April 1961, 1967; *Klein* ZZP 76 (1963), 342 ff.; *Maier,* Europäisches Übereinkommen über die internationale Handelsschiedsgerichtsbarkeit und UN-Übereinkommen über die Anerkennung und Vollstreckung ausländischer Schiedssprüche, 1966; *Mezger* RabelsZ 29 (1965), 231 ff.

[117] BGBl. II 1969, 371.

Iran-United States Claims Tribunal und das Schiedsgericht nach dem Londoner Schuldenabkommen.[118]

Die bilateralen Staatsverträge über die internationale Urteilsanerkennung verweisen regelmäßig auf das UN-Übereinkommen.[119] Eine Ausnahme macht der deutsch-tunesische Vertrag, der eine eigenständige Regelung enthält. Zwei Staatsverträge sind für die Schiedsgerichtsbarkeit besonders bedeutsam: **31**

- deutsch-amerikanischer Freundschafts-, Handels- und Schifffahrtsvertrag v. 29.10.1954[120] (Art. IV)
- deutsch-tunesischer Rechtshilfe-, Anerkennungs- und Vollstreckungsvertrag v. 19.7.1966.[121]

Darüber hinaus enthalten zahlreiche multilaterale und bilaterale Staatsverträge Regelungen der internationalen Schiedsgerichtsbarkeit für begrenzte Sachgebiete. **32**

Nicht anwendbar auf die Schiedsgerichtsbarkeit sind die Brüssel I und Brüssel Ia VO sowie LugÜ II. Die Schiedsgerichtsbarkeit gehört zu den ausdrücklich ausgenommenen Rechtsgebieten[122]. Das gilt ua für Verfahren betreffend die Ernennung und Abberufung von Schiedsrichtern, die Festlegung des Schiedsortes, die Wirksamkeit oder Unwirksamkeit einer Schiedsvereinbarung, die Unzulässigkeit des Schiedsverfahrens und die Bestätigung, Aufhebung und Vollstreckbarerklärung von Schiedssprüchen. Eine Streitfrage im Schnittpunkt von europäischem Zivilprozess und Schiedsverfahren hat der EuGH in der Entscheidung West Tankers[123] geklärt. Danach ist eine anti suit injunction, mit der dem Beklagten verboten wird, wegen einer Schiedsvereinbarung ein vor einem staatlichen Gerichts anhängig gemachtes Verfahren fortzuführen, unzulässig. **33**

Die Probleme, die durch den Ausschluss der Schiedsgerichtsbarkeit aus dem Anwendungsbereich der Brüssel I VO – insbesondere im Hinblick auf Torpedoklagen – entstanden sind, sollten durch eine Revision dieser Verordnung beseitigt werden[124]. Nach dem Kommissionsvorschlag vom Dezember 2010 sollte keine Radikallösung in Form einer Beseitigung des Ausschlusses der Schiedsgerichtsbarkeit erfolgen. Geplant war eine Regelung der Probleme, die durch West Tankers entstanden sind und entstehen können über eine Litispendezlösung. Nach dem Kommissionsvorschlag sollte durch Art. 29 Abs. 4 EuGVVO ein spezieller lis pendens Mechanismus eingeführt werden, der Parallelverfahren ab initio verhindern soll. Unabhängig von der Priorität sollte das Gericht am Schiedsort für die Entscheidung über die Wirksamkeit des Schiedsvereinbarung und ihre Reichweite zur Entscheidung zuständig sein[125]. Das alles hat der Verordnungsgeber nicht **34**

---

[118] Vgl. Wieczorek/Schütze/*Schütze* § 1061, Rn. 148 ff.

[119] Vgl. *Schütze/Tscherning/Wais* Rn. 555.

[120] BGBl. II 1956, 488.

[121] BGBl. II 1969, 890.

[122] Vgl. im Einzelnen *Geimer/Schütze* Europäisches Zivilverfahrensrecht, 3. Aufl. 2010, Art. 1 Rn. 144 ff.; *Baumann*, Schiedsgerichtsbarkeit und EuGVVO: Löst die Novelle die problematischen Abgrenzungsfragen?, FS Ahrens, 2016, S. 467 ff.; *Geimer*, Die Reichweite der Bereichsausnahme zu Gunsten der Schiedsgerichtsbarkeit in Art. 1 Abs. 2 lit. d EuGVVO nF, Festschrift für Ahrens, 2016, S. 501 ff. mit umfassenden Nachweisen.

[123] Vgl. EuGH – Rs. C-185/07 – Allianz SpA, vormals Riunione Adriatica et al. v. West Tankers Inc. – IPRax 2009, 336 mit Besprechungsaufsatz *Illmer* ebenda 312 ff. = SchiedsVZ 2009, 120 = IHR 2009, 84; weiter *Markus* A Sweiss Perspective on West Tankers and Its Aftermath. What about the Lugano Convention?, ASA Bulletin28 (2010), 230 ff.

[124] Vgl. dazu *van Houtte*, Why not include Arbitration in the Brussels Jurisdiction Regulation?, ArbInt. 21 (2005), 509 ff.; *Illmer* Brussels I and Arbitration Revisited, RabelsZ 75 (2011), 645 ff.; *ders.*, Der Kommissionsvorschlag zur Reform der Schnittstelle der EuGVO mit der Schiedsgerichtsbarkeit, SchiedsVZ 2011, 248 ff.; *Kunick/Lamb/Prantl/Regenhardt* SchiedsVZ 2012, 21 ff.; *Niggemann* West Tankers, die „exception française" und die Reform der EuGVVO, SchiedsVZ 2010, 67 ff.; *Weber*, Festschrift für das Europa-Institut Universität des Saarlandes, 2011, S. 607 ff.

[125] Vgl. für Einzelheiten *Illmer* SchiedsVZ 2011, 248 ff. (251 ff.); *Schlosser* SchiedsVZ 2009, 129 ff.

umgesetzt. In Art. 1 Abs. 2 lit.c Brüssel I a VO heißt es weiterhin mit dürren Worten, dass die Verordnung nicht anzuwenden ist auf „die Schiedsgerichtsbarkeit". Nach Art. 73 Abs. 2 Brüssel I a VO bleibt das UN-Übereinkommen 1958 unberührt. Neu ist lediglich der zwölfte Erwägungsgrund zur Verordnung:

Diese Verordnung sollte nicht für die Schiedsgerichtsbarkeit gelten. Sie sollte die Gerichte eines Mitgliedstaates nicht daran hindern, die Parteien gemäß dem einzelstaatlichen Recht an die Schiedsgerichtsbarkeit zu verweisen, das Verfahren auszusetzen oder einzustellen oder zu prüfen, ob die Schiedsvereinbarung hinfällig, unwirksam oder nicht erfüllbar ist, wenn sie wegen eines Streitgegenstandes angerufen werden, hinsichtlich dessen die Parteien eine Schiedsvereinbarung getroffen haben.

Entscheidet ein Gericht eines Mitgliedstaates, ob eine Schiedsvereinbarung hinfällig, unwirksam oder nicht erfüllbar ist, so sollte diese Entscheidung ungeachtet dessen, ob das Gericht darüber in der Hauptsache oder als Vorfrage entschieden hat, nicht den Vorschriften dieser Verordnung über die Anerkennung und Vollstreckung unterliegen.

Hat hingegen ein nach dieser Verordnung oder nach einzelstaatlichem Recht zuständiges Gericht eines Mitgliedstaates festgestellt, dass eine Schiedsvereinbarung hinfällig, unwirksam odere nicht erfüllbar ist, sosollte die Entscheidung des in der Hauptsache dennoch gemäß dieser Verordnung anerkannt oder vollstreckt werden können. Hiervon unberührt sollte die Zuständigkeit der Gerichte der Mitgliedstaaten, über die Anerkennung und Vollstreckung von Schiedssprüchen im Einklang mit dem am 10. Juni 1958 in New York unterzeichneten Übereinkommen über die Anerkennung und Vollstreckung ausländischer Schiedssprüche („Übereinkommen von New York von 1958") zu entscheiden, das Vorrang vor dieser Verordnung hat.

Diese Verordnung sollte nicht für Klagen oder Nebenverfahren insbesondere im Zusammenhang mit der Bildung eines Schiedsgerichts, den Befugnissen von Schiedsrichtern, der Durchführung eines Schiedsverfahrens oder sonstigen Aspekten eines solchen Verfahrens oder für eine Klage oder eine Entscheidung in Bezug auf die Aufhebung, die Überprüfung, die Anfechtung, die Anerkennung oder die Vollstreckung eines Schiedsspruchs gelten.

35   Diese halbherzigen Erörterungen in dem Erwägungsgrund binden nicht. Sie haben vielmehr die Diskussion erst hervorgerufen und befeuert[126]. Im Übrigen gilt zur Reform „Der Berg hat gekreist und ein Mäuslein geboren".

III. Zweckmäßigkeit einer Schiedsvereinbarung

Literatur: *Lachmann,* Rn. 120 ff.; *Raeschke-Kessler,* Schiedsverfahren gegen ordentliche Gerichtsbarkeit. Wie die Ziviljustiz stärken?, AnwBl. 2015, 822 ff. (824 ff.); *Schütze,* Effektivität des Rechtsschutzes vor den Schiedsgerichten, in: Gottwald (Hrsg.), Effektivität des Rechtsschutzes vor staatlichen und privaten Gerichten, 2006, S. 171 ff.; *Schütze/Tscherning/Wais* Rn. 1 ff.; *Stumpf,* Vor- und

---

[126] Vgl. zusammenfassend *Geimer,* Die Reichweite der Bereichsausnahme zu Gunsten der Schiedsgerichtsbarkeit in Art. 1 Abs. 2 lit. d EuGVVO nF; Festschrift für Ahrens, 2016, S. 501 ff.; vgl. weiter *Dickler,* Schiedsgerichtsbarkeit und Reform der EuGVVO – Standort Europa zwischen Stagnation und Fortschritt, 2015; *Dittrich,* EWS 2014, 217 ff.; *Domej,* Alles klar? – Bemerkungen zum Verhältnis zwischen staatlichen Gerichten und Schiedsgerichten unter der neugefassten EuGVVO, FS Gottwald, 2014, 97 ff.; *Hess* JZ 2014, 538 ff.; *Mankowski* SchiedsVZ 2014, 209 ff.; *Schlosser* SchiedsVZ 2009, 129 ff.; *Steindl,* Die EuGVVO 2012 und die Schiedsgerichtsbarkeit, Festschrift für Torggler, 2013, S. 1181 ff.

Nachteile des Verfahrens vor Schiedsgerichten gegenüber dem Verfahren vor Ordentlichen Gerichten, Festschrift für Bülow, 1981, S. 271 ff.

Die ordentliche Gerichtsbarkeit funktioniert in Deutschland zufriedenstellend – im internationalen Vergleich sogar hervorragend. Das Verfahren ist rechtsstaatlich, die Kosten sind kalkulierbar, die Verfahrensdauer ist durchaus angemessen. So betrug die durchschnittliche Verfahrensdauer 2010 vor den Amtsgerichten 4.5 Monate, vor den Landgerichten gut 8 Monate. Von solcher Prozessdauer können Amerikaner, Italiener oder Japaner nur träumen.[127]

Bei der Entscheidung, ob eine Streitigkeit unter Ausschluss der staatlichen Gerichte durch ein Schiedsgericht entschieden werden soll, gilt es deshalb, die Vor- und Nachteile der Schiedsgerichtsbarkeit im einzelnen sorgfältig abzuwägen.[128] Dabei sind insbesondere nachstehende Gesichtspunkte zu berücksichtigen:

1. Faires Verfahren

Staatliche Gerichte sind in einigen Teilen der Welt zuweilen korrupt. Bestechlichkeit in der Justiz ist in vielen Ländern ein Grundübel, dessen man sich bewusst sein muss.[129] Hier ist die Schiedsgerichtsbarkeit häufig die einzige Alternative. Nun mag es vorkommen, dass auch Schiedsrichter korrupt sind. Bei dem üblichen Dreierschiedsgericht handelt es sich aber dann nur um ein Mitglied des Schiedsgerichts, das überstimmt werden kann. Überdies stellt der Bestellungsmodus sicher, dass jede Partei einen Schiedsrichter ihres Vertrauens benennen kann und der Vorsitzende konzeptionell neutral ist.

Nicht nur die Korruption in einigen Rechtsordnungen ist ein Problem für die Parteien. Auch ein konzeptionell fremdenfeindliches Verhalten der Richter[130] trägt zuweilen zum Misstrauen in die staatliche Justiz und ein faires Verfahren bei, das zur Wahl der Schiedsgerichtsbarkeit mit einer internationalen Besetzung des Spruchkörpers bei zwischenstaatlichen Rechtsstreitigkeiten führen mag.

2. Spezielle Sachkunde

Streitigkeiten, zu deren Beurteilung eine besondere Sachkunde erforderlich ist, eignen sich vornehmlich für eine Entscheidung durch ein Schiedsgericht. Das gilt zunächst für technische Kenntnisse. Deshalb finden sich in zahlreichen Bau- und Anlagenverträgen Schiedsvereinbarungen.[131] Aber auch über den technischen Bereich hinaus kann eine besondere Sachkunde des Schiedsgerichts im Hinblick auf bestimmte Handelsusancen (Baumwollhandel, Holzhandel pp.) oder spezielle Rechtsgebiete (Seehandelsrecht,[132] Ver-

---

[127] Vgl. *Schütze* ZVglRWiss 99 (2000), 241 ff.
[128] Vgl. dazu *Schütze*, in: Gilles (Hrsg.), Effiziente Rechtsverfolgung – Deutsche Landesberichte zur VII. Weltkonferenz für Prozessrecht in Utrecht 1987, 1987, S. 65 ff.; *Schütze/Tscherning/Wais* Rn. 1 ff.; *Schwab/Walter* Kap. 1 Rn. 8 ff.; *Stumpf*, Festschrift für Bülow, 1981, S. 217 ff.; *Schmidt-Diemitz* DB 1999, 369 ff., 370.
[129] Als der Autor in einem Prozess in einem südamerikanischen Land nach siebenjähriger Dauer in 1. Instanz nach dem Stand des Verfahrens fragte, schrieb der lokale Prozessanwalt, dass die Richter so schlecht bezahlt seien, dass sie Nebenbeschäftigungen aufnehmen müssten und deshalb nicht dazu kämen, sich ihren richterlichen Aufgaben zu widmen. Wenn man den Richter in den Stand setze, seine Nebenbeschäftigung aufzugeben, werde dieser sicher schnell ein gutes Urteil fällen. Urteile dieses Staates werden im Übrigen in Deutschland anerkannt.
[130] Vgl. dazu *Schütze* ZVglRWiss 100 (2001), 464 ff.
[131] Vgl. dazu *Heiermann*, Jahrbuch für die Praxis der Schiedsgerichtsbarkeit 1 (1987), S. 23 ff.; *Hobeck/Koebke*, Schiedsgerichtsbarkeit im internationalen Anlagenbau – Ein Auslaufmodell?, SchiedsVZ 2007, 225 ff.; *Kratzsch*, Construction Law Journal 24 (2008), 375 ff; *Laschet*, Internationale Schiedsgerichtsbarkeit bei Bau- und Anlagenverträgen, 1984, S. 255 ff.
[132] Vgl. dazu auch *Trappe*, Festschrift für Glossner, 1994, S. 459 ff.

sicherungsrecht,[133] ausländisches Recht, Kartellrecht[134] pp.) das Schiedsverfahren im konkreten Fall dem Verfahren vor den staatlichen Gerichten überlegen machen. Schließlich können auch im Einzelfall notwendige Sprachkenntnisse der Schiedsrichter zu größerer Effizienz des Schiedsgerichts gegenüber dem staatlichen Gericht führen.[135]

3. Verfahrensdauer[136]

41   Das Schiedsgericht ist seiner Konzeption nach schneller, da es – von den seltenen Fällen der Vereinbarung eines Oberschiedsgerichts[137] abgesehen – nur eine Instanz kennt. Dieser Vorteil wird aber teilweise durch die Notwendigkeit eines Vollstreckbarerklärungsverfahrens ausgeglichen. Wesentlich zur Verfahrensverkürzung kann es beitragen, wenn durch sachkundige Schiedsrichter ohne Sachverständige oder Übersetzer entschieden werden kann. Bei internationalen Schiedsverfahren trägt die Möglichkeit formloser Zustellung zur Verfahrensverkürzung bei. Diese Vorteile können aber alle verloren gehen, wenn die Parteien – was leider zuweilen geschieht – unerfahrene, wenig qualifizierte oder überlastete Schiedsrichter bestellen.

42   Dabei ist nicht zu verkennen, dass die öffentliche Hand zuweilen Schiedsvereinbarungen trifft, die nur den Zweck haben, ein Ministerium oder eine andere Behörde „aus der Schusslinie zu nehmen" in der Hoffnung, dass die Öffentlichkeit das Interesse verloren hat, wenn das Verfahren nach Jahren zum Ende kommt. Solche Überlegungen mögen dem Mautverfahren des Bundes zugrunde gelegen haben, das seit Jahren dahindümpelt.

4. Kosten

43   Die Kostengünstigkeit des Schiedsverfahrens wird häufig überschätzt.[138] Nach den üblichen Vergütungsregelungen[139] ist das Schiedsverfahren regelmäßig kostspieliger als ein Verfahren vor staatlichen Gerichten.[140] Die Vergütungsvereinbarungen in Schiedsrichterverträgen und Schiedsordnungen institutioneller Schiedsgerichte differieren aber erheblich,[141] so dass ein genereller Vergleich unmöglich ist.[142] Problematisch mag sein, dass die Schiedsgerichtsbarkeit kein Armenrecht kennt. Angesichts der Struktur der Parteien hat die Sportschiedsgerichtsbarkeit mit Wirkung vom 1.4.2016 die Möglichkeit der Verfahrenshilfe bei Dopingstreitigkeiten eröffnet[143]. In anderen Fällen kann die arme Partei sich von der Schiedsvereinbarung lösen (→ Rn. 327 ff.).

---

[133] Vgl. dazu *Busse/Taylor/Justen* Rückversicherungsschiedsgerichtsbarkeit in Deutschland, SchiedsVZ 2008, 1 ff.; *Labes*, Schiedsgerichtsvereinbarungen in Rückversicherungsverträgen, 1996.
[134] Vgl. dazu jüngst *Wagner (G.),* Schiedsgerichtsbarkeit in Kartellsachen, ZvglRWiss 114 (2015, 494 ff.
[135] Vgl. zur Sprache im Schiedsverfahren unten Rn. 493 ff.
[136] Vgl. dazu *Briner,* Reflections on the Duration of Arbitral Proceedings, Festschrift für Sandrock, 2000, S. 137 ff.
[137] Vgl. dazu *Schütze/Tscherning/Wais* Rn. 122; *Weber,* Festschrift für Geimer, 2002, S. 1445 ff.
[138] Vgl. *Lachmann* Rn. 162 ff.; *Lionnet/Lionnet* S. 80 unter falscher Zitierung von *Schütze/Tscherning/Wais* Rn. 9.
[139] Vgl. dazu *Bredow* (Hrsg.), Kosten im Schiedsgerichtsverfahren, DIS-MAT X (2005) (mit Beiträgen zum deutschen und zahlreichen ausländischen Rechten).
[140] Vgl. für ein Beispiel *Schütze/Tscherning/Wais* Rn. 10.
[141] Vgl. die große Studie von *Horvath/Konrad/Power,* Costs in International Arbitration, 2008, die die Zentral- und Süd-Ost Perspektive darstellen
[142] Vgl. dazu die sorgfältigen Untersuchungen von *Lachmann* Rn. 4666.
[143] Vgl. dazu *Hofmann,* DIS-Sportschiedsgerichtsordnung ab 1.4.2016 mit Verfahrenskostenhilfe und weiteren Neuerungen für effektivere Sportschiedsverfahren, SchiedsVZ 2016, 90 ff.; dort auch im Anhang 3 Abdruck der Verfahrenskostenhilfe-Ordnung (S. 93 f.).

Der Kostengesichtspunkt sollte jedenfalls bei der Entscheidung für oder wider eine Schiedsvereinbarung nicht im Vordergrund stehen.[144]   44

5. Verfahrensgestaltung

Die Parteien sind in der Verfahrensgestaltung frei. Sie können das Schiedsgericht von den Fesseln der ZPO oder einer anderen Prozessordnung – in den Grenzen eines rechtsstaatlichen Verfahrens – befreien. Das ist insbesondere bei internationalen Verfahren bedeutsam, in denen Zustellungen und Beweisaufnahmen durchgeführt werden können, ohne dass diplomatische Wege einzuhalten oder Staatsverträge – zB das Haager Zustellungsübereinkommen – zu beachten sind.   45

Der staatliche Richter ist immobil. Eine Kammer des Landgerichts Stuttgart kann nicht einfach zu einer Beweisaufnahme nach Seattle reisen, um eine streitgegenständliche Anlage in Augenschein zu nehmen. Schiedsgerichte dagegen sind mobil. Sie sind nicht an Staatsgrenzen gebunden. So hat ein malaysisch-deutsches Schiedsgericht in Kuala Lumpur, bei dem es um eine Papierfabrik auf Borneo ging, kurzerhand die Beweisaufnahme dort durchgeführt. Ähnliches ereignete sich in einem deutsch-koreanischen Schiedsverfahren über Schadensersatzansprüche aus Mängeln einer Anlage in Seoul. Das Schiedsgericht verlegt den Sitz des Schiedsgerichts von Paris nach Seoul und konnte Beweisaufnahme und Verhandlung dort führen   46

6. Vertraulichkeit

Schiedsverfahren sind nicht öffentlich. Schiedssprüche werden ohne Zustimmung der Parteien nicht publiziert. Deshalb eignet sich die Schiedsgerichtsbarkeit besonders für Streitigkeiten, die nicht allgemein bekannt werden sollen[145]. Das gilt beispielsweise für gesellschaftsrechtliche Auseinandersetzungen,[146] aber auch für vermögensrechtliche Auseinandersetzungen unter Ehegatten[147] und erbrechtliche Streitigkeiten.[148]   47

7. Durchsetzbarkeit des Schiedsspruchs

Die Durchsetzbarkeit eines inländischen Schiedsspruchs ist geringer als die eines Urteils eines ordentlichen Gerichts. Der Schiedsspruch bedarf zur Vollstreckung zunächst der gerichtlichen Vollstreckbarerklärung. Für den internationalen Bereich dagegen besteht eine größere Freizügigkeit als bei Urteilen. Die Anerkennung und Vollstreckbarerklärung ausländischer Schiedssprüche sind nach den nationalen Prozessordnungen und den Staatsverträgen gegenüber der Regelung bei gerichtlichen Entscheidungen erleichtert. So kennt § 1061 ZPO, der auf das UN-Übereinkommen 1958 verweist, nicht das anerkennungsfeindliche Erfordernis der verbürgten Gegenseitigkeit des § 328 Abs. 1 Nr. 5 ZPO.   48

---

[144] Vgl. dazu auch *Karrer* SchiedsVZ 2006, 113 ff.
[145] Vgl. dazu *Kahlert,* Vertraulichkeit im Schiedsverfahren, 2015.
[146] Vgl. zu Schiedsvereinbarungen in Gesellschaftsverträgen *Roth*, Festschrift für Nagel, 1987, S. 318 ff.; *Schmidt* GmbHRdSch 1990, 16 ff.; *Schopp* DB 1958, 591 ff.; *Vollmer* ZGR 1982, 15 ff.; *Westermann*, Festschrift für Fischer, 1979, S. 853 ff.
[147] Vgl. für ein Beispiel BGH NJW 1987, 652 = EWiR § 1027a ZPO 1/87, 305 *(Schütze)*.
[148] Vgl. dazu *Happe,* in: Böckstiegel (Hrsg.), Schiedsgerichtsbarkeit in gesellschaftsrechtlichen und erbrechtlichen Angelegenheiten, 1996, S. 85 ff.; *Schiffer*, Erbrechtliche Gestaltung: Möglichkeiten der Schiedsgerichtsbarkeit, S. 65 ff.

8. Vernachläsigung der wirtschaftlichen Bedeutung von Rechtsstreitigkeiten durch staatliche Gerichte

49 Seit der Novellierung der ZPO 2002 wird der wirtschaftlichen bedeutung eines Rechtsstreits im Revisionsrecht keine Bedeutung mehr beigemessen. Der Restkaufpreis für einen Staubsauger hat einen höheren Stellenwert in der ordentlichen Gerichtsbarkeit als der millionenschwere Unternehmenskauf. Diese ideologische Entscheidung des Gesetzgebers macht die Schiedsgerichtsbarkeit für bedeutsame Streitfälle attraktiv[149]

9. Mangelnde Präzedenzwirkung

50 Schiedssprüchen fehlt die Präzedenzwirkung, die Gerichtsurteilen auch im deutschen Recht faktisch zukommt.[150] Das macht die Schiedsgerichtsbarkeit ungeeignet für Streitigkeiten von grundsätzlicher Bedeutung[151]. Das schließt nicht aus, dass in Einzelfällen immer wieder Schiedssprüche über den den konkreten Streit hinaus Bedeutung erlangen. So hat der von einem ad hoc Schiedsgericht erlassene ARAMCO Schiedsspruch[152] die Lehre von der Rechtswahl im IPR beeinflusst[153] und zu einer Gesetzesänderung in Saudi-Arabien geführt.[154] Auch der von dem Außenhandelsschiedsgericht der sowjetischen Allunionskammer in Sachen Jordan Investments Ltd. v. Sousnefteksport[155] erlassene Schiedsspruch hat einen erheblichen Einfluss auf die Bestimmung der Bedeutung der Embargoregelungen für den Begriff der höheren Gewalt in Rechtsprechung und Lehre gehabt.

---

[149] Vgl. *Raeschke-Kessler*, Schiedsverfahren gegen ordentliche Gerichtsbarkeit. Wie die Zivilgerichtsbarkeit stärken?, AnwBl. 2015, 822 ff.

[150] Vgl. *Lachmann* Rn. 170 f.; *Schütze*, Festschrift für Glossner, 1994, S. 333 ff. = Journal of International Arbitration vol. 11 (3) (1994), S. 69 ff.; *ders.*, Effektivität des Rechtsschutzes vor den Schiedsgerichten, S. 196 f.

[151] Deshalb wird neuerdings verstärkt eine Veröffentlichung von Schiedssprüchen gefordert; vgl. dazu *Wimalasena*, Die Veröffentlichung von Schiedssprüchen als Beitrag zur Normbildung, 2016

[152] Rev. crit. 1963, 305; vgl. dazu *Batiffol*, La sentence Aramco et le droit international privé, Rev. crit. 1964, 647 ff.

[153] Vgl. beispielsweise *Batiffol/Lagarde*, Droit International Privé, 7. Aufl., Bd. II, 1983, Nr. 573 für das französische Recht. Für das tunesische Recht bemerkt *Mezghani*, Droit International Privé, 1991, Nr. 517 im Hinblick auf den Aramco Schiedsspruch: „*On assiste même à une développement considérable du contentieux processuel devant les arbitres*".

[154] Vgl. ua *Krüger* RIW/AWD 1979, 737 ff.

[155] RabelsZ 24 (1959), 540; dazu *Berman* RabelsZ 24 (1959), 449 ff.; *Sasson* The Journal of Business Law 1959, 132 ff.; *Hecht* AWD 1959, 36 f.; *Jerusalem* AWD 1958, 187.

1. Teil: Die Beteiligten des Schiedsverfahrens

§ 1 Das Schiedsgericht

I. Ad hoc-Schiedsgerichte und institutionelle Schiedsgerichte

1. Ad hoc-Schiedsgerichte

Literatur: *Aksen,* Ad hoc versus Institutional Arbitration, ICC Bull. 2 (1991), 8 ff.; *Kreindler/Schäfer/Wolff* Rn. 269 ff.; *Lörcher/Lörcher,* Organisation eines Ad-hoc-Schiedsverfahrens, SchiedsVZ 2005, 179 ff.

Das ad hoc-Schiedsgericht (Gelegenheitsschiedsgericht) wird dadurch gekennzeichnet, dass dem oder den Schiedsrichter(n) von den Parteien für einen bestimmten Streitfall Entscheidungsgewalt unter Ausschluss der staatlichen Gerichte übertragen wird.[1] Die Parteien können dem Schiedsgericht die Verfahrensregeln vorschreiben. Die Bestellung des Schiedsgerichts, seine Rechtsverhältnisse (Schiedsrichtervertrag) und die Verfahrensordnung unterliegen der Parteidisposition. Das Gesetz steckt lediglich die Grenzen dieser Regelungsbefugnis in §§ 1025 ff. ZPO ab. 51

Die Wahl eines ad hoc-Schiedsgerichts setzt Erfahrung mit der Redaktion von Schiedsvereinbarung, Schiedsrichtervertrag und u.U. Schiedsverfahrensordnung voraus[2]. Die Parteien, denen eine solche Erfahrung fehlt, sind gut beraten, eine Musterschiedsordnung[3] zu vereinbaren, zB die UNCITRAL-Regeln.[4] 52

Die deutschen Industrie- und Handelskammern stellen ebenfalls Schiedsgerichtsordnungen zur Verfügung, die allerdings nie für ein reines ad hoc-Schiedsgericht bestimmt sind, vielmehr die Kammern in unterschiedlicher Weise „einbinden".[5] 53

2. Institutionelle Schiedsgerichte

Literatur: *Aden,* Internationale Handelsschiedsgerichtsbarkeit, 2. Aufl. 2003; *Cohn/Domke/Eisemann* (Hrsg.), Handbook on Institutional Arbitration in International Trade, 1977; *Liebscher,* Schiedsinstitutionen, in: Oberhammer (Hrsg.), Schiedsgerichtsbarkeit in Zentraleuropa, 2005, S. 61 ff.; *Melis,* Function and Responsibility of Arbitral Institutions, CLYIB 1991, 107 ff.; *Schütze* (Hrsg.), Institutionelle Schiedsgerichtsbarkeit, 2. Aufl., 2011; *Schütze,* Institutional Arbitration, 2013; *Schütze,* Die Vereinbarung der Zuständigkeit eines institutionellen Schiedsgerichts – Probleme der

---

[1] Vgl. dazu *Gentinetta,* Die lex fori internationaler Handelsschiedsgerichte, 1973, S. 32 ff.
[2] Vgl. zu der Gefahr der Vereinbarung pathologischer Schiedsklauseln *Dorda,* ecolex 2011, 908 ff.
[3] Vgl. zu den wichtigsten Musterschiedsordnungen *Schütze/Tscherning/Wais* Rn. 775 ff.
[4] Vgl. dazu *Böckstiegel,* Jahrbuch für die Praxis der Schiedsgerichtsbarkeit 4 (1990), S. 15 ff.; *ders.* RIW 1982, 706 ff.; *ders.,* Festschrift für Lalive, 1993, S. 423 ff.; *Glossner* RIW/ AWD 1978, S. 141 ff.; *Herrmann,* Schiedsregeln der UNCITRAL, 1977; *v. Hoffmann* RIW/AWD 1976, 1 ff.; *v. Mehren,* Jahrbuch für die Praxis der Schiedsgerichtsbarkeit 4 (1990), S. 86 ff.; *Meyer-Hauser,* in: Kellerhals (Hrsg.), Schiedsgerichtsbarkeit, 1997, S. 207 ff.; *Patocchi/Niedermaier,* in: Schütze (Hrsg.), Institutionelle Schiedsgerichtsbarkeit, 2. Aufl., 2011, S. 713 ff.; *Pirrung* RIW/AWD 1977, 513 ff.; *Rauh,* Die Schieds- und Schlichtungsordnungen der UNCITRAL, 1983; *Sanders,* The Work of UNCITRAL on Arbitration and Conciliation, 2001; *Castello,* in: Weigand (Hrsg.) Practitioner's Handbook on International Arbitration, 2. Aufl. 2009, S. 1403 ff.
[5] Vgl. dazu *Schoser,* Festschrift für Glossner, 1994, S. 311 ff.; *Swoboda,* Schiedsgerichtsordnungen deutscher Industrie- und Handelskammern, S. 447 ff.

Redaktion der Schiedsklausel, RPS-BB-Beil. 9/1998, 2 ff.; *Weigand* (Hrsg.), Practitioner's Handbook on International Arbitration, 2. Aufl., 2009; *Wolf,* Die institutionelle Handelsschiedsgerichtsbarkeit, 1992.

54 Institutionelle Schiedsgerichte sind „vorfabrizierte" Schiedsgerichte[6] in dem Sinne, dass sie den Parteien eine regelmäßig nicht oder nur begrenzt abänderbare Schiedsordnung, eine Organisation für die Durchführung von Schiedsverfahren zur Verfügung stellen und das Rechtsverhältnis zu den Schiedsrichtern, insbesondere im Hinblick auf die Honorarfrage, regeln. Die Schiedsrichterwahl bleibt im Regelfall bei den Parteien. Diese sind jedoch bei manchen institutionellen Schiedsgerichten auf die Schiedsrichter aus einer Liste beschränkt.

a) Merkmale des institutionellen Schiedsgerichts[7]

55
- *Eigene Verwaltung:* Institutionelle Schiedsgerichte haben zur Durchführung ihrer Aufgaben eine eigene Verwaltung, die mit den notwendigen personellen und sachlichen Ressourcen ausgestattet ist. Zur Durchführung der Schiedsverfahren halten die institutionellen Schiedsgerichte teilweise eigene Verhandlungs- und Tagungsräume bereit (so ICC, DIS, Singapore International Arbitration Centre, Regional Centre for Arbitration Kuala Lumpur) und stellen Bibliotheken und Datenbanken Schiedsrichtern und Parteien zur Verfügung.
- *Mitwirkung bei der Bestellung von Spruchkörpern:* Die Institution hat in der Regel eine doppelte Funktion bei der Bestellung des Schiedsgerichts. Einmal behalten sich die Institutionen vor, die Schiedsrichter – nach formeller Prüfung – zu bestellen oder zu bestätigen,[8] ohne in die Freiheit der Parteien einzugreifen, „ihren" Schiedsrichter zu bestimmen. Zum anderen nimmt die Institution regelmäßig die Ernennung des Schiedsrichters der säumigen Partei, des Vorsitzenden eines Dreierschiedsgerichts oder des Einzelschiedsrichters vor, wenn das Bestimmungsrecht durch die Parteien oder die Schiedsrichter nicht ausgeübt wird. Diese Funktion ist bei internationalen Schiedsgerichten delikat und fordert viel Verantwortungsbewusstsein, erfolgt doch durch die Bestimmung des Vorsitzenden oder Einzelschiedsrichters incidenter eine Entscheidung für die Anwendung des Verfahrenrechts und – wie die deutsch-sowjetischen Verfahren in Stockholm in der Vergangenheit gezeigt haben – die Auslegung des materiellen Rechts.[9]
- *Administrierung des Verfahrens:* Das institutionelle Schiedsgericht hat im Rahmen der Administrierung des Verfahrens mannigfaltige Funktionen. Es nimmt die Schiedsklage entgegen, führt Zustellungen aus, übt zuweilen eine Überwachungsfunktion im Rahmen des Schiedsverfahrens über die Schiedsrichter aus[10] und ist – schon im eigenen Interesse – darauf bedacht, dass Schiedssprüche, die nach seiner Schiedsordnung ergehen, auch durchgesetzt werden. Das gilt insbesondere für das Schiedsgericht bei der Internationalen Handelskammer Paris.

---

[6] Vgl. *Gentinetta,* Die lex fori internationaler Handelsschiedsgerichte, S. 36.
[7] Vgl. dazu im Einzelnen *Schütze,* in: Schütze (Hrsg.), Institutionelle Schiedsgerichtsbarkeit, Kap. I Einleitung Rn. 2 ff.
[8] Vgl. zB Art. 12 f. ICC-SchO, § 17 DIS-SchO, Art. 5.4 LCIA-SchO.
[9] Vgl. *Schütze,* Festschrift für Grossfeld, 1999, S. 1067 ff.; *ders.,* Festschrift für Böckstiegel, 2001, S. 715 ff.
[10] So muss das Schiedsgericht nach der ICC-Schiedsordnung den Schiedsspruch vor seiner Unterzeichnung im Entwurf dem Schiedsgerichtshof vorlegen. Vgl. zu der Problematik aus der Sicht des deutschen Rechts *Schwab,* Festschrift für Kralik, 1986, S. 317 ff., 324 f.; im Übrigen eingehend *Kassis,* Réflexions sur le règlement d'arbitrage de la Chambre de Commerce Internationale, 1988, S. 65 ff.; *Reiner,* ICC Schiedsgerichtsbarkeit, 1989, S. 257 ff.

- *Regelung des Verfahrens:* Die Regelung des Verfahrens ist in den Schiedsordnungen der institutionellen Schiedsgerichte zumeist rudimentär und beschränkt sich auf die Aufstellung allgemeiner Grundsätze rechtsstaatlichen Verfahrens und überlässt Einzelheiten der Parteiautonomie.[11]
- *Bestimmung der Honorare und Kosten:* Die Institutionen haben regelmäßig Gebührenordnungen, die feste oder Rahmenhonorare der Schiedsrichter und die Verwaltungsgebühr der Institution regeln. Da die Bestimmung des Honorars in eigener Sache – jedenfalls nach deutschem Recht – dem Schiedsgericht versagt ist, nimmt die Institution bei Rahmengebühren die Honorarfestsetzung vor, so die ICC nach Art. 37 ICC-SchO. Auch fordert die Institution Vorschüsse auf Honorare, Gebühren und Auslagen ganz (so ICC) oder teilweise (so DIS) an.
- *Standardschiedsklausel:* Die institutionellen Schiedsgerichte empfehlen regelmäßig eine Standardschiedsklausel, die sowohl die Schiedsvereinbarung als auch den Schiedsgerichtsorganisationsvertrag[12] enthält. Die Beteiligten werden dadurch verführt anzunehmen, sie hätten mit deren Vereinbarung alles Erforderliche getan. Diese Erwartung wird zuweilen böse enttäuscht, da die Parteien mit dieser Klausel das Heft aus der Hand geben und für sie wesentliche Fragen der Bestimmung durch das Schiedsgericht oder die Institution überlassen. Die Vereinbarung der Zuständigkeit eines institutionellen Schiedsgerichts sollte nicht nur die Standardschiedsklausel unbesehen übernehmen, vielmehr Regelungen über die Qualifikation der Schiedsrichter, den Schiedsort, die Schiedssprache, das anwendbare materielle und Schiedsverfahrensrecht und ggf. die Zulässigkeit einer dissenting opinion enthalten.[13]
- *Unparteilichkeit:* Auch das institutionelle Schiedsgericht muss unparteilich sein[14]. Die Anforderungen an die Neutralitätspflicht sind aber erheblich geringer als für den Schiedsrichter. Die Beantwortung von Anfragen einer Partei, ohne die Gegenpartei zu informieren verstößt weder gegen die Verpflichtung zur Neutralität noch gegen das Gebot der Gewährung rechtlichen Gehörs[15]. Das LG Berlin hatte dagegen angenommen, die Neutralitätspflicht und die Verpflichtung zur Gewährung rechtlichen Gehörs träfen Schiedsrichter und Instoitution gleichermaßen.

b) Wichtige institutionelle Schiedsgerichte

aa) Deutsche Institution für Schiedsgerichtsbarkeit. Literatur: *Aden,* Internationale Handelsschiedsgerichtsbarkeit, 2. Aufl. 2003, S. 419 ff.; *Berger,* Die Ergänzenden Regeln für Beschleunigte Verfahren der Deutschen Institution für Schiedsgerichtsbarkeit, SchiedsVZ 2008, 105 ff.; *Borris,* Die „Ergänzenden Regeln für gesellschaftsrechtliche Stetigkeiten" der DIS („DIS-ERGeS"), SchiedsVZ 2009, 299 ff.; *Bredow,* Deutsche Institution für Schiedsgerichtsbarkeit, RPS BB-Beil. 15/1992, 4 ff.; *ders.,* Die Mitwirkung der Deutschen Institution für Schiedsgerichtsbarkeit bei der Durchführung von Schiedsverfahren, Festschrift für Glossner, 1994, S. 51 ff.; *ders.,* Die DIS-Schiedsgerichtsordnung 1998, DIS-MAT IV (1998), S. 111 ff.; *ders.,* Zur „Volljährigkeit der Deutschen Institution für Schiedsgerichtsbarkeit", Festschrift für von Hoffmann, 2011, S. 928 ff.; *Breidenbach/Peres,* Die DIS-Mediationsordnung, SchiedsVZ 2010, 125 ff.; *Köntges/Mahnken,* Die neue DIS-Verfahrensordnung für Adjudikation (DIS-AVO), SchiedsVZ 2010, 310 ff. *Raeschke-Kessler,* Zur Neutralität der Schiedsgerichtsorganisation am Beispiel der DIS, Festschrift für Schütze II, 2014, S. 457 ff.; *Scherer,* Die Konfliktmanagementordnung der DIS - eine innovative Verfahrenswahl-Verfahrensordnung, SchiedsVZ 2010, 122 ff.; *Schütze,* Deutsche Institution für Schiedsgerichtsbarkeit e. V. (DIS), SchiedsVZ 2003, 179 ff.; *Stubbe,* DIS-Schiedsgutachtenordnung (DIS-SchGO) und DIS-Gutachten-

---

[11] Vgl. *Schütze,* in: Schütze (Hrsg.), Institutionelle Schiedsgerichtsbarkeit, 2. Aufl., 2011, Einl. Rn. 9.
[12] Vgl. dazu eingehend *Wolf,* Die institutionelle Handelsschiedsgerichtsbarkeit, 1992, S. 84 ff.
[13] Vgl. *Schütze* RPS BB-Beil. 9/1998, 2 ff. mit einem Formulierungsvorschlag.
[14] Vgl. OLG München IWRZ 2015, 31
[15] AA. LG Berlin v. 14.7.2014 – 33 O 494/13U – zitiert nach *Salger* IWRZ 2015, 31 f.

ordnung (DIS-GO), SchiedsVZ 2010, 130 ff.; *Theune*, DIS-Schiedsgerichtsordnung, in: Schütze (Hrsg.), Institutionelle Schiedsgerichtsbarkeit, 2. Aufl. 2011, S. 147 ff.; *ders.*, DIS-Rules, in: Schütze (Hrsg.) Institutional Arbitration, 2013, S. 203 ff. (jeweils mit Literaturnachweisen).

Adresse: DIS Deutsche Institution für Schiedsgerichtsbarkeit e. V.

Beethovenstr. 5–13

D 50674 Köln

Tel.: +49 221 28 55 20

Fax: +49 221 28 55 22 22

www.dis-arb.de

DIS Büro Berlin

Lenné Str. 9

D 10785 Berlin

Tel.: +49 30 2 03 08 27 00

Fax: +49 30 2 03 08 27 77

56   In Deutschland stellt die Deutsche Institution für Schiedsgerichtsbarkeit eine sehr effiziente branchenunabhängige Schiedsgerichtsorganisation zur Verfügung. Nach der Schiedsordnung steht die Institution Parteien aller Nationalitäten für Schiedsverfahren offen. Die DIS hat ua auch die Funktion der „Ernennenden Stelle" nach den UNCITRAL-Rules und der ECE-SchO. Die DIS-SchO, die seit dem 1.7.1998 in Kraft ist,[16] orientiert sich an den Arbeiten der UNCITRAL auf dem Gebiet der Schiedsgerichtsbarkeit.[17] Sie ist vorbildlich in der Präzision, insbesondere im Hinblick auf das anwendbare materielle und Schiedsverfahrensrecht.[18]

57   Das Verfahren wird durch Einreichung einer Klageschrift bei einer DIS-Geschäftsstelle eingeleitet. Diese stellt die Klage an den Beklagten zu. Die DIS bestellt die von den Parteien bestimmten, den Schiedsrichtern gewählten oder den im Wege der Ersatzbestellung ernannten Schiedsrichter, Vorsitzenden oder Einzelschiedsrichter und fordert den ersten Vorschuss (DIS-Bearbeitungsgebühr und vorläufiger Vorschuss für die Schiedsrichter) ein und überlässt das Verfahren (einschließlich weiterer Vorschussanforderungen) dem Schiedsgericht. Die DIS-SchO verzichtet auf Fristvorgaben, bestimmt lediglich (§ 33.1), dass das Verfahren zügig zu führen und in angemessener Frist zu beendigen ist. Der Schiedsspruch wird ohne weitere Prüfung von der DIS zugestellt.

58   Die Honorare bestimmen sich nach einer streitwertabhängigen Gebührentabelle. Eine besondere Festsetzung ist deshalb überflüssig. Es steht dem Schiedsgericht allerdings frei, bei vorzeitiger Erledigung des Verfahrens das Honorar nach seinem Ermessen zu ermäßigen.

59   Die DIS stellt auch (ergänzende) Verfahrensordnungen für gesellschaftsrechtliche Streitigkeit und beschleunigte Verfahren zur Verfügung. Auch ausserhalb der klassischen Administrierung von Schiedsverfahren stellt die DIS zur Konfliktlösung mehrere Regelwerke zur Verfügung, so eine Konfliktmanagementordnung[19], einer Mediationsordnung[20] und eine Schiedsgutachten- und Gutachtenordnung[21]

60   Die DIS hat darüber hinaus eine Sportschiedsgericht gegründet und stellt mit der DIS-Sportschiedsgerichtsordnung (aktuelle Fassung vom 1.4.2016) ein wirksames Instrument der Streitschlichtung in Fragen des Sportrechts, insbesondere bei Anti-Doping Streitig-

---

[16] Vgl. *Bredow*, Festschrift für Glossner, S. 51 ff., 53.
[17] Vgl. dazu *Bredow* DIS-MAT IV (1998), S. 111 ff.
[18] Vgl. *Schütze* RPS BB-Beil. 9/1998, 2 ff.
[19] Vgl. dazu *Scherer* SchiedsVZ 2010, 122 ff.
[20] Vgl. dazu *Breidenbach/Peres* SchiedsVZ 2010, 125 ff.
[21] Vgl. dazu *Stubbe* SchiedsVZ 2010, 130 ff.

keiten zur Verfügung. Das Problem der Kosten für Parteien, die nicht Spitzensportler mit hohen Einkünften sind, ist nunmehr seit dem 1.4.2016 durch die Ordnung für Verfahrenskostenhilfe in Anti-Dopingstreitigkeiten (VKH-Ordnung) zufriedenstellend geregelt.

bb) Internationale Handelskammer Paris. Literatur: *Aden,* Internationale Handelsschiedsgerichtsbarkeit, 2. Aufl. 2003, S. 85 ff.; *Arnaldez,* Réflexions sur l'autonomie et le caractère international du Règlement d'arbitrage de la CCI, Journal Clunet 120 (1993), 857 ff.; *Aurillac,* La Cour internationale d'arbitrage de la CII régulatrice de la mondalisation, Festschrift für Briner, 2005, S. 41 ff.; *Bond/Duclos/López/Forastier/Wilson,* International Chamber of Commerce(ICC), in: Nairn/Heneghan, Arbitration World, 5. Aufl., 2015, S. 105 ff.; *Briner/Bühler/Grigera Naón/Kuckenburg,* Die ICC Schiedsgerichtsordnung 1998, DIS-MAT II (1998); *Bühler/Jarvin,* The Arbitration Rules of the International Chamber of Commerce, in: Weigand (Hrsg.), Practitioner's Handbook on International Arbitration, 2. Aufl., 2009, S. 1133 ff.; *Bühler/Webster,* Handbook on ICC Arbitration. Commentary, Precedents, Material, 2005; *Craig/Park/Paulsson,* Annotated Guide to the 1998 ICC Arbitration Rules with Commentary, 1998; *dies.,* International Chamber of Commerce Arbitration, 3. Aufl. 2000; *Derains/Schwartz,* A Guide to the new ICC Rules of Arbitration, 1998; *Grigera Naón,* International Chamber of Commerce, The 1998 Rules of the International Chamber of Commerce, Yearbook Commercial Arbitration XXII (1997), S. 345 ff.; *Kassis,* Réflexions sur le règlement d'arbitrage de la CEE. Les déviations de l'arbitrage institutionnel, 1988; *Kuckenburg,* Die Rolle des Sekretariats des Internationalen Schiedsgerichtshofs in ICC-Schiedsverfahren, Festschrift für Glossner, 1994, S. 177 ff.; *Nerz,* Vor- und Nachteile eines Schiedsverfahrens nach der Schiedsgerichtsordnung der Internationalen Handelskammer, RIW 1990, 350 ff.; *Pörnbacher/Baur* Die Reform der Schiedsgerichtsordnung der ICC, BB 2011, 2627 ff.; *Reiner,* Handbuch der ICC-Schiedsgerichtsbarkeit, 1989; *Reiner/Jahnel,* ICC-Schiedsordnung, in: Schütze (Hrsg.), Institutionelle Schiedsgerichtsbarkeit, 2. Aufl. 2011, S. 21 ff.; *Reiner/Aschauer,* ICC Rules, in: Schütze (Hrsg.), 2013,S. 25 ff. (mit umfassenden Schrifttumsnachweisen); *Schäfer,* Reflexionen zu vier Aspekten der Schiedsgerichtsordnung der Internationalen Handelskammer – Genese und augenblicklicher Stand, ZVglRWiss 91 (1992), 111 ff.; *Schäfer/Verbist/Imhoos,* Die ICC-Schiedsgerichtsordnung in der Praxis, 2000; *Schwab,* Die Schiedsgerichtsbarkeit der Internationalen Handelskammer aus der Sicht des deutschen Rechts, Festschrift für Kralik, 1986, S. 317 ff.; *Weigand,* Die neue ICC-Schiedsgerichtsordnung, NJW 1998, 2081 ff.; *Whitesell,* The 1998 ICC Rules of Arbitration Today, Festschrift für Briner, 2005, S. 919 ff.

Adresse: Sekretariat des Internationalen Schiedsgerichtshofs

33 – 43 avenue du Président Wilson

F 75116 Paris

Tel.: +33 1 49 53 28 44

Fax: +33 1 49 53 5777

Das bedeutendste – zumindest der Zahl der Verfahren nach – Schiedsgericht Westeuropas besteht seit 1923 bei der Internationalen Handelskammer Paris. Die Verfahren werden – anders als bei den meisten institutionellen Schiedsgerichten – nicht notwendigerweise am Sitz des Schiedsgerichtshofs in Paris durchgeführt, die Parteien sind vielmehr in der Wahl des Schiedsortes frei. Auch kann der Schiedsgerichtshof mangels Parteivereinbarung einen beliebigen Schiedsort bestimmen.[22] **61**

Die Schiedsordnung ist zum 1.1.2012 grundlegend neu gefasst[23] und in vielen Punkten **62** verbessert worden (zB Mehrparteienschiedsgerichtsbarkeit und Terms of Reference), wobei es allerdings auch an Kritikern nicht fehlt.[24]

---

[22] *Bredow,* Jahrbuch für die Praxis der Schiedsgerichtsbarkeit 1 (1987), S. 138 spricht deshalb von lediglich „überwachter" Schiedsgerichtsbarkeit.

[23] Vgl. dazu *Pörnbacher/Baur* BB 2011, 2627 ff.; zur Vorgängerschiedsordnung vgl. Böckstiegel (Hrsg.), Die ICC-Schiedsgerichtsordnung 1998, DIS-MAT II (1998) (mit Beiträgen von *Briner, Bühler, Grigera Naón* und *Kuckenburg); Calvo* JIntArb. 1997, 41 ff.; *Bühler/von Schlabrendorff* SchiedsVZ 2009, 26 ff.; *Craig/Park/Paulsson,* Annotated Guide to the 1998 ICC Arbitration Rules, 1998; *Derains/Schwartz,* A Guide to the New ICC Rules of Arbitration, 1998; *Koch* RIW 1999, 105 ff.; *Lionnet* RPS BB-Beil. 13/1997, 15 ff.; *Seppala* ICLR 1997, 589 ff.

[24] Vgl. *Habscheid* RIW 1998, 421 ff., Erwiderung von *Koch* RIW 1999, 105 ff.

63   Die ICC-Schiedsgerichtsbarkeit weist als Besonderheiten auf:
64   Der Streitstoff wird durch den Schiedsauftrag (terms of reference) definiert.[25] Dieser zeigt die Grenzen der Entscheidungsfunktion des Schiedsgerichts auf.
65   Die Institution überwacht den Ablauf des Schiedsverfahrens durch die Verpflichtung des Schiedsgerichts zur Aufstellung eines Zeitplans und die Bestimmung einer – mehrfach verlängerbaren – Frist von 6 Monaten für den Erlass des Schiedsspruchs (Art. 30 ICC Rules).[26] Die Fristverlängerung stellt nach einer zweifelhaften Entscheidung des BGH einen internen Akt, zu dem rechtliches Gehör nicht gewährt werden muss; jedenfalls ist die Nichtgewährung rechtlichen Gehörs für den Bestand des Schiedsspruchs unschädlich.[27]
66   Der Schiedsspruch bedarf der Billigung des Schiedsgerichtshofes (Art. 33 ICC Rules).[28]
67   Die Schiedsordnung 2012 lässt nunmehr auch die Konsolidierung von Schiedsverfahren und in gewissem Maße die Beteilung Dritter zu.
68   Die Parteien können auch im Bereich der ICC Schiedsgerichtsbarkeit Verfahrensregelungen treffen. Die Parteiautonomie hat jedoch ihre Grenzen. Wesentliche Regelungen der SchO können nicht abbedungen werden. So hat die ICC erst jüngst die Annahme eines Schiedsverfahrens (mit sehr hohem Streitwert) abgelehnt, weil die Parteien in der Schiedsvereinbarung die Bestellung der Schiedsrichter durch die ICC, die Erstellung des Schiedsauftrags und die Überprüfung des Schiedsspruchs durch die ICC (Art. 33 ICC-SchO) abbedungen hatten. In einem solchen Fall hat die Schiedsvereinbarung uU als ad hoch Schiedsvereinbarung Bestand. Das haben jedenfalls die französischen Gerichte entschieden.
69   Der Schiedsgerichtshof fordert alle Vorschüsse ein und setzt die Honorare der Schiedsrichter in den Grenzen eines durch die Kostentabelle mit Höchst- und Mindesthonoraren gegebenen Rahmens fest. Die ICC setzt – im Gegensatz zu DIS, Stockholmer Schiedsgericht ua – keine Mehrwertsteuer fest. Jedoch geht die ICC SchO von einer Verpflichtung der Parteien zur Erstattung anfallender Mehrwertsteuer aus (Anh. III Art. 2 Abs. 13 zur ICC SchO).

cc) Internationales Schiedsgericht der Wirtschaftskammer Österreich, Wien.

Literatur: *Aden*, Internationale Handelsschiedsgerichtsbarkeit, 2. Aufl. 2003, S. 505 ff.; *Baier/Hahnkamper*, Die neuen Wiener Regeln, SchiedsVZ 2013, 141 ff.; *Fiebinger/Hauser*, Mehrparteienschiedsgerichtsbarkeit nach den neuen Wiener Regeln, FS Elsind (2015), S. 111 ff.; *Heider*, Änderungsbedarf der Wiener Regeln?, SchiedsVZ 2006, 92 ff.;, *Heller*, Die Rechtsstellung des Internationalen Schiedsgerichts der Wirtschaftskammer Österreich, Wirtschaftsrechtliche Blätter, 1994, 105 ff.; *ders.*, Ablehnung von Schiedsrichtern in Verfahren vor dem Internationalen Schiedsgericht der Wirtschaftskammer Österreich VIAC- Festschrift für Schütze II, 2014, S. 181 ff.; *Heider/Fremuth-Wolf*, Vienna International Arbitration Centre (VIAC), in: Nairn/Heneghan (Hrsg.), Arbitration World, 5. Aufl., 2015, S. 267 ff.; *Liebscher*, Wiener Regeln, in: Schütze (Hrsg.), Institutionelle Schiedsgerichtsbarkeit, 2. Aufl. 2011, S. 255 ff., *ders.*, Vienna Rules, in: Schütze (Hrsg.), Institutional Arbitration, 2013, S. 303 ff.; *Melis*, Die Schiedsgerichtsbarkeit der österreichischen Handelskammern seit 1946, Festschrift für Seidl-Hohenveldern, 1989, S. 367 ff.; *ders.*, Das Schiedsgericht der Bundeskammer der gewerblichen Wirtschaft, Wien, Jahrbuch für die Praxis der Schiedsgerichtsbarkeit 2 (1988), S. 174 ff.;

---

[25] Vgl. dazu *Arnaldez*, Festschrift für Bellet, 1991, S. 1 ff.; *Nicklisch* RIW 1988, 763 ff.; *Reiner*, Terms of Reference: The Function of the International Court of Arbitration and Application of Article 16, ICC Court Bull. 1996, Nr. 2, 59 ff.; *Sanders*, Festschrift für Briner, 2005, S. 693 ff.; *Sandrock* RIW 1987, 649 ff.; *Schneider* ICC Court Bull. 1997, Special Supplement, 26 ff.

[26] Vgl. dazu *Bruna* ICC Court Bull. 1996, Nr. 2, 62 ff.

[27] Vgl. BGH WM 1988, 1178; dazu *Aden*, RIW 1989, 607 ff; vgl. aber auch die Entscheidung des OLG Stuttgart als Vorinstanz IPRax 1987, 369; dazu *Hermanns*, IPRax 1987, 353 ff.; *Raeschke-Kessler/Bühler*, ZIP 1987, 1157 ff.; *Wackenhuth* IPRax 1987, 355 f.

[28] Vgl. dazu *Habscheid* RIW 1998, 421 ff.; *Kassis*, Reéflexions sur le règlement d'arbitrage de la CCI. Les déviations de l'arbitrage institutionel, 1988; *Loquin* RevArb 1990, 427 ff.; *Schwab*, Festschrift für Kralik, 1986, S. 317 ff.

ders., Die neue Schieds- und Schlichtungsordnung des internationalen Schiedsgerichts der Bundeskammer der gewerblichen Wirtschaft, Wien, öAnwBl 1991, 776 ff.; *ders.,* Die neue Schieds- und Schlichtungsordnung des Internationalen Schiedsgerichts der Bundeskammer der gewerblichen Wirtschaft, Wien, Jahrbuch für die Praxis der Schiedsgerichtsbarkeit 4 (1990), S. 171 ff.; *Niklas,* Schiedsverfahren via Internet nach Wiener Regeln, IHR 2003, 103 ff.; *Reiner,* The 2001 Version of the Vienna Rules, JIntArb 2001, 661 ff.; *Schütze,* Die Schiedsgerichtsbarkeit der Bundeskammer der gewerblichen Wirtschaft Wien, WM 1987, 609 ff.; *Schwarz/Konrad,* The Vienna Rules, 2009.

Adresse: Internationales Schiedsgericht der Wirtschaftskammer Österreich

Wiedner Hauptstr. 63

A 1045 Wien

Tel.: +4 35 90 9 00 43 97

Fax: +4 35 90 90 02 16

Dieses Schiedsgericht, das zunächst schwerpunktmäßig für Ost-West-Streitigkeiten errichtet worden ist, hat schnell Bedeutung für die gesamte internationale Schiedsgerichtsbarkeit erlangt. Die Schiedsordnung ist 2013 grundlegend reformiert und neugefasst worden. Die Schiedsordnung gilt seit dem 1.7.2013. 70

Die Organisation ist effizient; die Schiedsordnung lässt den Parteien weitgehende Gestaltungsmöglichkeiten. 71

Die Parteien können den Verfahrensablauf bestimmen, können insbesondere regeln, wie die Beweiserhebung erfolgen soll. Andernfalls entscheiden die Schiedsrichter über die Gestaltung des Verfahrens (Art. 28 Wiener Regeln). Das kann zu Überraschungen führen. In einem deutsch-österreichischen Schiedsverfahren nach den Wiener Regeln in Wien, bei dem das Schiedsgericht aus drei österreichischen Juristen bestand, ordnete das Schiedsgericht eine Beweiserhebung nach common law-Grundsätzen mit examination in chief, crossexamination pp. an. Das war ermessensmissbräuchlich, da keine Beziehung in sachlicher oder persönlicher Beziehung zum common law bestand. Die Parteien hätten die damit verbundenen Probleme durch eine Vereinbarung über das Verfahren vermeiden können. 72

Bemerkenswert ist, dass die Wiener Regeln nicht der Dutco-Entscheidung der französischen Cour de Cassation folgen[29] und so die vertragstreue Partei nicht ihres Rechts berauben, „ihren" Schiedsrichter selbst zu bestimmen. Die Kritik von *Aschauer*[30] ist unberechtigt. Es ist erstaunlich, wieviel Gewicht international einer ihrer ratio zweifelhaften Entscheidung eines nationalen Gerichts beigemessen wird. Die Wiener Regeln sind für die Mehrparteienschiedsgerichtsbarkeit vorbildlich. 73

Die Schiedsrichterhonorare und Verwaltungskosten des Schiedsgerichts sind streitwertabhängig. Sie werden nach der Tabelle Anh. I berechnet. Vorschüsse in Höhe der voraussichtlichen Kosten des Schiedsverfahrens werden von der Institution eingefordert, Honorare und Auslagen der Schiedsrichter von ihr gezahlt. Die Mehrwertsteuer bleibt – wie bei der ICC – bei der Berechnung von Vorschüssen und Honoraren außer Betracht. Es bleibt den Schiedsrichtern überlassen, über die Erstattung Vereinbarungen mit den Parteien zu treffen. 74

dd) Schiedsgericht der Stockholmer Handelskammer. Literatur: *Alley,* International Arbitration: The Alternative of the Stockholm Chamber of Commerce, IntLawyer 1988, 837 ff.; *Benigni,* Arbitrato commerciale in base al nuovo Regolamento dell'Istituto Arbitrale della Camera di Commercio di Stoccolmo, Rass.arb. 1989, 101 ff.; *Chamber of Commerce,* Arbitration in Sweden, 2. Aufl. 1984; *Heumann,* Arbitration Law of Sweden: Practice and Procedure, 2003; *Hobér,* Neue Regeln für das Schiedsgerichtsinstitut der Handelskammer Stockholm, DISMitt 1/1989, 13 ff.; *Hobér/*

---

[29] Vgl. *Liebscher,* in: Schütze (Hrsg.), Institutionelle Schiedsgerichtsbarkeit, Art. 10 Rn. 5.
[30] Vgl. *Aschauer,* Stockholm Arbitration Report 2001, 33 ff., 41.

Foerster, Die neue Schiedsordnung 2007 des Schiedsgerichtsinstituts der Stockholmer Handelskammer, SchiedsVZ 2007, 207 ff.; *Madsen,* Commercial Arbitration in Sweden – A commentary on the Arbitration Act (1999:116) and the Rules of the Arbitration Institute of the Stockholm Chamber of Commerce, 2004; *Magnusson,* The Practice of the Arbitration Institute of the Stockholm Chamber of Commerce – an Inside View, Stockholm Arbitration Report 2001:2, 45 ff.; *Öhrström* Stockholmer Regeln (SCC), in: Schütze (Hrsg.), Institutionelle Schiedsgerichtsbarkeit, 2. Aufl. 2011, S. 869 ff.; *Wetter,* Institutional Arbitration in Sweden, ArbJ 43 (1988), 5 ff.

Adresse: Schiedsgerichtsinstitut der Stockholmer Handelskammer

Jakobs Torg 3

SE 10321 Stockholm

Tel.: 0 04 68 55 51 00 50

Fax: 0 04 68 56 63 16 50

75   Das Schiedsgericht der Stockholmer Handelskammer hat seine Bedeutung insbesondere im Ost-West-Handel erlangt. Die sowjetischen Außenhandelsorganisationen favorisierten Stockholm nicht zuletzt deswegen, weil das schwedische internationale Privatrecht bei fehlender Rechtswahl in der Praxis der Abwicklung von Ostgeschäften regelmäßig zur Anwendung sowjetischen Rechts führte.[31] Mit dem Zusammenbruch des Außenhandelsmonopols in den Staaten des ehemaligen Ostblocks ist die Bedeutung des Schiedsgerichts zurückgegangen, obwohl 1998 immerhin noch 52 Verfahren mit russischen Parteien durchgeführt wurden. Eine Blüte im Chinahandel – bedingt durch die Weigerung chinesischer Außenhandelsorganisationen, die ICC-Schiedsgerichtsbarkeit zu akzeptieren, solange Taiwan den chinesischen Sitz dort einnahm – ist nur kurz gewesen, nachdem die ICC organisatorische Änderungen getroffen hat. Die Schiedsordnung ist in jüngster Zeit an die modernen Erfordernisse angepasst worden. Sie ist am 1.1.2007 in Kraft getreten. Das Schiedsgericht hat jetzt seine alte Bedeutung wiedergewonnen. In den letzten 10 Jahren wurde jährlich mehr als 100 Fälle beim SCC Institut anhängig gemacht. Dabei sind auch Streitigkeiten nach den Investitionsschutzübereinkommen bedeutsam. So sieht der Energy Charter Treaty die Schiedsgerichtsbarkeit des Schiedsgerichtsinstituts der Stockholmer Handelkammer als eine Möglichkeit der Rechtsverfolgung vor.

76   Die Institution administriert das Schiedsverfahren in der üblichen Weise durch Entgegennahme und Weiterleitung von Klage, Widerklage, Klagebeantwortung pp. Das Verfahren wird vom Schiedsgericht bestimmt. Die SchO sieht eine Frist für den Erlass des Schiedsspruchs von 6 Monaten vor. Diese ist verlängerbar.

77   Das Schiedsgerichtsinstituts fordert die Kostenvorschüsse ein und setzt Honorare, und Auslagen der Schiedsrichter – jeweils zuzüglich der anfallenden Mehrwertsteuer – in Übereinstimmung mit der Gebührenordnung fest.

ee) Schweizerische Schiedsordnung. Literatur: *von Altenkirch/Balland/Cho/Reinlein,* Die neuen Regeln der Internationalen Schiedsordnung der Schweizerischen Handelskammern, SchiedsVZ 2005, 154 ff.; *Karrer,* Internationale Schiedsordnung der Schweizerischen Handelskammern (Schweizerische Schiedsordnung), in: Schütze (Hrsg.), Institutionelle Schiedsgerichtsbarkeit, 2. Aufl. 2011„ S. 309 ff.; *Kaufmann-Kohler/Stuck* (Hrsg.), The Swiss Rules of International Arbitration, ASA Special Series Nr. 22/2004; *Kellerhals/Berger,* Erste Erfahrungen mit den Swiss Rules of International Arbitration, Anwaltsrevue, 2005, 161 ff.; *Lévy,* Swiss Rules of International Arbitration, International Arbitration Law Review 2004, N 25 f.; *Scherer,* Accelation of Arbitration Proceedings – The Swiss Way: The Expedited Procedure Under the Swiss Rules of International Arbitration, SchiedsVZ 2005, 229 ff.; *ders.,* New Rules of International Arbitration in Switzerland, International Arbitration Law Review 2004, 119 ff.; *von Segesseer//Jolles/George,* Swiss Rules of International Arbitration, in: Nairn/Heneghan (Hrsg.), Arbitration World, 5. Aufl., 2015, S. 235 ff.; *Wiebecke,* Änderung der

---

[31] Vgl. dazu *Schütze,* Festschrift für Grossfeld, 1998, S. 1067 ff.; *Stumpf/Lindstaedt* AWD 1972, 228 ff., 228.

neuen Schweizerischen Schiedsordnung (Swiss Rules), SchiedsVZ 2004, 255; *Zuberbühler/Müller/ Habegger* (Hrsg.), Swiss Rules of International Arbitration, 2005.

Die Schiedsklage oder Schiedsanzeige kann bei jeder der folgenden sieben Handels- 78
kammern eingereicht werden:

Handelskammer beider Basel
Aeschenvorstadt 67
Postfach
CH-4010 Basel
Tel.: +41 61 2 70 60 50
Fax: +41 61 2 70 60 05

Berner Handelskammer
Gutenbergstrasse 1
Postfach 5464
CH-3001 Bern
Tel.: +41 31 3 88 87 87
Fax. +41 31 3 88 87 88

Chambre du Commerce et Industrie de Genève
4, Boulevard du Théâtre
Postfach 5039
CH-1204 Bern 11
Tel.: +41 22 8 19 91 11
Fax: +41 22 8 19 91 36

Chamber of Commerce and Industry of Neuchâtel
4, rue de la Serre
P. O. Box 2012
CH 2001 Neuchâtel
Tel.: +41 32 7221522
Fax: +41 32 7221520

Camera di Commercio dell' Industria e dell' Artigianato del Cantone Ticino
Corso Elvezia 16,
Postfach 2378
CH-6901 Lugano
Tel.: +41 91 9 11 51 11
Fax: +41 91 9 11 51 12

Chambre Vaudoise et de l'Industrie
Avenue d'Ouchy 47
Postfach 315
CH-1001 Lausanne
Tel.: +41 21 6 13 35 35
Fax: +41 21 6 13 35 05

Zürcher Handelskammer
Bleicherweg 5
Postfach 3058
CH-8022 Zürich
Tel.: +4 11 2 17 40 50
Fax: +4 11 2 17 40 51

Die Schweiz erfreut sich als Schiedsort international besonderer Beliebtheit. Nachdem 79
das zersplitterte Schiedsverfahrensrecht 1989 durch das Bundesgesetz über das internationale Privatrecht (IPRG) für internationale Schiedsverfahren vereinheitlicht worden ist,

haben die Handelskammern von Basel, Bern, Genf, Neuenburg, Tessin, Waadt und Zürich durch den Erlass einheitlicher Regeln in der Internationalen Schiedsordnung der Schweizerischen Handelskammern (Schweizerische Schiedsordnung) mit Wirkung vom 1.1.2004 ihre bestehenden Regelwerke harmonisiert. Das Regelwerk ist 2012 neugefasst und geändert worden. Die gemeinsame Schiedsordnung beruht auf der UNCITRAL-Schiedsgerichtsordnung, die in zweifacher Hinsicht geändert und ergänzt worden ist:

- Änderungen und Ergänzungen zur Überführung der UNCITRAL-Schiedsordnung in eine institutionelle Schiedsordnung und
- Änderungen und Ergänzungen, welche der jüngeren Praxis und transnational entwickelten Grundsätzen internationalen Schiedswesens Rechnung tragen.

80 Die Einleitungsanzeige eines Schiedsverfahrens kann bei jeder der sechs Handelskammern angebracht werden. Das Verfahren entspricht der UNCITRAL-Schiedsordnung. Die Honorare der Schiedsrichter werden vom Schiedsgericht selbst festgesetzt. Es besteht eine Kostenordnung, deren System ad valorem ist, mit einem „floor" basierend auf einem minimalen Stundenhonorar.

ff) London Court of International Arbitration. Literatur: *Aden,* Internationale Handelsschiedsgerichtsbarkeit, 2. Aufl. 2003, S. 666 ff.; *Blessing,* The LCIA Rules – Praxisbezogene Anmerkungen, SchiedsVZ 2003, 127 f.; *ders.,* The LCIA Rules – aus der Sicht des Praktikers, SchiedsVZ 2003, 198 ff.; *Capper/Wistanley,* The London Court of International Arbitration (LCIA), in: Nairn/Heneghan (Hrsg.), Arbitration World, 5. Aufl., 2015, S. 173 ff.; *Glossner/Bredow,* ICC, LCIA und DIS Schiedsgerichtsordnung – Unterschiede und Gemeinsamkeiten, Festschrift für Böckstiegel, 2001, 219 ff.; *Hunter/Paulsson,* A Commentary on the 1985 Rules of the London Court of International Arbitration, Yearbook Commercial Arbitration X (1985), S. 167 ff.; *Konrad/Hunter,* LCIA-Schiedsregeln, in: Schütze (Hrsg.), Institutionelle Schiedsgerichtsbarkeit, 2. Aufl. 2011, S. 351 ff.; *dies.,* LCIA Rules, in: Schütze (Hrsg.), Institutional Arbitration, 2013, S. 413 ff.; *Lew/Mistelis/Davies,* LCIA Rules, in: Weigand, Practitioner's Handbook on Onternational Commercial Arbitration, 2. Aufl., 2009, S. 1615 ff.; *Meier/Gerhardt,* Seven Guidelines on Party Representation – The New LCIA Rules, SchiedsVZ 2015, 10 ff.; *Scherpf/Majmdar,* The Revised LCIA Arbitration Rules, SchiedsVZ 2014, 227 ff.; *Veeder,* The new 1998 LCIA Rules, Yearbook Commercial Arbitration XXIII (1998), S. 366 ff.; *Wistanley,* The New Rules of the London Court of International Arbitration (LCIA), American Review of International Arbitration 8 (1997), 59 ff.

    Adresse: London Court of International Arbitration

                    70, Fleet Street

                    London EC4Y 1 EU

                    Tel.: +4 40 20 7936 7007

                    Fax: +4 40 20 7936 7008

81 Der London Court of International Arbitration ist eine der ältesten Schiedsgerichtsinstitutionen der Welt, international insbesondere bei Streitfällen im Bereich der Schiffahrt und des Versicherungswesens bedeutsam. Seine Wurzeln reichen bis in das Jahr 1892 zurück.

82 Die Institution greift erheblich weniger in das Schiedsverfahren administrativ ein als es andere institutionelle Schiedsgerichte, beispielsweise der Schiedsgerichtshof der ICC, tun. Das bestellte Schiedsgericht steht im Mittelpunkt, so dass – übertreibend – von einer „minimalistischen Schiedsgerichtsorganisation" gesprochen wird mit einem Mittelweg zwischen voll administrativen und ad hoc-Schiedsverfahren.[32] Die aktuelle Schiedsgerichtsordnung ist die von 2014. Die überarbeiteten Schiedsregeln sind zum 1.10.2014 in Kraft getreten.

---

[32] Vgl. *Konrad/Hunter,* in: Schütze (Hrsg.), Institutionelle Schiedsgerichtsbarkeit, Einleitung Rn. 64 unter Berufung auf *Veeder,* The New 1998 LCIA-Rules, Yearbook Commercial Arbitration XXIII (1998), S. 366 ff.

Das Verfahren wird durch Antrag auf Durchführung eines Schiedsverfahrens beim 83
Registrar des LCIA Schiedsgerichtshofes eingeleitet. Dieser Antrag muss enthalten: eine Kopie der Schiedsvereinbarung und der Vertragsunterlagen, den Nachweis der Zahlung des Vorschusses und die Bestätigung der Zustellung an die Parteien. Die Zustellung ist eine Parteizustellung, die Übersendung des Antrags an den Registrar ist nur eine Benachrichtigung, die aber erst das Schiedsverfahren in Lauf setzt. Der Antrag muss weiter eine kurze Darstellung des Streites enthalten, stellt aber keine Klageschrift dar. Bei Benennung von Schiedsrichtern durch die Parteien hat der Schiedskläger „seinen" Schiedsrichter in dem Antrag zu bezeichnen.

Die Zustellung des Schiedsspruchs erfolgt durch den LCIA, nicht das entscheidende 84
Schiedsgericht. Eine Prüfung durch die LCIA erfolgt – anders als bei der ICC – nicht. Jedoch ist die Zustellung des Schiedsspruchs von der vorherigen Zahlung der Kosten abhängig.

gg) China International Economic and Trade Arbitration Commission. Literatur: *Chen Dejun/Moser/Wang Chengchang*, International Arbitration in the PRC: Commentary, Cases and Materials, 2. Aufl. 2000; *Hirth/Munz*, CIETAC Schiedsvereinbarungen: ein kompliziertes Unterfangen, SchiedsVZ 2014, 8 ff.; *Kniprath*, Die Schiedsgerichtsbarkeit der Chinese International Economic and Trade Commission (CIETAC), 2004; *ders.*, Neue Schiedsordnung der Chinese International Economic and Trade Arbitration Commission (CIETAC), SchiedsVZ 2005, 197 ff.; *Moser*, CIETAC Arbitration: A Success Story? JIntArb. 15 (1998), 27 ff.; *Moser/Zang Yulin*, The New Arbitration Rules of the China International Economic and Trade Commission, JIntArb 13 (1996), 15 ff.; *Schütze*, Die Schiedsgerichtsbarkeit des chinesischen Außenhandelsschiedsgerichts in Beijing, WM 1989, 161 ff.; *Senger*, Internationales Privat- und Zivilverfahrensrecht in der Volksrepublik China, 1994, S. 440 ff.; *Stricker*, Internationale Schiedsgerichtsbarkeit in der Volksrepublik China, Jahrbuch für die Praxis der Schiedsgerichtsbarkeit 4 (1990), S. 289 ff.; *Stricker-Kellerer/Moser*, Schiedsordnung der China International Economic and Trade Commission, in: Schütze (Hrsg.), Institutionelle Schiedsgerichtsbarkeit, 2. Aufl. 2011, S. 495 ff.; *dies.*, CIETAC Rules, in: Schütze (Hrsg.), Institutional Arbitration, 2013, S. 571 ff.; *Trappe*, Streiterledigung in China, RIW 1989, 173 ff.; *ders.*, Änderung der Regeln über die internationale Schiedsgerichtsbarkeit in der VR China, RIW 1998, 871 ff.; *ders.*, Praktische Erfahrungen mit chinesischer Schiedsgerichtsbarkeit, SchiedsVZ 2004, 142 ff.; *ders.*, Zur Schiedsgerichtsbarkeit der CIETAC, SchiedsVZ 2006, 258 ff.; *Yu Jiantong*, China International Economic and Trade Arbitration Commission (CIETAC), in: Nairn/Heneghan (Hrsg.), Arbitration World, 5. Aufl., 2015, S. 45 ff.

Adresse: China International Economic and Trade Arbitration Commission

6/F, Golden Land Building

32 Liang Ma Quiao Road,

Chaoyang District, Beijing 100016

PR China

Tel.: +86 10 64 64 66 88

Fax: +86 10 64 64 35 00/64 64 35 20

Das Schiedsverfahren nach den Regeln der China International Economic and Trade 85
Commission (CIETAC) hat für die Entscheidung internationaler Wirtschaftsstreitigkeiten in China überragende Bedeutung. Die chinesischen staatlichen Gerichte sind konzeptionell nicht in der Lage, derartige Streitfälle zu entscheiden, ad hoc Schiedsgerichte werden nicht anerkannt.

Die Schiedskommission des CIETAC hat ihren Sitz in Beijing und unterhält Sub- 86
kommissionen in Shanghai und Shenzhen. Bis zum Jahre 2005 bestand strenge Listenbindung. Die Parteien konnten „ihren" Schiedsrichter nur aus dem panel of arbitrators bestimmen, der bis 1989 nur chinesische, jetzt auch ausländische Staatsangehörige – auch deutsche Juristen – umfasst. Seit 2005 können die Parteien vereinbaren, dass sie nicht an die Liste gebunden sind.

87   Die Zuständigkeit der Schiedskommision des CIETAC kann für folgende Streitfälle vereinbart werden (Art. 3 CIETAC-SchO):
- Internationale Streitfälle und Streitfälle mit internationalem Bezug,
- Streitfälle mit Bezug zur Sonderverwaltungszone Hongkong, zur Sonderverwaltungszone Macao oder zum Gebiet Taiwan,
- nationale Streitigkeiten.

88   Die chinesische internationale Schiedsgerichtsbarkeit ist durch mehrere Besonderheiten gekennzeichnet:
- die auch jetzt noch faktische Listenbindung
- die größere Bedeutung der Sachverhaltsaufklärung gegenüber der Rechtsanwendung,
- die Entscheidung nach einer oder zwei mündlichen Verhandlungen und
- die Überprüfung des Schiedsspruchs vor Unterzeichnung durch die Schiedskommission (Art. 45 CIETAC-SchO) ähnlich der Überprüfung durch die ICC.

Auf Ersuchen des Shanghaier und anderer Oberer Volksgerichte hat der Oberste Volksgerichtshof durch Schreiben vom 23.6.2015 verschiedene Zuständigkeitsfragen geklärt[33]

89   Die Kosten der Institution und die Honorare der Schiedsrichter bestimmen sich nach einer streitwertabhängigen Kostentabelle. Daneben ist eine Registrierungsgebühr von 10 000.00 RMB zu zahlen. Probleme bereitet die Erstattungsfähigkeit von Anwaltskosten. Lange Zeit war die Kostentragung durch die unterliegende Partei begrenzt auf 10 % der der obsiegenden Partei zugesprochenen Spruchsumme. Seit 2005 ist die Erstattungsfähigkeit durch die „Vernünftigkeit" der außergerichtlichen Kosten begrenzt.

hh) American Arbitration Association (AAA). Literatur: *Born*, International Commercia Zivilprozessrecht, 4. Aufl., 2011, Rn. 217l Arbitration in the United States, 1994; *Borris*, Die internationale Handelsschiedsbarkeit in den USA, 1987; *Gusy/Hosking/Schwarz*, ICDR International Arbitration Rules, in: Weigand, Practitioner's Handbook on International Commercial Arbitration, 2. Aufl., 2009, S. 1535 ff.; *Hoellering*, International Arbitration under U.S. Law and AAA rules, Disp.ResolJ 50 (1995), 25 ff.; *ders.*, Administering International Arbitration Proceedings: Explanation of How the AAA's Program Works, Disp.ResolJ 53 (1998), 64 ff.; *Smit*, The New International Arbitration Rules of the American Arbitration Association, AmRevIntArb 2 (1991), 1 ff.; *Thümmel*, American Arbitration Association – International Arbitration Rules (IAR), in: Schütze (Hrsg.), Institutionelle Schiedsgerichtsbarkeit, 2. Aufl. 2011, S. 639 ff.; *ders.*, ICDR-IAR, in Schütze (Hrsg.), Institutional Arbitration, 2013, S. 2231 ff. (jeweils mit umfassenden Literaturnachweisen); *Schack*, Einführung in das US-amerikanische

Adresse:	American Arbitration Association
	Corporate Headquarters
	1633 Broadway, 10th Floor
	New York, N.Y 10019
	Tel.: +1 212 716–5800
	Fax: +1 212 716–5905

90   Daneben bestehen 37 Regionalbüros in den USA und ein Büro in Dublin (Irland). Die AAA ist mehr ein Schiedsgerichtssystem denn ein institutionelles Schiedsgericht. Der Schwerpunkt der Tätigkeit der AAA liegt in der Administrierung inneramerikanischer Schiedsfälle. Diese erreichten schon im Jahr 1998 die Zahl von fast 90 000. Das zeigt das Bedürfnis für eine Alternative zum schwerfälligen und kostspieligen System der staatlichen Gerichtsbarkeit, das durch die american rule of costs eine Gerechtigkeitslücke auf-

---

[33] Abgedruckt SchiedsVZ 2015, 251 f.; vgl. dazu die Anmerkung von *Neelmeier/Pingliang*, ebenda 252 f.

weist.³⁴ Jedoch steigt auch die Zahl internationaler Schiedsfälle. Sie erreichte 1998 bereits ca. 500. Die AAA hat für die Administrierung internationaler Schiedsverfahren eine eigenständige Organisationseinheit geschaffen: das International Centre für Dispute Resolution (ICDR) in New York. Für internationale Schiedsverfahren besteht ein besonderes Regelwerk, die International Arbitration Rules (IAR).

Die IAR basieren weitgehend auf den UNCITRAL Rules. Das Verfahren wird durch notice of arbitration und statement of claim an den administrator eingeleitet. Als administrator fungiert nach Art. 1 Abs. 3 IAR das ICDR. Dieser stellt zu und unterrichtet die Parteien während des Verfahrensablaufs. Der Schiedsbeklagte hat binnen 30 Tagen das statement of defense und eventuelle counterclaims einzureichen. Das weitere Verfahren liegt beim Schiedsgericht. Die AAA führt eine – nicht verbindliche – Schiedsrichterliste. 91

Das Schiedsgericht hat eine Kostenentscheidung zu fällen. Die Kostenzuscheidung liegt im Ermessen des Schiedsgerichts. Dieses muss weder der american rule of costs noch dem Grundsatz costs follow the event folgen. Das Schiedsgericht hat die Kosten auch betragsmäßig festzusetzen. Die Honorare der Schiedsrichter werden nach der aufgewendeten Zeit berechnet. Als Ausgangssatz gilt der Stundensatz, den der Schiedsrichter regelmäßig anwendet. Der Stunden- oder Tagessatz wird mit den Parteien vom administrator verhandelt und vereinbart. Kommt keine Vereinbarung zustande, dann bestimmt der administrator die Vergütung (Art. 32 IAR). 92

Der Schiedsspruch bedarf der Vollstreckbarerklärung durch das staatliche Gericht. Nach der doctrine of merger geht der Inhalt des Schiedsspruchs in dem Exequatururteil auf. Nach einer höchst zweifelhaften Rechtsprechung des BGH³⁵ sollte der Gläubiger des für vollstreckbar erklärten Schiedsspruchs ein Wahlrecht haben, ob er den Schiedsspruch nach § 1044 ZPO aF oder nach §§ 328, 722 f. ZPO für vollstreckbar erklären lassen wollte. Unter Berücksichtigung der herben Kritik im Schrifttum³⁶ hat der BGH diese Rechtsprechung nach 25 Jahren aufgegeben und entschieden, dass ein Doppelexequatur von Schiedssprüchen auch dann unzulässig ist, wenn das Recht des Exequatururteils (im entschiedenen Fall Kalifornien) der doctrine of merger folgt³⁷. Der Spruchgläubiger kann nur aus dem Schiedsspruch nach § 1061 ZPO vorgehen. 93

c) Sonstige Institutionelle Schiedsgerichte

Institutionelle Schiedsgerichte gibt es weltweit zuhauf. Es werden immer mehr. Viele Handelskammern haben sich institutionelle Schiedsgerichte angegliedert.³⁸ Daneben existieren Branchenschiedsgerichte (Holzhandel, Produkten pp.). Eine besondere Stellung haben die Außenhandelsschiedsgerichte der sozialistischen Staaten eingenommen.³⁹ Derartige institutionelle Schiedsgerichte bestehen bei den Außenhandelskammern sozialistischer Staatshandelsländer fort. Sie sind dem Vorbild des Außenhandelsschiedsgerichts bei der Allunionskammer Moskau nachgebildet, das auf das Jahr 1932 zurückgeht. Die 94

---

³⁴ Vgl. dazu *Schütze*, Festschrift für Németh, 2003, S. 797 ff.
³⁵ Vgl. BGH RIW 984, 557 mAnm *Dielmann* und *Schütze*, ebenda, 734 ff.; BGH RIW 1984, 664 mAnm *Mezger*. Dazu auch *Schlosser*, Doppelexequatur zu Schiedssprüchen und ausländischen Gerichtsentscheidungen?, IPRax 1985, 141 ff.
³⁶ Vgl. zB *Dolinar*, Vollstreckung aus einem ausländischen, einen Schiedsspruch bestätigenden, Exequaturuurteil. Gedanken zu Merger-Theorie, Festschrift für Schütze I, 1999, S. 187 ff.
³⁷ Vgl. BGH NJW 2009, 2826; dazu *Plassmeier*, Das Ende des „Doppelexequatur" bei ausländischen Schiedssprüchen, SchiedsVZ 2010, 82 ff.; *Schütze*, Der Abschied vom Doppelexequatur ausländischer Schiedssprüche, RIW 2009, 817 ff.; *Weller*, Aufstieg und Fall des Doppelexequatur in der deutschen Rechtsprechung, Festschrift für Hoffmann, 2011, S. 1087 ff.
³⁸ Vgl. beispielsweise für die Vielfalt allein in Italien *Rubino-Sammartano*, Il Diritto dell'Arbitrato, 5. Aufl. 2006, S. 83 ff.
³⁹ Vgl. dazu *Pfaff*, Die Außenhandelsschiedsgerichtsbarkeit der sozialistischen Länder im Handel mit der Bundesrepublik Deutschland, 1973.

Außenhandelschiedsgerichte der ehemals sozialistischen Länder Osteuropas[40] sind im Zuge der politischen Reformen aufgelöst und durch ähnlich strukturierte institutionelle Schiedsgerichte abgelöst worden, die teilweise kraft Gesetzes – wie in Moskau[41] – als Rechtsnachfolger bestimmt worden sind.

95 Daneben findet sich eine Fälle sehr spezialisierter institutioneller Schiedsgerichte. So ist für die sogenannten nachrichtenlosen Konten in der Schweiz ein institutionelles Schiedsgericht in Zürich errichtet worden.[42] Trägerin dieses Schiedsgerichts ist eine im Herbst 1997 von der Schweizerischen Bankiersvereinigung gegründete Stiftung.

96 Aus der Fülle der sonstigen institutionellen Schiedsgerichte von internationaler Bedeutung sind zu erwähnen:
– Internationales Handelsschiedsgericht bei der Handels- und Industriekammer der Russischen Föderation;[43]
– Singapore International Arbitration Centre;[44]
– Kuala Lumpur Regional Centre for Arbitration[45]
– Dubai International Arbitration Centre.[46]

II. Der Schiedsrichter

97 Das Schiedsgericht besteht aus einem (Einzelschiedsrichter) oder mehreren Schiedsrichtern. Das Gesetz sieht das Dreierschiedsgericht als Regelschiedsgericht in § 1034 ZPO vor. Die Parteien können sich jedoch auf einen Einzelschiedsrichter einigen oder eine andere Zahl von Schiedsrichtern vorsehen.

1. Qualifikation des Schiedsrichters

Literatur: *Bucher*, Was macht den Schiedsrichter? Abschied vom „Schiedsrichtervertrag" und Weiteres zu Prozessverträgen, Festschrift für Schlosser, 2005, 97 ff.; *Hantke*, Auswahl der Schiedsrichter, in: v. Bodungen ua, Taktik im Schiedsverfahren, 2008, S. 33 ff.; *Heimann-Trosien*, Über die Auswahl und Vergütung des Schiedsrichters, Festschrift für Heusinger, 1968, S. 271 ff.; *Koepp*, Staatliche Diskriminierungsverbote bei der Auswahl von Schiedsrichtern?, SchiedsVZ 2011, 306 ff.; *Pfeiffer*, Pflicht

---

[40] Vgl. dazu *Pfaff*, Die Außenhandelsschiedsgerichtsbarkeit der sozialistischen Länder im Handel mit der Bundesrepublik Deutschland, 1973.
[41] Vgl. Dekret, v. 20.1.1993; dazu OGH RIW 1995, 773; *Mindach* RIW 1996, 692 f.
[42] Vgl. dazu *Riemer/von Segesser/von der Crone* ASA Bulletin 1998, 252 ff.
[43] Vgl. dazu mit umfassenden Literaturnachweisen *Trunk*, Die Schiedsordnung des internationalen Handelsschiedsgerichte (MKAS) bei der Handels- und Industriekammer der Russischen Föderation, in: Schütze (Hrsg.), Institutionelle Schiedsgerichtsbarkeit, 2. Aufl., 2011, S. 427 ff.; *ders.*, MKAS Rules, in: Schütze (Hrsg.), Institutional Arbitration, 2013, S. 501 ff.
[44] Vgl. dazu mit umfassenden Literaturnachweisen *Hirth*, Schiedsordnung des Singapore International Arbitration Centre (SIAC), in: Schütze (Hrsg.), Institutionelle Schiedsgerichtsbarkeit, 2. Aufl., 2011, S. 545 ff.; *ders.*, SIAC Rules, in: Schütze (Hrsg.), Institutional Arbitration, 2013, S. 617 ff.; *Dubash*, Singapore International Arbitration Centre (SIAC), in: Nairn/Heneghan, Arbitratiuon World, 5. Aufl., 2015, S. 219 ff.; *Klötzel*, Zur 5. Auflage der Schiedsgerichtsordnung des Singapore International Arbitration Centre, SchiedsVZ 2014, 13 7 ff.
[45] Vgl. dazu mit umfassenden Literaturnachweisen *Klötzel*, Schiedsordnung des Kuala Lumpur Regional Centre for Arbitration, in: Schütze (Hrsg.), Institutionelle Schiedsgerichtsbarkeit, 2. Aufl., 2011, S. 585 ff.; *ders.*, KLRCA Rules, in: Schütze (Hrsg.), Institutional Arbitration, 2013, S. 671 ff.; *Lenz/Bodenheimer*, Die überarbeiteten Arbitration Rules des Kuala Lumpur Regional Arbitration Centre for Arbitration (KLRCA), SchiedsVZ 2014, 143 ff.; *Rajoo*, Kuala Lumpur Regional Centre for Arbitration (KLRCA), in: Nairn/Heneghan, Arbitration World, 5. Aufl., 2015, S. 155 ff.
[46] Vgl. dazu mit umfassenden Literaturnachweisen *Kratzsch*, DIAC-Schiedsverfahren, in: Schütze (Hrsg.), Institutionelle Schiedsgerichtsbarkeit, 2. Aufl., 2011, S. 919 ff.; *dies.*, DIAC Rules, in: Schütze (Hrsg.), Institutional Arbitration, 2013, S. 863 ff.

zur diskriminierungsfreien Schiedsrichterauswahl, Festschrift für von Hoffmann, 2011, S. 1042 ff.; *Prütting*, Die rechtliche Stellung des Schiedsrichters, SchiedsVZ 2011, 233 ff.; *Wegen*, Choosing Arbitrators – The International Practice of Law in Action, Festschrift für Bär & Karrer, 2004, S. 221 ff.; *Weigand*, Der nebenberuflich tätige Schiedsrichter – Auswahlkriterien und Erwartungen der Parteien an ihren privaten Richter, Festschrift für Schlosser, 2005, S. 1081 ff.; *Wilske*, Der Kränkelnde Schiedsrichter – Eine subtile Guerilla-Taktik mittels eines absichtslos handelnden Werkzeugs, FS Wegen, 2015, S. 793 ff.; *Wittinghofer/Neukirchner*, Verbietet das AGG die Auswahl von Schiedsrichtern aufgrund ihrer Nationalität?, RIW 2011, 527 ff.

Eine besondere Qualifikation für das Schiedsrichteramt schreibt das deutsche Recht nicht vor. Insbesondere ist es nicht erforderlich, dass der Schiedsrichter Jurist ist. Die Parteien können jedoch besondere Qualifikationsmerkmale in der Schiedsvereinbarung[47] oder in einer späteren Ergänzung festlegen, zB die Befähigung zum Richteramt, die Zulassung als Sachverständiger für das Bauwesen, die Zulassung als Rechtsanwalt, die Kenntnis eines bestimmten (des anwendbaren) Rechts[48] pp. Erfüllt ein Schiedsrichter die von den Parteien vereinbarten Voraussetzungen nicht, so stellt dies einen Ablehnungsgrund dar (§ 1036 Abs. 2 ZPO). Die Parteien können auch als Qualifikationsmerkmal gewisse Gesundheitskriterien für den Schiedsrichter aufstellen. Denn der kränkelnde Schiedsrichter kann eine Gefahr für den zügigen Ablauf des Schiedsverfahrens darstellen.[49] 98

Der Schiedsrichter muss geschäftsfähig sein, da er sonst nicht in der Lage ist, den Schiedsrichtervertrag abzuschließen.[50] Die Geschäftsfähigkeit beurteilt sich nach dem Personalstatut (Art. 7 EGBGB). Eine Verpflichtung des Schiedsrichters, sich psychiatrisch auf seinen Geisteszustand untersuchen zu lassen, hat der BGH jedoch verneint.[51] 99

Auch juristische Personen können Schiedsrichter sein,[52] nicht jedoch Behörden und Gerichte.[53] 100

Bestimmte Amtsträger bedürfen zur Übernahme des Schiedsrichteramtes einer dienstrechtlichen Genehmigung, so Richter[54] und Beamte.[55] Dies ist aber kein Qualifikationsmerkmal. Der Amtsträger, der ohne dienstrechtliche Genehmigung tätig wird, kann einen wirksamen Schiedsspruch erlassen.[56] Er setzt sich lediglich disziplinarrechtlichen Maßnahmen aus. 101

Im Anschluss an eine Prozesserie in England um die Zulässigkeit der Bestimmung der Zugehörigkeit von Schiedsrichtern zu einer ethnischen oder religiösen Gruppe als Qualifikationsmerkmal (dort Zugehörigkeit zur Glaubensgemeinschaft der Ismaeliten) ist in Deutschland die Diskussion aufgekommen[57], ob nicht nur die Zugehörigkeit zu einer 102

---

[47] Vgl. dazu *Weigand*, Festschrift für Schlosser, S. 1081 ff., 1083 ff.; gegen eine Festlegung der Qualifikation in der Schiedsvereinbarung als „unwise" *Redfern/HunterBlackaby/Partsides*, Law and Practice of International Arbitration, 6. Aufl. 2015, Rn. 4 ff.
[48] Vgl. dazu *Schütze* RPS BB-Beil. 9/1998, 2 ff.
[49] Vgl. dazu *Wilske*, Festschrift für Wegen, S. 793 ff.
[50] Vgl. dazu → Rn. 149 ff.
[51] Vgl. BGHZ 98, 32 = EWiR § 1025 ZPO 1/86, 1047 *(Schütze)*.
[52] Vgl. *Maier* Rn. 24; *Schütze/Tscherning/Wais* Rn. 178; *Schwab/Walter* Kap. 9 Rn. 1; *Wieczorek/Schütze/Schütze* § 1035 Rn. 6; aA *Baumbach/Lauterbach/Hartmann* § 1029 Rn. 4.
[53] Vgl. *Schütze/Tscherning/Wais* Rn. 179; *Schwab/Walter* Kap. 9 Rn. 1.
[54] Vgl. dazu insbes. *Lachmann*, Festschrift für Schlosser, 2005, S. 477 ff.
[55] Vgl. §§ 40, 46 RichterG, § 65 Abs. 1 BBG.
[56] Vgl. OLG Stuttgart SchiedsVZ 2003, 84; *Wieczorek/Schütze/Schütze* § 1035 Rn. 7; aA *Schwab/Walter* Kap. 9 Rn. 3, die einen Verstoß gegen ein Verbotsgesetz iS von § 134 BGB annehmen und Schiedsrichterbestellung und Schiedsrichtervertrag für unwirksam halten. KG SchiedsVZ 2003, 185 nimmt wegen der Nichtgenehmigungsfähigkeit der Tätigkeit von Berufsrichtern bei Benennung durch nur eine Partei Undurchführbarkeit der Schiedsvereinbarung an; vgl. dazu auch *Meckelbrauck* SchiedsVZ 2003, 186 f.
[57] Vgl. dazu *Koepp* SchiedsVZ 2011, 306 ff.; *Wittinghofer/Neukirchner* RIW 2011, 527 ff.

ethnischen Gruppe, Rasse pp, sondern auch die Nationalität Qualifikationsmerkmal sein kann. Anders als der Court of Appeal[58] hat der Supreme Court den Employment Equality (Religion and Belief) Regulation 2003, durch den die Gleichbehandlungsrichtlinie in das Recht des Vereinigten Königreichs umgesetzt worden ist, für nicht anwendbar erklärt, da ein Schiedsrichter kein *employee* sei. Auch nach deutschem Recht ist das AGG auf Schiedsrichter nicht anwendbar.[59] Qualifikationsmerkmale wie: schweizerische Staatsangehörigkeit, Zugehörigkeit zur katholischen Kirche oder zur jüdischen Glaubensgemeinschaft sind zulässig.

2. Bestellung des Schiedsrichters

Literatur: *Hantke*, Die Bildung des Schiedsgerichts, SchiedsVZ 2003, 269 ff.

103 Schiedsrichter werden die Parteien ernannt, können jedoch auch durch das Gericht oder einen Dritten bestellt werden.

a) Ernennung durch die Partei

104 Das Verfahren zur Bestellung des Schiedsgerichts unterliegt der Parteidisposition (§ 1025 Abs. 1 ZPO). Die Parteien nutzen diese Befugnis häufig durch Regelungen in der Schiedsvereinbarung.[60]

105 Haben die Parteien keine besondere Regelung getroffen, so bestellt jede Partei einen Schiedsrichter (§ 1035 Abs. 3 ZPO). Die von den Parteien bestellten Schiedsrichter einigen sich auf einen dritten Schiedsrichter (Vorsitzender, Obmann), der im Nichteinigungsfall durch einen Dritten bestellt wird.[61] Auf diesen Dritten (zB Präsident der Industrie- und Handelskammer, des OLG, eines Fachverbandes) können sich die Parteien einigen und tun das auch häufig in der Schiedsvereinbarung.[62] Fehlt eine derartige Bestimmung des Dritten, so ernennt das Oberlandesgericht den dritten Schiedsrichter auf Antrag einer Partei (§§ 1035 Abs. 3, 1062 Abs. 1 Nr. 1 ZPO).

106 Beim Einzelschiedsrichter müssen sich die Parteien auf diesen einigen. Im Falle der Nichteinigung gilt für seine Bestellung dasselbe wie für die Ernennung des dritten Schiedsrichters (Vorsitzender, Obmann) beim Dreierschiedsgericht.

107 Zuweilen sehen Schiedsvereinbarungen vor, dass bei nicht fristgerechter Bestellung eines Schiedsrichters durch eine Partei der von der anderen Partei ernannte Schiedsrichter als Einzelschiedsrichter fungieren soll. Der BGH hat eine solche Regelung für das deutsche Recht für unwirksam gehalten,[63] bei einem ausländischen Verfahren darin aber keinen Verstoß gegen den ordre public gesehen und einen von einem so bestellten Schiedsrichter erlassenen Schiedsspruch als anerkennungsfähig erachtet[64] – eine schwer verständliche Differenzierung.[65]

108 § 1034 Abs. 2 ZPO gibt der Partei, die bei der Zusammensetzung des Schiedsgerichts in einer die andere Partei begünstigenden und ihr ein Übergewicht einräumenden Weise benachteiligt ist, das Recht, bei dem Oberlandesgericht (§ 1062 Abs. 1 Nr. 1 ZPO) zu

---

[58] Vgl. *Jivraj v. Hashwani*, (1010) 2 Lloyd's Rep. 534 (2010) IRLR 797, (2010) EWCA Civ. 712.
[59] Vgl. *Pfeiffer* Festschrift für von Hoffmann, S. 1042 ff.
[60] Vgl. ua die Muster von Schiedsvereinbarungen bei *Glossner/Bredow/Bühler* S. 189; *Lachmann* Rn. 2256; *Maier* S. 563 ff.; *Schütze/Tscherning/Wais* Rn. 116, die sämtlich Regelungen über die Ernennung der Schiedsrichter durch die Parteien enthalten.
[61] Vgl. dazu *Schlosser* SchiedsVZ 2003, 1 ff.
[62] Vgl. dazu → Rn. 110 ff.
[63] Vgl. BGHZ 54, 392 = JZ 1971, 231 mAnm *Habscheid;* dazu auch *Kornblum*, Probleme der schiedsrichterlichen Unabhängigkeit, 1968, S. 196 ff., 206 ff.
[64] Vgl. BGHZ 98, 70 = JZ 1987, 154 mAnm *Walter*.
[65] Vgl. *Schütze* Urteilsanmerkung EWiR Art. 5 UNÜ 1/86, 835.

beantragen, den oder die Schiedsrichter abweichend von der Ernennung durch die andere Partei oder der vereinbarten Bestellungsregelung zu bestellen. Der Antrag ist fristgebunden (2 Wochen nach Bekanntwerden der Zusammensetzung des Schiedsgerichts). Diese „Überlegenheitsklausel" greift den bisher in § 1025 Abs. 2 aF ZPO enthaltenen Rechtsgedanken auf. Neben der Fallgestaltung in BGHZ 54, 392 fallen hierunter insbesondere die Fälle, in denen eine Partei den Schiedsrichter allein ernennen[66] oder die Mehrzahl der Schiedsrichter bestellen[67] darf.[68]

Eine Partei kann einen ihr unliebsamen Schiedsrichter nach Ernennung nicht mehr auswechseln. Sie ist an die Ernennung gebunden, sobald die Anzeige der Ernennung dem Gegner zugegangen ist (§ 1035 Abs. 2 ZPO). 109

b) Ernennung durch Dritte

Literatur: *Frenz,* Auswahl und Bestellung von Schiedsrichtern durch Dritte, 1980; *Klein,* Zur Ernennung von Schiedsrichtern durch im voraus bezeichnete Dritte, IPRax 1986, 53 ff.; *Mann,* Zur Ernennung von Schiedsrichtern durch vertraglich bezeichnete Dritte, Liber amicorum Schnitzer, 1979, S. 325 ff.

Die Parteien können die Ernennung des oder der Schiedsrichter nicht nur für den Fall der Nichteinigung auf einen Einzelschiedsrichter oder Vorsitzenden (dritten Schiedsrichter) oder nicht fristgemäßen Ernennung auf einen Dritten übertragen.[69] Bei internationalen Schiedsverfahren bestimmt sich die Stellung des Dritten in diesem Fall nach der lex arbitri.[70] Vereinbaren die Parteien in einem deutsch-argentinischen Vertrag für die Entscheidung hieraus entstehender Streitigkeiten die Zuständigkeit eines Schiedsgerichts in Paris, dessen Verfahren nach französischem Recht geführt werden und bei dem der Schiedsrichter durch den Präsidenten der Industrie- und Handelskammer Region Stuttgart (Dritter) bestimmt werden soll, so bestimmt sich dessen Stellung nach französischem Recht als der lex arbitri. 110

Bei der Übertragung der Ernennung eines Schiedsrichters auf einen Dritten ist Bedacht darauf zu nehmen, dass nach deutschem Recht niemand verpflichtet ist, die Ernennung vorzunehmen. So hat sich der Präsident des LG Ulm in dem BGH WM 1977, 319 zugrunde liegenden Fall geweigert, einen Schiedsrichter zu ernennen. *Mann*[71] weist für den internationalen Bereich auf die Weigerung des Präsidenten des Internationalen Gerichtshofs im Haag hin, die Schiedsrichterbenennung in einem Rechtsstreit zwischen der Anglo-American Oil Company und dem Iran vorzunehmen. Es ist deshalb zu empfehlen, sich die Bereitschaft des Dritten vor Abschluss der Schiedsvereinbarung in verpflichtender Weise erklären zu lassen.[72] Für den Fall, dass auch der Dritte wegfällt, sei es durch Tod, Eintritt der Geschäftsunfähigkeit oder Weigerung der Durchführung der Ernennung, können die Parteien einen „Ersatzdritten" bestellen. 111

Bei der Übertragung des Ernennungsrechts auf einen Dritten sollten die Parteien zweckmäßigerweise ausschließen, dass dieser Dritte sich selbst ernennt, wie es der Präsident des OLG Köln in dem von *Coeppicus*[73] berichteten Fall getan hat. Wenn die 112

---

[66] Vgl. BGHZ 54, 392; BGH JZ 1989, 588.
[67] Vgl. *Haas,* Die Anerkennung und Vollstreckung ausländischer und internationaler Schiedssprüche, 1991, S. 228 ff.; *Schütze/Tscherning/Wais* Rn. 158; *Schwab/Walter* Kap. 9, Rn. 10.
[68] Vgl. für weitere Fälle Wieczorek/Schütze/*Schütze* § 1034 Rn. 21 ff.
[69] Vgl. dazu *Mann,* Liber amicorum Schnitzer, S. 325 ff.
[70] Vgl. *Schütze/Tscherning/Wais* Rn. 571; *Klein* IPRax 1986, 53 ff., 55, soweit es sich nicht um „Magistratspersonen" handelt; aA *Mann,* Liber amicorum Schnitzer, S. 326 (Recht, dem der Dritte „untersteht").
[71] Vgl. *Mann,* Liber amicorum Schnitzer, S. 327 f.
[72] Vgl. für ein Formular *Schütze/Tscherning/Wais* Rn. 571.
[73] Vgl. *Coeppicus* ZRP 1995, 203 f.; vgl. auch *Lachmann* Rn. 808 Fn. 3

Parteien dem Dritten das Ernennungsrecht übertragen, dann wollen sie, dass er ernennt, nicht aber als Schiedsrichter tätig ist.

c) Ernennung durch das Gericht

Literatur: *Bredow,* § 1035 und die „K-Fragen" für die Parteien, Festschrift für Schlosser, 2005, S. 75 ff.

113 Üben die Parteien ihr Ernennungsrecht bei der Einleitung des Schiedsverfahrens oder nach Wegfall eines Schiedsrichters nicht aus, so wird der Schiedsrichter auf Antrag der anderen Partei durch das Gericht ernannt (§ 1035 Abs. 3, 4, 1039 Abs. 1 ZPO). Eine Partei verliert ihr Ernennungsrecht mit Fristablauf endgültig.[74] Sie kann die gerichtliche Ernennung nicht dadurch verhindern, dass sie nachträglich noch einen Schiedsrichter ernennt.[75] Allerdings wird das Gericht regelmäßig den von einer Partei zu spät benannten Schiedsrichter ernennen. Eine Ernennung durch das Gericht kann auch erfolgen, wenn der in der Schiedsvereinbarung bereits benannte Schiedsrichter das Amt ablehnt.[76]

114 Zuständig ist das nach § 1062 ZPO zuständige Gericht, das im Beschlussverfahren entscheidet. Der Beschluss – ob ablehnend oder ernennend – kann ohne mündliche Verhandlung ergehen. Ernennt eine Partei verspätet einen Schiedsrichter und hat sie deshalb ihr Ernennungsrecht verloren, so wird der von der säumigen Partei bezeichnete Schiedsrichter in der Praxis regelmäßig vom Gericht bestellt, wodurch der Streit um den Zeitpunkt des Verlustes des Ernennungsrechts häufig bedeutungslos wird.

d) Ernennung durch ein ständiges Schiedsgericht

Literatur: *Schütze,* Die Besetzung eines internationalen Schiedsgerichts und das anwendbare Recht, Festschrift für Kaissis, 2012, S. 887 ff.

115 Die Regelwerke der institutionellen Schiedsgerichte sehen regelmäßig vor, dass die Bestellung der Schiedsrichter bei Nichtausübung des Bestimmungsrechts durch eine Partei durch die Institution vorgenommen wird. Durch die Bestimmung eines Schiedsrichters oder des Vorsitzenden kann ein konzeptionelles Ungleichgewicht geschaffen werden, das Verfahren und anwendbares Recht beeinflusst[77]. Ein berühmtes Beispiel sind die früheren deutsch-sowjetischen Schiedsfälle in Stockholm. Die Standardschiedsklausel in deutsch-sowjetischen Außenhandelsverträgen sah vor,[78] dass jede Partei einen Schiedsrichter ernannte und – sollten diese sich nicht auf einen Vorsitzenden einigen können – diese durch das Schiedsgericht bei der Stockholmer Handelskammer bestimmt werden sollte. Das anwendbare Recht blieb ungeregelt. Jetzt geschah folgendes. Die deutsche Partei benannte einen deutschen Juristen, die sowjetische Partei einen sowjetischen. Eine Einigung auf den Vorsitzenden war praktisch nie möglich. So wurde regelmäßig ein schwedischer Jurist zum Vorsitzenden von der Institution bestellt. Über schwedisches Kollisionsrecht kam in der Regel sowjetisches Recht zur Anwendung. Bestand Streit über den Inhalt des anzuwendenden Rechts – was häufig der Fall war – gab die Ansicht des

---

[74] Vgl. RGZ 45, 382; OLG Bremen NJW 1972, 454; BayObLG IHR 2003, 91; *Maier* Rn. 162; *Schütze/Tscherning/Wais* Rn. 204; *Stein/Jonas/Schlosser* § 1029 Rn. 2; Wieczorek/Schütze/*Schütze* § 1035 Rn. 21; aA *Lachmann* Rn. 905; *Schwab/Walter* Kap. 10 Rn. 21; Baumbach/Lauterbach/*Hartmann* § 1035 Rn. 9, Zöller/*Geimer* § 1035 Rn. 15; die auf den Antrag auf Ersatzbestellung abstellen.
[75] Vgl. Wieczorek/Schütze/*Schütze* § 1035 Rn. 21.
[76] Vgl. BayObLG EWiR § 1035 ZPO, 1.98 mit zust. Anm. *Berger.*
[77] Vgl. *Schütze,* Qui eligit arbitrum tertium elegit processum, Festschrift für Grossfeld, 1999, S. 1667 ff.
[78] Vgl. *Stumpf/Lindstaedt,* Vereinbarungen über das anzuwendende Recht und das zuständige Schiedsgericht in Handelsverträgen mit osteuropäischen Ländern, AWD 1972,228 ff. (228)

Vorsitzenden den Ausschlag. Dieser schloss sich der Ansicht des sowjetischen Schiedsrichters eher als der des deutschen Schiedsrichters an, da es schließlich das Recht war, das er studiert hatte und praktizierte.

Die schwierige Aufgabe, bei der Ernennung eine konzeptionelle Unparteilichkeit des Vorsitzenden zu sichern, wird dabei häufig durch die Bestimmung eines Angehörigen eines Landes, dem keine der Parteien angehört, zu erreichen versucht. Das soll verhindern, dass die Mehrheit der Schiedsrichter einem Staat angehört. Diese Praxis wird beispielsweise von der ICC geübt. Die Ernennung erfolgt in zwei Etappen. Der Schiedsgerichtshof bestimmt zunächst ein Nationalkomitee,[79] das regelmäßig das eines „neutralen" Drittlandes ist.[80] Dadurch wird indirekt die Zugehörigkeit des Vorsitzenden zu einem bestimmten Rechtskreis festgelegt und damit die Verfahrensdurchführung beeinflusst.[81] 116

Auch andere institutionellen Schiedsgerichte sehen das Problem und versuchen es durch Neutralitätsklauseln zu lösen.[82] Das gelingt aber dann nicht, wenn ein Schiedsrichter aus einem common law Land kommt, der andere aus einem kontinentaleuropäischen Land. Dann kann – insbesondere in Verfahrensfragen – die Zugehörigkeit des Vorsitzenden zu einer der beiden Rechtssysteme zu einem konzeptionellen Übergewicht einer Partei führen. 117

e) Institutionelle Schiedsrichterernennung

Literatur: *Glossner*, Institutionelle Schiedsrichterernennung, Festschrift für Trinkner, 1995, S. 555 ff.

Eine besondere Form der Ernennung von Schiedsrichtern durch Dritte ist die durch eine Institution,[83] etwa nach dem Europäischen Übereinkommen über die Handelsschiedsgerichtsbarkeit (Präsident der Handelskammer oder Besonderes Komité). 118

f) Der nichternannte „Schiedsrichter"

Zuweilen – insbesondere in komplexen und umfangreichen Fällen bestellt das Schiedsgericht einen „adminstrative secretary", der auch – kritisch – „vierter Schiedsrichter" genannt[84] wird. Dieser Schiedsgerichtssekretär soll das Verfahren verwalten, Termine organisieren und vorbereiten, Akten aufbereiten, bei der Beschaffung von etwa notwendigen Visa für die Beteiligten mitwirken pp. Der Schiedsgerichtssekretär kann auch mit der Klärung einzelner Rechtsfragen betraut werden, nicht aber mit der Entscheidungsfindung selbst. Insbesondere darf er nicht einen Entwurf der Entscheidung fertigen. 119

Die Bestellung eines Schiedsgerichtssekretärs, der Zugang den Akten hat und an der Beratungen teilnimmt, ist nur mit Zustimmung der Schiedsparteien zulässig. Auch ist die Zustimmung der Parteien erforderlich, wenn sie die Kosten des Sekretärs zahlen sollen. Der Schiedsrichtervertrag enthält weder eine konkludente Entbindung des Schiedsgerichts im Hinblick auf die Vertraulichkeit bei Beschäftigung eines Sekretärs noch die Verpflichtung zu Kostenübernahme durch die Parteien. Schweizer Schiedsrichter, die die Bestellung eines Schiedsgerichtssekretärs in großem Maße praktizieren, machen deshalb häufig die Annahme des Schiedsrichteramtes von der Zustimmung der Parteien zur 120

---

[79] Vgl. Art. 13 Abs. 5 ICC-SchO muss der Vorsitzende eine andere Staatsangehörigkeit als die Parteien besitzen.
[80] Vgl. dazu *Reiner*, ICC-Schiedsgerichtsbarkeit, 1989, S. 80; *Schütze/Tscherning/Wais* Rn. 838.
[81] Vgl. *Schütze*, Festschrift für Grossfeld, 1998, S. 1067 ff.
[82] Vgl. im einzelnen Wieczorek/Schütze/*Schütze* § 1035, Rn. 26 ff.
[83] Vgl. dazu *Glossner*, Festschrift für Trinkner, S. 555 ff.
[84] Vgl. *Menz*, The fourts arbitrator? Die Rolle des Administrative Secretarys im Schiedsverfahren, SchiedsZ 2015, 210 ff.; *Partasides*, The fourth Arbitrator? The Role of Secretaries to Tribunals in international Arbitration, ArbInt 2002, 147 ff.

Bestellung eines adminstrative secretary und der Übernahme der Kosten für ihn abhängig.

3. Ablehnung des Schiedsrichters

121 Die Freiheit der Parteien, Schiedsrichter ihrer Wahl zu ernennen, bringt es mit sich, dass die Gefahr der Befangenheit des Schiedsrichters konzeptionell größer ist als die des staatlichen Richters. Denn die Parteien neigen – leider – häufig dazu, einen Schiedsrichter zu ernennen, der ihnen nahesteht und von dem sie eine günstige Entscheidung erwarten. § 1036 ZPO trägt dem Rechnung und lässt die Ablehnung von Schiedsrichtern in weitgehendem Maße zu.

a) Ablehnungsgründe

Literatur: *Bucher*, Zur Unparteilichkeit des parteibenannten Schiedsrichters, Festschrift für Kummer, 1980, S. 599 ff.; *Kornblum*, Probleme der schiedsrichterlichen Unabhängigkeit, 1968; *Lachmann*, Gedanken zur Schiedsrichterablehnung aufgrund Sozietätszugehörigkeit, Festschrift für Geimer, 2002, S. 514 ff.; *Schlosser*, Die Unparteilichkeit des Schiedsrichteramtes, ZZP 93 (1980), 121 ff.; *Schütze*, Zur Befangenheit von Schiedsrichtern, Festschrift für Hopt, 2010, S. 2933 ff.; *ders.*, Die Mehrfachbenennung von Schiedsrichtern als Ablehnungsgrund, Festschrift für Simotta, 2012, S. 519 ff.

122 Im Gegensatz zum bisherigen Recht (§ 1032 aF ZPO) beschränkt sich § 1036 Abs. 2 ZPO auf eine Generalklausel. Ablehnungsgrund ist jeder Umstand, der berechtigte Zweifel an der Unparteilichkeit oder Unabhängigkeit des Schiedsrichters aufkommen lassen könnte.[85] Ablehnungsgrund ist weiterhin die Nichterfüllung besonderer – in der Schiedsvereinbarung vorausgesetzter oder später zwischen den Parteien vereinbarter Qualifikationen (Befähigung zum Richteramt, Vereidigung als Sachverständiger für eine bestimmte Branche pp.). Die Regelung entspricht Art. 12 des UNCITRAL-Modellgesetzes.[86]

123 Berechtigte Zweifel an der Unparteilichkeit oder Unabhängigkeit[87] eines Schiedsrichters bestehen immer in den Fällen, in denen ein Richter abgelehnt werden könnte:

- *Parteistellung des Schiedsrichters:* Niemand kann Schiedsrichter in eigener Sache sein (§ 41 Nr. 1 ZPO analog). Das gilt auch, wenn der Schiedsrichter zu einer Partei im Verhältnis eines Mitberechtigten, Mitverpflichteten oder Regresspflichtigen steht. Partei ist auch der Treugeber im Rechtsstreit des Treuhänders[88] und umgekehrt. Mitberechtigte sind Bürgen, OHG-Gesellschafter, Mitglieder eines nicht rechtsfähigen Vereins pp.[89]
- *Parteistellung des Ehegatten:* Die Parteistellung des Ehegatten – auch wenn die Ehe nicht mehr besteht – wird der Parteistellung des Schiedsrichters gleichgeachtet (§ 41 Nr. 2 ZPO analog).
- *Parteistellung naher Verwandter oder Verschwägerter:* Der Schiedsrichter ist vom Schiedsrichteramt ausgeschlossen „in Sachen einer Person, mit der er in gerader Linie verwandt oder verschwägert, in der Seitenlinie bis zum dritten Grad verwandt oder bis zum zweiten Grad verschwägert ist oder war" (§ 41 Nr. 3 ZPO analog).

---

[85] Vgl. dazu *Albers*, Der parteibestellte Schiedsrichter im schiedsrichterlichen Verfahren der ZPO und das Gebot überparteilicher Rechtspflege, 1995.
[86] Vgl. dazu *Calavros* S. 66 ff.; *Granzow* S. 107 ff.; *Hußlein-Stich* S. 62 ff.
[87] Vgl. dazu *Baudenbacher*, The Independance and Impartiality of Arbitrators – Towards General Standards, Festschrift für Wegen, 2015, S. 575 ff.
[88] Vgl. *Schütze/Tscherning/Wais* Rn. 273.
[89] Vgl. dazu *Kornblum*, Probleme der schiedsrichterlichen Unabhängigkeit, 1968, S. 136 ff.; *Wieczorek/Schütze/Schütze* § 1032 Rn. 7.

- *Vertretungsbefugnis für eine Partei:* Die gegenwärtige oder frühere Berechtigung des Schiedsrichters als Verfahrensbevollmächtigter oder Beistand einer Partei oder als gesetzlicher Vertreter einer Partei im Schiedsverfahren aufzutreten, stellt einen Ablehnungsgrund dar (§ 41 Nr. 4 ZPO analog). Es kommt auf die Nämlichkeit der Rechtssache an.[90] Die Bestimmung schließt den Rechtsanwalt, der eine Partei ständig rechtlich berät, nicht vom Schiedsrichteramt aus (kann aber gleichwohl die Besorgnis der Befangenheit begründen),[91] wohl aber den Anwalt, der in der Sache, die Gegenstand des Schiedsverfahrens ist, früher tätig war.
- *Zeugen- oder Sachverständigenstellung des Schiedsrichters:* Zweifel an der Unabhängigkeit und Unparteilichkeit des Schiedsrichters bestehen immer in Sachen, in denen er als Zeuge oder Sachverständiger vernommen worden ist (§ 41 Nr. 5 ZPO analog).
- *Mitwirkung in früherem Verfahren in derselben Sache:* Nach § 41 Nr. 6 ZPO (analog) ist die frühere Tätigkeit als staatlicher oder Schiedsrichter in einem Verfahren Ablehnungsgrund. Nicht schädlich ist die frühere Tätigkeit als beauftragter oder ersuchter Richter. Unschädlich ist es auch, wenn die Schiedsklage als zur Zeit unbegründet abgewiesen wird und in einem späteren Verfahren mit demselben Gegenstand derselbe Schiedsrichter ernannt wird, der an der Entscheidung im Vorverfahren mitgewirkt hat. Dasselbe gilt, wenn ein neues Schiedsverfahren eingeleitet wird, nachdem der Spruch, an dem der Schiedsrichter mitgewirkt hat, aufgehoben worden ist.[92]
- *Besorgnis der Befangenheit:* Dem Ablehnungsgrund der Besorgnis der Befangenheit für staatliche Richter (§ 42 Abs. 1 ZPO) entspricht der des Zweifels an der Unparteilichkeit und Unabhängigkeit des Schiedsrichters in § 1036 Abs. 2 ZPO. Immer dann, wenn bei einem Richter Besorgnis der Befangenheit gegeben wäre besteht auch ein Ablehnungsgrund für den Schiedsrichter. Die Besorgnis der Befangenheit[93] kann ua bei engen persönlichen Beziehungen des Schiedsrichters zu einer Partei bestehen,[94] zB im Verhältnis Pate zu Patenkind, Syndikus eines Unternehmens zum Vorstandsvorsitzenden.[95] Nicht ausreichend sind gesellschaftliche Kontakte, zB gemeinsames Wandern, Golfspielen pp. Auch ein eigenes wirtschaftliches Interesse des Schiedsrichters am Ausgang des Verfahrens kann die Besorgnis der Befangenheit begründen, zB wenn der Schiedsrichter Angehöriger einer am Schiedsverfahren beteiligten juristischen Person ist (zB Aktionär), wobei es auf den Grad des Interesses ankommt.[96]. Nicht Befangenheitsgrund ist die Äußerung des Schiedsgerichts zur Sach- und Rechtslage aufgrund des bisherigen Verfahrensverlaufs, um den Parteien sachgerechte Vergleichsverhandlungen zu ermöglichen. Jedoch müssen die Schiedsrichter erkennen lassen, dass ihre Äußerung nur vorläufig ist und keine Entscheidung darstellt. Das kann auch konkludent geschehen[97]. Jedoch ist es gefährlich, einer Partei in Aussicht zu stellen, dass die Nichtannahme eines Vergleichsvorschlages für sie teuer werden könne[98]

---

[90] Vgl. RGZ 152, 9; *Schütze/Tscherning/Wais* Rn. 273; *Schwab/Walter* Kap. 14 Rn. 5.
[91] Dahingestellt gelassen von OLG Hamburg JZ 1956, 226, weil es in dem entschiedenen Fall letztlich nicht darauf ankam.
[92] Vgl. OLG Celle OLGZ 13, 248.
[93] Vgl. dazu *Bucher*, Festschrift für Kummer, 1980, S. 599 ff.; *Habscheid* NJW 1962, 5 ff.; *Nef*, Festschrift für Fritzsche, 1952, S. 99 ff.; *Kornblum*, Probleme der schiedsrichterlichen Unabhängigkeit, 1968; *Schlosser* ZZP 93 (1980), S. 121 ff.
[94] Vgl. *Schütze/Tscherning/Wais* Rn. 275.
[95] Vgl. Wieczorek/Schütze/*Schütze* § 1036 Rn. 40.
[96] Vgl. *Schütze/Tscherning/Wais* Rn. 276.
[97] Vgl. OLG München SchiedsVZ 2015, 309: „Die Pflicht zur Unparteilichkeit gebietet es nicht, dass sich Schiedsrichter in vor der mündlichen Verhandlung erteilten Hinweisen zur Sach- und Rechtslage nur in der Möglichkeitsform äußern und die Vorläufigkeit ihrer Beurteilung ausdrücklich betonen". Vgl. dazu auch die Anmerkung von *Bryant*, ebenda, 312.
[98] Vgl. OLG Frankfurt/Main SchiedsVZ 2006, 329.

124 Schließlich kann die *frühere Befasstheit* des Schiedsrichters mit der Sache und das Verhalten des Schiedsrichters im Verfahren die Besorgnis der Befangenheit begründen.[99] So können der Kontakt eines Schiedsrichters zu einer Partei und einseitige Ratschläge an diese Zweifel an seiner Unparteilichkeit aufkommen lassen. Hat dagegen der Schiedsrichter früher eine einer Partei günstige Rechtsansicht literarisch – unabhängig vom Streitfall – vertreten, so ist dies nicht geeignet, Besorgnis der Befangenheit zu begründen.[100] Anders ist es, wenn der Schiedsrichter früher bereits ein Rechtsgutachten zum Streitfall für eine Partei erstattet hat. Nach OLG Frankfurt/Main[101] soll eine frühere Beratungstätigkeit einer Kanzlei, aus der der Schiedsrichter ausgeschieden ist, nicht ausreichend sein, um einen Ablehnungsgrund zu begründen. Hier kommt es aber entscheidend auf die Umstände des Einzelfalles an.

125 Ein Ablehnungsgrund ist regelmäßig nicht gegeben, wenn der Schiedsrichter von einer Partei in einem anderen Schiedsverfahren als Schiedsrichter benannt worden ist,[102] soweit nicht durch eine Häufung ein Abhängigkeitsverhältnis entsteht[103]. Dabei ist allerdings nicht zu verkennen, dass der mehrfach benannte Schiedsrichter durch seine Kenntnis der Parallelverfahren einen Informationsvorsprung vor seinen Mitschiedsrichtern erlangt. Das allein reicht aber für eine Ablehnung nicht aus[104].

126 Problematisch mag sein, inwieweit sich ein Schiedsrichter Ablehnungsgründe in der Person von Sozietätsangehörigen zurechnen lassen muss, insbesondere deren Tätigkeit – auch in anderen Fällen – für eine Partei.[105]

127 Die International Bar Association hat ein eigenes Regelwerk der Befangenheitsgründe in den Guidelines on Conflict of Interest in International Commercial Arbitration erlassen, das als Checkliste dienen mag.

b) Offenbarung von möglichen Ablehnungsgründen

128 Die Umstände, die die Unparteilichkeit oder Unabhängigkeit eines Schiedsrichters in Frage stellen können, werden der Partei, die ihn nicht bestellt hat, häufig erst im Laufe des Verfahrens bekannt. Das hat in der Vergangenheit zu unliebsamen Verzögerungen geführt. § 1036 Abs. 1 ZPO statuiert deshalb eine – dem deutschen Recht an sich fremde[106] – Offenbarungspflicht desjenigen, dem das Amts des Schiedsrichters angetragen wird[107]. Diese Verpflichtung besteht beiden Parteien gegenüber und erstreckt sich auf das gesamte Verfahren.[108]

---

[99] Vgl. im Einzelnen *Schütze/Tscherning/Wais* Rn. 275.

[100] Vgl. *Lachmann* Rn. 608 (der allerdings Ausnahmen machen will bei „Sturheit" und „Unbelehrbarkeit"); *Schwab/Walter* Kap. 14 Rn. 8; *Zöller/Geimer* § 1036 Anm. 11.

[101] Vgl. OLG Frankfurt/Main SchiedsVZ 2011, 342.

[102] So jedoch wohl BGH NJW 1972, 827; wie hier Wieczorek/Schütze/*Schütze* § 1036 Rn. 18; *Schütze*, Festschrift für Simotta, S. 519 ff.

[103] Vgl. dazu auch *Kapeliuk*, The Repeat Appointment Factor: Exploring Decision Patterns of Elite Treaty Arbitration, Cornell L. Rev. (2010), 47 ff.; *Schütze*, Die Mehrfachbenennung von Schiedsrichtern als Ablehnungsgrund, Festschrift für Simotta, S. 519 ff; *Slaoui* The Rising Issue of "Repeat Arbitrators": A Call for Clarification, 25 Arb. Int. 1 (2009) 103 ff.

[104] So die französische Cour de Cassation in State of Qatar v. Creighton Ltd., Revue de l'arbitrage 1999, 309 und das Handelsgericht Wien in einer unveröffentlichten Entscheidung v. 24.7.2007 (Nr. 16, 2/07)

[105] Vgl. dazu eingehend *Lachmann*, Festschrift für Geimer, 2002, S. 513 ff.

[106] Vgl. *Granzow* S. 110 ff.; *Schwab/Walter* Kap. 14 Rn. 1.

[107] Vgl. dazu *Schütze*, Die Verletzung der Offenbarungspflicht im Schiedsverfahren, Festschrift für Elsing, 2015, S. 525 ff.

[108] Vgl. *Calavros* S. 67; *Granzow* S. 111 f.; *Hußlein-Stich* S. 68.

Zur Auslegung dieser für das deutsche Schiedsverfahrensrecht neuen Regelung können 129
die Standesregeln der International Bar Association (IBA) 1986[109] dienen. Nach Nr. 4.2
dieser Regeln soll der als Schiedsrichter Benannte offenlegen:
- frühere und gegenwärtige Geschäftsbeziehungen zu einer Partei, einschließlich einer früheren Bestellung zum Schiedsrichter;
- die Natur und Dauer enger gesellschaftlicher Beziehungen zu einer Partei oder einem potentiellen Zeugen in dem Schiedsverfahren;
- die Natur von – auch nicht mehr bestehenden – Beziehungen zu einem Mitschiedsrichter, wobei dies auch für eine gemeinsame Ausübung des Schiedsrichteramtes gilt;
- eventuelle Vorkenntnisse über den Rechtsstreit;
- eventuelle Verpflichtungen des Schiedsrichters, welche seine von den Parteien vernünftigerweise vorausgesetzte Verfügbarkeit für das Schiedsverfahren einengen.

Diese Offenbarungsgründe wird man restriktiv interpretieren müssen. Sie stammen aus 130
der US-amerikanischen Praxis,[110] die auch nicht unumstritten ist.[111] Jedenfalls bedeutet
die Offenlegung nicht, dass ein Ablehnungsgrund besteht. So bildet es regelmäßig keinen
Ablehnungsgrund, wenn Schiedsrichter mehrfach im Schiedsverfahren gemeinsam amtieren. Nicht offenzulegen ist die Anfrage einer Partei über die Bereitschaft zur Ausübung
des Schiedsrichteramtes, wenn die Bestellung dann durch die andere Partei erfolgt.

In der Praxis hat sich nämlich der Missstand herausgebildet, dass der Schiedskläger vor 131
Benennung „seines" Schiedsrichters zunächst zahlreiche für den Schiedsbeklagten zur
Benennung in Betracht kommende Personen nach ihrer Bereitschaft zur Übernahme des
Schiedsrichteramtes fragt, um ihre Bestellung durch den Schiedsbeklagten unmöglich zu
machen. Die bloße Erklärung, in einem Schiedsverfahren tätig sein zu wollen, beeinträchtigt aber weder Unparteilichkeit noch Unabhängigkeit. Sie bedarf deshalb keiner
Offenlegung und stellt keinen Ablehnungsgrund dar.

Auch die ICC Rules of Arbitration enthalten in Art. 11 Abs. 2 und 3 eine § 1036 132
Abs. 1 ZPO entsprechende Offenbarungspflicht eines Schiedsrichters.[112] Damit ist nunmehr ein erfreulicher Gleichlauf des Regelwerks der in der westlichen Hemisphäre
wichtigen Schiedsgerichtsinstitution mit dem deutschen Recht gegeben.

Die französische Cour de Cassation hat die Mehrfachbenennung eines Schiedsrichters 133
in gleichgelagerten Verfahren als offenbarungpflichtig angesehen[113]. Nach deutschem
Recht stellt die Schiedsrichtertätigkeit in Parallelverfahren keinen Ablehnungsgrund dar,
ist aber offenbarungspflichtig[114]. Diese scheinbare Widersinnigkeit rechtfertigt sich daraus, dass der Schiedsrichter nicht selbst entscheiden soll, ob ein Ablehnungsgrund
gegeben ist.

c) Verfahren der Ablehnung

§ 1037 Abs. 1 ZPO unterstellt das Verfahren der Ablehnung eines Schiedsrichters der 134
Parteidisposition. Die Parteien können in der Schiedsvereinbarung oder einer gleichzeitigen oder späteren Verfahrensregelung Bestimmungen über die Durchführung des Ablehnungsverfahrens treffen, diese auch einem Dritten, zB dem Präsidenten der IHK, dem

---

[109] Eine deutsche Übersetzung von *Glossner* ist veröffentlicht im Jahrbuch für die Praxis der Schiedsgerichtsbarkeit 1 (1987), S. 192 ff.
[110] Vgl. grundlegend Commonwealth Coatings Corp. v. Continental Casuality Co., 393 U. S. 145 (1968).
[111] Vgl. *Granzow* S. 112 f.
[112] Vgl. dazu *Reiner*, ICC Schiedsgerichtsbarkeit, 1989, S. 64 ff.; *Reiner/Jahnel*, in: Schütze (Hrsg.), Institutionelle Schiedsgerichtsbarkeit, 2. Aufl., 2011, Art. 7 Rn. 12 ff.
[113] Vgl. Frémarc v. ITM Entreprises, Revue de l'arbitrage 2003, 1231.
[114] Vgl. *Schütze*, Festschrift für Simotta, S. 519 ff.; Wieczorek/Schütze/*Schütze*, § 1036, Rn. 27

OLG-Präsidenten pp., übertragen.[115] Grenze jeglicher Regelung ist jedoch, dass die mit dem Ablehnungsgesuch nicht durchgedrungene Partei die Möglichkeit haben muss, eine gerichtliche Entscheidung nach § 1037 Abs. 3 ZPO herbeizuführen.[116]

135 Machen die Parteien von ihrer Regelungsbefugnis keinen Gebrauch, so überträgt § 1037 Abs. 2 ZPO das Verfahren auf das Schiedsgericht. Die Partei, die einen Schiedsrichter ablehnen will, hat dies gegenüber dem Schiedsgericht unter Darlegung der Ablehnungsgründe geltend zu machen. Die Ablehnung muss schriftlich erfolgen. Sie ist fristgebunden. Die Frist beträgt zwei Wochen von dem Zeitpunkt an, in dem der ablehnenden Partei die Zusammensetzung des Schiedsgerichts oder ein Umstand, der die Unparteilichkeit und Unabhängigkeit des Schiedsrichters in Frage stellen kann, bekanntgeworden ist. Es ist positive Kenntnis erforderlich. Kennenmüssen oder Kennenkönnen genügt nicht. Eine Nachprüfungspflicht der Parteien besteht nicht.[117] Probleme entstehen, wenn das Schiedsgericht einen Ablehnungsgrund kennt, nicht aber die ablehnungsberechtigte Partei[118]. In diesem Fall ist das Schiedsgericht selbst nicht zur Ablehnung berechtigt, muss aber den Parteien den Sachverhalt mitteilen, damit diese die prozessualen Konsequenzen ziehen können.

136 Das Schiedsgericht hat das Ablehnungsgesuch der anderen Partei unverzüglich zur Stellungnahme zuzuleiten. Vor der Entscheidung des Schiedsgerichts über das Ablehnungsgesuch sind zwei Möglichkeiten gegeben, den abgelehnten Schiedsrichter von seinen Pflichten zu entbinden:

- Der abgelehnte Schiedsrichter kann von seinem Amt zurücktreten (§ 1037 Abs. 2 S. 2 ZPO)[119]. Auch wenn nach Ansicht des Schiedsrichters kein Ablehnungsgrund besteht und er durch den Schiedsrichtervertrag gebunden ist, so wird durch die Ablehnung das Vertrauensverhältnis zu einer Partei doch so belastet, dass ihm das Gesetz das Recht gibt, sein Amt als Schiedsrichter niederzulegen und den Schiedsrichtervertrag zu kündigen. Das Gesetz baut dem Schiedsrichter eine goldene Brücke, ohne offenbaren Makel sich aus dem Schiedsverfahren zu verabschieden. Allerdings werden dadurch Schadensersatzansprüche gegen ihn nicht ausgeschlossen[120]
- Die andere Partei kann der Ablehnung zustimmen (§ 1037 Abs. 2 S. 2 ZPO). Dann erfolgt eine gemeinsame Abberufung des Schiedsrichters unter gleichzeitiger Kündigung des Schiedsrichtervertrages nach § 627 Abs. 1 BGB.

137 Findet keine Entbindung des Schiedsrichters auf diese Weise statt, so entscheidet das Schiedsgericht über die Ablehnung (§ 1037 Abs. 2 S. 2 ZPO). Dabei hat der abgelehnte Schiedsrichter auch ein Stimmrecht. Dadurch entspricht die deutsche Regelung dem UNCITRAL-Modellgesetz, das dem abgelehnten Schiedsrichter eine Mitwirkung zugesteht, ja, den abgelehnten Einzelschiedsrichter über seine eigene Ablehnung entscheiden lässt.[121] Die deutsche Regelung trägt den insbesondere von *Calavros* geäußerten Bedenken nicht Rechnung.[122]

---

[115] Vgl. Begründung, BT-Drs. 13/5274, S. 41.
[116] Vgl. *Calavros* S. 71; *Granzow* S. 115 mit eingehender Darstellung der Entstehungsgeschichte der Regelung; *Hußlein-Stich* S. 74.
[117] Vgl. *Reiner/Jahnel* Art. 7 ICC-SchO, Rn. 12 unter Berufung auf eine Entscheidung der Cour d'Appel de Paris v. 18.12.2003.
[118] Vgl. dazu *Schütze*, Festschrift für Hopt, 2010, S, 2933 ff.
[119] Vgl. dazu *Schütze*, Der Rücktritt des Schiedsrichters vom Amt, Festschrift für Wegen, 2015, S. 751 ff.
[120] Vgl. dazu *Schütze*, Festschrift für Wegen, S. 751 ff.
[121] Vgl. *Calavros* S. 71 f.; *Granzow* S. 116 unter Hinweis auf die Materialien.
[122] Vgl. *Calavros* S. 71 f.; kritisch auch *Hußlein-Stich* S. 75; aA *Schwab*, Festschrift für Nagel, 1987, S. 425 ff., 432, der das Ablehnungsverfahren als „sehr abgewogen" bezeichnet. Unkritisch auch *Zerbe*, Die Reform des deutschen Schiedsverfahrensrechts, 1995, S. 180 f.; für das geltende deutsche Recht vgl. *Lachmann* Rn. 1062 ff.; *Schwab/Walter* Kap. 14 Rn. 22.

Beim Einzelschiedsrichter ist der Nichtrücktritt bereits als Entscheidung des Schiedsgerichts anzusehen,[123] da der Einzelschiedsrichter damit incidenter erklärt, dass kein Ablehnungsgrund vorliegt. Bei einem Einzelschiedsrichter kann es zu einer Entscheidung des Schiedsgerichts nach § 1037 Abs. 2 S. 2 ZPO also nie kommen.

138

Bleibt eine private Regelung oder die Anrufung des Schiedsgerichts erfolglos, so ist der Weg zu den ordentlichen Gerichten frei. Zuständig ist das Oberlandesgericht (§ 1062 Abs. 1 Nr. 1 ZPO). Der Antrag ist fristgebunden. Er ist innerhalb eines Monats nach dem Zeitpunkt der Kenntnisnahme von der ablehnenden Entscheidung über die Ablehnung des Schiedsrichters zu stellen (§ 1037 Abs. 3 S. 1 ZPO). Die Parteien können eine andere Frist vereinbaren. Das Oberlandesgericht entscheidet im Beschlussverfahren. Der Beschluss kann ohne mündliche Verhandlung ergehen (§ 1063 Abs. 1 ZPO). Das Gericht hat bei der Entscheidung keinen Ermessensspielraum.[124] Sind Umstände gegeben, die die Besorgnis der mangelnden Unparteilichkeit oder Unabhängigkeit erwecken, so muss dem Ablehnungsgesuch stattgegeben werden.[125] Wird der Antrag rechtskräftig zurückgewiesen, so ist der Ablehnungsgrund endgültig erledigt.[126] Wird die Ablehnung für begründet erklärt, so muss das Schiedsgericht nach Ersetzung des abgelehnten Schiedsrichters entscheiden, bzw. neu entscheiden.[127] Andernfalls ist ein Aufhebungsgrund nach § 1059 Abs. 2 Nr. 1 lit. d ZPO gegeben.[128]

139

Das Schweben des Ablehnungsverfahren stellt kein Schiedsverfahrenshindernis dar. Das Schiedsgericht kann das Verfahren fortsetzen und einen Schiedsspruch erlassen (§ 1037 Abs. 3 S. 2 ZPO). Wird dem Ablehnungsantrag nach Erlass des Schiedsspruchs stattgegeben, so liegt ein Aufhebungsgrund nach § 1059 Abs. 2 Nr. 1 lit. d ZPO vor. Die Fortsetzung des Schiedsverfahrens kommt deshalb nur in Betracht, wenn das Schiedsgericht sicher sein kann, dass das Ablehnungsgesuch keinen Erfolg haben kann und nur in Verzögerungsabsicht gestellt ist. Darin liegt der Sinn der Regelung.[129]

140

4. Beendigung des Schiedsrichteramtes

a) Beendigungsgründe

Das Schiedsrichteramt endet mit Beendigung des Schiedsrichtervertrages, insbesondere durch Kündigung, dazu Rn. 175 ff.

141

Darüber hinaus sind Beendigungsgründe (§ 1038 ZPO):

142

- *Unmöglichkeit* der Erfüllung schiedsrichterlicher Pflichten. Hierzu gehören körperliche Gebrechen und Amtsunwürdigkeit. Nach § 1032 Abs. 3 aF ZPO konnten Minderjährige, Taube, Stumme und Personen, denen die bürgerlichen Ehrenrechte aberkannt sind, abgelehnt werden. § 1038 ZPO hat hierin keine Änderung gebracht, vielmehr wohl aus Gründen der political correctness vermieden, den Ausschluss von bestimmten Personengruppen zu statuieren. In tatsächlicher Hinsicht kann eine Unmöglichkeit der Erfüllung schiedsrichterlicher Pflichten dann gegeben sein, wenn der Schiedsrichter schwer erkrankt, zu einer längeren Freiheitsstrafe verurteilt wird pp.
- *Untätigkeit* des Schiedsrichters. Schiedsrichter unterliegen keiner Dienstaufsicht wie staatliche Richter. Die einzige Möglichkeit, einen faulen oder aus sonstigen Gründen untätigen Schiedsrichter zu ersetzen und den geordneten Fortgang des Verfahrens zu sichern, bietet das Gesetz in § 1038 Abs. 2 ZPO. Danach können die Parteien die

---

[123] Vgl. Begründung, BT-Drs. 13/5274, S. 41.
[124] Vgl. *Schütze/Tscherning/Wais* Rn. 274.
[125] Vgl. Wieczorek/Schütze/*Schütze* § 1036 Rn. 38.
[126] Vgl. RGZ 148, 1.
[127] Vgl. *Glossner/Bredow/Bühler* Rn. 229.
[128] Vgl. RGZ 148, 1.
[129] Vgl. *Calavros* S. 72 f.

Beendigung des Schiedsrichteramtes herbeiführen.[130] Auf das Verschulden kommt es nicht an. Insoweit besteht kein Unterschied zur Ablehnung nach § 1032 Abs. 2 aF ZPO. Abzustellen ist allein darauf, ob die Verzögerung den Parteien zuzumuten ist. Dabei ist zu berücksichtigen, dass die Parteien häufig eine Schiedsvereinbarung nur deshalb treffen, weil sie eine besonders zügige Verfahrensabwicklung erwarten. Da es auf Verschulden nicht ankommt, können auch lange Krankheit, Visumschwierigkeiten für die Einreise zum Verhandlungsort, Verurteilung zu langjähriger Haftstrafe pp. Beendigungsgründe darstellen. Selbst eine Schwangerschaft kann eine Unmöglichkeit der Erfüllung der schiedsrichterlichen Aufgaben darstellen, da der Gesetzgeber mit der Mutterschutzfrist eine „Arbeitspause" angeordnet hat.

b) Verfahren der Geltendmachung der Beendigung

143 Liegt ein Beendigungsgrund vor, lässt § 1038 Abs. 1 ZPO zunächst eine außergerichtliche Einigung über die Beendigung zu:
- Der Schiedsrichter kann zurücktreten. Dieser Rücktritt[131] kann auf Anregung einer oder beider Parteien oder ohne Intervention der Parteien erfolgen. Die Parteien können den Rücktritt nicht verhindern. Es handelt sich dabei nicht um einen Rücktritt mit ex tunc Wirkung, vielmehr eine Amtsniederlegung mit Wirkung ex nunc. In der Amtsniederlegung liegt zugleich eine Kündigung des Schiedsrichtervertrages.
- Die Parteien können vereinbaren, dass das Amt des Schiedsrichters endet. Auch diese Vereinbarung hat ex nunc Wirkung.

144 Tritt der Schiedsrichter nicht freiwillig zurück und können sich die Parteien nicht über die Beendigung des Amtes einigen, so kann jede Partei eine gerichtliche Entscheidung über die Beendigung des Amtes herbeiführen. Zuständig für die Entscheidung ist nach § 1062 Abs. 1 Nr. 1 ZPO das Oberlandesgericht. Für das Verfahren gilt § 1063 ZPO. Die Entscheidung ist nicht feststellender, vielmehr gestaltender Natur. Die Beendigung des Amtes tritt mit der Rechtskraft des Beschlusses ein. War der Schiedsrichter nicht kraft Gesetzes ausgeschlossen und liegt auch kein Grund vor, die zu seiner Ausschließung führen würden, wenn er staatlicher Richter wäre (vgl. § 579 Abs. 1 Nr. 2 ZPO), so sind die vor Amtsniederlegung, Vereinbarung der Amtsbeendigung oder Rechtskraft des oberlandesgerichtlichen Beschlusses über die Beendigung bewirkten Handlungen wirksam.[132]

145 Vereinbaren die Parteien die Amtsbeendigung, ohne dass ein Grund hierfür vorliegt, oder legt der Schiedsrichter sein Amt grundlos nieder, so ist hiergegen nicht der Feststellungsantrag gegeben, dass das Schiedsrichteramt fortbesteht. Die grundlose Amtsniederlegung oder Amtsenthebung führt ebenfalls zur Beendigung des Amtes, kann aber Schadensersatzansprüche wegen Verletzung des Schiedsrichtervertrages auslösen.[133]

146 Das notwendige Korrelat zur Herbeiführung der Beendigung des Schiedsrichteramts durch den Schiedsrichter oder die Parteien ohne gerichtliche Überprüfungsmöglichkeit stellt die Ehrenregelung des § 1038 Abs. 2 ZPO dar. Die Abberufung des Schiedsrichters durch die Parteien oder seine Amtsniederlegung besagt nicht, dass ein Ablehnungs- oder Beendigungsgrund vorgelegen hat. Diese Regelung soll die Beendigung des Schiedsrichteramtes erleichtern. Denn ein Schiedsrichter, der selbst nicht mehr tätig werden will oder durch den beide Parteien ihre Streitigkeit nicht mehr entschieden haben wollen, ist regelmäßig nicht mehr in der Lage, das Verfahren in einer den Erwartungen der Parteien entsprechenden Weise durchzuführen.

---

[130] Vgl. *Maier* Rn. 196; *Schütze/Tscherning/Wais* Rn. 279; Wieczorek/Schütze/*Schütze* § 1038 Rn. 22 ff.
[131] Rechtstechnisch handelt es sich um eine Kündigung, vgl. *Lachmann* Rn. 1062.
[132] Vgl. für die gleiche Rechtslage bei der Ablehnung nach altem Recht RG HRR 1933, 544.
[133] Vgl. Begründung, BT-Drs. 13/5274, S. 42.

5. Wegfall des Schiedsrichters und Ersatzbestellung

Der Wegfall eines Schiedsrichters hat keinen Einfluss auf den Bestand der Schiedsvereinbarung.[134] Das gilt auch – entgegen der Regelung in § 1033 Nr. 1 aF ZPO – für den Fall, dass der Schiedsrichter in der Schiedsvereinbarung selbst benannt ist. § 1039 Abs. 1 ZPO geht – Art. 15 des Modellgesetzes folgend[135] – davon aus, dass die Parteien auch bei Benennung eines Schiedsrichters in der Schiedsvereinbarung diese nicht an seine Person knüpfen wollen.[136]

147

Endet das Amt des Schiedsrichters weil er erfolgreich abgelehnt (§ 1037), weil er untätig oder die Aufgabenerfüllung unmöglich geworden ist (§ 1038 ZPO), weil er vom Amt zurücktritt oder die Parteien einverständlich sein Amt aufheben, so ist ein Ersatzschiedsrichter zu bestellen (§ 1039 Abs. 1 ZPO)[137]. Die Ersatzbestellung erfolgt je nach der Art der Ernennung des weggefallenen Schiedsrichters (§ 1039 Abs. 1 S. 2 ZPO). Ein von einer Partei ernannter Schiedsrichter ist durch diese binnen einer einmonatigen Frist nach Aufforderung durch den Gegner zu ersetzen (§ 1035 Abs. 2 ZPO). Nach fruchtlosem Fristablauf erfolgt die Ernennung durch das Gericht (§ 1035 Abs. 2 ZPO). Ist der weggefallene Schiedsrichter durch das Gericht ernannt gewesen, so ernennt das Gericht den Ersatzschiedsrichter, oblag die Ernennung einem Dritten, so liegt das Ernennungsrecht bei ihm.[138]

148

III. Rechtsverhältnis des Schiedsrichters zu den Parteien

1. Der Schiedsrichtervertrag als Grundlage des Rechtsverhältnisses des Schiedsrichters zu den Parteien

Literatur: *Berger*, Schiedsrichtervertrag und Insolvenz der Schiedspartei, Festschrift von Hoffmann, 2011, S. 903 ff.; Böckstiegel (Hrsg.), Status, Aufgaben, Rechte und Pflichten des Schiedsrichters, DIS-MAT I (1997) (mit Beiträgen von *Böckstiegel, Schlosser, Lörcher, Lionnet, Kuckenburg, Lachmann* und *Grischke*); *Bucher*, Was macht den Schiedsrichter?, Abschied vom „Schiedsrichtervertrag" und Weiteres zu Prozessverträgen, Festschrift für Schlosser, 2005, S. 97 ff.; *Calavros*, Grundsätzliches zum Rechtsverhältnis zwischen Schiedsrichtern und Parteien nach griechischem Recht, Festschrift für Habscheid, 1969, S. 65 ff., *Gal*, Die Haftung des Schiedsrichters in der internationalen Handelsschiedsgerichtsbarkeit, 2009; *Hausmann*, Der Schiedsrichtervertrag – Probleme der Erfüllung, der Haftung und der kollisionsrechtlichen Anknüpfung, Diss. Freiburg 1978; *von Hoffmann*, Der internationale Schiedsrichtervertrag – eine kollisionsrechtliche Skizze, Festschrift für Glossner, 1994, S. 143 ff.; *Hoffet*, Rechtliche Beziehungen zwischen Schiedsrichtern und Parteien, 1991; *Inderkum*, Der Schiedsrichtervertrag, Diss. Freiburg 1988; *Lionnet*, Der Schiedsrichtervertrag, DIS-MAT I (1997), S. 62 ff.; *Oetting*, Der Schiedsrichtervertrag nach UML im deutschen Recht unter rechtsvergleichenden Aspekten, 1994; *Real*, Der Schiedsrichtervertrag, 1983; *Schwab*, Schiedsrichterernennung und Schiedsrichtervertrag, Festschrift für Schiedermair, 1976, S. 499 ff.; *Strieder*, Rechtliche Einordnung und Behandlung des Schiedsrichtervertrages, 1984; *Vogt*, Der Schiedsrichtervertrag nach schweizerischem und internationalem Recht, 1996.

Die Rechtsbeziehungen der Schiedsrichter zu den Parteien bestimmen sich nach dem Schiedsrichtervertrag, der von der Schiedsvereinbarung zu unterscheiden ist. Die Schiedsvereinbarung kann zwar Vorgaben für die Ausgestaltung des Schiedsrichtervertrages

149

---

[134] Vgl. *Lachmann* Rn. 1143; Zöller/Geimer § 1039 Rn. 1.
[135] Vgl. *Granzow* S. 118; *Hußlein-Stich* S. 81.
[136] Vgl. Begründung, BT-Drs. 13/5274, S. 43; die Regelung wird begrüßt von *Schwab*, Festschrift für Nagel, 1987, S. 427 ff., 432 f. und *Lachmann* Rn. 1143.
[137] Vgl. zu den Problemen der Änderung der Besetzung des Schiedsgerichts *Wilske*, Änderung in der Beseetzung des Schiedsgerichts oder: Don't shoot the piano player, Festschrift für Elsing, 2015, S. 691 ff.
[138] Vgl. *Maier* Rn. 167; *Schütze/Tscherning/Wais* Rn. 269.

enthalten (zB hinsichtlich der Vergütung, der Frist für den Erlass des Schiedsspruchs pp.), regelt das Verhältnis der Parteien zu den Schiedsrichtern aber nicht unmittelbar. Der Schiedsrichtervertrag ist im Modellgesetz nicht geregelt,[139] so dass auch das 10. Buch der ZPO – wie bisher – keine Regelung enthält.

a) Ad hoc-Schiedsverfahren

150 Das Angebot zum Abschluss des Schiedsrichtervertrages liegt regelmäßig in der Ernennung eines Schiedsrichters durch eine Partei, die Annahme in der Annahme des Schiedsrichteramtes.[140]

151 Ob darüber hinaus der Zugang der Anzeige nach § 1035 Abs. 2 ZPO notwendig ist, ist streitig.[141] Das in der Ernennung liegende Angebot wird stets von beiden Parteien abgegeben.[142] Erfolgt die Ernennung nur durch eine Partei, dann handelt diese auch für die andere Partei, wozu sie durch die Schiedsvereinbarung ermächtigt ist. Das bedeutet aber, dass die Anzeige an die Gegenseite nach § 1035 Abs. 2 ZPO notwendig ist,[143] da erst durch deren Zugang die Bindungswirkung der Ernennung eintritt.

152 Der Schiedsrichtervertrag ist ein materiellrechtlicher Vertrag,[144] dessen Zustandekommen, Bestand, Wirkungen, Beendigung sowie Ansprüche und Verpflichtungen der Beteiligten sich allein nach bürgerlichem Recht bestimmen. Teilweise wird der Schiedsrichtervertrag als Prozessvertrag mit materiellrechtlichen Elementen[145] gesehen, weil er das prozessuale Amt des Schiedsrichters begründe. Das ist aber gerade nicht der Fall. Die Begründung des prozessualen Amtes des Schiedsrichters ist von der Regelung des Rechtsverhältnisses zu den Parteien zu unterscheiden. Das prozessuale Amt des Schiedsrichters ergibt sich aus seiner Ernennung, mögen der Abschluss des Schiedsrichtervertrages und die Begründung des Amtes regelmäßig auch zusammenfallen.

153 Die Rechtsprechung sieht in dem Schiedsrichtervertrag einen Vertrag eigener Art,[146] die hL in der Literatur bei Unentgeltlichkeit einen Auftrag, bei Entgeltlichkeit einen Dienstvertrag.[147] Jedenfalls wird man die Bestimmungen der §§ 611 ff. BGB und §§ 662 ff. BGB entsprechend anwenden müssen.[148]

154 In neuerer Zeit finden sich im Schrifttum Stimmen, die die Stellung des Schiedsrichters nicht aus einem Vertrag, sondern aus Gesetz und Schiedsvereinbarung herleiten wollen (Amtstheorie).[149] Diese Ansicht hat sich aber bisher nicht durchsetzen können.

---

[139] Vgl. *Oetting* S. 23.
[140] Vgl. *Glossner/Bredow/Bühler* Rn. 242; *Maier* Rn. 126; *Schwab/Walter* Kap. 11 Rn. 7.
[141] Vgl. dazu *Schwab/Walter* Kap. 11 Rn. 2 ff.
[142] Vgl. *Schütze/Tscherning/Wais* Rn. 187.
[143] Vgl. *Maier* Rn. 126; *Oetting* S. 61; *Schütze/Tscherning/Wais* Rn. 187; *Schwab/Walter* Kap. 11 Rn. 3 f.
[144] Vgl. BGH NJW 1986, 3077; *Henn* S. 49; MüKoZPO/*Münch,* vor § 1034 Rn. 4; *Schütze/Tscherning/Wais* Rn. 217; Wieczorek/Schütze/*Schütze* § 1035 Rn. 84; Zöller/*Geimer* § 1025 Rn. 64; weitere Nachweise zum Meinungsstand bei *Strieder,* Rechtliche Einordnung und Behandlung des Schiedsrichtervertrages, 1989; *Oetting* S. 38 f.; *Schwab,* Festschrift für Schiedermair, S. 499 ff. und *Schwab/Walter* Kap. 11 Rn. 8 f. (gemischt prozessualer/materiellrechtlicher Vertrag).
[145] So *Schwab/Walter* Kap. 11 Rn. 9.
[146] Vgl. RGZ 59, 247; RGZ 74, 321; BGHZ 15, 12; *Breetzke* NJW 1968, 113 ff.; MüKoZPO/*Münch* vor § 1034 Rn. 5.
[147] Vgl. Baumbach/Lauterbach/*Hartmann* § 1035 Anh. Rn. 1; MüKoZPO/*Münch* vor § 1034 Rn. 5; *Schütze/Tscherning/Wais* Rn. 219; *Schwab/Walter* Kap. 11 Rn. 8; Wieczorek/Schütze/*Schütze* § 1035 Rn. 85.
[148] Vgl. *Schütze/Tscherning/Wais* Rn. 219.
[149] Vgl. *Calavros,* Festschrift für Habscheid, 1989, S. 65 ff., 68 ff. Vgl. dazu auch *Lionnet* S. 66 (selbst ablehnend).

b) Institutionelle Schiedsgerichtsbarkeit

Da die Institution die parteibenannten Schiedsrichter bestätigt, im Falle der Nicht- 155
benennung oder Nichteinigung auf einen Vorsitzenden selbst ernennt und die Rechtsbeziehungen im Hinblick auf Aufgaben, Haftung, Honorare und Vorschüsse regelt, könnte man meinen, die Institution sei Vertragspartner des Schiedsrichtervertrages. Diese Ansicht wird insbesondere von *Vogt*[150] vertreten, der einen Vertrag der Institution mit dem Schiedsrichter annimmt, aus dem – im Sinne eines echten Vertrages zugunsten Dritter – die Parteien berechtigt und verpflichtet würden. Dieselbe Ansicht vertritt *Aden*,[151] der allerdings zugesteht, dass man „*die Vertragsbeziehungen auch anders konstruieren kann*".

Gegen die Konstruktion über den Vertrag zugunsten Dritter spricht, dass die Parteien 156
auch verpflichtet werden und einige Rechtsordnungen diesen Vertragstyp nicht kennen. Überdies ist zu berücksichtigen, dass es ein Kriterium der Schiedsgerichtsbarkeit ist, dass die Parteien nicht nur die Schiedsrichter bestimmen können, sondern dass sie deren Vertragspartner werden. Der Schiedsrichtervertrag kommt zwischen den Parteien und den Schiedsrichtern zustande.[152] Die Institution handelt für die Parteien aufgrund der ihr im Schiedsorganisationsvertrag erteilten Vollmacht. In diesem Sinne hat auch der OGH entschieden.[153]

Benennen die Parteien „ihren" Schiedsrichter, so kommt der Schiedsrichtervertrag mit 157
der Annahmeerklärung des Schiedsrichters und ggf. der Bestätigung durch die Institution zustande. Die zB nach den ICC Rules notwendige Bestätigung stellt eine aufschiebende Bedingung dar. Bis zu ihrer Erteilung ist der Schiedsrichtervertrag schwebend unwirksam. Benennt die Institution den Schiedsrichter, so kommt der Vertrag mit der Annahmeerklärung des Schiedsrichters zustande. Die Bestätigung ist nicht erforderlich, hat jedenfalls nur deklaratorischen Charakter.[154] Der Schiedsrichtervertrag kommt – ebenso wie bei ad hoc-Schiedsgerichten – mit beiden Parteien zustande.[155]

Neben dem Schiedsrichtervertrag zwischen Parteien und Schiedsrichtern bestehen auch 158
rechtliche Beziehungen zwischen der Institution und den Schiedsrichtern,[156] auf Grund derer die Institution Vorschüsse einfordert, Honorare festsetzt (soweit nicht fixe Gebühren bestehen), Honorare auszahlt pp. *Hoffet* nimmt eine „Anweisung auf Schuld" an,[157] während es sich nach deutscher Auffassung um einen Geschäftsbesorgungsvertrag handelt.[158]

---

[150] Vgl. *Vogt* S. 69 ff.; *Melis*, The Comparative Law Yearbook of International Business, 1991, S. 107 ff. meint, dass zwei Schiedsrichterverträge zustande kämen, einer mit der Institution und einer mit den Parteien.

[151] Vgl. *Aden* S. 90 ff.

[152] Vgl. *Hoffet*, Rechtliche Beziehungen zwischen Parteien und Schiedsrichtern, 1991, S. 156 ff.; *von Hoffmann*, Festschrift für Glossner, S. 143 ff. für den Fall der Ernennung eines Schiedsrichters durch ein staatliches Gericht; *Schütze*, in: Schütze (Hrsg.), Institutionelle Schiedsgerichtsbarkeit, 2. Aufl., 2011, Einleitung, Rn. 46.

[153] Vgl. OGH RPS 1999, 7; ebenso *Heller* WBl 1994, 105 ff.

[154] Vgl. *Schütze*, in: Schütze (Hrsg.), Institutionelle Schiedsgerichtsbarkeit, 2. Aufl., 2011, Einl. Rn. 50.

[155] Vgl. RGZ 94, 210; *Lachmann* Rn. 1751; *Schütze/Tscherning/Wais* Rn. 216; *Schwab/Walter* Kap. 11 Rn. 1.

[156] Vgl. *Hoffet*, Rechtliche Beziehungen zwischen Parteien und Schiedsrichtern, 1991, S. 168 ff.; *Schütze*, in: Schütze (Hrsg.), Institutionelle Schiedsgerichtsbarkeit, 2. Aufl., 2011, Einl. Rn. 47; offen gelassen bei *Konrad/Hunter*, ebenda, LCIA-Rules, Art. 5 Rn. 21.

[157] Vgl. *Hoffet*, Rechtliche Beziehungen zwischen Parteien und Schiedsrichtern, 1991, S. 170.

[158] Vgl. *Schütze*, in: Schütze (Hrsg.), Institutionelle Schiedsgerichtsbarkeit, 2. Aufl., 2011, Einl. Rn. 47.

2. Inhalt des Schiedsrichtervertrages

159 Der Schiedsrichtervertrag regelt die Rechte und Pflichten von Schiedsrichtern und Parteien. Häufig wird auf den Abschluss eines besonderen Vertrages verzichtet. In diesen Fällen gelten die §§ 662 ff. BGB bei unentgeltlichem oder §§ 611 ff. BGB bei entgeltlichem Tätigwerden entsprechend. Zu empfehlen ist jedoch, die Ausgestaltung der Rechtsstellung der Beteiligten im Einzelnen zu regeln.[159] Nur bei institutionellen Schiedsgerichten ist dies regelmäßig unnötig, da hier das Regelwerk der Institution eingreift.

a) Gesamtschuldnerische Haftung

160 Die Parteien sind gesamtschuldnerisch berechtigt und verpflichtet;[160] die Schiedsrichter dagegen treten den Parteien einzeln als Vertragspartner gegenüber – wenngleich mit identischen Verpflichtungen.[161] Das gilt unabhängig von der Art der Ernennung der Schiedsrichter (durch beide Parteien, durch eine Partei, durch einen Dritten oder durch das Gericht).

b) Mitwirkung am Schiedsverfahren

161 Die Schiedsrichter – aber auch die Parteien[162] – sind im Rahmen des Schiedsrichtervertrages verpflichtet, an der Durchführung des Schiedsverfahrens nach Kräften mitzuwirken.[163] Die Stellung des Schiedsrichters ist von der Sache her der eines staatlichen Richters ähnlich.[164] Er muss deshalb eine Tätigkeit entfalten, die generell geeignet ist, den Rechtsstreit in angemessener Zeit zu beenden.[165] Zur Sicherstellung können im Schiedsrichtervertrag Fristen vereinbart werden, binnen derer das Verfahren beendet sein muss.

c) Verschwiegenheit

162 Die Schiedsrichter sind zur Verschwiegenheit im Hinblick auf das Verfahren und die Tatsachen, die ihnen in dessen Verlauf bekannt werden,[166] verpflichtet.[167] Die Parteien können die Schiedsrichter im Schiedsrichtervertrag aber hiervon ganz oder teilweise entbinden und die Grenzen der Verschwiegenheitspflicht festlegen. So können die Schiedsrichter ermächtigt werden, Presseerklärungen abzugeben, den Schiedsspruch zu veröffentlichen pp.; zum Beratungsgeheimnis und der Zulässigkeit von dissenting opinions vgl. → Rn. 566 ff.

d) Befristung des Mandats

163 Die Parteien können die Schiedsrichter verpflichten, den Schiedsspruch bis zu einem bestimmten Zeitpunkt zu erlassen oder das Verfahren in anderer Weise innerhalb einer

---

[159] Vgl. für ein Muster *Schütze/Tscherning/Wais* Rn. 252 f.
[160] Vgl. *Schwab/Walter* Kap. 11 Rn. 6; Wieczorek/Schütze/*Schütze* § 1035 Rn. 87; Zöller/*Geimer*, § 1035, Rn. 24.
[161] Vgl. *Schütze/Tscherning/Wais* Rn. 216.
[162] Vgl. zur Verletzung dieser Verpflichtungen *Martinek*, Festschrift für Ishikawa, 2001, S. 269 ff.
[163] Vgl. BGH NJW 1964, 594; *Glossner/Bredow/Bühler* Rn. 249; MüKoZPO/*Münch* vor § 1034 Rn. 18 ff.
[164] Vgl. BGH NJW 1964, 594; *Maier* Rn. 134; Wieczorek/Schütze/*Schütze* § 1035 Rn. 88.
[165] Vgl. *Schütze/Tscherning/Wais* Rn. 22.
[166] Vgl. *Glossner/Bredow/Bühler* Rn. 252, MüKoZPO/*Münch* vor § 1034 Rn. 26 grundlegend *Prütting*, Festschrift für Schwab, 1990, S. 409 ff.
[167] Vgl. dazu *Kahlert*, Vertraulichkeit im Schiedsverfahren, 2015, S. 175 ff.

bestimmten Frist zu erledigen.¹⁶⁸ Der Schiedsrichtervertrag sollte regeln, welches die Rechtsfolgen der nicht rechtzeitigen Verfahrensbeendigung sein sollen: Erlöschen des Mandats der Schiedsrichter, Minderung des Honoraranspruchs, Kündigungsrecht der Parteien pp. Eine Fristbestimmung findet sich zuweilen auch in den Schiedsordnungen institutioneller Schiedsgerichte, so in Art. 30 der ICC-Schiedsordnung,¹⁶⁹ einer Bestimmung, die Gegenstand eines heftigen wissenschaftlichen Streits gewesen ist,¹⁷⁰ der durch eine Entscheidung des Bundesgerichtshofs schließlich beendet wurde.¹⁷¹

e) Auskunft

Die Schiedsrichter sind den Parteien zur Auskunft im Rahmen der §§ 666, 675 BGB verpflichtet.¹⁷² Diese Verpflichtung kann im Schiedsrichtervertrag konkretisiert werden. Die Auskunftsverpflichtung findet ihre Grenze im Beratungsgeheimnis, von dem jedoch entbunden werden kann. **164**

f) Vergütung

Im Zweifel steht den Schiedsrichtern auch ohne besondere Vereinbarung ein Entgelt zu, und zwar besteht der Anspruch gegen beide Parteien als Gesamtschuldner.¹⁷³ Die Parteien können jedoch auch vereinbaren, dass der von der Partei ernannte Schiedsrichter zunächst von ihr zu bezahlen ist.¹⁷⁴ Die Höhe der Vergütung bestimmt sich nach der Angemessenheit.¹⁷⁵ Darüber lässt sich trefflich streiten. Deshalb wird das Schiedsrichterhonorar regelmäßig in dem Schiedsrichtervertrag vereinbart. Zahlreiche Modelle werden angeboten.¹⁷⁶ **165**

Als sinnvoll hat sich eine Vergütung unabhängig von der Art der Verfahrenshandlungen, insbesondere der Durchführung einer Beweisaufnahme, erwiesen. Die Pauschalierung führt zur Vermeidung unnötiger Beweisaufnahmen. Es erscheint angemessen die Vergütungstabelle eines anerkannten institutionellen Schiedsgerichts anzuwenden. Hier bietet sich die Vergütungsregelung der DIS an.¹⁷⁷ **166**

g) Vorschuss

Die Schiedsrichter haben Anspruch auf einen angemessenen Vorschuss, der den Honoraranspruch und den voraussichtlich entstehenden Anspruch auf Aufwendungsersatz **167**

---

¹⁶⁸ Vgl. zum Problem der Befristung *Berger*, Internationale Wirtschaftsschiedsgerichtsbarkeit, 1992, S. 419 f.
¹⁶⁹ Vgl. zur Verlängerungspraxis *Nerz* RIW 1990, 350 ff., 352; *Reiner/Jahnel*, in: Schütze (Hrsg.), Art. 24 Rn. 1 ff.
¹⁷⁰ Vgl. dazu *Aden* RIW 1989, 607 ff.; *Hermanns* IPRax 1987, 353 ff.; *Raeschke-Kessler/Bühler* ZIP 1987, 1157 ff.; *Wackenhuth* IPRax 1987, 355 f.
¹⁷¹ Vgl. BGH WM 1988, 1178.
¹⁷² Vgl. BGH NJW 1986, 3077; *Glossner/Bredow/Bühler* Rn. 251; *Maier*, Rn. 137; MüKoZPO/ *Münch* vor § 1034 Rn. 15; *Schütze/Tscherning/Wais* Rn. 223; *Schwab/Walter* Kap. 12 Rn. 8.
¹⁷³ Vgl. RGZ 94, 210; *Schwab/Walter* Kap. 12 Rn. 10; *Wieczorek/Schütze/Schütze* § 1035 Rn. 87.
¹⁷⁴ Vgl. RGZ 94, 210.
¹⁷⁵ Vgl. RG JW 1927, 1484; *Wieczorek/Schütze/Schütze* § 1057 Rn. 54 ff. Die übliche Vergütung iS von § 612 Abs. 2 BGB ist auch die angemessene.
¹⁷⁶ Vgl. dafür *Breetzke* NJW 1968, 1113 f.; *Elsing* DIS-MAT X (2005), S. 3 ff.; zum schweizerischen Recht *Baumgartner*, Die Kosten des Schiedsgerichtsprozesses, 1981, S. 244 ff.
¹⁷⁷ Das LG Arnsberg hat in einer Entscheidung vom 7.8.2006 (2 O 83/06) für die Bestimmung der üblichen Vergütung die Heranziehung der DIS-Kostenordnung für angemessen gehalten. Diese Vergütungsregelung wird auch favorisiert von *Zöller/Geimer* § 1035 Rn. 24; *Wilske*, in: Böckstiegel/Kröll/Nascimiento, Arbitration in Germany, 2007, S. 831 ff.; *Elsing*, Bemessungsgrundlagen für Auslagen und Honorare der Schiedsrichter, DIS-MAT X (2005), S. 5 ff. (9).

deckt (§ 669 BGB). Da § 669 BGB sich direkt nur auf den Auslagenvorschuss bezieht – der Vergütungsvorschuss ist nach allgemeiner Ansicht gewohnheitsrechtlich feststehend[178] – empfiehlt sich eine entsprechende Regelung im Schiedsrichtervertrag. Der Vorschuss sollte das gesamte zu erwartende Honorar umfassen. Erfahrungsgemäß tut sich die unterliegende Partei nach Abschluss des Verfahrens schwer, die Honorarzahlung fristgemäß zu erbringen; und gegen die Parteien festsetzen können die Schiedsrichter ihren Honoraranspruch nicht, vgl. → Rn. 607 f.

168 Zuweilen weigert sich eine Partei, die angeforderten Vorschüsse zu erbringen[179], sei es dass sie hierzu nicht in der Lage ist, sei es dass sie die Durchführung des Schiedsverfahrens stören will. In diesen Fällen kann die andere Partei mit den Vorschüssen – als Gesamtschuldner – in Vorlage treten und den für die andere Partei geleisteten Vorschuss von dieser vor den staatlichen Gerichten einklagen. Da sich der Anspruch leicht urkundlich beweisen lässt (Schiedsvereinbarung, ggf. Schiedsrichtervertrag, Vorschussanforderung und Zahlungsquittung), steht der schnelle Weg über den Urkundsprozess zur Verfügung.

169 Anstatt mit dem Vorschuss in Vorlage zu gehen hat die zahlungswillige Partei die Möglichkeit, die zahlungsunwillige Partei auf Zahlung des auf diese entfallenden Vorschussanteils an das Schiedsgericht (oder ggf. an die Institution) zu verklagen. Auch hierfür steht der Urkundsprozess offen[180]

170 Erfolgt die Nichtzahlung der Vorschüsse durch eine Partei wegen fehlender Mittel und tritt die andere Partei nicht in Vorlage – auch für die anwaltliche Vertretung der armen Partei –, so steht dieser ein Kündigungsrecht der Schiedsvereinbarung zu, im einzelnen → Rn. 327 ff.

h) Haftung und Haftungsbegrenzung

Literatur: *Averdiek,* Die Haftung des Schiedsrichters für einen unrichtigen Schiedsspruch nach gemeinem Recht und Bürgerlichem Gesetzbuch, 1904 (rechtshistorisch immer noch interessant); *Gal,* Die Haftung des Schiedsrichters in der internationalen Handelsschiedsgerichtsbarkeit, 2009 (zugleich Diss. Frankfurt/Main, 2008); *Gerstenmaier,* Die Haftung des Schiedsrichters, insbesondere für Maßnahmen des einstweiligen Rechtsschutzes, Festschrift für Wegen, 2015, S. 643 ff.; *Loritz,* Haftungsfragen bei Schiedsrichtern und Mediatoren – zugleich eine kritische Betrachtung des sog. Spruchrichterprivilegs, FS Stürner, 2013, S. 327 ff.; *Rudnay,* Die Haftung aus dem Schiedsrichtervertrag, Diss. Wien, 2002.

171 Der Schiedsrichter haftet im Rahmen des Schiedsrichtervertrages für Vorsatz und jede Art von Fahrlässigkeit.[181] Der strenge Haftungsmaßstab wird jedoch durchbrochen für die Spruchtätigkeit[182], was neuerdings in die Kritik gekommen ist[183]. Obwohl das Richterprivileg des § 839 Abs. 2 BGB auf Schiedsrichter nicht unmittelbar anwendbar ist, hat die Rechtsprechung immer angenommen, dass der Schiedsrichter nur dann für eine Pflichtverletzung bei Erlass des Schiedsspruchs haftet, wenn die behauptete Pflichtverletzung mit öffentlicher Strafe bedroht ist.[184] Im Wesentlichen handelt es sich um

---

[178] Vgl. *Breetzke* DB 1971, 465 ff.; MüKoZPO/*Münch* vor § 1034, Rn. 42 ff.; *Schwab/Walter* Kap. 12 Rn. 16; Wieczorek/Schütze/*Schütze* § 1035 Rn. 94.

[179] Vgl. dazu *Buschwitz/Schütz,* Die Durchsetzung von Vorschussansprüchen in Schiedsverfahren, SchiedsVZ 2015, 1 ff.

[180] Vgl. dazu und für ein Muster *Schütze,* in: Beck'sches Prozessformularbuch, 13. Aufl., 2016, Form I. S. 10 (S. 478 ff.).

[181] Vgl. MüKoZPO/*Münch* vor § 1034 Rn. 16; *Schütze/Tscherning/Wais* Rn. 230; *Schwab/Walter* Kap. 12 Rn. 9.

[182] Vgl. dazu und zur Herleitung des Spruchprivilegs für Schiedsrichter *Gerstenmaier,* Festschrift für Wegen, S. 643 ff. (644 f.).

[183] Vgl. insbes. *Loritz,* Festschrift für Stürner, S. 327 ff.

[184] Vgl. RGZ 41, 251; RGZ 59, 247; RGZ 65, 175; BGHZ 15, 12; ebenso das Schrifttum, vgl. *Gal* S. 160 ff.; (mit umfangreichen Nachweisen); *Glossner/Bredow/Bühler* Rn. 265; *Maier* Rn. 185; Mü-

Bestechung und Rechtsbeugung.[185] Eine weitere Haftungsbegrenzung im Schiedsrichtervertrag ist zwar bis zur Grenze des Vorsatzes zulässig[186] erscheint aber unangemessen.[187] Der Haftungsausschluss einiger institutioneller Schiedsgerichte, zB der ICC in Art. 40 ICC-SchO ist nach dem anwendbaren Recht in seinem Umfang zu beurteilen.[188]

3. Form des Schiedsrichtervertrages

Der Abschluss des Schiedsrichtervertrags bedarf keiner Form.[189] So genügt die Annahme des Schiedsrichteramtes[190] zu seinem konkludenten Abschluss. 172

4. Beendigung des Schiedsrichtervertrages

Literatur: *Altenkirch,* Die Beendigung des Schiedsrichtervertrages durch den Schiedsrichter, SchiedsVZ 2014, 113 ff.; *Schütze,* Der Rücktritt des Schiedsrichters vom Amt, Festschrift für Wegen 2015, S. 751 ff.

Der Schiedsrichtervertrag teilt hinsichtlich seines Bestandes das Schicksal der Schiedsvereinbarung. Fällt sie weg, sei es, weil das Schiedsverfahren beendet ist, sei es aus anderem Grunde, so endet auch der Schiedsrichtervertrag automatisch,[191] was nicht ausschließt, dass der Schiedsrichtervertrag noch gewisse Nachwirkungen hat, zB die Verpflichtung zur Aufbewahrung von Akten, Auskunftspflichten, Verschwiegenheitspflichten pp. 173

Auch der Wegfall des Schiedsrichters beendet den Schiedsrichtervertrag.[192] 174

Die Kündigung des Schiedsrichtervertrages durch die Parteien ist nach § 627 Abs. 1 BGB möglich. Jedoch können nur beide Parteien kündigen, da der Vertrag mit beiden Parteien abgeschlossen ist.[193] In der gemeinsamen Abberufung eines Schiedsrichters nach § 1037 Abs. 2 S. 2 ZPO liegt zugleich eine Kündigung des Schiedsrichtervertrages, vgl. → Rn. 136, 143. 175

Der Schiedsrichter ist gehalten, den Rechtsstreit der Parteien zu entscheiden oder anderweit beizulegen. Ein freies Kündigungsrecht würde seiner prozessualen Stellung widersprechen. 176

Im Rücktritt des Schiedsrichters vom Amt liegt eine fristlose Kündigung des Schiedsrichtervertrages. Soweit dieser Rücktritt nicht aufgrund einer Schiedsrichterablehnung nach § 1037 Abs. 2 ZPO oder oder Untätigkeit des Schiedsrichters oder Unmöglichkeit der Aufgabenerfüllung nach § 1038 Abs. 2 ZPO erfolgt, ist die Kündigung des Schiedsrichtervertrages im Grundsatz unzulässig. Der Schiedsrichtervertrag ist durch den Schiedsrichter nicht nach § 627 Abs. 1 BGB kündbar[194]. Dieser kann nur kündigen 177

KoZPO/*Münch* vor § 1034 Rn. 16; *Schwab/Walter* Kap. 12 Rn. 9; Wieczorek/Schütze/*Schütze* § 1035 Rn. 97.
[185] Vgl. für die Straftatbestände im Einzelnen *Schütze/Tscherning/Wais* Rn. 231.
[186] Vgl. *Gal,* S. 354 ff.
[187] Vgl. *Schütze/Tscherning/Wais* Rn. 251; aA *Maier* Rn. 133.
[188] Vgl. *Reiner/Jahnel,* in: Schütze (Hrsg.), Institutionelle Schiedsgerichtsbarkeit, 2. Aufl. 2011, Art. 34, Rn. 2.
[189] Vgl. BGH ZZP 66 (1953), 154; *Henn* S. 51; MüKoZPO/*Münch* vor § 1034 Rn. 10; *Schütze/Tscherning/Wais* Rn. 246; *Schwab/Walter* Kap. 11 Rn. 7.
[190] Vgl. BGH NJW 1953, 303; *Real,* Der Schiedsrichtervertrag, 1983, S. 79 f.
[191] Vgl. *Schwab/Walter* Kap. 13 Rn. 2.; aA *Lachmann* Rn. 4366.
[192] Vgl. *Schütze/Tscherning/Wais* Rn. 266.
[193] Vgl. *Lachmann* Rn. 4368; *Maier* Rn. 177; *Schwab/Walter* Kap. 13 Rn. 8.
[194] Vgl. *Altenkirch* SchiedsVZ 2014, 113 ff. (116); MüKoZPO/*Münch* vor § 1034, Rn. 49; *Real* Der Schiedsrichtervertrag, 1983, S. 162; *Schwab/Walter* Kap. 13, Rn. 19; Wieczorek/Schütze/*Schütze* § 1035, Rn. 106 mwN; *Lachmann* Rn. 4369 ff.

– aus wichtigem Grund[195] oder
– wenn die Parteien sich seine Dienste anderweit beschaffen können (§ 627 Abs. 2 BGB), wobei die Möglichkeit, die staatlichen Gerichte anzurufen oder ein anderes Schiedsgericht zu bestellen, nicht ausreicht[196].

178 Der Rücktritt des Schiedsrichters vom Amt kann Schadenseersatzansprüche auslösen[197]

179 Die Insolvenzeröffnung über das Vermögen einer Schiedspartei hat keinen Einfluss auf den Bestand des Schiedsrichtervertrages. § 103 InsO ist unanwendbar. Der Insolvenzverwalter hat kein Wahlrecht, ob er Erfüllung verlangen oder ablehnen will[198] (dazu → Rn. 868 f.).

5. Internationale Schiedsrichterverträge

180 Für den internationalen Schiedsrichtervertrag ergeben sich Besonderheiten.

a) Anwendbares Recht

Literatur: *von Hoffmann*, Der internationale Schiedsrichtervertrag – eine kollisionsrechtliche Skizze, Festschrift für Glossner, 1994, S. 143 ff.; *Müller-Freienfels*, Der Schiedsrichtervertrag in kollisionsrechtlicher Beziehung, Festschrift für Cohn, 1975, S. 147 ff.

181 Der Schiedsrichtervertrag ist kollisionsrechtlich nach Art. 3 ff. Rom I VO zu beurteilen.[199] Er unterliegt dem von den Beteiligten (Schiedsrichtern und Parteien) gewählten Recht.[200] Das ist regelmäßig – aber nicht notwendigerweise[201] – dasselbe wie das auf die Schiedsvereinbarung anwendbare Recht. Bei Fehlen einer ausdrücklichen Rechtswahl kann das auf die Schiedsvereinbarung anwendbare Recht ein starkes Indiz für den Parteiwillen sein.[202] Einige Autoren wollen dem „Praxisort" als dem Ort der berufstypischen Leistung des Schiedsrichters größeres Gewicht geben.[203]

b) Vergütung und Auslagenersatz

182 Angesichts der internationalen unterschiedlichen Praxis der Schiedsrichterhonorierung empfiehlt sich eine minutiöse Regelung im Schiedsrichtervertrag. Wegen der teilweise sehr hohen Auslagen, insbesondere der Flugkosten, ist auch hier eine vertragliche Festlegung angezeigt.[204]

---

[195] Vgl. *Lachmann* Rn. 4377; *Maier*, Rn. 177; *Real* S. 182 f.; Schütze/Tscherning/Wais Rn. 307; Schwab/Walter Kap. 13, Rn. 11 f.

[196] Vgl. Wieczorek/Schütze/*Schütze* § 1035, Rn. 107.

[197] Vgl. dazu *Schütze*, Festschrift für Wegen, S. 751 ff.

[198] Vgl. *Berger*, Festschrift für von Hoffmann, 2011, S. 903 ff.; *Flöther*, Auswirkungen des inländischen Insolvenzverfahrens auf Schiedsverfahren und Schiedsabrede, 2001, S. 125 f.; *Jestaedt*, Schiedsgerichtsbarkeit und Konkurs, 1985, S. 66 f.; MüKoZPO/*Münch* Vor § 1034, Rn. 47; *Musielak/Voit* § 1035, Rn. 38; *Real* S. 186 f.; Schwab/Walter Kap. 16, Rn. 49; Stein/Jonas/Schlosser Vor § 1025, Rn. 15.

[199] Vgl. *von Hoffmann* S. 147.

[200] Vgl. *Basedow*, Jahrbuch für die Praxis der Schiedsgerichtsbarkeit 1 (1987), S. 3 ff., 20; *von Hoffmann*, Festschrift für Glossner, S. 147; *Müller-Freienfels*, Festschrift für Cohn, S. 158; Reithmann/Martiny/Hausmann Rn. 8.191; Schütze/Tscherning/Wais Rn. 575.

[201] So jedoch *Nussbaum* IntJbSchiedsg. I (1926), S. 7 ff.; *Renggli*, Die Grenzen der Parteifähigkeit im internationalen privatrechtlichen Schiedsverfahren, 1955, S. 23.

[202] Vgl. *von Hoffmann*, Festschrift für Glossner, S. 150; Reithmann/Martiny/Hausmann Rn. 8.191; Schütze/Tscherning/Wais Rn. 575.

[203] So *Basedow*, Jahrbuch für die Praxis der Schiedsgerichtsbarkeit 1 (1987), S. 21; *Müller-Freienfel*, Festschrift für Cohn, S. 162; ausführlich zu dem Möglichkeiten subsidiärer Anknüpfung mit sorgfältiger Abwägung *von Hoffmann* S. 148 ff.

[204] Vgl. für ein Muster Schütze/Tscherning/Wais Rn. 579.

c) Haftung

Angesichts unterschiedlicher Haftungsregelungen[205] ist eine besondere Bestimmung im Schiedsrichtervertrag anzuraten, wobei insbesondere die Haftungsbeschränkung etwa in dem im deutschen Recht angenommenen Maße zu empfehlen ist. 183

§ 2 Die Parteien

I. Partei- und Prozessfähigkeit

Parteien eines Schiedsverfahrens können natürliche und juristische Personen sein. Partei- und Prozessfähigkeit beurteilen sich nach denselben Grundsätzen wie im Verfahren vor den ordentlichen Gerichten. 184

1. Parteifähigkeit

Die Parteifähigkeit bestimmt sich nach der Rechtsfähigkeit.[206] Bei Ausländern verweist das deutsche internationale Zivilprozessrecht bei natürlichen Personen auf das Heimatrecht.[207] Bei juristischen Personen soll das Sitzrecht entscheiden.[208] Diese Ansicht beruht auf der Anknüpfung des Gesellschaftsstatut an den Sitz (Sitztheorie), die bisher im deutschen Gesellschaftsrecht fast einhellig vertreten worden ist.[209] Die Sitztheorie ist jedoch durch die jüngere Rechtsprechung des EuGH innerhalb des EWR zur Herstellung der Niederlassungsfreiheit eingeschränkt worden.[210] Nach der Entscheidungen in der Sache Überseering[211] ist die Rechts- und Parteifähigkeit einer Gesellschaft, die nach dem Recht eines Mitgliedstaates gegründet worden ist, anzuerkennen. Das führt zu einem gespaltenen Gesellschaftskollisionsrecht. Es empfiehlt sich deshalb auf eine Differenzierung zu verzichten und die Rechts- und Parteifähigkeit einheitlich an das Gründungsrecht anzuknüpfen,[212] mag man auch in anderen Bereichen an der Sitztheorie festhalten. 185

2. Prozessfähigkeit

Die Prozessfähigkeit folgt aus der Geschäftsfähigkeit.[213] Bei Ausländern ist auf das Heimatrecht abzustellen.[214] Teilweise wird die Ansicht vertreten, es bestehe eine Kollisionsnorm des deutschen internationalen Zivilprozessrechts, wonach sich die Prozessfähigkeit nach dem prozessualen Heimatrecht bestimme.[215] Diese Meinung verkennt, dass die 186

---

[205] Vgl. dazu *Domke*, Festschrift für Luther, 1976, S. 39 ff.
[206] Vgl. § 50 Abs. 1 ZPO.
[207] Vgl. BGH JZ 1965, 580; OLG Bremen AWD 1972, 478; *Schütze* DIZPR, Rn. 186 mwN; teilweise wird auf das prozessuale Heimatrecht abgestellt, so von OLG Köln WM 1961, 183; *Schack* IZVR, Rn. 530 mwN; differenzierend *Geimer* IZPR, Rn. 2202.
[208] Vgl. für Nachweise *Geimer* IZPR, Rn. 2208.
[209] Vgl. dazu *Schütze* DIZPR, Rn. 187.
[210] Vgl. dazu insbes. *Sandrock/Wetzler* (Hrsg.), Deutsches Gesellschaftsrecht im Wettbewerb der Rechtsordnungen, 2004.
[211] Vgl. EuGH Rs. C-208/2000 – Überseering BV v. NCCB GmbH – EuGHE 2002 I, 9919 = NJW 2002, 3614; dazu *Leible/Hoffmann* RIW 2002, 925 ff.; vgl. vorher schon EuGH C-212/1997 – Centros Ltd. v. Erhvervs – og Selskabsstyrelsen – EuGHE 1999 I, 1459.
[212] Vgl. *Schütze* DIZPR, Rn. 187.
[213] Vgl. § 52 ZPO.
[214] Vgl. BGH JZ 1956, 535 mit krit. Anm. *Neuhaus*; *Schütze* DIZPR, Rn. 189.
[215] Vgl. *Geimer* IZPR Rn. 2217 mwN; *Schack* IZVR, Rn. 603.

Prozessfähigkeit ein Institut des deutschen Prozessrechts ist, das eine Übernahme fremder prozessualer Kriterien verbietet.[216]

3. Immunität

187   Ausländische Staaten oder sonstige Eximierte können im Schiedsverfahren keine Immunität beanspruchen.[217] Zum einen befreit die Immunität nur von *staatlicher Gerichtsbarkeit*, Schiedsgerichte sind aber private Gerichte. Zum anderen liegt in der Schiedsvereinbarung zumindest ein Verzicht auf eine etwa bestehende Immunität.[218]

188   Wo der Souverän verfassungsmäßig Immunität genießt – auch vor den inländischen Gerichten – wie in Brunei – ergeben sich in der Praxis regelmäßig keine Probleme. Der Staat nimmt an den Schiedsverfahren teil und erfüllt den Schiedsspruch.[219]

II. Subjektive Schiedsfähigkeit

189   Die Fähigkeit, eine Schiedsvereinbarung abzuschließen (subjektive Schiedsfähigkeit) ergibt sich aus der Geschäftsfähigkeit. Nur voll Geschäftsfähige sind in der Lage, eine Schiedsvereinbarung abzuschließen.

190   Eine Beschränkung der subjektiven Schiedsfähigkeit findet sich zuweilen zum Schutz bestimmter Personengruppen. So beschränkte § 28 BörsG die subjektive Schiedsfähigkeit für Streitigkeiten aus Börsentermingeschäften.[220] Nur Börsentermingeschäftsfähige konnten eine Schiedsvereinbarung für diese Streitigkeiten abschließen. Für Streitigkeiten aus Wertpapierdienstleistungen, Wertpapiernebendienstleistungen und Finanzierungsgeschäften regelt nunmehr § 37h WpHG, der § 28 BörsG aF ersetzt hat, die subjektive Schiedsfähigkeit.[221] Nach § 37h WpHG sind nur Kaufleute und juristische Personen des öffentlichen Rechts für derartige Streitigkeiten subjektiv schiedsfähig. Mit der Ausdehnung des Kreises der risikoträchtigen Geschäfte, die nicht – jedenfalls nicht vor Entstehen der Streitigkeit – schiedsfähig sein sollen, auf Wertpapierdienstleistungen und Wertpapiernebendienstleistungen geht § 37h WpHG über § 28 BörsG aF unnötig hinaus.[222] Auf einen weiteren Schwachpunkt weist *Quinke*[223] hin. Wegen der Anknüpfung der subjektiven Schiedsfähigkeit an Art. 7 EGBGB können deutsche Privatanleger in Deutschland keine wirksamen Schiedsvereinbarungen über die in § 37h WpHG genannten Geschäfte abschließen, während ein solcher Abschluss ausländischen Privatanlegern in Deutschland offensteht.[224]

191   Zum Schutz der Insolvenzgläubiger beschränkt § 160 Abs. 2 Nr. 3 InsO die subjektive Schiedsfähigkeit des Insolvenzverwalters. Dieser bedarf für den Abschluss einer Schiedsvereinbarung der Zustimmung des Gläubigerausschusses, soweit es sich um einen

---

[216] Vgl. *Schütze* DIZPR, Rn. 189.
[217] Vgl. *Langkeit*, Staatenimmunität und Schiedsverfahren, 1989, S. 51 ff.
[218] Vgl. *Schütze* DIZPR, Rn. 95.
[219] Vgl. *Schütze*, Zur neueren Entwicklung der Schiedsgerichtsbarkeit in Südostasien, Jahrbuch für die Praxis der Schiedsgerichtsbarkeit 4 (1990), S. 282 ff., 287.
[220] Vgl. *Samtleben* BB 1974, 1616 ff., 1618; *Schütze*, Jahrbuch für die Praxis der Schiedsgerichtsbarkeit 1 (1987), S. 94 ff. (95 f.); *Weber/Weber-Rey*, Jahrbuch für die Praxis der Schiedsgerichtsbarkeit 3 (1989), S. 149 ff., 153 ff.; aA *Bork/Stöve*, Schiedsgerichtsbarkeit bei Börsentermingeschäften, 1992, S. 32 ff.; *Mann*, Festschrift für von Caemmerer, 1978, S. 737 ff.
[221] Vgl. dazu *Assmann/Schneider (Sethe)*, Wertpapierhandelsgesetz, 6. Aufl. 2012, § 37 H, Rn. 1 f.; *Berger* ZBB 2003, 77 ff.; *Ebbing* WM 1999, 1264 ff.; *Lehmann* SchiedsVZ 2003, 219 ff.; *Quinke*, Börsenschiedsvereinbarungen und prozessualer Anlegerschutz, 2005; *Samtleben* ZBBV 2003, 69 ff.
[222] Vgl. *Assmann/Schneider (Sethe)*, Wertpapierhandelsgesetz § 37h, Rn. 9.
[223] Vgl. *Quinke*, Börsenschiedsvereinbarungen und prozessualer Anlegerschutz, 1985, S. 387 ff.
[224] Vgl. Assman/Schütze/*Schütze*, Handbuch des Kapitalanlagerechts, 4. Aufl., 2015, § 25, Rn. 24 f.

„Rechtsstreit mit erheblichem Streitwert" handelt. Die Norm ist verunglückt, da es sich bei Abschluss der Schiedsvereinbarung regelmäßig nicht absehen lässt, ob ein späterer Rechtsstreit einen „erheblichen Streitwert" haben wird.[225]

Bei Ausländern ist nach Art. 7 EGBGB[226] für die Bestimmung der subjektiven Schiedsfähigkeit bei natürlichen Personen auf das Heimatrecht, bei juristischen Personen auf den Sitz abzustellen.[227] Die Rechtsprechung des EuGH zur Niederlassungsfreiheit in der Sache „Überseering"[228] mag zwar zu einer neuen Beurteilung der Parteifähigkeit im internationalen Zivilprozessrecht führen,[229] berührt aber die subjektive Schiedsfähigkeit als Ausfluss der Geschäftsfähigkeit nicht.[230]

§ 1059 Abs. 2 Nr. 1 lit. a ZPO enthält eine besondere Kollisionsregel für das Aufhebungsverfahren. Auch danach ist die subjektive Schiedsfähigkeit nach dem Heimatrecht der Parteien zu beurteilen.[231]

III. Die arme Partei

Literatur: *Risse*, Undurchführbarkeit der Schiedsvereinbarung bei Mittellosigkeit des Klägers, BB-Beil. RPS Nr. 6/2001, 11 ff.; *Schütze*, Armut im internationalen Schiedsverfahren – Kollisionsrechtliche Probleme, Festschrift für Schlosser, 2005, S. 867 ff.; *ders.*, Armut im Prozess, Festschrift für Isaak Meier, 2015, S. 667 ff.

Besondere – die Effektivität der Schiedsgerichtsbarkeit bedrohende – Probleme ergeben sich durch die jüngere deutsche Rechtsprechung zu armen Parteien. Ausgehend von der Überlegung, dass niemandem die Durchsetzung seiner Rechte verwehrt werden darf, hat die Rechtsprechung unter Zustimmung der Literatur[232] der armen Partei unter unterschiedlichen Voraussetzungen das Recht gewährt, sich von einer Schiedsvereinbarung zu lösen.[233] Damit endet auch der Schiedsrichtervertrag.

In der Lösung von der Schiedsvereinbarung – sei es durch Kündigung oder Wegfall wegen Undurchführbarkeit – liegt eine Kündigung des Schiedsrichtervertrages. Der Schiedsrichter hat einen Anspruch auf Ersatz der bis dahin entstandenen Aufwendungen und Honorierung seiner Tätigkeit abzüglich ersparter Aufwendungen. Da der Schiedsrichtervertrag mit beiden Parteien zustandekommt, haftet die nicht arme Partei auch für

---

[225] Vgl. *Schlosser* DIS-MAT IV (1998), S. 49 ff., 51. Die hL fasst auch die Unwirksamkeit von Schiedsvereinbarungen, die der Gemeinschuldner für Ansprüche getroffen hat, die der Insolvenzanfechtung unterliegen, unter den Mangel subjektiver Schiedsfähigkeit, vgl. BGH NJW 1956, 1920;. Es handelt sich in Wahrheit aber um einen Wegfall der Schiedsvereinbarung. Denn bei Abschluss der Schiedsvereinbarung war der Schuldner ja subjektiv schiedsfähig.

[226] Vgl. *Schütze/Tscherning/Wais* Rn. 582 mwN.

[227] Vgl. BGH RIW 1998, 628, wo die subjektive Schiedsfähigkeit eines jugoslawisch-kroatischen Unternehmens verneint wurde, weil diesem nach dem Heimat(sitz)recht die Fähigkeit zum Abschluss von Außenhandelsverträgen fehlte. Der BGH nahm ein partielles Fehlen der Rechtsfähigkeit (Anwendung der ultra vires-Lehre) an. Der Ansatzpunkt ist richtig, jedoch war die Entscheidung im konkreten Falle falsch, vgl. *Schütze* IPRax 1999, 87 ff.

[228] Vgl. EuGH, C-208/2000 – Überseering BV v. NCCB GmbH – EuGHE 2002 I, 9919 = RIW 2002, 2425, dazu *Leible/Hoffmann* RIW 2002, 925 ff.; vgl. vorher schon EuGH, C-212/1997 – Centros Ltd. v. Erhvervs- og Selskabsstyrelsen – EuGHE 1999 I, 1459.

[229] Vgl. *Schütze* DIZPR, Rn. 186 ff., weiter oben → Rn. 185.

[230] Vgl. zur gleichen Problem bei der Prozessfähigkeit *Schütze* DIZPR, Rn. 189.

[231] Die Regelung im Modellgesetz ist dagegen nicht eindeutig, vgl. *Calavros* S. 150 ff.; *Granzow* S. 200 ff.

[232] Vgl. *Ebbing*, Private Zivilgerichte, 2003, S. 215; *Schlosser* Rn. 442; *Schwab/Walter* Kap. 8, Rn. 5; *Zöller/Geimer* § 1029, Rn. 82 ff.

[233] Vgl. dazu im Einzelnen → Rn. 327 ff.

die Ansprüche des Schiedsrichters der armen Partei. Der Abschluss einer Schiedsvereinbarung mit einer armen Partei kann also teuer werden. Cave pauperos[234] gilt auch hier.

IV. Mehrparteienschiedsgerichtsbarkeit

Literatur: *Athanasakis* Multiparty Construction Arbitration: Salient Features of English Law and ICC Practice, 2010; Böckstiegel/Berger/Bredow (Hrsg.), Die Beteiligung Dritter an Schiedsverfahren, 2005 (mit Beiträgen von *Böckstiegel*, Einführende Überlegungen zur Beteiligung Dritter an Schiedsverfahren, S. 1 ff.; *Wagner*, Bindung des Schiedsgerichts an Entscheidungen anderer Gerichte und Schiedsgerichte, S. 7 ff.; *von Schlabrendorff*, Parallele Verfahren, Aufnahme von Dritten, Verbindung von Verfahren: Erfahrungen aus der ICC, 55 ff.; *Geimer*, Beteiligung weiterer Parteien im Schiedsgerichtsverfahren, insbesondere die Drittwiderklage, S. 71 ff.; *Sandrock*, Wirkungen von Schiedsvereinbarungen im Konzern, S. 93 ff.; *Borris*, Abfassung von Schiedsklauseln und Ausgestaltung des Schiedsverfahrens in Streitigkeiten aus gesellschaftsrechtlichen Vertragsverhältnissen, S. 109 ff.; *von Hoffmann*, Schiedsgerichtsbarkeit in mehrstufigen Vertragsbeziehungen, insbesondere in Subunternehmerverträgen, S. 131 ff.); *von Hoffmann*, Mehrparteienschiedsgerichtsbarkeit und Internationale Handelskammer, Festschrift für Nagel, 1987, S. 112 ff.; *Koussoulis*, Fragen zur Mehrparteienschiedsgerichtsbarkeit, insbesondere zur Bestellung der Schiedsrichter, ZZP 107 (1994), 195 ff.; *Laschet*, Die Mehrparteienschiedsgerichtsbarkeit, Festschrift für Bülow, 1981, S. 85 ff.; *Martens*, Wirkungen der Schiedsvereinbarung und des Schiedsverfahrens auf Dritte, 2005; *Massuuras*, Dogmatische Strukturen der Mehrparteienschiedsgerichtsbarkeit, 1998; *Nicklisch*, Mehrparteienschiedsgerichtsbarkeit und Streitbeilegung bei Großprojekten, Festschrift für Glossner, 1994, S. 221 ff.; *Oswald*, Probleme der Mehrparteienschiedsgerichtsbarkeit, 1999; *Weber*, Wider den Verlust des Bestellungsrechts bei Nichteinigung der Mehrparteiengegenseite auf einen Schiedsrichter, Festschrift für Schlosser, 2005, S. 1063 ff.; *Welser*, Mehrparteien-Schiedsverfahren aus praktischer Sicht: Segen oder Fluch?, FS Elsing, 2015, S. 651 ff.

196 Sind mehrere Parteien auf einer Seite auf Grund eines gemeinsamen Vertrages oder – ohne rechtsgeschäftliche Bindung – mit gemeinsamen Zweck beteiligt, so liegt Mehrparteienschiedsgerichtsbarkeit vor. Letzteres ist häufig der Fall bei mehrstufigen Vertragsverhältnissen,[235] beispielsweise im Verhältnis Zulieferer/Auftraggeber/Hauptunternehmer oder Auftraggeber/Konsortium.[236] Von *Schlabrendorff* berichtet,[237] dass im Jahre 2003 nicht weniger als 30 % der ICC-Schiedsverfahren Mehrparteienverfahren waren. Probleme ergeben sich bei der Mehrparteienschiedsgerichtsbarkeit im Hinblick auf die Bindungswirkung der Schiedsvereinbarung für alle rechtsgeschäftlich oder durch gemeinsamen Zweck verbundenen Beteiligten und die Schiedsrichterbestimmung. Diese sind insbesondere durch die Dutco-Entscheidung der französischen Cour de Cassation[238] offenbar geworden.

197 Das UNCITRAL-Modellgesetz und – ihm folgend – das 10. Buch der ZPO regelt die Mehrparteienschiedsgerichtsbarkeit nicht. Der Gesetzgeber hat die Problematik im Zusammenhang mit Beschlussmängelstreitigkeiten[239] wohl gesehen,[240] das Problem aber bewusst ungeregelt gelassen und der Parteiautonomie anheimgegeben.[241] Die Situation in anderen Rechtsordnungen ist regelmäßig nicht besser.[242]

---

[234] Vgl. dazu *Schütze* JZ 1995, 238.
[235] Vgl. dazu *von Hoffmann*, Schiedsgerichtsbarkeit in mehrstufigen Vertragsbeziehungen, insbesondere in Subunternehmerverträgen, S. 131 ff.
[236] Vgl. *Schwab/Walter* Kap. 7 Rn. 29; für wichtige Beispiele aus der Praxis insbes. des Anlagenbaus vgl. *Berger* S. 266 ff.; *Nicklisch* S. 221 ff.
[237] Vgl. *von Schlabrendorff*, Parallele Verfahren; Aufnahme von Dritten, Verbindung von Verfahren: Erfahrungen aus der Praxis der ICC, S. 55 ff.
[238] BKMI Industrieanlagen GmbH et al v. Dutco Construction, Rev. Arb. 1989, 723.
[239] Vgl. Vgl. BGH WM 1996, 856.
[240] Vgl. *Lachmann* Rn. 303 ff.
[241] Vgl. Begründung zu § 1030 ZPO, BT-Drs. 13/5274, S. 53.
[242] Vgl. *Geimer*, Beteiligung weiterer Parteien im Schiedsgerichtsverfahren, insbesondere die Drittwiderklage, S. 73 ff.

1. Streitgenossenschaft

Mehrere Parteien können auch im Schiedsverfahren gemeinsam klagen oder verklagt werden, sei es als einfache Streitgenossen (§§ 59, 60 ZPO), sei es als notwendige Streitgenossen (§ 62 ZPO). Voraussetzung ist, dass alle Parteien sich der Zuständigkeit desselben Schiedsgerichts unterworfen haben.[243] Das kann in einer oder mehreren Schiedsvereinbarungen geschehen oder durch rügelose Einlassung zur Hauptsache. In keinem Fall kann jemand gegen seinen Willen in ein Schiedsverfahren hineingezogen werden. Es mag noch so sinnvoll sein, dass die Zulieferer einem Schiedsverfahren zwischen Geschäftsherrn (Auftraggeber) und dem Hauptunternehmer beitreten,[244] gezwungen kann hierzu aber keiner der Beteiligten werden. Alle müssen zustimmen.[245]

Fehlt es an der Zuständigkeit des Schiedsgerichts zur Entscheidung gegen einen Streitgenossen, so kann die Entscheidung bei einfacher Streitgenossenschaft gegen (und für) die Streitgenossen erfolgen, für die eine wirksame Schiedsvereinbarung (ausdrücklich oder stillschweigend) vorliegt, bei notwendiger Streitgenossenschaft ist das gesamte Schiedsverfahren unzulässig.

2. Bestellung der Schiedsrichter

Die Probleme der Praxis bei der Mehrparteienschiedsgerichtsbarkeit liegen in der Auswahl und Ernennung der Schiedsrichter. Die Zahl der Schiedsrichter darf – nicht zuletzt aus Kostengründen – nicht unbeschränkt wachsen. Zahlreiche Lösungsvorschläge werden angeboten.[246] Schließen mehrere Personen gemeinsam eine Schiedsvereinbarung ab, so sollten sie sich verpflichten, gemeinsam nur einen Schiedsrichter zu ernennen.

Das löst aber das Problem noch nicht. Denn es muss eine Regelung für den Fall gefunden werden, dass die Parteien sich nicht auf einen Schiedsrichter einigen. Zulässig ist für diesen Fall die Bestimmung der Schiedsrichterbenennung für die Parteien einer Seite durch einen Dritten, etwa den Präsidenten einer IHK. Es ist anerkannt, dass die Schiedsrichterbenennung durch einen Dritten zulässig ist (→ Rn. 110 ff.). Im Übrigen hat der BGH bereits in der Entscheidung v. 29.3.1996 zu Beschlussmängelstreitigkeiten einen Weg gewiesen, wenn er es für denkbar hält, dass die Konstituierung des Schiedsgerichts durch eine von den Parteien unabhängige Instanz erfolgt.[247] Während der BGH hierfür eine gesetzliche Lösung für notwendig hält, sieht *Schlosser*[248] den Weg über § 1034 Abs. 2 ZPO – zu Recht – eröffnet. Die Ernennung kann durch das Gericht erfolgen. Gesellschaftsvertragliche Lösungen werden vielfältig angeboten. Eine interessante Musterschiedsordnung findet sich bei *Borris*[249] für ein DIS-Schiedsverfahren.

Moderne Schiedsordnungen suchen das Problem der Schiedsrichterbenennung durch den Zwang zur Einigung auf jeder Parteiseite auf einen Schiedsrichter zu lösen. Bei Nichteinigung ernennt die Institution. So sieht Art. 12 Abs. 8 ICC-SchO vor, dass mehrere Parteien – sei es als Kläger oder als Beklagte – bei drei Schiedsrichtern jeweils

---

[243] Vgl. *Maier* Rn. 241; *Schütze/Tscherning/Wais* Rn. 341 ff.; *Schwab/Walter* Kap. 10 Rn. 15.
[244] Vgl. hierzu *von Hoffman*, Schiedsgerichtsbarkeit in mehrstufigen Vertragsverhältnissen, insbesondere in Subunternehmerverträgen, der S. 133 f. als Vorteile der Zusammenführung mehrerer Verfahren aufführt: Vermeidung widersprüchlicher Entscheidungen, Effizienz (Ersparnis von Zeit und Geld), Stärkung der Vergleichsbereitschaft, weiter *Laschet*, Festschrift für Bülow, S. 89.
[245] AA *Martens*, Wirkungen der Schiedsvereinbarung und des Schiedsverfahrens auf Dritte, Diss. Kiel 2003.
[246] Vgl. dazu *Laschet*, Festschrift für Bülow. S. 111 ff.; *Nicklisch*, Festschrift für Glossner, S. 229 ff.
[247] Vgl. BGHZ 132, 278 = BGH NJW 1996, 1753.
[248] Vgl. *Schlosser* DIS-Mat. IV (1998), S. 49 ff., 62 f.
[249] Vgl. *Borris*, Abfassung von Schiedsklauseln und Ausgestaltung des Schiedsverfahrens in Streitigkeiten aus gesellschaftsrechtlichen Vertragsverhältnissen, S. 127 ff.

einen Schiedsrichter benennen können. Erfolgt keine gemeinsame Benennung und können sich die Parteien nicht auf ein Verfahren zur Benennung von Schiedsrichtern einigen, so kann der Schiedsgerichtshof alle Schiedsrichter ernennen und einen von ihnen zum Vorsitzenden bestimmen. Die Bestimmung erfolgt also auch für die Partei, die ihren Schiedsrichter in Übereinstimmung mit der SchO ernannt hat.[250] Eine inhaltlich gleiche Regelung trifft auch § 13 DIS-SchO.[251] Bei der Neuregelung wurde ebenfalls die Dutco-Entscheidung berücksichtigt, aber auch die Entscheidung des BGH v. 29.3.1996.

203   Die Dutco Entscheidung ist höchst problematisch. Sie führt dazu, dass die vertragsuntreuen Parteien, die entgegen der von ihnen in der Schiedsvereinbarung eingegangenen Verpflichtung zur Bestellung eines gemeinsamen Schiedsrichters sich nicht auf einen Schiedsrichter einigen, die andere – vertragstreue – Partei ihres Rechts zur Schiedsrichterauswahl und -bestellung berauben.[252] Es ist bedauerlich, dass die ratio decidendi der Dutco-Entscheidung schnell Eingang in die Regelwerke wichtiger institutioneller Schiedsgerichte gefunden hat. Allerdings ist das Bild international nicht eindeutig. Nach den Wiener Regeln ernennt die Institution bei Nichteinigung der Mehrparteienseite auf einen Schiedsrichter nur diesen, lässt jedoch das Bestimmungsrecht der anderen Seite unberührt.[253]

V. Beteiligung Dritter am Schiedsverfahren

Literatur: *Böckstiegel/Berger/Bredow* (Hrsg.), Die Beteiligung Dritter an Schiedsverfahren, 2005 (mit Beiträgen von *Böckstiegel*, Einführende Überlegungen zur Beteiligung Dritter an Schiedsverfahren; *Wagner*, Bindung des Schiedsgerichts an Entscheidungen anderer Gerichte und Schiedsgerichte; *von Schlabrendorff*, Parallele Verfahren, Aufnahme von Dritten, Verbindungen von Verfahren: Erfahrungen aus der Praxis der ICC; *Geimer*, Beteiligung weiterer Parteien im Schiedsgerichtsverfahren, insbesondere der Drittwiderklage; *Sandrock*, Wirkungen von Schiedsvereinbarungen im Konzern; *Borris*, Abfassung von Schiedsklauseln und Ausgestaltung des Schiedsverfahrens in Streitigkeiten aus gesellschaftsrechtlichen Verhältnissen); *Elsing*, Streitverkündung und Einbeziehung Dritter (Joinder) in der internationalen Schiedspraxis, Festschrift für Wegen, 2015, S. 615 ff.; *Martens*, Wirkungen der Schiedsvereinbarung und des Schiedsverfahrens auf Dritte, Diss. Kiel 2003; *Mohs*, Drittwirkungen von Schieds- und Gerichtsstandsvereinbarungen, Diss. Basel, 2005; *von Schlabrendorff*, Schiedsgerichtsbarkeit bei M&A – Mehrparteiensituationen und Inter Omnes-Wirkung, DIS-MAT VIII (2001), S. 25 ff.; *Wach*, Streitverkündung und Schiedsverfahren, Festschrift für Elsing, 2015, S. 611 ff.

204   Eine Beteiligung Dritter am Schiedsverfahren oder ein Eintritt Dritter in ein Schiedsverfahren sind ebenso wie im ordentlichen Zivilprozess vor den staatlichen Gerichten möglich.

1. Streitverkündung und Streithilfe

205   Eine *Streitverkündung* ist nur zulässig, wenn der Streitverkündete durch die Schiedsvereinbarung gebunden ist. Andernfalls treten die prozessualen Wirkungen der §§ 74 Abs. 3, 68 ZPO nicht ein.[254]

---

[250] Vgl. dazu *Grigera Naón* DIS-Mat. II (1998), S. 45 ff., 52 ff. mit Hinweisen auf die Entstehungsgeschichte der Neuregelung im Anschluss an die Dutco-Entscheidung des Cour de Cassation.
[251] Vgl. dazu *Bredow* DIS-Mat. II (1998), S. 111 ff., 115.
[252] Vgl. dazu *Weber*, Festschrift für Schlosser, S. 1063 ff.
[253] Vgl. dazu *Liebscher*, in: Schütze (Hrsg.), Institutionelle Schiedsgerichtsbarkeit, Art. 10 Rn. 5.
[254] Vgl. *Maier* Rn. 90; *Schütze/Tscherning/Wais* Rn. 363; *Schwab/Walter* Kap. 16 Rn. 19; weitergehend *Lachmann* Rn. 1379, der die Streitverkündung im Schiedsverfahren schon als im Ansatz verfehlt ansieht.

Der Beitritt als *Streithelfer* setzt das Bestehen einer – ausdrücklichen oder stillschweigenden – Schiedsvereinbarung mit allen Beteiligten voraus.[255] Der Streithelfer kann sich den Parteien eines Schiedsverfahrens nicht „aufdrängen". 206

2. Hauptintervention und Prozessübernahme durch den benannten Urheber

Nur bei Zustimmung aller Beteiligten sind der Eintritt einer neuen Partei durch Hauptintervention (§§ 63 ff. ZPO) und die Prozessübernahme durch den benannten Urheber (§§ 76 f. ZPO) zulässig.[256] Auch hier gilt – wie beim Streithelfer – dass niemand sich den Parteien eines Schiedsverfahrens „aufdrängen" kann.[257] 207

3. Rechtsnachfolge

Durch Rechtsnachfolge kann ein Übergang der Schiedsvereinbarung auf den Rechtsnachfolger erfolgen: 208

Gesamtrechtsnachfolger treten in die Schiedsvereinbarung ein,[258] ohne dass es einer Zustimmung des Rechtsnachfolgers oder der Parteien der Schiedsvereinbarung bedürfte. Das gilt ua bei Erbfolge[259] und Fusion von Gesellschaften.[260] 209

Bei *Einzelrechtsnachfolge*[261] ist zu differenzieren. Geht das Rechtsverhältnis, auf dessen Ansprüche sich die Schiedsvereinbarung bezieht, auf den Einzelrechtsnachfolger über, so tritt dieser automatisch in die Schiedsvereinbarung ein.[262] So ist der Erwerber eines Gesellschaftsanteils an eine mit dem Hauptvertrag verbundene Schiedsvereinbarung gebunden.[263] § 401 BGB ist anwendbar.[264] In allen anderen Fällen ist der Rechtsnachfolger nicht durch die Schiedsvereinbarung gebunden. 210

Im Falle der *Abtretung* oder *privativen Schuldübernahme* treten der Zessionar bzw. der Schuldübernehmer in die Rechtsstellung des Zedenten bzw. Schuldners ein. Die Schiedsvereinbarung bindet den Zessionar bzw. Schuldübernehmer.[265] 211

---

[255] HL vgl. *Glossner/Bredow/Bühler* Rn. 413.; dazu eingehend *Elsing*, Festschrift für Wegen, S. 615 ff. (617 ff.); *Wach*, Festschrift für Elsing, 2015, S. 611 ff.
[256] Vgl. *Schütze/Tscherning/Wais* Rn. 365.
[257] AA *Martens*, Wirkungen der Schiedsvereinbarung und des Schiedsverfahrens auf Dritte, Diss. Kiel, 2003, der Haupt- und Nebenintervention auch ohne Bindung an die Schiedsvereinbarung zulassen will mit der Begründung, dass der Gesetzgeber diese Rechtsinstitute als einseitig erzwingbare Rechte ausgestaltet habe. Das mag für das Verfahren vor staatlichen Gerichten gelten, ist aber auf das Schiedsverfahren nicht übertragbar.
[258] Vgl. BGHZ 68, 356; BayObLG BayObLGZ 1999, Nr. 58; *Maier* Rn. 81; *Schütze/Tscherning/Wais* Rn. 61; *Schwab/Walter* Kap. 7 Rn. 30.
[259] Vgl. BGHZ 68, 356; *Lachmann* Rn. 514;; *Schütze/Tscherning/Wais* Rn. 61; *Schwab/Walter* Kap. 7 Rn. 30.
[260] Vgl. *Lachmann* Rn. 514; Wieczorek/Schütze/*Schütze* § 1029 Rn. 36.
[261] Vgl. dazu *Fremuth-Wolf*, Die Schiedsvereinbarung im Zessionsfall, 2004; *Schricker*, Die Geltung von Schiedsvereinbarungen bei Anspruchsabtretung, Festschrift für Quack, 1991, S. 199 ff.; *Schulze-Hagen*, Abtretung eines vertraglichen Rechts: Gilt die Schiedsvereinbarung weiter?, Immobilien und Baurecht 1998, 359 ff.
[262] Vgl. *Baumbach/Lauterbach/Hartmann* § 1029 Rn. 24; *Maier* Rn. 82; *Schütze/Tscherning/Wais* Rn. 63; *Schricker*, Festschrift für Quack, 1991, S. 99 ff.; *Schwab/Walter* Kap. 7 Rn. 32.
[263] Vgl. BGH MDR 1998, 59 mAnm *Terlau* S. 432; *Lachmann* Rn. 360; *Schwab/Walter* Kap. 7 Rn. 32.
[264] Vgl. BGHZ 68, 356; BGHZ 71, 162; BGH WM 1986, 402; OLG Hamburg RIW 1989, 574; Wieczorek/Schütze/*Schütze* § 1029 Rn. 37; krit. *Baur*, Festschrift für Fasching, 1988, S. 81 ff., 91; *Schwab/Walter* Kap. 7 Rn. 32; *Walter* JZ 1988, 1083 ff., 1085.
[265] Vgl. RGZ 146, 52; BGH WM 1976, 331; BGH NJW 1980, 2023 (Abtretung); im Übrigen *Maier* Rn. 82, 84; *Schütze/Tscherning/Wais* Rn. 63.

212 Die Schiedsvereinbarung bindet auch *Insolvenzverwalter* und *Testamentvollstrecker*.[266]
213 Dagegen werden akzessorisch Haftende, zB *Bürgen* und *einfache Schuldübernehmer* nicht Parteien der Schiedsvereinbarung.[267]
214 Der *Vermögensübernehmer* ist nicht Rechtsnachfolger des Schuldners. Er ist durch die Schiedsvereinbarung deshalb nicht gebunden.[268]
215 Geht ein Rechtsverhältnis, für dessen Streitigkeiten eine Schiedsvereinbarung getroffen ist, bei Vereinbarung von *Gütergemeinschaft* in gemeinschaftliches Vermögen der Ehegatten über, so sind beide Ehegatten durch die Schiedsvereinbarung gebunden.[269]

4. Drittwiderklage

216 Die Widerklage des Schiedsbeklagten gegen einen Dritten[270] ist nur zulässig, wenn alle Beteiligten – einschließlich des Drittbeklagten – zustimmen und der Drittbeklagte an die Schiedsvereinbarung des Verfahrens zwischen den Parteien gebunden ist[271]. Andernfalls könnte der Drittwiderbeklagte nicht an der Zusammensetzung des Schiedsgerichts mitwirken, insbesondere keinen Schiedsrichter bestellen. Überdies ergeben sich Probleme bei der Aufhebung oder Vollstreckbarerklärung von Schiedssprüchen, wenn Aufhebungsgründe nur für den Teil vorliegen, der die Drittwiderklage nicht betrifft. Diese Probleme werden allerdings auch bei zulässiger Drittwiderklage nicht ausgeräumt. Es bleibt nur der Weg über eine Teilvollstreckbarerklärung bzw. Teilaufhebung.

5. Beiladung

217 In Schiedsverfahren, die zu einem Gestaltungsschiedsspruch führen, kann das Schiedsgericht subjektiv Betroffene beiladen[272]. Voraussetzung ist die Zustimmung der Parteien[273]. Der Beigeladene ist nicht verpflichtet am Schiedsverfahren teilzunehmen. Durch die Nichtteilnahme entstehen ihm keine Rechtsnachteile. Es liegt im Ermessen des Schiedsgerichts, ob es eine Beiladung vornimmt und wen es beilädt.[274]

6. Mehrfachtitel

218 Zuweilen benötigt der Gläubiger Titel gegen mehrere Schuldner, um die Zwangsvollstreckung betreiben zu können, zB bei der Zwangsvollstreckung in das Gesellschaftsvermögen gem. § 736 ZPO oder bei der Zwangsvollstreckung in das Gesamtgut gem. § 740 Abs. 2 ZPO. Sind die weiteren Schuldner nicht durch dieselbe Schiedsvereinbarung gebunden, so muss der Gläubiger mehrere Verfahren vor einem Schiedsgericht oder staatlichen Gericht führen. Die Tatsache allein, dass ein Schuldner durch eine Schiedsvereinbarung gebunden ist, bindet die anderen nicht.

---

[266] Vgl. BGHZ 24, 15; *Schwab/Walter* Kap. 7 Rn. 33.
[267] Vgl. BGHZ 68, 356; *Lachmann* Rn. 527; *Maier* Rn. 86; *Schütze/Tscherning/Wais* Rn. 63; *Schwab/Walter* Kap. 7 Rn. 34.
[268] Vgl. *Maier* Rn. 83.
[269] Vgl. *Maier* Rn. 85; *Schütze/Tscherning/Wais* Rn. 63.
[270] Vgl. dazu *Geimer* Beteiligung weiterer Parteien im Schiedsgerichtsverfahren, insbesondere die Drittwiderklage, in: Böckstiegel/Berger/Bredow (Hrsg.), Die Beteiligung Dritter an Schiedsverfahren, 2005, S. 71 ff.; *Kleinschmidt* Die Widerklage gegen einen Dritten im Schiedsverfahren, SchiedsVZ 2006, 142 ff. mit einer Darstellung des Streitstandes.
[271] Vgl. Kleinschmidt, SchiedsVZ 2006, 142 ff.
[272] Vgl. Zöller/*Geimer* § 1042, Rn. 43.
[273] Vgl. *Schlosser* Schiedsrichterliches Verfahrensermessen und Beiladung von Nebenparteien, Festschrift für Geimer, 2002, S. 947 ff.
[274] Vgl. Wieczorel/Schütze/*Schütze* § 1042, Rn. 91.

§ 3 Die Parteivertreter

Das Schiedsverfahren kennt keinen Anwaltszwang. Die Parteien können jedoch in der Schiedsvereinbarung bestimmen, dass die Vertretung durch Rechtsanwälte notwendig ist. 219

I. Vertretung durch Rechtsanwälte

Literatur: *Faulhaber/Johnson*, The IBA Guidelines on Party Representation in International Arbitration – another Bridge over the Common-Law/Civil Law Divide?, Festschrift für Elsing, 2015, S. 97 ff.; *Schima/Sesser*, Die von Parteivertretern in in ternationalen Schiedsverfahren zu beachtenden Ethikstandards, SchiedsVZ 2016, 61 ff.; *Spehl*, Im Blickpunkt: Syndici und Schiedsgerichtsbarkeit – Syndikus als Parteivertreter im Schiedsverfahren?, BB 2010, Heft 48/VI.

Nach § 1042 Abs. 2 ZPO dürfen Rechtsanwälte als Bevollmächtigte nicht ausgeschlossen werden. Entgegenstehende Vereinbarungen sind unwirksam.[275] Rechtsanwalt ist nicht nur jeder bei einem deutschen Gericht zugelassene Anwalt, sondern auch jeder ausländische – nach dem Zulassungsrecht an seinem Zulassungsort zur Prozessvertretung befugte – Rechtsanwalt.[276] Andere Rechtsordnungen sind engstirniger und lassen keine ausländischen Anwälte zur Vertretung im Schiedsverfahren zu.[277] 220

Die Regelung in einer Schiedsvereinbarung, wonach Anwaltskosten nicht oder nicht vollständig erstattbar sind, bürdet der obsiegenden Partei finanzielle Lasten auf, die sie von der Anwaltsbestellung abhalten könnten. Sie stellt aber keinen nach § 1042 Abs. 2 ZPO unzulässigen Ausschluss der Vertretung durch Rechtsanwälte dar.[278] Es ist eine andere Frage, ob eine solche Regelung mit den Geboten einer fairen Prozessführung vereinbar ist. 221

Syndici unterliegen als Parteivertreter denselben standesrechtlichen Beschränkungen wie im Verfahren vor den ordentlichen Gerichten.[279] 222

Die Ethikstandards, die Rechtsanwälte in Schiedsverfahren zu beachten haben, bestimmen sich nach dem Rechts des Schiedsortes. Würde man kollisionsrechtlich auf das Recht der Zulassung des Rechtsanwalts abstellen, dann wäre die Waffengleichheit der Parteien gefährdet, weil für ihre Verfahrensbevollmächtigten unterschiedliche Grundsätze gälten, die das Verfahren beeinflussen können[280]. Das gilt insbesondere für „witness coaching" und „witness preparation". Die IBA hat ein Regelwerk zur Vertretung in Internationalen Schiedsverfahren geschaffen.[281] 223

II. Vertretung durch sonstige Bevollmächtigte

Die Vertretung durch Verfahrensbevollmächtigte, die nicht Rechtsanwälte sind, ist zulässig. Jedoch kann das Schiedsgericht Personen, die nach § 157 ZPO vom mündlichen 224

---

[275] Vgl. BGH JZ 1989, 588 mAnm *Walter*; *Lachmann* Rn. 1367.
[276] Vgl. Begründung, BT-Drs. 13/5274, S. 16; *Lachmann* Rn. 1367; *Maier* Rn. 264 (incidenter); MüKoZPO/*Münch* § 1042 Rn. 38; *Schütze/Tscherning/Wais* Rn. 333; Zöller/*Geimer* § 1042 Rn. 19.
[277] So früher Singapur, vgl. Turner (East Asia) Pte. Ltd. v. Builders Federal (Hongkong) Ltd. & Anor. (1988) 2 M.L.J. 280; *Schütze*, Jahrbuch für die Praxis der Schiedsgerichtsbarkeit 3 (1989), S. 232 ff.
[278] Vgl. *Maier* Rn. 264; *Schütze/Tscherning/Wais* Rn. 333; *Schwab/Walter* Kap. 15 Rn. 4; Zöller/ *Geimer* § 1042 Rn. 20.
[279] Vgl. *Spehl* BB 2010, Heft 48/VI.
[280] Vgl. zu der Problematik *Schima/Sesser* SchiedsVZ 2016, 61 ff. (65), die selbst wohl unentschieden sind.
[281] Vgl. dazu *Faulhaber/Johnson*, Festschrift für Elsing, S. 97 ff.

Verhandeln vor Gerichts ausgeschlossen sind, zurückweisen. Die frühere Regelung des § 1034 Abs. 1 S. 3 aF ZPO, die dies ausdrücklich statuierte, ist zwar bei der Novellierung fortgefallen. Eine sachliche Änderung ist aber nicht eingetreten.[282] Es liegt im Ermessen des Schiedsgerichts, ob Personen, die fremde Rechtsangelegenheiten geschäftsmäßig betreiben, ohne als Rechtsanwälte oder Prozessagenten zugelassen zu sein, zur Vertretung zugelassen werden. Von einer Zurückweisung sollte behutsam und zurückhaltend Gebrauch gemacht werden, um den Parteien die Möglichkeit zu geben, sich durch einen Bevollmächtigten ihres Vertrauens, der im Einzelfall vielleicht erforderliche besondere Sachkunde in technischer oder sonstiger Hinsicht besitzt, vertreten zu lassen. Nie können gesetzliche Vertreter einer Partei (Vorstandsmitglieder, Geschäftsführer pp.) zurückgewiesen werden.

§ 4 Das Gericht

Literatur: *Harbst*, Die Rolle der staatlichen Gerichte im Schiedsverfahren, 2002; *Kühn*, Die Bedeutung der Gerichte bei der Durchführung von Schiedsverfahren, in: Böckstiegel (Hrsg.), Schiedsgerichtsbarkeit im Umfeld von Politik, Wirtschaft und Gerichtsbarkeit, 1992, S. 65 ff.; *Schlosser*, Unterstützung und Kontrolle der Schiedsgerichte durch staatliche Gerichte ausgewählter Länder, ebenda, S. 51 ff.; *Schütze*, Die Rolle der staatlichen Gerichte in der Schiedsgerichtsbarkeit und die Anerkennung und Vollstreckbarerklärung US-amerikanischer Schiedssprüche in Deutschland, DIS-MAT XII (2005), S. 85 ff.

I. Aufgaben und Befugnisse im Schiedsverfahren

225   Das Gericht hat bei der Ernennung und Ersetzung von Schiedsrichtern, der Durchführung von Schiedsverfahren, der Aufhebung und Durchsetzung von Schiedssprüchen und sonstigen Entscheidungen (Maßnahmen des einstweiligen Rechtsschutzes) Hilfs- und Überwachungsfunktion. Die Überwachungsfunktion ist dabei ausschließlich auf die Einhaltung verfahrensrechtlicher Normen beschränkt, erstreckt sich dagegen nicht auf die materielle Rechtsanwendung (Ausnahme: materiellrechtlicher ordre public) und die Rechtsfindung.

1. Ernennung und Ersetzung von Schiedsrichtern

226   § 1035 Abs. 3 ZPO überträgt die Ernennung eines Schiedsrichters dem Gericht, wenn die Partei, der das Ernennungsrecht nach § 1035 Abs. 3 ZPO zusteht, dieses nicht binnen Monatsfrist ausübt. Dasselbe gilt für die Bestellung eines Einzelschiedsrichters oder eines Obmanns, wenn sich die Parteien bzw. die Schiedsrichter nicht auf eine Person einigen (§ 1035 Abs. 3 ZPO). Das Gericht ist auch für die Bestellung von Ersatzschiedsrichtern zuständig, wenn das Amt des Schiedsrichters nach §§ 1037, 1038 ZPO endet, dieser zurücktritt oder die Parteien die Aufhebung des Amtes vereinbaren und die Parteien oder ein Dritter, die das Recht zur Ersatzbestellung haben, dieses nicht ausüben (§ 1039 Abs. 1 ZPO).

2. Hilfsfunktionen im Schiedsverfahren

227   Das Schiedsgericht kann gewisse richterliche Handlungen, die hoheitliche Funktionen involvieren, nicht selbst durchführen. Werden diese im Verlauf des Verfahrens notwen-

---

[282] Vgl. Begründung, BT-Drs. 13/5274, S. 46.

dig, so nimmt sie das staatliche Gericht auf Antrag des Schiedsgerichts oder einer Partei mit Zustimmung des Schiedsgerichts vor (§ 1050 ZPO). Zu diesen richterlichen Handlungen gehören insbesondere:
- die Vernehmung eines Zeugen oder Sachverständigen, der nicht freiwillig vor dem Schiedsgericht erscheint oder aussagt;
- die Beeidigung von Zeugen und Sachverständigen einschließlich der Entscheidungen im Falle der Verweigerung des Zeugnisses oder Gutachtens;
- Ersuchen einer Behörde um Vorlage einer sich in deren Besitz befindlichen Urkunde (§ 432 ZPO);
- die Einholung einer Aussagegenehmigung zur Vernehmung von Beamten und Richtern (§ 376 ZPO);
- die Vorlage an den EuGH,[283] dazu → Rn. 516 f.

Weitere Hilfsfunktionen hat das staatliche Gericht bei der Durchführung förmlicher Auslandszustellungen – soweit diese vom Schiedsgericht beschlossen oder angeordnet werden –, der Bestellung eines Zustellungsbevollmächtigten (§ 174 ZPO) und der Bestellung eines Vertreters für Prozessunfähige (§ 57 ZPO).[284]

228

3. Aufhebung von Schiedssprüchen

Das staatliche Gericht kann einen inländischen Schiedsspruch aus den in § 1059 Abs. 2 ZPO enumerierten Gründen aufheben. Die Aufhebung ist nach Vollstreckbarerklärung nicht mehr möglich (§ 1059 Abs. 3 S. 4 ZPO), da der Schuldner des Schiedsspruchs Aufhebungsgründe im Vollstreckbarerklärungsverfahren geltend machen kann[285] und zur Vermeidung der Präklusion auch muss. Dies gilt jedoch nicht, wenn ein Restitutionsgrund vorliegt, der in dem früheren Verfahren ohne Verschulden der Partei nicht geltend gemacht werden konnte. Die Regelung des § 1043 aF ZPO ist zwar durch die Novellierung weggefallen. Auch sind die Restitutionsgründe keine eigenen Aufhebungsgründe mehr. Sie sind in der ordre public-Klausel aufgegangen.[286] Da sie möglicherweise erst lange Zeit nach der Vollstreckbarerklärung bekannt werden, können zeitliche Grenzen für ihre Geltendmachung nicht bestehen.[287]

229

Ausländische Schiedssprüche können nicht durch ein inländisches Gericht aufgehoben werden. Liegt ein Aufhebungsgrund vor, so stellt das Gericht fest, dass der Schiedsspruch nicht anzuerkennen ist (§ 1061 ZPO). Bei ausländischen Schiedssprüchen, die nach inländischer Vollstreckbarerklärung aufgehoben werden, kann das Gericht die Aufhebung der Vollstreckbarerklärung aussprechen (§ 1061 Abs. 3 ZPO).

230

4. Vollstreckbarerklärung von Schiedssprüchen

Schiedssprüche sind nicht unmittelbar vollstreckbar. Das gilt sowohl für inländische als auch für ausländische Schiedssprüche. § 1055 ZPO statuiert zwar, dass ein Schiedsspruch zwischen den Parteien die Wirkungen eines rechtskräftigen Urteils hat. Er bedarf zu seiner Durchsetzung im Wege der Zwangsvollstreckung aber der Vollstreckbarerklärung

231

---

[283] Vgl. EuGH Rs. 102/81 – Nordsee v. Reederei Mond – EuGHE 1982, 1095; dazu eingehend *Zobel*, Schiedsgerichtsbarkeit und Gemeinschaftsrecht, 2005, S. 147 ff.; weiter *Schütze*, SchiedsVZ 2007, 121 ff.; *ders.*, Festschrift für Klamaris, S. 509 ff.

[284] Vgl. dazu *Schütze/Tscherning/Wais* Rn. 491, dort auch weitere Beispiele. § 1050 ZPO entspricht inhaltlich §§ 1035, 1036 aF ZPO, vgl. Begründung, BT-Drs. 13/5274, S. 51.

[285] Vgl. Begründung, BT-Drs. 13/5271, S. 60.

[286] Vgl. Begründung, BT-Drs. 13/5274, S. 60; unklar *Granzow* S. 203, der Restitutionsgründe offenbar nicht mehr als Aufhebungsgründe sieht.

[287] AA Begründung, BT-Drs. 13/5274, S. 60, ohne eine Lösung anzubieten.

durch das staatliche Gericht (§ 1060 ZPO für inländische, § 1061 ZPO für ausländische Schiedssprüche).

II. Zuständigkeit

232   § 1062 ZPO bringt eine besondere Zuständigkeit des Oberlandesgerichts für alle gerichtlichen Entscheidungen im Schiedsverfahren betreffend (§ 1062 Abs. 1 Nr. 1–4 ZPO):
- die Bestellung eines Schiedsrichters (§§ 1034, 1035 ZPO)
- die Ablehnung eines Schiedsrichters (§ 1037 ZPO)
- die Beendigung des Schiedsrichteramtes (§ 1038 ZPO)
- die Feststellung der Zulässigkeit oder Unzulässigkeit eines Schiedsverfahrens (§ 1032 ZPO)
- die Überprüfung der Entscheidung des Schiedsgerichts, das im Rahmen der Kompetenz-Kompetenz seine Zuständigkeit bejaht hat (§ 1040 ZPO)
- die Vollziehung, Aufhebung oder Änderung der Anordnung vorläufiger oder sichernder Maßnahmen des Schiedsgerichts (§ 1041 ZPO)
- die Aufhebung eines Schiedsspruchs (§ 1059 ZPO)
- die Vollstreckbarerklärung eines inländischen Schiedsspruchs (§ 1060 ZPO)
- die Vollstreckbarerklärung eines ausländischen Schiedsspruchs (§ 1061 ZPO)
- die Aufhebung der Vollstreckbarerklärung eines ausländischen Schiedsspruchs nach dessen Aufhebung im Ausland (§ 1061 ZPO).

233   Die örtliche Zuständigkeit bestimmt sich in erster Linie nach der Parteivereinbarung (§ 1062 Abs. 1 ZPO).[288] Es handelt sich bei dieser Vereinbarung über das Gericht um eine originäre Zuständigkeitsbestimmung, nicht eine Gerichtsstandsvereinbarung mit prorogierender oder derogierender Wirkung. § 38 ZPO ist im Rahmen von § 1062 Abs. 1 ZPO nicht anwendbar.[289] Jedoch kann die Prorogationsvereinbarung nicht nur in der Schiedsvereinbarung, sondern auch später getroffen werden[290], und zwar auch durch rügelose Einlassung.[291] Die Parteien können nach § 1062 Abs. 1 nur ein bestimmtes OLG als örtlich zuständig bestimmen, nicht einen bestimmten Senat.[292]

234   Fehlt eine Parteivereinbarung, so bestimmt sich die örtliche Zuständigkeit nach dem Schiedsort (§ 1062 Abs. 1 ZPO),[293] hilfsweise bei Fehlen eines inländischen Schiedsortes nach dem Sitz, Wohnsitz oder gewöhnlichen Aufenthalt des Antragstellers (§ 1062 Abs. 2 ZPO), äußerst hilfsweise nach dem Ort, an dem sich Vermögen des Antragsgegners oder der mit der Schiedsklage in Anspruch genommene oder von der Maßnahme betroffene Gegenstand befindet. Führen die Hilfsanknüpfungen nicht zu einer Zuständigkeit eines deutschen Oberlandesgerichts, so ist das Kammergericht zuständig (§ 1062 Abs. 2 ZPO).

235   Werden vor Bestimmung des Schiedsortes richterliche Maßnahmen notwendig, so bestimmt sich die Zuständigkeit nach dem Sitz, Wohnsitz oder gewöhnlichen Aufenthalt einer der Parteien (§ 1062 Abs. 3 ZPO).

236   Neben der generellen oberlandesgerichtlichen Zuständigkeit, die nunmehr zu einem nur noch zweistufigen Instanzenzug führt, verbleibt es für die richterlichen Hilfsfunk-

---

[288] Fast alle Muster von Schiedsvereinbarungen, die in der Literatur angeboten werden, sehen derartige Zuständigkeitsbestimmungen vor; vgl. zB *Maier* Rn. 563 ff.; *Schütze/Tscherning/Wais* Rn. 116.
[289] Vgl. *Maier* Rn. 454, 456; *Schütze/Tscherning/Wais* Rn. 115.
[290] Vgl. OLG München SchiedsVZ 2012, 342.
[291] Vgl. OLG München SchiedsVZ 2012, 344.
[292] Vgl. MüKoZPO/*Münch* § 1042 Rn. 18.
[293] Vgl. dazu BayObLG RPS BB-Beil. 4/1999, 17.

tionen bei der Beweisaufnahme (§ 1050 ZPO) bei der bisher schon gegebenen Zuständigkeit des Amtsgerichts, in dessen Bezirk die richterliche Handlung vorzunehmen ist (§ 1062 Abs. 4 ZPO). Für die Parallelzuständigkeit von staatlichen und Schiedsgerichten für den Erlass von Maßnahmen des einstweiligen Rechtsschutzes (vgl. → Rn. 621 ff.) sind die Amts- oder Landgerichte im Verfahren nach §§ 916 ff. ZPO zuständig.

III. Verfahren

Das Verfahren ist für die unterschiedlichen gerichtlichen Handlungen nunmehr einheitlich geregelt (§ 1063 ZPO). 237

Das Oberlandesgericht entscheidet nach § 1063 Abs. 1 ZPO im Beschlussverfahren. Der Gegner ist zu hören (§ 1063 Abs. 1 S. 2 ZPO), jedoch ist eine mündliche Verhandlung fakultativ. Das Gericht hat mündliche Verhandlung anzuordnen, wenn die Aufhebung des Schiedsspruchs beantragt wird oder wenn bei einem Antrag auf Wirkungserstreckung Aufhebungsgründe nach § 1059 Abs. 2 ZPO in Betracht kommen (§ 1063 Abs. 2 ZPO). Solange mündliche Verhandlung nicht angeordnet ist, können zu Protokoll der Geschäftsstelle Anträge gestellt und Erklärungen abgegeben werden (§ 1063 Abs. 4 ZPO). Das bedeutet, dass insoweit kein Anwaltszwang besteht (§ 78 Abs. 3 ZPO). Auch Prozesshandlungen, die mündlich oder schriftlich an das Gericht gerichtet werden müssen, sind vom Anwaltszwang befreit.[294] Nach Anordnung mündlicher Verhandlung besteht dann Anwaltszwang, wobei der Rechtsanwalt bei dem OLG zugelassen sein muss. 238

Gegen die Entscheidung des OLG findet die Rechtsbeschwerde zum BGH statt (§ 1065 ZPO). Für sie gelten die Vorschriften über die Revision hinsichtlich ihrer Zulässigkeit. Könnte der Beschluss – wäre ein Endurteil ergangen – nicht mit der Revision angefochten werden, so ist er unanfechtbar (§ 1065 Abs. 1 ZPO). 239

Der Vorsitzende des zuständigen Senats beim OLG kann ohne Anhörung des Gegners vorläufige zwangsvollstreckungsrechtliche Maßnahmen anordnen (§ 1063 Abs. 3 ZPO) (vgl. Rn. 683 ff.). 240

Die Gerichtssprache ist deutsch, auch wenn es sich um Hilfsfunktionen des Gerichts und Folgeverfahren für englischsprachige Schiedsverfahren oder Schiedssprüche handelt. Neuerdings wird diskutiert, ob in Abweichung von § 184 GVG auch englisch zugelassen werden soll. Lösungen werden zahlreich angeboten[295], die jedoch alle nicht überzeugen können. Bei Zulassung von englisch würde ein Teil der Anwaltschaft von der gerichtlichen Vertretung von staatlichen Gerichten faktisch ausgeschlossen, da sie nur die Gerichtssprache deutsch beherrschen. Überdies besteht kein Grund, dann nicht auch französisch, chinesisch oder gälisch zuzulassen, können doch Schiedsverfahren in allen Sprachen geführt werden (vgl. → Rn. 492 ff.) 241

---

[294] Vgl. BGH NJW 1984, 2413; Wieczorek/Schütze/*Smid/Hartmann* § 78 Rn. 7.
[295] Vgl. ua *Illmer* RIW 2010, H 11; *ders.* ZRP 2011, 170 ff.; *Ott* AnwBl. 2012, 38 f.

2. Teil: Die Grundlagen des Schiedsverfahrens

§ 5 Die Schiedsvereinbarung

Grundlage jeden Schiedsverfahrens ist eine wirksame Schiedsvereinbarung. Diese kann für gegenwärtige oder künftige Rechtsstreitigkeiten getroffen werden (§ 1029 Abs. 1 ZPO). Die aus dem französischen Recht stammende Unterscheidung zwischen Schiedsvereinbarungen für gegenwärtige und künftige Rechtsstreitigkeiten (compromis, clause compromissoire) hat das deutsche Recht nicht übernommen.[1]   242

Die Schiedsvereinbarung kann gesondert (Schiedsabrede) oder in der Form einer Klausel in einem Vertrag (Schiedsklausel) abgeschlossen werden (§ 1029 Abs. 2 ZPO).[2]   243

I. Die Rechtsnatur der Schiedsvereinbarung

Literatur: *Böhm*, Zur Rechtsnatur des Schiedsvertrages unter nationalen und internationalen Gesichtspunkten, ZfRV 1968, 262 ff.; *Habscheid*, Die Rechtsnatur des Schiedsvertrags und ihre Auswirkungen, KTS 1955, 33 ff.; *Lorenz*, Die Rechtsnatur von Schiedsvertrag und Schiedsspruch, AcP 157 (1958/59), 265 ff.; *Wolff*, Die Schiedsvereinbarung als unvollkommener Vertrag? Zum Rügeerfordernis des § 1032 Abs. 1 ZPO, SchiedsVZ 2015, 280 ff.

Die Rechtsnatur der Schiedsvereinbarung ist streitig. Alle Ansichten werden vertreten.[3] Nach der Rechtsprechung des BGH[4] handelt es sich um einen materiellrechtlichen Vertrag über einen prozessrechtlichen Gegenstand.[5] Die Doppelfunktionalität bestimmt das Wesen der Schiedsvereinbarung. Um einen reinen Prozessvertrag handelt es sich schon deshalb nicht, weil die Willenserklärungen bei Abschluss der Schiedsvereinbarung nicht gegenüber dem Gericht (Schiedsgericht, das noch nicht besteht) abgegeben werden, sondern gegenüber der anderen Partei.[6] Ein rein materiellrechtlicher Vertrag liegt nicht vor, weil die Schiedsvereinbarung prozessuale Wirkungen im Hinblick auf die Zuständigkeit zur Streitentscheidung begründet.   244

Aus der Rechtsnatur der Schiedsvereinbarung folgt, dass sich ihr Zustandekommen und Bestand nach bürgerlichem Recht bestimmen. Die Regeln über die Willenserklärung nach §§ 116 ff. BGB sind anwendbar. Deshalb findet auch § 117 BGB Anwendung. Die Darlegungs- und Beweislast für das Scheingeschäft trägt derjenige, der sich darauf beruft, im Verfahren der Vollstreckbarerklärung eines auf der Grundlage eines behaupteten   245

---

[1] Vgl. zu Art. 7 Abs. 1 S. 1 des Modellgesetzes *Hußlein-Stich* S. 36.

[2] Die Novelle hat endlich eine klare Terminologie gebracht. Vgl. dazu Wieczorek/Schütze/*Schütze*, § 1029, Rn. 109 ff.; zum bisherigen Recht *Sareika* ZZP 90 (1977), S. 285 ff.; *Schütze/Tschernig/Wais* Rn. 39 f.

[3] Für einen *materiellrechtlichen Vertrag*: *Blomeyer*, Festschrift für Rosenberg, 1949, S. 51 ff.; *Lorenz* AcP 157 (1958/59), 265 ff.; für einen *Prozessvertrag*: *Hausmann*, Festschrift für Lorenz, 1991, S. 359 ff., 361; *Schwab/Walter* Kap. 7 Rn. 37; *Stein/Jonas/Schlosser* § 1029 Rn. 1; *Wagner*, Prozessverträge – Parteiautonomie im Verfahrensrecht, 1998, S. 578 ff.; Zöller/*Geimer* § 1029 Rn. 15.

[4] Vgl. BGHZ 23, 198; BGHZ 40, 320.

[5] Auch die hL geht von der *doppelfunktionellen Natur* der Schiedsvereinbarung aus, vgl. zB *Habscheid* KTS 1955, S. 33 ff.; *Lachmann* Rn. 266; *Lionnet/Lionnet* S. 180; *Maier* Rn. 20; Wieczorek/Schütze/*Schütze* § 1029 Rn. 4.

[6] Vgl. Wieczorek/Schütze/*Schütze* § 1029 Rn. 5.

Scheinschiedsvereinbarung ergangenen Schiedsspruchs der Antragsgegner[7]. Kollisionsrechtlich unterliegt die Schiedsvereinbarung Artt. 3 ff. Rom I-VO.[8] Dagegen bestimmen sich die Wirkungen der Schiedsvereinbarung allein nach der lex fori.[9]

II. Die Parteien der Schiedsvereinbarung

1. Grundsatz: Parteiautonomie

246 Parteien einer Schiedsvereinbarung können alle natürlichen und juristischen Personen sein, soweit sie subjektiv schiedsfähig (dazu → Rn. 189 ff.) sind. Gelegentlich finden sich international Beschränkungen der Abschlussfreiheit von Schiedsvereinbarungen insbesondere für juristische Personen des öffentlichen Rechts und staatliche Stellen. So hat Saudi-Arabien – wohl als Konsequenz aus dem Aramco-Schiedsspruch[10] – durch königliches Dekret Nr. 58/1963 der öffentlichen Hand den Abschluss von Schiedsvereinbarungen ohne ministerielle Genehmigung verboten[11]. Derartige Beschränkungen betreffen nur das rechtliche „Dürfen", nicht das rechtliche „Können".

2. Bindung Dritter an die Schiedsvereinbarung

Literatur: *Ahrens*, Die subjektive Reichweite internationaler Schiedsvereinbarungen und ihre Erstreckung in der Unternehmensgruppe, 2001; *Blessing*, Extension of the Arbitration Clause To Non-Signatories, in: Blessing (Hrsg.), The Arbitration Agreement – its Multifold Critical Aspects, ASA Special Series Nr. 8 (1994), S. 151 ff.; *Busse*, Die Bindung Dritter an Schiedsvereinbarungen, SchiedsVZ 2005, 118 ff.; *Mansel*, Vertretungs- und Formprobleme bei Abschluss einer Schiedsvereinbarung – zur subjektiven Reichweite von Schiedsklauseln in Konzernsituationen, Festschrift für Maier-Reimer, 2010, S. 407 ff.; *Martens*, Wirkungen der Schiedsvereinbarung und des Schiedsverfahrens auf Dritte, 2005; *Fremuth-Wolf*, Die Schiedsvereinbarung im Zessionsfall, 2004; *Mohs*, Drittwirkung von Schieds- und Gerichtsstandsvereinbarungen, Diss. Frankfurt/Main 2006; *Müller/Keilmann* Beteiligung am Schiedsverfahren wider Willen?, SchiedsVZ 2007, 113 ff.; *Niklas*, Die subjektive Reichweite von Schiedsvereinbarungen, 2007; *Sandrock*, Wirkung von Schiedsvereinbarungen im Konzern, in: Böckstiegel/Berger/Bredow (Hrsg.), Die Beteiligung Dritter an Schiedsverfahren, 2005, S. 93 ff.; *Wagner*, Bindung des Schiedsgerichts an Entscheidungen anderer Gerichte und Schiedsgerichte, in: Böckstiegel/Berger/Bredow (Hrsg.), Die Beteiligung Dritter an Schiedsverfahren, 2005, S. 7 ff. (13 ff.); *Wahab* Extension of arbitration agreements to third parties: A never ending legal quest through the spatial-temporal continuum, in: Ferrari/Kröll (Hrsg.), Conflict of Laws in International Arbitration, 2011, S. 138 ff.; *Westermann*, Zur personellen und sachlichen Reichweite von Schiedsvereinbarungen über gesellschaftsrechtliche Streitigkeiten, Festschrift für Goette, 2011, S. 601 ff.

247 Zuweilen sind Dritte an eine Schiedsvereinbarung gebunden:

a) Universalsukzession

248 Der Gesamtrechtsnachfolger ist an einen von seinem Rechtsvorgänger geschlossenen Vertrag gebunden.[12] Die Universalsukzession, insbesondere durch Erbfolge, erfasst auch

---

[7] Vgl. OLG München SchiedsVZ 2011, 337.
[8] Vgl. BGHZ 40, 320; BGHZ 49, 384; BGH WM 2010, 2025; BGH WM 2010, 2032; *Basedow*, Jahrbuch für die Praxis der Schiedsgerichtsbarkeit 1 (1987), S. 3 ff.; *Schütze/Tscherning/Wais* Rn. 559.
[9] Vgl. *Schütze/Tscherning/Wais* Rn. 559.
[10] Rev. crit. 1963, 305; vgl. dazu *Batiffol* Rev. crit. 1964, 647 ff.
[11] Vgl. *Krüger* RIW/AWD 1979, 737 ff.; *Nerz*, Rechtsverfolgung in Saudi-Arabien, Diss. Münster 1987, S. 66 ff.; *Triebel/Salah Al-Hejeilan*, in: von Boehmer (Hrsg.), Deutsche Unternehmen in den arabischen Golfstaaten, 1990, S. 583 ff., 595.
[12] Unstr. vgl. BGHZ 68, 356 mwN; Wieczorek/Schütze/*Schütze* § 1029 Rn. 36; Zöller/*Geimer* § 1029 Rn. 60 mwN.

Prozessvereinbarungen.¹³ Der Erbe ist an eine Schiedsvereinbarung des Erblassers gebunden.¹⁴ In gleicher Weise geht die Schiedsvereinbarung auf Gesamtrechtsnachfolgern ähnlich Personengruppen von Vermögensverwaltern, zB Testamentsvollstrecker und Insolvenzverwalter über. Im Unternehmensrecht bedeutsam sind insbesondere Umwandlungen nach den Vorschriften des Umwandlungsgesetzes durch Verschmelzung, Spaltung, Vermögensübertragung oder Formwechsel. Der so entstehende Rechtsträger ist als Gesamtrechtsnachfolger des umgewandelten Rechtsträgers durch eine von diesem abgeschlossene Schiedsvereinbarung gebunden.¹⁵

b) Singularsukzession

Literatur: *Fremuth-Wolf*, Die Schiedsvereinbarung im Zessionsfall, 2004; *Mohs*, Drittwirkung von Schieds- und Gerichtsstandsvereinbarungen, Diss. Frankfurt/Main 2006; *Niemeyer*, Übergang der Schiedsgerichtsklausel mit Forderungsabtretung, HansRZ 1922, 985 ff.; *Schricker*, Zur Geltung von Schiedsverträgen bei Anspruchsabtretung, Festschrift für Quack, 1991, S. 99 ff.; *Schulze-Hagen*, Abtretung eines vertraglichen Rechts: Gilt die Schiedsvereinbarung weiter?, Immobilien und Baurecht 1998, 359 ff.

Auch bei Einzelrechtsnachfolge ist der Rechtsnachfolger nach hL an eine von dem Zedenten abgeschlossene Schiedsvereinbarung gebunden.¹⁶ Nach deutschem Recht übernimmt der Zessionar die Forderung in ihrem jeweiligen Bestand. Ob man den Übergang der Schiedsvereinbarung aus § 401 BGB herleiten will¹⁷ – wogegen sich *Walter* wendet, weil diese Vorschrift nur Sicherungsrechte betreffe¹⁸ – oder ob man über §§ 398 S. 2, 401, 404 BGB zur Bindung des Zessionars kommt, ist letztlich nicht entscheidend. Der Zessionar kann nicht nur sämtliche Neben- und Vorzugsrechte des Zedenten geltend machen, ist vielmehr auch allen Einwendungen des Schuldners der übergegangenen Forderung ausgesetzt. Das Gesetz differenziert nicht zwischen Rechten (§ 401 BGB) und Pflichten (§ 404 BGB), stellt vielmehr auf die Zugehörigkeit zum Hauptrecht ab. 249

Ginge die Schiedsvereinbarung nicht bei Abtretung der Forderung über, dann könnte sich der Gläubiger jederzeit durch Zession aus der Bindung an eine ihm zwischenzeitlich lästig gewordene Schiedsvereinbarung befreien. Die Parteien müssten bei Begründung der Forderung stets Abtretungsverbote vereinbaren, um sicherzustellen, dass Streitigkeiten über oder im Zusammenhang mit der Forderung letztlich wirklich in der vereinbarten Weise durch ein Schiedsgericht entschieden werden. 250

Der Übergang der Schiedsvereinbarung ist nicht formbedürftig. Er erfolgt automatisch. § 1031 ZPO ist nicht anwendbar.¹⁹ 251

---

¹³ Vgl. *Schwab/Walter* Kap. 7 Rn. 30; *Wagner*, Prozessverträge – Privatautonomie im Verfahrensrecht, 1998, S. 309 ff.; *ders.*, Bindung des Schiedsgerichts an Entscheidungen anderer Gerichte und Schiedsgerichte, S. 13.
¹⁴ Vgl. BGHZ 68, 356; BGH NJW 1979, 2567; OLG Köln NJW-RR 1992, 571; *Massuuras*, Dogmatische Strukturen der Mehrparteienschiedsgerichtsbarkeit, 1998, S. 111; *Schütze/Tscherning/Wais* Rn. 61; *Schwab/Walter* Kap. 7 Rn. 30; *Stein/Jonas/Schlosser* § 1029 Rn. 85; *Wagner*, Prozessverträge – Privatautonomie im Verfahrensrecht, S. 309 ff.; *Zöller/Geimer* § 1029 Rn. 60.
¹⁵ Vgl. *Sachs* DIS-MAT VIII (2001), S. 49 ff., 55.
¹⁶ Vgl. BGHZ 68, 356; BGHZ 72, 162; BGHZ 77, 32; BGH NJW 1998, 371; BGH MDR 2000, 947; *Schütze/Tscherning/Wais* Rn. 62 f.; *Wagner*, in: Böckstiegel/Berger/Bredow (Hrsg.), Die Beteiligung Dritter an Schiedsverfahren, S. 14 f.; *Müller/Keilmann* SchiedsVZ 2007, 113 ff. (115); *Zöller/Geimer* § 1029 Rn. 15; aA *Martens*, Wirkungen der Schiedsvereinbarung und des Schiedsverfahrens auf Dritte, 2005, 60 ff.
¹⁷ So BGHZ 68, 359.
¹⁸ Vgl. *Schwab/Walter* Kap. 7 Rn. 32.
¹⁹ Vgl. BGHZ 71, 162; BGH SchiedsVZ 2005, 85; *Lachmann* Rn. 526; *Sachs* DIS-MAT VIII (2001), S. 57.

c) Haftung für fremde Schuld (akzessorische Haftung)

252 Anders als bei der Rechtsnachfolge durch Universal- oder Singularsukzession bindet oder berechtigt die Schiedsvereinbarung der Parteien den für fremde Schuld Haftenden nicht. Das ist zunächst bei der Bürgschaft der Fall, für die die Rechtsprechung[20] – zu Recht[21] – eine Bindung des Bürgen verneint. Denn der Bürge übernimmt nicht die Verbindlichkeit, er haftet nur für ihre Erfüllung. Er übernimmt damit eine eigene Schuld. Dasselbe gilt für Garantien und harte Patronatserklärungen.[22]

253 Anders ist die Situation bei der Haftung von Gesellschaftern der OHG oder GbR für Gesellschaftsschulden. Sie haften nicht für fremde – sondern letztlich eigene – Schuld, ihre Haftung ist zwar auch akzessorisch, aber im Hinblick auf die Gesellschaft, deren Gesellschafter sie sind. Die Gesellschafter einer OHG sind deshalb an eine von der Gesellschaft abgeschlossene Schiedsvereinbarung gebunden.[23] Das entspricht auch einem praktischen Bedürfnis. Würde man die Erstreckung an eine Auslegung der Schiedsvereinbarung im Einzelfall knüpfen, dann könnte der Gläubiger einer Gesellschaftsforderung nie sicher sein, dass er Gesellschaft und Gesellschafter zusammen verklagen könnte. Er müsste uU die Forderung gegen die OHG vor dem vereinbarten Schiedsgericht, die gegen den Gesellschafter vor dem ordentlichen Gericht geltend machen mit dem Risiko unterschiedlicher Entscheidungen.

254 Die GbR ist nach der Angleichung an die OHG durch die Rechtsprechung des BGH[24] ebenso wie die OHG zu behandeln. Auch die Gesellschafter der GbR sind durch eine von der GbR abgeschlossene Schiedsvereinbarung gebunden und können zusammen mit der GbR vor dem vereinbarten Schiedsgericht verklagt werden.[25]

d) Bindung im Konzern

Literatur: *Busse,* Die Bindung Dritter an Schiedsvereinbarungen, SchiedsVZ 2005, 118 ff.; *Holeweg,* Schiedsvereinbarungen und Strohmanngesellschaften, 1997; *Jürschik* Die Ausdehnung der Schiedsvereinbarung auf konzernzugehörige Unternehmen, Diss. Tübingen 2010; *Mansel,* Vertretungs- und Formprobleme bei Abschluss einer Schiedsvereinbarung – zur subjektiven Reichweite von Schiedsklauseln in Kozernsituationen, Festschrift für Maier-Reimer, 2010, S. 407 ff.; *Müller/Keilmann* Beteiligung am Schiedsverfahren wider Willen?, SchiedsVZ 2007, 113 ff. (117 ff.); *Poudret,* L'extension de la clause d'arbitrage: approches français et suisse, Journal Clunet 122 (1995), 893 ff.; *Sachs,* Erstreckung von Schiedsvereinbarungen auf Konzernunternehmen, DIS-MAT VIII (2001), S. 49 ff.; *Sandrock,* The Extension of Arbitration Agreements to Non-Signatories: An Enigma Still Unresolved, Festschrift für Buxbaum, 2000, S. 461 ff.; *ders.,* Wirkungen von Schiedsvereinbarungen im Konzern, in: Böckstiegel/Berger/Bredow (Hrsg.), Die Beteiligung Dritter an Schiedsverfahren, 2005, S. 93 ff. (mit Nachweisen für Rechtsprechung und Schrifttum in Frankreich, England den USA und der Schweiz); *ders.,* Arbitration Agreements and Group of Companies, Festschrift für Lalive, 1993, S. 625 ff.; *ders.,* Arbitration Agreements and Group of Companies, The International Lawyer 27 (1993), 941 ff.; *Wagner,* Bindung des Schiedsgerichts an Entscheidungen anderer Gerichte und Schiedsgerichte, in: Böckstiegel/Berger/Bredow (Hrsg.), Die Beteiligung Dritter an Schiedsverein-

---

[20] Vgl. BGHZ 68, 356; BGH VersR 1983, 776; OLG Hamburg VersR 1982, 1096.

[21] Ebenso *Baumbach/Lauterbach/Hartmann* § 1029 Rn. 23; *Schütze/Tscherning/Wais* Rn. 74; *Schwab/Walter* Kap. 7 Rn. 34; *Wagner,* in: Böckstiegel/Berger/Bredow (Hrsg.), Die Beteiligung Dritter in Schiedsverfahren, S. 34 f.; Wieczorek/Schütze/*Schütze* § 1029 Rn. 49; Zöller/*Geimer* § 1029 Rn. 60.

[22] Vgl. *Sachs* DIS-MAT VIII (2001), S. 58; differenzierend *Lachmann* Rn. 369.

[23] Vgl. BGH NJW-RR 1991, 423; OLG Köln NJW 1961, 1312, *Müller/Keilmann* SchiedsVZ 2007, 113 ff. (115); *Schwab/Walter* Kap. 7 Rn. 35.

[24] Vgl. BGHZ 146, 341.

[25] Vgl. dazu *Wiegand* SchiedsVZ 2003, 52 ff., 57, der allerdings zu Unrecht zwischen Schiedsvereinbarungen aus der Zeit vor und nach der Praxisänderung durch die Rechtsprechung des BGH differenziert. Die Praxisänderung war keine Gesetzesänderung. Das Gesetz ist nur anders interpretiert worden.

barungen, 2005, S. 7 ff.; *Wörle,* Die internationale Effektivität von Schiedsvereinbarungen, Diss. Innsbruck 2013, S. 136 ff.

Die Ausdehnung der Schiedsvereinbarung auf konzernzugehörige Unternehmen ist ein kollisionsrechtliches Problem.[26] Während die französische Lehre im Anschluss an mehrere Schiedssprüche aus den achtziger Jahren des vorigen Jahrhunderts die *group of companies doctrine* entwickelt hat,[27] nach der Schiedsvereinbarungen innerhalb eines Konzerns erstreckt werden, wenn sich die Vertreter des nicht unterzeichnenden Konzernunternehmens in irgendeiner Weise an den Verhandlungen oder der Erfüllung des Vertrages beteiligt haben, diese als wirkliche Partei des Hauptvertrages und der Schiedsvereinbarung aufgetreten ist und ihr aus diesem Auftreten Vorteile erwachsen sind oder zu erwarten sind,[28] hat sich diese Doktrin international nicht durchsetzen können. In Deutschland wird die *group of companies doctrine* von *Berger* favorisiert.[29] Die überwiegende Meinung lehnt sie aber ab.[30] Sie ist ein Ausfluss der lex mercatoria und so unbestimmt, dass sie grobe Fehlschlüsse erlaubt. Die Wirkung von Schiedsvereinbarungen im Konzern lässt sich am besten über die Lehre von der Ancheins- und Duldungsvollmacht begründen.

255

Eine Bindungswirkung von Konzernunternehmen kann aber dadurch begründet werden, dass die Muttergesellschaft oder eine andere Konzerngesellschaft als sein Vertreter die Schiedsvereinbarung abschließt. Dabei ist auf die Vertretungsmacht nicht das Schiedsvereinbarungsstatut anzuwenden,[31] es ist gesondert anzuknüpfen und das auf die Vertretungsmacht anwendbare Recht nach allgemeinen Regeln zu bestimmen[32]. Fehlt eine Vertretungsmacht, so kann eine Genehmigung durch die Konzerngesellschaft erfolgen. Diese kann auch darin liegen, dass die Konzerngesellschaft ein Schiedsverfahren einleitet oder sich rügelos einlässt, wobei im letzteren Fall die Zuständigkeit des Schiedsgerichts ohnehin gegeben ist. In jedem Fall muss der Wille der handelnden Gesellschaft, auch in Vertretung anderer Konzerngesellschaften die Schiedsvereinbarung abzuschließen, zum Ausdruck kommen. Es gilt die Andeutungstheorie[33].

256

e) Bindungswirkung bei Durchgriffshaftung

Literatur: *Gross,* Zur Inanspruchnahme Dritter vor Schiedsgerichten in Fällen der Durchgriffshaftung, SchiedsVZ 2006, 194 ff.

Die Durchgriffshaftung von Gesellschaftern einer haftungsbeschränkten Gesellschaft ist ein Fall der Haftung für fremde Schuld. Der für fremde Schuld Haftende wird nicht durch die Schiedsvereinbarung des Gläubigers mit dem Schuldner der Verbindlichkeit,

257

---

[26] Vgl. dazu eingehend *Jürschik* S. 7 ff.
[27] *Leading case* ist der Dow Chemicals Schiedsspruch, ICC-Schiedssache Nr. 4131, Yearbook Commercial Arbitration IX (1984), S. 130 ff.; dazu Cour d'Appel de Paris, Revue de l'arbitrage 1984, 98 ff.
[28] Vgl. im Einzelnen *Sandrock,* in: Böckstiegel/Berger/Bredow (Hrsg.), Die Beteiligung Dritter an Schiedsverfahren, S. 96 ff.
[29] Vgl. *Berger,* International Economic Arbitration, 1993, S. 547.
[30] Vgl. *Lachmann* Rn. 509 ff.; *Sachs* DIS-MAT VIII (2001), S. 63 ff.; *Mansel,* Festschrift für Maier-Reimer, S. 407 ff. (410 f.); *Müller/Keilmann* SchiedsVZ 2007, 113 ff. (118 f.); *Sandrock,* in: Böckstiegel/Berger/Bredow (Hrsg.), Die Beteiligung Dritter an Schiedsverfahren, S. 107 f.; *Schlosser* S. 425 ff.; *Wilske,* „Internationalization of Law" in Arbitration – A Way to Escape Procedural Restrictions of National Law?, Festschrift für Bär & Karrer, 2004, S. 257 ff.
[31] Vgl. *Geimer,* IPRax 2006, 233 ff. (235 f.); *Mansel,* Festschrift für Maier-Reimer, S. 407 ff. (414); *Schwab/Walter* Kap. 44, Rn. 19.
[32] Vgl. *Mansel,* Festschrift für Maier-Reimer, S. 407 ff. (414).
[33] Vgl. im Einzelnen – insbesondere zu den Formproblemen *Mansel,* Festschrift für Maier-Reimer, S. 407 ff. (419 ff.).

für die er haftet, gebunden. In Ausnahmefällen mag eine Interpretation ein anderes Ergebnis rechtfertigen.[34] Das kann sich dann aber nur aus Erklärungen und Handlungen des Durchgriffshaftenden ergeben, nie aus solchen allein der Parteien der Schiedsvereinbarung.

f) Bindungswirkung bei Strohmanngesellschaften

Literatur: *Holeweg*, Schiedsvereinbarungen und Strohmanngesellschaften, 1997.

258 Das Problem der Strohmann- oder Briefkastenfirmen stellt sich in großem Maße bei Offshoregesellschaften, über die – aus welchen Gründen auch immer – bedeutende internationale Transaktionen abgewickelt werden. Die von der Strohmanngesellschaft abgeschlossene Schiedsvereinbarung bindet auch den wahren Berechtigten und Verpflichteten, der nicht – wie bei der Durchgriffshaftung – für fremde, sondern für eigene Schuld haftet.

259 Eine andere Konstellation findet sich dann, wenn die Partei, die die Schiedsvereinbarung abgeschlossenen hat, ihr gesamtes Vermögen auf eine Strohmanngesellschaft übertragen hat. Auch in diesem Fall des umgekehrten Durchgriffs wird die Bindungswirkung der Schiedsvereinbarung auf die Strohmanngesellschaft erstreckt.[35]

g) Vertrag zu Gunsten Dritter

260 Erwirbt der Dritte nach § 328 BGB ein Forderungsrecht gegen den Versprechenden, das einer Schiedsvereinbarung unterliegt, so ist er hieran gebunden.

h) Bindungswirkung im joint venture

261 Die Rechtsnatur des joint venture betimmt sich nach ihrem Sitzrecht. Dieses bestimmt, ob das joint venture rechtsfähig ist und ob und in welcher Weise die joint venture Partner haften. Eine Schiedsvereinbarung mit dem joint venture bindet die joint venture Partner nicht, selbst wenn sie nach dem anwendbaren Recht für Verbindlichkeiten des joint venture haften. Ein Schiedsspruch gegen das joint venture kann deshalb in Deutschland nicht gegen joint venture Partner für vollstreckbar erklärt werden. Auch eine Rubrumsberichtigung nach § 139 ZPO kommt nicht in Betracht[36]

i) Bindungswirkung in der Insolvenz

Literatur: *Flöther*, Auswirkungen des inländischen Insolvenzverfahrens auf Schiedsverfahren und Schiedsabrede, 2001; *Mankowski*, EuInsVO und Schiedsverfahren, ZIP 2010, 2478 ff.; für weitere Literatur vgl. vor § 20.

262 Der Insolvenzverwalter ist in dem Maße an eine Schiedsvereinbarung des Gemeinschuldners gebunden in der der Gemeinschuldner gebunden war. Das ist in Rechtsprechung[37] und Schrifttum[38] unstreitig. Die Eröffnung des Insolvenzverfahrens erweitert oder beschränkt den Regelungsumfang der Schiedsvereinbarung nicht.

---

[34] Vgl. *Gross* SchiedsVZ 2006, 194 ff.
[35] Vgl. *Holeweg*, Schiedsvereinbarungen und Strohmanngesellschaften, S. 215; *Holeweg* untersucht auch die Rechtslage in England, Frankreich, den USA, der Schweiz und Liechtenstein.
[36] Vgl. OLG Karlsruhe, SchiedsVZ 2015, 145; bestätigt von BGH SchiedsVZ 2015, 149.
[37] Vgl. BGHZ 24, 15; BGH ZInsO 2004, 88 mwN; BGH NJW-RR 2008, 558; BGH NJW 2009, 1747; BGH NZI 2011, 634.
[38] Vgl. *Lachmann* Rn. 516; *Schwab/Walter* Kap. 7, Rn. 33; *Zöller/Geimer* § 1029, Rn. 65.

Die Schiedsvereinbarung ist kein gegenseitiger Vertrag iS von § 103 InsO, wird also 263
nicht durch die Insolvenzeröffnung undurchführbar. Der Insolvenzverwalter hat deshalb
auch kein Wahlrecht unter § 103 InsO.[39]

Ansprüche und Verbindlichkeiten, die nicht für und gegen den Gemeinschuldner 264
bestanden, vielmehr in der Person des Insolvenzverwalters mit der Eröffnung des Insolvenzverfahrens originär entstanden sind fallen nicht unter die Schiedsvereinbarung.[40] Das
gilt insbesondere für die Insolvenzanfechtung.[41] Denn der Rückgewähranspruch nach
§ 143 InsO ergibt sich nicht aus dem anfechtbar geschlossenen Vertrag des Gemeinschuldners, sondern aus einem selbständigen Recht des Insolvenzverwalters.[42] Der BGH
hat die einredeweise Geltendmachung der Insolvenzanfechtung im Schiedsverfahren für
unzulässig gehalten und den Insolvenzverwalter auf das Vollstreckbarerklärungsverfahren
verwiesen.[43] Auch das Wahlrecht des Insolvenzverwalter nach § 103 InsO wird nicht von
einer vom Gemeinschuldner abgeschlossenen Schiedsvereinbarung erfasst.[44]

Dagegen ist die Schiedsvereinbarung des Gemeinschuldners bindend für den Insol- 265
venzverwalter für Streitigkeiten über Aussonderung und Absonderung.[45]

III. Zulässigkeit und Grenzen der Schiedsvereinbarung

Die Parteien können nur solche Rechtsstreitigkeiten einer Schiedsvereinbarung unter- 266
stellen, die objektiv schiedsfähig sind. Die Parteien selbst müssen subjektive Schiedsfähigkeit besitzen. Der Inhalt der Schiedsvereinbarung muss mit rechtsstaatlichen Mindeststandards vereinbar sein, insbesondere darf keiner Partei ein, die andere Partei benachteiligendes, Übergewicht bei der Besetzung des Schiedsgerichts eingeräumt werden
(§ 1034 Abs. 2 ZPO).

1. Objektive Schiedsfähigkeit

Literatur: Bork, Der Begriff der objektiven Schiedsfähigkeit, ZZP 100 (1987), 249 ff.; *Fortier* Arbitrability of Disputes, Festschrift für Briner, 2005, S. 269 ff.; *Schlosser*, Die Schiedsfähigkeit im engeren
und weiteren Sinne, DIS-MAT IV (1998), S. 49 ff.; *Schulze*, Grenzen der objektiven Schiedsfähigkeit
im Rahmen des § 1030 ZPO, 2003.

Schiedsfähig sind zunächst alle vermögensrechtlichen Ansprüche (§ 1030 Abs. 1 S. 1 267
ZPO). Diese Ansprüche sind generell Schiedsvereinbarung zugänglich, ohne dass es – wie
nach früherem Recht – auf die Zulässigkeit eines Vergleichs zwischen den Parteien
ankäme. Deshalb schließen Vergleichs- und Verzichtsverbote (zB nach § 312 BGB, § 89b
HGB[46], §§ 50, 302 Abs. 2 AktG, §§ 9b und 43 GmbHG) die Schiedsfähigkeit des Anspruchs nicht aus.[47] Auch in den Fällen, in denen eine ausschließliche Zuständigkeit

---

[39] Vgl. BGH NJW 2003, 3060; *Lachmann* Rn. 517.
[40] Vgl. BGH SchiedsVZ 2011, 281.
[41] Vgl. BGHZ 24, 15; BGH SchiedsVZ 2008, 148.
[42] Vgl. BGHZ 24, 15; *Lachmann* Rn. 520; *Schwab/Walter* Kap. 7, Rn. 33; *Zöller/Geimer* § 1029
Rn. 65.
[43] Vgl. im Einzelnen *Heidbrink*, Die Insolvenzanfechtung im Schiedsverfahren, SchiedsVZ 2009,
258 ff.; *Heidbrink/v. d. Groeben*, ZIP 2006, 265.
[44] Vgl. BGH NZI 2011, 634 Mit Anm. *Wilske*, LMK 2011, 322673.
[45] Vgl. RGZ 137, 109; BGHZ 24, 15; BGH ZinsO 2004, 88; BGHZ 179, 304; BGH NZI 2011, 634
mAnm *Wilske* LMK 2011, 322673; *Lachmann* Rn. 518.
[46] Allerdings hat das OLG München SchiedsVZ 2007, 146 entschieden, dass die Vereinbarung der
Zuständigkeit eines Schiedsgerichts bei gleichzeitigere Rechtswahl eines ausländischen Rechts, das
den Ausgleichsanspruch nicht kennt oder einen Ausschluss zulässt, unwirksam ist. Vgl. dazu auch
→ Rn. 282.
[47] Vgl. Begründung, BT-Drs. 13/5274, S. 34.

2. Teil: Die Grundlagen des Schiedsverfahrens

bestimmter staatlicher Gerichte besteht, kann hieraus allein nichts gegen die Schiedsfähigkeit hergeleitet werden.[48]

268 Der Begriff der vermögensrechtlichen Streitigkeit ist weit auszulegen. § 1030 Abs. 1 S. 1 ZPO bringt objektive Schiedsfähigkeit beispielsweise auch

- für öffentlich-rechtliche Ansprüche,[49] womit sich eine starke Meinung im Schrifttum schon zum früheren Recht durchgesetzt hat,[50]
- für Restitutionssachen,[51]
- für die Markenlöschungsklage,[52]
- für Patentstreitigkeiten[53] (nicht jedoch die Patentnichtigkeitsklage),[54]
- für Kartellstreitigkeiten[55] (nachdem § 91 GWB aufgehoben worden ist),[56]
- für Finanztermingeschäfte[57]
- für Unterhaltssachen über den Geschiedenenunterhalt hinaus[58] auch für den Kindesunterhalt.[59]

269 Nichtvermögensrechtliche Ansprüche sind insoweit schiedsfähig, als die Parteien berechtigt sind, über den Streitgegenstand einen Vergleich zu schließen (§ 1030 Abs. 1 S. 2 ZPO). Der Vergleich iS von § 1030 Abs. 1 S. 2 ZPO ist der nach § 779 BGB.[60] Nicht schiedsfähig sind damit zB Ehesachen,[61] Kindschaftssachen, Betreuungsangelegenheiten und Angelegenheiten der freiwilligen Gerichtsbarkeit,[62] soweit es sich nicht um echte Parteistreitigkeiten nach FamFG handelt.[63]

270 Die Diskussion um die Schiedsfähigkeit gewisser gesellschaftsrechtlicher Klagen, insbesondere Anfechtungs- und Nichtigkeitsklagen gegen Hauptversammlungsbeschlüsse einer AG[64] und Gesellschafterbeschlüsse einer GmbH[65] wird durch die Novellierung des 10. Buchs der ZPO nicht beendet.

---

[48] Vgl. Begründung, BT-Drs. 13/5274, S. 35.
[49] Vgl. Begründung, BT-Drs. 13/5274, S. 35.
[50] Vgl. dazu insbes. *Schlosser*, Festschrift für Bülow, 1981, S. 189 ff.; *Loos*, Die Schiedsgerichtsbarkeit in der Verwaltungsgerichtsbarkeit, Diss. Kiel 1984.
[51] Vgl. § 38a VermG, dazu *Nolting* BB Beil. 15/1992, 14 ff.
[52] Vgl. *Schlosser* DIS-MAT IV (1998), S. 49 ff., 58 f. Vgl. zu den Problemen des gewerblichen Rechtsschutzes in der Schiedsgerichtsbarkeit die Tagungsbeiträge zur DIS-Vortragsveranstaltung „Wes Geistes Kind?" am 12.10.2005, DIS-MAT XIII (2006).
[53] Vgl. *Schwab/Walter* Kap. 4 Rn. 11; *Zöller/Geimer* § 1030 Rn. 14.
[54] Vgl. *Lachmann* Rn. 311 ff.; aA *Pfaff*, Festschrift für Nagel, 1987, S. 278 ff.; *Schwab/Walter* Kap. 4 Rn. 11; *Zöller/Geimer* § 1030 Rn. 14.
[55] Vgl. *Eilmansberger* SchiedsVZ 2006, 5 ff., 6.
[56] Vgl. *Günther*, Festschrift für Böckstiegel, 2001, S. 253 ff.; *Lionnet/Lionnet* S. 72; *Raeschke-Kessler/Berger* Rn. 171; *Schwab/Walter* Kap. 4 Rn. 7; *Zöller/Geimer* § 1030 Rn. 12.
[57] Vgl. *Assmann/Schütze/Schütze*, Handbuch des Kapitalanlagerechts, 4. Aufl. 2015, § 25, Rn. 17.
[58] Vgl. zum früheren Recht schon BGH FamRZ 1988, 936.
[59] Vgl. *Schlosser* DIS-MAT IV (1998), S. 49 ff., 57.
[60] Vgl. zur gleichen Problematik nach § 1025 Abs. 1 aF ZPO. Wieczorek/Schütze/*Schütze*, 3. Aufl., § 1025 Rn. 37; aA *Schwab/Walter* Kap. 4 Rn. 1, die auf die *objektive Verfügbarkeit* des Rechtsverhältnisses abstellen und die Grenze der Vergleichsfähigkeit im Rahmen der objektiven Schiedsfähigkeit im Rechtsprechungsmonopol des Staates ziehen.
[61] Vgl. dazu *Schumacher* FamRZ 2004, 1677 ff.; *Wagner*, Festschrift für Schlosser, 2005, S. 1025 ff.
[62] Vgl. RGZ 133, 128.
[63] Vgl. *Schwab/Walter* Kap. 4 Rn. 2; *Stein/Jonas/Schlosser* Vor § 1025 Rn. 37; Wieczorek/Schütze/*Schütze* § 10230 Rn. 7; *Zöller/Geimer* § 1030 Rn. 6.
[64] Die Schiedsfähigkeit wurde verneint von BGH MDR 1951, 674; BGH NJW 1966, 2055; BGH 1979, 2567; OLG Hamm DB 1987, 680; *Schütze/Tscherning/Wais* Rn. 43; vgl. dazu den Überblick von *Karsten Schmidt* AG 1995, S. 551 ff.
[65] Die Schiedsfähigkeit wurde verneint von BGH WM 1966, 1132; BGH NJW 1996, 1753 = JZ 1996, 1017 mAnm *Schlosser* (anders die Vorinstanz OLG Karlsruhe ZIP 1995, 915 = EWiR 1995, 519

Zwar lässt sich aus der ausschließlichen Zuständigkeit bestimmter Gerichte keine mangelnde Schiedsfähigkeit mehr begründen,[66] was für den Auskunftsanspruch nach §§ 51a, 51b GmbHG schon unter altem Recht nicht mehr als Kriterium angesehen wurde;[67] es bleibt bei Beschlussmängelstreitigkeiten aber das Problem der Bindungswirkung für nicht am Schiedsverfahren beteiligte Gesellschafter/Aktionäre. Das war letztlich auch der Grund, aus dem der BGH faktisch die mangelnde objektive Schiedsfähigkeit für derartige Streitigkeiten herleitet.[68] Lösungsmöglichkeiten werden im Anschluss an die BGH Rechtsprechung mannigfach angeboten.[69] 271

Nicht objektiv schiedsfähig sind Rechtsstreitigkeiten, die den Bestand eines Mietverhältnisses über Wohnraum im Inland betreffen (§ 1030 Abs. 2 ZPO). Die Regelung ist ebenso wie § 1025a aF ZPO restriktiv zu interpretieren.[70] Schiedsfähig sind Streitigkeiten über Wohnraum iS von § 556a Abs. 8 BGB. 272

Bei *internationalen Schiedsvereinbarungen* bestimmt sich die objektive Schiedsfähigkeit nach der lex causae.[71] Nach dem auf die Schiedsvereinbarung anwendbaren Recht ist zu beurteilen, ob eine Streitigkeit zum Gegenstand eines Schiedsverfahrens gemacht werden kann. 273

2. Subjektive Schiedsfähigkeit

Nur voll Geschäftsfähige sind subjektiv schiedsfähig. 274

Vgl. für Einzelheiten → Rn. 189 ff. 275

3. Rechtsstaatlicher Mindeststandard

§ 1025 Abs. 2 aF ZPO, wonach eine Schiedsvereinbarung unwirksam ist, wenn eine Partei ihre wirtschaftliche oder soziale Überlegenheit bei deren Abschluss oder der Bestimmung ihres Inhalts ausgenutzt hat, ist zwar bei der Novellierung weggefallen. Die Rechtsprechung hat aber ohnehin schon früher neben § 1025 Abs. 2 aF ZPO § 138 BGB als Prüfungsmaßstab für die Gültigkeit einer Schiedsvereinbarung angenommen und diese bei Nichtgewährleistung rechtsstaatlicher Mindeststandards, insbesondere einer schwerwiegenden Einschränkung des Rechtsschutzes, verneint.[72] *Schlosser* hat schon immer in § 1025 Abs. 2 aF ZPO nur eine Erweiterung von § 138 BGB gesehen.[73] Die Fälle der Knebelung bei wirtschaftlichem und sozialem Zwang führen nach § 138 BGB zur Unwirksamkeit der Schiedsvereinbarung. Die Rechtsprechung ist jedoch restriktiv. In dem BGH RIW 1984, 644 zugrunde liegenden Fall war in einem schweizerisch-deutschen Kaufvertrag mit geringem Wert die Zuständigkeit eines Schiedsgerichts in New York vereinbart worden. Die Durchführung des Schiedsverfahrens dort brachte für die finanziell schwache mittelständische Beklagte, die in internationalen Schiedsverfahren unerfah- 276

(Günther) = WuB VII A. § 1025 ZPO 1.95 *(Schütze));* OLG Hamm ZIP 1987, 780; *Bork* ZHR 160 (1996), 374 ff.; *Henze* ZGR 17 (1988), 542 ff.; aA insbes. *Karsten Schmidt* ZGR 17 (1988), 523 ff.

[66] Vgl. Begründung, BT-Drs. 13/5274, S. 34 f.
[67] Vgl. OLG Koblenz WM 1990, 1992 mit zust. Anm. *Schütze* WuB VII A. § 1027a ZPO 1.91; *Bork* JZ 1987, 100 f.; aA noch LG Mönchen-Gladbach JZ 1987, 99; OLG Köln GmbHRdSch 1989, 207.
[68] Vgl. BGH JZ 1996, 1017, 1018 f.
[69] Vgl. zB *Bork* ZZP 100 (1987), 382 ff.; *Zilles* RPS BB-Beil. 4/1999, 2; im Übrigen zur Diskussion der Problematik insbes. *Kühn*, Festschrift für Böckstiegel, 2001, S. 443 ff.; *Papmehl*, Die Schiedsfähigkeit gesellschaftsrechtlicher Streitigkeiten, 2001; *Raeschke-Kessler* SchiedsVZ 2003, 145 ff.
[70] Vgl. Wieczorek/Schütze/*Schütze* § 1030, Rn. 9.
[71] Vgl. *von Hülsen*, Die Gültigkeit von internationalen Schiedsvereinbarungen, 1973, S. 146; Schütze/Tscherning/*Wais* Rn. 563; aA *Reithmann/Martiny/Hausmann* Rn. 8.372 ff.; *Schlosser* Rn. 304; Zöller/*Geimer* § 1030 Rn. 26 (lex fori).
[72] Vgl. BGH JZ 1989, 588 mAnm *Walter* ebenda und *Schütze* WuB BVII A. § 1025 ZPO 1.89.
[73] Vgl. Stein/Jonas/*Schlosser*, 22. Aufl., § 1025 Rn. 19.

ren war, schwere Belastungen. Hier hätte eine Prüfung von § 138 BGB nahegelegen. Der BGH sah das anders.

4. Wahrung der Grundsätze überparteilicher Rechtspflege

277 Die Schiedsvereinbarung muss mit den Grundsätzen überparteilicher Rechtspflege vereinbar sein. Dazu gehört insbesondere eine Besetzung des Schiedsgerichts, die ein unparteiliches Verfahren zu gewährleisten imstande ist.
278 Dabei sind zwei Fallgruppen zu unterscheiden:
279 Der Schiedsrichter darf nicht Partei oder gesetzlicher Vertreter einer Partei sein. Deshalb scheiden auch Mitglieder von Organen von juristischen Personen und gesetzliche Vertreter Minderjähriger als Schiedsrichter aus.[74] Niemand darf Richter in eigener Sache sein!
280 Die Schiedsvereinbarung darf keiner Partei ein Übergewicht bei der Zusammensetzung des Schiedsgerichtes geben, das eine Partei benachteiligt (§ 1034 Abs. 2 ZPO). So ist es unzulässig, dass eine Partei den Schiedsrichter allein ernennt[75] oder die Mehrzahl der Schiedsrichter ernennen darf.[76] Soll das Ernennungsrecht einer Partei im Falle der Nichtausübung auf die andere übergehen, so differenziert der BGH (nicht sehr konsequent).[77] Bei inländischen Schiedsverfahren soll eine solche Klausel unzulässig sein,[78] bei ausländischen dagegen nicht.[79]
281 Der Verstoß gegen § 1034 Abs. 2 ZPO führt jedoch nicht zur Unwirksamkeit der Schiedsvereinbarung, gibt der benachteiligten Partei lediglich ein Recht auf gerichtliche Ersetzung.

5. Gesetzesverstoß

282 Eine Schiedsvereinbarung ist unzulässig, wenn ihr Abschluss gegen ein gesetzliches Verbot verstoßen würde (§ 134 BGB).[80] In diesem Zusammenhang wurde – über das Problem der subjektiven Schiedsfähigkeit hinaus (vgl. dazu → Rn. 189 ff.) – diskutiert, inwieweit der Abschluss von Schiedsvereinbarungen für Ansprüche aus Börsentermingeschäften möglich ist.[81] Dieses Problem ist durch die Regelung in § 37h WpHG – eingeführt durch das 4. Finanzmarktförderungsgesetz – obsolet geworden (vgl. dazu → Rn. 830 ff.). Die Problematik ist jedoch im Rahmen von Schiedsvereinbarungen für Handelsvertreterverträge in jüngerer Zeit erneut virulent geworden. Das OLG München[82] hat im Anschluss an die alte Rechtsprechung zum Börsentermineinwand für den Handelsvertreterausgleichsanspruch entschieden, die Vereinbarung der Zuständigkeit eines Schiedsgerichts und der Wahl ausländischen Rechts, das den Ausgleichsanspruch nicht kennt, unwirksam sei[83]. Diese Rechtsprechung ist problematisch, unterzieht sie doch schon im Vorfeld eines Schiedsverfahrens

---

[74] Vgl. *Schütze/Tscherning/Wais* Rn. 157.
[75] Vgl. BGHZ 54, 392; BGH JZ 1989, 588.
[76] Vgl. *Schwab/Walter* Kap. 9 Rn. 10; *Schütze/Tscherning/Wais* Rn. 158, eingehend *Haas*, Die Anerkennung und Vollstreckung ausländischer Schiedssprüche, 1991, S. 228 ff.
[77] Vgl. dazu *Schütze* EWiR Art. 5 UNÜ 1/86, 835; *Kornblum*, Festschrift für Nagel, 1987, S. 140 ff.
[78] Vgl. BGHZ 54, 392.
[79] Vgl. BGHZ 98, 70.
[80] Vgl. im Einzelnen *Schütze/Tscherning/Wais* Rn. 154 ff.
[81] Vgl. im Einzelnen *Bork/Stöve*, Schiedsgerichtsbarkeit bei Börsentermingeschäften, 1992; *Schütze*, Jahrbuch für die Praxis der Schiedsgerichtsbarkeit 1 (1987), S. 94 ff.; *Weber/Weber-Rey*, Jahrbuch für die Praxis der Schiedsgerichtsbarkeit 3 (1989), S. 149 ff.
[82] Vgl. OLG München SchiedsVZ 2007, 146 = WM 2006, 1556.
[83] Vgl. dazu insbes. *Semler*, Deutscher Handelsvertreter und internationale Schiedsverfahren, Festschrift für Wegen, 2015, S. 743 ff.

eine mögliche Entscheidung eines von den Parteien gewählten Schiedsgerichts einer hypothtischen sachlichen Nachprüfung. Im Übrigen begegnet die Entscheidung auch verfassungsmäßigen Bedenken. Wenn man mit der hL davon ausgeht, dass staatliche und Schiedsgerichtsbarkeit als Rechtsschutzformen gleichwertig sind, dann ist das Schiedsgericht, das die Parteien zulässigerweise gewählt haben, der gesetzliche Richter.

Die Schiedsvereinbarung ist unwirksam, wenn sie unter Missbrauch von Marktmacht zustande gekommen ist. Im Pechstein Fall hat das OLG München[84] entschieden, dass das Verlangen einer Schiedsvereinbarung durch den Ausrichter internationaler Sportkämpfe zwar nicht generell einen Missbrauch von Marktmacht beinhaltet, ein solcher aber dann vorliegt, wenn ein marktbeherrschender Sportverband die Zulassung zu einem von ihm ausgerichteten Wettkampf von dem Abschluss einer Schiedsvereinbarung zugunsten des CAS abhängig macht. Die Auswirkungen auf die gesamte Sportschiedsgerichtsbarkeit sind erheblich[85].

283

IV. Form der Schiedsvereinbarung

Literatur: *Haarmann,* Zum Schriftformerfordernis für Schiedsvereinbarungen, Festschrift für Hopt, 2010, S. 2777 ff.

Während der Gesetzesentwurf bis kurz vor seiner Verabschiedung noch eine – sinnvolle – Unterscheidung von Schiedsvereinbarungen im gewerblichen und nichtgewerblichen Bereich enthielt, hat der „Verbraucher" im letzten Moment noch Einzug in den § 1031 ZPO gehalten. Er ist nunmehr der Privilegierte.

284

1. Schiedsvereinbarungen von und mit Verbrauchern

Literatur: *Aden,* Rechtswahl und Schiedsklausel im Verbraucherschutz, RIW 1997, 723 ff.; *Kowalke,* Die Zulässigkeit von internationalen Gerichtsstands-, Schiedsgerichts- und Rechtswahlklauseln bei Börsentermingeschäften, 2002, S. 196 ff.; *Mäsch,* Schiedsvereinbarungen mit Verbrauchern, Festschrift für Schlosser, 2005, S. 529 ff.; *Spieker,* Schiedsvereinbarungen in Allgemeinen Geschäftsbedingungen im Bereich des nicht kaufmännischen Verkehrs, ZIP 1999, 2138 ff.; *Weihe,* Der Schutz der Verbraucher im Recht der Schiedsgerichtsbarkeit, 2005.

Schiedsvereinbarungen mit Verbrauchern unterliegen besonderen Formvorschriften. Der Verbraucherbegriff in § 1031 Abs. 5 ZPO entspricht weitgehend dem in Art. 6 Rom I VO, ist aber enger.[86] Verbraucher kann nach der Legaldefinition des § 1031 Abs. 5 ZPO nur eine natürliche Person sein. Das Geschäft, das Gegenstand der Streitigkeit ist, für die die Schiedsvereinbarung abgeschlossen worden ist, muss außerhalb der gewerblichen oder selbstständigen beruflichen Tätigkeit des Beteiligten an der Schiedsvereinbarung liegen. Der Existenzgründer ist nicht Verbraucher. Nach der Rechtsprechung des BGH[87] liegt Unternehmer- (§ 14 BGB) und nicht Verbraucherhandeln (§ 1031 Abs. 5

285

---

[84] Vgl. OLG München, SchiedsVZ 2015, 40.
[85] Vgl. hierzu auch *Brandner/Kläger,* Ein Sieg über (oder für) das System der Sportschiedsgerichtsbarkeit?, SchiedsVZ 2015, 112 ff.; *Duve/Ömer,* Der Fall Pechstein: Kein Startschuss für eine Neugestaltung der Sportschiedsgerichtsbarkeit, SchiedsVZ 2014, 216 ff.; *Rombach,* The „Pechstein judgment" of the OLG München: What does it mean for international sports and commercial arbitration?, SchiedsVZ 2015, 105 ff.; *Scherrer/Muresan/Ludwig,* „Pechstein" ist kein „Bosman der Sportschiedsgerichtsbarkeit", SchiedsVZ 2015, 161 ff.
[86] Vgl. dazu *Weihe* S. 13, der mit viel Sorgfalt prüft, ob eine typisierende Verbraucherbestimmung nicht im Einzelfall bei nicht schutzwürdigen Personen durchbrochen werden kann, so etwa bei Yachtkauf oder umfangreichen Termingeschäften wie im Koestler-Fall. *Weihe* lehnt das wegen der entstehenden Rechtsunsicherheit allerdings ab.
[87] Vgl. BGH SchiedsVZ 2005, 157.

S. 1 ZPO iVm § 13 BGB) schon dann vor, wenn das betreffende Geschäft im Zuge der Aufnahme einer gewerblichen oder selbständigen beruflichen Tätigkeit geschlossen wird.

286 Schiedsvereinbarungen von und mit Verbrauchern bedürfen der vollen Schriftform (§ 1031 Abs. 1 ZPO)[88]. Sie müssen von beiden Parteien unterzeichnet sein (§ 126 Abs. 1 BGB). Brief-, Telegramm- und Telefax- oder Telexwechsel genügt nicht.[89] Die Urkunde darf keine anderen Regelungen außer der Schiedsvereinbarung und solchen des Schiedsverfahrens enthalten (§ 1031 Abs. 5 ZPO)[90]. Notwendig ist damit die ausdrückliche[91] Vereinbarung, dass der Rechtsstreit anstelle durch das staatliche Gericht durch ein Schiedsgericht entschieden werden soll. Zulässig ist darüber hinaus jegliche Regelung des Schiedsverfahrens, zB die Zusammensetzung des Schiedsgerichts, seine Bestellung, seine Honorierung, Bestimmung des Schiedsortes, der Schiedsverfahrenssprache pp. Unzulässig ist jede nicht mit dem Schiedsverfahren in Zusammenhang stehende Bestimmung. Insbesondere dürfen Regelungen des Hauptvertrages nicht mit denen der Schiedsvereinbarung verbunden werden. Damit sind Schiedsvereinbarungen in AGB im nicht gewerblichen Bereich von vornherein unwirksam.

287 Ausreichend sind uU Bezugnahmen auf andere Urkunden.[92] Zu § 1027 aF ZPO wurde zugelassen die Bezugnahme auf allgemeine Schiedsgerichtsregelungen zur Ausfüllung von Einzelheiten,[93] auch auf Verfahrensregeln institutioneller Schiedsgerichte[94] ebenso auf frühere Abreden.[95]

2. Schiedsvereinbarungen ohne Verbraucherbeteiligung

288 Sind die Parteien der Schiedsvereinbarung juristische Personen oder ist das der Schiedsvereinbarung zugrundeliegende Geschäft (Hauptvertrag) der gewerblichen oder selbständigen beruflichen Tätigkeit beider Vertragsparteien zuzurechnen, so gelten Formerleichterungen. Allerdings ist der nach bisherigem Recht (§ 1027 Abs. 2 aF ZPO) für Handelsgeschäfte zwischen Vollkaufleuten mögliche formfreie Abschluss der Schiedsvereinbarung fortgefallen.[96] Der Gesetzgeber glaubte – wohl zu Recht – hierauf verzichten zu können, da mündliche Schiedsvereinbarungen in der Praxis kaum vorkommen.[97]

289 Der Begriff des *gewerblichen und selbstständigen beruflichen Bereichs* ist im Gesetz nicht definiert. Der Gesetzgeber – sich am Modellgesetz orientierend[98] – hat bewusst die Begriffe des HGB (Vollkaufmann, beiderseitiges Handelsgeschäft) vermieden. Das ist zu

---

[88] Vgl. zu den die Unterschrift ersetzenden Formen von Handzeichen, Siegeln pp. *Wilske/Scheidle*, Seals, Stamps and Signatures in International Arbitration, Contemporary Asia Arbitration Journal 4 (2011), 37 ff.; zur Problematik des Analphabeten vgl. *Wiesen/Wilske*, Bindung eines Analphabeten an eine von Ihm unterschriebene Schiedsvereinbarung?, SchiedsVZ 2004, 238 f.

[89] Vgl. KG KTS 1965, 42; RG JW 1934, 1233; *Maier* Rn. 28; *Schütze* BB 1992, 1877 ff.; *Schwab/Walter* Kap. 5 Rn. 17 ff. Anders ist dies im Geltungsbereich des UN-Übereinkommens über die Anerkennung und Vollstreckung ausländischer Schiedssprüche. Hier genügt ein unterschriebener Briefwechsel, vgl. Art. II Abs. 2 des Übereinkommens, dazu *Schütze/Tscherning/Wais* Rn. 566; eingehend mit umfangreichen Nachweisen für Rechtsprechung und Schrifttum *Reithmann/Martiny/Hausmann* Rn. 6678 ff.

[90] Vgl. dazu den instruktiven Fall BGH SchiedsVZ 2011, 157 über eine Schiedsklausel in einem Vertrag zwischen einem ausländischen Broker und einem deutschen Verbraucher, der die Erbringung von Wertpapierleistungen zum Gegenstand hat; dazu *Schütze*, WuB VII A. § 1031 ZPO 1.11.

[91] Vgl. zur entsprechenden Regelung in § 1027 Abs. 1 aF ZPO, *Wieczorek/Schütze* § 1027 Rn. 6 ff.

[92] Vgl. *Schütze/Tscherning/Wais* Rn. 68 mit einem Beispiel für eine zulässige Bezugnahme.

[93] Vgl. Wieczorek/Schütze/*Schütze*, 3. Aufl., § 1027 Rn. 7.

[94] Vgl. KG HuW 1953, 472 für anderweitig festgelegte Verfahrensvorschriften.

[95] Vgl. OLG Stuttgart JW 1938, 972.

[96] Vgl. dazu *Calavros* S. 46.

[97] Vgl. Begründung, BT-Drs. 13/5274, S. 36; *Schwab*, Festschrift für Nagel, 1987, S. 427 ff., 430.

[98] Vgl. dazu *Hußlein-Stich* S. 43; *Zerbe*, Die Reform des deutschen Schiedsverfahrensrechts, 1995, S. 143 ff.

bedauern, da damit die Begriffseinheit in dem deutschen Gesetzessystem verloren gegangen ist.

Handeln im gewerblichen oder selbstständigen beruflichen Bereich setzt keine Vollkaufmannseigenschaft der Parteien voraus. Auch Minderkaufleute oder Nichtkaufleute (zB Rechtsanwälte, Steuerberater pp.) können formerleichtert Schiedsvereinbarungen abschließen, soweit das Grundgeschäft in beruflicher, satzungsmäßiger oder ähnlicher Funktion abgeschlossen wird.[99] Das Modellgesetz – und ihm folgend die Novelle – wollte private Endverbraucher, Arbeitnehmer pp. von der Formfreiheit in erster Linie ausschließen.[100]   290

Es gelten folgende Formerleichterungen: 291

- Die Schiedsvereinbarung bedarf nicht der Niederlegung in besonderer, von beiden Parteien unterschriebener, Urkunde. Es genügt ein Abschluss durch Briefwechsel, Telegramm, Telefax oder anderer Form der Nachrichtenübermittlung (§ 1031 Abs. 1 ZPO). Die Willenserklärung muss jedoch unterschrieben sein, beim Telegramm das Formular. Deshalb genügt ein Abschluss durch Swift nicht. Allerdings kann bei Fehlen der Unterschrift immer noch eine Wirksamkeit nach Abs. 3 eintreten.
- Es genügt die *halbe Schriftform* in dem Sinne, dass ein schriftliches Angebot auf Abschluss der Schiedsvereinbarung in jeder Form – auch mündlich oder konkludent – angenommen werden kann (§ 1031 Abs. 2 ZPO). Auch Schweigen auf ein kaufmännisches Bestätigungsschreiben genügt,[101] soweit dies rechtserzeugende Wirkung hat.[102] Rechtsgeschäftliche Bedeutung messen neben dem deutschen auch das französische, belgische, luxemburgische und niederländische Recht dem kaufmännischen Bestätigungsschreiben zu.
- Die Bezugnahme auf andere Schriftstücke, die eine Schiedsvereinbarung enthalten, zB frühere Verträge, genügt (§ 1031 Abs. 3 ZPO). Die Bezugnahme selbst muss Vertragsinhalt werden. Diese Regelung gewinnt besondere Bedeutung für AGB, die eine Schiedsvereinbarung[103] enthalten.[104] Mit der Einbeziehung derartiger AGB in ein Vertragsverhältnis kommt die Schiedsvereinbarung zustande. Die Wirksamkeit ist an den Bestimmungen der §§ 305 ff. BGB zu messen.[105] Der Streit, der zu Art. II Abs. 2 UNÜ entstanden ist, ob eine Schiedsvereinbarung in AGB formwirksam sein kann,[106] ist damit obsolet geworden.
- Die Aufnahme einer Schiedsklausel in einen Chartervertrag ist ausreichend, wenn hierauf in einem Konnossement ausdrücklich Bezug genommen wird (§ 1031 Abs. 4 ZPO),[107] obwohl beim Konnossement keine Vereinbarung notwendig ist, vielmehr

---

[99] Vgl. *Calavros* S. 12; *Zerbe* S. 144.
[100] Vgl. *Zerbe* S. 144 mwN für die Entstehungsgeschichte.
[101] Vgl. Begründung, BT-Drs. 13/5274, S. 36 f.; dieses Problem wurde von der Arbeitsgruppe zum Modellgesetz als zu schwierig ausgeklammert und dem nationalen Recht überlassen, vgl. *Granzow* S. 86 f. Zur Problematik des kaufmännischen Bestätigungsschreibens, das eine Schiedsvereinbarung bestätigt vgl. *Reithmann/ Martiny/Hausmann* Rn. 8.317.
[102] Vgl. auch BGH AWD 1970, 417.
[103] Vgl. dazu *Hanefeld/Wittighofer* SchiedsVZ 2005, 217 ff.; *Sieg* RIW 1998, 102 ff.; *Spieker* ZIP 1999, 2138 ff.
[104] Vgl. BGHZ 7, 187; BGH WM 1992, 100; LG Hamburg BB 1950, 152; *Gildeggen*, Internationale Schieds- und Schiedsverfahrensvereinbarungen in Allgemeinen Geschäftsbedingungen vor deutschen Gerichten, 1991, S. 188 ff.; *Lindacher*, Festschrift für Habscheid, 1989, S. 167 ff., *Schütze* DZWir 1992, 89 ff., 91; zum Modellgesetz *Granzow* S. 91 f.; eingehend im Bereich des UNÜ *Reithmann/Martiny/Hausmann* Rn. 8.310 ff.
[105] Vgl. BGH WM 1992, 100; *Wieczorek/Schütze* § 1027 Rn. 21.
[106] Vgl. dazu *Schütze/Tscherning/Wais* Rn. 566.
[107] Vgl. zu Schiedsvereinbarungen in Konnossementen *Reithmann/Martiny/Hausmann* Rn. 8.318 f.; *Schmidt K.*, Festschrift für Herber, 1999, S. 281 ff.; *Trappe*, Festschrift für Herber, 1999, S. 305 ff.

allein die Begebung schon rechtsgeschäftliche Wirkungen erzeugt. Diese Regelung entspricht den Notwendigkeiten des internationalen Seetransportrechts.[108] Konnossemente nehmen regelmäßig auf die Bedingungen von Charterverträgen Bezug, die Schiedsklauseln enthalten.

- Nicht ausreichend ist es, dass eine Schiedsvereinbarung *Handelsbrauch* ist für eine stillschweigende Inkorporierung in den Vertrag,[109] was die Rechtsprechung unter der Geltung von § 1027 Abs. 2 aF ZPO unter bestimmten Voraussetzungen angenommen hat.[110]

3. Notarielle Beurkundung

Literatur: *Broichmann/Matthäus*, Beurkundung von Schiedsordnungen, SchiedsVZ 2008, 274 ff.; *Schütze*, Zur notariellen Beurkundung von Schiedsvereinbarungen, BB 1992, 1877 ff.

292 Die notarielle Beurkundung ersetzt jede Form und lässt auch das Erfordernis der besonderen Urkunde entfallen (§ 1031 Abs. 5 ZPO). Damit hat der Gesetzgeber die Rechtsprechung zu § 1027 aF ZPO korrigiert, die die besondere Urkunde und Unterschrift auch bei notarieller Protokollierung forderte.[111] Die besondere Urkunde wurde für überflüssig gehalten,[112] da den Notar eine Belehrungspflicht trifft, die Parteien dadurch also über die weittragenden Folgen eines Verzichts auf den Rechtsschutz durch die staatlichen Gerichte aufmerksam gemacht werden.

293 Wird im Rahmen der Beurkundung einer Schiedsvereinbarung auf eine institutionelle Schiedsordnung (ICC, DIS pp.) Bezug genommen, so besteht keine Notwendigkeit, die Schiedsordnung mit zu verlesen[113]. Die Frage ist jedoch in der Literatur umstritten von der Rechtsprechung noch nicht entschieden[114]. Nimmt man an, dass die Schiedsordnung mit verlesen werden muss, so genügt die Bezugnahme auf eine Referenzurkunde, die die Schiedsordnung enthält (§ 13a BeurkG). Als beglaubigte Abschrift genügt nach § 39a BeurkG auch ein elektronisches Dokument. Wenn die Institution eine notariell beglaubigte Abschrift einer beurkundeten Schiedsordnung vorrätig hält, so kann sie diese also Interessierten auf ihrer Website oder sonstwo zugänglich machen.

4. Gerichtlicher Vergleich

294 Obgleich § 1031 Abs. 5 ZPO für den gerichtlichen Vergleich keine Ausnahme wie für die notarielle Beurkundung macht, muss nach dem Telos der Norm für beide dasselbe gelten. Auch hier ist wegen der gerichtlichen Mitwirkung und Belehrung die Warnfunktion der Niederlegung in besonderer Urkunde überflüssig.[115]

---

[108] Vgl. zu der Problematik nach bisherigem Recht BGH NJW 1959, 720 (Verweisung im Konnossement auf den Chartervertrag, der eine Schiedsklausel enthielt); BGH AWD 1967, 108 (Chartervertrag enthielt Schiedsklausel auf die im Konnossement durch folgende Bestimmung verwiesen wurde: All the terms, conditions, clauses and exceptions in the Charterparty are herewith incorporated). Dazu *v. Hülsen* AWD 1967, 267 ff.
[109] Vgl. *Schwab/Walter* Kap. 5 Rn. 11.
[110] So BGH NJW 1993, 1789 mwN = DZWir 1993, 465 mAnm *Berger* ebenda und Anm. *Schütze* WuB VII A. § 1027 ZPO 1.93.
[111] Vgl. BGHZ 38, 155; BGH NJW-RR 1987, 1194; dazu *Schütze* BB 1992, 1877 ff.
[112] Vgl. Begründung, BT-Drs. 13/5274, S. 37.
[113] Vgl. *Broichmann/Matthäus* SchiedsVZ 2008, 274 ff.; *Lachmann*, Rn. 365.
[114] Vgl. zum Streitstand *Broichmann/Matthäus* SchiedsVZ 2008, 274 ff. (274 f.).
[115] Vgl. *Reithmann/Martiny/Hausmann* Rn. 8.352; *Schwab/Walter* Kap. 6 Rn. 19; anders zu § 1027 aF ZPO noch *Maier* Rn. 29; Wieczorek/Schütze/*Schütze* § 1027 Rn. 8.

5. Rügelose Einlassung zur Hauptsache

Literatur: *Wackenhuth*, Der Erfolg einer auf eine mängelbehaftete Schiedsvereinbarung gestützte Einrede der Unzuständigkeit des Schiedsgerichts im Vollstreckbarerklärungsverfahren eines in- und ausländischen Schiedsspruchs, soweit sich die Parteien rügelos eingelassen haben, Diss. Konstanz 1984; *ders.,* Ersetzbarkeit der Formerfordernisse des Art. 2 Abs. 2 des UN-Übereinkommens durch Klageerhebung und rügelose Einlassung vor dem Schiedsgericht, RIW 1985, 568 ff.; *ders.,* Zur Behandlung der rügelosen Einlassen im nationalen und internationalen Schiedsverfahren, KTS 1985, 425 ff.

Der Mangel der Form hinsichtlich der Unterschrift und der Manifestierung in besonderer Urkunde wird durch rügelose Einlassung zur Hauptsache geheilt (§ 1031 Abs. 6 ZPO).[116] Die rügelose Einlassung erfolgt dadurch, dass die Parteien zu erkennen geben, dass sie eine Entscheidung ihres Rechtsstreits durch ein Schiedsgericht unter Ausschluss der Zuständigkeit der staatlichen Gerichte wollen. Für den Schiedskläger liegt eine solche Einlassung immer in dem Antrag, die Streitigkeit einem Schiedsgericht vorzulegen (§ 1044 S. 1 ZPO), der regelmäßig mit der Erhebung der Schiedsklage zusammenfallen wird.[117] Der Antrag muss – dieses ist ein Schutz für den Schiedsbeklagten – auf die Schiedsvereinbarung hinweisen (§ 1044 S. 2 ZPO).

Der Schiedsbeklagte lässt sich bei angeordneter mündlicher Verhandlung nur dann rügelos ein, wenn er verhandelt, ohne die Unzuständigkeit des Schiedsgerichts zu rügen.[118] Im schriftlichen Verfahren liegt eine rügelose Einlassung schon dann vor, wenn der Schiedsbeklagte zur Schiedsklage sachlich Stellung nimmt, ohne die Unzuständigkeit des Schiedsgerichts geltend zu machen. Die vorsorgliche (hilfsweise) Stellungnahme zur Hauptsache führt noch nicht zur Heilung des Formmangels.[119]

Nicht erforderlich ist das Bewusstsein der Parteien, durch die Einlassung die Zuständigkeit des Schiedsgerichts zu begründen.[120] Eine Hinweispflicht des Schiedsgerichts auf die Folgen rügeloser Einlassung besteht nicht.

Bei Formmangel der Schiedsvereinbarung genügt nicht die Rüge irgendeines Mangels der Schiedsvereinbarung, um die Rechtsfolgen des § 1031 Abs. 6 ZPO zu beseitigen. Die Rüge muss sich auf den Formmangel beziehen.[121]

Erhebt ein Verbraucher im Verfahren vor dem staatlichen Gericht die Einrede der Schiedsvereinbarung – obwohl diese formunwirksam ist – so soll dies dennoch nicht zum Ausschluss des Einwandes der Formunwirksamkeit führen.[122]

295

296

297

298

299

6. Internationale Schiedsvereinbarungen

Literatur: *Hausmann*, Einheitliche Anknüpfung internationaler Gerichtsstands- und Schiedsvereinbarungen?, Festschrift für Lorenz I, 1991, S. 376 ff.; *von Hülsen*, Die Gültigkeit von internationalen Schiedsvereinbarungen, 1973; *Koussoulis*, Zur Dogmatik des auf die Schiedsvereinbarung anwend-

---

[116] Vgl. dazu *Wackenhuth* KTS 1985, 425 ff.; *ders.* RIW 1985, 568 ff.
[117] Vgl. *Maier* Rn. 31; *Schwab/Walter* Kap. 5 Rn. 5; *Wieczorek/Schütze/Schütze* § 1031, Rn. 39.
[118] Vgl. *Wieczorek/Schütze/Schütze* § 103140; aA wohl die hL, die nicht differenziert und schriftliche Einlassung in jedem Fall genügen lassen will, vgl. *Lachmann* Rn. 276, *Maier* Rn. 31; *Schwab/Walter* Kap. 5 Rn. 5; unklar OLG Köln RIW 1993, 499 (hier war eine Unterwerfung unter die Schiedsvereinbarung uU schon durch Unterzeichnung der terms of reference erfolgt).
[119] Vgl. BGH KTS 1963, 105.
[120] Vgl. BGHZ 48, 35; *Schütze/Tscherning/Wais* Rn. 175.
[121] Vgl. BGH SchiedsVZ 2005, 259: „Der Formmangel ist ... stets dann nicht mehr zu berücksichtigen, wenn der Schiedsbeklagte zur Hauptsache verhandelt hat, ohne gerade wegen des Formmangels einen Vorbehalt zu machen. Vorbehalte, die mit dem Formmangel in keinem Zusammenhang stehen, halten dem Schiedsbeklagten die Berufung auf diesen Mangel nicht offen."
[122] Vgl. BGH SchiedsVZ 2011, 227.

baren Rechts, Festschrift für Schlosser, 2005, S. 415 ff.; *Rechberger,* Evergreen: Gültigkeit der Schiedsklausel, Festschrift für Schlosser, 2005, S. 733 ff.; *Thümmel,* Die Schiedsvereinbarungen zwischen Formzwang und favor validitatis – Anmerkungen zu § 1031 ZPO, Festschrift für Schütze, 1999, S. 935 ff.

300   Bei internationalen Schiedsvereinbarungen ist angesichts der Rechtsnatur der Schiedsvereinbarung als eines privatrechtlichen Vertrages mit prozessualen Wirkungen Art. 11 EGBGB anwendbar.[123] Geschäftsrecht und Ortsrecht gelten alternativ. Die für die Formgültigkeit günstigere Rechtsordnung ist anzuwenden. Eine in Madrid abgeschlossene Schiedsvereinbarung, die deutschem Recht unterliegt, ist wirksam, wenn entweder die Formerfordernisse nach deutschem oder nach spanischem Recht eingehalten sind.

301   Das Formstatut bestimmt,[124]
- ob Formbedürftigkeit vorliegt,
- welche Form einzuhalten ist (zB Errichtung in besonderer Urkunde, Schriftform) und
- ob rügelose Einlassung den Formmangel heilt.

302   Im Geltungsbereich des UN-Übereinkommens über die Anerkennung und Vollstreckung ausländischer Schiedssprüche v. 1958 ist zu beachten, dass Art. II ein Schriftformerfordernis vorsieht, das von dem des § 1031 ZPO abweicht und für Verbraucherschiedsvereinbarungen teilweise erleichtert ist. Art. II verdrängt in seinem Anwendungsbereich die Formvorschriften des nationalen Rechts. Das ist zunächst unbestritten für den Fall, dass es sich um die Beurteilung der Formwirksamkeit einer Schiedsvereinbarung im Verfahren der Wirkungserstreckung eines ausländischen Schiedsspruchs handelt.[125] Der Vorrang des Art. II UN-Übereinkommen muss aber auch für das dem Schiedsspruch vorangehende Stadium (zB Einrede der Schiedsvereinbarung) gelten.[126] Denn das Genfer Protokoll über die Schiedsklauseln v. 24.9.1923, das allein die Anerkennung von Schiedsvereinbarungen regelt, ist nach Art. VII Abs. 2 UN-Übereinkommen durch dieses ersetzt worden.

303   Der Vorrang der Konventionsregelung gilt auch für die Formvorschriften des Art. I Abs. 2 Europäisches Übereinkommen über die internationale Handelsschiedsgerichtsbarkeit v. 21.4.1961.[127] Schiedsvereinbarungen, die der Konvention unterfallen, sind formwirksam, wenn sie deren Erfordernissen genügen, mögen auch die Formvorschriften des § 1031 ZPO nicht gewahrt sein.

304   Der BGH wendet den Meistbegünstigungsgrundsatz des Art. VII UN-Übereinkommen 1958 auch auf die Formvorschriften an und lässt die im Einzelfall für die Formwirksamkeit günstigeren Regelungen des § 1031 genügen[128]

V. Inhalt der Schiedsvereinbarung

305   Die Schiedsvereinbarung sollte die Bestellung des Schiedsgerichts, die Qualifikation der Schiedsrichter, ihre Befugnisse und die Durchführung des Verfahrens möglichst

---

[123] Vgl. *Basedow* Jahrbuch für die Praxis der Schiedsgerichtsbarkeit 1 (1987), S. 3 ff. (12); *v. Hülsen* S. 66; *Schlosser* Rn. 331 ff.; *Schwab/Walter* Kap. 44 Rn. 17 (analoge Anwendung); Wieczorek/Schütze/*Schütze* § 1031 Rn. 46; aA *Hausmann,* Festschrift für Lorenz I, S. 376 ff.; *Rahmann,* Ausschluss staatlicher Gerichtszuständigkeit, 1984, S. 41 (lex fori). Zweifelnd auch *Thümmel,* Festschrift für Schütze, S. 935 ff.
[124] Vgl. *Schütze/Tscherning/Wais* Rn. 561.
[125] Vgl. BGH RIW/AWD 1976, 449; *Berger,* Internationale Wirtschaftsschiedsgerichtsbarkeit, 1992, S. 98 f.; *Schlosser* Rn. 370.
[126] Vgl. zur Diskussion *Reithmann/Martiny/Hausmann* Rn. 8.332.; *Schwab/Walter* Kap. 44 Rn. 7 ff.
[127] Vgl. *Reithmann/Martiny/Hausmann* Rn. 8.332.
[128] Vgl. BGH SchiedsVZ 2011, 157.

umfassend regeln. Bei der Redaktion der Schiedsvereinbarung können die Parteien leicht stolpern[129]. Sorgfalt ist deshalb geboten.

1. Notwendiger Inhalt

Der notwendige Inhalt einer Schiedsvereinbarung wird durch § 1029 Abs. 1 ZPO umschrieben: die Einigung darüber, dass ein Rechtsstreit durch ein Schiedsgericht (bestehend aus einem oder mehreren Schiedsrichtern) entschieden werden soll. Die Streitigkeit, die von der Schiedsvereinbarung umfasst werden soll, muss aus einem bestimmten Rechtsverhältnis vertraglicher oder nicht vertraglicher Art stammen und in der Schiedsvereinbarung bezeichnet sein.

306

2. Gebotener Inhalt

Die Parteien haben eine umfassende Regelungsbefugnis und sollten sie nutzen,[130] und zwar nicht nur bei ad hoc Schiedsgerichten, sondern auch im Rahmen der institutionellen Schiedsgerichtsbarkeit.[131] Als möglicher Inhalt der Schiedsvereinbarung kommen ua in Betracht:

307

Tragweite der Schiedsvereinbarung: Welche Ansprüche sollen der Schiedsvereinbarung unterfallen? Zulässigkeit von Aufrechnung und Widerklage sowie Zurückbehaltungsrecht. Sollen Bagatellstreitigkeiten, bei denen die Kostenbelastung unverhältnismäßig hoch ist, vom Schiedsgericht entschieden werden?

308

Besetzung, Bestellung und Vergütung des Schiedsgerichts: Soll ein Einzelschiedsrichter oder Dreierschiedsgericht entscheiden? Bei Streitigkeiten von geringerer Bedeutung empfiehlt sich aus Kostengründen ein Einzelschiedsrichter. Im Übrigen ist es angezeigt, Regelungen über die Qualifikation der Schiedsrichter (Befähigung zum Richteramt, Sachverständigenbestellung für ein bestimmtes Sachgebiet, Kenntnisse einer bestimmten Sprache pp.), das Bestellungsverfahren (Ernennung durch die Parteien oder einen Dritten) – auch bei Wegfall eines Schiedsrichters (Bestellung des Ersatzschiedsrichters) –, Fristen und Folgen der Fristversäumung sowie die Vergütung der Schiedsrichter in die Schiedsvereinbarung aufzunehmen. Fehlt eine Bestimmung über die Vergütung der Schiedsrichter – was die Regel ist – dann kann eine böswillige Partei durch einen Streit über die Schiedsrichterhonorierung die Bestellung des Schiedsgerichts und das Verfahren erheblich verzögern.

309

Anwendbares Recht: Die Parteien sollten in der Schiedsvereinbarung das anwendbare materielle Recht bestimmen, ggf., ob die Entscheidung durch einen amiable compositeur oder in ähnlicher Weise unter Anwendung der sogenannten lex mercatoria oder allgemeiner Rechtsgrundsätze erfolgen soll. Die Wahl des anwendbaren Verfahrensrechts ist den Parteien durch das nunmehr geltende Territorialitätsprinzip (§ 1025 Abs. 1 ZPO) weitgehend unmöglich.

310

Verfahrenssprache: Übersetzungen können teuer werden und zu Missverständnissen Anlass geben.[132] Die Bestimmung der Verfahrenssprache (§ 1045 ZPO) ist deshalb von

311

---

[129] Vgl *Westermann*, Stolpersteine im nationalen und internationalen Schiedsgerichtsverfahren, Festschrift für Hopt, 2010, S. 2975 ff.
[130] Vgl. für ein Muster einer umfassenden Schiedsvereinbarung *Lachmann* Rn. 4734; *Schütze/Tscherning/Wais* Rn. 116.; zur Gestaltung einer vertragsübergreifenden Schiedsklausel *Wolff*, SchiedsVZ 2008, 59 ff.
[131] Vgl. dazu *Schütze* RPS BB-Beil. 9/1998, 2 ff.; für einen Regelungsvorschlag vgl. *Schütze*, in: Schütze/Weipert, Münchener Vertragshandbuch, Bd. 4 7. Aufl. 2012, II.1 ff. (S. 89 ff.) mit einer Wiedergabe der Standardschiedsklauseln der wichtigsten institutionellen Schiedsgerichte in deutscher und englischer Sprache.
[132] Vgl. dazu *Schütze*, Festschrift für Sandrock, 2000, S. 871 ff.

erheblicher Bedeutung, insbesondere, um schon bei der Bestellung der Schiedsrichter hierauf Bedacht nehmen zu können.

312 *Schiedsort:* Der Schiedsort kann für die Kosten von besonderer Bedeutung sein. Überdies bestimmt er nach § 1025 Abs. 1 ZPO das anwendbare Verfahrensrecht und ist für die Nationalität des Schiedsspruchs maßgebend. Eine Bestimmung (§ 1043 ZPO) ist deshalb angezeigt.

313 *Verfahrensrichtlinien:* § 1042 Abs. 3 Satz 3 ZPO überlässt die Bestimmung der Verfahrensregeln weitgehend den Parteien. Sie sollten diese Möglichkeit nutzen. Die Regelung kann „maßgeschneidert" sein, was eine gewisse Erfahrung voraussetzt; sie kann aber auch durch Bezugnahme auf eine Verfahrensordnung (zB die UNCITRAL-Rules) oder die ZPO (zB analoge Anwendbarkeit der Bestimmungen des Verfahrens 1. Instanz vor den Landgerichten) geschehen. Will man eine „maßgeschneiderte" Verfahrensordnung, dann können Modalitäten der Schiedsklageerhebung und Schiedsklageerwiderung, der Schriftsätze, der Fristen, der Behandlung verspäteten Vorbringens, der mündlichen Verhandlung oder des schriftlichen Verfahrens (§ 1047 ZPO), der Säumnis einer Partei, der Beweisaufnahme pp. eigenständig geregelt werden.

314 *Entscheidung:* Die Parteien können eine Frist für die Entscheidung bestimmen. Das bedingt aber auch die Regelung der Folgen der Nichteinhaltung der Frist für den Erlass des Schiedsspruchs oder die sonstige Beendigung des Schiedsverfahrens (Beendigung des Mandats der Schiedsrichter, Kürzung des Honoraranspruchs, Wegfall der Schiedsvereinbarung oder Bestellung eines neuen Schiedsgerichts pp.)

315 *Beratungsgeheimnis:* Die Parteien können die Schiedsrichter von dem Beratungsgeheimnis insoweit entbinden als sie eine dissenting (oder concurring) opinion zulassen.

VI. Wirkungen der Schiedsvereinbarung

1. Prozesshindernde Einrede

316 Die Schiedsvereinbarung begründet eine prozesshindernde Einrede (§ 1032 Abs. 1 ZPO). Diese kann auch erhoben werden, wenn der Schiedsbeklagte keine materiellen Einwendungen gegen den im Schiedsverfahren geltend gemachten Anspruch erhebt.[133] Der Schiedsbeklagte kann sich darauf beschränken, die Schiedsvereinbarung einzuwenden, ohne auf die Berechtigung des Anspruchs einzugehen.[134]

317 Die Schiedsvereinbarung ist nicht von Amts wegen zu berücksichtigen.[135] Die Einrede muss vom Beklagten erhoben werden. Es gelten §§ 282 Abs. 3, 296 Abs. 3 ZPO.[136]

318 Die begründete Einrede des § 1032 Abs. 1 ZPO führt zur Abweisung der Klage als unzulässig, selbst wenn der Schiedsbeklagte die Klageforderung nicht bestreitet.[137]

319 Die Einrede wirkt nur so weit wie die Schiedsvereinbarung. Erfasst die Schiedsvereinbarung die Geltendmachung in besonderen Verfahrensarten nicht, so kann die Einrede dort nicht erhoben werden.

2. Ausschluss der Einrede

320 Der Einrede kann die *Gegeneinrede der Arglist* entgegenstehen, wenn

---

[133] Vgl. OLG Düsseldorf MDR 1977, 762; Wieczorek/Schütze/*Schütze* § 1032, Rn. 3.
[134] Vgl. Baumbach/Lauterbach/*Hartmann* § 1032 Rn. 3; *Jagenburg/Sturm,* Jahrbuch für die Praxis der Schiedsgerichtsbarkeit 4 (1990), S. 70ff., 85 mwN; Zöller/*Geimer* § 1032 Rn. 1.
[135] Vgl. BGHZ 24, 19; *Lachmann* Rn. 695; *Maier* Rn. 253; *Schwab/Walter* Kap. 7 Rn. 17; Zöller/*Geimer* § 1032 Rn. 1.
[136] *Maier* Rn. 253; *Schütze/Tscherning/Wais* Rn. 129.
[137] Vgl. OLG Düsseldorf MDR 1977, 762.

- der Beklagte in einem vorhergehenden Schiedsverfahren die Zuständigkeit der staatlichen Gerichte geltend gemacht hat[138] oder
- ihm die für die Durchführung des Schiedsverfahrens notwendigen Mittel fehlen,[139]
- der Beklagte selbst ein Schiedsverfahren eingeleitet hat und nach einem ihm ungünstigen Schiedsspruch die Unwirksamkeit der Schiedsvereinbarung geltend macht[140] oder
- der Kläger im Verfahren vor den staatlichen Gerichten hinsichtlich einer zur Aufrechnung gestellten Forderung aus dem streitgegenständlichen Vertragsverhältnis die Einrede des § 1032 entgegensetzt.[141].

Umgekehrt kann sich der Beklagte, der im Verfahren vor dem staatlichen Gericht erfolgreich die Einrede der Schiedsvereinbarung erhoben hat, in einem folgenden Schiedsverfahren nicht geltend machen, das staatliche Gericht sei doch zuständig.[142]

3. Antezipiertes Legalanerkenntnis

Literatur: *Rüssmann/Spohnheimer*, Antezipiertes Legalanerkenntnis und Aufhebung des Schiedsspruchs – Ein Zusammenspiel von Vertrauen und Kontrolle im deutschen Schiedsverfahrensrecht, Gedächtnisschrift für Wolf, 2011, S. 517 ff.; *Spohnheimer*, Gestaltungsfreiheit bei antezipiertem Legalanerkenntnis des Schiedsspruchs, 2010

Teilweise wird in der Schiedsvereinbarung ein antezipiertes Legalanerkenntnis gesehen. Dieses erklärt die Rechtskraftwirkung des Schiedsspruchs und bildet die Grundlage für seine Vollstreckbarkeit[143]. 321

4. Internationale Schiedsvereinbarungen

Die Wirkungen einer internationalen Schiedsvereinbarung sind allein nach der lex fori zu beurteilen.[144] § 1025 Abs. 1 und 2 ZPO bestimmen die Anwendbarkeit des § 1032 ZPO unabhängig davon, ob der Schiedsort im In- oder im Ausland liegt. 322

Schiedsvereinbarungen nach ausländischem Recht und auch solche zugunsten eines ausländischen Schiedsgerichts begründen die Einrede des § 1032 ZPO.[145] 323

5. Materiellrechtliche Wirkungen der Schiedsvereinbarung

Materiellrechtlich verpflichtet die Schiedsvereinbarung die Parteien, alles zu tun, um die Durchführung des Schiedsverfahrens zu ermöglichen, dieses zu fördern[146] und alles zu unterlassen, was die schiedsrichterliche Entscheidung oder sonstige Beilegung des Rechtsstreits gefährden könnte.[147] 324

---

[138] Vgl. BGHZ 50, 191.
[139] Vgl. BGH JZ 1988, 315 = WuB VII. A. § 1027a ZPO 1.88 *(Schütze)*.
[140] Vgl. RG HRR 1931, 1489.
[141] Vgl. OLG München MDR 1981, 766.
[142] Vgl. BGH SchiedsVZ 2009, 287; *Schwab/Walter* Kap. 7 Rn. 3; *Zöller/Geimer* § 1032, Rn. 12.
[143] Vgl. zu den einzelnen Wirkungen *Spohnheimer*, S. 19 ff.
[144] Vgl. Reithmann/*Martiny*/*Hausmann* Rn. 8.392; *Schütze/Tscherning/Wais* Rn. 558 mwN; *Sieg* RIW 1998, 102 ff., 105; aA *Rahmann*, Ausschluss staatlicher Gerichtszuständigkeit, 1984, der Zustandekommen und Wirkungen einer Schiedsvereinbarung einheitlich nach der lex causae beurteilen will.
[145] Vgl. *Schütze/Tscherning/Wais* Rn. 558; *Schwab/Walter* Kap. 45 Rn. 12; *Zöller/Geimer* § 1032 Rn. 1.
[146] Vgl. BGH NJW 1988, 1215; *Wieczorek/Schütze/Schütze* § 1025 Rn. 65.
[147] Vgl. RGZ 33, 265; *Lachmann* Rn. 441; *Schütze/Tscherning/Wais* Rn. 126; aA wohl *Schwab/Walter* Kap. 7 Rn. 20 (prozessuale Lasten); ebenso *Lionnet/Lionnet* S. 175 f. unter unrichtiger Berufung auf *Schütze/Tscherning/Wais*.

VII. Wegfall der Schiedsvereinbarung

1. Generelle Gründe für die Beendigung der Schiedsvereinbarung

325 Die Schiedsvereinbarung kann bei Bedingung oder Befristung bei Eintritt oder Nichteintritt des auslösenden Tatbestandes erlöschen. Sie kann darüber hinaus ihrer Rechtsnatur entsprechend, wie jeder materiellrechtliche Vertrag durch *Aufhebung, Anfechtung oder Rücktritt* wegfallen.[148] Die Anfechtung ist jedoch nach Vollstreckbarerklärung des Schiedsspruches ausgeschlossen.[149]

326 Im Übrigen ist die Schiedsvereinbarung aus wichtigem Grunde kündbar.[150] In der Praxis der wichtigste Fall ist die Nichtzahlung von Vorschüssen durch eine Partei.

2. Insbesondere: Armut im Schiedsverfahren

Literatur: *Polkingthorne/Lehmkuhl,* Dealing with an impecunious opponent, IBA Newsletter Commettee D, 7 (2002), 25 ff.; *Risse,* Undurchführbarkeit der Schiedsvereinbarung bei Mittellosigkeit des Klägers, RPS BB-Beil. 6, 2001, 11 ff.; *Schütze,* Armut im Schiedsverfahren – kollisionsrechtliche Aspekte, Festschrift für Schlosser, 2005, S. 867 ff.; *Storme,* Schiedsgericht nur für Reiche?, Festschrift für Schlosser, 2005, S. 957 ff.

327 Ausgehend von der Überlegung, dass niemandem die Durchsetzung seiner Rechte verwehrt sein soll, hat die Rechtsprechung unter Zustimmung der Literatur[151] der armen Partei unter unterschiedlichen Voraussetzungen das Recht gewährt, sich von einer Schiedsvereinbarung zu lösen. Denn da das deutsche Schiedsverfahrensrecht kein Armenrecht kennt[152], wäre die Partei, die die Kosten für die Durchführung eines Schiedsverfahrens nicht aufbringen kann, faktisch von der Rechtsverfolgung oder Rechtsverteidigung ausgeschlossen. Es käme zu einem déni de justice, den es nicht geben darf.

a) Verarmung des Schiedsklägers

328 Verarmt der Schiedskläger nach Abschluss der Schiedsvereinbarung und fehlen ihm die Mittel zur Vorschusszahlung und Vertretung durch einen Rechtsanwalt, so hat er ein Kündigungsrecht.[153] Auch Armut bei Abschluss der Schiedsvereinbarung genügt grundsätzlich zur Begründung des Kündigungsrechts, wobei der Kündigungsgrund von der kündigenden Partei verursacht, ja verschuldet sein kann.[154] Der BGH hat das Kündigungsrecht bei anfänglicher Armut des Schiedsklägers zunächst auf die Fälle begrenzt, in denen die arme Partei hoffte, später, dh zum Zeitpunkt der Einleitung des Schiedsverfahrens, ausreichende Mittel zu dessen Durchführung zu besitzen.[155] In einer Entscheidung aus dem Jahr 2000[156] hat der BGH das Kündigungsrecht auch auf Fälle anfänglicher Armut erweitert, in denen nur *„ungewisse Aussichten auf ausreichende Einkünfte bestehen",* Fazit also: Der Schiedskläger kann sich immer von der Schiedsvereinbarung lösen,

---

[148] Vgl. im Einzelnen *Lachmann* Rn. 612; *Schütze/Tscherning/Wais* Rn. 136 ff.; *Schwab/Walter* Kap. 8 Rn. 1 ff.
[149] Vgl. BGH KTS 1966, 246; *Lachmann* Rn. 420.
[150] Vgl. BGHZ 41, 108; 94, 92; BGH WM 1986, 402; BGH 1988, 478 = WuB VII A. § 1027a ZPO 1.88 *(Schütze);* Schwab/Walter Kap. 8 Rn. 11.
[151] Vgl. für viele *Ebbing,* Private Zivilgerichte, 2003, S. 215; *Schlosser* Rn. 442; *Schwab/Walter* Kap. 8 Rn. 11; Zöller/Geimer § 1029 Rn. 82.
[152] Eine Ausnahme besteht jetzt für die Sportschiedsgerichtsbarkeit, → Rn. 60.
[153] Vgl. BGHZ 41, 104; BGH WM 1988, 478.
[154] Vgl. *Schütze/Tscherning/Wais* Rn. 140.
[155] Vgl. BGHZ 77, 65.
[156] Vgl. BGH NJW 2000, 3720.

wenn er die notwendigen Mittel für die schiedsgerichtliche Rechtsverfolgung nicht aufbringen kann. Die Grenze bildet nur sittenwidriges oder schikanöses Verhalten, wobei der BGH sich recht großzügig zeigt.

Dieses Kündigungsrecht kann verhindert werden, wenn sich die nicht arme Partei verpflichtet, die Kosten des Schiedsverfahrens für den Gegner – einschließlich der Rechtsanwaltskosten[157] – vorzustrecken.[158] 329

b) Verarmung des Schiedsbeklagten

Bei armen Schiedsbeklagten liegt die Problematik nur scheinbar anders. 330

Auch hier gibt die Armut – aus welchem Grunde und zu welchem Zeitpunkt auch immer entstanden – ein Kündigungsrecht für den Schiedsbeklagten. Der Schiedskläger kann auch hier durch Vorschießung der Kosten des Schiedsbeklagten die Kündigung der Schiedsvereinbarung verhindern und die Durchführung des Schiedsverfahrens erzwingen. Ist er zur Vorschussleistung für die arme Partei nicht bereit, so hat er zwei Möglichkeiten: 331

- Er kann die Schiedsvereinbarung kündigen, da ihm die Rechtsverfolgung vor dem Schiedsgericht unzumutbar geworden ist. Die Unzumutbarkeit folgt aus der – verschuldeten oder unverschuldeten – Nichterfüllung der Prozessförderungspflicht des Gegners durch Nichtzahlung der Vorschüsse.[159]
- Er kann unmittelbar bei dem staatlichen Gericht Klage erheben und der Einrede der Schiedsvereinbarung (§ 1032 ZPO) die Gegeneinrede der Arglist entgegensetzen.[160]

c) Undurchführbarkeit der Schiedsvereinbarung

Nach der neueren Rechtsprechung des BGH,[161] der sich das Kammergericht,[162] und die Oberlandesgerichte Düsseldorf[163] und Köln[164] angeschlossen haben, kann bei Armut einer Partei die Schiedsvereinbarung undurchführbar iS von § 1032 ZPO werden und der Weg zu den staatlichen Gerichten ohne Kündigung gegeben sein.[165] Die Rechtsprechung ist problematisch und hat – zu Recht – Widerspruch in der Literatur hervorgerufen.[166] Insbesondere steht das Abwendungsrecht der anderen – nicht armen – Partei in Frage. Wenn die Schiedsvereinbarung undurchführbar geworden ist und der arme Kläger unmittelbar vor dem staatlichen Gericht klagen kann, dann müsste die nicht arme Partei im ordentlichen Gerichtsverfahren die Bereitschaft zur Vorstreckung der Kosten erklären und damit eine Abweisung der Klage wegen Unzulässigkeit erzwingen können. Wenn man das Ergebnis nicht will, dann ist die Abwendungsbefugnis gestorben. Das aber will der BGH offenbar. Er will die arme Partei endgültig von den Kosten freistellen und so das Armenrecht auch für Schiedsvertragsparteien contra legem erzwingen. 332

---

[157] Vgl. BGH NJW 1969, 511; aA OLG Hamburg MDR 1966, 850.
[158] Vgl. *Schütze* WuB VII A. § 1027a 1.88.; *Schwab/Walter* Kap. 8 Rn. 11.
[159] Vgl. *Schütze* WuB VII A. § 1027a ZPO 1.88.
[160] Vgl. BGH WM 1988, 478.
[161] Vgl. BGH NJW 2000, 3720 = JZ 2001, 258 mAnm *Schlosser* = LM § 1032 ZPO Nr. 11 mAnm *Wagner* = ZZP 114 (2001) mAnm *Walter*.
[162] Vgl. KG SchiedsVZ 2003, 239.
[163] Vgl. OLG Düsseldorf, ZIP 2004, 1956.
[164] Vgl. OLG Köln SchiedsVZ 2003, 239.
[165] Ebenso Zöller/*Geimer* ZPO § 1029 Rn. 83.
[166] Vgl. *Ebbing*, Private Zivilgerichte, S. 125, Fn. 318; *Risse* RPS BB-Beil. Nr. 6/2001, 11 ff.; *Schlosser* JZ 2001, 260; *Walter* ZZP 114 (2001), 99 ff.

d) Internationale Schiedsvereinbarungen

333   Bei internationalen Schiedsvereinbarungen bestimmen sich die Rechtsfolgen der Armut (Kündigungsrecht der Schiedsvereinbarung, Undurchführbarkeit des Schiedsverfahrens pp.) nach dem Recht, dem die Schiedsvereinbarung unterliegt.[167] Misst dieses der Armut keine Bedeutung bei – wie das englische Recht[168] – so ist das zu beachten. Die Armut ist für Schiedsvereinbarung und Schiedsverfahren irrelevant.

334   Eine Korrektur dieses Ergebnisses kann auch nicht über den ordre public erfolgen. Das Privileg der armen Partei, sich aus der Schiedsvereinbarung verabschieden zu können, gehört nicht zu den tragenden Grundsätzen der deutschen Rechtsordnung. Das deutsche Recht kennt auch andere Situationen, in denen eine Partei ohne Armenrecht zurechtkommen muss. So sind nach § 116 Nr. 2 ZPO ausländische juristische Personen von der Gewährung von Armenrecht ausgeschlossen. Wenn das deutsche Recht gewissen Parteien das Armenrecht versagt, dann kann man es kaum zum ordre public rechnen.

335   Etwas anderes ergibt sich auch nicht aus Art. 6.1 EMRK. Zwar hat der Europäische Menschrechtsgerichtshof in der Sache Airey v. Ireland[169] entschieden, dass die Republik Irland ihre Verpflichtungen aus Art. 6.1 EMRK verletzt hat, indem sie kein Armenrecht für eine Klage auf Trennung gewährt hat; die ratio decidendi erfasst aber nur Klagen vor staatlichen Gerichten. Art. 6 EMRK schließt nach allgemeiner Meinung den Abschluss von Schiedsvereinbarungen nicht aus,[170] selbst wenn das durch eine solche Schiedsvereinbarung gewählte Verfahren nicht den Anforderungen des Art. 6 EMRK entspricht.[171]

336   Ein anderes Ergebnis folgt auch nicht aus dem UN-Übereinkommen 1958. Art. II Abs. 3 UN-Übereinkommen enthält die Verpflichtung zur Anerkennung von Schiedsvereinbarungen. Die Vertragsstaaten sind nicht frei, eigene Rechtsvorstellungen hinsichtlich der Unwirksamkeit oder Vernichtbarkeit eine Schiedsvereinbarung zugrunde zu legen.[172] Nur eine einheitliche Auslegung sichert die weltweite Anwendung der Konvention.

VIII. Auslegung der Schiedsvereinbarung

337   Für die Auslegung der Schiedsvereinbarung[173] ist das auf die Schiedsvereinbarung anwendbare Recht massgebend[174]. Nach deutschem Recht gelten die allgemeinen Auslegungsregeln für Verträge. Besondere Probleme bereitet zuweilen die ungenaue Bezeichnung eines institutionellen Schiedsgerichts in der Schiedsvereinbarung. Das OLG Frankfurt/Main hat eine Schiedsvereinbarung zugunsten der „ICC Brüssel" – nach belgischem Recht – dahin ausgelegt, dass die Parteien die Adminsitrierung des Schiedsverfahrens durch die ICC Paris und die Durchführung des Verfahrens in Brüssel (Schiedsort) wollten.[175]

---

[167] Vgl. *Schütze*, Festschrift für Schlosser, S. 867 ff.
[168] Vgl. *Haendler & Natermann GmbH v. Janos Paczy*, Lloyd's Law Reports (1981) vol. 1, 302 = Yearbook Commercial Arbitration IX (1984), 445.
[169] Urteil vom 11.9.1979, Series A, Nr. 3.
[170] Vgl. *Adolphsen*, Internationale Dopingstrafen, 2003, S. 556; *Briner/von Schlabrendorff*, Festschrift für Böckstiegel, 2001, S. 89 ff., 91; *Schwab/Gottwald*, in: Habscheid (Hrsg.), Effektiver Rechtsschutz und verfassungsmäßige Ordnung, 1983, S. 1 ff., 43.
[171] Vgl. *Adolphsen*, Internationale Dopingstrafen, S. 556; *Frowein/Peuker*, EMRK, 2. Aufl. 1996, Art. 6 Rn. 53; *Schütze*, Festschrift für Schlosser, S. 867 ff.; *Briner/von Schlabrendorff*, Festschrift für Böckstiegel, S. 89 ff., 91 unterscheiden danach, ob ein verfahrensrechtlicher Grundsatz zur „procedural public policy" gehört.
[172] Vgl. *Schütze*, Festschrift für Schlosser, S. 867 ff.
[173] Vgl. zur neueren Rechtsprechung *Kröll* SchiedsVZ 2013, 185 ff. (188 f.).
[174] Vgl. OLG Frankfurt/Main SchiedsVZ 2007, 217.
[175] Vgl. OLG Frankfurt/Main SchiedsVZ 2007, 217.

Eine Frage der Auslegung ist es auch, ob Streitigkeiten unter den Geltungsbereich der Schiedsvereinbarung fallen. Der EuGH hat eine Gerichtsstandsvereinbarung über Kartellschadensersatzansprüche für zulässig erklärt, sofern die Gerichtsstandsvereinbarung dahin auszulegen ist, dass diese Ansprüche erfasst werden[176]. Diese Grundsätze gelten auch für Schiedsvereinbarungen[177] Nach der Auslegung des EuGH fallen der artige Ansprüche regelmässig nicht unter eine Gerichtsstandsvereinbarung und damit auch unter eine Schiedsvereinbarung. 338

Das OLG Köln[178] hat den Rückforderungsanspruch eines betrügerisch in einem schiedsvertraglichen Kostentitels als nicht unter die Schiedsvereinbarung, die dem Schiedsververfahren zugrunde lag, in dem der Kostentitel ergangen war, unterliegend angesehen und die Zuständigkeit der ordentlichen Gerichte bejaht. 339

IX. Überprüfung der Schiedsvereinbarung

Literatur: *Haas,* Die gerichtliche Kontrolle der schiedsgerichtlichen Entscheidungszuständigkeit, Festschrift für Rechberger, 2005, S. 187 ff.; *Huber,* Das Verhältnis von Schiedsgericht und staatlichem Gericht bei der Entscheidung über die Zuständigkeit, SchiedsVZ 2003, 73 ff.; *Münch,* Rechtsprobleme schiedsrichterlicher Zuständigkeit, ZZP 128 (2015), 307 ff.; *Schütze,* Die gerichtliche Überprüfung von Entscheidungen des Schiedsgerichts, SchiedsVZ 2009, 241 ff.; *ders.,* Die Geltendmachung der Unwirksamkeit der Schiedsvereinbarung im deutschen und internationalen Zivilprozessrecht, Gedächtnisschrift für Koussoulis, 2012, S. 513 ff.; *ders.,* Doppelrelevante Tatsachen und Rechtsfragen im Schiedsverfahrensrecht, Festschrift für Stürner (R.), 2013, S. 531 ff.; *Schroeter,* Der Antrag auf Feststellung der Zulässigkeit eines schiedsrichterlichen Verfahrens gemäß § 1032 Abs. 2 ZPO, SchiedsVZ 2004, 288 ff.; *Spohnheimer,* Die Vorabentscheidung über die (Un)Zulässigkeit des schiedsgerichtlichen Verfahrens nach § 1032 Abs. 2 ZPO durch staatliche Gerichte, Festschrift für Käfer, 2009, S. 357 ff.; *Wolf/Eslami,* Die Schiedseinrede im staatlichen Verfahren – Bindungs- und Rechtskraftwirkung, FS für Wegen, 2015, S. 821 ff.; *Wolff,* Die Schiedsvereinbarung als unvollkommener Vertrag? um Rügeerfordernis des § 1032 Abs. 1 ZPO, SchiedsVZ 2015, 280 ff.

Der Staat misstraut den Schiedsgerichten. Deshalb behält er die letzte Entscheidung über die Wirksamkeit einer Schiedsvereinbarung und die Zulässigkeit eines Schiedsverfahrens den staatlichen Gerichten vor. Diese Überprüfung kann im Hauptsacheprozess vor den staatlichen Gerichten, im Schiedsverfahren selbst oder in der präarbitralen Phase erfolgen. 340

Das Problem der Nachprüfung der Wirksamkeit der Schiedsvereinbarung durch die staatlichen Gerichte liegt in der Nachprüfungstiefe. Bei der Prüfung ist zuweilen über doppelrelevante Tatsachen zu entscheiden[179]. Die Parallelzuständigkeit von Schiedsgericht und staatlichem Gericht kann zu Schwierigkeiten bei der Abgrenzung von Zuständigkeiten – insbesondere bei Streit über die Schiedsfähigkeit des Streitgegenstandes, den Umfang der Schiedsvereinbarung und die Bindung einer Schiedspartei an die Schiedsvereinbarung führen, wenn deren Übergang auf einen Dritten – etwa ein Konzerenunternehmen, einen Zessionar oder den Insolvenzverwalter – in Frage steht. Die Zuständigkeitsentscheidung hängt hier regelmäßig von der materiellen Rechtsstellung des Drit- 341

---

[176] Vgl. EuGH, C-352/13 – Cartel Damages Claims Hydrogen Peroxide SA v. Evonik GmbH – SchiedsVZ 2015, 199.
[177] Vgl. dazu *Steinle/Wilske/Eckardt,* Kartellschadensersatz und Schiedsklauseln – Luxemburg locuta, Causa Finita?, SchiedsVZ 2015, 165 ff.; *Weller/Wäschle,* EuVVO – Zuständigkeitskonzentration bei Schadensersatzklage gegen mehrere Kartellanten und Reichweite einer abweichenden Gerichtsstandsvereinbarung, RIW 1015, 598 ff.
[178] Vgl. OLG Köln SchiedsVZ 2015, 295 mAnm *Jerczynski,* ebenda 300 ff.
[179] Vgl. dazu *Schütze,* Doppelrelevante Tatsachen und Rechtsfragen im Schiedsverfahrensrecht. Probleme der Anwendung von § 1032 Abs. 2 ZPO, Festschrift für Stürner, 2013, S. 531 ff.; vgl. dazu auch *Münch,* Rechtsprobleme schiedsrichterlicher Zuständigkeit, ZZP 128 (2015), 307 ff.(319 ff.).

ten ab. In einer Entscheidung des BGH vom 30.6.2011[180] ging es um die Bindung des Insolvenzverwalters an eine vom concursifex abgeschlossene Schiedsvereinbarung für einen Lizenzvertrag. Die Bindungswirkung war gegeben, wenn der streitgegenständliche Vertrag nicht ein solcher nach § 103 InsO war, andernfalls war der Insolvenzverwalter nicht an die Schiedsvereinbarung gebunden (vgl. dazu → Rn. 860 ff.).

342 Mit der Entscheidung über die Zulässigkeit des Schiedsverfahrens entscheidet das ordentliche Gericht zugleich über Rechtsfrage der Natur des Vertrages. Eine Vorwegnahme dieser Entscheidung darf aber nicht erfolgen. Ist nämlich das Schiedsgericht aufgrund wirksamer und bindender Schiedsvereinbarung zuständig, so kann nur dieses über die materiellen Rechtsfragen entscheiden. Das staatliche Gericht darf die Entscheidung des Schiedsgerichts nicht vorwegnehmen und dieses seiner Prüfungskompetenz berauben. Das staatliche Gericht ist bei doppelrelevanten Tatsachen und Rechtsfragen auf eine prima facie Prüfung beschränkt, ob die Schiedsvereinbarung wirksam ist und die Parteien bindet. Die Prüfung ist aufgrund des Antrags im Schiedsverfahren vorzunehmen. Trägt das hierin manifestierte Rechtsschutzbegehren die Geltendmachung im Schiedsverfahren, so liegt es allein in der Zuständigkeit des (angeblich)vereinbaren Schiedsgerichts über die Wirksamkeit der Schiedsvereinbarung und deren Bindung für die Parteien zu entscheiden.

1. Nachprüfung im Rahmen einer Einrede im Hauptsacheprozess

343 Der Beklagte kann im Verfahren vor dem staatlichen Gericht die Schiedsvereinbarung geltend machen (§ 1032 Abs. 1 ZPO).[181]

a) Erhebung der Einrede

344 Die Schiedsvereinbarung begründet eine prozesshindernde Einrede. Sie ist allerdings nicht von Amts wegen zu berücksichtigen[182]. Die Einrede muss vom Beklagten erhoben werden. Es gelten die §§ 282 Abs. 2, 296 Abs. 3 ZPO.[183] Die nur einredeweise Berücksichtigung der Schiedsvereinbarung im Prozess vor den staatlichen Gerichten führt nach Ansicht von *Wolff* zu dogmatischen Verwerfungen[184]. Denn der Vereinbarung, dass ein Schiedsgericht und nicht ein staatliches Gericht einen Rechtsstreit entscheiden solle, habe verfügenden Charakter. Er favorisiert de lege ferenda eine Berücksichtigung von Amts wegen. Der Gesetzgeber hat jedoch anders entschieden. § 1032 Abs. 1 ZPO geht davon aus, dass die Nichtrüge der Unzulässigkeit des Verfahrens vor den staatlichen Gerichten eine stillschweigende Rückgängigmachung der Schiedsvereinbarung beinhaltet.

345 Das Gericht prüft die Wirksamkeit der Schiedsvereinbarung und das Unterfallen des streitgegenständlichen Anspruchs unter diese. Nicht notwendig ist es, dass der Schiedsbeklagte materielle Einwendungen gegen den im ordentlichen Prozess geltend gemachten Anspruch erhebt[185]. Der Beklagte kann sich darauf beschränken, die Schiedsvereinbarung einzuwenden, ohne auf die Berechtigung des Anspruchs einzugehen.[186]

---

[180] SchiedsVZ 2011, 281.
[181] Vgl. dazu *Huber* SchiedsVZ 2003, 73 ff.
[182] Vgl. BGHZ 24, 19; *Lachmann* Rn. 434; *Maier* Rn. 253; *Schwab/Walter* Kap. 7, Rn. 17; *Zöller/Geimer*, § 1032, Rn. 1. AA *Wolff* SchiedsVZ 2015, 280 ff., der in der Schiedsvereinbarung zwar keinen unvollkommenen Vertrag sieht, aber meint, § 1032 Abs. 1 ZPO sei so auszulegen, dass die Vorschrift es gestattet, die Schiedsvereinbarung im Prozess von Amts wegen zu berücksichtigen, wobei er aber eine Pflicht zur Amtsermittlung verneint.
[183] Vgl. *Maier*, Rn. 253; *Schütze/Tscherning/Wais*, Rn. 129.
[184] Vgl. *Wolff*, Die Schiedsvereinbarung als unvollkommener Vertrag?, SchiedsVZ 2015, 280 ff.
[185] Vgl. OLG Düsseldorf MDR 1977, 762; Wieczorek/Schütze/*Schütze*, § 1032, Rn. 23.
[186] Vgl. Baumbach/Lauterbach/*Hartmann* § 1032 Rn. 5; *Jagenburg/Sturm*, Das Schicksal des Schiedsvertrages bei Vermögensverfall einer Partei – Zugleich ein Beitrag zum Problem der Zulässigkeit der Einrede des Schiedsvertrages gem. § 1027a ZPO, Jahrbuch für die Praxis der Schiedsgerichtsbarkeit 4 (1990), S. 70 ff. (85) mwN; Zöller/*Geimer* § 1031 Rn. 1.

Auch bei wirksamer Schiedsvereinbarung kann sich der Beklagte nicht auf sie berufen, 346
wenn hierin ein venire contra factum proprium läge. Die Rechtsprechung hat gegenüber
der Einrede der Schiedsvereinbarung die Gegeneinrede der Arglist[187] zugelassen, wenn,

- der Beklagte in einem vorhergehenden Schiedsverfahren die Zuständigkeit der staatlichen Gerichte geltend gemacht hat[188] oder
- der Beklagte selbst ein Schiedsverfahren eingeleitet hat und nach einem ihm ungünstigen Schiedsspruch die Unwirksamkeit der Schiedsvereinbarung geltend macht[189] oder der Kläger im Verfahren vor den staatlichen Gerichten hinsichtlich einer zur Aufrechnung gestellten Forderung aus dem streitgegenständlichen Vertragsverhältnis die Einrede des § 1032 ZPO entgegensetzt.[190]

b) Verfahrenskonkurrenzen

Wird nach Erhebung der Einrede der Schiedsvereinbarung im Hauptverfahren ein 347
Verfahren nach § 1032 Abs. 2 ZPO eingeleitet, so fehlt für diesen Antrag das Rechtsschutzinteresse[191]. Denn das Gericht der Hauptsache entscheidet bereits mit bindender Wirkung über die Wirksamkeit der Schiedsvereinbarung.

Wird das Verfahren nach § 1032 Abs. 2 ZPO zuerst eingeleitet und sodann die Einrede 348
der Schiedsvereinbarung im Hauptsacheverfahren erhoben, so gilt dasselbe. Das Rechtsschutzinteresse für das gesonderte Verfahren nach § 1032 Abs. 2 ZPO entfällt[192].

2. Nachprüfung im Schiedsverfahren

a) Kompetenz-Kompetenz

Literatur: *Habscheid*, Zur Frage der Kompetenz-Kompetenz der Schiedsgerichte, Festschrift für Mann, 1981, S. 425 ff.; *ders.*, Zur Kompetenz-Kompetenz nach neuem Schiedsrecht, Festschrift für Schlosser, 2005, S. 247 ff.; *Hartmann*, Zum Problem der Kompetenz-Kompetenz der Schiedsgerichte, 1961; *Kornblum*, Zur „Kompetenz-Kompetenz" privater Schiedsgerichte nach deutschem Recht, Jahrbuch für die Praxis der Schiedsgerichtsbarkeit 3 (1989), S. 38 ff.; *Münch*, Die Kompetenz-Kompetenz im Schiedsverfahren – Regelungsmodelle im Schiedsverfahren, ZZPInt 19 (2014), 387 ff.; *Sachs/Schmidt-Ahrendts*, Diverging Concepts of the Principle of Competence-Competence?, in: Müller/Rigozzi (Hrsg.), New Developments in Commercial Arbitration, 2010, S. 1 ff.; *Schäfer*, Die Einrede der Kompetenz-Kompetenz des Schiedsgerichts, Festschrift für Henckel, 1995, S. 723 ff.

Die Reform der deutschen Schiedsgerichtsbarkeit durch das Schiedsverfahrensneurege- 349
lungsgesetz hat den alten Streit über die Zulässigkeit der Vereinbarung einer „Kompetenz-Kompetenz"-Klausel beseitigt. § 1040 ZPO überträgt die Befugnis, über die eigene Zuständigkeit bindend zu entscheiden auf das Schiedsgericht.[193] Einer Vereinbarung der Parteien bedarf es nicht mehr.

---

[187] Zur Problematik der Ersetzung der Schiedsvereinbarung durch Arglist *Schütze*, Die Anerkennung und Vollstreckbarerklärung ausländischer Schiedssprüche, die ohne wirksame Schiedsvereinbarung ergangen sind, Festschrift für Bucher, 2009, S. 699 ff.
[188] Vgl. BGHZ 50, 191.
[189] Vgl. RG HRR 1931, 1489.
[190] Vgl. OLG München MDR 1981, 766.
[191] Vgl. OLG München, SchiedsVZ 2011, 340; BayObLG SchiedsVZ 2003, 188; OLG Koblenz OLGR 2000, 48; OLG Koblenz SchiedsVZ 2008, 262; *Kröll* NJW 2003, 791 ff. (792); *Schroeter* SchiedsVZ 2004, 288 ff. (291); *Schwab/Walter* Kap. 31, Rn. 12; aA *Stein/Jonas/Schlosser* § 1032 Rn. 21; einschränkend *Spohnheimer*, Festschrift für Käfer, S. 357 ff. (366).
[192] Vgl. *Busse* SchiedsVZ 2003, 189 ff. (190 f.; *Haas*, Festschrift für Rechberger, S. 187 ff. (190 f.), *Musielak/Voit* § 1032 Rn. 12; aA *Spohnheimer*, Festschrift für Käfer, S. 357 ff. (367 f.).
[193] Vgl. zum Vorbild in Art. 16 des UNITRAL-Modellgesetzes *Calavros*, Das UNCITRAL-Modellgesetz über die internationale Handelsschiedsgerichtsbarkeit, 1988, S. 76 ff.; *Granzow*, Das UNCITRAL-Modellgesetz über die internationale Handelsschiedsgerichtsbarkeit von 1985, 1988,

350 Die Kompetenz-Kompetenz des Schiedsgerichts besteht in doppelter Hinsicht:
- Es kann über die Wirksamkeit der Schiedsvereinbarung und die Bestellung des Schiedsgerichts und
- über Einreden der Parteien – zB das Nichtunterfallen einer Streitigkeit unter die Schiedsvereinbarung – entscheiden.

351 Voraussetzung ist immer, dass eine Partei die mangelnde Zuständigkeit des Schiedsgerichts rügt (§ 1040 Abs. 2 ZPO).

b) Entscheidung

352 Bejaht das Schiedsgericht die Wirksamkeit der Schiedsvereinbarung oder das Unterfallen einer Streitigkeit unter die Schiedsvereinbarung, so entscheidet es durch Zwischenentscheid (§ 1040 Abs. 3 ZPO).[194] Dieser ist kein Schiedsspruch.[195] Verneint das Schiedsgericht dagegen seine Zuständigkeit oder ist es der Ansicht, dass die Streitigkeit nicht unter die Schiedsvereinbarung fällt, so weist es die Schiedsklage durch Endschiedsspruch als unzulässig ab[196].

c) Überprüfung der Entscheidung

353 Der Staat misstraut den Schiedsgerichten. Deshalb sieht das 10. Buch der ZPO – wenn man die reinen verfahrensleitenden Verfügungen außer Betracht lässt – regelmäßig eine direkte oder indirekte Überprüfungsmöglichkeit schiedsgerichtlicher Entscheidungen vor.[197] Deshalb kennt das deutsche Recht auch keine echte Kompetenz-Kompetenz des Schiedsgerichts.[198] Dieses entscheidet zwar bindend über seine Zuständigkeit, diese Entscheidung ist aber überprüfbar durch die staatlichen Gerichte.

354 Gegen den Zwischenentscheid, durch den das Schiedsgericht die Wirksamkeit der Schiedsvereinbarung und seine Zuständigkeit bejaht kann binnen eines Monats nach schriftlicher Kundgabe der Entscheidung gerichtliche Entscheidung durch das OLG beantragt werden (§ 1040 Abs. 3 ZPO). Eine Abdingung der Nachprüfungsbefugnis des OLG durch Parteivereinbarung ist unzulässig.[199] Da es sich nicht um einen Schiedsspruch handelt, ist eine mündliche Verhandlung nach § 1063 Abs. 2 ZPO nicht erforderlich.[200]

355 Gegen den Prozessschiedsspruch, durch den das Schiedsgericht die Schiedsklage wegen seiner Unzuständigkeit (sei es wegen Unwirksamkeit der Schiedsvereinbarung, sei es wegen des Nichtunterfallens der Streitigkeit unter die an sich wirksame Schiedsvereinbarung) als unzulässig abweist, ist das Aufhebungsverfahren nach § 1059 ZPO gegeben[201]. Zuständig ist auch hier das OLG.

356 Die Zuständigkeitsentscheidung des Schiedsgerichts unterliegt also immer der Nachprüfungsbefugnis durch das OLG.

S. 121 ff.; *Husslein-Stich*, Das UNCITRAL-Modellgesetz über die internationale Handelsschiedsgerichtsbarkeit, 1990, S. 83 ff.

[194] Vgl. *Schwab*, Das Uncitral-model law und das deutsche Recht, Festschrift für Nagel, 1987, S. 425 ff. (433); Zöller/*Geimer* § 1040 Rn. 8.

[195] Vgl. OLG Hamburg SchiedsVZ 2009, 71.

[196] Vgl. dazu *Geimer*, Prozessschiedsspruch wegen (vermeintlicher) Unzuständigkeit des Schiedsgerichts, Festschrift für Elsing, 2015, S. 147 ff.

[197] Vgl. dazu *Haas*, Festschrift für Rechberger, 2005, S. 187 ff.; *Schütze* SchiedsVZ 2009, 241 ff.

[198] Vgl. *Borges* ZZP 111 (1998), 487 ff. (491); eine rechtsvergleichende Analyse bringt *Gottwald*, Internationale Schiedsgerichtsbarkeit, in: Gottwald (Hrsg.), Internationale Schiedsgerichtsbarkeit, 1997, S. 1 ff. (65 ff.).

[199] Vgl. BGH SchiedsVZ 2005, 95 mAnm *Huber/Bach*; *Lachmann*, Rn. 692;, Zöller/*Geimer* § 1040, Rn. 1.

[200] Vgl. OLG Hamburg SchiedsVZ 2009, 71.

[201] Vgl. BGH SchiedsVZ 2005, 95.

d) Verfahrenskonkurrenzen

Konkurrenzprobleme[202] tauchen auf, wenn die Wirksamkeit der Schiedsvereinbarung gleichzeitig Gegenstand von Verfahren vor dem Schiedsgericht und dem staatlichen Gericht ist. § 1032 ZPO löst das Konkurrenzproblem nach dem Zeitpunkt der Konstituierung des Schiedsgerichts und der Anhängigkeit des Verfahrens vor dem staatlichen Gericht. 357

Hat sich das Schiedsgericht konstituiert bevor ein Verfahren auf Feststellung der Unwirksamkeit einer Schiedsvereinbarung bei dem staatlichen Gericht eingeleitet worden ist, so ist die ausschließliche Zuständigkeit des Schiedsgerichts gegeben. Der Antrag nach § 1032 Abs. 2 ZPO ist unzulässig[203]. Das staatliche Gericht darf nicht in das Schiedsverfahren eingreifen, weder durch Feststellung der Unwirksamkeit der Schiedsvereinbarung noch etwa durch eine die Einstellung des Schiedsverfahrens anordnende einstweilige Verfügung.[204] 358

Für die Konstituierung des Schiedsgerichts ist dabei bei einem Dreierschiedsgericht auf die Annahme des Amtes durch den dritten Schiedsrichter, den Vorsitzenden, abzustellen.[205] *Spohnheimer* fordert darüber hinaus den Zugang der Mitteilung der Konstituierung an die Parteien um das Vertrauen der Parteien, der Antrag nach § 1032 Abs. 2 ZPO sei noch zulässig, und um ihnen unnötige Kosten zu ersparen, zu schützen.[206] 359

Konstituiert sich das Schiedsgericht nach „Anhängigkeit" eines Verfahrens nach § 1032 Abs. 1 oder § 1032 Abs. 2 ZPO, so lässt § 1032 Abs. 3 ZPO eine Parallelität der Verfahren vor dem staatlichen und dem Schiedsgericht zu. Problematisch mag die Auslegung des Begriffs der „Anhängigkeit" in diesem Zusammenhang sein. Man könnte geneigt sein, die Einreichung des Antrags bei Gericht in Abs. 2 oder der Klage nach Abs. 1 genügen zu lassen[207]. Das aber würde Missbräuchen Tür und Tor öffnen. Jede Partei könnte unmittelbar vor Konstituierung des Schiedsgerichts einen Antrag nach Abs. 2 einbringen, um das Schiedsverfahren zu torpedieren. Das ist nicht Sinn der aus Art. 8 Abs. 2 Modellgesetz übernommenen Regelung. Deshalb fordert *Münch* – zu Recht – Rechtshängigkeit[208], also die Zustellung des Antrags nach Abs. 2 an den Antragsgegner. Das entspricht allein dem System der deutschen ZPO, die für die Sperrwirkung eines Verfahrens auf die Rechtshängigkeit abstellt (§ 261 Abs. 3 Nr. 1 ZPO), die das Prozessrechtsverhältnis zwischen den Parteien begründet. Die missverständliche Fassung des Gesetzes ist nur durch die Übernahme des Modellgesetzes mit vom deutschen Recht teilweise abweichenden Begriffen zu erklären. Der BGH sieht das anders und stellt – entgegen der zutreffenden Entscheidung des Kammergerichts[209] – auf die blosse Antragstellung ab.[210] 360

3. Nachprüfung durch das staatliche Gericht in der präarbitralen Phase

§ 1032 Abs. 2 ZPO ist die Grundlage der Überprüfung der Wirksamkeit der Schiedsvereinbarung und der Zulässigkeit eines schiedsrichterlichen Verfahrens. Eine solche 361

---

[202] Berühmt geworden ist ein verworrenes Kompetenzgerangel im Fall Roberts; vgl. dazu *Martens/Feldhoff-Mohr* SchiedsVZ 2007, 11 ff.; vgl. in diesem Zusammenhang auch LG München I, SpuRt 2000, 155.
[203] Vgl. *Haas,* Festschrift für Rechberger, S. 187 ff. (196); *Habscheid* JZ 1998, 445 ff. (447); *Spohnheimer,* Festschrift für Käfer S. 357 ff. (365); *Zöller/Geimer* § 103, Rn. 25.
[204] Vgl. *Haas,* Festschrift für Rechberger, S. 187 ff. (207); *Zöller/Geimer* § 1032 Rn. 26.
[205] Vgl. BayOLGZ 99, 265; *Henkel,* Konstituierungsbezogene Rechtsbehelfe im schiedsrichterlichen Verfahren nach der ZPO, Diss. Berlin, 2007, Rn. 67; *Zöller/Geimer* § 1032 Rn. 25.
[206] Vgl. *Spohnheimer,* Festschrift für Käfer, 2009, S. 357 ff. (364 f.).
[207] So beispielsweise *Schroeter* SchiedsVZ 2004, 288 ff. (290); ebenso wohl MüKoZPO/*Münch* § 1032 Rn. 28.
[208] Vgl. MüKoZPO/*Münch* § 1032 Rn. 31.
[209] Vgl. KG BeckRS 2011, 18753.
[210] Vgl. BGH SchiedsVZ 2011, 281.

Regelung findet sich im Modellgesetz nicht. Der Gesetzgeber hat es jedoch aus verfahrensökonomischen Gründen für angezeigt gehalten, die in § 1046 aF ZPO vorgesehene Möglichkeit vor den staatlichen Gerichten Klage auf Unzulässigkeit des schiedsrichterlichen Verfahrens zu erheben[211] beizubehalten und auf den positiven Feststellungsantrag, den das Reichsgericht schon zum alten Recht für zulässig hielt[212] auszudehnen.[213]

a) Örtliche und sachliche Zuständigkeit

362   Sachlich zuständig ist das Oberlandesgericht (in Berlin:Kammergericht). Die örtliche Zuständigkeit bestimmt sich nach dem Schiedsort (§ 1062 Abs. 1 Nr. 2 ZPO. Liegt der Schiedsort nicht im Inland oder ist unbestimmt, ob ein Schiedsort im Inland gegeben ist[214], so bestimmt sich die örtliche Zuständigkeit nach dem Sitz oder gewöhnlichen Aufenthaltsort des Antragsgegners, der Belegenheit von Vermögen des Antragsgegners im Inland oder der Belegenheit des mit der Schiedsklage in Anspruch genommenen oder von der Maßnahme betroffenen Gegenstands im Inland (§ 1062 Abs. 2 ZPO). Eine Hilfszuständigkeit besteht für das Kammergericht. Bei der Belegenheitszuständigkeit sind die Grundsätze, die die Rechtsprechung zu § 23 ZPO entwickelt hat,[215] anzuwenden.

b) Internationale Zuständigkeit

363   Das Gesetz regelt die internationale Zuständigkeit in § 1025 Abs. 2 ZPO.[216] Danach ist § 1032 ZPO auch bei Schiedsort im Ausland oder unbestimmtem Schiedsort anzuwenden. Nach der Begründung bezieht sich diese internationale Zuständigkeit nur auf § 1032 Abs. 1 ZPO[217], der Wortlaut der Regelung ist aber eindeutig. Es werden alle Alternativen des § 1032 ZPO erfasst. § 1025 Abs. 2 ZPO eröffnet erst die Möglichkeit, über § 1062 ZPO zu einer Zuständigkeit des OLG (in Berlin: Kammergericht) zu gelangen.

364   Für die Feststellung der Wirksamkeit einer Schiedsvereinbarung und der Zulässigkeit eines schiedsrichterlichen Verfahrens im In- und Ausland kennt das deutsche Recht damit eine problematische weltweite Allzuständigkeit, die zu Recht von *Spohnheimer*[218] und *Steinbrück*[219] beklagt wird. Man wird hier eine Lösung über einer Reduzierung der Zuständigkeit auf Fälle mit einer Inlandsbeziehung kommen müssen, wie es die hL nunmehr für die internationale Vermögenszuständigkeit fordert.[220]

c) Rechtsschutzinteresse

365   Das Verfahren nach § 1032 Abs. 2 ZPO erfordert – wie jedes zivilprozessuale Verfahren – ein Rechtsschutzinteresse.[221] Es handelt sich um einen Feststellungsantrag, der nur zulässig ist, wenn ein Feststellungsinteresse iS von § 256 ZPO gegeben ist. Unpro-

---

[211] Vgl. dazu Wieczorek/Schütze/*Schütze* § 1046 Rn. 1 ff.
[212] Vgl. RGZ 23, 426.
[213] Vgl. Begründung zur Novellierung der §§ 1025 – 1066 ZPO, BT-Drs. 13/5274.
[214] Für die Gleichstellung dieser Konstellation mit dem Schiedsort im Ausland vgl. OLG Köln SchiedsVZ 2003, 238; Thomas/Putzo/*Reichold* ZPO § 1062 Rn. 4.
[215] Vgl. dazu den Überblick bei *Schütze*, Das Vermögen als Anknüpfungspunkt für die internationale Zuständigkeit, Festschrift für Ishikawa, 2001, S. 493 ff.
[216] Vgl. dazu *Schroeter* SchiedsVZ 2004 288 ff. (290).
[217] Vgl. Begründung zur Novellierung der §§ 1025 – 1066 ZPO, BT-Drs. 13/5274: „Abweisung der Klage als unzulässig".
[218] Vgl. *Spohnheimer*, Festschrift für Käfer, 2009, S. 357 ff. (381 ff.).
[219] Vgl. *Steinbrück*, Die Unterstützung ausländischer Schiedsverfahren durch staatliche Gerichte, 2009, S. 347 ff.
[220] Vgl. dazu *Schütze*, Festschrift für Ishikawa, 2001, S. 493 ff.
[221] Vgl. dazu eingehend *Steinbrück*, Die Unterstützung ausländischer Schiedsverfahren durch staatliche Gerichte, 2009, S. 347 ff.

blematisch ist das Rechtsschutzinteresse für den negativen Feststellungsantrag dann, wenn die Schiedsklage eingereicht ist, das Schiedsgericht sich aber noch nicht konstituiert hat. Eine stärkere Form des sich Berühmens kann es kaum geben. Unproblematisch ist auch das Feststellungsinteresse für den positiven Feststellungsantrag, wenn der Antragsgegner die Wirksamkeit der Schiedsvereinbarung außerprozessual bestreitet oder beim negativen Feststellungsantrag ankündigt, er werde Schiedsklage erheben.[222]

Ist der Feststellungsantrag zulässigerweise geltend gemacht und konstituiert sich das Schiedsgericht nach Zustellung des Antrags nach § 1032 Abs. 2 ZPO, so fällt das Feststellungsinteresse weg. Es wird nunmehr durch die Erhebung der Schiedsklage inzidenter positive Feststellung der Wirksamkeit der Schiedsklage begehrt. In Anwendung der Grundsätze zum Verhältnis negativer Feststellungsklage zur Leistungsklage muss der Antragsteller nunmehr Erledigung der Hauptsache erklären, will er nicht eine Zurückweisung seines Antrags wegen Wegfalls des Feststellungsinteresses riskieren. Die Lehre sieht das – ohne Begründung – teilweise anders[223]. Das ehemalige Bayerische Oberste Landesgericht ist in einem Fall, in dem das Verfahren nach § 1032 Abs. 2 ZPO vor Konstituierung des Schiedsgerichts eingeleitet war, auf den Einwand des Wegfalls des Feststellungsinteresses nach Konstituierung des Schiedsgerichts nicht eingegangen, hat vielmehr in der Sache über die Zulässigkeit und Unzulässigkeit des Schiedsverfahrens entschieden[224].

366

Ein Rechtsschutzinteresse fehlt, wenn bei Zustellung des Antrags nach § 1032 Abs. 2 ZPO bereits ein Hauptsacheverfahren vor einem staatlichen Gericht schwebt und die Schiedseinrede dort erhoben worden ist.[225]

367

d) Verfahren

Nach einhelliger Meinung in Rechtsprechung[226] und Schrifttum[227] finden die Regelungen der ZPO auch für das Verfahren nach §§ 1063 ff. ZPO Anwendung. Denn das 10. Buch der ZPO ist ein Teil dieses Normenwerks.

368

Das Verfahren wird durch Antrag eingeleitet. Dieser ist seiner Rechtsnatur nach einer Klage gleichzuachten. Durch das Verfahren nach § 1032 Abs. 2 ZPO wird die Feststellung erstrebt, dass ein Rechtsverhältnis zwischen den Parteien, nämlich die Vereinbarung zur Entscheidung von gewissen Streitigkeiten durch ein Schiedsgericht, wirksam ist. Damit erfüllt der Antrag nach § 1032 Abs. 2 ZPO die Kriterien des § 256 ZPO. Für den Antrag gilt damit § 171 ZPO. Der Antrag ist wie eine Klage zuzustellen[228]. Bei ausländischem Antragsgegner sind für die Zustellung die Vorschriften über die Auslandszustellung nach § 183 ZPO anzuwenden.[229]

369

---

[222] Vgl. Stein/Jonas/*Schlosser* § 1042, Rn. 40.
[223] Vgl. Stein/Jonas/*Schlosser* § 1942, Rn. 41. Ebenso *Lachmann* Rn. 679 (Andernfalls liefe die Entscheidungsbefugnis des staatlichen Gerichtes im Wesentlichen leer). Unklar *Schwab/Walter* Kap. 7 Rn. 19.
[224] Vgl. BayObLG BB-Beil 4/1999, 18.
[225] Vgl. OLG Koblenz OLGR 2000, 48; SchiedsVZ 2008, 262; OLG München OLGR 2007, 188; BayOBLG IHR 2003, 92; *Bredow* BB-Beil. 11/1999, 13; *Schroeter* SchiedsVZ 2004, 288 ff. (291) mwN in Fn. 31; *Haas*, Festschrift für Rechberger, 2005, S. 187 ff. (198); *Illmer*, Der Arglisteinwand an der Schnittstelle von staatlicher Gerichtsbarkeit und Schiedsgerichtsbarkeit, 2007, S. 102, 105, 255; Zöller/*Geimer* § 1032 Rn. 23; vgl. jedoch auch OLG Saarbrücken SchiedsVZ 2008, 313.
[226] Vgl. BGH NJW-RR 2002, 933; OLG Dresden SchiedsVZ 2005, 159.
[227] Vgl. Baumbach/Lauterbach/*Hartmann* § 1063 Rn. 2; *Schwab/Walter*, Kap. 15 Vor Rn. 1; Zöller/*Geimer* § 1063 Rn. 7.
[228] Vgl. *Schwab/Walter* Kap. 27 Rn. 2; Zöller/*Geimer* § 1063 Rn. 7; aA wohl *Musielak/Voit* § 1063 Rn. 6, die eine Zustellung des Antrag nur für empfehlenswert halten.
[229] Vgl. Zöller/*Geimer* § 1063 Rn. 7.

370   Das Verfahren ist das freigestellt mündlicher Verhandlung (§ 1063 Abs. 1 ZPO). Dem Antragsgegner ist rechtliches Gehör zu gewähren. Das Gericht hat eine Frist zur Stellungnahme zu gewähren, die bei einem Antragsgegner mit gewöhnlichem Aufenthalt in Deutschland mit drei Wochen ab Antragszustellung angemessen ist, bei Antragsgegner im Ausland länger sein muss. Bei der Fristbemessung ist hier zu berücksichtigen, dass es dem Antragsgegner möglich sein muss, erst seinen „Hausanwalt" zu konsultieren, der mit einem deutschen Anwalt korrespondieren muss. Regelmäßig werden sechs Wochen genügen.

371   In dem Verfahren sind zuweilen doppelrelevante Tatsachen und Rechtsfragen entscheidungserheblich[230], so wenn das Gericht bei der Zuständigkeitsabgrenzung zwischen Schiedsgericht und staatlichem Gericht im Rahmen der Entscheidung über die Schiedsfähigkeit des Streitgegenstandes den Umfang der Schiedsvereinbarung und die Bindung einer Partei an eine Schiedsvereinbarung – etwa des Insolvenzverwalters an eine Schiedsvereinbarung des Gemeinschuldners – incidenter über die materielle Rechtsstellung des Beklagten entscheiden muss. Wird der Zessionar im Schiedsverfahren wegen eines Anspruchs verklagt, der einer von seinem Rechtsvorgänger abgeschlossenen Schiedsvereinbarung unterfällt, so ist die Wirksamkeit der Zession auch Gegenstand der Zuständigkeitsentscheidung. Bei der Bindungswirkung einer vom Gemeinschuldner abgeschlossenen Schiedsvereinbaung kommt es uU auf die Rechtsnatur des streitgegenständlichen Anspruchs an. Fällt dieser unter § 47 InsO, so bindet die Schiedsvereinbarung den Insolvenzverwalter[231], fällt der Anspruch dagegen unter § 103 InsO, so bindet die Schiedsvereinbarung nicht[232], und das Schiedsverfahren ist unzulässig.

372   Für den Prüfungsmaßstab für die Entscheidung über die maßgeblichen Tatsachen und Rechtsfragen gilt in diesen Fällen dieselben Grundsätze, die im Zuständigkeitsrecht der ordentlichen Gerichte für doppelrelevante Tatsachen entwickelt worden sind. Das staatliche Gericht ist auf eine prima facie Prüfung beschränkt, ob die Schiedsvereinbarung wirksam ist und die Parteien bindet. Die prima facie Prüfung ist aufgrund des Antrags vorzunehmen. Trägt das hierin manifestierte Rechtsschutzbegehren die Geltendmachung im Schiedsverfahren, so liegt es allein in der Zuständigkeit des (angeblich) vereinbarten Schiedsgerichts über die Wirksamkeit der Schiedsvereinbarung und deren Bindung für die Parteien zu entscheiden.

e) Entscheidung

373   Die Entscheidung ergeht durch Beschluss (§ 1063 Abs. 1 ZPO). Gegen die Entscheidung des OLG (Kammergericht) ist die Rechtsbeschwerde zum Bundesgerichtshof gegeben, wenn gegen diese, wäre sie durch Endurteil ergangen, die Revision gegeben wäre (§ 1065 Abs. 1 ZPO).

---

[230] Vgl. dazu *Schütze*, Doppelrelevante Tatsachen und Rechtsfragen im Schiedsverfahrensrecht, Festschrift für Stürner, 2013, S. 531 ff.
[231] Vgl. BGHZ 24, 15; BGH SchiedsVZ 2011, 281.
[232] Vgl. BGH SchiedsVZ 2008, 148, BGH SchiedsVZ 2011, 281.

3. Teil: Der Gang des Schiedsverfahrens

§ 6 Grundsätze des Schiedsverfahrens

I. Parteiherrschaft

Literatur: *Berger*, Aufgaben und Grenzen der Parteiautonomie in der internationalen Wirtschaftsschiedsgerichtsbarkeit, RIW 1994, 12 ff.; *Böckstiegel*, Die Anerkennung der Parteiautonomie in der internationalen Schiedsgerichtsbarkeit, Festschrift für Schütze, 1999, S. 141 ff.; *Ebbing*, Private Zivilgerichte, Möglichkeiten und Grenzen privater (schiedsgerichtlicher) Zivilrechtsprechung, 2003; *Geiben*, Privatsphäre und Vertraulichkeit im Schiedsverfahren, 2001; *Schütze*, Privatisierung der Justiz: Ersetzung staatlicher Gerichte durch private Schiedsgerichte?, ZVglRWiss 99 (2000), 241 ff.; *ders.*, Effektivität des Rechtsschutzes vor den Schiedsgerichten, in: Gottwald, Effektivität des Rechtsschutzes vor staatlichen und privaten Gerichten, 2006, S. 171 ff.; *Wolf/Hasenstab*, Hybride Vertragsgestaltung internationaler Schiedsverfahren, RIW 2011, 612 ff.

Die Parteien bestimmen den Gang des Verfahrens (§ 1042 Abs. 3 ZPO). Ihre Regelungsbefugnis ist lediglich durch einige Normen der ZPO und internationaler Verträge begrenzt. So muss rechtliches Gehör gewährt werden (§§ 1042 Abs. 1 S. 2 ZPO; Art. 103 Abs. 1 GG), und es muss eine überparteiliche Rechtspflege[1] durch das Schiedsgericht gewährleistet sein. § 1042 Abs. 1 S. 1 ZPO statuiert als grundlegendes Verfahrensprinzip: *Die Parteien sind gleich zu behandeln.* 374

Innerhalb der so abgesteckten Grenzen sind die Parteien frei. Ihre Gestaltungsfreiheit erstreckt sich insbesondere auf das anwendbare materielle Recht, die Verfahrensmaximen, Art und Umfang der Beweisaufnahme, Notwendigkeit und Durchführung von Zustellungen, Fristen für Verfahrenshandlungen und die Formalien für schiedsrichterliche Entscheidungen (zB Notwendigkeit und Umfang der Begründung). 375

Die Parteien können ihre Regelungsbefugnis auf mehrfache Weise ausüben: 376

- durch Bezugnahme auf eine Musterschiedsordnung (zB die UNCITRAL-Rules);
- durch Bezugnahme auf eine Verfahrensregelung (zB Verfahren 1. Instanz vor den Landgerichten nach der ZPO);
- durch Vereinbarung eines institutionellen Schiedsgerichts und damit implicite Wahl der entsprechenden Schiedsordnung;
- durch individuelle Schiedsvereinbarung;
- durch Schiedsrichtervertrag;[2]
- durch Verfahrensvereinbarung im Verlauf des Schiedsverfahrens[3].

Machen die Parteien von ihrer Regelungsbefugnis keinen Gebrauch, so bestimmen die Schiedsrichter das Verfahren nach „freiem Ermessen" (§ 1042 Abs. 4 S. 1 ZPO). Die 377

---

[1] Vgl. dazu *Kornblum*, Probleme schiedsrichterlicher Unabhängigkeit, 1968; *Schlosser* ZZP 93 (1980), 121 ff.; *Walter*, Jahrbuch für die Praxis der Schiedsgerichtsbarkeit 3 (1989), S. 140 ff.
[2] Vgl. für ein Beispiel der Regelung des Verfahrens im Schiedsrichtervertrag *Schütze/Tscherning/Wais* Rn. 253.
[3] Ein Beispiel für die Bedeutung der Verfahrensvereinbarung findet sich in OLG Frankfurt/Main, SchiedsVZ 2013, 49. In dem entschiedenen Fall hatten die Parteien vereinbart, dass alle Dokumente, die der Sachverständige seinem Gutachten zugrunde legt, den Parteien zugänglich gemacht werden sollten. Das geschah nicht. Das Gericht sah darin eine Verletzung einer Verfahrensvereinbarung, die nicht einseitig vom Schiedsgericht geändert werden konnte.

Befugnis des Schiedsgerichts nach § 1042 Abs. 4 ZPO ist subsidiär zu der der Parteien. Das bedeutet zunächst, dass die Schiedsrichter in der Bestimmung des Verfahrens denselben Schranken unterworfen sind wie die Parteien, dh sie können nur Bestimmungen treffen, die mit dem Grundsatz überparteilicher Rechtspflege im Einklang stehen.[4] Darüber hinaus bringt die Subsidiarität der schiedsrichterlichen Regelungsbefugnis es mit sich, dass die Parteien jederzeit im Laufe des Schiedsverfahrens Einzelheiten des Verfahrens bestimmen können, die – auch bei vorheriger abweichender Regelung durch die Schiedsrichter – bindend sind. Die Änderung einer bestehenden Verfahrensvereinbarung ist nach Konstituierung des Schiedsgerichts aber nur mit Zustimmung des Schiedsgerichts möglich, da die Schiedsrichter ihr Amt auf der Grundlage der bestehenden Verfahrensordnung (einschließlich etwaiger Verfahrensvereinbarungen) übernommen haben und ihnen keine neue Verfahrensordnung aufgezwungen werden kann.

378 Das Ermessen der Schiedsrichter ist nicht völlig frei.[5] Die Schiedsrichter haben zunächst die ordre public-Vorschriften und die zwingenden Normen der lex fori zu beachten.[6] Sie müssen das Verfahren aber auch im Übrigen in Übereinstimmung mit den prozessualen Grundprinzipien der lex fori gestalten. Denn dies ist die in der Wahl des Schiedsortes liegende Vorgabe der Parteien. So ist es unzulässig, dass die Schiedsrichter in einem Verfahren mit Schiedsort Stuttgart – ohne Ermächtigung beider Parteien – eine Beweisaufnahme nach common law Regeln beschließen mit examination in chief, cross examination, reexamination pp. oder eine pre trial discovery, die dem deutschen Ausforschungsverbot widersprechen kann,[7] anordnen. Wenn die Parteien einen Schiedsort bestimmen, so geschieht das nicht nur wegen guter Verkehrsverbindungen, Hotels pp., sondern auch – und in erster Linie – wegen des dort geltenden Rechtssystems.[8]

II. Die lex fori internationaler Schiedsgerichte

1. Bedeutung der lex fori

379 Die Bestimmung des anwendbaren Rechts im Schiedsverfahren erfolgt nach den Kollisionsregeln der lex fori.[9] Diese regeln, ob und in welcher Weise eine Rechtswahl der Parteien zu berücksichtigen ist und welches Recht mangels ausdrücklicher, stillschweigender oder konkludenter Rechtswahl Anwendung findet.[10]

380 Die lex fori bestimmt auch die Nationalität des Schiedsverfahrens und des ergehenden Schiedsspruchs und ist damit von entscheidender Bedeutung für dessen Durchsetzung.

2. Bestimmung der lex fori

381 Zwei Anknüpfungen werden diskutiert: der Sitz des Schiedsgerichts[11] und das anwendbare Schiedsverfahrensrecht.[12]

---

[4] Vgl. *Maier* Rn. 217 mwN; *Schwab/Walter* Kap. 15 Rn. 34.
[5] So jedoch RG JR 1928, 1663; *Bork*, in: Gottwald (Hrsg.), Internationale Schiedsgerichtsbarkeit, 1997, S. 283 ff., 298; *Lachmann* Rn. 1379; *Schwab/Walter* Kap. 15 Rn. 34.
[6] Vgl. *Sandrock*, Festschrift für Glossner, 1994, S. 281 ff., 308.
[7] Vgl. dazu *Schütze*, Festschrift für Stiefel, 1987, S. 697 ff.
[8] Vgl. dazu *Schütze* SchiedsVZ 2006, 1 ff.
[9] Vgl. dazu *Gentinetta* ZSR N. F. 84 I (1965), S. 139 ff.; *ders.*, Die lex fori internationaler Handelsschiedsgerichte, 1973; zweifelnd *Basedow*, Jahrbuch für die Praxis der Schiedsgerichtsbarkeit 1 (1987), S. 3 ff., 16 ff. ausgehend von der Leugnung einer lex fori internationaler Schiedsgerichte.
[10] → Rn. 498 ff.
[11] So schon nach bisherigem Recht *Mann* ZHR 130 (1968), S. 97 ff., 103 ff.
[12] So *v. Hoffmann*, Internationale Handelsschiedsgerichtsbarkeit, 1970, S. 110 ff.; *Schütze/Tscherning/Wais* Rn. 586.

Das SchiedsVfG hat sich für den Territorialitätsgrundsatz entschieden (§ 1025 ZPO)[13] 382
und die Diskussion um die Bestimmung der lex fori so beendet. Die lex fori wird durch
den Sitz des Schiedsgerichts bestimmt, wobei ein fiktiver Sitz nicht genügt. Vielmehr ist
auf den effektiven Sitz abzustellen (vgl. → Rn. 398 ff.). Andernfalls wäre einer Umgehung
des Territorialitätsgrundsatzes Tür und Tor weit geöffnet.

Staatsverträge verführen zuweilen dazu anzunehmen, man käme ohne lex fori aus, das 383
Schiedsverfahren nach der Konvention könne sich „aus der nationalen Umklammerung"
lösen.[14] Das ist aber ein gefährlicher Trugschluss. Staatsverträge können einzelne Regelungen des Schiedsverfahrens dem nationalen Recht „entziehen"; das Schiedsverfahren
muss aber stets in einer Rechtsordnung „wurzeln", eben der lex fori.

III. Parteipflichten

1. Zahlung von Honoraren, Gebühren, Auslagen und Vorschüssen

Die Parteien sind verpflichtet, Honorare, Gebühren, Auslagen und Vorschüsse hierauf 384
fristgerecht an die Schiedsrichter zu zahlen. Diese Verpflichtung ergibt sich nicht nur aus
dem Rechtsverhältnis Parteien/Schiedsrichter, dh aus dem Schiedsrichtervertrag (dazu
→ Rn. 165 ff.), sondern unmittelbar aus der Schiedsvereinbarung zwischen den Parteien.
Die Zahlung der Vorschüsse ist Erfordernis für den ordnungsmäßigen Gang des Schiedsverfahrens und Teil der Prozessförderungspflicht der Parteien.[15] Ihre Nichterfüllung –
verschuldet oder unverschuldet – kann ein Kündigungsrecht für die andere Partei begründen (dazu → Rn. 327 ff.) oder zur Undurchführbarkeit der Schiedsvereinbarung führen
(dazu → Rn. 332).

2. Verfahrensförderung

Die Schiedsvereinbarung hat materiell-rechtlich die Wirkung, dass die Parteien zur 385
Verfahrensförderung beitragen und alles unterlassen müssen, was eine schiedsrichterliche
Beilegung des Rechtsstreits gefährden könnte.[16] Diese – teilweise bestrittene[17] – allgemeine Verfahrensförderungspflicht umfasst neben der Verpflichtung zur Zahlung von Honoraren, Gebühren, Auslagen und Vorschüssen hierauf insbesondere:[18]
- nicht entgegen der Schiedsvereinbarung die staatlichen Gerichte anzurufen;
- bei der Bestellung des Schiedsgerichts mitzuwirken, insbesondere den „eigenen"
  Schiedsrichter fristgerecht zu ernennen;
- im Rahmen der anwendbaren (vereinbarten oder vom Schiedsgericht nach § 1042
  Abs. 4 ZPO aufgestellten) Verfahrensregeln am Verfahren mitzuwirken;
- wahrheitsgemäß vorzutragen.

---

[13] Vgl. zum Territorialitätsgrundsatz im Modellgesetz *Calavros* S. 24 ff.; *Granzow* S. 56 ff.; *Hußlein-Stich* S. 18 ff.
[14] Vgl. dazu *Gentinetta* AWD 1969, 46 ff., der eine solche „Befreiung" jedenfalls für das von ihm behandelte Europäische Übereinkommen über die Handelsschiedsgerichtsbarkeit 1961 verneint. „Sein – des Schiedsspruchs – Zustandekommen bleibt aber weiterhin einem bestimmten nationalen Recht unterworfen, mag dieses auch durch das Übereinkommen in vielem modifiziert sein" (aaO S. 54).
[15] Vgl. *Schütze* WuB VII A. § 1027a ZPO 1.88.
[16] Vgl. RGZ 33, 265; RGZ 74, 321; BGH NJW 1988, 1215; *Lachmann* Rn. 441; *Schütze/Tscherning/Wais* Rn. 126.
[17] So *Schwab/Walter* Kap. 12 Rn. 1 ff., die lediglich prozessuale Lasten annehmen.
[18] Vgl. dazu *Schütze/Tscherning/Wais* Rn. 126.

IV. Rechtliches Gehör

Literatur: *Sawang*, Geheimhaltung und rechtliches Gehör im Schiedsverfahren nach deutschem Recht, 2010

386 Das Schiedsgericht hat in jeder Phase des Verfahrens den Parteien rechtliches Gehör zu gewähren (§§ 1042 Abs. 1 S. 2 ZPO). Es gelten dieselben Grundsätze wie im Verfahren vor den staatlichen Gerichten.[19] Die Anforderungen an die Gewährung rechtlichen Gehörs sind im Schiedsverfahren nicht geringer als im Verfahren vor den ordentlichen Gerichten. Art. 103 GG gilt auch im Schiedsverfahren.[20] Der Anspruch auf rechtliches Gehör umfasst allgemein die Möglichkeit für die Beteiligten, ihren Standpunkt darzulegen und vom Schiedsgericht gehört zu werden.[21]

387 Dazu gehört:

- Das Vorbringen einer Partei muss der anderen so rechtzeitig mitgeteilt werden, dass sie sich dazu äußern kann,[22] und zwar unabhängig davon, ob es sich um tatsächlichen Vortrag oder Rechtsausführungen handelt.[23] Ausgenommen ist offensichtlich unbeachtliches oder nicht zu berücksichtigendes Vorbringen.[24]
- Der Anspruch auf rechtliches Gehör umfasst auch die Gelegenheit zur Stellungnahme zu verfahrensleitenden und -bestimmenden Entscheidungen eines Schiedsgerichts oder einer Schiedsgerichtsinstitution,[25] zB der Verlängerung der Entscheidungsfrist nach Art. 18 Abs. 1 aF der Schieds- und Vergleichsordnung der ICC.[26] Das OLG Naumburg hat allerdings angenommen, dass ein fehlender schiedsrichterlicher Hinweis auf die Entscheidungserheblichkeit einer „Vorfrage" keinen Verstoß gegen den Grundsatz der Gewährung rechtlichen Gehörs beinhaltet[27]
- Die Parteien müssen an einer Beweisaufnahme mitwirken können und Gelegenheit haben, zu deren Ergebnis Stellung zu nehmen.[28]
- Bei Urkunden ist beiden Parteien Gelegenheit zur Einsichtnahme zu geben. Die Parteien müssen bei fremdsprachlichen Urkunden genügend Zeit zur Beschaffung einer Übersetzung haben.[29]

388 Es genügt nicht, dass jede Partei nur „ihren" Schiedsrichter instruiert oder von ihm unterrichtet wird.[30] Es besteht kein Anspruch der Parteien im Rahmen des rechtlichen

---

[19] Vgl. BGHZ 23, 218; BGHZ 31, 43; BGHZ 85, 288; BGH RIW 1985, 970; *Bork*, in: Gottwald (Hrsg.), Internationale Schiedsgerichtsbarkeit, 1997, S. 283 ff., 298; *Maier* Rn. 256; *Schütze/Tscherning/Wais* Rn. 235; *Schwab/Walter* Kap. 15 Rn. 1 f.; *Zöller/Geimer* § 1042 Rn. 5.
[20] Vgl. BGH RIW 1985, 970; Wieczorek/Schütze/*Schütze* § 1042, Rn. 21: Zur verfassungsrechtlichen Dimension des Grundsatzes im Schiedsverfahren vgl. *Geimer*, Schiedsgerichtsbarkeit und Verfassung, 1994.
[21] Vgl. dazu BVerfGE 25, 137; den Inhalt des Anspruchs auf rechtliches Gehör umschreibt BGH RIW 1990, 493, 495.Vgl. weiter dazu *Schwab/Walter* Kap. 15 Rn. 2.
[22] Vgl. *Schlosser* Rn. 832.
[23] Vgl. BGH RIW 1990, 493 mwN für die Rechtsprechung des BGH; OLG Oldenburg MDR 1965, 54.
[24] Vgl. *Maier* Rn. 258; *Schütze/Tscherning/Wais* Rn. 326.
[25] Vgl. *Schütze/Tscherning/Wais* Rn. 645; aA *Glossner/Bredow/Bühler* Rn. 282; *Schwab/Walter* Kap. 15 Rn. 2.
[26] Vgl. OLG Stuttgart RIW 1988, 480; aA BGH RIW 1988, 642 (Revisionsentscheidung im gleichen Fall); vgl. dazu *Aden* RIW 1989, 607 ff.; *Hermanns* IPRax 1987, 353 ff.; *Raeschke-Kessler/Bühler* ZIP 1987, 1157 ff.; *Wackenhuth* IPRax 1987, 355 f.
[27] Vgl. OLG Naumburg SchiedsVZ 2011, 228.
[28] Vgl. BGHZ 3, 127.
[29] Vgl. BGH WM 1977, 948; *Schütze/Tscherning/Wais* Rn. 328.
[30] Vgl. LG Bremen Yearbook Commercial Arbitration XII (1987), 486; *Schlosser* Rn. 832.

Gehörs, die Rechtsansicht des Schiedsgerichts vor dem Erlass des Schiedsspruchs zu erfahren.[31] Die Parteien dürfen jedoch nicht „überrumpelt" werden. Können sie aufgrund früherer Äußerungen davon ausgehen, dass das Schiedsgericht zu einer prozessentscheidenden Frage eine bestimmte Ansicht vertritt, so ist ihnen eine Änderung mitzuteilen und Gelegenheit zu geben, zu der veränderten Situation Stellung zu nehmen und weiter vorzutragen.[32] Jedoch beinhaltet der Grundsatz der Gewährung rechtlichen Gehörs grundsätzlich keine Hinweispflicht und auch keinen Anspruch darauf, vorab die Rechtsauffassung des Schiedsgerichts kennen zu lernen[33]

Es steht im Ermessen des Schiedsgerichts, in welcher Weise das rechtliche Gehör gewährt wird (mündlich oder schriftlich).[34] Es empfiehlt sich, Hinweise an die Parteien in Form von Aufklärungsbeschlüssen zu geben. Notwendig ist dies jedoch nicht. 389

Die Beteiligten müssen lediglich die Möglichkeit haben, sich zu äußern. Tun sie das nicht, so ist das ihre Sache.[35] Ein Beteiligter kann jedoch nicht im Voraus auf sein Recht auf rechtliches Gehör verzichten. 390

§ 7 Voraussetzungen und Arten des Rechtsschutzes durch Schiedsgerichte

I. Arten der Schiedsklagen

Gegenstand eines Schiedsverfahrens können im Grundsatz alle Klagearten des ordentlichen Zivilprozesses sein: Leistungs-, Feststellungs- und Gestaltungsklagen.[36] Voraussetzung ist, dass der Streitgegenstand schiedsfähig ist. Damit können zahlreiche Gestaltungsklagen des Gesellschaftsrechts ohne besondere Vertragsgestaltung nicht im Schiedsverfahren erhoben werden, zB Klagen auf Anfechtung von Hauptversammlungsbeschlüssen einer AG[37] und Gesellschafterbeschlüssen einer GmbH.[38] 391

Auch eine Vollstreckungsgegenschiedsklage ist zulässig, soweit die mit ihr geltend gemachten Einwendungen der Schiedsvereinbarung unterfallen.[39] Die von der bisher herrschenden Lehre hiergegen geltend gemachte Überlegung, ein Schiedsgericht könne nicht auf einen von einem staatlichen Gericht erlassenen Titel einwirken,[40] verkennt, dass die Parteien sich über die Vollstreckung aus einem gerichtlichen Urteil vergleichen können. Deshalb müssen sie auch die Zuständigkeit eines Schiedsgerichts zu Entscheidungen über Einwendungen gegen den titulierten Anspruch vereinbaren können.[41] 392

---

[31] Vgl. BGH WM 1983, 1207; *Lachmann* Rn. 678; *Schlosser* Rn. 836; *Schwab/Walter* Kap. 15 Rn. 3; aA Zöller/*Geimer* § 1042 Rn. 12.
[32] Vgl. OLG Frankfurt/Main BB 1977, 17; *Schwab/Walter* Kap. 15 Rn. 3; Wieczorek/Schütze/ *Schütze* § 1042 Rn. 10.
[33] Vgl. OLG München SchiedsVZ 2011, 159.
[34] Vgl. OLG Frankfurt/Main RIW 1989, 911 (zum Vollstreckbarerklärungsverfahren eines russischen Schiedsspruchs); *Schwab/Walter* Kap. 15 Rn. 2.
[35] Vgl. *Schlosser* Rn. 836; *Schütze/Tscherning/Wais* Rn. 325.
[36] Vgl. *Schütze/Tscherning/Wais* Rn. 378 ff.
[37] Vgl. BGH NJW 1966, 2055; BGH 1979, 2567; für weitere Nachweise vgl. *Bork*, Zur Schiedsfähigkeit von Beschlussmängelstreitigkeiten, ZHR 160 (1996), S. 374 ff.; *Karsten Schmidt* AG 1995, S. 551 ff.
[38] Vgl. neuerdings BGH JZ 1996, 1017.
[39] Vgl. BGH NJW 1987, 652 = JR 1988, 282 mAnm *Herrmann* JR 1988, 284 ff. und *Schütze* EWiR § 1027a ZPO 1.87, 305; *Schlosser*, Festschrift für Bülow, 1981, S. 189 ff., 195 f.; *Schütze/Tscherning/ Wais* Rn. 445 mwN, im Übrigen unten Rn. 638 ff.
[40] Vgl. OLG München BB 1977, 674; weitere Nachweise BGH NJW 1987, 652.
[41] Vgl. *Schlosser*, Festschrift für Bülow, 1981, S. 189 ff., 195. Nur für den Fall, dass die Gegeneinwendungen der Schiedsvereinbarung unterliegen, stimmt auch *Schwab/Walter* Kap. 7 Rn. 15 zu.

393 Dasselbe gilt für Drittwiderspruchs- und Abänderungsklagen.[42] Auch zum Erlass von Maßnahmen des einstweiligen Rechtsschutzes ist das Schiedsgericht nunmehr – entgegen der früher herrschenden Lehre – befugt (§ 1041 ZPO, im Übrigen → Rn. 618 ff.).

II. Rechtsschutzinteresse

394 Ebenso wie im ordentlichen Zivilprozess ist das Rechtsschutzinteresse Erfordernis der Zulässigkeit jeder Schiedsklage.[43] Die Parteien können aber in der Schiedsvereinbarung die Grenzen des Rechtsschutzinteresses abstecken und auch ein Schiedsgericht zur Entscheidung akademischer Fragen bestellen.[44] Sie können auch eine Feststellungsklage unbeschränkt für Fälle zulassen, in denen eine Leistungsklage zulässig ist, im ordentlichen Zivilprozess also regelmäßig ein Rechtsschutzinteresse in der Form des Feststellungsinteresses fehlt.[45] Als Faustregel gilt, dass die Parteien kein Kindermädchen brauchen. Sie können entscheiden, welche Rechtsstreitigkeiten sie dem Schiedsgericht unterbreiten wollen. Ein geringer Streitwert, der ein Schiedsverfahren unwirtschaftlich machen kann, lässt das Rechtsschutzinteresse nicht entfallen. Derartige Fälle mögen zwar für ein Schiedsverfahren weniger geeignet sein,[46] die Parteien müssen aber selbst am besten wissen, welche Streitigkeiten sie einer Schiedsvereinbarung unterwerfen wollen.

395 Würde man Bagatellstreitigkeiten aus Kostengründen dem Schiedsverfahren entziehen, so würde man eine Partei uU rechtsschutzlos stellen. Im Schiedsverfahren fehlte das Rechtsschutzinteresse, einer Geltendmachung im ordentlichen Zivilprozess stünde § 1032 Abs. 1 ZPO entgegen.

III. Fingierte Schiedsverfahren

Literatur: *Höttler,* Das fingierte Schiedsverfahren, 2007

396 Parteien, die zweifelhafte Rechtsgeschäfte „legalisieren" wollen, sehen dafür die Schiedsgerichtsbarkeit als möglichen Weg. Im Wesentlichen handelt es sich um das Reinwaschen schmutzigen Geldes[47]. Fingierte Schiedsverfahren werden aber auch zur Tituliering von Schmiergeldern (zumeist getarnt als Provisionen) genutzt oder – weniger anstößig – zur Umgehung von Devisenbestimmungen einzelner Staaten, die den Transfer von Devisen nicht oder nur eingeschränkt zulassen. In diesen Fällen sprechen die Parteien des fingierten Schiedsverfahrens eine wirtschaftlichen Sachverhalt ab, der so nicht der Wirklichkeit entspricht. Das regelmäßig gutgläubige Schiedsgericht wird als Werkzeug missbraucht. Erkennt das Schiedsgericht die Fingierung, so muss es die Schiedsklage abweisen, weil die Schiedsvereinbarung wegen Verstoßes gegen § 134 BGB nichtig ist[48].

---

[42] Vgl. *Schütze/Tscherning/Wais* Rn. 135; aA *Schwab/Walter* Kap. 7 Rn. 15 für die Drittwiderspruchsklage. Dazu auch *Lüke,* Festschrift 150 Jahre Landgericht Saarbrücken, 1985, S. 297 ff.

[43] Vgl. *Henn* Rn. 330; *Schütze/Tscherning/Wais* Rn. 377; zögernd *Schwab/Walter* Kap. 16 Rn. 1 (Rechtsschutzbedürfnis nicht in gleicher Weise wie im ordentlichen Prozess, wo es auch eine Schutzfunktion gegenüber der staatlichen Rechtspflege übernimmt).

[44] AA *Schütze/Tscherning/Wais* Rn. 377.

[45] Der BGH lässt ohnehin im Schiedsverfahren schon ein wirtschaftliches Interesse genügen, vgl. BGH WM 1976, 912.

[46] Vgl. *Maier* Rn. 12.

[47] Vgl. *Höttler,* S. 63 ff.

[48] Vgl. Wieczorek/Schütze/*Schütze* § 1029 Rn. 67.

§ 8 Das Schiedsverfahren im Einzelnen

I. Der Schiedsort

Literatur: *Bělohávek*, Importance of the Seat of Arbitration in International Arbitration: Delocalizationof Arbitration as an outdated Myth, ASA Bulletin 2013, 262 ff.; *Berger*, „Sitz des Schiedssgerichts" oder „Sitz des Schiedsverfahrens"?, RIW 1993, 8 ff.; *Lionnet*, Gehört die Vereinbarung des Schiedsverfahrensortes zum notwendigen Mindestinhalt der Schiedsvereinbarung?, Festschrift für Böckstiegel, 2001, S. 477 ff.; *Rensmann*, Wo ergehen Schiedssprüche nach dem New Yorker Übereinkommen?, RIW 1991, 911 ff.; *Schütze*, Die Bedeutung des effektiven Schiedsortes im internationalen Schiedsverfahren, Festschrift für von Hoffmann, 2011, S. 1077 ff.

Mit der Übernahme des Territorialitätsgrundsatzes in das deutsche Schiedsverfahrensrecht (§ 1025 ZPO) hat der Ort des Schiedsverfahrens eine besondere Bedeutung für die Anwendung deutschen oder ausländischen Verfahrensrechts und die Qualifikation eines Schiedsspruchs als eines in- oder ausländischen gewonnen. 397

1. Bestimmung des Orts des Schiedsverfahrens

Die Parteien können den Ort des Schiedsverfahrens in der Schiedsvereinbarung bestimmen (§ 1043 Abs. 1 ZPO). Sie können ihn auch später ändern, jedoch nach Konstituierung des Schiedsgerichts nur mit Zustimmung der Schiedsrichter. Denn die Schiedsrichter sind uU im Hinblick auf den Schiedsort bestimmt worden (Kenntnis der Usancen pp.). Sie haben das Amt uU im Hinblick auf den Schiedsort angenommen (keine Reisetätigkeit pp.). Würden die Parteien den Schiedsort von Frankfurt nach Manila verlegen, so könnte das für die Schiedsrichter problematisch sein, etwa wenn ein Schiedsrichter keine Flugreisen unternimmt oder nicht tropenfest ist. Der Schiedsort wird – wenn er bestimmt ist – Teil des Schiedsrichtervertrages. 398

Die Grenze der Parteifreiheit liegt im Schikaneverbot. Ist die Bestimmung des Schiedsortes exorbitant und macht sie für eine der Parteien die Rechtsverfolgung praktisch unmöglich, so kann diese – regelmäßig aufgezwungene – Vereinbarung unwirksam sein. Das wird zB in der österreichischen Rechtslehre vertreten.[49] Erschwerungen[50], insbesondere schlechte Erreichbarkeit, genügen nicht. 399

Bestimmen die Parteien den Schiedsort nicht, so geht das Bestimmungsrecht auf das Schiedsgericht über. Das Schiedsgericht ist bei der Bestimmung nicht völlig frei. Es muss die Parteiinteressen (Kosten pp.), die Eignung für die Durchführung des Verfahrens und die Umstände des Falles berücksichtigen (§ 1043 Abs. 1 S. 3 ZPO). So wäre es unzulässig, in einem Schiedsverfahren zwischen einer Partei in Hamburg und einer Partei in Stuttgart Honolulu als Schiedsort zu bestimmen, etwa weil die Schiedsrichter gerne Golf auf Hawaii spielen möchten. 400

Missbrauchen die Schiedsrichter in einem solchen Falle ihr Ermessen bei der Bestimmung des Schiedsortes, so liegt ein Aufhebungsgrund iS von § 1059 Abs. 2 Nr. 1 ZPO vor.[51] 401

---

[49] Vgl. *Fasching*, Internationale Schiedsgerichtsbarkeit in Österreich, in: Gottwald (Hrsg.), Internationale Schiedsgerichtsbarkeit, 1997, S. 729 ff. (737).

[50] In einem internationalen Schiedsfall hatten die Parteien Dortmund als Schiedsort bestimmt, wobei sich die amerikanische Partei offenbar nicht bewusst war, wo Dortmund lag. Auf die Frage des Autors, der Schiedsrichter in dem Fall war, warum man denn ausgerechnet Dortmund gewählt habe, antwortete die deutsche Partei offen, dass man es „den anderen" so unkomfortabel wie möglich habe machen wollen. Das war zwar wenig nett, verletzte aber nicht das Schikanverbot.

[51] Vgl. Zöller/*Geimer* § 1043 Rn. 3 für den Fall grob mißbräuchlicher Festlegung des Schiedsortes.

402 Die Bestimmung des Schiedsortes kann nicht dem Vorsitzenden des Schiedsgerichts übertragen werden.[52] Denn wegen der weitreichenden Bedeutung des Schiedsortes für das Verfahren[53] handelt es sich nicht um eine einzelne Verfahrensfrage iS von § 1052 Abs. 3 ZPO.

2. Auseinanderfallen von Ort des Schiedsverfahrens und Sitzungsort

403 § 1043 Abs. 2 ZPO lässt es zu, dass das Schiedsgericht an einem anderen als dem Schiedsort verhandelt, Beweiserhebungen durchführt oder Beratungen abhält. Dieser gelegentliche „Ortswechsel" hat keinen Einfluss auf den Schiedsort. Der Wechsel muss aber „gelegentlich" sein. Ist der Ort des Schiedsverfahrens Paris und hält das Schiedsgericht alle Sitzungen in Frankfurt ab, führt die Beweisaufnahme dort durch pp., so ist ungeachtet der Vorschrift des § 1043 Abs. 2 ZPO auf den effektiven Ort des Schiedsverfahrens abzustellen. Auch die Angabe eines anderen als des effektiven Schiedsortes unter Protokollen, Schiedssprüchen pp. ändert daran nichts. Der Schiedsspruch kann nicht durch eine Fiktion eines Schiedsortes zu einem französischen, englischen pp. werden. Das war nach bisherigem Recht möglich, nicht aber nach Übernahme des strengen Territorialitätsprinzips. Durch die Wahl eines fiktiven Schiedsortes könnten die Parteien sonst das nach § 1025 Abs. 1 ZPO anwendbare deutsche Recht abbedingen.[54]

404 Das Svea Hofrätt hat deshalb – zu Recht – in der Sache Titan v. Alcatel[55] einen Schiedsspruch eines englischen Einzelschiedsrichters, der das gesamte Verfahren in London und Paris durchführte, nicht als schwedischen Schiedsspruch angesehen, obwohl der vereinbarte Schiedsort Stockholm war und der Schiedsrichter dies bei der Datierung des Schiedsspruchs so angab. In ähnlicher Weise hat der englische High Court in der Sache Hiscox v. Outhwaite[56] entschieden. Der Court of Appeal sah das dann aber anders.[57]

3. Fehlende Bestimmung des Schiedsortes

405 Bestimmen die Parteien den Schiedsort nicht und vergessen auch die Schiedsrichter, diesen zu wählen, was bei unerfahrenen Schiedsrichtern vorkommen mag – schließlich muss ein Schiedsrichter nicht einmal die ZPO kennen – so ist auf den effektiven Ort des Schiedsverfahrens abzustellen. Ist auch dieser nicht feststellbar, etwa weil das Schiedsgericht in Luxemburg mündlich verhandelt, die Beweisaufnahme in Frankfurt durchgeführt und den Schiedsspruch in Wien beraten hat, so ist der Ort der mündlichen Verhandlung maßgebend. Wechselt auch der Ort der mündlichen Verhandlung, so ist auf die letzte mündliche Verhandlung abzustellen.

II. Das anwendbare Schiedsverfahrensrecht

1. Die Bedeutung des anwendbaren Schiedsverfahrensrechts

406 Das anwendbare Schiedsverfahrensrecht beschreibt den Rahmen innerhalb dessen die Parteien zur Regelung der prozessualen Durchsetzung ihrer Ansprüche im Schiedsver-

---

[52] Vgl. Zöller/*Geimer* § 1043 Rn. 3.
[53] Vgl. dazu *Schütze* RPS BB-Beil. 9/1998, 2 ff., 3.
[54] Vgl. *Schütze*, Festschrift für von Hoffmann, S. 1077 ff. (1082 ff.).
[55] Vgl. Titan v. Alcatel Yearbook Commercial Arbitration XXX (2005), S. 139 = Stockholm International Arbitration Review 2005, 259 mAnm *Shaughnessy*, ebenda 284 ff. und *Söderlund*, ebenda 275 ff.
[56] Vgl. Hiscox v. Outhwaite (1991) 3 All E. R. 641; dazu *Rensmann*, Wo ergehen Schiedssprüche nach dem New Yorker Übereinkommen?, RIW 1991, 911 ff.
[57] Vgl. im Einzelnen *Schütze*, Festschrift für von Hoffmann, S. 1077 ff. (1084).

fahren befugt sind. Nur bei Anwendbarkeit deutschen Schiedsverfahrensrechts kommen §§ 1025 ff. ZPO zur Anwendung. § 1025 Abs. 2 ZPO erklärt darüber hinaus einige Bestimmungen (§§ 1032, 1033, 1050 ZPO) auch bei Anwendbarkeit ausländischen Schiedsverfahrensrechts als zwingend.

Das Schiedsverfahrensrecht entscheidet über die Wirksamkeit oder Unwirksamkeit der Bestellung eines Schiedsgerichts, der Durchführung des Schiedsverfahrens und den Schiedsspruch. So hat der BGH die Regelung in einer Schiedsvereinbarung, wonach der vom Schiedskläger ernannte Schiedsrichter im Falle der nicht fristgerechten Ernennung des Schiedsrichters durch den Schiedsbeklagten als Alleinschiedsrichter fungieren soll, im Falle der Anwendbarkeit deutschen Schiedsverfahrensrechts für unwirksam,[58] bei Anwendbarkeit englischen Schiedsverfahrensrechts dagegen als wirksam[59] angesehen.[60]

Das Schiedsverfahrensrecht bestimmt nicht nur die Grenzen der Regelungsbefugnis der Parteien, ihm sind auch die prozessualen Normen zu entnehmen, die anwendbar sind, wenn die Parteien eine Regelung nicht oder nicht vollständig getroffen haben *(Rahmen- und Lückenfüllungsfunktion)*.

Durch die Übernahme des Territorialitätsgrundsatzes in das deutsche Recht hat das anwendbare Schiedsverfahrensrecht seine Funktion für die Bestimmung der Nationalität des Schiedsspruchs[61] weitgehend eingebüßt (vgl. dazu → Rn. 688 f.).

407

408

409

2. Die Bestimmung des anwendbaren Schiedsverfahrensrechts

Die großen internationalen Konventionen überlassen die Wahl des anwendbaren Schiedsverfahrensrechts den Parteien[62], so das UN-Übereinkommen und das Europäische Übereinkommen über die internationale Handelsschiedsgerichtsbarkeit.

Bis zum Inkrafttreten des SchiedsVfG überließ die hL auch nach deutschem Kollisionsrecht das Schiedsverfahrensrecht der Parteiautonomie.[63] Die harsche Kritik in der Literatur an der *deutschen Sondertheorie*[64] hat mit dazu beigetragen, dass der Gesetzgeber sich für den Territorialitätsgrundsatz entschieden und eine Wahl des Schiedsverfahrensrechts bei deutschem Schiedsort unmöglich gemacht hat. Nach § 1025 Abs. 1 ZPO gilt deutsches Schiedsverfahrensrecht immer dann, wenn der Schiedsort im Inland liegt.

Eine Wahl des anwendbaren Schiedsverfahrensrechts ist jedoch möglich, wenn der Schiedsort im Ausland liegt und die lex fori die Parteiautonomie im Hinblick auf das Schiedsverfahrensrecht gewährleistet.

410

411

412

III. Die Schiedsklage

Durch den Zugang des Antrags des Schiedsklägers, die Streitigkeit einem Schiedsgericht vorzulegen, beim Schiedsbeklagten (§ 1044 ZPO) tritt *Schiedshängigkeit*[65] ein. Die Wir-

413

---

[58] Vgl. BGHZ 54, 392 = JZ 1971, 231 mAnm *Habscheid*.
[59] Vgl. BGHZ 98, 70 = JZ 1987, 154 mAnm *Walter*.
[60] Vgl. dazu *Schütze* EWiR Art. 5 UNÜ 1/86, 835.
[61] Vgl. dazu nach bisherigem Recht BGHZ 21, 365 = JZ 1957, 26 mAnm *Habscheid*.
[62] Vgl. dazu *Sachs/Lörcher*, Die Wahl der „richtigen" Verfahrensregeln, in: v. Bodungen ua, Taktik im Schiedsverfahren, 2008, S. 153 ff.
[63] Vgl. *Basedow*, Jahrbuch für die Praxis der Schiedsgerichtsbarkeit 1 (1987), S. 2 ff., 14 f.; *v. Hoffmann*, Internationale Handelsschiedsgerichtsbarkeit, 1970, S. 64 ff.; *Maier* Rn. 552 f.; *Schütze/Tscherning/Wais* Rn. 581.
[64] Vgl. dazu insbes. *Sandrock*, Festschrift für Glossner, 1994, S. 281 ff.
[65] Vgl. dazu *Baur*, Festschrift für Fasching, 1988, S. 81 ff.; *Bosch*, Rechtskraft und Rechtshängigkeit im Schiedsverfahren, 1991; *Hauck*, „Schiedshängigkeit" und Verjährungsunterbrechung nach § 220 BGB, 1996, S. 31 ff.

kungen der Schiedshängigkeit entsprechen denen der Rechtshängigkeit im Prozess vor den staatlichen Gerichten[66]. Das gilt insbesondere für

- die Hemmung der Verjährung (§ 204 Abs. 1 Nr. 11 BGB) und die Unterbrechung der Ersitzung (§ 941 BGB),[67]
- die Verschärfung der Haftung im Eigentümer-Besitzer-Verhältnis (§§ 987, 989, 991, 994 Abs. 2, 996 BGB).

414 Von diesem verfahreneinleitenden Schriftstück, das die Bezeichnung der Parteien, die Angabe des Streitgegenstandes und einen Hinweis auf die Schiedsvereinbarung enthalten muss.[68] ist die Schiedsklage zu unterscheiden (§ 1046 ZPO). Nach § 204 Abs. 1 Nr. 11 BGB tritt die verjährungshemmende Wirkung mit „Beginn des schiedsrichterlichen Verfahrens" ein. Abzustellen ist auf § 1044 ZPO.[69]

415 Für die Schiedsklage sieht das Gesetz keine besondere Form vor. Die Frage, ob sie auch mündlich oder telefonisch erhoben werden kann[70] ist wohl rein theoretischer Natur. Sie hat keine praktische Bedeutung. Die Parteien können jedenfalls Formzwang anordnen, was häufig geschieht. Die Musterschiedsordnungen und die Schieds- und Verfahrensordnungen der institutionellen Schiedsgerichte gehen regelmäßig von einer schriftlichen Schiedsklageerhebung aus, so zB Art. 18 der UNCITRAL-Rules, § 6.1 DIS-SchO und Art. 4 der ICC-Schiedsordnung.[71]

416 § 1046 Abs. 1 ZPO sieht gewisse Mindesterfordernisse für den Inhalt der Schiedsklage vor, überlässt die Bestimmung aber im übrigen den Parteien. Die Schiedsklage muss die Parteien bezeichnen und ein bestimmtes Begehren erkennen lassen, das den Gegenstand des Schiedsverfahrens bestimmt.[72] Der Schiedskläger muss schließlich die Tatsachen, auf die er seinen Anspruch stützt, bereits in der Schiedsklage mitteilen. Der Grundsatz „Da mihi factum, dabo tibi ius" gilt auch im Schiedsverfahren.

417 Viele Schiedsvereinbarungen oder Schiedsrichterverträge[73] sehen die entsprechende Anwendbarkeit der Regeln über das Verfahren erster Instanz vor den Landgerichten vor. In diesen Fällen muss die Schiedsklage den Erfordernissen des § 253 ZPO entsprechen und enthalten:

- die Bezeichnung der Schiedsparteien und des Schiedsgerichts, soweit dieses bereits bestimmt ist, andernfalls des „eigenen" Schiedsrichters;
- die Angabe des Gegenstandes und des Grundes des geltend gemachten Anspruchs, sowie einen bestimmten Antrag.

418 Auch wenn die Schiedsvereinbarung § 253 ZPO nicht für anwendbar erklärt, ist es zweckmäßig, die dort enumerierten Anforderungen zu beachten,[74] was in der Praxis regelmäßig geschieht.[75]

---

[66] Vgl. dazu *Valdini*, Der Eintritt materiell-rechtlicher Nebenfolgen im Schiedsverfahren, SchiedsVZ 2016, 76 ff.

[67] Vgl. dazu *Hauck* S. 41 ff.; zweifelnd, ob die Unterbrechung nicht erst durch die Zustellung der Schiedsklage eintritt. *Calavros* S. 109; *Schwab*, Festschrift für Nagel, 1987, S. 427 ff., 435; wie hier wohl *Zerbe* S. 205. Eingehend und zum Diskussionsstand *Münch*, Festschrift für Schlosser, 2005, S. 613 ff.; *Sandrock*, Festschrift für Böckstiegel, 2001, S. 671 ff.

[68] Vgl. zu der rezipierten Regelung in Art. 21 des Modellgesetzes *Calavros* S. 109 f.; *Granzow* S. 149 f.; *Husslein-Stich* S. 114 ff.

[69] Vgl. *Lionnnet/Lionnet* S. 320.

[70] Bejahend *Schütze/Tscherning/Wais* Rn. 373.

[71] Vgl. dazu *Aden*, Internationale Handelsschiedsgerichtsbarkeit, Art. 4 Rn. 1.

[72] So schon zum bisherigen Recht *Maier* Rn. 227; *Schütze/Tscherning/Wais* Rn. 374; *Schwab/Walter* Kap. 16 Rn. 2. („Unentbehrlich sind klare, eindeutige Anträge …").

[73] So zB *Schütze/Tscherning/Wais* Rn. 579.

[74] Vgl. *Maier* Rn. 227; *Schütze/Tscherning/Wais* Rn. 375.

[75] Vgl. für ein Schiedsklagemuster *Schütze*, in: Beck'sches Prozessformularbuch, 13. Aufl., 2016, Form I. S. 8 (S. 474 ff.).

IV. Einlassung und Schiedsklageerwiderung

1. Vorbringen der Parteien

Will der Schiedsbeklagte den Abschluss oder die Wirksamkeit der Schiedsvereinbarung und damit die Zuständigkeit des Schiedsgerichts bestreiten, so darf er sich nicht rügelos zur Hauptsache einlassen. Ein Formmangel der Schiedsvereinbarung wird nach § 1030 Abs. 6 ZPO geheilt, eine Einlassung kann zum stillschweigenden Abschluss einer Schiedsvereinbarung führen. Die Rüge der Unzuständigkeit muss – soweit nicht eine mündliche Verhandlung obligatorisch ist – bereits in der Schiedsklageerwiderung erfolgen. 419

Hinsichtlich des Inhalts der Schiedsklageerwiderung bestimmt § 1046 Abs. 1 ZPO, dass der Schiedsbeklagte zum Inhalt der Schiedsklage Stellung nehmen, Urkundsbeweis durch Vorlage der Schriftstücke antreten und sonstige Beweismittel bezeichnen muss. Darüber hinaus muss – dieses ist ungeschriebene Voraussetzung von § 1046 Abs. 1 ZPO – ein bestimmter Antrag gestellt werden (Klageabweisung, Anerkenntnis pp.). Generell gilt, dass die Verteidigungsmittel vollständig geltend zu machen sind.[76] Mit der Schiedsklageerwiderung kann eine Schiedswiderklage verbunden werden. 420

2. Vorbringen Dritter

Literatur: *Ruthemeyer* Der amicus curiae brief im internationalen Investitionsrecht, 2014 421

Der amicus curiae Brief des amerikanischen Rechts[77] ermöglicht Stellungnahmen Dritter, die das Gericht von der Richtigkeit eines Prozessergebnisses überzeugen wollen. Der amicus curie Brief hat eine gewisse Bedeutung im internationalen Investitionsschiedsverfahren erlangt[78]. ICSID Rules sehen diese Form der Beteiligung ausdrücklich vor[79]. Das deutsche Schiedsverfahrensrecht kennt den amicus curiae nicht. Seine Zulassung würde gegen den Grundsatz des Parteiverfahrens im Schiedsverfahren und das Vertaulichkeitsprinzip verstoßen. Denn der amicus curiae – ein Dritter – muss notwendigerweise Kenntnis von Details des Schiedsverfahrens, insbesondere dem Parteivortrag, erhalten. 422

Die Gestattung eines Dritten als amicus curiae ist nur bei Zustimmung beider Parteien zulässig. In dem Electrocabel Verfahren[80] hat das Schiedsgericht einen Dritten – die EU-Kommission – als amicus curiae zugelassen. 423

V. Zustellungen

Im Gegensatz zu dem Verfahren vor den staatlichen Gerichten bedürfen Akte im Schiedsverfahren nicht der förmlichen Zustellung. Das Erfordernis förmlicher Zustellung einer Ausfertigung des Schiedsspruchs nach § 1039 Abs. 2 aF ZPO ist bedauerlicherweise fortgefallen. Das Schiedsgericht ist in den Grenzen der in der Schiedsvereinbarung oder sonst getroffenen Parteivereinbarungen in der Wahl der Zustellungsform frei. 424

---

[76] Vgl. für ein Muster einer Schiedsklageerwiderung *Schütze*, in: Beck'sches Prozessformularbuch, 13. Aufl., 2016, Form I. S. 9 (S. 476 ff.).
[77] Vgl. dazu *Hirte* Der amicus-curiae-Brief – das amerikanische Modell und die deutschen Parallelen, ZZP 104 (1991), 11 ff.
[78] Vgl. *Ruthemeyer* Der amicus curiae brief im internationalen Investitionsrecht 2014
[79] Vgl. dazu *Happ* ICSID Rules, in: Schütze (Hrsg.), Institutional Arbitration (2012), Rule 37, Rn. 204 ff.
[80] Vgl. dazu und zur verwickelten Prozessgeschichte *Kulick* Electrocabel locuta, causa finita? – Intra-EU Investitionsstreitigkeiten unter dem Energiecharter-Vertrag, SchiedsVZ 2013, 81 ff.

1. Förmliche Zustellung

425 Aus Gründen der Rechtssicherheit ist zu empfehlen, dass die Zustellung des Schiedsspruchs, die nach § 1054 Abs. 4 ZPO formlos möglich ist, förmlich erfolgt. Die Parteien können dies bereits in der Schiedsvereinbarung anordnen.

a) Inlandszustellung

426 Die förmliche Zustellung erfolgt nach den Bestimmungen über die Parteizustellung (§§ 166 ff. ZPO), also durch den Gerichtsvollzieher.[81] Auftraggeber ist das Schiedsgericht, nicht der einzelne Schiedsrichter oder die Parteien,[82] da auch die formlose Übersendung des Schiedsspruchs nach § 1054 Abs. 4 ZPO durch das Schiedsgericht erfolgen muss.

427 Der Vorsitzende des Schiedsgerichts kann als bevollmächtigt gelten, die Zustellung zu veranlassen, wenn die Schiedsrichter ihm den unterschriebenen Schiedsspruch zuleiten. Die Zustellung kann – ebenso wie die formlose Übersendung nach § 1054 Abs. 4 ZPO – wahlweise an die Parteien oder ihre Verfahrensbevollmächtigten bewirkt werden.[83]

b) Auslandszustellung

428 Nach § 183 ZPO erfolgt die im Ausland zu bewirkende Zustellung durch Einschreiben mit Rückschein (Abs. 1 Nr. 1) oder mittels Ersuchens der zuständigen Behörde oder des dort akkreditierten diplomatischen oder konsularischen Vertreters durch Vermittlung des Gerichts (Art. 1 Nr. 2). Die dritte Alternative ist im Schiedsverfahren bedeutungslos.

429 Zahlreiche multilaterale und bilaterale Staatsverträge erleichtern die Auslandszustellung,[84] insbesondere das Haager Zivilprozessübereinkommen vom 1.3.1954 und das Haager Zustellungsübereinkommen vom 15.11.1965.[85] Im Verhältnis zu den EU-Staaten gilt die Europäische Zustellungsverordnung,[86] durch die das europäische Zustellungsrecht neu geordnet worden ist. Bei der Inanspruchnahme der Wege förmlicher Zustellung ist das Schiedsgericht auf die Mithilfe der ordentlichen Gerichte angewiesen. Die Europäische Zustellungsverordnung gilt zwar auch für außergerichtliche Schriftstücke, führt aber im Glossar schiedsvertragliche Zustellungen nicht auf.

2. Formlose Zustellung

430 Für alle wesentlichen Akte im Schiedsverfahren genügt die formlose Zustellung, insbesondere für die Schiedsklage, Ladungen, Auflagen- und Beweisbeschlüsse, Schiedssprüche. Hierfür stehen im Wesentlichen zwei Wege zur Verfügung:

a) Persönliche Übergabe

431 International wird zuweilen die persönliche Übergabe des zuzustellenden Schriftstücks praktiziert, insbesondere in Staaten, in denen die Post nicht zuverlässig arbeitet. Die Übergabe erfolgt durch einen process server – häufig einen Anwalt – am Ort des

---

[81] Vgl. für ein Muster *Schütze/Tscherning/Wais* Rn. 524.
[82] Vgl. RGZ 37, 412; BGH ZZP 71 (1958), 427.
[83] Vgl. *Maier* Rn. 426.
[84] Vgl. dazu insbes. *Geimer G.*, Neuordnung des internationalen Zustellungsrechts, 1999; *Pfennig*, Die internationale Zustellung in Zivil- und Handelssachen, 1988; *Wiehe*, Zustellungen, Zustellungsmängel und Urteilsanerkennung am Beispiel fiktiver Inlandszustellungen in Deutschland, Frankreich und den USA, 1993.
[85] Vgl. die Zusammenstellung bei *Geimer/Schütze*, Internationaler Rechtsverkehr in Zivil- und Handelssachen, A.I.
[86] Vgl. VO (EG) Nr. 1393/2007. Für Dänemark, das sich nicht an den Maßnahmen nach Art. 61 ff. EGV beteiligt, gilt die VO kraft völkerrechtlichen Vertrags, vgl. ABl. v. 17.11.2005 L 300, S. 53.

Zustellungsadressaten, der über die Zustellung ein Zustellungszeugnis in Form eines Affidavit ausstellt.[87]

b) Zustellung durch die Post

Die übliche Form der Zustellung ist die durch die Post, wobei sich die Aufgabe als Einschreiben mit Rückschein empfiehlt. § 5.1 DIS-SchO sieht das Einschreiben mit Rückschein als Regelzustellungsform ausdrücklich vor. 432

c) Zustellung durch Kurierdienste

Die Zustellung durch die Post hat den Nachteil, dass Einschreibesendungen, die wegen Abwesenheit des Empfängers nicht zugestellt werden können, auf dem Postamt niedergelegt werden und – wenn der Adressat sie nicht abholt, wozu er nicht verpflichtet ist – nicht zugehen. Überdies ist die Post wegen ihres Massengeschäfts hinsichtlich der Zustellfrist unzuverlässig. Diese Nachteile vermeiden die Kurierdienste, die für wichtige und fristgebundene Sendungen die Post weitgehend verdrängt haben.[88] 433

VI. Prozesshandlungen der Parteien

Für Willenserklärungen der Parteien im Schiedsverfahren gegenüber dem Schiedsgericht und der anderen Partei, die unmittelbar auf die Entwicklung des Schiedsverfahrens gerichtet sind, gelten die in der Prozessrechtslehre zum Verfahren vor den staatlichen Gerichten entwickelten Grundsätze entsprechend.[89] 434

1. Wirksamkeit und Wirkung von Prozesshandlungen

Wirksamkeit und Wirkung von Prozesshandlungen beurteilen sich nach Prozessrecht. Das bedeutet, dass das anwendbare Schiedsverfahrensrecht (dazu → Rn. 406 ff.) maßgebend ist.[90] Unterliegt das Schiedsverfahren deutschem Schiedsverfahrensrecht, was immer bei Schiedsort in Deutschland der Fall ist, so gelten folgende Grundsätze: 435
- Eine Anfechtung von Prozesshandlungen ist ausgeschlossen.[91]
- Prozesshandlungen sind – von Ausnahmen, die sich aus der Zweckbestimmung ergeben abgesehen – unwiderruflich.[92]
- Die bürgerlichrechtlichen Bestimmungen über die Nichtigkeit von Willenserklärungen, zB § 138 BGB und das Schikaneverbot des § 226 BGB, sind nicht anwendbar,[93] dagegen gilt der das ganze Recht beherrschende Grundsatz von Treu und Glauben auch für Prozesshandlungen.
- Prozesshandlungen sind bedingungsfeindlich.[94]

---

[87] Vgl. für ein Muster des Auftragsschreibens und des Affidavit *Schütze/Tscherning/Wais* Rn. 597 f.
[88] Die weltweite Durchsetzung der Kurierdienste hat ihren Niederschlag beispielsweise in Art. 25 ERA gefunden, wonach auch die Kurierempfangsbestätigung nunmehr ein aufnahmefähiges Transportdokument im Akkreditivverkehr ist.
[89] Vgl. *Henn* Rn. 313; *Maier* Rn. 221; *Schütze/Tscherning/Wais* Rn. 344 ff.; *Schwab/Walter* Kap. 16 Rn. 1 ff.
[90] Vgl. *Maier* Rn. 221; *Schütze/Tscherning/Wais* Rn. 347.
[91] Vgl. BGHZ 80, 389; vgl. zur Problematik im Einzelnen *Bruns*, Festschrift für Fragistas, Bd. II, S. 71 ff.; *Orfanides*, Berücksichtigung von Willensmängeln im Zivilprozess, 1982 (einschränkend).
[92] Vgl. OLG Düsseldorf NJW 1964, 824.
[93] Vgl. RGZ 162, 67.
[94] Vgl. für Nachweise Zöller/*Greger* Vor § 128 Rn. 20.

2. Die Prozesshandlungen im Schiedsverfahren

436 Die unterschiedliche Behandlung von bürgerlich-rechtlichen Rechtsgeschäften und Prozesshandlungen im Schiedsverfahren macht eine Zuordnung im Einzelfall erforderlich. Schwierigkeiten mag dabei die Behandlung von Akten mit Doppelnatur bereiten, so der Schiedsvereinbarung, die ein materiell-rechtlicher Vertrag über einen prozessrechtlichen Gegenstand ist (dazu → Rn. 244 f.). Bei einer solchen doppelfunktionellen Natur sind sowohl die Regeln bürgerlichen als auch des Prozessrechts – der jeweiligen Funktion entsprechend – anzuwenden. Für die Schiedsvereinbarung bedeutet das, dass sich ihr Zustandekommen nach bürgerlichem Recht bestimmt, mit der Folge, dass die §§ 116 ff. BGB anwendbar sind. Die Wirkungen der Schiedsvereinbarung bestimmen sich dagegen allein nach Prozessrecht (§ 1032 ZPO).

437 Im Einzelnen gilt hinsichtlich der wesentlichen schiedsverfahrensrechtlich bedeutsamen Akte Folgendes:

438 *Prozesshandlungen* sind:
- die Ernennung des Schiedsrichters gem. § 1035 ZPO
- die Ablehnung eines Schiedsrichters gem. § 1036 ZPO
- die Bestellung eines Ersatzschiedsrichters gem. § 1039 ZPO
- der Antrag, die Streitigkeit einem Schiedsgericht vorzulegen gem. § 1044 ZPO
- die Erhebung der Schiedsklage gem. § 1046 ZPO
- die Schiedsklagerücknahme gem. § 1056 Abs. 2 Nr. 1 lit. b ZPO
- die Erhebung der Einrede der Unzuständigkeit des Schiedsgerichts wegen Unwirksamkeit der Schiedsvereinbarung oder Nichterfassung des Streitgegenstandes durch die Schiedsvereinbarung gem. § 1032 ZPO
- das Geständnis iS von § 288 ZPO, das unter den Voraussetzungen des § 290 ZPO allerdings widerrufen werden kann.

439 *Doppelfunktionelle Akte* sind:
- die Schiedsvereinbarung
- die Aufrechnung im Schiedsverfahren[95]
- der Verzicht
- das Anerkenntnis

440 Bei diesen Akten gilt das zur Schiedsvereinbarung Ausgeführte entsprechend.

441 *Materiellrechtlich zu qualifizieren* sind:
- die Anfrage an den in Aussicht genommenen Schiedsrichter, ob er zur Übernahme des Amtes bereit ist[96]
- die Bitte an den Dritten, einen Schiedsrichter – oder Obmann zu ernennen
- der Schiedsrichtervertrag[97]
- der Vergleich, der Gegenstand eines Schiedsspruchs mit vereinbartem Wortlaut wird, gem. § 1053 ZPO.

VII. Der Beweis

Literatur: *Benzing,* Das Beweisrecht vor internationalen Gerichten und Schiedsgerichten in zwischenstaatlichen Streitigkeiten, 2010; *Böckstiegel* (Hrsg.), Beweiserhebung in internationalen Schiedsverfahren, S. 2001; *Eberl* (Hrsg), Beweis im Schiedsverfahren, 2015; *Kreindler,* Praktiken und Verfahren im Hinblick auf die Beweisführung in internationalen Schiedsverfahren. Die Notwendigkeit größerer Präzision, ZVglRWiss. 114 (2015), 431 ff.; *ders.,* Beweisführung in der internationalen

---
[95] Vgl. differenzierend *Berger* RIW 1998, 426 ff.
[96] Vgl. *Maier* Rn. 221.
[97] Vgl. *Maier* Rn. 221.

Schiedsgerichtsbarkeit und ihre Mythen, Festschrift für Wegen, 2015, S. 685; *Sachs/Niedermaier*, Die Durchsetzung von Document Production Orders in internationalen Schiedsverfahren, ZVglRWiss. 114 (2015), 449 ff.; *Schäffler*, Zulässigkeit und Zweckmäßigkeit der Anwendung angloamerikanischer Beweismethoden im deutschen und internationalen Schiedsverfahren, 2003; *Schütze*, Two Issues of Taking Evidence in International Arbitration Under Civil and Common Law Systems – Production of Documents and Examination of Witnesses, in: Schütze, Ausgewählte Probleme des deutschen und internationalen Schiedsverfahrensrechts, 2005, S. 71 ff.; *ders.*, Die Ermessensgrenzen des Schiedsgerichts bei der Bestimmung der Beweisregeln, SchiedsVZ 2006, 1 ff.; *Schumacher* (Hrsg.), Beweiserhebung im Schiedsverfahren, 2011; *Varga*, Beweiserhebung in transatlantischen Schiedsverfahren, 2006; *Wiebecke*, The Procedure leading up to the Hearing: Memorials and written witness statements of witnesses and experts, SchiedsVZ 2011, 123 ff.; *Wilske/Fox*, Corruption in International Arbitration and Problems with Standard of Proof, Festschrift für Bergsten, 2011, S. 489 ff.

1. Bestimmung der Beweisregeln

Nach § 1042 Abs. 4 ZPO ist – mangels abweichender Parteivereinbarung – das Schiedsgericht befugt, über die Zulässigkeit einer Beweiserhebung zu entscheiden, diese durchzuführen und das Ergebnis frei zu würdigen. Dabei ist das Schiedsgericht – da es keine Zwangsmittel besitzt – teilweise auf die Mithilfe des staatlichen Gerichts angewiesen. Nach § 1050 ZPO sind die Gerichte zur Hilfeleistung verpflichtet. **442**

In der jüngeren Vergangenheit wenden Schiedsgerichte – international und national – zunehmend Beweisregeln des common law an,[98] verzichten auf einen Beweisbeschluss und überlassen den Parteien die Beweisführung durch *examination in chief* (oder die sie ersetzenden *written witness statements*), *crossexamination* und *reexamination*. Das mag daran liegen, dass die Vorbereitung des Schiedsgerichts für die Beweiserhebung einfacher bei Anwendung von common law Regeln ist als es nach deutschem Beweisrecht der Fall ist. Es mag auch daran liegen, dass die Schiedsrichter im Einzelfall das common law Beweissystem anderen Beweisregelungen für überlegen halten. Jedenfalls ist das Schiedsgericht bei Wahl der Beweisregeln nicht völlig frei. Im Einzelnen gilt folgendes:[99] **443**

- Bestimmen die Parteien das anwendbare Beweisrecht vor Annahme des Mandats durch die Schiedsrichter, so sind diese durch die Bestimmung der Parteien gebunden.
- Erfolgt die Bestimmung des Beweisrechts durch die Parteien nach Annahme des Mandats durch die Schiedsrichter, so haben diese ein Kündigungsrecht, sofern sie mit der Anwendbarkeit des von den Parteien bestimmten Beweisrechts nicht rechnen konnten und ihnen dieses fremd ist.
- Haben die Parteien ein Beweisrecht vor Annahme des Mandats durch die Schiedsrichter bestimmt, dann können sie dieses später nur mit Zustimmung des Schiedsgerichts ändern.
- Bestimmen die Parteien das Beweisrecht nicht ausdrücklich, so muss das Schiedsgericht die Beweisregeln anwenden, die dem mutmaßlichen Parteiwillen entsprechen.
- Ist ein mutmaßlicher gemeinsamer Parteiwillen nicht vorhanden oder nicht feststellbar, so muss das Schiedsgericht nach seinem Ermessen handeln, muss aber Beweisregeln anwenden, die eine Beziehung zum Schiedsfall haben. Im Rahmen dieser Ermessensausübung kann das Schiedsgericht auch internationale Regelwerke wie die IBA-Rules anwenden.
- Missbrauchen die Schiedsrichter ihr Ermessen, so liegt ein Aufhebungsgrund nach § 1059 Abs. 2 Nr. 1 lit. d ZPO vor.

---

[98] Vgl. zu der Problematik *Bühler*, in: Böckstiegel (Hrsg.), Beweiserhebung in internationalen Schiedsverfahren, 2001, S. 94 ff.; *Demeyer* SchiedsVZ 2003, 247 ff.; *Hunter* SchiedsVZ 2003, 155 ff.; *Sachs* SchiedsVZ 2003, 193 ff.; *Schäffler*, Zulässigkeit und Zweckmäßigkeit anglo-amerikanischer Beweismethoden im deutschen und internationalen Schiedsverfahren, 2003; *Wirth* SchiedsVZ 2003, 9 ff.

[99] Vgl. *Schütze* SchiedsVZ 2006, 1 ff.

444 In internationalen Schiedsverfahren werden häufig die IBA Regeln zur Beweisaufnahme vereinbart. Mit den IBA Rules on Taking of Evidence in International Arbitration[100] hat die International Bar Association versucht, den europäisch-amerikanischen Konflikt der Beweiserhebung im internationalen Schiedsverfahren beizulegen, jedenfalls zu entschärfen. Dieses Regelwerk[101] ist ein Kompromiss zwischen kontinentaleuropäischem und common law Beweisrecht. Es hat die Lücke gefüllt, die die nationalen Schiedsgesetze – bewusst – offengelassen haben, um der Parteiautonomie Raum zu geben. Sie sind aber nur anwendbar, wenn die Parteien die Anwendbarkeit vereinbaren oder das Schiedsgericht im Rahmen seines Ermessens die Anwendung beschliesst.

445 Bei umfangereichen und komplexen Schiedsverfahren versuchen die Schiedsgerichte, die Beweisaufnahme durch neue Formen der Beweiserhebung – insbesondere der Zeugeneinvernahme – Herr zu werden. *Burr/Karrer*[102] beispielsweise berichten über das Schiedsverfahren Anaconda Operation Pre. v. Fluor Australia Pre. Ltd., in dem in zwei hearings insgesamt 241 Zeugenaussagen von den Parteien in das Verfahren eingeführt wurden. In dem ersten hearing wurden 79, in dem zweiten 75 im Kreuzverhör befragt. Vgl. dazu → Rn. 478 ff.

2. Beweismittel

446 Dem Schiedsgericht stehen die Beweismittel des ordentlichen Zivilprozesses zur Verfügung.

a) Beweis durch Augenschein

Literatur: *Köchl*, Augenscheinsbeweis, in: Schumacher (Hrsg.) Beweiserhebung im Schiedsverfahren, 2011, Rn. 649 ff. (aus österreichischer Sicht)

447 Bei der Erhebung des Augenscheinsbeweises ist das Schiedsgericht freier als das staatliche Gericht. Es kann – ohne an störende Reisekostenordnungen gebunden zu sein – den Augenschein überall einnehmen. Das ist ein großer Vorteil, insbesondere dann, wenn sich das Objekt des Augenscheins im Ausland befindet.

448 Auf der anderen Seite darf das Schiedsgericht den Augenschein nicht erzwingen. Besteht materiellrechtlich eine Vorlegungs- oder Duldungspflicht, so kann die beweisbelastete Partei diese vor dem ordentlichen Gericht durchsetzen. Zweckmäßigerweise setzt das Schiedsgericht in diesem Fall eine nicht zu kurz bemessene Frist.

449 Das Schiedsgericht kann bei der Einnahme des Augenscheins anordnen, dass Sachverständige zuzuziehen sind (§ 372 Abs. 1 ZPO).[103] Auch für diese Sachverständigen gilt § 1049 ZPO.

---

[100] Vgl. dazu *Raeschke-Kessler*, Die IBA-Rules über die Beweisaufnahme in internationalen Schiedsverfahren, in: Böckstiegel (Hrsg.), Beweiserhebung in internationalen Schiedsverfahren, 2001, S. 41 ff.; jüngst zu den Reformen *Kreindler*, Possible Future Revisions to the IBA Rules on the Taking of Evidence in International Commercial Arbitration, in: Böckstiegel/Berger/Bredow (Hrsg.), The Taking of Evidence in International Commercial Arbitration, 2010, S. 85 ff.; *Kläsener/Dolgorukow*, Die Überarbeitung der IBA-Regeln zur Beweisaufnahme in der internationalen Schiedsgerichtsbarkeit, SchiedsVZ 2010, 302 ff.; *Risse/Haller*, Die „IBA-Regeln" zur Beweisaufnahme in der internationalen Schiedsgerichtsbarkeit, in: Eberl (Hrsg.) Beweis im Schiedsverfahren, 2015, S. 115 ff.; *von Segesser*, The IBA Rules ont the Taking of Evidence in International Arbitration, ASA Bulletin2010, 735 ff.

[101] Vgl. dazu auch *Krapfl*, Die Dokumentenvorlage im internationalen Schiedsverfahren, 2006, S. 248 ff.; Varga, Beweiserhebung in transatlantischen Schiedsverfahren, 2006, S. 138 ff.

[102] Vgl. *Burr/Karrer*, „Chess Clock" Arbitration and Time Management Techniques in International Commercial Arbitration: From the Perspective of the Arbitrator and Counsel, Consttruction Journal 26 (2010), 33 ff.

[103] Vgl. *Schütze/Tscherning/Wais* Rn. 438.

b) Zeugenbeweis

Literatur: *Bertke/Schröder,* Grenzen der Zeugenvorbereitung im staatlichen Zivilprozess und im Schiedsverfahren, SchiedsVZ 2014, 80 ff.; *von Bodungen,* Zeugnisverweigerung im Schiedsgerichtsverfahren, in: Eberl (Hrsg.), Beweis im Schiedsverfahren, 2015, S. 161 ff.; *Köllensperger,* Beweis durch Zeugen und Parteien, in: Schumacher (Hrsg.), Beweiserhebung im Schiedsverfahren, 2011, Rn. 283 ff. (aus österreichischer Sicht); *Molitoris,* Der Zeugenbeweis im Schiedsverfahren, in: Eberl (Hrsg.), Beweis im Schiedsverfahren, 2015, S. 73 ff.; *Reeg,* The Preparation of Witnesses in International Arbitration – The Need for an Active Control of the Tribunal, Festschrift für Wegen, 2015, S. 734 ff.; *Schütze,* Das chess clock-Verfahren und andere Probleme des Beweisrechts im internationalen Schiedsverfahren, Festschrift für Coester-Waltjen, 2015, S. 757 ff.; *Wegen,* Witness Conferencing Revisited, Festschrift für Schütze II, 2014, S. 691 ff.

Bei der Erhebung des Zeugenbeweises ist das Schiedsgericht darauf angewiesen, dass der Zeuge freiwillig erscheint und an ihn gerichtete Fragen beantwortet. Zwangsmittel besitzt das Schiedsgericht nicht. In der Praxis werden die Zeugen regelmäßig von der beweisbelasteten Partei in die Sitzung bestellt. **450**

Das Schiedsgericht ist befugt, Zeugen zu laden.[104] Weigert sich ein Zeuge zu erscheinen oder auszusagen, so bleibt nur der Weg über § 1050 ZPO. Das Schiedsgericht oder – mit Zustimmung des Schiedsgerichts – die beweisbelastete Partei kann bei Gericht beantragen, den Zeugen zu laden, zu vernehmen und – gegebenenfalls – zu beeidigen. **451**

Überlässt das Schiedsgericht der Partei die Anrufung des Gerichts, so sollte es im Interesse eines zügigen Fortgangs des Verfahrens hierfür eine Frist setzen. Da die Partei auf die Durchführung des Verfahrens nur im Hinblick auf die Antragstellung Einfluss hat, kann die Fristsetzung nur auf die Einbringung des Antrags bei Gericht gehen. Die Partei ist nicht frei in der Bestimmung, welche Zeugen zu welchen Beweisthemen durch das staatliche Gericht zu vernehmen sind. Die nach § 1050 ZPO notwendige Zustimmung des Schiedsgerichts bezieht sich nicht nur auf den Antrag an das Gericht generell, sondern auch auf seinen Inhalt. Die Zustimmung hängt davon ab, ob das Schiedsgericht die richterliche Handlung „für erforderlich erachtet". Diese Voraussetzung des § 1036 Abs. 1 aF ZPO ist zwar nicht in das SchiedsVfG aufgenommen worden, ist aber auch nach § 1050 ZPO selbstverständlich. **452**

Für die Erhebung des Zeugenbeweises gelten wegen seiner Freiwilligkeit zahlreiche Einschränkungen gegenüber der Regelung in §§ 373 ff. ZPO. Da der Zeuge die Aussage ohne Grund verweigern darf, sind Zeugnisverweigerungsrechte (§§ 383 ff. ZPO) im Verfahren vor dem Schiedsgericht bedeutungslos. Der Zeuge braucht hierüber auch nicht belehrt zu werden. Die Belehrung hat sich lediglich darauf zu beziehen, dass er überhaupt nicht gezwungen ist auszusagen[105]. Die Zeugnisverweigerungsrechte werden erst im Verfahren nach § 1050 ZPO vor dem staatlichen Gericht relevant. Das Schiedsgericht ist auch nicht befugt, einen Zeugen zu beeidigen. Hält das Schiedsgericht eine Beeidigung für erforderlich, so fasst es einen entsprechenden Beschluss und ersucht das staatliche Gericht um die Eidesabnahme oder überlässt dies der beweisbelasteten Partei. **453**

Die Art der Vernehmung der Zeugen steht im Ermessen des Schiedsgerichts (§ 1042 Abs. 4 ZPO). Mit Zustimmung der Verfahrensbeteiligten sind auch dem deutschen staatlichen Zivilprozess unbekannte Formen der Zeugenvernehmung, wie das witness conferencing[106] (vgl. → Rn. 481 f.) und die Beweisaufnahme nach common law Regeln[107] mit examination in chief (oder die diese ersetzenden schriftlichen Zeugenaussagen), cross-examination und ggf. reexamination zulässig. Das Schiedsgericht ist bei der Bestimmung **454**

---

[104] Vgl. für ein Muster einer Zeugenladung *Schütze/Tscherning/Wais* Rn. 472.
[105] Vgl. *Molitoris* S. 83.
[106] Vgl. dazu *Schütze,* Festschrift für Coester-Waltjen, S. 757 ff. (763 f.); *Wegen,* Festschrift für Schütze II, S. 691 ff.
[107] Vgl. dazu *Wirth,* Ihr Zeuge, Herr Rechtsanwalt! Weshalb Civil-Law-Schiedsrichter Common-Law-Verfahrensrecht anwenden, SchiedsVZ 2003, 9 ff.

dem deutschen Prozessrecht unbekannter Arten der Zeugenvernehmung in seinem Ermessen aber nicht frei, sondern gehalten – soweit die Parteien keine Regelung getroffen haben –, den mutmaßlichen Parteiwillen zu erforschen (vgl. → Rn. 442 ff.).

455 Zur Protokollierung der Aussagen ist das Schiedsgericht nicht verpflichtet. Ein Protokoll ist aber zweckmäßig. Eine Protokollierungspflicht kann sich aus der Schiedsvereinbarung oder einer anwendbaren Schiedsordnung ergeben.[108]

c) Beweis durch Sachverständige

Literatur: *Köchl*, Sachverständigenbeweis, in: Schumacher (Hrsg.), Beweiserhebung im Schiedsverfahren, 2011, Rn. 495 ff. (aus österreichischer Sicht); *Lörcher*, Der vom Schiedsgericht bestellte Sachverständige im Verfahren, Festschrift für Böckstiegel, 2001, S. 485 ff.; *Lotz*, Der Sachverständige im Schiedsverfahren, SchiedsVZ 2011, 203 ff.; *Wach/Petsch*, Der Sachverständigenbeweis im Schiedsverfahren – Grenzen der Gestaltungsfreiheit von Parteien und Schiedsgericht, in: Eberl (Hrsg.), Beweis im Schiedsverfahren, 2015, S. 91 ff.

456 Das Schiedsgericht kann Sachverständige bestellen (§ 1049 ZPO). Der Sachverständigenbeweis hat eine an sich unverständliche Sonderregelung bei den Beweismitteln gefunden. Art. 26 des Modellgesetzes,[109] auf dem die Vorschrift des § 1049 ZPO beruht, soll einen Kompromiss zwischen dem dem deutschen Recht unbekannten Parteisachverständigen des common law Prozesses und dem diesem Rechtssystem unbekannten Gerichtssachverständigen darstellen.[110] Die Stellung des Sachverständigen hängt primär von den getroffenen Parteivereinbarungen ab.[111]

457 Die Regeln über den Zeugenbeweis gelten entsprechend.

458 Der Sachverständige muss unparteilich und unabhängig sein. Er kann aus denselben Gründen und in denselben Verfahren wie ein Schiedsrichter abgelehnt werden (§ 1049 Abs. 3 ZPO). Ein Ablehnungsgrund liegt zB vor, wenn der Sachverständige in der Sache bereits ein Gutachten für eine Partei erstattet hat.

459 Abweichend von § 407 ZPO besteht keine Verpflichtung des Sachverständigen zur Erstattung eines Gutachtens. Er ist nicht zum Erscheinen vor dem Schiedsgericht verpflichtet. Das Schiedsgericht kann den Sachverständigen nicht beeiden. Weigert sich ein Sachverständiger, vor dem Schiedsgericht zu erscheinen, oder hält das Schiedsgericht seine Beeidigung für notwendig, so kann das Schiedsgericht oder – mit Zustimmung des Schiedsgerichts – die beweisbelastete Partei diese nach § 1050 ZPO bei Gericht beantragen. Die Regelung für Zeugen gilt entsprechend.

460 Das Schiedsgericht kann die Parteien auffordern, dem Sachverständigen Auskünfte zu erteilen und alle für die Erstattung des Gutachtens notwendigen Besichtigungen von Schriftstücken und Sachen zu ermöglichen (§ 1049 Abs. 1 ZPO). Wenn eine Partei dies beantragt oder das Schiedsgericht es für notwendig hält, so ist der Sachverständige zur Erläuterung seines schriftlichen Gutachtens zu laden. In dieser Verhandlung können die Parteien Fragen stellen und eigene Sachverständige zu den Gutachtensfragen aussagen lassen (§ 1049 Abs. 2 ZPO).

461 Der Vertrag mit dem Sachverständigen ist ein Werkvertrag.[112] Dieser wird durch das Schiedsgericht im Namen aller Schiedsparteien – nicht nur der beweisbelasteten Partei – abgeschlossen.[113] Dem Schiedsgericht obliegt deshalb eine besondere Sorgfaltspflicht, einen Sachverständigen nur zu ernennen, wenn dies unumgänglich notwendig ist.

---

[108] So ist nach § 29 der Schiedsgerichtsordnung der DIS über jede mündliche Verhandlung eine Niederschrift aufzunehmen.
[109] Vgl. dazu *Calavros* S. 118 ff.; *Granzow* S. 161 f.; *Hußlein-Stich* S. 131 ff.
[110] Vgl. Begründung, BT-Drs. 13/5274, S. 50 f.; *Lachmann* Rn. 835.
[111] Vgl. dazu *Lotz* SchiedsVZ 2011, 203 ff.
[112] Vgl. BGHZ 42, 313; BGHZ 67, 1.
[113] Vgl. BGHZ 42, 315; *Maier* Rn. 352.

d) Beweis durch Urkunden

Literatur: *Günther,* Einschränkung der Erhebung von Dokumentenbeweisen aufgrund von Vertraulichkeit und Geschäftsgeheimnissen, Festschrift für Sandrock, 2000, S. 341 ff.; *Holland/Handtke,* Beschränkung auf den Urkundenbeweis im Schiedsverfahren, Festschrift für Bülow, 1981, S. 75 ff.; *Schlosser,* Der Beweis durch Urkunden, in: Eberl (Hrsg.), Beweis im Schiedsverfahren, 2015, S. 49 ff.; *Schütze,* Zum Urkundsschiedsverfahren, Festschrift für Trinkner, 1995, S. 399 ff.; *Schumacher,* Urkundenbeweis, in: Schumacher (Hrsg.), Beweiserhebung im Schiedsverfahren, 2011, Rn. 188 ff.; *Wilke,* Der Urkundenbeweis in transatlantischen deutsch-amerikanischen Prozessen und im Schiedsverfahren, IDR 2004, 88 ff.

Der Beweis durch Urkunden[114] wird durch Vorlegung der Urkunde angetreten (§ 420 ZPO). Das Schiedsgericht kann dem Gegner des Beweisführers – ebenso wie Dritten – aufgeben, eine in seinem Besitz befindliche Urkunde vorzulegen. Zwangsmittel besitzt das Schiedsgericht jedoch nicht. Das Schiedsgericht kann bei Nichtvorlegung durch den Gegner der beweisbelasteten Partei nach § 427 ZPO verfahren. Im Übrigen kann die beweisbelastete Partei – mit Zustimmung des Schiedsgerichts – ein gerichtliches Verfahren nach § 1050 ZPO betreiben, um die Vorlegung der Urkunde zu erzwingen.[115] **462**

Das Schiedsgericht ist an die Beweisregeln der §§ 415 ff. ZPO nicht gebunden, soweit die Parteien nichts anderes bestimmt haben. Die Unterscheidung von öffentlichen Urkunden und Privaturkunden ist deshalb weniger bedeutsam als im Verfahren vor staatlichen Gerichten. **463**

Jedoch kennt das deutsche Recht kein discovery-Verfahren[116] und Anträge auf Vorlage von Urkunden können als fishing expeditions zurückgewiesen werden.[117] **464**

In internationalen Schiedsverfahren werden häufig die IBA Rules on the Taking of Evidence in International Arbitration als anwendbar vereinbart. Diese enthalten in Art. 3 eine ausführliche Regelung zu Dokumentenvorlage. Das Regelwerk sollte einen Ausgleich zwischen dem extensiven System des common laws – insbesondere US-amerikanischer Prägung – und der kontinental-europäischen zivilprozessualen Praxis schaffen. Die Regelung sieht deshalb eine Eingrenzung von Urkundenvorlageverlangen vor. In der Praxis hat das aber wenig gebracht. Amerikanische Schiedsrichter interpretieren die Regeln extensiv „the american way", kontinentaleuropäische Schiedsrichter legen diese restriktiv aus. So gilt auch hier in Fällen, in denen ein Schiedsrichter Amerikaner ist, der zweite Kontinentaleuropäer: Qui elegit arbitrum tertium elegit processum. Der Vorsitzende entscheidet im Ergebnis, wie Art. 3 IBA Rules auszulegen ist. In jedem Fall muss das Schiedsgericht bei jedem Urkundenvorlageverlangen dieses auch gegen berechtigte Interesssen des Inhabers des Dokuments an der Geheimhaltung geheimer Informationanen wahren.[118] **465**

Schlosser berichtet den Fall „Fregatten von Taiwan", dem es im behaupte Bestechungsgelder für einen französisch-taiwanesischen Großauftrag über Fregatten ging[119]. Hier war die Vorlage eines Dokuments für den Beweis des erhobenen Korruptionsvorwurfs wesentlich. Die Urkundsvorlage wurde schließlich durch Einlenken der Parteien ermöglicht. **466**

---

[114] Die Parteien können auch eine Beschränkung der Beweismittel auf Urkunden vereinbaren; vgl. dazu *Holland/Hantke,* Festschrift für Bülow, 1981, S. 75 ff.; *Schütze,* Festschrift für Trinkner, 1995, S. 399 ff.

[115] Vgl. *Schwab/Walter* Kap. 15 Rn. 22.

[116] Vgl. *Bork,* in: Gottwald (Hrsg.), Internationale Schiedsgerichtsbarkeit, 1997, S. 283 ff., Nr. 42; vgl. dazu auch *Krapfl,* Die Dokumentenvorlage im internationalen Schiedsverfahren, 2007; *Tief,* Discovery und Informationspflichten der Parteien in der internationalen Schiedsgerichtsbarkeit. Ein deutsch-amerikanischer Vergleich, 2000.

[117] Vgl. *Schwab/Walter* Kap. 15 Rn. 9.

[118] Vgl. im einzelnen *Pörnbacher/Knief,* Der Geheimnisschutz im internationalen Schiedsverfahren, in: Eberl (Hrsg.), Beweis im Schiedsverfahren, 2015, S. 207 ff.

[119] Vgl. *Schlosser,* Der Beweis durch Urkunden, S. 66 f.

e) Beweis durch Parteivernehmung

467 Auch die Parteivernehmung ist ein zulässiges Beweismittel im Schiedsverfahren. Zulässig ist im Regelfall nur die Vernehmung auf Antrag der anderen Partei (§ 445 ZPO) oder des Beweisführers im Einverständnis mit der anderen Partei (§ 447 ZPO). Das Schiedsgericht kann darüber hinaus aber auch die Vernehmung der beweispflichtigen Partei beschließen, wenn dies angemessen erscheint.[120] Das ist zuweilen der Fall, wenn eine Partei in Beweisnot gerät, weil die Verhandlungen, deren Inhalt streitentscheidend ist, auf der einen Seite von einem persönlich haftenden Gesellschafter oder Geschäftsführer, auf der anderen Seite von einem Prokuristen geführt worden sind. Die starren Beweisregeln der §§ 445 ff. ZPO passen nicht in jedem Fall für das Schiedsverfahren.

f) Beweis durch Auskunft

468 Auch die amtliche Auskunft ist ein im Schiedsverfahren zulässiges Beweismittel.[121] Bei Auskunftsersuchen an manche Behörden, insbesondere ausländische, kann richterliche Hilfe nach § 1050 ZPO in Anspruch genommen werden.[122]

3. Beweiserhebung und Beweiswürdigung

469 Die Beweiserhebung steht im Ermessen des Schiedsgerichts. Grundlage ist ein Beweisbeschluss,[123] der nicht notwendigerweise schriftlich abgesetzt werden muss. Das Schiedsgericht kann auch in der mündlichen Verhandlung beschließen, Zeugen zu vernehmen oder von anderen Beweismitteln Gebrauch zu machen. Unzulässig ist es, – ohne Zustimmung der Parteien – die Zeugen von den Parteien nach deren Gutdünken in die Sitzung zu stellen und nach den Regeln des common law Verfahrens mit written witness statements, examination in chief, cross examination und reexamination[124] vernehmen zu lassen. Diese Beweiserhebungsmethode verlängert und verteuert das Verfahren erheblich und wäre bei Sitz des Schiedsgerichts in Deutschland und Anwendung deutschen Schiedsverfahrensrechts eine ermessensmissbräuchliche Bestimmung durch das Schiedsgericht, die nicht mehr durch § 1042 Abs. 4 ZPO gedeckt ist.

470 Bei der Behandlung von Beweisangeboten und -anträgen ist den Parteien rechtliches Gehör zu gewähren.[125] § 1042 Abs. 1 S. 2 ZPO gilt auch im Rahmen der Beweiserhebung.

471 Jedoch rechtfertigt das Übergehen eines Beweisantrags regelmäßig die Aufhebung des Schiedsspruchs nicht.[126]

472 Die Beweiserhebung kann im Schiedsverfahren gegenüber dem Verfahren vor den staatlichen Gerichten eingeschränkt sein, wenn die Schiedsrichter wegen ihrer speziellen Sachkunde – einer der Gründe für den Abschluss einer Schiedsvereinbarung (vgl. → Rn. 40) – bestellt werden und über verwertbare eigene Sachkunde[127] oder privates Wissen[128] verfügen.[129] Das Schiedsgericht darf nur zulässige Beweismittel in die Beweiserhebung – und die Spruchfindung – einbeziehen. Es ist allerdings nicht an die Beur-

---

[120] AA *Maier* Rn. 375: „Alles andere wäre Willkür".
[121] Vgl. *Maier* Rn. 344; *Schütze/Tscherning/Wais* Rn. 482.
[122] Vgl. *Schwab/Walter* Kap. 17 Rn. 3.
[123] Vgl. für Muster eines Beweisbeschlusses *Henn*, Anl. 21; *Schütze/Tscherning/Wais* Rn. 432.
[124] Vgl. dazu *Bunge*, Zivilprozess und Zwangsvollstreckung in England und Schottland, 2. Aufl. 2005, S. 148 ff.; *Coester-Waltjen*, Internationales Beweisrecht, 1983, S. 304 ff. mwN.
[125] Vgl. *Schwab/Walter* Kap. 15 Rn. 2.
[126] Vgl. BGH NJW 1966, 549.
[127] Vgl. OLG Köln KTS 1977, 265.
[128] Vgl. BGH NJW 1964, 593.
[129] Vgl. *Schütze/Tscherning/Wais* Rn. 419.

teilung der Zulässigkeit von Beweismitteln durch die Rechtsprechung der staatlichen Gerichte – zB für ohne Wissen aufgenommene Tonbandaufnahmen – gebunden.

Bei der Durchführung der Beweisaufnahme ist grundsätzlich die Parteiöffentlichkeit zu wahren (§ 357 ZPO). Die Parteien und ihre Verfahrensbevollmächtigten müssen der Beweisaufnahme beiwohnen, sachdienliche Fragen stellen und Hinweise geben können.[130] Das Gesetz schreibt dies ausdrücklich nur für den Sachverständigenbeweis in § 1049 Abs. 2 ZPO vor. Der Grundsatz gilt aber umfassend für die gesamte Beweiserhebung. 473

Das Schiedsgericht ist bei der Beweiswürdigung frei (§ 1042 Abs. 4 S. 2 ZPO)[131]. Es ist nicht an bestimmte Beweisregeln oder gar Beweisverbote (zB Verbot des anglo-amerikanischen Verfahrensrechts des opinion evidence oder des hearsay evidence[132]) gebunden. Die Erschwerung oder Verhinderung der Beweisführung der beweisbelasteten Partei führt nicht zu einer Beweislastumkehr, ist jedoch in der Beweiswürdigung wertend zu berücksichtigen[133] 474

4. Beweiserhebung im Ausland

Beweiserhebung, Beweisarten und eventuelle Beweisverbote bestimmen sich nach dem anwendbaren Schiedsverfahrensrecht,[134] bei Sitz des Schiedsgerichts in Deutschland also nach deutschem Recht. Soweit nicht die lex arbitri eine Bindung des Schiedsgerichts vorsieht, sind die Schiedsrichter in der Beweiserhebung frei. § 1042 Abs. 4 S. 2 ZPO statuiert ausdrücklich: *„Das Schiedsgericht ist berechtigt, über die Zulässigkeit einer Beweiserhebung zu entscheiden, diese durchzuführen und das Ergebnis frei zu würdigen."* 475

Die Schiedsrichter können den Ort der Beweisaufnahme bestimmen, insbesondere eine Beweisaufnahme im Ausland durchführen, was der Wahrheitsfindung dienen, aber auch das Verfahren verteuern kann. Das Schiedsgericht kann sich bei Durchführung der Beweisaufnahme der Mithilfe der staatlichen Gerichte bedienen[135] (§ 1050 ZPO) und nach dem Haager Übereinkommen über die Beweisaufnahme im Ausland in Zivil- und Handelssachen vom 18.3.1970[136] verfahren.[137] Das Übereinkommen ist zwar seinem Wortlaut nach auf die Beweisaufnahme in gerichtlichen Verfahren beschränkt (Art. 1 Abs. 2). Das schließt jedoch Rechtshilfeersuchen durch das zuständige staatliche Gericht für die Zwecke des Schiedsverfahrens nicht aus.[138] Dasselbe gilt für die Europäische Beweisaufnahmeverordnung (VO (EG) Nr. 1206/2001). 476

Hält das Schiedsgericht eine Beweisaufnahme im Ausland für notwendig, so erlässt es einen Beweisbeschluss und leitet diesen mit einem Rechtshilfeersuchen an das zuständige Gericht nach § 1050 ZPO weiter. Dieses stellt das Rechtshilfeersuchen über die zentrale Behörde, die das Ersuchen an die zuständige Behörde des Staates, in dem die Beweismaß- 477

---

[130] Vgl. BGHZ 3, 215; *Schütze/Tscherning/Wais* Rn. 430; *Schwab/Walter* Kap. 15 Rn. 10.

[131] Vgl. zur Beweiswürdigung bei Korruption im Schiedsverfahren *Wilske/Fox*, Festschrift für Bergsten, 2011, S. 489 ff.

[132] Vgl. zu den Beweisverboten umfassend *Coester-Waltjen*, Internationales Beweisrecht, 1983, S. 228 ff.

[133] Vgl. dazu eingehend *Sachs/Niedermeier*, Die Rechtsfigur der „adverse interferences" in der internationalen Schiedsgerichtsbarkeit, in: Eberl (Hrsg.), Beweis im Schiedsverfahren, 2015, S. 129 ff. mwN.

[134] Vgl. *Schlosser* Rn. 539 ff.; *Schütze/Tscherning/Wais* Rn. 601.

[135] Zur Rolle der deutschen Gerichte im Rahmen der Rechtshilfe für ein ausländisches Schiedsgericht vgl. *Wirth/Hoffmann-Nowotny* SchiedsVZ 2005, 66 ff.

[136] BGBl. II 1977, 1452, 1472, abgedruckt mit allen Bekanntmachungen hierzu bei *Geimer/Schütze*, Internationaler Rechtsverkehr in Zivil- und Handelssachen, A I 3.

[137] Vgl. dazu *Saathoff*, Möglichkeiten und Verfahren gerichtlicher Hilfe zugunsten fremdnationaler Handelsschiedsverfahren mit internationaler Beteiligung, Diss. Köln 1987.

[138] Vgl. Erläuterung zu Art. 1 des Haager Beweisübereinkommens, Deutsche Denkschrift, BT-Drs. VII Nr. 4892.

nahme durchgeführt werden soll, weiterleitet. Die Beweisaufnahme wird dort nach zweitstaatlichen Vorschriften durchgeführt.

5. Neue Beweisformen

478 Zur Beschleunigung der Beweisaufnahme und zur Steigerung ihrer Effizienz sind in der Praxis einige neue Formen der Beweiserhebung entwickelt worden[139].

a) chess clock Verfahren

Literatur: *Appel*, The Chess Clock: A Time-Management Technique for Complex Cases, Dispute Resolution Journal 2006, 83 f.; *Burr/Karrer, „Chess Clock"* Arbitration and Time Management Techniques in International Commercial Arbitration: From the Perspective of the Arbitrator and Counsel, Construction Journal 26 (2010), 53 ff.; *Fellas*, Fair and Efficient International Arbitration Process, Dispute Resolution Journal 2004, 79 ff.; *Grenz*, Der Faktor Zeit im Schiedsverfahren, 2013, S. 157 ff.; *Karrer*, Chess Clock Arbitration, Festschrift für Szurski, 2008, S. 41 ff.; *Paulsson*, The Timely Arbitrator. Reflections on the Böckstiegel Method, Arb.Int'l 22 (2006), 18 ff.; *Schütze*, Das chess clock Verfahren und andere Formen des Beweisrechts in internationalen Schiedsverfahren, Festschrift für Coester-Waltjen, 2015, S. 757 ff. (760 ff.)

479 Beim chess clock Verfahren wird bei Beginn des Verfahrens die Zeit festgelegt, die jeder Partei für Plädoyers, introductory statements, post hearing statements und die Befragung von Zeugen und Sachverständigen zur Verfügung steht. Das Verfahren mag zur Straffung der Beweisaufnahme dienen, ist jedoch unter dem Gesichtspunkt der Waffengleichheit problematisch, wenn wegen der Zahl der Zeugen der Notwendigkeit von Übersetzungen pp. eine Partei mehr Zeit als die andere benötigt. Darüber hinaus besteht die Gefahr, dass böswillige Parteien und Zeugen die Beweisaufnahme torpedieren können. So war es in einem Schiedsverfahren in Genf, wo die Zeugen einer Partei – offenbar entsprechend instruiert und präpariert – ständig erklärten, sie hätten eine Frage nicht verstanden, bäten um Wiederholung und gaben dann Antworten, die nichts mit der Frage zu tun hatten. Und die Sanduhr lief!

480 Das chess clock Verfahren ist nur zulässig, wenn die Parteien zustimmen oder es zumindest dem mutmaßlichen Parteiwillen entspricht und die Gleichbehandlung der Parteien durch individuelle Zeitmessung und notfalls Änderung gesichert ist.

b) Witness conferencing

Literatur: *Grenz,* Der Faktor Zeit im Schiedsverfahren, 2013, S. 151 ff.; *Hwang*, Witness Conferencing and Party Autonomy, in: Hwang, Selected Essays in International Arbitration, 2013, S. 403 ff.; *Peter*, Witness Conferencing, Arb. Int'l 18 (202), 47 ff.; *ders.*, Witness Conferencing Revisited, CEPANI Reports 2004, S. 157 ff.; *Schütze*, Das chess clock Verfahren und andere Formen des Beweisrechts in internationalen Schiedsverfahren, Festschrift für Coester-Waltjen, 2015, S. 757 ff. (763 ff.); *Wegen*, Witness Conferencing Revisited, Festschrift für Schütze II, 2014, S. 601 ff.

481 Als weiteres Mittel zur Verkürzung der Beweisaufnahme und ihrer effizienten Gestaltung wird das *witness conferencing*[140] von einigen Schiedsrichtern favorisiert[141]. Bei dieser Beweismethode werden die Zeugen nicht einzeln ohne die Anwesenheit noch zu ver-

---

[139] Vgl. dazu *Schütze*, Das chess clock Verfahren und andere Formen des Beweisrechts in internationalen Schiedsverfahren, Festschrift für Coester-Waltjen, 2015, S. 757 ff.

[140] Vgl. dazu *Grenz* S. 151 ff.; *Hwang* Witness Conferencing and Party Autonomy, in: Hwang Selected Essays in International Arbitration (2013), S. 403 ff.; *Peter* Witness Conferencing, Arb. Int'l 18 (2002), 47 ff.; *ders.* Witness Conferencing Revisited, CEPANI Reports 2004, S. 157 ff.; *Wegen* Witness Conferencing Revisited, Festschrift für Schütze II, 2014, S. 691 ff.

[141] Vgl. zB *Wegen* Festschrift für Schütze II S. 691 ff. (698), der die Vorteile des witness conferencing die Nachteile überwiegend ansieht.

nehmender Zeugen befragt, vielmehr mehrere oder alle Zeugen gleichzeitig, dh bei gleichzeitiger Anwesenheit[142]. Ziel ist es, Unstimmigkeiten der Aussagen sofort zu erkennen, die Zeugen hiermit zu konfrontieren, ihr Erinnerungsvermögen aufzufrischen und eine möglichst wahrheitsgetreue Aussage zu forcieren. Das witness conferencing soll die Glaubwürdigkeit der Zeugen erhöhen, indem es zu wahrheitsgemäßen und weniger parteilichen Aussagen führt[143]. Das aber ist eine durch nichts belegte Hypothese.

Das Modellgesetz – und ihm folgend das 10. Buch der ZPO – regelt die Art der Zeugenvernehmung nicht. § 394 Abs. 1 ZPO, der die Vernehmung von Zeugen in Abwesenheit der später abzuhörenden Zeugen anordnet, gilt im Schiedsverfahren nicht. Diese Vernehmungsmethode mag unzweckmäßig im Hinblick auf eine mögliche Einschüchterung von Zeugen und Ängste, sich freimütig zu äußern haben, die Abweichung von ihr ist aber nicht unzulässig. *Hwang* betont insbesondere die Vereinbarkeit mit Artt. 19 f. Model Law[144]. Jedoch sind der Vernehmung von Zeugen in Gegenwart anderer – noch nicht vernommener – Zeugen Grenzen gesetzt: **482**

– Die Gleichbehandlung der Parteien – eines der Basispostulate des § 1042 Abs. 1 S. 1 ZPO – muss gewährleistet sein[145]. Dieser Grundsatz ist verletzt, wenn ein schwaches Schiedsgericht es zulässt, dass einer der Verfahrensbevollmächtigten das „Heft in die Hand" nimmt und die Zeugenbefragung an sich reisst.
– Schließlich muss das rechtliche Gehör für die Parteien auch beim witness conferencing gewährleistet sein[146]. Das ist nicht der Fall, wenn – das ist die Gefahr – das Schiedsgericht zulässt, dass Zeugen in extensiver Weise Fragen an andere Zeugen stellen. Auch beim *witness conferencing* muss gewährleistet sein, dass es die Parteien und das Schiedsgericht sind, die die Befragung der Zeugen – auch bei der Gegenüberstellung – durchführen.

6. Beweissicherung

Ein Beweissicherungsverfahren vor Einleitung des Schiedsverfahrens ist unzulässig.[147] Den Parteien bleibt in diesem Zeitpunkt nur die Durchführung eines Beweissicherungsverfahrens vor den staatlichen Gerichten.[148] Zuständig ist das Amtsgericht, in dessen Sprengel sich die zu vernehmende Person oder der in Augenschein zu nehmende Gegenstand befindet.[149] Das OLG Düsseldorf[150] hat die Zulässigkeit eines selbständigen Beweisverfahren – für ein koreanisches Schiedsgericht – verneint, wenn ein nachgeschaltetes Prozessverfahren denkbar nicht stattfinden kann, dabei aber übersehen, dass nach § 1025 Abs. 2 die Bestimmungen des § 1033 auch dann anzuwenden sind, wenn der Ort des Schiedsverfahrens im Ausland liegt[151]. **483**

Ist das Schiedsgericht bestellt, so kann vor ihm ein Beweissicherungsverfahren durchgeführt werden.[152] **484**

---

[142] *Hwang* S. 403 ff. (404) beschreibt die Methode prägnant: „Basically witness conferencing is where you have two or more witnesses appearing together before the tribunal to give their evidence in the same session and to be examined jointly".
[143] Vgl. *Schneider* in *Donovan* Arbitration International, 2005, S. 606; *Wegen* Festschrift für Schütze II, S. 691 ff. (692).
[144] Vgl. *Hwang* S. 403 ff. (405).
[145] Vgl. *Grenz*, S. 154.
[146] Vgl. *Blackaby/Partasides/Redfern/Hunter* Redfern and Hunter on International Arbitration, 5. Aufl., 2009, Rn. 6.219; *Grenz* S. 154.
[147] Vgl. *Schwab/Walter* Kap. 15 Rn. 27.
[148] Vgl. dazu OLG Frankfurt/Main BauR 1993, 504.
[149] Vgl. dazu *Nicklisch* RIW/AWD 1978, 633 ff., 640; *Schlosser* Rn. 646.
[150] Vgl. OLG Düsseldorf SchiedsVZ 2008, 258 mAnm *Schlosser* ebenda, 261 f.
[151] Vgl. *Schlosser* SchiedsVZ 2008, 261 f.
[152] Vgl. *Schwab/Walter* Kap. 15 Rn. 27.

VIII. Fristen

485 Neben den Fristen für das Verfahren vor den staatlichen Gerichten im Rahmen des Schiedsverfahrens (zB § 1059 Abs. 3, § 1065 Abs. 2 iVm § 552 ZPO) kennt das Schiedsverfahren nur wenige gesetzliche Fristen: Bestellung eines Schiedsrichters (§ 1035 Abs. 3 ZPO); Ablehnung eines Schiedsrichters (§ 1037 Abs. 2 ZPO); Berichtigung, Auslegung und Ergänzung eines Schiedsspruchs (§ 1058 Abs. 2 und 3 ZPO). Im Übrigen können die Parteien im Rahmen ihrer Regelungsbefugnis für das Verfahren Fristbestimmungen treffen.

486 Das kann zunächst *ausdrücklich* geschehen. So können die Parteien bestimmen, binnen welcher Frist Schiedsklage zu erheben und auf sie zu erwidern ist, binnen welcher – von § 1035 Abs. 3 ZPO möglicherweise abweichender – Frist Schiedsrichter zu ernennen sind, binnen welcher Frist der Schiedsspruch zu erlassen ist pp. Die Parteien können auch die Rechtsnatur der Frist (Ausschlussfrist pp.) bestimmen.[153]

487 Zuweilen finden sich auch *indirekte Fristbestimmungen,* etwa wenn die entsprechende Anwendbarkeit des Verfahrens erster Instanz vor den Landgerichten vereinbart wird. In einem solchen Fall hat das Schiedsgericht die Regelungen des ordentlichen Zivilprozesses anzuwenden und zB verspätetes Vorbringen in den in der ZPO normierten Fällen zurückzuweisen. Eine besondere Androhung ist nicht erforderlich.[154]

488 Die Regelung der §§ 296, 296a ZPO mag zwar rigoros erscheinen. Die Parteien bedürfen aber keines Kindermädchens. Wenn sie die entsprechende Anwendbarkeit der ZPO für das landgerichtliche Verfahren wollen (und vereinbaren), dann müssen sie auch die Konsequenzen tragen. Dasselbe gilt bei der Vereinbarung der Anwendbarkeit ausländischer Verfahrensordnungen. Die notwendige Zügigkeit des Schiedsverfahrens erfordert es, dass das Schiedsgericht über die Fristen Verzögerungen durch böswillige oder schlampige Parteien verhindert.

489 Für die Berechnung der Fristen gilt das anwendbare Schiedsverfahrensrecht, bei Schiedsort in Deutschland also deutschem Recht. §§ 222 ZPO, 187–189 BGB sind entsprechend anzuwenden, soweit die Parteien keine abweichende Regelung treffen.[155]

490 Mangels gesetzlicher Normierung und fehlender Regelung durch die Parteien bestimmt das Schiedsgericht die Fristen. Das gilt zB für die Frist zur Schiedsklageeinreichung nach § 1046 Abs. 1 ZPO.

491 Bei internationalen Schiedsverfahren mit Beteiligten in verschiedenen Zeitzonen ist für die Berechnung des Fristenlaufs mangels abweichender Regelung durch die Parteien auf die Zeitzone abzustellen, in der sich der Schiedsort befindet.[156]

IX. Verfahrenssprache

Literatur: *Breitenstein,* La langue d'arbitrage – une langue arbitraire? ASA Bulletin 1995, 18 ff.; *Schütze,* Die Vereinbarung der Zuständigkeit eines institutionellen Schiedsgerichts – Probleme der Redaktion der Schiedsklausel, RPS BB-Beil. 9/1998, 2 ff.; *ders.,* Probleme der Übersetzung im Zivilprozessrecht, Festschrift für Sandrock, 2000, S. 871 ff.; *Várady,* Language and Translation in International Commercial Arbitration, 2006

---

[153] So kann bei nicht rechtzeitiger Erhebung der Schiedsklage oder Nichteinhaltung der vertraglichen Frist für den Erlass des Schiedsspruchs Unwirksamkeit der Schiedsvereinbarung angeordnet werden. Vgl. zur Zulässigkeit der Setzung einer Ausschlussfrist *Schwab/Walter* Kap. 16 Rn. 2.
[154] AA *Schütze/Tscherning/Wais* Rn. 359.
[155] Vgl. *Schütze/Tscherning/Wais* Rn. 361; *Schwab/Walter* Kap. 16 Rn. 37.
[156] Vgl. *Wegen/Wilske* SchiedsVZ 2003, 124 f.

Anders als staatlichen Gerichten nach § 184 GVG ist Schiedsgerichten keine bestimmte Verfahrenssprache vorgegeben. Maßgebend ist auch hier die Parteivereinbarung (§ 1045 Abs. 1 S. 1 ZPO). 492

Treffen die Parteien keine Regelung, so bestimmt hierüber das Schiedsgericht. Es hat jedoch den Willen der Parteien zu erforschen und zu berücksichtigen. Dabei sind ua in Betracht zu ziehen: Vertragssprache,[157] Muttersprache der Parteien, Sitz des Schiedsgerichts, Redaktion der Schiedsvereinbarung, Bezugnahme auf bestimmte Verfahrensregelungen. Bestimmen die Parteien, dass das Schiedsgericht entsprechend dem Verfahren 1. Instanz vor dem Landgericht entscheiden soll, so ist zugleich über § 184 GVG die Verfahrenssprache festgelegt. Bei institutionellen Schiedsgerichten enthält die Schiedsordnung häufig eine Bestimmung über die Verfahrenssprache.[158] 493

Die Verfahrenssprache darf keiner Partei ein Übergewicht geben[159]. 494

Beherrschen nicht alle Beteiligten die Verfahrenssprache, so ist das Schiedsgericht berechtigt, aber nicht verpflichtet, für Dolmetscher für Parteien, Zeugen oder Sachverständige zu sorgen. Dasselbe gilt für die Übersetzung von Dokumenten und Urkunden. Es obliegt den Parteien selbst, Übersetzungen von Schriftstücken zu beschaffen. Unter dem Gesichtspunkt des rechtlichen Gehörs ist ihnen hierzu hinreichend Zeit zu gewähren.[160] 495

Das Schiedsgericht kann anordnen, dass schriftliche Beweismittel in die Verfahrenssprache zu übersetzen sind. Dies sollte jedoch nur geschehen, wenn ein Mitglied des Schiedsgerichts oder eine Partei der Sprache, in der das Schriftstück abgefasst ist, nicht mächtig ist. Denn einer der Vorteile des Schiedsverfahrens ist es gerade, dass durch das Entfallen von Übersetzungen Zeit gewonnen und Kosten gespart werden. 496

Kosten von Übersetzungen sind Kosten des Schiedsverfahrens nach § 1057 Abs. 1 ZPO, die unabhängig davon zu tragen sind, wer die Übersetzung zu veranlassen hat.[161] Übersetzungen, die eine Partei aus der Verfahrenssprache in ihre Muttersprache oder eine sonstige Nichtverfahrenssprache fertigen lässt, fallen ihr allein zur Last.[162] Ist in einem deutsch-koreanischen Streitfall die Verfahrenssprache Englisch, so trägt die deutsche Partei alle Kosten für Übersetzungen – etwa der Schiedsklageschrift oder englischsprachige Beweisurkunden – in die deutsche Sprache selbst. Dagegen sind Kosten für die Übersetzung von Schriftstücken aus der koreanischen in die englische Sprache Kosten des Schiedsverfahrens, die erstattbar sind. 497

X. Das vom Schiedsgericht anzuwendende materielle Recht

Literatur: *Adolphsen/Schmalenberg*, Islamisches Recht als materielles Recht in der Schiedsgerichtsbarkeit?, SchiedsVZ 2007, 57 ff.; *Basedow*, Vertragsstatut und Arbitrage nach neuem IPR, Jahrbuch für die Praxis der Schiedsgerichtsbarkeit 1 (1987), 3 ff.; *Böckstiegel*, Die Bestimmung des anwendbaren

---

[157] Vgl. Begründung, BT-Drs. 13/5274, S. 48.
[158] Vgl. zB Art. 20 ICC SchO: *„Fehlt eine Parteivereinbarung, bestimmt das Schiedsgericht die Verfahrenssprache(n) unter Berücksichtigung aller Umstände, einschließlich der Sprache des Vertrags."* § 22.1 DIS SchO bestimmt: *„Die Parteien können die Sprache oder die Sprachen, die im schiedsrichterlichen Verfahren zu verwenden sind, vereinbaren. Fehlt eine solche Vereinbarung, so bestimmt hierüber das Schiedsgericht. Die Vereinbarung der Parteien oder die Bestimmung des Schiedsgerichts ist, sofern darin nichts anderes vorgesehen ist, für schriftliche Erklärungen der Parteien, mündliche Verhandlungen, Schiedssprüche, sonstige Entscheidungen und andere Mitteilungen des Schiedsgerichts maßgebend."*
[159] Vgl. *Spohnheimer*, Gestaltungsfreiheit bei antezipiertem Legalanerkenntnis des Schiedsspruchs, 2010, S. 222.
[160] Vgl. BGH WM 1977, 948; *Schütze/Tscherning/Wais* Rn. 328.
[161] Vgl. Begründung, BT-Drs. 13/5274, S. 48.
[162] Vgl. Begründung, BT-Drs. 13/5274, S. 48.

Rechts in der Praxis internationaler Schiedsverfahren, Festschrift für Beitzke, 1979, S. 443 ff.; *Handorn*, Die Bestimmung des anwendbaren materiellen Rechts gemäß § 1051 Abs. 1 und 2 Zivilprozessordnung, 2005; *Hansmann*, Anwendbares Recht nach deutschen und italienischen Schiedsgerichten – Bindung an die Rom I-Verordnung oder Sonderkollisionsrecht?, Festschrift für von Hoffmann, 2011, S. 971 ff.; *von Hoffmann*, Internationale Handelsschiedsgerichtsbarkeit. Bestimmung des maßgeblichen Rechts, 1970; *Kessler*, Die Bindung des Schiedsgerichts an das materielle Recht, 1964; *Kulpa*, Das anwendbare (materielle) Recht in internationalen Handelsschiedsgerichtsverfahren, 2005; *Lepschy*, § 1051 ZPO – Das anwendbare materielle Recht in internationalen Schiedsverfahren, 2003; *Mankowski* Rom I-VO und Schiedsverfahren, RIW 2011, 30 ff.; *Martiny*, Die Bestimmung des anwendbaren Sachrechts durch das Schiedsgericht, Festschrift für Schütze, 1999, S. 529 ff.; *McGuire* Grenzen der Rechtswahlfreiheit im Schiedsverfahrensrecht? Über das Verhältnis zwischen Rom-I-VO und § 1051 ZPO, SchiedsVZ 2011, 257 ff.; *Ostendorf* Wirksame Wahl ausländischen Rechts auch bei fehlendem Auslandsbezug im Fall einer Schiedsgerichtsvereinbarung und ausländischem Schiedsort, SchiedsVZ 2010, 234 ff.; *Schmidt-Ahrendts/Höttler* Anwendbares Recht bei Schiedsverfahren mit Sitz in Deutschland, SchiedsVZ 2011, 267 ff.; *Schütze*, Die Bestimmung des anwendbaren Rechts im Schiedsverfahren und die Feststellung seines Inhalts, Festschrift für Böckstiegel, 2001, S. 715 ff.; *ders.* Die Besetzung eines internationalen Schiedsgerichts und das anwendbare Recht, Festschrift für Kaissis, 2012, S. 887 ff.; *ders.*, Der Beweis des anwendbaren Rechts im Schiedsverfahren und die Feststellung seines Inhalts, in: Eberl (Hrsg.), Beweis im Schiedsverfahren, 2015, S. 149 ff.; *Seog-Ung*, Die Bestimmung des anwendbaren materiellen Rechts in der internationalen Handelsschiedsgerichtsbarkeit nach § 1051 ZPO, 2004; *Solomon*, Das vom Schiedsgericht in der Sache anzuwendende Recht nach dem Entwurf eines Gesetzes zur Neuregelung des Schiedsverfahrensrechts, RIW 1997, 981 ff.

1. Bedeutung des anwendbaren Rechts im Schiedsverfahren

498   Die Bestimmung des anwendbaren Rechts hat im Schiedsverfahren eine größere Bedeutung für die Rechtsfindung als im Verfahren vor den staatlichen Gerichten. Die staatlichen Kollegialgerichte sind mit Richtern gleicher Ausbildung in einem Recht besetzt. Für sie ist das anzuwendende Recht einheitlich entweder inländisches oder ausländisches. Bei internationalen Schiedsverfahren dagegen stammen die Schiedsrichter bei dem üblichen Dreiparteienschiedsgericht häufig aus verschiedenen Staaten, haben eine Ausbildung in unterschiedlichen Rechten. So kommt es vor, dass das anzuwendende Recht für einzelne Schiedsrichter heimisches, „ihr" Recht ist, für andere dagegen fremdes Recht.

499   Zu welchen Problemen diese internationale Besetzung von Schiedsgerichten führen kann[163], haben die deutsch-sowjetischen Streitfälle vor dem Schiedsgericht der Stockholmer Handelskammer gezeigt, die traurige Berühmtheit erlangt haben. Fehlte in deutsch-sowjetischen Verträgen eine Rechtswahl, so kam über schwedisches Kollisionsrecht regelmäßig sowjetisches Recht zur Anwendung.[164] Das Schiedsgericht setzte sich üblicherweise aus einem von der sowjetischen Partei benannsten sowjetischen, einem von der deutschen Partei benannten deutschen Juristen als Schiedsrichter und – da eine Einigung auf den Obmann nie zustande kam – einem von der Handelskammer benannten schwedischen Juristen als Vorsitzenden zusammen.

500   Kam es zu unterschiedlichen Ansichten der Schiedsrichter über den Inhalt eines anzuwendenden sowjetischen Rechtssatzes, so entschied faktisch das Votum des sowjetischen Schiedsrichters. Denn der Vorsitzende, der das anwendbare Recht nicht kannte, schenkte regelmäßig wohl dem Schiedsrichter mehr Glauben, der sein eigenes, als dem, der fremdes Recht interpretierte.

---

[163] Vgl. dazu *Schütze*, Festschrift für Kaissis, 2012, S. 887 ff.
[164] Vgl. dazu *Stumpf/Lindstaedt* AWD 1972, 228 ff.; *Schütze*, Festschrift für Böckstiegel, S. 715 ff., 722 f.

Dasselbe ereignet sich in internationalen Schiedsverfahren täglich.[165] Ist in einem 501
deutsch-koreanischen Streitfall koreanisches Recht anzuwenden und setzt sich das
Schiedsgericht aus einem deutschen und einem koreanischen Schiedsrichter und einem
amerikanischen Vorsitzenden zusammen, so entscheidet faktisch der koreanische Schiedsrichter, was der Inhalt koreanischen Rechts ist.

Das führt zu einem verständlichen Kampf um das anwendbare Recht im Schiedsverfahren. 502

2. Bestimmung des anwendbaren Rechts

§ 1051 ZPO enthält eine Kollisionsnorm zur Bestimmung des anwendbaren materiellen Rechts im Schiedsverfahren. Damit ist die nach früherem Recht notwendige Suche 503
nach der lex fori internationaler Schiedsgerichte[166] und deren Bestimmung[167] überflüssig
geworden. Soweit §§ 1025 ff. ZPO zur Anwendung kommen (weil der Sitz des Schiedsgerichts in Deutschland liegt), ist das anwendbare Recht nach der Kollisionsnorm des
§ 1051 ZPO zu bestimmen. Diese ist Art. 3 Rom I-VO (früher Art. 27 EGBGB) nachgebildet.[168] Das war wegen der völkerrechtlichen Verpflichtungen, die Deutschland im
Rahmen des EG Übereinkommens v. 19.6.1980 über das auf vertragliche Schuldverhältnisse anwendbare Recht[169] übernommen hat, wohl unausweichlich.[170]

Dennoch ist die Rom I-VO im Schiedsverfahren nicht anwendbar[171]. Denn wenn 504
§ 1051 ZPO eine echte Kollisionsklausel ist, kann für die Anwendung der Rom I VO
kein Raum sein[172]. Damit ist auch das Verbraucherprivileg des Art. 6 Rom I VO nicht
anwendbar. Da auch Art. 3 Abs. 3 Rom I VO mit der Verdrängung der Rom I VO durch
§ 1051 ZPO keine Anwendung findet, können auch die AGB Regeln der §§ 305 ff. BGB
– ebenso in Inlandsfällen – ausgeschlossen werden[173]

Die Diskussion über das anwendbare Kollisionsrecht ist damit für Schiedsverfahren 505
mit Schiedsort in Deutschland obsolet. Für das von vielen Autoren favorisierte Ermessen
des Schiedsgerichts bei der IPR Wahl[174] ist im Anwendungsbereich des § 1051 ZPO kein
Raum.

a) Grundsatz: Parteiautonomie

Nach § 1051 Abs. 1 ZPO entscheidet zunächst der Parteiwille über das anwendbare 506
Recht. Die Vereinbarung eines bestimmten Rechts ist – vorbehaltlich anderweitiger Ver-

---

[165] Vgl. dazu *Schütze*, Qui elegit arbitrum tertium elegit processum, Festschrift für Grossfeld, 1999, S. 1067 ff.
[166] Vgl. dazu *Gentinetta* ZSR N. F. 84 I, 1965, S. 139 ff.; *ders.*, Die lex fori internationaler Handelsschiedsgerichte, 1973.
[167] Vgl. dazu *Basedow*, Jahrbuch für die Praxis der Schiedsgerichtsbarkeit 1 (1987), S. 3 ff., 16 ff.; *Böckstiegel*, Festschrift für Beitzke, 1979, S. 443 ff.
[168] Vgl. dazu (kritisch) *Solomon* RIW 1997, 981 ff.
[169] BGBl. II 1986, 809.
[170] Vgl. Begründung, BT-Drs. 13/5274, S. 52.
[171] Vgl. *Hausmann*, Anwendbares Recht vor deutschen und italienischen Schiedsgerichten – Bindung an die Rom I-Verordnung oder Sonderkollisionsrecht?, FS von Hoffmann, 2011, S. 971 ff. (977 f.); *Kronke*, Internationale Schiedsverfahren nach der Reform, RIW 1998, 257 ff. (262 f.) für das EVÜ; *Nuber*, Nochmals: Schiedsgerichtsbarkeit ist vom Anwendungsbereich der Rom I-VO nicht erfasst, SchiedsVZ 2014, 186 ff.; aA *Mankowski*, Schiedsgerichte und die Verordnungen des Europäischen Privat- und Verfahrensrechts, Festschrift für Hoffmann, 2011, S. 1012 ff. (1023 ff.).
[172] Vgl. *Pfeiffer*, Die Abwahl deutschen AGB Rechts in Inlandsfällen bei Vereinbarung eines Schiedsverfahrens, NJW 2012, 1169 ff.
[173] Vgl. *Pfeiffer* NJW 2012, 1169 ff.
[174] So *Sandrock* RIW 1992, 785 ff.; *Solomon* RIW 1997, 981 ff., 986 ff.

einbarung – eine Sachnormverweisung. Eine Weiter- und Rückverweisung kommt deshalb nicht in Betracht.

507 Eine Teilrechtswahl ist zulässig.[175] Die Aufspaltung mag – ebenso wie nach Art. 3 Abs. 1 S. 3 Rom I-VO – für einen abtrennbaren Teil des Vertrages erfolgen.

b) Hilfsanknüpfung: engste Verbindung

508 Haben die Parteien eine Rechtswahl nicht getroffen oder ist eine solche nicht feststellbar, so kommt das Recht zur Anwendung, das mit dem Gegenstand des Schiedsverfahrens die engste Verbindung aufweist. Der Gesetzgeber hat erfreulicherweise die unglückliche Regelung von Art. 28 Abs. 2 Modellgesetz[176] nicht übernommen, wonach in diesen Fällen, das nach dem von den Schiedsrichtern „für anwendbar erachtete Kollisionsrecht" über das anwendbare Recht bestimmt, eine Regelung, die sich auch in Art. 13 Abs. 3 der bis zum 31.12.1997 geltenden Fassung der ICC-SchO fand[177] und die von Schiedsgerichten gelegentlich missinterpretiert wurde.

509 Bei der Ermittlung des Rechts der engsten Verbindung sind die Grundsätze des Art. 4 Rom I-VO entsprechend anwendbar.[178]

c) Handelsbräuche

510 § 1051 Abs. 4 ZPO sieht – überflüssigerweise – die Berücksichtigung von Handelsbräuchen bei der Rechtsfindung vor. Handelsbräuche sind ein Teil der Rechtsordnung und finden deshalb im Rahmen ihres Geltungsbereichs in jedem Verfahren Anwendung. Daraus folgt, dass Handelsbräuche in Schiedsverfahren dann und insoweit zu berücksichtigen sind, als sie Teil des anwendbaren Rechts sind.[179] Ist in einem Schiedsverfahren japanisches Recht anwendbar, so bestimmt sich der Inhalt und die Anwendbarkeit eines Handelsbrauchs allein nach japanischem Recht.

511 Trotz der missverständlichen Formulierung in § 1051 Abs. 4 ZPO gehen Handelsbräuche nicht gesetztem Recht vor. Sie sind Teil einer Rechtsordnung und haben die Qualität, die diese Rechtsordnung ihnen beimisst.

d) Grenzen der Rechtswahl

512 Die Sonderkollisionsnorm des § 1051 ZPO regelt das im Schiedsverfahren anwendbare IPR abschließend. Deshalb ist auch die Verbraucherschutzklausel des Art. 6 Rom I-VO nicht anwendbar.[180] Auf sie ist in § 1051 ZPO nicht Bezug genommen.[181] Die ordre public Nachprüfung im Aufhebungs- oder Vollstreckbarerklärungsverfahren bie-

---

[175] Vgl. *Solomon* RIW 1997, 981 ff., 982.
[176] Vgl. dazu *Calavros* S. 125 ff. (zu Recht kritisch); *Granzow* S. 170 ff.; *Hußlein-Stich* S. 145 ff.
[177] Vgl. dazu *Aden*, Internationale Handelsschiedsgerichtsbarkeit, 1988, S. 106 ff.; *Reiner*, ICC-Schiedsgerichtsbarkeit, 1989, S. 242 ff. Die ab 1.1.2012 geltende Neuregelung ist noch unbefriedigender. Nach Art. 21 Abs. 1 ICC SchO 2012 soll das Schiedsgericht mangels Parteibestimmung die Rechtsregeln anwenden, die es „für geeignet erachtet". Das macht die Vorhersehbarkeit für die Parteien vollends zunichte. Vorbildlich ist § 23 DIS SchO; vgl. *Schütze* RPS BB-Beil. 9/1998, 2 ff., 3; *Schütze*, Festschrift für Böckstiegel, 2001, S. 715 ff.
[178] Vgl. Begründung, BT-Drs. 13/5274, S. 53.
[179] Vgl. *Solomon* RIW 1997, 981ff, 985.
[180] Anders jedoch OLG Düsseldorf RIW 1996, 681, allerdings zum alten Recht; dazu *Aden* RIW 1997, 723 ff. (kritisch).
[181] Bestr., vgl. zur Diskussion *Mankowski* RIW 2011, 30 ff.; *McGuire* SchiedsVZ 2011, 257 ff. und *Schmidt-Ahrendts/Höttler* SchiedsVZ 2011, 267 ff. jeweils mit umfassenden Nachweisen.

tet hinreichenden Schutz. Der EuGH sieht das für das europäische Recht offenbar anders.¹⁸²

Angesichts der abschliessenden Regelung in § 1051 ZPO ist die Rechtswahlmöglichkeit auch nicht auf Fälle mit Auslandsbezug und die Wahl staatlichen Rechts beschränkt¹⁸³. Deshalb können die Parteien auch die Anwendbarkeit islamischen Rechts¹⁸⁴ – als eines nicht einem Staat zuzuordnenden Rechts – bestimmen.¹⁸⁵ **513**

Einen Irrweg beschreitet die Rechtsprechung, wenn sie Schiedsvereinbarungen für unwirksam erklärt, wenn – nach Ansicht des Gerichts – zu erwarten ist, dass das vereinbarte Schiedsgericht zwingendes Recht nicht anwenden werde.¹⁸⁶ **514**

3. Anwendung deutschen Rechts

Deutsches Recht hat das Schiedsgericht so anzuwenden wie ein staatliches Gericht. Jedoch fallen Benachrichtigungspflichten und der Zwang zur Vorlegung an ein bestimmtes Gericht oder eine Behörde fort. So ist das Schiedsgericht nicht gehalten, das Bundeskartellamt nach § 90 GWB zu benachrichtigen und zu beteiligen. Auch ist das Schiedsgericht nicht an die höchstrichterliche Rechtsprechung gebunden¹⁸⁷. Das gilt zB für die Rechtsprechung des BGH zum Aushandeln von Vertragsbedingungen iS von § 305 Abs. 1 S. 3 BGB, wo der BGH, dem die gesetzliche Regelung „nicht passt", in der Praxis unerfüllbare Anforderungen stellt und so eine Auslegung der Norm contra legem praktiziert. Das muss und darf ein Schiedsgericht nicht mitmachen. **515**

4. Anwendung europäischen Rechts und Vorlage an den EuGH

Literatur: *Cohn,* Zur Vorlagepflicht von Schiedsgerichten an den Europäischen Gerichtshof, AWD 1966, 431 ff.; *Handoll,* „Nordsee" Deutsche Hochseefischerei GmbH v. Reederei Mond Hochseefischerei Nordstern AG & Co. KG, Power of Arbitrator to Make Article References, EIPR 1982, 260 ff.; *Hepting,* Art. 177 EWGV und die private Schiedsgerichtsbarkeit, EuR 1982, 315 ff.; *ders.,* Die Vorlagebefugnis privater Schiedsgerichte nach Art. 177 EWGV, IPRax 1983, 101 ff.; *Kornblum,* Private Schiedsgerichte und Art. 177 EWGV, Jahrbuch für die Praxis der Schiedsgerichtsbarkeit 2 (1988), S. 102 ff.; *Schütze,* EG-Recht im deutschen Zivilprozess, EWS 1990, 49 ff.; *ders.,* Feststellung und Revisibilität europäischen Rechts im deutschen Zivilprozess, Gedächtnisschrift für Baur, 1992, S. 93 ff.; *ders.* Die Vorlageberechtigung von Schiedsgerichten an den EuGH, SchiedsVZ 2007, 121 ff.; *ders.,* Die Vorlage an den EuGH im Schiedsverfahren, Festschrift für Klamaris, 2016, S. 509 ff.; *Spiegel,* Anmerkung zum EuGH Urt. v. 1.6.1999 (Eco Swiss/Bennetton), EuZW 1999, 565 ff.; *Zobel,* Schiedsgerichtsbarkeit und Gemeinschaftsrecht – Integration und Exklusion – 2005.

Europäisches Recht ist wie inländisches Recht zu behandeln.¹⁸⁸ Bei der Auffindung einer anwendbaren Rechtsnorm kommt § 293 ZPO nicht zur Anwendung, da EU-Recht **516**

---

¹⁸² Vgl. EuGH, C-168/05 – Mostaza Claro v. Centro Movil Millenium – EuGHE 2006 I-10421; dazu *Liebscher* CMLR 2008, 545 ff.; *Wagner* SchiedsVZ 2007, 49 ff.; weiter EuGH, C 40/08 – Astucom v. Nogiera – EuZW 2009, 852, dazu *Hilbig* SchiedsVZ 2010, 74 ff.

¹⁸³ Vgl. zu der Problematik im Hinblick auf AGB Regelungen *Ostendorf* SchiedsVZ 2010, 234 ff.

¹⁸⁴ Vgl. zur islamic arbitration *Klötzel,* Islamic Financial Law in Malaysia and the Reference to the Shari-ah Advisory Council under Rule 11 of the i-Arbitration Rules of the Kuala Lumpur Regional Centre for Arbitration, Festschrift für Wegen 2015, S. 673 ff.

¹⁸⁵ Vgl. zu der Problematik *Adolphsen/Schmalenberg* SchiedsVZ 2007, 57 ff.

¹⁸⁶ Vgl. zB OLG München WM 2006, 1556 = IPRax 2006, 322 mAnm *Thume;* dazu *Horn* SchiedsVZ 2008, 209 ff. ((217 ff.); *Quinke* SchiedsVZ 2007, 246 ff.; BGH NJW 1987, 1153; dazu *Schütze,* Zur Wirksamkeit von internationalen Schiedsvereinbarungen und zur Wirkungserstreckung ausländischer Schiedssprüche aus Börsentermingeschäften, Jahrbuch für die Praxis der Schiedsgerichtsbarkeit 1 (1987), S. 94 ff. (95 ff.).

¹⁸⁷ Vgl. *Berger,* Die (fehlende) Bindung des Schiedsrichters an die höchstrichterliche Rechtsprechung, Festschrift für Elsing, 2015, S. 15 ff.

¹⁸⁸ Vgl. *Schütze* EWS 1990, S. 49 ff.; *ders.,* Gedächtnisschrift für Baur, S. 93 ff.

nicht aufgrund kollisionsrechtlicher Verweisung, sondern unmittelbar in Deutschland gilt. Schiedsgerichte haben Europäisches Recht anzuwenden, und zwar unabhängig davon, ob es seiner Entscheidung die lex causae eines EU-Mitgliedstaates oder aber Billigkeitserwägungen zugrunde legt.

517 Eine Vorlagepflicht an den EuGH besteht nicht,[189] aber auch keine Vorlagebefugnis.[190] Jedoch kann das Schiedsgericht im Rahmen von § 1050 ZPO ein staatliches Gericht um Vorlage nach Art. 234 (177 aF) EWGV ersuchen.[191] Die Überprüfung der Rechtsanwendung des Schiedsgerichts durch das staatliche Gericht kann sowohl während des laufenden Schiedsverfahrens als auch im Aufhebungs- oder Vollstreckbarkeitserklärungsverfahren (im Rahmen der ordre public Prüfung) erfolgen. In diesem Verfahren besteht dann uU eine Vorlagepflicht des befassten Gerichts an den EuGH. Leading cases sind *Eco Swiss v. Benneton*[192] und *Elisa Mostaza v. Centro Móvil Milenium, SL*[193]. Im ersten Fall ging es um die Vereinbarkeit eines Lizenzvertrages, auf dessen Grundlage ein Schiedsgericht einen Anspruch bejaht hatte, mit europäischem Recht in einem Vollstreckbarerklärungsverfahren in den Niederlanden. Im zweiten Fall ging es um die Vereinbarkeit eines Schiedsspruchs über Ansprüche aus einem Mobiltelefonvertrag mit der EU-Missbrauchsrichtlinie in einem Vollstreckbarerklärungsverfahren in Spanien. In beiden Fällen bejahte der EuGH seine Zuständigkeit.

5. Anwendung ausländischen Rechts

518 Teilweise wird die Ansicht vertreten, das Schiedsverfahren kenne keine Unterscheidung zwischen „eigenem" und „fremdem" Recht.[194]

519 Für die Ermittlung und Anwendung ausländischen Rechts im Schiedsverfahren gelten dieselben Regeln wie im Prozess vor den staatlichen Gerichten. Die zu § 293 ZPO von Rechtsprechung und Schrifttum entwickelten Grundsätze[195] finden entsprechende Anwendung[196]. Ausländisches Recht ist solches Recht, das nicht mit dem Recht der nach dem Sitz des Schiedsgerichts zu bestimmenden lex fori übereinstimmt.[197]

520 Nach deutschem Schiedsverfahrensrecht ist ausländisches Recht als Recht, nicht als Tatsache anzuwenden. Das Schiedsgericht kann sich im Rahmen seines Ermessens aller Erkenntnisquellen bedienen, die es für erforderlich und nützlich hält, um den Inhalt einer ausländischen Rechtsnorm zu ermitteln. Das Schiedsgericht kann Sachverständigengutachten einholen. Ihm stehen jedoch nicht die Möglichkeiten zur Beschaffung von Rechtsauskünften nach dem Europäischen Übereinkommen betreffend Auskünfte über auslän-

---

[189] Vgl. zum Meinungsstand *Kornblum*, Jahrbuch für die Praxis der Schiedsgerichtsbarkeit 2 (1988), S. 102 ff.; *Schütze* SchiedsVZ 2007, 121 ff.; *ders.*, Festschrift für Klamaris, S. 509 ff.; *Zobel* S. 120 ff.

[190] Vgl. EuGH, 102/81 – Nordsee v. Reederei Mond – EuGHE 1982, 1095 = NJW 1982, 1207 = RIW 1982, 519 = IPRax 1983, 116; dazu *Hepting* IPRax 1983, 101 ff.; EuGH Rs. 126/97 – Eco Swiss v. Bennetton, EuGHE 1999, I, 3055; *Kaissis*, in: Kaissis/Mavromatis (Hrsg.), Les Avantages de l'Arbitrage en Greece and the Pays Balkans, 1999, S. 117 ff., 120 f.

[191] Vgl. *Zobel* S. 162 ff. mwN

[192] Vgl. EuGH Rs. C-126/97 – Eco Swiss v. Benetton – EuGHE 1999 I-3055; dazu *Spiegel*, Anmerkung zum EuGH Urt. v. 1.6.1999 (EcoSwiss/Benetto), EuZW 1999, 565 ff.

[193] Vgl. EuGH Rs. C-168/05 – Elisa Maria Mostaza v. Centro Móvil Milenium SL – NJW 2007, 135 = SchiedsVZ 2007, 46 mAnm *Wagner* ebda.

[194] So *Schlosser* Rn. 747.

[195] Vgl. neben den Kommentaren zu § 293 ZPO *Müller*, in: Müller ua (Hrsg.), Die Anwendung deutschen Rechts im internationalen Privatrecht, 1968, S. 66 ff.; *Schack*, IZVR, Rn. 697 mwN; *Schütze* DIZPR, Rn. 251 ff.

[196] Vgl. *Schack*, IZVR, Rdn 1406.

[197] AA *Schlosser* Rn. 747, der die Ansicht vertritt, im Schiedsverfahren gäbe es keine Unterscheidung zwischen „eigenem" und „fremdem" Recht.

disches Recht v. 7.6.1968[198] offen, da hier ein anhängiges Gerichtsverfahren vorausgesetzt wird.[199]

Bei Nichtfeststellbarkeit eines ausländischen Rechtssatzes ist ein Ersatzrecht anzuwenden.[200] Als Ersatzrecht kommt in erster Linie das „verwandte" Recht, wenn das nicht feststellbare Recht zu einer Rechtsfamilie gehört (zB französisches Recht als Ersatzrecht für senegalesisches Recht), in Betracht. Wenn auch dies nicht zum Ziel führt, ist deutsches Recht als das der lex fori bei Schiedsverfahren nach §§ 1025 ff. ZPO anzuwenden.

521

6. Allgemeine Rechtsgrundsätze und lex mercatoria

Literatur: *Berger,* Allgemeine Rechtsgrundsätze in der Internationalen Wirtschaftsschiedsgerichtsbarkeit, Festschrift für von Hoffmann, 2011, S. 914 ff.; *Berger/Dubberstein/Lehmann/Petzold,* Anwendung Transnationalen Rechts in der internationalen Vertrags- und Schiedspraxis, ZVglRWiss 101 (2002), 12 ff.; *Dasser,* Internationale Schiedsgerichte und lex mercatoria, 1989; *von Hoffmann,* Grundsätzliches zur Anwendung der „lex mercatoria" durch internationale Schiedsgerichte, Festschrift für Kegel II, 1987, S. 215 ff.; *Kollik,* Die lex mercatoria als anwendbares Recht in Verfahren vor Schiedsgerichten mit Sitz in Österreich, SchiedsVZ 2009, 209 ff.; *Triebel/Petzold,* Grenzen der lex mercatoria in der internationalen Schiedsgerichtsbarkeit, RIW 1988, 245 ff.; *Weise,* Lex mercatoria. Materielles Recht vor internationalen Schiedsgerichten, 1990; *Wichard,* Die Anwendung der Unidroit- Prinzipien für internationale Handelsverträge durch Schiedsgerichte und staatliche Gerichte, RabelsZ 60 (1996), 269 ff.

Im internationalen Schiedsverfahren wird teilweise die Anwendung der lex mercatoria,[201] vom nationalen Recht losgelöster allgemeiner Grundsätze des internationalen Handels, favorisiert.[202] Die Anwendung der lex mercatoria macht den Schiedsrichter in Wahrheit zum amiable compositeur.[203] Er darf dieses Pseudonormengefüge, dessen Inhalt auch seine Befürworter bislang nicht zu beschreiben vermocht haben, nur bei ausdrücklicher Bestimmung durch die Parteien zur Grundlage seiner Entscheidung machen (§ 1051 Abs. 3 ZPO). Von der Vereinbarung der lex mercatoria ist dringend abzuraten. Sie macht den Ausgang des Rechtsstreits völlig unvorhersehbar.

522

Einen Erfolg haben die Verfechter der Anwendbarkeit der lex mercatoria im Schiedsverfahren in Frankreich mit der Entwicklung und Anwendung der *group of companies doctrine* erzielt, wonach eine Schiedsvereinbarung unter gewissen Vorraussetzungen im Konzern auch auf Unternehmen erstreckt wird, die die Schiedsvereinbarung nicht unterzeichnet haben.[204]

523

In jüngerer Zeit wird darüber hinaus die Anwendung von UNIDROIT-Grundsätzen diskutiert.[205] Eine unmittelbare Anwendung als materielles Recht ist nur mit Zustimmung

524

---

[198] BGBl. II 1974, 938.
[199] Vgl. Erl. Bericht zu dem Übereinkommen, BT-Drs. VII Nr. 292, Nr. 15 ff.
[200] Vgl. im Einzelnen *Schütze/Tscherning/Wais* Rn. 605.
[201] Zu der von *Schmitthoff* entwickelten Theorie eines Welthandelsrechts vgl. insbes. das von ihm herausgegebene Sammelwerk „The Sources of the Law of International Trade", 1964. Aus der deutschen Literatur vgl. ua *Grundmann,* Jahrbuch Junger Zivilrechtswissenschaftler, 1991, S. 43 ff.; *Langen,* Transnationales Recht, 1981; *Lorenz,* Festschrift für Neumayer 1985, S. 407 ff.
[202] Vgl. zur Anwendung der lex mercatoria im Schiedsverfahren – befürwortend und ablehnend – *Berger,* Internationale Wirtschaftsschiedsgerichtsbarkeit, 1992, S. 361 ff. mwN; *Dasser,* Internationale Schiedsgerichte und lex mercatoria; *von Hoffmann,* Festschrift für Kegel II, S. 215 ff.; *Weise,* Lex mercatoria. Materielles Recht vor internationalen Schiedsgerichten.
[203] Vgl. *Triebel/Petzold* RIW 1988, 245 ff., 247; *Schütze/Tscherning/Wais* Rn. 587.
[204] Vgl. dazu Rn. 189 f.; zur Herleitung der *group of companies doctrine* aus der lex mercatoria vgl. *Sandrock,* in: Böckstiegel/Berger/Bredow (Hrsg.), Die Beteiligung Dritter an Schiedsverfahren, 2005, S. 93 ff., 98.
[205] Vgl. dazu *Berger,* International Arbitral Practice and the UNIDROIT Principles of International Commercial Contracts, The American Journal of Comparative Law 46 (1998), 129 ff.; *ders.* Festschrift für von Hoffmann, S. 914 ff. (919); *Raeschke-Kessler,* Should an Arbitrator in an Interna-

der Parteien zulässig. Denkbar ist dagegen eine Anwendung zur Lückenausfüllung oder zur Auslegung des anwendbaren Rechts.

7. Der amiable compositeur

Literatur: *Affolter,* Schiedsgerichtsbarkeit und Billigkeitsklausel, schweizJZ 1953, 201 ff.; *Bühr,* Der internationale Billigkeitsschiedspruch in der privaten Schiedsgerichtsbarkeit der Schweiz, 1993; *Funck-Brentano,* Die „Amiable Composition", in: Böckstiegel (Hrsg.), Schiedsgerichtsbarkeit in Frankreich, 1983, S. 89 ff.; *Landolt,* Rechtsanwendung oder Billigkeitsentscheid durch den Schiedsrichter in der privaten internationalen Schiedsgerichtsbarkeit, 1995; *Loquin,* L'amiable composition en droit comparé et international, 1980; *Riedberg,* Der amiable compositeur im internationalen privaten Schiedsgerichtsverfahren, 1962; *Rubino-Sammartano,* „Amiable Compositeur and Ex Aequo et Bono", JIntArb 1992, 5 ff.; *Sandrock,* „Ex aequo et bono" und „amiable composition" – Vereinbarungen: ihre Qualifikation, Anknüpfung und Wirkungen, Jahrbuch für die Praxis der Schiedsgerichtsbarkeit 2 (1988), S. 120 ff.; *Schulze* Billigkeitsentscheidungen im internationalen Schiedsrecht auf der Grundlage von § 1051 Abs. 3 ZPO, Festschrift für Kaissis, 2012, S. 875 ff.; *Stauder,* Die Billigkeitsentscheidung in der Handelsschiedsgerichtsbarkeit – Rechtliche und tatsächliche Probleme des § 1051 Abs. 3 ZPO, SchiedsVZ 2014, 287 ff.; *Sykora,* Der schiedsgerichtliche Billigkeitsentscheid, 2011

525 Die Parteien können das Schiedsgericht von der Anwendung eines bestimmten Rechts befreien und eine Entscheidung nach Billigkeit – ex aequo et bono – anordnen. Die Entscheidung durch einen nicht an das Gesetz gebundenen Schiedsrichter – einen amiable compositeur – ist dem deutschen Recht an sich fremd.[206] Die Zulässigkeit folgt aber aus dem das Schiedsverfahren beherrschenden Grundsatz der Vertragsfreiheit.[207] Sie ergibt sich indirekt auch aus § 1051 Abs. 3 ZPO.

526 Die Grenze der Zulässigkeit der Billigkeitsentscheidung wird durch die guten Sitten und die öffentliche Ordnung (ordre public) bestimmt.[208]

527 Die Parteien wollen regelmäßig eine Entscheidung unter Anwendung materiellen Rechts. Nur sie ist vorhersehbar. Um teilweise bei internationalen Schiedsgerichten zu bemerkende Verdrehungen des Parteiwillens unter Auslegung zugunsten einer Billigkeitsentscheidung zu wehren, sieht § 1051 Abs. 3 ZPO vor, dass die Ermächtigung des Schiedsgerichts zur Billigkeitsentscheidung *ausdrücklich* erfolgen muss. Die Ermächtigung muss zweifelsfrei und eindeutig sein. Damit scheidet eine konkludente Ermächtigung aus.[209] Insbesondere liegt in der gemeinsamen Bitte der Parteien an das Schiedsgericht um einen Vergleichsvorschlag keine Ermächtigung zur Billigkeitsentscheidung[210].

528 Hat das Schiedsgericht ohne Ermächtigung einen Billigkeitsschiedsspruch erlassen, so ist dieser nach § 1059 Abs. 2 Nr. 1 lit. d aufzuheben[211]

8. Das Problem der punitive damages

Literatur: *Donahey,* Punitive Damages in International Commercial Arbitration, JIntArb 10 (1993), 67 ff.; *Farnworth,* Punitive Damages in Arbitration ArbInt'l 7 (1991), 3 ff.; *Lüke,* Punitive Damages in der Schiedsgerichtsbarkeit, 2003; *Marinuzzi,* Punitive Damages in Arbitration – The tional Arbitration Procedure apply the UNIDROIT Principles?, in: The UNIDROIT Principles for International Commercial Contracts: A New Lex Mercatoria?, ICC/Dossier of the Institute of International Business Law and Practice, 1995, 167 ff.

---

[206] Vgl. *Riedberg* S. 50 ff.
[207] Vgl. *Kessler,* Die Bindung des Schiedsgerichts an das materielle Recht, 1984; *Schütze/Tscherning/Wais* Rn. 587.
[208] Vgl. *Triebel/Petzold* RIW 1988, 245 ff.
[209] Vgl. OLG München SchiedsVZ 2005, 308.
[210] Vgl. OLG München SchiedsVZ 2005, 308.
[211] Vgl. *Schwab/Walter* Kap. 19, Rn. 15.

Debate Continues, Disp.Resol J 52 (1997), 67 ff.; *Stein*, Punitive Damages – eine Herausforderung für die internationale Wirtschaftsschiedsgerichtsbarkeit?, EuZW 1994, 18 ff.; *Vorpeil*, Schiedsspruch über Punitive Damages, RIW 1991, 557 ff.; *ders.*, Punitive Damages und Schiedsrecht, RIW 1992, 405 ff.

Das deutsche Recht kennt die Zuerkennung von Strafschadensersatz nicht. In den USA ist die Diskussion über die Zulässigkeit von punitive damages-Verurteilungen durch Schiedsgerichte noch nicht abgeschlossen.[212] Jedoch scheint die Tendenz zu einer Tolerierung von Strafschadensersatz in Schiedsverfahren zu gehen.[213] Qualifiziert man punitive damages als materiellrechtliches Rechtsinstitut, so kommt eine Zusprechung von Strafschadensersatz bei Anwendung deutschen Rechts nicht in Betracht, da das deutsche Recht keinen Anspruch auf Strafschadensersatz kennt. Qualifiziert man prozessrechtlich – wie es offenbar in der Entscheidung Barbier v. Shearson Lehmann Hutton, Inc.[214] geschieht – dann scheidet die Zusprechung von punitive damages bei deutschem Schiedsort aus denselben Gründen aus. 529

Aber auch bei Anwendung des Recht eines US-amerikanischen Bundesstaates oder einer anderen Rechtsordnung, die punitive Verurteilungen zulassen, – sei es auf Grund materiellrechtlicher oder prozessrechtlicher Qualifikation – kann ein Schiedsgericht mit Sitz in Deutschland Strafschadensersatz nicht zusprechen. Eine derartige Verurteilung würde gegen den ordre public verstoßen. Der BGH hat in der Kalifornienentscheidung[215] die Verurteilung zu Strafschadensersatz jedenfalls im Grundsatz für ordre public widrig erklärt.[216] Der BGH sieht den Strafschadensersatz, soweit dieser Sühne- und Präventivcharakter hat und bei dem der einzelne anstelle des Staates als „privater Staatsanwalt" auftritt als mit der deutschen Auffassung vom Bestrafungsmonopol des Staates unvereinbar an. Das muss in gesteigertem Maße für die Zuerkennung von Strafschadensersatz durch das Schiedsgericht als privates Gericht gelten. Überdies verstößt die Zuerkennung von punitive damages gegen ein grundlegendes Prinzip des deutschen Rechts, wonach der Geschädigte vollen Ausgleich für den erlittenen Schaden erhalten (§ 249 BGB), nicht aber ein Geschäft aus dem Schadensfall machen kann.[217] 530

9. Das Problem der Geldwäsche im Schiedsverfahren

Literatur: *von Schlabrendorff*, Geldwäsche in internationalen Schiedsverfahren, Festschrift für Schlosser, 2005, S. 851 ff.

Gelegentlich ist schwarzes oder schmutziges Geld Gegenstand von Schiedsverfahren. Für das Schiedsgericht ist das wegen der Verhandlungsmaxime regelmäßig schwer zu erkennen. Wenn das Schiedsgericht Geldwäsche erkennt, so ist zu differenzieren: 531

Materiellrechtlich sind zugrunde liegende Verträge wegen Verstoßes gegen ein gesetzliches Verbot nichtig, bei Anwendung ausländischen Rechts greift der ordre public Vor- 532

---

[212] Vgl. für Nachweise *Schütze* DIS-MAT XII (2005), S. 85 ff., Fn. 25.
[213] Vgl. für Nachweise *Lüke*, Punitive Damages in der Schiedsgerichtsbarkeit, S. 81 ff.
[214] 752 F. Supp. 151, 1990 WL 192 735 (S. D. N. Y.), berichtet auch von *Vorpeil* RIW 1991, 597 ff.
[215] Vgl. BGHZ 118, 312 = RIW 1993, 132; dazu *Schütze* RIW 1993, 139 ff.
[216] Die ratio decidendi findet sich im letzten Leitsatz der Entscheidung: „*Ein US-amerikanisches Urteil auf Strafschadensersatz (punitive damages) von nicht unerheblicher Höhe, der neben der Zuerkennung von Ersatz für materielle und immaterielle Schäden pauschal zugesprochen wird, kann insoweit in Deutschland regelmäßig nicht für vollstreckbar erklärt werden.*"
[217] AA wohl *Lüke*, der punitive Verurteilungen durch Schiedsgerichte für anerkennungsfähig – also nicht ordre public widrig – hält und Ausnahmen allenfalls für die Höhe der punitive damages unter dem Grundsatz der Verhältnismäßigkeit zulassen will. Wenn er den ordre public-Verstoß für die Anerkennung verneint, dann auch für die Verurteilung selbst.

behalt. Das Schiedsgericht darf auch keinen Schiedsspruch mit vereinbartem Wortlaut erlassen.[218]

533 Fraglich mag sein, ob dem Schiedsgericht auch die besonderen Verpflichtungen unter der Geldwäschegesetzgebung obliegen, wie die Identifizierungs- und Meldepflicht. Nun sind zwar durch das Geldwäschebekämpfungsgesetz 2002 auch Rechtsanwälte, Patentanwälte und Notare in den Kreis der verpflichteten Personen einbezogen worden. Schiedsrichter werden häufig aus diesem Personenkreis bestellt. Notwendig ist dies aber nicht. So wie die Schiedsrichtertätigkeit vom EuGH umsatzsteuerlich nicht als anwaltliche Tätigkeit angesehen wird,[219] ist die schiedsrichterliche Tätigkeit eines Rechtsanwalts auch keine anwaltliche Tätigkeit iS der Geldwäschegesetzgebung. Der Schiedsrichter fällt nicht in den Kreis der Identifizierungs- und Meldepflichtigen. Man wird dem Schiedsrichter in Geldwäschefällen jedoch ein Recht zur Niederlegung des Schiedsrichteramtes und zur Kündigung des Schiedsrichtervertrages zubilligen müssen.[220]

XI. Aufrechnung

Literatur: *Berger,* Die Aufrechnung im internationalen Schiedsverfahren, RIW 1998, 426 ff.; *ders.,* Set-Off in International Economic Arbitration, Arb.Int., 1999, 53 ff.; *Haas,* Aufrechnung im Schiedsverfahren und Art. 19 ICC-SchO, Festschrift für von Hoffmann, 2011, S. 949 ff.; *Kannengiesser,* Die Aufrechnung im internationalen Privat- und Verfahrensrecht, 1998; *Kawano,* Aufrechnung und Schiedsgerichtsbarkeit, ZZPInt 4 (1999), 393 ff.; *Reiner,* Aufrechnung trotz (Fehlens einer) Schiedsvereinbarung nach österreichischem Recht, Festschrift für Hempel, 1997, S. 108 ff.; *Schöll,* Set-Off Defences in International Arbitration. Criteria for Best Practice – A Comparative Perspective, in: Wirth (Hrsg.), Best Practice in International Arbitration, ASA Special Series Nr. 26, 2006, S. 97 ff.; *Schütze,* Die Geltendmachung von Gegenforderungen im Schiedsverfahren, Festschrift für Kargados, 2004, S. 1009 ff. (auch *Schütze,* Ausgewählte Probleme der deutschen und internationalen Schiedsgerichtsbarkeit, 2005, S. 179 ff.); *Stolzke,* Aufrechnung und Widerklage in der Schiedsgerichtsbarkeit, 2006.

534 Das 10. Buch der ZPO hat die Aufrechnung im Schiedsverfahren bewusst ungeregelt gelassen. Die offizielle Begründung hierfür ist wenig überzeugend. Es soll sich um „Problemstellungen, die sich angesichts ihrer Komplexität für eine gesetzliche Regelung nicht eignen", handeln.[221] Welch eine Hilflosigkeit kommt darin zum Ausdruck! Probleme löst man nicht, indem man die Augen vor ihnen verschließt.

1. Anwendbares Recht[222]

535 Es ist zu differenzieren:
- Für die Wirksamkeit der Aufrechnung ist auf das Recht abzustellen, dem die Hauptforderung (Anspruch gegen den aufgerechnet wird) unterliegt.[223] Wird gegen eine deutschem Recht unterliegende Hauptforderung aufgerechnet, so muss die zur Aufrechnung gestellte Gegenforderung die Erfordernisse des § 387 BGB erfüllen, dh sie muss der Hauptforderung gleichartig, voll wirksam und fällig sein. Eine Mindermeinung will die Wirksamkeit der Aufrechnung auch an die prozessuale Zulässigkeit

---

[218] Vgl. *von Schlabrendorff,* Festschrift für Schlosser, S. 851 ff., 861.
[219] Vgl. EuGH, C-145/96 – Bernd von Hoffman v. FA Trier – DStr 1997, 900.
[220] Vgl. *von Schlabrendorff,* Festschrift für Schlosser, S. 851 ff., 864 f.
[221] Vgl. Begründung Ziff. IV, 3 BT-Drs. 13/5274.
[222] Vgl. dazu eingehend *Kannengiesser,* die Aufrechnung im internationalen Privat- und Verfahrensrecht, 1998.
[223] Vgl. BGHZ 38, 254; *Schütze,* Festschrift für Kargados, S. 1009 ff.

knüpfen. Danach ist die – nach der lex fori zu bestimmende – prozessuale Zulässigkeit der Aufrechnung auch Erfordernis für deren materielle Wirksamkeit.[224]
- Die verfahrensrechtliche Zulässigkeit der Aufrechnung bestimmt sich dagegen nach der lex fori,[225] bei deutschem Schiedsort also nach deutschem Recht. Das deutsche Recht hat den Streit über das Bestehen einer lex fori internationaler Schiedsgerichte[226] durch die Novellierung des Schiedsverfahrensrechts beendet und über die Kollisionsnorm des § 1051 ZPO[227] eine Bestimmung der lex fori am Schiedsort vorgenommen. Die Norm bezieht sich zwar dem Wortlaut nach nur auf das anwendbare materielle Recht. Wenn dies aber nach dem Recht des Schiedsortes zu bestimmen ist, dann ist dies auch die lex fori.[228]

2. Zulässigkeit der Aufrechnung

Die prozessuale Zulässigkeit der Aufrechnung setzt voraus, dass die Gegenforderung, mit der aufgerechnet wird, unter die Schiedsvereinbarung fällt.[229] Unterliegt die zur Aufrechnung gestellte Gegenforderung nicht der Schiedsvereinbarung, so vermutet *Berger*[230] zunächst die Zulässigkeit der Aufrechnung. Das ist jedenfalls in der Praxis regelmäßig berechtigt, da der Schiedskläger – rügt er die prozessuale Unzulässigkeit der Aufrechnung nicht – dem stillschweigenden Abschluss einer Schiedsvereinbarung zustimmt.[231] Macht der Schiedskläger jedoch den Mangel der Schiedsvereinbarung für die zur Aufrechnung gestellte Gegenforderung geltend, so ist die Aufrechnung unzulässig.[232] Das gilt erst recht für den Fall, dass die zur Aufrechnung gestellte Gegenforderung einer Gerichtsstandsvereinbarung oder einer anderen Schiedsvereinbarung unterliegt. Die unerwünschte Folge, dass die Aufrechnung materiell wirksam, prozessual jedoch unwirksam ist, muss hingenommen werden. Zulässig und angezeigt ist ein Vorbehaltsschiedsspruch, der für vollstreckbar erklärt werden kann.[233]

3. Bestimmung der Jurisdiktionsgewalt des Schiedsgerichts durch die Schiedsklage?

Das schwedische Recht lässt eine Aufrechnung auch mit derselben Schiedsvereinbarung unterfallenden Ansprüchen nicht zu. Ein schwedisches Schiedsgericht hat – unter Billigung der staatlichen Gerichte in drei Instanzen – dies damit begründet, dass der Schiedskläger mit der Schiedsklage den Umfang des Streitgegenstandes bestimme und die Entscheidung über die Aufrechnung eine Erweiterung des Streitgegenstandes bedeute.[234]

536

537

---

[224] Vgl. Thomas/Putzo/*Reichold* § 145 Rn. 24; vgl. zu der Problematik eingehend *Bucher*, Kompensation im Prozess: Zurück zum materiellen Recht, Festschrift für Geimer, 2002, S. 97 ff.
[225] Vgl. BGH NJW 1979, 2477; *Schütze*, Festschrift für Kargados, S. 1009 ff.
[226] Vgl. dazu insbes. *Gentinetta* ZSR N. F. 84 I, 139 ff.; *ders.*, Die lex fori internationaler Handelsschiedsgerichte, 1973.
[227] Vgl. dazu *Junker*, Festschrift für Sandrock, 2000, S. 443 ff.; *Sandrock* RIW 2000, 321 ff.
[228] Vgl. *Schütze*, Festschrift für Böckstiegel, 2002, 715 ff.
[229] Vgl. *Berger* RIW 1998, 426 ff., 427 f.; *Lachmann* Rn. 497; *Raeschke-Kessler/Berger*, Recht und Praxis des Schiedsverfahrens, 3. Aufl. 1999, Rn. 704; *Schütze/Tscherning/Wais* Rn. 55; *Wieczorek/ Schütze* § 1025 Rn. 68; *Zöller/Geimer* § 1029 Rn. 73a.
[230] Vgl. dazu *Berger* RIW 1998, 426 ff.; *Schütze/Tscherning/Wais* Rn. 54 f.
[231] Vgl. für diese Begründung *Schütze/Tscherning/Wais* Rn. 54.
[232] Vgl. *Glossner/Bredow/Bühler* Rn. 129; *Husslein-Stich* S. 123; *Schlosser* Rn. 399; *Wieczorek/ Schütze/Schütze* § 1025 Rn. 68; *Zöller/Geimer* § 1029 Rn. 73.
[233] Vgl. BGHZ 10, 325; *Schwab/Walter* Kap. 18 Rn. 8; *Sieg*, Die Vollstreckbarerklärung von Schiedssprüchen, die den Streit nicht endgültig erledigen, JZ 1959, 752 ff., 752.
[234] Vgl. *Schütze*, Festschrift für Kargados, 2004, S. 1009 ff.

Für das deutsche Recht gilt dies nicht. Das Schiedsgericht ist zwar hinsichtlich seiner Entscheidung an die Anträge des Schiedsklägers gebunden (ne eat arbiter ultra petita), muss aber über alle Einwendungen und eine Aufrechnung entscheiden. Das ist anders bei widerklagend geltend gemachten Ansprüchen.

XII. Vertraulichkeit im Schiedsverfahren

Literatur: *Bagner,* Confidentiality – A Fundamental Principle in International Commercial Arbitration?, Journal of International Arbitration 18 (2001), 243 ff.; *Geiben,* Die Privatsphäre und Vertraulichkeit im Schiedsverfahren, 2001; *Holder,* Vertraulichkeit im Schiedsverfahren nach deutschem Recht, 2009; *Haas* Vertraulichkeit im Zusammenhang mit Schiedsverfahren, Festschrift für Kaissis, 2012, S. 315 ff.; *Kahlert,* Vertraulichkeit im Schiedsverfahren, 2015 (grundlegend mwN); *Kühn/ Gantenberg,* Confidentiality in Arbitration, Festschrift für Schlosser, 2005, S. 461 ff.; *Kühner,* Geschäftsgeheimnisse und Schiedsverfahren – neuerdings ein Gegensatz?, IHR 2003, 202 ff.; *Loh Sze On/Lee Peng Khoon* Confidentiality in Arbitration, 2007; *Oberhammer,* Zur Vertraulichkeit von Schiedsverfahren, Festschrift für Beys, 2003, S. 1139 ff.; *Oldenstam/von Pachebel,* Confidentiality and Arbitration, SchiedsVZ 2006, 31 ff.; *Prütting,* Zur Rechtsstellung des Schiedsrichters – dargestellt am richterlichen Beratungsgeheimnis, Festschrift für Schwab, 1990, S. 409 ff.; *ders.,* Vertraulichkeit in der Schiedsgerichtsbarkeit und in der Mediation, Festschrift für Böckstiegel, 2001, S. 629 ff.; *Risse/Oehm,* Vertraulichkeit und Nicht-Öffentlichkeit in Schiedsverfahren, ZVglRWiss 114 (2015), 407 ff.; *Ritz,* Die Geheimhaltung im Schiedsverfahren nach schweizerischem Recht, 2007; *Sawang,* Geheimhaltung und rechtliches Gehör im Schiedsverfahren nach deutschem Recht, 2010; *Schütze,* Zur Befangenheit von Schiedsrichtern – Zwei Probleme aus der Praxis, Festschrift für Hopt, 2010, S. 2933 ff.

538 Die Vertraulichkeit wird als einer der Vorzüge des Schiedsverfahrens gerühmt. In der Tat herrscht Einigkeit darüber, dass das Schiedsverfahren nur parteiöffentlich ist. Im Übrigen sind Umfang und Inhalt des Vertraulichkeitsgrundsatzes im Schiedsverfahren streitig.[235]

- Einigkeit herrscht darüber, dass das Beratungsgeheimnis auch für Schiedsrichter gilt,[236] wobei von großen Teilen der Lehre die dissenting opinion, die eine Durchbrechung des Beratungsgeheimnisses bedeutet, zugelassen wird (vgl. → Rn. 566 ff.).
- Problematisch dagegen ist die Verschwiegenheitspflicht von Parteien und Zeugen über das Verfahren selbst, seine Einleitung, seinen Fortgang und seine Beendigung. Wenn man den Parteien gestatten würde, im Internet oder durch Print- und andere Medien über das Schiedsverfahren und seinen Verlauf zu berichten, dann wäre die vielgepriesene Vertraulichkeit des Schiedsverfahrens dahin. Das können die Parteien nicht wollen. Man muss deshalb davon ausgehen, dass die Schiedsvereinbarung eine immanente Vertraulichkeitsvereinbarung enthält[237]. Die Parteien sind auch zur Vertraulichkeit im Hinblick auf das laufende oder abgeschlossene Schiedsverfahren in umfassender Weise verpflichtet, soweit die Offenlegung nicht zur Rechtsdurchsetzung oder -verteidigung notwendig ist, etwa die Betreibung der Vollstreckbarerklärung oder Aufhebung eines Schiedsspruchs. Dasselbe gilt für offenkundige Tatsachen. Für Zeugen gilt das alles nicht in gleicher Weise.[238]

---

[235] Vgl. dazu *Lachmann* Rn. 143 ff., 4289.
[236] Vgl. *Lachmann* Rn. 145, 4289; *Prütting,* Festschrift für Schwab, S. 409 ff.
[237] Vgl. MüKoZPO/*Münch,* vor § 1025 Rn. 57; *Holder,* Vertraulichkeit im Schiedsverfahren, S. 136; aA *Kreindler/Schäfer/Wolff,* Schiedsgerichtsbarkeit, Kompendium für die Praxis, 2006, Rn. 299; *Prütting,* Festschrift für Böckstiegel, S. 629 ff. (635); Musielak/*Voit* § 1029 Rn. 27; *Lachmann* Rn. 146.
[238] Vgl. *Lachmann* Rn. 146.

Das Ausland sieht das teilweise anders.[239] Auch die institutionelle Schiedsgerichtsbarkeit bietet ein buntes Bild.[240] Es empfiehlt sich, angesichts der uneinheitlichen Praxis, Vertraulichkeit und Geheimhaltung im Schiedsverfahren bereits in der Schiedsvereinbarung zu regeln.[241] Dies ist nach der hier vertretenen Ansicht zwar überflüssig, aber jedenfalls zulässig.[242]

539

Problematisch ist eine Vorlagepflicht der Schiedsakten im Verfahren der Vollstreckbarerklärung oder der Aufhebung eines Schiedsspruchs[243]. Eine solche Vorlagepflicht besteht nicht. Das Schiedsgericht ist nicht verpflichtet, einer solchen Anordnung zu folgen, zumal es „Schiedsakten" im eigentlichen Sinne nicht gibt, da jeder Schiedsrichter seine eigene Akte führt. Eine solche Vorlagepflicht ist auch überflüssig, da die Schiedsparteien im Besitz aller relevanten Unterlagen (Schriftsätze, Gutachten, Protokolle, verfahrensleitende Verfügungen pp.) sind und die Schiedsrichter ihre internen Notizen, Voten pp. auch den Parteien nicht offenlegen müssen.

540

XIII. Beendigung des Schiedsverfahrens

Das Schiedsverfahren endet durch Schiedsspruch oder verfahrenseinstellenden Beschluss des Schiedsgerichts in den Fällen der Nichteinreichung der Schiedsklageschrift, der Schiedsklagerücknahme, der Vereinbarung der Verfahrensbeendigung und der Nichtbetreibung des Schiedsverfahrens durch die Parteien (§ 1056 ZPO).

541

1. Verfahrensbeendigender Beschluss

Literatur: *Gerstenmaier*, Beendigung des Schiedsverfahrens durch Beschluss nach § 1056 ZPO, SchiedsVZ 2010, 281 ff.; *Haas*, Aufhebungsklage und Beendigungsbeschluss nach § 1056 Abs. 2 ZPO, SchiedsVZ 2010, 286 ff.

a) Nichteinreichung der Schiedsklage

Leitet der Schiedskläger zwar das Schiedsverfahren durch einen Antrag nach § 1044 ZPO ein, reicht er die Schiedsklageschrift aber nicht binnen der Frist des § 1046 Abs. 1 ZPO ein, so stellt das Schiedsgericht durch Beschluss die Verfahrensbeendigung fest. Dieser verfahrensbeendigende Beschluss ist unzulässig, wenn der Schiedskläger die Versäumung der Frist nicht verschuldet hat (§ 1048 Abs. 4 ZPO), etwa weil er schwer erkrankt ist oder sein Anwalt verstirbt und er für eine neue Vertretung Sorge tragen muss.

542

---

[239] Vgl. zB *Högsta Domstolen* NJA 2000, 538; dazu *Nacimiento* BB Beil. 2001/6, 7 ff. und *Oldenstam/von Pachebel* SchiedsVZ 2006, 31 ff., 32. In der Bulbank Entscheidung vertrat das Gericht die Ansicht, dass das schwedische Schiedsverfahrensrecht keine immanente Verpflichtung zur Vertraulichkeit kenne. Vgl. dazu auch *Born*, International Commercial Arbitration, Bd. II, 2009, S. 2258 ff.; *Fremuth-Wolf*, in: Riegler/Petsche/Fremuth/Wolf/Platte/Liebscher, Arbitration Law of Austria: Practice and Procedure, 2007, S. 662 ff.; *Poudret/Besson*, Comparative Law of International Arbitration, 2. Aufl. 2007, Rn. 368.
[240] Vgl. die Zusammenstellung bei *Oldenstam/von Pachebel* SchiedsVZ 2006, 31 ff., 34 ff.
[241] Für Vorschläge vgl. *Oldenstam/von Pachebel* SchiedsVZ 2006, 31 ff., 33 f.
[242] Vgl. *Geiben*, Die Privatsphäre und Vertraulichkeit im Schiedsverfahren, S. 39; *Lachmann* Rn. 148; *Prütting*, Festschrift für Böckstiegel, S. 629 ff. (635).
[243] Vgl. dazu eingehend *Haller*, Vorlage von Schiedsrichterakten im staatlichen Überprüfungsverfahren, SchiedsVZ 2011, 179 ff.

b) Schiedsklagerücknahme

543 Die Schiedsklage kann nach § 1056 Abs. 2 Nr. 1 lit. b ZPO unter im Wesentlichen § 269 ZPO entsprechenden Gründen zurückgenommen werden, wobei diese Regelung aber schon deshalb nicht auf das Schiedsverfahren uneingeschränkt übertragen werden kann, weil das Schiedsverfahren keine obligatorische mündliche Verhandlung kennt. Die Schiedsklagerücknahme ist unzulässig, wenn der Schiedsbeklagte ein berechtigtes Interesse an der endgültigen Beilegung der schiedshängigen Rechtsstreitigkeit hat und der Rücknahme widerspricht.

544 Bis zur Ernennung eines Schiedsrichters[244] durch den Schiedsbeklagten ist ein solches Interesse regelmäßig nicht gegeben, da der Schiedsrichtervertrag noch nicht abgeschlossen und dem Schiedsbeklagten keine Verfahrenskosten entstanden sind. Nach diesem Zeitpunkt hat der Schiedsbeklagte dagegen in der Regel ein berechtigtes Interesse, dass der anhängig gemachte Rechtsstreit entschieden und er nicht der Gefahr eines neuerlichen, mit Kosten verbundenen Schiedsverfahrens ausgesetzt wird. Das berechtigte Interesse entfällt jedoch, wenn der Schiedskläger endgültig erklärt, dass er den schiedshängigen Anspruch nicht in einem neuerlichen Schiedsverfahren geltend machen werde.

545 Die Schiedsklagerücknahme wird mit dem Beschluss nach § 1056 Abs. 2 ZPO wirksam, der auch mit der Entscheidung über das berechtigte Interesse des Schiedsbeklagten an der Fortsetzung des Verfahrens verbunden werden kann.

c) Einverständliche Verfahrensbeendigung

546 Die Parteien können die Beendigung des Schiedsverfahrens vereinbaren (§ 1056 Abs. 2 Nr. 2 ZPO).[245] Die wesentlichen Fälle einer einverständlichen Verfahrensbeendigung stellen der Abschluss eines außergerichtlichen Vergleichs und die Erfüllung der Schiedsklageforderung nach Eintritt der Schiedshängigkeit dar. Die Anzeige der einverständlichen Verfahrensbeendigung an das Schiedsgericht hat dieselbe Funktion wie die übereinstimmende Erledigterklärung im ordentlichen Zivilprozess.[246] Das Schiedsverfahren wird durch den Beschluss, nicht die bloße Mitteilung der Parteien an das Schiedsgericht über die Vereinbarung beendet.[247]

d) Nichtbetreiben des Schiedsverfahrens durch die Parteien

547 Betreiben die Parteien das Schiedsverfahren trotz Aufforderung des Schiedsgerichts nicht weiter, so ist die Verfahrensbeendigung durch Beschluss festzustellen (§ 1056 Abs. 2 Nr. 3 ZPO). Hierunter sind auch die Fälle zu fassen, in denen die Parteien die Vorschüsse nicht zahlen und das Schiedsgericht deshalb nicht tätig wird. Auch wenn der Schiedskläger seinen Vorschuss geleistet hat, der Schiedsbeklagte sich aber weigert oder erklärt, er sei zur Vorschussleistung nicht in der Lage und der Schiedskläger den Vorschussanteil des Schiedsbeklagten nicht zahlt (vgl. dazu → Rn. 247), kann das Schiedsgericht den Beschluss nach § 1056 Abs. 2 Nr. 3 ZPO erlassen.

---

[244] Ähnlich *Stein/Jonas/Schlosser* § 1034 Rn. 29, die auf den Zeitpunkt abstellen, in dem der Schiedsbeklagte seine sachliche Verteidigungsbereitschaft angezeigt hat.

[245] Vgl. zur Regelung in Art. 32 Abs. 2 lit. b Modellgesetz, der für die Bestimmung Pate gestanden hat *Calavros* S. 143 f.; *Granzow* S. 185 ff.; *Hußlein-Stich* 146 ff.

[246] Vgl. *Calavros* S. 143; *Hußlein-Stich* S. 168; *Schwab*, Festschrift für Nagel, 1987, S. 426 ff., 441; ebenso Begründung, BT-Drs. 13/5274, S. 57.

[247] Vgl. *Granzow* S. 187.

e) Unmöglichkeit der Fortführung des Schiedsverfahrens

Wird die Fortsetzung des Schiedsverfahrens unmöglich, so stellt das Schiedsgericht ebenfalls die Verfahrensbeendigung durch Beschluss fest. Fälle der Unmöglichkeit der Fortsetzung des Schiedsverfahrens sind zB: 548

- Wegfall der Schiedsvereinbarung[248] (vgl. dazu → Rn. 325 ff.).
- Stimmengleichheit bei der Abstimmung über den Schiedsspruch.[249]

f) Rechtsfolgen des verfahrensbeendigenden Beschlusses

Der verfahrensbeendigende Beschluss beendet die Schiedshängigkeit und damit die Hemmung der Verjährung. 549

Das Amt der Schiedsrichter endet vorbehaltlich der Regelung in §§ 1057 Abs. 2, 1058, 1059 Abs. 4 ZPO (§ 1056 Abs. 3 ZPO). 550

Das Schiedsgericht ist gehalten, über die Kosten nach § 1057 Abs. 2 ZPO zu entscheiden, wenn die Parteien nicht auf eine Kostenentscheidung verzichten. Der Beschluss über die Verfahrensbeendigung kann mit der Kostenentscheidung verbunden werden. 551

g) Anfechtbarkeit des verfahrensbeendigenden Beschlusses

Das Gesetz sieht keine Möglichkeit der Überprüfung des Beendigungsbeschlusses vor. Mit diesem rein formalen Argument verneint die hL denn auch die gerichtliche Überprüfbarkeit verfahrensbeendender Beschlüsse.[250] Nun hat der Beendigungsbeschluss – unabhängig davon, ob man ihm konstitutive oder deklaratorische Bedeutung beimisst[251] – erhebliche Rechtswirkungen für die Parteien. Diese erhalten – wenn der Beschluss zu Unrecht ergangen ist „Steine statt Brot". Sie haben Zeit und Kosten ohne Gegenleistung aufgewandt. Abgesehen von dieser praktischen Überlegung ist die Überprüfbarkeit aus zwei Gründen geboten. Einmal verweist § 1056 Abs. 3 ZPO – ohne die Beschränkung auf Abs. 1 dieser Norm – auf § 1059 Abs. 4 ZPO. Zum andern ergibt sich die Überprüfbarkeit des Beendigungsbeschlusses durch die ordentlichen Gerichte aus Art. 19 Abs. 4 GG und Art. 6 EMRK. Verfassungsrechtlich müssen alle schiedsgerichtlichen Entscheidungen – soweit sie nicht nur die Prozessleitung zum Gegenstand haben – gerichtlich überprüfbar sein.[252] 552

2. Schiedsspruch

Literatur: *Nedden/Büstgens*, Die Beratung des Schiedsgerichts – Konfliktpotential und Lösungswegen, SchiedsVZ 2015, 169 ff.; *Schlosser*, Entscheidungsformen in der Schiedsgerichtsbarkeit, Festschrift für Statopoulos, 2010, S. 2639 ff.; *Schütze*, Das Zustandekommen des Schiedsspruchs SchiedsVZ 2008, 10 ff.

a) Erlass des Schiedsspruchs

Der Schiedsspruch wird bei einem aus mehreren Schiedsrichtern bestehenden Schiedsgericht mit der Mehrheit der Stimmen gefällt[253]. Eine abweichende Regelung in der 553

---

[248] Vgl. *Hußlein-Stich* S. 168; *Schwab*, Festschrift für Nagel, 1987, S. 427 ff., 441.
[249] Vgl. Begründung, BT-Drs. 13/5274, S. 57.
[250] Vgl. *Haas* SchiedsVZ 2010, 286 ff. mwN; *Lachmann* Rn. 1867; *von Schlabrendorff/Sessler*, in: Böckstiegel/Kröll/Nascimiento Arbitration in Germany, 2007, § 1056, Rn. 5; aA wohl OLG Köln, Beschl. v. 26.11.2002 – 9 Sch 20/02, DIS-Datenbank. Das OLG Köln hat einen verfahrensbeendenden Beschluss zusammen mit einer Kostenentscheidung nach § 1059 aufgehoben.
[251] Vgl. dazu MüKoZPO/*Münch* § 1056, Rn. 3 mit einer Darstellung des Streitstandes.
[252] Vgl. *Schütze* SchiedsVZ 2009, 241 ff.(246 f.).
[253] Vgl. zu den Problemen, die bei der Beratung auftreten können *Nedden/Büstgens* SchiedsVZ 2015, 189 ff.

Schiedsvereinbarung (zB Einstimmigkeit)[254] ist zulässig (§ 1052 Abs. 1 ZPO). Ergibt sich keine Mehrheit, was insbesondere bei einem mit zwei Schiedsrichtern besetzten Schiedsgericht vorkommen kann, so ist das Schiedsverfahren ohne Spruch durch Beschluss nach § 1056 Abs. 2 Nr. 3 ZPO für beendet zu erklären. Die Schiedsrichter dürfen in diesem Fall nicht etwa einen Obmann wählen, wenn dies in der Schiedsvereinbarung nicht vorgesehen ist.[255]

554 Bei Meinungsverschiedenheiten der Schiedsrichter hinsichtlich der zuzuerkennenden Höhe des Anspruchs oder einer zur Aufrechnung gestellten Forderung gilt § 196 Abs. 2 GVG entsprechend.[256] Die auf die größte Summe abgegebenen Stimmen werden den für die geringere Summe abgegebenen solange zugerechnet, bis sich eine Mehrheit ergibt.

555 Nach § 1052 Abs. 2 ZPO kann die Entscheidung auch dann gefällt werden, wenn einer der Schiedsrichter die Teilnahme an der Abstimmung verweigert, soweit die Parteien nichts anderes vereinbaren. Die Absicht, ohne den sich weigernden Schiedsrichter abzustimmen, muss den Parteien zuvor mitgeteilt werden, damit sie ihren Einfluss auf den Schiedsrichter ausüben können, seinen Verpflichtungen aus dem Schiedsrichtervertrag nachzukommen.[257] Die abgegebenen Voten müssen zusammen aber die absolute Mehrheit ergeben, dh der sich weigernde Schiedsrichter wird so behandelt, als ob er gegen den Spruch gestimmt hätte. Die Regelung ist restriktiv zu interpretieren. Es muss eine echte Weigerung der Teilnahme an der Abstimmung vorliegen. Kann ein Schiedsrichter zu einem von dem Vorsitzenden anberaumten Termin wegen anderweitiger Verhinderung nicht erscheinen, so liegt hierin noch keine Verweigerung der Teilnahme.

556 Darüber hinaus muss die Verweigerung *unberechtigt* sein. Ist der sich weigernde Schiedsrichter der Ansicht, die Sache sei nicht entscheidungsreif, weil etwa der Inhalt des anwendbaren Rechts nicht hinreichend aufgeklärt ist, so liegt kein Fall des § 1052 Abs. 2 ZPO vor. Erlassen die übrigen Schiedsrichter dennoch den Spruch, so ist dieser nach § 1059 Abs. 2 lit. d ZPO aufhebbar.

557 Die Schiedsrichter können zur Beratung und gegebenenfalls auch Abfassung des Schiedsspruchs Berater zuziehen,[258] wenn die Parteien dies nicht – insbesondere in der Schiedsvereinbarung – untersagen. Auch kann der einzelne Schiedsrichter sich Kenntnis über den Inhalt eines anwendbaren Rechtssatzes durch Einholung von Rechtsrat verschaffen, solange er seine Verschwiegenheitspflicht nicht verletzt. Die „Abfassung" des Schiedsspruchs muss aber durch die Schiedsrichter erfolgen, was auch durch das Lesen und Billigen des Entwurfs geschehen kann.[259] Zur Tätigkeit des adminstrative secretary → Rn. 119 f.

b) Form und Inhalt des Schiedsspruchs

558 Der Schiedsspruch ist schriftlich abzusetzen und durch den oder die Schiedsrichter zu unterschreiben (§ 1054 Abs. 1 ZPO). Ist bei mehr als zwei Schiedsrichtern einer an der Unterschrift verhindert (zB weil er nach Fällung des Spruchs verstorben ist) oder weigert er sich, seine Unterschrift zu leisten – was insbesondere in der Praxis internationaler

---

[254] Vgl. *Calavros* S. 136; *Schwab/Walter* Kap. 19 Rn. 1.
[255] Vgl. RG JW 1892, 95; Wieczorek/Schütze/*Schütze* § 1052 Rn. 23.
[256] Vgl. *Henn* Rn. 372; *Lachmann* Rn. 1684; *Schütze/Tscherning/Wais* Rn. 517; *Schwab/Walter* Kap. 19 Rn. 1; einschränkend Wieczorek/Schütze/*Schütze* § 1052, Rn. 25.
[257] Vgl. Begründung, BT-Drs. 13/5274, S. 54 zu der Regelung in Art. 31 Modellgesetz aA *Schwab*, Festschrift für Nagel, 1987, S. 427 ff., 439 f., der eine Mitwirkung aller Schiedsrichter an dem Spruch fordert und sonst einen Fall des Art. 14 Modellgesetz annimmt, in dem ein Ersatzschiedsrichter bestellt werden muss.
[258] Vgl. BGH NJW 1990, 2199; OLG Düsseldorf BB 1976, 251; *Habscheid* KTS 1979, 1 ff., 6; Wieczorek/Schütze/*Schütze* § 1052 Rn. 11.
[259] Vgl. BGH NJW 1990, 2199; *Schütze/Tscherning/Wais* Rn. 519; Zöller/*Geimer* § 1052 Rn. 2.

Schiedsgerichte zuweilen vorkommt – so genügt die Unterschrift der übrigen Schiedsrichter (Mehrheit des Schiedsgerichts) (§ 1054 Abs. 1 S. 2 ZPO). Der Grund für die fehlende Unterschriftsleistung ist anzugeben.

Auf die Unterschrift eines Schiedsrichters kann nur verzichtet werden, 559

- wenn der nicht unterschreibende Schiedsrichter an der Abstimmung teilgenommen hat, wobei es unerheblich ist, wie er gestimmt hat,
- oder ein Verfahren nach § 1052 Abs. 2 ZPO stattgefunden hat.

Auch auf die Unterschrift des Vorsitzenden, die die hL zum bisherigen Recht als 560 notwendig erachtete,[260] kann nach der Novellierung verzichtet werden.[261]

Der Schiedsspruch ist zu *datieren* unter Angabe des Ortes seines Erlasses (§ 1054 Abs. 3 561 ZPO). Der Schiedsspruch gilt an diesem Tag und diesem Ort erlassen. Hierbei handelt es sich jedoch um eine widerlegbare Vermutung,[262] und zwar sowohl hinsichtlich des Datums als auch des Ortes. Die Bezeichnung des Ortes muss § 1043 ZPO entsprechen (dazu → Rn. 397 ff.). Wären die Schiedsrichter in der Feststellung des Ortes und des Datums frei, so könnten sie die Nationalität des Schiedsspruchs bestimmen und Fristen manipulieren (etwa eine in der Schiedsvereinbarung festgesetzte Frist für den Erlass des Schiedsspruchs).

Der Schiedsspruch ist zu *begründen*, soweit die Parteien nicht in der Schiedsvereinbarung oder später auf eine Begründung verzichtet haben. Auch bedarf der Schiedsspruch 562 mit vereinbartem Wortlaut keiner Begründung. An die Begründung sind keine zu hohen Anforderungen zu stellen. Keinesfalls muss die Begründung der eines Urteils eines ordentlichen Gerichts entsprechen.[263] Es genügen gewisse Mindestanforderungen,[264] insbesondere muss die Begründung die Überzeugung der Schiedsrichter erkennen lassen.[265] Die Begründung muss zu den wesentlichen Angriffs- und Verteidigungsmitteln Stellung nehmen,[266] kann im Übrigen lückenhaft sein.[267] Dabei ist zu berücksichtigen, dass bei internationalen Schiedsgerichten Schiedsrichter verschiedener Rechtskultur entscheiden, die die Begründung so gestalten, wie sie es in ihrem Prozesssystem gewohnt sind. Das mag manchmal ungewöhnlich erscheinen. Die Parteien müssen sich damit aber abfinden, wenn sie die internationale Schiedsgerichtsbarkeit wählen.

c) Bindung des Schiedsgerichts an Entscheidungen anderer Schiedsgerichte oder Gerichte

Literatur: *Bartels*, Bedeutung der Streitverkündung vor dem staatlichen Gericht für das nachfolgende schiedsrichterliche Verfahren, TranspR 2002, 19 ff.; *Elsing*, Streitverkündung und Schiedsverfahren, SchiedsVZ 2004, 88 ff.; *Lühmann*, Die Rechtskraft des Schiedsspruchs im deutschen und US-amerikanischen Recht, 2015; *Wagner*, Bindung des Schiedsgerichts an Entscheidungen anderer Gerichte und Schiedsgerichte, in: Böckstiegel/Berger/Bredow (Hrsg.), Die Beteiligung Dritter an Schiedsverfahren, 2005, S. 7 ff.

Das Schiedsgericht ist bei seiner Entscheidung an frühere Entscheidungen staatlicher 563 Gerichte in derselben Sache zwischen denselben Parteien gebunden.[268] Denn da die

---

[260] Vgl. *Sandrock* RIW Beil. 2/1987, S. 4; *Wieczorek/Schütze*, 3. Aufl., § 1039 Rn. 27 mwN.
[261] Vgl. Begründung, BT-Drs. 13/5274, S. 56; *Lachmann* Rn. 1752; *Raeschke-Kessler/Berger* Rn. 875; *Zöller/Geimer* § 1054 Rn. 5; ebenso schon zum bisherigen Recht (§ 1039 Abs. 1 aF ZPO) *Lörcher* BB 1988, 78 ff.
[262] AA Begründung, BT-Drs. 13/5274, S. 56.
[263] Vgl. BGH LM KWVO § 1a Nr. 1; RGZ 23, 432; RGZ 47, 424; RGZ 68, 182; *Henn* Rn. 355; *Lachmann* Rn. 1771; Wieczorek/Schütze/*Schütze* § 1054, Rn. 25; *Zöller/Geimer* § 1054 Rn. 8.
[264] Vgl. BGH NJW 1986, 1437; *Lachmann* Rn. 1771.
[265] Vgl. RG Warn. 1910, 258.
[266] Vgl. BGH WM 1983, 1207.
[267] Vgl. RGZ 47, 424; RG Warn. 1914, 70.
[268] Vgl. *Wagner*, Die Beteiligung Dritter an Schiedsverfahren, S. 7 ff., 11 f.

Schiedsgerichte echte Rechtsprechung ausüben, besteht eine Bindung an Gerichtsurteile in gleichem Maße wie im Prozess vor den staatlichen Gerichten.

564 Das Schiedsgericht ist weiter an einen früheren Schiedsspruch – sei er von ihm selbst erlassen oder von einem anderen Schiedsgericht – gebunden. Nach § 1055 ZPO hat der Schiedsspruch unter den Parteien die Wirkungen eines rechtskräftigen gerichtlichen Urteils.

565 Problematisch ist die Bindung an Entscheidungen, die in einem früheren Rechtsstreit mit Streitverkündung an eine der Schiedsparteien ergangen sind. Drei Fallgestaltungen sind zu unterscheiden:

- Ist die Streitverkündung in einem früheren Schiedsverfahren mit Zustimmung aller Beteiligten (→ Rn. 206) erfolgt, so bindet die Entscheidung in derselben Weise wie nach § 74 ZPO im ordentlichen Zivilprozess.
- Ist die Streitverkündung im Prozess vor einem staatlichen Gericht erfolgt, obwohl zwischen Streitverkünder und Streitverkündetem eine Schiedsvereinbarung bestand, so besteht die Bindungswirkung jedenfalls in dem Fall, dass der Streitverkündete dem Rechtsstreit beigetreten ist und zu erkennen gegeben hat, dass er die gerichtlichen Feststellungen auch für das nachfolgende Schiedsverfahren akzeptiere. Hat sich der Streitverkündete nicht an dem Verfahren vor dem staatlichen Gericht beteiligt, so tritt die Bindungswirkung im folgenden Schiedsverfahren nicht ein:[269] Denn die Parteien einer Schiedsvereinbarung wollen gerade, dass ihre Streitigkeiten allein – und zwar hinsichtlich aller Entscheidungselemente – vor einem Schiedsgericht ausgetragen werden.
- Ist die Streitverkündung – zulässigerweise (→ Rn. 205 f.) – in dem schiedsgerichtlichen Verfahren erfolgt, so ist das staatliche Gericht im Folgeprozess an die Feststellungen in dem Schiedsverfahren gebunden. Durch die Streitverkündung und den Beitritt des Dritten (des Streitverkündeten) haben die Parteien vereinbart, dass die Ergebnisse des Schiedsverfahrens im nachfolgenden Gerichtsverfahren zugrunde gelegt werden sollen.

d) Dissenting opinion

Literatur: *Bartels,* Geheimnisverrat des Dissenters im schiedsrichterlichen Verfahren?, SchiedsVZ 2014, 133 ff.; *Berger,* Internationale Wirtschaftsschiedsgerichtsbarkeit, 1992, S. 425 ff.; *Donovan,* Dissenting Opinions, ICC Court of Arbitration Bull. 7 (1996), 76 ff.; *Kahlert,* Vertraulichkeit im Schiedsverfahren, 2015, S. 231 ff.; *Levy,* Dissenting Opinions in International Arbitration in Switzerland, ArbInt 1989, 35 ff.; *Peltzer,* Die Dissenting Opinon in der Schiedsgerichtsbarkeit, 1999; *Prütting,* Zur Rechtsstellung des Schiedsrichters – dargestellt am richterlichen Beratungsgeheimnis, Festschrift für Schwab, 1990, S. 409 ff.; *Schütze,* Dissenting Opinions im Schiedsverfahren, Festschrift für Nakamura, 1996, S. 525 ff.; *Taniguchi,* Dissenting Opinions in Arbitration, Kyoto Law Review, 1995, 51 ff.; *Werner,* Dissenting opinons beyond fears, JIntArb. 9 (1992), No. 4, 23 ff.; *Westermann,* Das dissenting vote im Schiedsgerichtsverfahren, Festschrift für Kerameus 2009, S. 1571 ff.; *ders.,* Das dissenting vote im Schiedsgerichtsverfahren, SchiedsVZ 2009, 102 ff.; *Wilske,* Abweichende Meinung zur *dissenting opinion* in internationalen Schiedsverfahren, Festschrift für Schütze II, 2014, S. 729 ff.

566 Das Gesetz regelt die Zulässigkeit der *dissenting opinion*[270] mit der erstaunlichen Begründung nicht, sie werde „überwiegend als zulässig" angesehen,[271] was zumindest zweifelhaft ist.[272] Ob und welche Meinung im Schrifttum herrscht, kann eine gesetzliche

---

[269] Vgl. *Elsing* SchiedsVZ 2004, 88 ff.; *Zerhusen,* Festschrift für Thode, 2005, S. 355 ff.; aA OLG Hamburg, BB 2002, 1170 f. mAnm *Kraft/Looks/Bartels* TranspR 2002, 19 ff.; *Schlosser* Rn. 402, 364 f.; *Wagner,* Die Beteiligung Dritter an Schiedsverfahren, S. 7 ff., 43.
[270] Vgl. dazu *Arndt,* Festschrift für Rheinstein, Bd. I, 1969, S. 127 ff.
[271] Vgl. Begründung, BT-Drs. 13/5274, S. 56.
[272] Vgl. *Schütze,* Ausgewählte Probleme des deutschen und internationalen Schiedsverfahrensrechts, S. 51. *Kahlert,* Vertraulichkeit im Schiedsverfahren, 2015, S. 231 ff. hat unter akribischer Aus-

Regelung jedoch nicht überflüssig machen. Jedenfalls aber kann eine gesetzliche Regelung nicht davon abhängig gemacht werden, welche Meinung im Schrifttum vorherrscht. Der wahre Grund für die Nichtregelung ist die Unfähigkeit des Gesetzgebers, diese Streitfrage zu entscheiden, was ja auch dazu geführt hat, dass in der ICC-SchO die Zulässigkeit der dissenting opinion ungeregelt geblieben ist, obwohl man eigens eine Kommission gebildet hatte, die sich mit der Zulässigkeit und Zweckmäßigkeit des Sondervotums beschäftigt hat.[273]

Die dissenting opinion ist weder zweckmäßig, noch nach deutschem Recht zulässig.[274] Das ergibt sich schon daraus, dass die Geheimhaltungspflichten der Schiedsrichter aus einer analogen Anwendung des § 43 DRiG hergeleitet werden. Zu dieser Norm ist es aber unstreitig, dass ein Sondervotum unzulässig ist. Die einzige Ausnahme für richterliche Sondervoten macht das BVerfGG für Sondervoten des Bundesverfassungsgerichts. 567

Die dissenting opinion verletzt nach deutschem Recht das Beratungsgeheimnis, das auch im Schiedsverfahren gilt.[275] Durch sein Sondervotum legt der abweichende Schiedsrichter sein Abstimmungsverhalten offen. Er erklärt nicht nur, wie er gestimmt hat, sondern auch, warum er abweichend gestimmt hat[276]. Die dissenting opinion ist deshalb unzulässig.[277] Ein mit einer dissenting opinion versehener Schiedsspruch ist wegen schweren Verfahrensfehlers nach § 1059 Abs. 2 Nr. 1 lit. d ZPO aufhebbar. Die Parteien können die Schiedsrichter vom Beratungsgeheimnis entbinden. Tun sie das – aber auch nur dann – wird die dissenting opinion zulässig.[278] Soweit die Entbindung nach Bestellung des Schiedsgerichts erfolgt, müssen auch die Schiedsrichter zustimmen. Denn das Beratungsgeheomnis dient nicht nur dem Schutz der Parteien, sondern auch der Schiedsrichter. 568

Es ist nicht zu verkennen, dass es dabei zu Extremsituationen kommen mag, in denen ein Schiedsrichter der Ansicht ist, einen von ihm für falsch gehaltenen Schiedsspruch nicht mittragen zu können[279]. Die von *Taniguchi* berichtete Form des Protestes[280], mit den kleinstmöglichen Buchstaben zu unterschieben[281] ist keine wirkliche Möglichkeit, die Unrichtigkeit der Entscheidung darzutun. Vor allen Dingen fehlt dabei jegliche Begründung. Es bleibt – wenn der Gewissenskonflikt zu groß wird – nur der Rücktritt vom Amt. 569

e) Arten von Schiedssprüchen

Das Kaleidoskop der Möglichkeiten entspricht dem bei gerichtlichen Entscheidungen. 570

aa) Zwischenschiedsspruch. Das Schiedsgericht kann durch Zwischenschiedsspruch über 571

---

wertung des Schrifttums aufgezeigt, dass sich Befürworter und Gegner zumindest nach Zahl und Gewicht der Autoren etwa gleich gegenüber stehen.

[273] Vgl. Final Report of the Working Party on Dissenting Opinions, The ICC Intertnational Court of Arbitration Bulletin, Bd. 2 No. 1, S. 32 ff.

[274] Vgl. im Einzelnen *Kahlert, S. 231 ff; Schütze,* Festschrift für Nakamura, S. 525 ff., 532 ff. mwN.

[275] Vgl. zur Verpflichtung der Schiedsrichter, das Beratungsgeheimnis zu wahren RGZ 129, 115; BGHZ 23, 138; *Gleiss/Helm* MDR 1969, S. 93 ff.; *Maier* Rn. 388; *Prütting,* Festschrift für Schwab, S. 409 ff.; *Schütze/Tscherning/Wais* Rn. 518.

[276] *Bartels* SchiedsVZ 2014, 133 ff. meint, „Die dissenting opinion kann ihrem Inhalt nach so gehalten werden, dass sie nicht gegen das Beratungsgeheimnis verstösst". Wie das in der Praxis geschehen soll ist schwer nachzuvollziehen. Wie immer die Formulierung ist. Der Dissenter offenbart, wie er gestimmt hat und warum er so gestimmt hat.

[277] Vgl. *Schütze,* Festschrift für Nakamura, S. 525 ff.; *Kahlert* S. 231 ff. mwN in Fn. 1257.

[278] Vgl. *Lachmann* Rn. 1775; *Zöller/Geimer* § 1054 Rn. 5.

[279] Vgl. dazu *Wilske,* Festschrift für Schütze II, S. 729 ff. (735 ff.)

[280] Vgl. *Taniguchi,* Dissenting opinions in Arbitration, Kyoto Lawe Review 138 (1995), 51 ff.

[281] Vgl. *Wilske,* Festschrift für Schütze II, S. 729 ff. (737).

- das Bestehen des Anspruchs *dem Grunde nach*,
- prozessuale Vorfragen (zB die Prozessfähigkeit) oder
- ein vorgreifliches Rechtsverhältnis

entscheiden. Durch den Zwischenschiedsspruch bindet sich das Schiedsgericht selbst.[282] Es kann beispielsweise die prozessuale Vorfrage, über die es durch den Zwischenschiedsspruch entschieden hat, im Schiedsspruch nicht mehr anders beurteilen.

572 **bb) Teilschiedsspruch.** Das Schiedsgericht kann in entsprechender Anwendung von § 301 ZPO bei mehreren geltend gemachten Ansprüchen über einen oder mehrere von ihnen entscheiden, wenn diese entscheidungsreif sind und bis zur Entscheidungsreife des Restes der geltend gemachten Ansprüche noch längere Zeit vergehen wird, etwa weil noch weitere Beweiserhebungen notwendig sind.[283] Dasselbe gilt bei Entscheidungsreife eines Teils eines geltend gemachten Anspruchs. Der Teilschiedsspruch ist der Vollstreckbarerklärung zugänglich.[284]

573 **cc) Vorbehaltsschiedsspruch.** Ein Vorbehaltsschiedsspruch ist bei zulässiger Aufrechnung möglich,
- wenn der mit der Schiedsklage geltend gemachte Anspruch zur Entscheidung reif ist, der ebenfalls der Schiedsvereinbarung unterfallende Gegenanspruch jedoch nicht oder
- wenn der aufrechnungsweise geltend gemachte Anspruch nicht der Schiedsvereinbarung unterliegt.

574 Im ersteren Fall kann der Vorbehaltsschiedsspruch nicht für vollstreckbar erklärt werden, da das Schiedsverfahren über den mit der Schiedsklage geltend gemachten Anspruch noch nicht abgeschlossen ist.[285] Anders ist es im zweiten Fall, in dem das Schiedsgericht über die zur Aufrechnung gestellte Forderung nicht entscheiden kann und die Entscheidung dem Staatsgericht überlassen muss. Ein solcher Schiedsspruch ist kein echter Vorbehaltsschiedsspruch. Der Schiedsspruch ist der Vollstreckbarerklärung zugänglich.[286]

575 **dd) Anerkenntnis-, Verzichts- und Säumnisschiedsspruch.** Die Parteien können zwar auf Ansprüche verzichten, sie anerkennen oder durch ihr prozessuales Verhalten, etwa Säumnis, Schlüsse auf die Berechtigung der schiedshängigen Ansprüche zulassen. Das Schiedsgericht kann und muss derartige Erklärungen und das prozessuale Verhalten berücksichtigen, ist jedoch nicht befugt, Anerkenntnis-, Verzichts- oder Säumnisschiedssprüche[287] zu erlassen.[288]

576 § 1048 Abs. 2 ZPO statuiert ausdrücklich, dass die Säumnis des Schiedsbeklagten nicht als Zugeständnis des Schiedsklagevorbringens zu werten ist. § 1048 Abs. 3 ZPO stellt darüber hinaus klar, dass das Schiedsverfahren ohne Säumnisfolgen fortgesetzt werden und ein Schiedsspruch erlassen werden kann.

---

[282] Vgl. *Laschet*, Festschrift für Nagel, 1987, S. 167 ff., 167; *Schwab/Walter* Kap. 18 Rn. 10; aM *Glossner/Bredow/Bühler* S. 160.

[283] Vgl. *Schütze/Tscherning/Wais* Rn. 511; *Schwab/Walter* Kap. 18 Rn. 6.

[284] Vgl. *Schütze/Tscherning/Wais* Rn. 511; *Schwab/Walter* Kap. 18 Rn. 6; *Sieg* JZ 1959, 752 ff., 752.

[285] Vgl. *Glossner/Bredow/Bühler* S. 160; *Schwab/Walter* Kap. 18 Rn. 7; *Sieg* JZ 1959, 752 ff., 752. *Lachmann* Rn. 1710 vertritt für diesen Fall die Ansicht, es liege überhaupt kein Schiedsspruch vor.

[286] Vgl. BGHZ 10, 325; *Lachmann* Rn. 1711; *Schwab/Walter* Kap. 18 Rn. 8; *Sieg* JZ 1959, 752 ff., 752.

[287] Zu Säumnisfolgen im internationalen Schiedsverfahren vgl. *Kühn*, Defaulting Parties and Default Awards in International Arbitration, Festschrift für Wegen, 2015, S. 691 ff.

[288] Vgl. *Schütze/Tscherning/Wais* Rn. 515.

f) Mitteilung des Schiedsspruchs

Eine Niederlegung und Zustellung des Schiedsspruchs, wie sie nach früherem Recht notwendig waren, ist nicht mehr erforderlich. Es genügt die Übersendung eines von den Schiedsrichtern unterschriebenen Exemplars – nicht ausreichend ist eine beglaubigte Abschrift – des Schiedsspruches an jede der Parteien. Die Mitteilung kann an die Parteien direkt oder an ihre Verfahrensbevollmächtigten erfolgen. Eine Zustellung von Anwalt zu Anwalt ist in analoger Anwendung von § 195 ZPO möglich und ausreichend.[289]

577

Ist die Mitteilung an eine Partei oder ihren Verfahrensbevollmächtigten nicht möglich, etwa weil sie unbekannten Aufenthalts sind, so ist die öffentliche Zustellung zu betreiben. Diese erfolgt auf Antrag des Schiedsgerichts durch das ordentliche Gericht nach § 1050 ZPO.

578

3. Schiedsspruch mit vereinbartem Wortlaut

Literatur: *Bredow,* Schiedsspruch mit vereinbartem Wortlaut – Form und Inhalt, SchiedsVZ 2010, 295 ff.; *Lörcher,* Schiedsspruch mit vereinbartem Wortlaut – Notizen zur Vollstreckbarkeit im Ausland, RPS BB-Beil. 12/2000, 2 ff.; *Mankowski,* Der Schiedsspruch mit vereinbartem Wortlaut, ZZP 114 (2001), 37 ff.; *Schütze,* Der Schiedsspruch mit vereinbartem Wortlaut, Festschrift für Lorenz II, 2001, S. 275 ff. (auch *Schütze,* Ausgewählte Probleme des deutschen und internationalen Schiedsverfahrensrechts, 2006, S. 201 ff.); *Saenger,* Die Vollstreckung aus Schiedsvergleich und Schiedsspruch mit vereinbartem Wortlaut, MDR 1999, 662 ff.; *Schroeter,* Der Schiedsspruch mit vereinbartem Wortlaut als Formäquivalent zur notariellen Beurkundung, SchiedsVZ 2006, 298 ff.; *Spohnheimer,* Überlegungen zur Dogmatik des schiedsgerichtlichen Vergleichs und des Schiedsspruchs mit vereinbartem Wortlaut, Festschrift für Kaissis, 2012, S. 933 ff.

Der Reform 1997 ist ein wichtiges Institut des deutschen Schiedsverfahrensrechts zum Opfer gefallen: der Schiedsvergleich. An seine Stelle ist der Schiedsspruch mit vereinbartem Wortlaut getreten (§ 1043 ZPO), der in vielen Rechten seiner Funktion nach dem Schiedsvergleich entspricht (award by consent).[290] Der Schiedsspruch mit vereinbartem Wortlaut, der in der – auch deutschen – Praxis internationaler Schiedsverfahren schon bisher – insbesondere bei solchen nach den Regeln der ICC Schiedsordnung (Art. 32 ICC-Rules 1998, jetzt Art. 26 ICC-Rules 2012)[291] üblich war, erleichtert seine Durchsetzung im Ausland. Der Schiedsspruch mit vereinbartem Wortlaut kann uU auch dazu dienen, ein Ergebnis eines Mediationsverfahrens in einen vollstreckbaren Titel zu fassen.[292]

579

a) Rechtsnatur des Schiedsspruchs mit vereinbartem Wortlaut

Auch der Schiedsspruch mit vereinbartem Wortlaut ist ein Schiedsspruch. Der zugrunde liegende Vergleich beeinflusst die Rechtsnatur nicht. Der Spruch erhält dadurch nicht etwa eine Doppelnatur, wie es nach früherem Recht für den Schiedsvergleich nach § 1044a aF ZPO angenommen worden ist.[293] Auch wenn der Vergleich nicht die Erfordernisse des § 779 ZPO erfüllt, etwa ein gegenseitiges Nachgeben fehlt, berührt das Wirksamkeit und Bestand des Schiedsspruchs mit vereinbartem Wortlaut nicht.

580

---

[289] Vgl. *Lachmann* Rn. 1778.
[290] Vgl. dazu *Berger,* Internationale Wirtschaftschiedsgerichtsbarkeit, 1992, S. 405 ff.
[291] Vgl. dazu *Aden,* Internationale Handelsschiedsgerichtsbarkeit, Rn. 1 ff.; *Reiner,* ICC Schiedsgerichtsbarkeit, 1989, S. 235 ff.; *Reiner/Jahnel,* ICC Schiedsordnung, in: Schütze (Hrsg.), Institutionelle Schiedsgerichtsbarkeit, Art. 26, Rn. 1; jetzt auch § 32 DIS-SchO, dazu *Bredow* DIS-MAT IV (1998), S. 111 ff., 118.
[292] Vgl. *Lörcher* DB 1999, 789 f.
[293] Vgl. 1. Aufl., Rn. 121.

581 Auch eine Anfechtbarkeit des zugrunde liegenden Vergleichs nach §§ 119 ff. BGB (und die Anfechtung) machen den Schiedsspruch nicht hinfällig. Ebenso wenig berührt die Nichtigkeit des Schiedsrichtervertrages die Wirksamkeit des Spruchs.[294]

b) Erfordernisse des Schiedsspruchs mit vereinbartem Wortlaut

582 **aa) Vergleich.** Es muss ein Vergleich zwischen den Parteien abgeschlossen werden. Das ergibt sich unmittelbar aus dem Wortlaut von § 1053 Abs. 1 ZPO. Dieser Vergleich bedarf aber nicht der Erfordernisse des § 779 BGB.[295] Auch Streitigkeiten, die nicht Gegenstand des Schiedsverfahrens sind, können mitverglichen werden. Die Einigung der Parteien stellt incidenter eine Erweiterung der Schiedsvereinbarung dar.

583 **bb) Antrag der Parteien.** Erforderlich ist ein Antrag beider Parteien. Dieser ist Prozesserklärung. Der Antrag kann nicht ohne Zustimmung der anderen Partei zurückgenommen werden. Er bedarf keiner Form. Er kann – das ist die Regel – zu Protokoll des Schiedsgerichts gestellt werden.

584 Schließen die Parteien einen widerruflichen Vergleich, so kann der Antrag schon im Zeitpunkt des Vergleichsabschlusses gestellt werden.

585 **cc) Vereinbarkeit mit dem ordre public.** Der Vergleich muss mit dem ordre public der lex fori vereinbar sein (§ 1053 Abs. 1 S. 2 ZPO).[296] Vereinbaren die Parteien etwa die Verpflichtung zur Einhaltung kartellrechtlich unzulässiger Gebietsabsprachen,[297] so darf ein Schiedsspruch mit vereinbartem Wortlaut nicht erlassen werden. Es wird in der Literatur diskutiert, welcher ordre public massgebend sein soll (ordre public interne, ordre public international pp.).[298] Es kann aber nur einen Maßstab geben. Ist ein Schiedsspruch mit vereinbartem Wortlaut nicht mit den Grundsätzen der deutschen Rechtsordnung vereinbar, dann verstösst er gegen den ordre public, ohne dass man die Hürden wie beim Pferderennen mal höher oder tiefer legen kann. Deshalb ist es unerheblich, ob der Rechtsstreit eine Auslandsberührung hat, ob ausländische Parteien beteiligt sind, ob das streitgegenständliche Rechtsverhältnis ausländischem Recht unterliegt pp. Der ordre public ist unteilbar.[299]

c) Erlass des Schiedsspruchs mit vereinbartem Wortlaut

586 Das Schiedsgericht erlässt den Schiedsspruch nach Prüfung der Erfordernisse. Es hat kein Ermessen, ist vielmehr zum Erlass verpflichtet, wenn die Voraussetzungen erfüllt sind. Allerdings muss das Schiedsgericht keine widersinnigen oder sprachlich unverständlichen Schiedssprüche mit vereinbartem Wortlaut erlassen. Es hat das Recht und die Pflicht zur Formulierungshilfe. Der Schiedsspruch mit vereinbartem Wortlaut muss als Schiedsspruch bezeichnet werden (§ 1053 Abs. 2 ZPO).

587 Beim widerruflichen Vergleich wird der Schiedsspruch mit vereinbartem Wortlaut nach Ablauf der Widerrufsfrist im schriftlichen Verfahren erlassen.[300]

---

[294] So zu § 1044a aF ZPO BGHZ 55, 313 = NJW 1971, 775 mAnm *Breetzke* S. 1458; Wieczorek/Schütze/*Schütze* § 1044a Rn. 7.
[295] Vgl. *Bredow* SchiedsVZ 2010, 295 ff. (297); *Mankowski* ZZP 114 (2001), 37 ff. (42, 66); *Schroeter* SchiedsVZ 2006, 298 ff. (302 f.); *Schütze*, Festschrift für Lorenz II, S. 275 ff., 277; aA *Henn* Rn. 396.
[296] Vgl. *Lachmann* Rn. 1804.
[297] Vgl. zur ordre public Widrigkeit von Schiedssprüchen mit kartellrechtlich unzulässigem Inhalt BGHZ 46, 365 = AWD 1969, 231; OLG Frankfurt/Main RIW 1989, 911.
[298] Vgl. zum Streitstand *Bredow* SchiedsVZ 2010, 295 ff. (297 f.).
[299] AA *Bredow* SchiedsVZ 2010, 295 ff. (297 f.).
[300] Vgl. Zöller/*Geimer* § 1053 Rn. 4.

§ 8 Das Schiedsverfahren im Einzelnen

Weigert sich das Schiedsgericht, einen Schiedsspruch mit vereinbartem Wortlaut zu 588
erlassen, so bleiben den Parteien drei Wege.[301]
- Der Schiedskläger kann die Schiedsklage zurücknehmen und neu einreichen (bei einem anderen von den Parteien bestellten Schiedsgericht).
- Die Parteien können einen Anwaltsvergleich abschließen und damit einen Vollstreckungstitel nach § 794 Abs. 1 Nr. 4b ZPO erhalten.
- Schließlich können die Parteien nach § 1038 ZPO verfahren und die Beendigung des Amtes des oder der Schiedsrichter vereinbaren.

d) Wirkungen des Schiedsspruchs mit vereinbartem Wortlaut

Der Schiedsspruch mit vereinbartem Wortlaut entfaltet alle Wirkungen eines Schiedsspruchs (§ 1053 Abs. 2 S. 2 ZPO), insbesondere die des § 1055 ZPO. 589

Die Streitfrage, ob ein Schiedsvergleich die notarielle Form ersetzt,[302] ist durch § 1053 590
Abs. 3 ZPO für den Schiedsspruch mit vereinbartem Wortlaut nun positivrechtlich in dem Sinne entschieden, dass die notarielle Form ersetzt wird. Verpflichtet sich eine Partei in dem Vergleich, der Gegenstand des Spruchs wird, zur Übertragung eines Grundstücks, so wird die Form des § 313 BGB durch den Schiedsspruch mit vereinbartem Wortlaut gewahrt.

e) Vollstreckbarerklärung

Für die Vollstreckbarerklärung durch das ordentliche Gericht → Rn. 655 ff. 591

Der Schiedsspruch mit vereinbartem Wortlaut kann auch durch einen Notar für voll- 592
streckbar erklärt werden. § 1053 ZPO überträgt dem Notar eine richterliche Aufgabe.[303] Das Beurkundungsgesetz findet keine Anwendung. Der Notar genießt das Haftungsprivileg des § 839 Abs. 2 BGB.[304] Die Vollstreckbarerklärung von Schiedssprüchen mit vereinbartem Wortlaut ist keine Pflichtaufgabe des Notars. Er kann die Vollstreckbarerklärung ablehnen, nicht jedoch an das zuständige ordentliche Gericht verweisen.[305] Der Notar entscheidet durch Beschluss. Das Gesetz sieht kein Rechtsmittel vor. Es besteht aber Einigkeit, dass nicht jeglicher Beschluss unanfechtbar sein kann.[306] Man muss differenzieren.[307] Gegen den die Vollstreckbarerklärung aussprechenden Beschluss ist kein Rechtsmittel gegeben, gegen den die Vollstreckbarerklärung versagenden Beschluss die Rechtsbeschwerde zum BGH, da der Notar im Instanzenzug dem OLG gleichsteht.

XIV. Rechtsmittel gegen den Schiedsspruch

Das Schiedsverfahren ist regelmäßig einstufig. Die Parteien können jedoch eine Rechts- 593
mittelinstanz in Form eines Oberschiedsgerichts vereinbaren.[308] Das ist jedoch die Ausnahme, jedenfalls bei ad hoc Schiedsgerichten. Bei institutionellen Schiedsgerichten kommt es gelegentlich vor, dass ein Instanzenzug vorgesehen ist.[309]

---

[301] Vgl. *Schütze*, Festschrift für Lorenz II, S. 275 ff., 279 ff.
[302] Vgl. zum Streitstand *Breetzke* NJW 1971, 1685 f.; Wieczorek/Schütze/*Schütze* § 1053 Rn. 20.
[303] Vgl. Zöller/*Geimer* § 1053 Rn. 9.
[304] Vgl. Zöller/*Geimer* § 1053 Rn. 14.
[305] AA Zöller/*Geimer* § 1053 Rn. 10.
[306] Vgl. *Schwab/Walter* Kap. 29 Rn. 6; Zöller/*Geimer* § 1053 Fn. 19 f.
[307] Vgl. *Schütze*, Festschrift für Lorenz II, S. 275 ff., 283 f.
[308] Vgl. *Schütze/Tscherning/Wais* Rn. 122; *Schwab/Walter* Kap. 12 Rn. 3 ff.; *Wolf*, Die institutionelle Handelsschiedsgerichtsbarkeit, 1992, S. 153.
[309] Vgl. für Nachweise *Schwab/Walter* Kap. 12 Rn. 1 ff.

594 Im Übrigen steht den Parteien nur der Aufhebungsantrag nach § 1059 ZPO offen, um einen Schiedsspruch anzugreifen. Hierbei handelt es sich jedoch nicht um ein Rechtsmittel.

XV. Berichtigung, Auslegung und Ergänzung des Schiedsspruchs

Literatur: *Fróes,* Correction and Interpretation of Arbitral Awards, Festschrift für Briner, 2005, S. 285 ff.; *Schroth,* Die „kleine Berufung" gegen Schiedsurteile im deutschen Recht, SchiedsVZ 2007, 291 ff.

595 Das Schiedsgericht hat in drei Fällen die Möglichkeit, den einmal erlassenen Schiedsspruch zu berichtigen, zu ergänzen und auszulegen. Die Parteien müssen – wenn sie die Notwendigkeit sehen, den Schiedsspruch zu berichtigen, ergänzen oder auszulegen – den Weg über § 1058 beschreiten, auch wenn sie sich keinen Erfolg davon versprechen. Sie können sich ihre Einwendungen nicht für das Vollstreckbarerklärungs- oder Aufhebungsverfahren aufheben. Mit Einwendungen, die sie nach § 1058 hätten vorbringen können, sind sie präkludiert, wenn sie diesen Weg nicht gewählt haben. Ist der Antrag beim Schiedsgericht erfolglos geblieben, dann können die Einwendungen beim staatlichen Gericht im Aufhebungs- oder Vollstreckbarerklärungsverfahren weiterverfolgt werden.

1. Berichtigung

596 Das Schiedsgericht kann Rechen-, Schreib-, Druck- und ähnliche Fehler auf Antrag einer Partei oder von Amts wegen (§ 1058 Abs. 4 ZPO) berichtigen (§ 1058 Abs. 1 Nr. 1 ZPO). Die Regelung entspricht § 319 Abs. 1 ZPO. Die hierzu entwickelten Grundsätze gelten im Schiedsverfahren entsprechend.

2. Ergänzung

597 Hat das Schiedsgericht bei der Entscheidung einen schiedshängigen Anspruch übergangen, so ist hierüber in einem Ergänzungsschiedsspruch[310] zu entscheiden (§ 1058 Abs. 1 Nr. 3 ZPO). Die Regelung entspricht § 321 Abs. 1 ZPO. Die zu dieser Norm entwickelten Grundsätze gelten im Schiedsverfahren entsprechend. Die Ergänzung kann – anders als die Berichtigung – nicht von Amts wegen, sondern nur auf Antrag einer Partei erfolgen.

3. Auslegung

598 § 1058 Abs. 1 Nr. 2 ZPO gibt den Parteien das Recht, die Auslegung bestimmter Teile des Schiedsspruchs zu verlangen. Das ist in Ordnung, wenn der Schiedsspruch wirklich unklar ist. In Schiedsverfahren nach den UNCITRAL Rules, die in Art. 35 eine entsprechende Regelung enthalten, ist aber viel Missbrauch festzustellen. Die unterlegene Partei will häufig Teile des Schiedsspruchs nicht verstehen und verzögert das Verfahren durch einen Auslegungsantrag.[311] In Fällen, in denen der Schiedsspruch verständlich ist, ist der Antrag zurückzuweisen.

---

[310] Vgl. dazu im einzelnen *Schroth* SchiedsVZ 2007, 291 ff.
[311] Auf die Gefahr der Prozessverschleppung weist *Hußlein-Stich* S. 170 hin. Wegen dieser Gefahr war die Zulässigkeit des Auslegungsantrags in der Kommission auch umstritten und hat zu einer Beschränkung auf die Fälle geführt, in denen eine besondere Parteivereinbarung vorliegt, vgl. *Granzow* S. 189. Der deutsche Gesetzgeber ist über Art. 33 Abs. lit. b Modellgesetz hinausgegangen.

4. Formen und Fristen

Der Antrag auf Ergänzung, Berichtigung oder Auslegung des Schiedsspruchs ist binnen Monatsfrist nach Zugang des Schiedsspruchs zu stellen (§ 1058 Abs. 2 ZPO). Das Schiedsgericht soll binnen eines Monats nach Antragstellung über Berichtigung und Auslegung, binnen zwei Monaten über die Ergänzung entscheiden (§ 1058 Abs. 3 ZPO). Die Entscheidung erfolgt durch Schiedsspruch (§ 1058 Abs. 5 ZPO), der den Erfordernissen des § 1054 ZPO genügen muss. 599

XVI. Kosten

Literatur: *Baumgartner*, Die Kosten des Schiedsgerichtsprozesses, 1981; *v. Bodungen/Pörnbacher*, Kosten und Kostentragung im Schiedsverfahren, in: v. Bodungen ua, Taktik im Schiedsverfahren, 2008, S. 121ff; *Bredow* (Hrsg.), Kosten im Schiedsgerichtsverfahren, DIS-MAT X (2005) (mit Beiträgen von *Elsing, Lindloh, Schroth, Wehrli, Kühn/Gantenberg, Baier, Hunter, Kreindler* und *Niggemann*); *Bühler*, Costs of Arbitration: Some Further Cosiderations, Festschrift für Briner, 2005, S. 179 ff.; *Gerstenmaier*, Zur Verzinslichkeit von Kostenerstattungsforderungen im Schiedsverfahren, SchiedsVZ 2012, 1 ff.; Horvath/Konrad/Power (Hrsg.), Costs in International Arbitration, 2008; *Kellerhals/Pfisterer*, Wer bestimmt das Honorar des Schiedsrichter?, Festschrift für Kaissis, 2012, S. 449 ff.; *Lötscher/Buhr*, Nemo Iudex in Sua Causa – No jurisdiction of the arbitrators to authoritatively rule on their own fees, ASA Bull. 2011, 120 ff.; *Loewe*, Kostenersatz im Schiedsverfahren, Festschrift für Matscher, 1993, S. 327 ff.; *Risse/Altenkirch*, Kostenerstattung im Schiedsverfahren: fünf Probleme aus der Praxis, SchiedsVZ 2012, 5 ff.; *Schütze*, Streitwertfestsetzung durch das Schiedsgericht und andere Probleme des Schiedsrichterhonorars, Festschrift für Torggler, 2013, S. 1105 ff.; *Thiel/Pörnbacher*, Kostenentscheidungen und Kompetenz des Schiedsgerichts – Probleme aus der Praxis, SchiedsVZ 2007, 295 ff.; *Trittmann*, Kostenerstattung im Schiedsverfahren – Gibt es einen nationalen/internationalen Standard?, ZVglRWiss. 114 (2015), 469 ff.

Das Schiedsgericht hat – soweit die Parteien nichts anderes vereinbaren – über die Kosten und die Kostentragungspflicht zu entscheiden (§ 1058 ZPO). Das geschieht regelmäßig im Schiedsspruch selbst oder in einem Ergänzungsschiedsspruch. 600

1. Entscheidung über die Kostentragungspflicht

Haben die Parteien die entsprechende Anwendung der Regeln über das Verfahren 1. Instanz vor den Landgerichten gewählt, so bestimmt sich die Kostentragungspflicht nach §§ 91 ff. ZPO. Aber auch dann, wenn §§ 91 ff. ZPO keine entsprechende Anwendung durch Parteivereinbarung finden, hat das Schiedsgericht die Kosten nach dem Grad des Obsiegens und Unterliegens zu verteilen.[312] § 1057 Abs. 1 ZPO überlässt bedauerlicherweise die Kostenverteilung dem Ermessen des Schiedsgerichts, das allerdings die Umstände des Einzelfalls und den Ausgang des Verfahrens berücksichtigen soll.[313] 601

Es widerspricht aber dem Gerechtigkeitsgefühl[314] und erscheint unerträglich, wenn der Gläubiger, dessen Schuldner erst nach einem schiedsgerichtlichen Verfahren leistet, auch noch Kosten aufwenden soll. Dasselbe gilt für die Partei, die zu Unrecht verklagt wird. Die Verteilung der Kosten nach dem Grad des Obsiegens und Unterliegens entspricht auch dem materiellen Recht.[315] 602

Nur in Ausnahmefällen wird das Schiedsgericht von den Grundsätzen der §§ 91 ff. ZPO abweichen dürfen, etwa bei zwei US-amerikanischen Parteien, die ohnehin an eine 603

---

[312] Vgl. *v. Bodungen/Pörnbacher* S. 124; *Glossner/Bredow/Bühler* Rn. 483; *Henn* Rn. 464; *Lachmann* Rn. 1872; *Maier* Rn. 508; *Schütze/Tscherning/Wais* Rn. 529.
[313] Vgl. dazu *Schwab/Walter* Kap. 33 Rn. 1.
[314] Vgl. *Maier* Rn. 508.
[315] Darauf weist zu Recht *Maier* Rn. 509 hin.

andere Kostenverteilung gewöhnt sind und diese erwarten (keine Kostenerstattung nach der american rule of costs).

604 Probleme bereitet die Kostenentscheidung bei Unzuständigkeit des Schiedsgerichts. Denn hier haben die Parteien keine Entscheidung in der Sache erhalten. Dennoch ist eine Kostenentscheidung nach § 1057 zu treffen.[316]

2. Festsetzung der Kosten

605 Da das Schiedsverfahren keine Kostenfestsetzung iS von §§ 103 ff. ZPO kennt, sind die von den Parteien einander zu erstattenden Kosten zu beziffern.[317] Zweckmäßigerweise geschieht das in einem Ergänzungsschiedsspruch (§ 1057 Abs. 2 ZPO), da regelmäßig im Zeitpunkt des Erlasses des Schiedsspruchs noch nicht alle Kosten und Auslagen feststehen[318].

606 Als erstattungsfähig festzusetzen sind die notwendigen Kosten. Das sind zunächst die Schiedsgerichtskosten einschließlich der Verwaltungskosten der Institution. Probleme mag die Festsetzung der erstattbaren Anwaltskosten bereiten. Wird nach RVG abgerechnet, so bestehen keine Probleme. Aber auch in internationalen Schiedsverfahren übliche Stundenhonorare sind erstattungsfähig[319], soweit sie angemessen sind. Problematisch mag die Erstattungsfähigkeit von Erfolgshonoraren sein. Man wird das Erfolgshonorar als erstattungsfähig ansehen müssen, wenn die Erfolgshonorarvereinbarung zulässig war und das Erfolgshonorar angemessen ist[320]. Dasselbe gilt für die Zahlung der obsiegenden Partei an einen Prozessfinanzierer[321].

3. Keine Kostenfestsetzung zugunsten Dritter und der Schiedsrichter

607 Das Schiedsgericht kann keine Kosten zugunsten Dritter festsetzen. Der Ausspruch der Kostenentscheidung kann nur im Rahmen der Schiedsvereinbarung binden, also im Verhältnis der Parteien.[322] Deshalb können Honorare und Auslagen von Sachverständigen, Zeugen pp. nicht zu ihren Gunsten vom Schiedsgericht im Schiedsspruch festgesetzt werden.[323] Auch können Ansprüche des Prozessfinanzierers gegen eine Partei nicht festgesetzt werden[324]

608 Die Schiedsrichter sind nicht befugt, ihre Gebühren selbst festzusetzen[325], auch nicht indirekt über die Festsetzung des Streitwertes.[326] Denn dieses wäre eine unzulässige Entscheidung in eigener Sache.[327] Wenn die Vorschüsse nicht zur Deckung des Anspruchs

---

[316] Vgl. BGH SchiedsVZ 2003, 39 (mit umfassenden Nachweisen); *v. Bodungen/Pörnbacher*, S. 125.
[317] Vgl. BGH WM 1977, 319.
[318] Vgl. *v. Bodungen/Pörnbacher*, S. 124 f.
[319] Vgl. dazu OLG München SchiedsVZ 2012,156; *von Bernuth*, Noch einmal: Zur Erstattung von Zeithonoraren in Schiedsverfahren, SchiedsVZ 2013, 212 ff.; *Risse/Altenkirch* SchiedsVZ 2012, 5 ff.; *Trittmann* ZVglRWiss. 114 (2015), 469 ff.
[320] Vgl. BeckOK ZPO/*Wilske/Markert* § 1057, Rn. 6; *Trittmann*, ZVglRWiss. 114 (2015), 469 ff. (486 f.).
[321] Vgl. zu den damit verbundenen Problemen *Trittmann* ZVglRWiss. 113 (2015), 469 ff. (487 ff.).
[322] Vgl. dazu *Schwytz* BB 1974, 673 ff.
[323] Vgl. *Schwab/Walter* Kap. 33 Rn. 2.
[324] Vgl. *Tritmann* ZVglRWiss. 114 (2015), 469 ff. (487 ff.).
[325] Vgl. *v. Bodungen/Pörnbacher*, S. 128 f.; *Schütze*, Festschrift für Torggler, S. 1105 ff.; aus schweizerischer Sicht *Kellerhals/Pfisterer*, Festschrift für Kaissis, 2012, S. 449 ff.
[326] Vgl. BGH JZ 1977, 185; BGHZ 94, 92. AG Stuttgart SchiedsVZ 2012, 54 mAnm *Winkler*. Das AG Stuttgart hat sich für die Streitwertfestsetzung im Falle eines Streits zwischen Schiedsgericht und Partei für zuständig gehalten.
[327] Vgl. BGH JZ 1977, 185; *Lachmann* Rn. 1886 ff.; *Maier* Rn. 505; *Schütze/Tscherning/Wais* Rn. 241, *Schwab/Walter* Kap. 33 Rn. 15. AA mit einer eingehenden Diskussion des Streitstandes *Wolff* SchiedsVZ 2006, 131 ff.

der Schiedsrichter auf Honorar und Auslagen ausreichen[328], dann müssen sie ihren Anspruch aus dem Schiedsrichtervertrag vor den ordentlichen Gerichten geltend machen.

4. cautio iudicatum solvi

Literatur: *Haase,* Das Erfordernis der Prozesskostensicherheit iS von § 110 ZPO im schiedsgerichtlichen Verfahren, BB 1995, 1252 ff.; *Graupner/Lipps,* Prozesskostensicherheit in Schiedsgerichtsverfahren in Großbritannien, AWD 1963, 315 ff.; *Karrer/Desax,* Security for Costs in International Arbitration, Festschrift für Böckstiegel, 2001, S. 339 ff.; *Pörnbacher/Thiel,* Kostensicherheit im Schiedsverfahren, SchiedsVZ 2010, 14 ff.; *Rechberger/Rami,* Kostensicherheit im Schiedsverfahren, ecolex 1998, 387 ff.; *Sandrock,* Zur Prozesskostensicherheit in internationalen Schiedsverfahren, Festschrift für Gaul, 1997, S. 607 ff.; *ders.,* The Cautio Iudicatum Solvi in Arbitration Proceedings, Journal of International Arbitration 14 (1997), Nr. 2, 17 ff.; *Weixia Gu,* Security of costs in international commercial arbitration, Journal of International Arbitration 2005, 167 ff.

Liegt der Schiedsort in Deutschland, so sind Schiedskläger, die ihren gewöhnlichen Aufenthalt nicht in einem Staat der EU oder des EWR haben, nach § 110 ZPO[329] sicherheitspflichtig. Die Prozesskostensicherheitsverpflichtung gilt im Schiedsverfahren zumindest entsprechend[330] Der Schiedsbeklagte kann nach § 1041 Abs. 1 ZPO eine einstweilige Anordnung auf Leistung der Prozesskostensicherheit beantragen.[331] 609

In ausländischen Rechten wird die cautio iudicatum solvi teilweise nicht oder nur in Ausnahmefällen verlangt. So hat das House of Lords Prozesskostensicherheit in den Verfahren Coppee Lavalin SA (NV) v. Ken-Ren Chemicals and Fertilizers Ltd. (in Liquidation in Kenya) und Voest Alpine Aktiengesellschaft v. Same[332] nur deshalb angeordnet, weil abzusehen war, dass die insolvente Schiedsklägerin im Falle des Unterliegens den Prozesskostenerstattungsanspruch der Schiedsbeklagten nicht erfüllen konnte. 610

XVII. Wirkung des Schiedsspruchs

Literatur: *Bosch,* Rechtskraft und Rechtshängigkeit im Schiedsverfahren, 1991; *Loritz,* Probleme der Rechtskraft von Schiedssprüchen im deutschen Zivilprozessrecht, ZZP 105 (1992), 1 ff.; *Lühmann,* Die Rechtskraft des Schiedsspruchs im deutschen und US-amerikanischen Recht, 2015;

Der Schiedsspruch hat zwischen den Parteien die Wirkung eines rechtskräftigen gerichtlichen Urteils (§ 1055 ZPO). Da das Schiedsgericht kein „minderes" Gericht ist gelten die Grundsätze für die objektiven und subjektiven Grenzen der Rechtskraft (§§ 322, 325) uneingeschränkt auch im Schiedsverfahren[333]. Eine starke Meinung in der Literatur will die Rechtskrafterstreckung nur auf solche Dritte zulassen, die durch die Schiedsvereinbarung gebunden sind[334]. Das ist allerdings regelmässig unproblematisch, 611

---

[328] Vgl. BGH WM 1977, 319; Zöller/*Geimer* § 1057 Rn. 4.
[329] Vgl. zur Neuregelung 1998 *Schütze* RIW 1999, 10 ff.
[330] Vgl. *Maier* Rn. 223; *Haase* BB 1995, 1252 ff.; *Schütze/Tscherning/Wais* Rn. 352; *Schwab/Walter* Kap. 16 Rn. 23; Wieczorek/*Schütze* § 110 Rn. 17; aA *Riezler,* Internationales Zivilprozessrecht, 1949, S. 439.
[331] Vgl. *Pörnbacher/Thiel* SchiedsVZ 2010, 14 ff. mit Nachweisen für den Streitstand in der Literatur in Fn. 19
[332] (1995) 1 A. C. 38.
[333] Vgl. *Loritz* ZZP 105 (1992), 1 ff.; Musielak/*Voit* § 1055 Rn. 7; Stein/Jonas/*Schlosser* § 1055 Rn. 18 ff.; Zöller/*Geimer* § 1055 Rn. 7.
[334] Vgl.Baumbach/Lauterbach/*Hartmann* § 1055 Rn. 6; *Lachmann* Rn. 1786; MKoZPO/*Münch* § 1055 Rn. 21 f.; *Saenger/Saenger* § 1055 Rn. 8; *Schwab/Walter* Kap. 21, Rn. 3 f.; meine in *Wieczorek/Schütze* § 1040, Rn. 10 vertretene gleiche Meinung gebe ich auf.

da bei der Singularsukzession die Schiedsvereinbarung übergeht (→ Rn. 249 ff.) und deshalb keine Barriere für die Rechtskrafterstreckung auch nach dieser Lehre besteht[335].

612 Nicht rechtskraftfähig sind jedoch alle Schiedssprüche, die den Rechtsstreit nicht endgültig erledigen,[336] also Zwischenschiedssprüche über die Zulässigkeit,[337] Vorbehaltsschiedssprüche (soweit man diese für zulässig hält)[338] pp. Rechtskraftfähig ist dagegen der Zwischenschiedsspruch über den Grund.[339]

§ 9 Besondere Verfahrensarten

613 Im Schiedsverfahren sind einige Verfahrensarten des Zivilprozesses nicht zulässig, andere unzweckmäßig, aber bei entsprechender Parteivereinbarung wirksam. Für arbeitsrechtliche Streitigkeiten enthalten §§ 101 ff. ArbGG eine Sonderregelung.

I. Urkundsprozess

Literatur: *Annen/Schmidt,* Suum cuique – Das Verhältnis zwischen staatlichem Urkundsprozess und Schiedsverfahren, SchiedsVZ 2007, 304 ff.; *Holland/Hantke,* Beschränkung auf den Urkunden-Beweis im Schiedsverfahren, Festschrift für Bülow, 1981, S. 75 ff.; *Schütze,* Zum Urkundsschiedsverfahren, Festschrift für Trinkner, 1995, S. 399 ff.

614 Die Parteien können eine Beschränkung der Beweismittel auf Urkunden vereinbaren.[340] Eine derartige Beschränkung der Beweismittel verstößt weder gegen § 1047 ZPO noch gegen den deutschen ordre public.[341] Ein Urkundsprozess iS von § 592 ff. ZPO ist allerdings nicht möglich, da es keinen dem Vorbehaltsurteil gleichkommenden Schiedsspruch gibt, in dem dem Schiedsbeklagten die Ausführung seiner Rechte im Nachverfahren vorbehalten wird.[342] Es ist eine Frage der Auslegung des Parteiwillens, ob die Parteien auf den staatlichen Urkundsprozess unter diesen Umständen verzichten wollen. Das OLG Düsseldorf[343] und das OLG Bamberg[344] verneinen dies generell für diese Verfahrensart. Das OLG Celle[345] und das OLG Hamburg bejahen die Frage[346]. Der BGH hat nunmehr entschieden, dass die Einrede der Schiedsvereinbarung auch im Urkundsprozess erhoben werden kann. Enthält eine Rahmenvereinbarung eine umfassende Schiedsklausel, so erstreckt sich diese auch auf daraus resultierende Ansprüche und eventuell dazu getroffene Vereinbarungen, auch wenn darin keine Schiedsvereinbarung enthalten ist[347]

---

[335] Darauf weist *Loritz* ZZP 105 (1992), 1 ff. (15) hin.
[336] Vgl. dazu *Sieg* JZ 1959, 752 ff.
[337] Vgl. RGZ 52, 283; *Schütze/Tscherning/Wais* Rn. 526.
[338] Vgl. MüKoZPO/*Maier* § 1040 Rn. 3.
[339] Vgl. auch *Schütze/Tscherning/Wais* Rn. 526; Stein/Jonas/*Schlosser* § 1055 Rn. 21; aA MüKoZPO/*Münch* § 1055 Rn. 5, weil diese nur als eine Art Vorstufe zu der endgültigen Entscheidung zu sehen seien.
[340] Vgl. *Schütze/Tscherning/Wais* Rn. 52.
[341] Vgl. *Holland/Hantke,* Festschrift für Bülow, S. 75.
[342] Vgl. *Maier* Rn. 224; *Schütze,* Festschrift für Trinkner, S. 401 ff.; *Schwab/Walter* Kap. 18 Rn. 7.
[343] Vgl. OLG Düsseldorf OLG Report 1995, 198; OLG Düsseldorf OLG Report 1998, 225.
[344] Vgl. OLG Bamberg OLG Report 2005, 79.
[345] Vgl. OLG Celle SchiedsVZ 2006, 52.
[346] Vgl. OLG Hamburg SchiedsVZ 2006, 52.
[347] Vgl. BGH SchiedsVZ 2007, 215; dazu *Annen/Schmidt* SchiedsVZ 2007, 304 ff.

II. Wechsel- und Scheckverfahren

Die Schiedsvereinbarung kann sich auch auf Ansprüche aus Wechseln und Schecks erstrecken.³⁴⁸ Das ist regelmäßig allerdings weniger zweckmäßig, da das Verfahren vor den ordentlichen Gerichten schneller zu einem vollstreckbaren Titel führt. Bei der Auslegung der Schiedsvereinbarung ist dies zu berücksichtigen. Mangels ausdrücklicher Vereinbarung kann man jedenfalls dem Wechsel- und Scheckgläubiger nicht den Willen unterstellen, auf den Rechtsschutz der staatlichen Gerichte verzichten zu wollen.³⁴⁹ Einen Wechsel- und Scheckprozess gibt es im Schiedsverfahren ebenso wenig wie einen Urkundsprozess. Da der Schiedsbeklagte mit seinen Einwendungen nicht in das Nachverfahren verwiesen werden kann, stehen ihm alle Einwendungen offen, die er sonst dort geltend machen müsste.³⁵⁰

615

Teilweise wird die Ansicht vertreten, dass die Zuständigkeit des staatlichen Gerichts nur für das wechselrechtliche Vorverfahren gegeben sei, für das Nachverfahren jedoch die schiedsgerichtliche Zuständigkeit bestehe.³⁵¹ Der BGH hat diese Auslegung des Parteiwillens als möglich angesehen.³⁵² Entscheidend ist letztlich die Interpretation im Einzelfall.

616

III. Mahnverfahren

Das Mahnverfahren gehört zu den schiedsunfähigen Verfahrensarten.³⁵³ Das Schiedsgericht kann keine vorläufige Entscheidung erlassen, die in der Instanz später überprüft wird.

617

IV. Verfahren des einstweiligen Rechtsschutzes

Literatur: *Adolphsen*, Internationale Dopingstrafen, 2003, S. 564 ff.; *Bandel*, Einstweiliger Rechtsschutz im Schiedsverfahren, 2000; *Gerstenmeier*, Die Vollziehbarkeit von Entscheidungen des Eilschiedsrichters, Festschrift für Elsing, 2015, S. 153 ff; *Hall/Cameron,* Interim Mesures in Connection with International Arbitration: A Comparison of Pre-Arbitration Relief Obtaines Through U.S. Courts and Emergency Arbitration, Festschrift für Wegen, 2015, S. 653 ff.; *Hobeck/Weyhreter,* Anordnung von vorläufigen oder sichernden Maßnahmen durch Schiedsgerichte in ex-parte-Verfahren, SchiedsVZ 2005, 238 ff.; *Risse/Frohloff,* Schadensersatzansprüche nach einstweiligen Verfügungen im Schiedsverfahren, SchiedsVZ 2011, 239 ff.; *Scheef,* Der einstweilige Rechtsschutz und die Stellung der Schiedsrichter bei dem Abschluss von Schiedsvergleichen nach dem deutschen und englischen Schiedsverfahrensrecht, 2000; *Schroth,* Einstweiliger Rechtsschutz im deutschen Schiedsverfahren, SchiedsVZ 2003, 102 ff.; *ders.* Taktik und einstweiliger Rechtsschutz im deutschen Schiedsverfahren, in: v. Bodungen ua Taktik im Schiedsverfahren, 2008, S. 49 ff.; *Schütze,* Einstweiliger Rechtsschutz im Schiedsverfahren, BB 1998, 1650 ff.; *Thümmel,* Einstweiliger Rechtsschutz im Schiedsverfahren nach dem Entwurf zum Schiedsverfahrens-Neuregelungsgesetz, DZWir 1997, 133 ff.; *Westphahl/ Busse,* Vorläufige Maßnahmen durch ein bei Großprojekten vereinbartes ständiges Schiedsgericht, SchiedsVZ 2006, 21 ff.; *Wolf,* „Summarische Verfahren" im neuen Schiedsverfahrensrecht, DB 1999, 1101 ff.; *Zeiler,* Erstmals einstweilige Maßnahmen im Schiedsverfahren?, SchiedsVZ 2006, 79 ff. (für das neue österreichische Recht); *Zekoll/Giessen* Das ex-parte Eilverfahren und das Exequaturver-

---

³⁴⁸ Vgl. RGZ 71, 14; OLG Düsseldorf NJW 1983, 2149; OLG Frankfurt/Main RIW 1986, 379; OLG München RIW 1990, 585; *Lachmann* Rn. 491; *Schwab/Walter* Kap. 7 Rn. 16.
³⁴⁹ Vgl. BGH JZ 1994, 370 mAnm *Schütze;* OLG Hamburg VersR 1979, 818; OLG München RIW 1990, 585; OLG Hamburg RIW 1992, 938; dazu *Schmidt* RIW 1993, 639 ff.; weiter *Schütze,* Festschrift für Trinkner, S. 404 ff.
³⁵⁰ Vgl. *Maier* Rn. 14.
³⁵¹ So *Lachmann* Rn. 492.
³⁵² Vgl. BGH JZ 1994, 370 mAnm *Schütze.*
³⁵³ Vgl. *Schwab/Walter* Kap. 16 Rn. 55; *Schütze/Tscherning/Wais* Rn. 51.

fahren für schiedsgerichtliche Eilmassnahmen nach dem UNCITRAL Model Law – Anspruch und Wirklichkeit einer Reform, SchiedsVZ 2010, 137 ff.

618 § 1041 ZPO beendet einen langen Streit um die Zulässigkeit von Maßnahmen des einstweiligen Rechtsschutzes durch ein Schiedsgericht.[354] Die Zweckmäßigkeit und Effektivität einstweiligen Rechtsschutzes durch Schiedsgerichte ist zweifelhaft, da schiedsgerichtliche Eilverfahren konzeptionell langsamer als solche vor staatlichen Gerichte sind und Eilentscheidungen nicht ipso iure vollziehbar sind, sondern der Homologierung (Vollziehbarerklärung) durch das ordentliche Gericht bedürfen.[355] Diese Nachteile werden vermieden, wenn das Schiedsgericht bereits konstituiert ist und die Parteien die Gewähr bieten, sich an eine schiedsgerichtliche Maßnahme des einstweiligen Rechtsschutzes zu halten und diese zu erfüllen, wie das im Rahmen von Großprojekten der Fall sein mag.[356]

1. Prinzip: Parteiautonomie

619 Die Frage, ob das Schiedsgericht befugt sein soll, Maßnahmen des einstweiligen Rechtsschutzes zu erlassen (einstweilige Verfügung, Arrest), überlässt § 1041 Abs. 1 ZPO der Parteivereinbarung.[357] Die Parteien können in der Schiedsvereinbarung oder einer späteren Ergänzung bestimmen, dass

- allein das Schiedsgericht zum Erlass einstweiliger Maßnahmen zuständig sein soll oder
- nur das staatliche Gericht derartige Maßnahmen anordnen oder erlassen kann oder
- beide Wege des einstweiligen Rechtsschutzes parallel zur Verfügung stehen.

Die schiedsgerichtliche Zuständigkeit besteht nur vor oder nach Beginn des Schiedsverfahrens, nicht jedoch nach Beendigung des Schiedsverfahrens. Das Schiedsgericht kann deshalb keine Maßnahmen des einstweiligen Rechtsschutzes zur Sicherung der Vollstreckung seines Schiedsspruches nach Erlass des Spruchs treffen[358].

620 Der völlige Ausschluss der staatlichen Zuständigkeit wird selten gewählt werden, da der einstweilige Rechtsschutz durch das Schiedsgericht wegen der Notwendigkeit der Vollziehbarerklärung der Maßnahme durch das ordentliche Gericht zeitraubend und deshalb weniger effizient ist. Das war auch der Grund, warum unter altem Recht die hL das Schiedsgericht nicht zum Erlass von einstweiligen Verfügungen und Arresten für befugt hielt.[359] Die Problematik der mangelnden Endgültigkeit der einstweiligen Maßnahmen war ein weiterer Grund,[360] der jedoch eine starke Meinung in der Literatur[361] nicht abhielt, schiedsgerichtlichem einstweiligen Rechtsschutz das Wort zu reden.

---

[354] Vgl. zu der bisherigen Diskussion *Bösch,* Einstweiliger Rechtsschutz in der internationalen Handelsschiedsgerichtsbarkeit, 1989; *ders.,* in: Bösch (Hrsg.), Provisional Remedies in International Commercial Arbitration, 1994, S. 275 ff.; *Brinkmann,* Schiedsgerichtsbarkeit und Maßnahmen des einstweiligen Rechtsschutzes, 1977; *Hausmaninger,* Die einstweilige Verfügung im schiedsrichterlichen Verfahren, 1989; *Jeong-Ha,* Einstweilige Maßnahmen in der Schiedsgerichtsbarkeit, 1991; *Kühn,* Vorläufiger Rechtsschutz und Schiedsgerichtsbarkeit, Jahrbuch für die Praxis der Schiedsgerichtsbarkeit 1 (1987), S. 47 ff.; *Matsuura,* Festschrift für Schwab, 1990, S. 321 ff.; *Sandrock/Nöcker,* Jahrbuch für die Praxis der Schiedsgerichtsbarkeit 1 (1987), S. 74 ff.; *Schmitt,* Die Einrede des Schiedsvertrages im Verfahren des einstweiligen Rechtsschutzes, Diss. Gießen 1987, jeweils mit einer Darstellung des Meinungsstandes, allgemein unter Auswertung insbesondere des ICC Erfahrungen *Reiner,* Journal Clunet 125 (1998), 853 ff.
[355] Vgl. dazu *Schütze,* in: Gottwald (Hrsg.), Effektivität des Rechtsschutzes vor staatlichen und privaten Gerichten, 2006, S. 171 ff., 190 f.
[356] Vgl. dazu *Westphahl/Busse* SchiedsVZ 2006, 21 ff.
[357] Vgl. dazu *Calavros* S. 96 ff.; *Granzow* S. 134 ff.; *Hußlein-Stich* S. 97 ff.
[358] Vgl. LG Braunschweig, SchiedsVZ 2015, 282
[359] Vgl. für Nachweise Wieczorek/Schütze/*Schütze* § 1025 Rn. 73.
[360] Vgl. Begründung, BT-Drs. 13/5274, S. 44 ff.
[361] Vgl. zB *Aden* BB 1985, 2277 ff.; *Brinkmann,* Schiedsgerichtsbarkeit und Maßnahmen des einstweiligen Rechtsschutzes, 1977; *Kühn,* Jahrbuch für die Praxis der Schiedsgerichtsbarkeit 1 (1987),

2. Paralleler Rechtsschutz als gesetzliche Regel

Mangels abweichender Parteivereinbarung ist das Schiedsgericht zum Erlass einstweiliger Maßnahmen befugt. Aus § 1041 Abs. 2 ZPO ergibt sich, dass diese Berechtigung einstweilige Verfügungen und Arreste durch ordentliche Gerichte nicht ausschließt, da es sonst zu einer Kollision eines Vollziehungsantrags für eine Maßnahme einstweiligen Rechtsschutzes durch ein Schiedsgericht mit einem Antrag auf Erlass einer solchen Maßnahme durch das ordentliche Gericht nicht kommen könnte. Gesetzliche Regel ist also die Parallelität beider Rechtsschutzformen. Die Parteien haben die Wahl.[362] **621**

a) Arten des einstweiligen Rechtsschutzes

Das Schiedsgericht kann jede Art einstweiligen Rechtsschutzes gewähren, der vor staatlichen Gerichten offensteht. Es kann sowohl Arreste anordnen als auch einstweilige Verfügungen erlassen.[363] Dunkel ist in diesem Zusammenhang die Aussage der amtlichen Begründung, wonach ein Arrest „wegen seiner weitreichenden Auswirkungen vom Schiedsgericht in den wenigsten Fällen als erforderlich angesehen werden dürfte".[364] **622**

b) Erfordernisse der Anordnung einer Maßnahme des einstweiligen Rechtsschutzes

Die Erfordernisse für den Erlass von Arresten und einstweiligen Verfügungen durch das Schiedsgericht sind dieselben wie im Verfahren vor dem ordentlichen Gericht. §§ 915 ff. ZPO gelten entsprechend. Es muss ein Verfügungs-(Arrest-)grund glaubhaft gemacht werden. Ein grundlegender Nachteil des schiedsgerichtlichen einstweiligen Rechtsschutzes gegenüber dem durch die ordentlichen Gerichte ist es, dass die eidesstattliche Versicherung nicht zur Glaubhaftmachung zur Verfügung steht, da das Schiedsgericht nicht zur Eidesabnahme befugt ist und deshalb keine eidesstattlichen Versicherungen (als solche) berücksichtigen kann.[365] **623**

c) Verfahren vor dem Schiedsgericht

Das ordentliche Gericht kann Maßnahmen des einstweiligen Rechtsschutzes ohne mündliche Verhandlung, ja ohne dem Antragsgegner rechtliches Gehör zu gewähren, erlassen, da dieses im Widerspruchsverfahren nachgeholt wird. Das schiedsgerichtliche Eilverfahren kennt keinen Rechtsbehelf gegen die Entscheidung.[366] Deshalb kann das rechtliche Gehör nur vor Beendigung des Eilverfahrens gewährt werden. Der Erlass einer Maßnahme des einstweiligen Rechtsschutzes ist deshalb nur nach Anhörung des Antragsgegners zulässig,[367] wobei eine mündliche Verhandlung nicht notwendig ist. **624**

S. 47 ff.; *Lindacher* ZGR 1979, 201 ff.; *Sandrock/Nöcker,* Jahrbuch für die Praxis der Schiedsgerichtsbarkeit 1 (1987), S. 74 ff.; *Schlosser* ZZP 99 (1986), S. 241 ff.

[362] Vgl. *Lachmann* Rn. 2853; *Lörcher/Lörcher* Rn. 70; *Schroth,* Taktik im Schiedsverfahren, S. 51 ff.; *Schütze* BB 1998, 1650 ff., 1650.

[363] Vgl. *Lachmann* Rn. 2890; *Schütze* BB 1998, 1650 ff., 1651; *Thümmel* DZWir 1997, 133 ff., 135. *Berger* DZWir 1998, 45 ff., 51, vertritt dagegen die Ansicht, das Schiedsgericht sei an den Katalog der ZPO (Arrest und einstweilige Verfügung) nicht gebunden und könne auch dem deutschen Recht unbekannte Verfügungen (zB Mareva injunctions) erlassen. Das verträgt sich schwer mit der Parallelität von schiedsgerichtlichem und staatlichem einstweiligem Rechtsschutz. Derartige dem deutschen Recht fremde einstweilige Maßnahmen wären auch praktisch sinnlos, da sie bei der Vollziehbarerklärung an die deutsche „Typologie" anzupassen wären.

[364] Vgl. Begründung, BT-Drs. 13/5274, S. 251 f.

[365] Vgl. Begründung, BT-Drs. 13/5274, S. 44 f.

[366] Bestr., vgl. zu der Diskussion *Lachmann* Rn. 1437 ff.

[367] Vgl. *Schütze* BB 1998, 1650 ff., 1651. Vgl. zur Problematik von schiedsgerichtlichen ex-parte-Verfahren *Hobeck/Weyhreter* SchiedsVZ 2005, 238 ff.

d) Form der Entscheidung

625 Die Entscheidung erfolgt nicht durch Schiedsspruch, sondern durch Beschluss. Das ergibt sich aus der Systematik des Gesetzes.[368]

e) Sicherheitsleistung

626 Das Schiedsgericht kann von jeder Partei bei Erlass von vorläufigen oder sichernden Maßnahmen Sicherheit verlangen (§ 1041 Abs. 1 S. 2 ZPO). Diese Befugnis des Schiedsgerichts entspricht der des ordentlichen Gerichts nach § 921 Abs. 2 S. 2 iVm § 936 ZPO. Die Höhe der Sicherheitsleistung bemisst sich nach dem Schaden des Antragsgegners bei Aufhebung der Maßnahme durch das Schiedsgericht oder das ordentliche Gericht.

f) Vollziehung

627 Die einstweilige Maßnahme des Schiedsgerichts bedarf zu ihrer Vollziehung einer Entscheidung[369] durch das ordentliche Gericht (§ 1041 Abs. 2 S. 1 ZPO). Zuständig ist das Oberlandesgericht (§ 1062 Abs. 1 Nr. 3 ZPO). Dieses entscheidet auf Antrag des Gläubigers im Beschlussverfahren nach § 1063 ZPO.

628 Das Gericht prüft
- die Wirksamkeit der Schiedsvereinbarung,
- den Verfügungs- oder Arrestgrund,
- die Vereinbarkeit der schiedsgerichtlichen Entscheidung mit dem ordre public und
- die Notwendigkeit und Angemessenheit der Anordnung der Sicherheitsleistung.

629 Das Gericht kann die angeordnete Maßnahme des Schiedsgerichts
- für vollziehbar erklären,
- den Antrag auf Vollziehbarerklärung zurückweisen oder
- die vom Schiedsgericht angeordnete Maßnahme abweichend fassen, wenn dies im Hinblick auf die Typologie des deutschen Zwangsvollstreckungsrechts notwendig erscheint.

630 Das Gericht kann seinen Vollziehungsbeschluss aufheben oder abändern. Erforderlich ist ein Antrag einer Partei und eine Änderung der Verhältnisse.

631 Das Verfahren der Vollziehung wird unzulässig, sobald eine Maßnahme des einstweiligen Rechtsschutzes bei dem zuständigen Amts- oder Landgericht nach §§ 915 ff. ZPO beantragt worden ist. Dieses Verfahren geht in jedem Falle vor. Auch kann das Schiedsgericht keine Maßnahme des einstweiligen Rechtsschutzes des ordentlichen Gerichts aufheben oder abändern,[370] selbst wenn eine dies an sich rechtfertigende Änderung der Verhältnisse vorliegt.

g) Keine Derogation bei Vereinbarung eines ausländischen Schiedsgerichts

632 Durch eine Schiedsvereinbarung derogieren die Parteien zwar grundsätzlich die Zuständigkeit der staatlichen Gerichte. Das gilt aber nicht für die gerichtlichen Zuständigkeiten im Rahmen der Hilfs- und Kontrollfunktionen und den einstweiligen Rechtsschutz. Während es sich bei den ersteren beiden Zuständigkeiten um Annexzuständigkeiten handelt, die mit der Schiedszuständigkeit „wandern", bleibt die Zuständigkeit für den Erlass von Maßnahmen des einstweiligen Rechtsschutzes von der Vereinbarung – auch eines ausländischen Schiedsgerichts unberührt.[371]

---

[368] Vgl. *Schütze* BB 1998, 1650 ff., 1652. Vgl. *Calavros* S. 101 f. Vgl. RGZ 58, 236; Wieczorek/Schütze/*Thümmel* § 945 Rn. 26 mwN.

[369] Vgl. dazu *Gerstenmaier*, FS Elsing, S. 153 ff.

[370] Vgl. *Calavros* S. 101 f.

[371] Vgl. *Geimer* SchiedsVZ 2005, 52; *Schütze* IPRax 2006, 442 ff.; aA OLG Nürnberg IPRax 2006, 468.

§ 9 Besondere Verfahrensarten

3. Schadensersatzanspruch wegen ungerechtfertigter Vollstreckung

§ 1041 Abs. 4 ZPO[372] enthält eine § 945 ZPO entsprechende Regelung[373]. Beide Regelungen normieren den – verschuldensunabhängigen – Schadensersatzanspruch des Arrest-(Verfügungs-)schuldners für den Fall, dass sich die Anordnung der Maßnahme des einstweiligen Rechtsschutzes als von Anfang an unbegründet erweist. Beide Vorschriften sind nach Anspruchsvoraussetzungen und Inhalt des Anspruchs gleich. 633

Hinsichtlich des Anwendungsbereichs ist zu differenzieren: 634
- Hat das ordentliche Gericht (Amts- oder Landgericht) die Maßnahme des einstweiligen Rechtsschutzes erlassen, so kommt § 945 ZPO zur Anwendung.
- Hat das Schiedsgericht die Maßnahme angeordnet und wird der Antrag auf Vollziehung vom OLG zurückgewiesen, so bestimmt sich der Schadensersatzanspruch nach § 1041 Abs. 4 ZPO.
- Hat das Schiedsgericht die Maßnahme angeordnet und hebt es sie selbst wieder auf, so gilt ebenfalls § 1041 Abs. 4 ZPO.

Kommt § 945 ZPO zur Anwendung, so ist der Schadensersatzanspruch in einem selbständigen Verfahren vor den ordentlichen Gerichten geltend zu machen. Der Anspruch kann weder im Schiedsverfahren noch im Wege der Widerklage im anhängigen Eilverfahren[374] geltend gemacht werden. Kommt § 1041 Abs. 4 ZPO zur Anwendung, so kann der Anspruch im anhängigen Schiedsverfahren geltend gemacht werden (§ 1041 Abs. 4 S. 2 ZPO). 635

Die Aufhebung einer Entscheidung des einstweiligen Rechtsschutz allein begründet den Schadensersatzanspruch noch nicht. Die angeordnete Massregel muss vollzogen worden sein[375]. Der Vollziehung gleichgestellt ist die freiwillige Erfüllung bei faktischem Vollstreckungsdruck[376]. Es wäre unangemessen, wenn der Schuldner einer Maßnahme des einstweiligen Rechtsschutzes, in Erfüllung seiner Verpflichtung aus der Schiedsvereinbarung dem Leistungs- oder Unterlassungsbefehl folgt schlechter stellt als den, der die Vollziehung abwartet. 636

V. Ehe-, Kindschafts- und Betreuungsverfahren

Ehe-, Kindschafts- und Betreuungsverfahren sind schiedsunfähige Verfahrensarten,[377] da der Streitgegenstand nicht objektiv schiedsfähig ist. Es handelt sich nicht um Verfahren über vermögensrechtliche Ansprüche und auch nicht um solche, über die die Parteien sich vergleichen können (§ 1030 Abs. 1 ZPO). 637

VI. Vollstreckungsgegenklage

Da die Parteien im Verfahren der Vollstreckungsgegenklage einen Vergleich abschließen können, sind Streitigkeiten über die Zulässigkeit der Zwangsvollstreckung schiedsfähig.[378] Die Neuregelung der Schiedsfähigkeit in § 1030 Abs. 1 ZPO hat gegenüber der bisherigen Rechtslage insoweit keine Änderung gebracht. 638

---

[372] Die Norm kommt nur bei Erlass der Massnahme des einstweiligen Rechtsschutzes durch ein Schiedsgericht mit Sitz in Deutschland zur Anwendung. Für einstweilge Massnahme ausländischer Schiedsgerichte bestimmt sich der Schadensersatzanspruch nach der jeweiligen lex arbitri.
[373] Vgl. dazu insbes. *Risse/Frohloff* SchiedsVZ 2011, 239 ff.
[374] Vgl. RGZ 58, 236; Wieczorek/Schütze/*Thümmel* § 945 Rn. 26 mwN.
[375] Vgl. *Bandel* S. 246 f.; MüKoZPO/*Münch*, § 1041, Rn. 33; *Musielak/Voit* § 1041, Rn. 14.
[376] Vgl. *Risse/Frohloff* SchiedsVZ 2011, 239 ff. (244 f.).
[377] Vgl. *Schwab/Walter* Kap. 16 Rn. 55.
[378] Vgl. dazu insbes. *Schlosser*, Festschrift für Bülow, 1981, S. 189 ff., 195.

639 Die Einrede des § 1032 Abs. 1 ZPO greift auch gegenüber einer Vollstreckungsgegenklage durch, wenn die mit ihr geltend gemachte Einwendung der Schiedsvereinbarung unterliegt.[379] Das Problem, wie das Schiedsgericht die Vollstreckbarkeit beseitigen kann, wenn es über Einwendungen gegen einen titulierten Anspruch befinden muss, löst der BGH wie folgt:

640 Der Schuldner soll auf Feststellung des Erlöschens der titulierten Forderung oder Herausgabe des vollstreckbaren Titels bei dem vereinbarten Schiedsgericht klagen. Der in diesem Verfahren ergehende Schiedsspruch kann – auch feststellende Schiedssprüche sind der Vollstreckbarerklärung zugänglich – nach § 1060 ZPO für vollstreckbar erklärt werden. In dem Exequaturverfahren kann nach der Ansicht des BGH die Vollstreckbarerklärung mit dem Ausspruch über die Unzulässigkeit der Zwangsvollstreckung verbunden werden, um die Einwirkung auf Vollstreckungsmaßnahmen gem. § 775 Nr. 1 ZPO zu gewährleisten.

641 Der vom BGH aufgezeigte Weg ist nur bedingt geeignet, einen effektiven Rechtsschutz zu gewährleisten, da das Schiedsgericht nicht die einstweilige Einstellung der Zwangsvollstreckung nach § 769 ZPO anordnen kann. Besteht hierfür eine Notwendigkeit, so kann der Schuldner aufgrund seiner Einwendungen beim staatlichen Gericht einen Arrest gegen den Gläubiger des Titels erwirken und den Anspruch aus dem Titel, gegen den sich die Einwendungen richten, pfänden lassen.[380] Auch eine einstweilige Verfügung des staatlichen Gerichts gegen den Gläubiger auf Unterlassung der Vollstreckung ist denkbar.

VII. Widerklage

Literatur: *Schütze*, Die Geltendmachung von Gegenforderungen im Schiedsverfahren, Festschrift für Kargados, 2004, S. 1009 ff.; *Stolzke*, Aufrechnung und Widerklage in der Schiedsgerichtsbarkeit, 2006.

642 Auch die Erhebung einer Widerklage ist im Schiedsverfahren zulässig. § 1046 Abs. 3 ZPO erklärt die Grundsätze für Klage und Klagebeantwortung für anwendbar auf die Widerklage.

1. Anwendbares Recht

643 Die Zulässigkeit der Widerklage bestimmt sich nach dem anwendbaren Schiedsverfahrensrecht. Das ist das Recht des Schiedsortes (§ 1025 Abs. 1 ZPO).[381]

2. Erfordernisse der Widerklage

644 Erfordernisse der Widerklage sind:
- Der widerklagend geltend gemachte Anspruch muss derselben Schiedsvereinbarung wie der Schiedsklageanspruch unterliegen. Es genügt nicht, dass die Parteien für den widerklagend geltend gemachten Anspruch eine andere Schiedsvereinbarung abgeschlossen haben.[382] Denn diese kann einen anderen Bestellungsmodus für die Schiedsrichter, eine andere Vergütungsregelung pp. enthalten.
- Es muss ein rechtlicher Zusammenhang zwischen Schiedsklage und Schiedswiderklage gegeben sein. Insoweit gelten dieselben Regeln wie für die Erhebung einer Widerklage vor einem staatlichen Gericht (§ 33 Abs. 1 ZPO).

---

[379] Vgl. BGH NJW 1987, 651 = JR 1988, 288 mAnm *Schütze* EWiR 1027a ZPO 1/87, 305; *Schwab/Walter* Kap. 7 Rn. 15.
[380] Vgl. *Schütze* EWiR § 1027a ZPO 1/87, 305.
[381] Vgl. *Schütze*, Festschrift für Kargados, S. 1009 ff., 1013.
[382] Vgl. dazu *Henn* Rn. 320; *Schwab/Walter* Kap. 16 Rn. 31.

- Problematisch mag sein, ob die Erhebung der Widerklage der Zustimmung der Schiedsrichter bedarf. Die Situation ist dieselbe wie bei der Aufrechnung, wo das schwedische Recht wohl davon ausgeht, die Gegenansprüche nicht ohne Einverständnis der Schiedsrichter geltend gemacht werden können.[383] Nun ist zwar richtig, dass die Schiedsrichter bei Abschluss des Schiedsrichtervertrages und Annahme des Mandats von einem bestimmten Prozessstoff ausgehen und neue Ansprüche den Arbeitsaufwand erhöhen und unter Umständen ihre Sachkunde überschreiten. Dennoch wird man nach deutschem Recht davon ausgehen müssen, dass die Schiedsrichter verpflichtet sind, über alle Einwendungen und Gegenansprüche zu entscheiden.[384]

3. Streitwert und Vorschüsse

Der Streitwert von Klage und Widerklage ist zusammenzurechnen. Auf den erhöhten Streitwert sind weitere Vorschüsse zu entrichten. Probleme ergeben sich in der Praxis dann, wenn der Schiedsbeklagte eine hohe Schiedswiderklage erhebt, um den Schiedskläger zur Erlegung weiterer Vorschüsse zu zwingen, während er selbst seinen Vorschussteil nicht einzahlt.[385] In diesem Fall ist das Schiedsgericht berechtigt, Klage und Widerklage zu trennen und nur über die Schiedsklage zu verhandeln. 645

VIII. Drittwiderklage

Literatur: *Geimer*, Beteiligung weiterer Parteien im Schiedsgerichtsverfahren, insbesondere die Drittwiderklage, in: Böckstiegel/Berger/Bredow, Die Beteiligung Dritter an Schiedsverfahren, 2005, S. 71 ff.; *Kleinschmidt*, Die Widerklage gegen einen Dritten im Schiedsverfahren, SchiedsVZ 2006, 142 ff.; *Martens*, Wirkungen der Schiedsvereinbarung und des Schiedsverfahrens auf Dritte, 2005.

Bei der Drittwiderklage geht es um den Fall, in dem der Schiedsbeklagte Widerklage nicht nur gegen den Schiedskläger, sondern streitgenössisch auch gegen einen Dritten erhebt. Das ist – jedenfalls außerhalb des Anwendungsbereichs des § 1066 ZPO – unzulässig. Der Dritte, der durch die Schiedsvereinbarung nicht gebunden ist, kann nicht gegen seinen Willen in das Schiedsverfahren hineingezogen werden.[386] 646

Eine andere Beurteilung kann geboten sein, wenn der Dritte durch dieselbe Schiedsvereinbarung wie die Parteien gebunden ist. Für diesen Fall hat die ICC in besonderen Fällen auf Antrag des Schiedsbeklagten eine neue Partei zum Schiedsverfahren zugelassen.[387] Es genügt aber nicht, dass der Dritte für die gegen ihn widerklagend geltend gemachten Ansprüche derselben Schiedsvereinbarung unterliegt. Er muss der Drittwiderklage zustimmen und sich der Jurisdiktion des bereits gebildeten Schiedsgerichts unterwerfen. Andernfalls würde man ihn seines Recht auf Bestellung eines Schiedsrichters berauben. 647

Im Übrigen hat Schlosser beachtliche Vorschläge zur Beiladung im Schiedsverfahren gemacht.[388] 648

---

[383] Vgl. dazu *Schütze*, Festschrift für Kargados, S. 1009 ff., 1013.
[384] Vgl. *Schwab/Walter* Kap. 16 Rn. 31; Stein/Jonas/*Schlosser* § 1046 Rn. 6.
[385] Vgl. zur Praxis der ICC in diesen Fällen *Mack* SchiedsVZ 2006, 36 ff.
[386] Vgl. *Geimer*, in: Böckstiegel/Berger/Bredow (Hrsg.), Die Beteiligung Dritter an Schiedsverfahren, S. 71 ff., 77 f.; *Kleinschmidt* SchiedsVZ 2006, 142 ff.
[387] Vgl. *Silva-Romero*, Brief Report on Counterclaims and Cross-claims: The ICC Perspective, in Bond ua (Hrsg.) Arbitral Procedure at the Dawn of the New Millenium, 2005, S. 80 ff.
[388] Vgl. *Schlosser*, Festschrift für Geimer, 2002, S. 947 ff.

IX. Class Arbitration

Literatur: *Orgel* Class Arbitration, 2013

649 Die US-amerikanische Rechtsprechung lässt das Gruppenschiedsverfahren (Class Arbitration) grundsätzlich zu[389]. Leading case für Zulässigkeit und Grenzen ist die Bazzle Entscheidung[390]. Das Rechtsinstitut der Class Arbitration ist dem deutschen Recht unbekannt. Selbst wenn man es der Parteivereinbarung für zugänglich hielte, wäre es unpraktikabel. Denn nach deutscher Rechtsauffassung kann niemand ohne schiedsveretragliche Bindung in ein Schiedsverfahren hineingezogen werden und niemand kann sich ohne diese Bindung in ein Schiedsverfahren hineindrängen. Bei den strengen Formvorschriften ist auch nicht denkbar, dass in Verbraucherverträgen und Arbeitsverträgen – wie in der US-Praxis – massenhaft Schiedsklauseln mit gleichermaßen berechtigten abgeschlossen werden. Im deutschen Recht nimmt – cum grano salis – die Mehrparteienschiedsgerichtsbarkeit (dazu → Rn. 196 ff.) die Funktion für Verfahren mehrerer Berechtigter wahr.

---

[389] Vgl. dazu eingehend *Orgel* Class Arbitration (2013).
[390] Vgl. Bazzle v. Green Tree Fin.Corp., 569 S. E. 2d 349 (S. C. 2002), 145.

4. Teil: Durchsetzung, Überprüfung und Aufhebung von Schiedssprüchen

§ 10 Die Vollstreckbarerklärung von Schiedssprüchen

Literatur: *Borges,* Die Anerkennung und Vollstreckung von Schiedssprüchen nach dem neuen Schiedsverfahrensrecht, ZZP 111 (1998), 487 ff.; *Eberl,* Anerkennung und Vollstreckbarerklärung von Schiedssprüchen, in: v. Bodungen ua, Taktik im Schiedsverfahren, 2008, S. 189 ff., *van de Sande/ Folter,* Zum Hilfsantrag auf Aufhebungeines Schiedspruchs im Vollstreckbarerklärungsverfahren, SchiedsVZ 2016, 72

Schiedssprüche bedürfen zu ihrer zwangsweisen Durchsetzung der Vollstreckbarerklärung. Das gilt sowohl für inländische (§ 1060 ZPO) als auch für ausländische Schiedssprüche (§ 1061 ZPO). 650

I. Rechtsnatur der Vollstreckbarerklärung

Obwohl § 1055 ZPO dem Schiedsspruch die Wirkungen eines rechtskräftigen Urteils beimisst, kann er nicht wie ein gerichtliches Urteil durchgesetzt werden. Insbesondere fehlt ihm die Vollstreckbarkeit. Diese erhält er erst durch die staatliche Verleihung in Form der gerichtlichen Vollstreckbarerklärung. Diese ist gestaltender Natur.[1] 651

Der Vollstreckbarerklärungsbeschluss verleiht dem Schiedsspruch die ihm fehlende Vollstreckbarkeit. 652

Der Vollstreckbarerklärung zugänglich sind nicht nur Schiedssprüche auf Leistung, sondern unabhängig von dem vollstreckungsfähigen Inhalt des Schiedsspruchs,[2] auch klagabweisende,[3] feststellende[4] und gestaltende[5] Schiedssprüche, obwohl § 1060 Abs. 1 ZPO nur die Zwangsvollstreckung von der Vollstreckbarerklärung abhängig macht. Sinn der Vollstreckbarerklärung ist auch die rechtskräftige Feststellung der Bestandskraft des Schiedsspruchs.[6] 653

Nicht der Vollstreckbarerklärung zugänglich sind Schiedssprüche, die den Rechtsstreit nicht endgültig erledigen,[7] also Zwischenschiedssprüche über die Zulässigkeit,[8] Vorbehaltsschiedssprüche (soweit man sie für zulässig hält)[9] pp. 654

---

[1] Vgl. BGH BB 1960, 302.
[2] Vgl. BGH BB 1960, 302; BGH FamRZ 1987, 269; BGH SchiedsVZ 2006, 278 mAnm *Wolff/Falk;* BayObLG NJW-RR 2003, 503; Baumbach/Lauterbach/*Hartmann* § 1060 Rn. 5; *Lachmann* Rn. 2402; MüKoZPO/*Münch* § 1060 Rn. 3; *Schwab/Walter* Kap. 26 Rn. 7 S. 238; Wieczorek/Schütze/*Schütze* § 1060 Rn. 12; aA Zöller/*Geimer* § 1060 Rn. 6, die jedoch eine Feststellung zulassen, dass ein Aufhebungsgrund nicht gegeben ist (ebenda → Rn. 7).
[3] Vgl. BGH BB 1960, 302; BGH JZ 1962, 287; *Schwab/Walter* Kap. 26 Rn. 7.
[4] Vgl. BGH JZ 1962, 287; BGH NJW 1987, 651; RGZ 99, 129; OLG Hamburg MDR 1964, 853; *Schwab/Walter* Kap. 26 Rn. 7.
[5] Vgl. BGH JZ 1962, 287; BGH SchiedsVZ 2006, 278 mAnm *Wolff/*Falk; BayObLG BB 1999, 1948; *Schwab/Walter* Kap. 26 Rn. 7; Wieczorek/Schütze/*Schütze* § 1060 Rn. 17.
[6] Vgl. BGH SchiedsVZ 2006, 278; *Lachmann* Rn. 2407; *Schwab/Walter* Kap. 26 Rn. 7.
[7] Vgl. dazu *Sieg* JZ 1959, 752 ff.
[8] Vgl. RGZ 52, 283; *Lachmann* Rn. 1271; *Schütze/Tscherning/Wais* Rn. 526.
[9] Vgl. Wieczorek/Schütze/*Schütze* § 1060, Rn. 13.

II. Vollstreckbarerklärung inländischer Schiedssprüche

1. Erfordernisse der Vollstreckbarerklärung

655 Die Vollstreckbarerklärung nach § 1060 ZPO setzt die Erfüllung nachstehender Erfordernisse voraus:

a) Wirksamer Schiedsspruch

656 Es muss ein wirksamer Schiedsspruch vorliegen. Auf die Bezeichnung kommt es nicht an. Probleme ergeben sich in der Praxis zuweilen mit der Einordnung von Sprüchen als Schiedsspruch oder Schiedsgutachten. Hier ist der Inhalt auszulegen, nicht an der Überschrift zu kleben.

657 Der Schiedsspruch muss die Förmlichkeiten des § 1054 ZPO erfüllen, dh er muss schriftlich abgefasst, datiert, unterschrieben, begründet und den Parteien mitgeteilt worden sein. Beim Schiedsspruch mit vereinbartem Wortlaut ist eine Begründung nicht erforderlich.

658 Sind die Voraussetzungen des § 1054 ZPO nicht erfüllt und wird der Antrag auf Vollstreckbarerklärung deshalb zurückgewiesen, so kann (und muss) das Schiedsgericht „nachbessern".[10] In diesem Fall bleibt der Einwand der rechtskräftig entschiedenen Sache bestehen, solange der Schiedsspruch nicht aufgehoben worden ist.

b) Inländischer Schiedsspruch

659 Der Schiedsspruch muss ein inländischer sein. Der Streit um die Anknüpfung an das anwendbare Schiedsverfahrensrecht oder den Sitz des Schiedsgerichts bei der Bestimmung der Nationalität eines Schiedsspruchs[11] hat § 1025 ZPO nunmehr zugunsten des Sitzes gelöst. Das deutsche Recht geht vom Territorialitätsgrundsatz aus. Ein deutscher Schiedsspruch ist jeder, der von einem Schiedsgericht mit Sitz in Deutschland erlassen wird. Ein Schiedsspruch eines ausländischen Schiedsgerichts bleibt auch dann ein ausländischer, wenn er nach deutschem Schiedsverfahrensrecht ergeht.[12] Fallen vereinbarter oder bestimmter Sitz und effektiver Schiedsort auseinander, so ist auf den effektiven Schiedsort abzustellen[13]. Haben die Parteien Papua Neuguinea als Schiedsort gewählt, finden aber alle Sitzungen, Besprechungen, Beweisaufnahmen etc. in Deutschland statt und hat das Verfahren keinen wie immer gearteten Bezug zu Papua Neuguinea, so ist der ergehende Schiedsspruch ein deutscher (→ Rn. 403 f.).

c) Keine reine Prozessentscheidung

660 Die Vollstreckbarerklärung kommt nicht in Betracht, wenn das Schiedsgericht nur erkannt hat, dass es nicht zuständig ist oder nicht entscheiden kann.[14] Wird indes mit der Aufhebung des Schiedsspruchs die Fortsetzung des alten Schiedsverfahrens oder ein neues zulässig, so kann auch hier die Vollstreckbarerklärung erfolgen.

---

[10] Vgl. RG Recht 1908, 2494.
[11] Vgl. für den Meinungsstand Wieczorek/Schütze/*Schütze* § 1061 Rn. 21 ff. Der BGH stellte auf das anwendbare Schiedsverfahrensrecht ab, BGHZ 21, 365. Die Literatur war kontrovers. Ein Federstrich des Gesetzgebers hat wieder einmal ganze Bibliotheken zu Makulatur gemacht.
[12] Vgl. Begründung, BT-Drs. 13/5274, S. 62.
[13] Vgl. *Schütze* Die Bedeutung des effektiven Schiedsortes im internationalen Schiedsverfahren, Festschrift für von Hoffmann, 2012, S. 1077 ff.
[14] Vgl. RGZ 13, 349; RGZ 108, 374.

d) Kein Vorliegen von Aufhebungsgründen

Nach § 1060 Abs. 2 ZPO ist die Vollstreckbarerklärung unter Aufhebung des Schiedsspruchs abzulehnen, wenn einer der Aufhebungsgründe des § 1059 Abs. 2 vorliegt. Aufhebungsgründe sind jedoch nicht zu berücksichtigen, soweit im Zeitpunkt der Zustellung des Antrags auf Vollstreckbarerklärung ein auf sie gestützter Aufhebungsantrag bereits rechtskräftig abgewiesen worden ist. Aufhebungsgründe sind auch dann nicht zu berücksichtigen, wenn die Frist für ihre gerichtliche Geltendmachung nach § 1059 Abs. 3 ZPO verstrichen ist (§ 1060 Abs. 2 S. 2 und 3 ZPO). 661

2. Verfahren der Vollstreckbarerklärung

a) Rechtsschutzinteresse

Die Vollstreckbarerklärung setzt – wie jedes andere gerichtliche Verfahren – ein Rechtsschutzinteresse voraus. 662

Der Aufhebungsantrag steht zu den Einwendungen im Vollstreckbarerklärungsverfahren im gleichen Verhältnis wie die negative Feststellungsklage zur Leistungsklage.[15] Das bedeutet, dass das Rechtsschutzinteresse für den Aufhebungsantrag regelmäßig nicht gegeben ist bzw. fortfällt, wenn ein Verfahren nach § 1060 ZPO eingeleitet wird.[16] 663

Das Rechtsschutzinteresse setzt nicht voraus, dass der Schiedsspruch einen vollstreckbaren Inhalt hat. Denn die Vollstreckbarerklärung dient nicht nur dazu, die Zwangsvollstreckung zu ermöglichen, sie soll den Spruch auch gegen die Geltendmachung von Aufhebungsgründen sichern.[17] Deshalb sind auch schiedsklageabweisende, feststellende und gestaltende Schiedssprüche der Vollstreckbarerklärung zugänglich.[18] 664

Problematisch mag sein, ob der Beklagte im Vollstreckbarerklärungsverfahren ein Rechtsschutzinteresse für einen Hilfsantrag (neben dem Antragszurückweisungsantrag) auf Aufhebung des Schiedsspruchs hat. Dies wird man bejahen müssen, um eine Verfristung des Aufhebungsantrags und eine Präklusion von Aufhebungsgründen zu verhindern[19] 665

b) Einleitung des Verfahrens

Das Verfahren wird durch Antrag der wenigstens teilweise siegreichen Partei eingeleitet. Der Antrag ist nicht fristgebunden. Er kann zu Protokoll der Geschäftsstelle gestellt werden (§ 1063 Abs. 4 ZPO). Das gilt auch für das weitere Verfahren bis zur Anordnung mündlicher Verhandlung. Der Antrag geht auf Vollstreckbarerklärung[20]. 666

Der Antrag des Beklagten kann verbunden werden mit einem Hilfsantrag auf Aufhebung des Schiedsspruchs[21] 667

---

[15] Vgl. Wieczorek/Schütze/*Schütze* § 1060 Rn. 31.
[16] Vgl. Baumbach/Lauterbach/*Hartmann* Grz. vor §§ 1059 ff., Rn. 2; MüKoZPO/*Münch* § 1059 Rn. 41; Wieczorek/Schütze/*Schütze* § 1060, Rn. 31; Zöller/*Geimer* § 1059 Rn. 4; differenzierend *Schwab/Walter* Kap. 24 Rn. 2, die für den Fall, dass der Aufhebungsantrag bereits gestellt ist, eine Aussetzung des Aufhebungsverfahrens oder des Vollstreckbarerklärungsverfahrens nach § 148 ZPO favorisieren.
[17] Vgl. BGH BB 1960, 302; BGH WM 1962, 430; BGH WM 2006, 1121; OLG München SchiedsVZ 2015, 204.
[18] Vgl. BayObLG NJW-RR 2003, 502; *Lachmann* Rn. 1275; *Schwab/Walter*, Schiedsgerichtsbarkeit, Kap. 27 Rn. 7; aA Musielak/Voit § 1060 Rn. 2, 5; Zöller/*Geimer* § 1060 Rn. 2.
[19] Vgl. *van de Sande/Folter* SchiedsVZ 2016, 72 ff. (74 ff.).
[20] Vgl. für ein Muster *Schütze*, in: Mes (Hrsg.), Beck'sches Prozessformularbuch, 13. Aufl., 2016, S. 484 ff.
[21] Vgl. *van de Sande/Folter* SchiedsVZ 2016, 72 ff. (74 ff.).

668   Die gerichtliche Zuständigkeit ist in § 1062 Abs. 1 Nr. 4 ZPO geregelt. Zuständig ist das Oberlandesgericht, das in der Schiedsvereinbarung bezeichnet ist. Mangels Parteivereinbarung ist das Oberlandesgericht zuständig, in dessen Sprengel der Ort des schiedsrichterlichen Verfahrens liegt.

c) cautio iudicatum solvi

669   Kläger mit gewöhnlichem Aufenthalt außerhalb der EU und des EWR haben im Vollstreckbarerklärungsverfahren *Prozesskostensicherheit* nach §§ 110 ff. ZPO[22] zu leisten.[23] Weder das Beschleunigungsbedürfnis des Verfahrens noch die faktische Angreiferstellung des Antragsgegners rechtfertigen eine andere Beurteilung als beispielsweise bei Arresten und einstweiligen Verfügungen, wo auch Ausländersicherheit gefordert werden kann.[24] Das gilt insbesondere, nachdem durch die Novellierung 1998 des § 110 ZPO die Privilegierung zahlreicher Klagearten weggefallen ist und der Gesetzgeber deutlich gemacht hat, dass die Prozesskostensicherheitsverpflichtung grundsätzlich für alle Klagen gelten soll.

d) Aufrechnung

Literatur: *Köhne/Langner*, Geltendmachung von Gegenforderungen im internationalen Schiedsverfahren, RIW 2003, 361 ff.; *Linke*, Gescheiterte Aufrechnung im Schiedsverfahren – Nachholung im Exequaturverfahren?, Festschrift für Schlosser, 2005, S. 503 ff.; *Münch*, Das Exequatur von Schiedssprüchen: materielle Einwendungen zur prozessualen Verteidigung?, Festschrift für Ishikawa, 2001, S. 335 ff.

670   Die hL bejaht die Zulässigkeit der Geltendmachung von Einwendungen gegen den Anspruch, der Gegenstand des Exequaturverfahrens für den zu vollstreckenden Schiedsspruch ist,[25] soweit diese Einwendungen nach Abschluss des Schiedsverfahrens entstanden sind.[26] Für den wichtigsten Fall – die Aufrechnung – sind hiergegen in jüngerer Zeit Argumente in zweifacher Hinsicht geltend gemacht worden:

671   *Kawano*[27] vertritt im Anschluss an eine Entscheidung eines japanischen Instanzgerichts[28] die Ansicht, es widerspreche dem Sinn des Vollstreckbarerklärungsverfahrens, die Aufrechnung zuzulassen. Dem Schiedsspruch müsse möglichst schnell die Vollstreckbarkeit verliehen werden. Jede Prüfung von Aufhebungsgründen bringe eine unnötige Verzögerung.

672   Das Bayerische Oberste Landesgericht meint, nach neuem Recht verbiete sich die Zulassung der Aufrechnung im Vollstreckbarerklärungsverfahren, weil der Instanzenzug verkürzt worden sei[29]. Die Zulassung der Aufrechnung führe dazu, dass die Oberlandesgerichte mit materiellen Einwendungen befasst würden und gegen ihre Entscheidungen nur die Rechtsbeschwerde – mit eingeschränkter Nachprüfungsmöglichkeit – zum BGH gegeben sei.

673   Beide Argumentationen überzeugen nicht. Es ist zwar richtig, dass das Exequaturverfahren durch die beschränkte Nachprüfbarkeit des Spruchs zügig ausgestaltet ist. Es wäre

---

[22] Vgl. zur Novellierung 1998 des § 110 ZPO *Schütze* RIW 1999, 10 ff.

[23] Vgl. *Maier* Rn. 223; *Schütze/Tscherning/Wais* Rn. 352; aA BGHZ 52, 321; OLG Frankfurt/Main RIW 1994, 686; *Danelzik*, Sicherheitsleistung für die Prozesskosten, Diss. Bonn 1976, S. 33; *Riezler*, Internationales Zivilprozessrecht, 1949, S. 439; *Schwab/Walter* Kap. 27 Rn. 10.

[24] Vgl. OLG Köln IPRax 1986, 368; *Ahrens*, Festschrift für Nagel, 1987, S. 1 ff. mwN; aA LG Berlin MDR 1957, 552.

[25] Vgl. dazu auch *Niepel* NJW 1961, 592 ff.

[26] Vgl. dazu auch OLG Karlsruhe SchiedsVZ 2006, 281 mAnm *Gruber*.

[27] Vgl. *Kawano* ZZPInt 4 (1999), 393 ff.

[28] *Kobe Chsai*, Hanrei Timuzu Nr. 863, S. 237.

[29] Vgl. BayOBLG JZ 2000, 1170 mAnm *Wagner*, 1171 ff.

aber eine bloße Förmelei, Einwendungen auf den Weg der Vollstreckungsgegenklage zu verweisen, zumal dann nach § 769 ZPO die Zwangsvollstreckung eingestellt werden und der Gläubiger nicht vor endgültiger Entscheidung die Vollstreckung betreiben kann. Überdies wird dem Sicherungsbedürfnis des Gläubigers durch die Möglichkeit der Anordnungen nach § 1063 Abs. 3 ZPO Rechnung getragen.

Noch weniger überzeugt die Ansicht des BayObLG. Das Gericht übersieht, dass die Oberlandesgerichte auch für die Vollstreckungsgegenklage zuständig sind. An der Tatsache, dass die Oberlandesgerichte über materielle Einwendungen gegen den Schiedsspruch entscheiden, ändert sich also nichts.[30] 674

Zur Aufrechnung geeignet sind nur solche Gegenansprüche, bei denen die Gründe, auf denen sie beruhen, erst nach dem Zeitpunkt entstanden sind, in dem sie im Schiedsverfahren hätten geltend gemacht werden können.[31] 675

Das sind zunächst die Gegenansprüche, die erst nach Schluss der Vorbringungsfrist im Schiedsverfahren entstanden sind. Abzustellen ist nicht auf den Zeitpunkt, in dem sich die Forderungen aufrechenbar gegenüberstanden,[32] sondern darauf, wann die Aufrechnung erklärt worden ist. Würde man auf die Aufrechnungslage abstellen,[33] so würde man dem Schuldner die Geltendmachung unbekannter Gegenforderungen abschneiden oder ihn mit der Geltendmachung von Gegenforderungen ausschließen, von denen er – insbesondere in internationalen Schiedsverfahren, zB als Schwede[34] – gemeint hat, dass er sie nicht im Wege der Aufrechnung geltend machen könne. 676

Zur Aufrechnung geeignet sind darüber hinaus Ansprüche, die im Schiedsverfahren nicht geltend gemacht werden konnten,[35] sei es weil sie keiner oder nicht derselben Schiedsvereinbarung wie der streitgegenständliche Anspruch unterlagen, sei es weil das Schiedsgericht sie nicht zur Aufrechnung zugelassen hat. Deshalb würde in dem oben berichteten schwedischen Fall (→ Rn. 537) die Aufrechnung noch im Vollstreckbarerklärungsverfahren zulässig sein, obwohl bereits während des Schiedsverfahrens eine Aufrechnungslage bestand und die Aufrechnung erklärt worden ist. Denn die – zu Recht oder zu Unrecht – nicht zugelassene Aufrechnung steht der Unmöglichkeit der Geltendmachung gleich.[36] 677

e) Entscheidung

Über den Antrag auf Vollstreckbarerklärung kann ohne mündliche Verhandlung entschieden werden (§ 1063 Abs. 1 ZPO). Eine mündliche Verhandlung ist zwingend vorgeschrieben in den Fällen, in denen Aufhebungsgründe nach § 1059 Abs. 2 ZPO (mangelnde Schiedsfähigkeit des Streitgegenstandes und ordre public-Verstoß) in Betracht kommen (§ 1063 Abs. 2 ZPO). In jedem Fall ist der Antragsgegner zu hören (§ 1063 Abs. 1 S. 2 ZPO). 678

Der Schiedsspruch kann auch für oder gegen andere als die Schiedsparteien für vollstreckbar erklärt werden.[37] §§ 727 ff. ZPO sind entsprechend anwendbar.[38] Bis zur Ent- 679

---

[30] Darauf weist *Wagner* JZ 2000, 1171 ff. zu Recht hin.
[31] Vgl. BGH NJW 1990, 2199; BGHZ 34, 275; 38, 259; *Glossner/Bredow/Bühler*, Das Schiedsgericht in der Praxis, Rn. 501; *Schütze*, Festschrift für Kargados, S. 1009 ff.; *Schwab/Walter* Kap. 27 Rn. 15; Wieczorek/Schütze/*Schütze* § 1060 Rn. 37 Zöller/*Geimer* § 1060 Rn. 4.
[32] So BGHZ 34, 274.
[33] Vgl. zum Meinungsstand *Schwab/Walter* Kap. 27 Rn. 16.
[34] Vgl. dazu → Rn. 537.
[35] Vgl. BGHZ 38, 259; BGH NJW 1965, 1138; *Glossner/Bredow/Bühler*, Das Schiedsgericht in der Praxis, Rn. 501; *Schwab/Walter* Kap. 27 Rn. 12.
[36] Vgl. *Schütze*, Festschrift für Kargados, S. 1009 ff.
[37] Vgl. LG Hamburg RIW/AWD 1975, 223; *Schütze/Tscherning/Wais* Rn. 531.
[38] Vgl. BGH WM 1969, 671; *Schwab/Walter* Kap. 27 Rn. 5.

scheidung über den Antrag auf Vollstreckbarerklärung kann der Vorsitzende des Zivilsenats vorläufig sichernde Maßnahmen zulassen. Die Entscheidung hierüber kann ohne Anhörung des Antragsgegners erfolgen. Der Antragsgegner hat eine Abwendungsbefugnis gegen Sicherheitsleistung in Höhe des zu vollstreckenden Betrags (§ 1063 Abs. 3 ZPO).

f) Keine révision au fond

680 Eine *sachliche Nachprüfung* des Schiedsspruchs ist im Vollstreckbarkeitserklärungsverfahren unzulässig. Das Verbot der révision au fond beschränkt die Nachprüfung des Gerichts auf das Vorliegen der Erfordernisse der Vollstreckbarerklärung in formeller und materieller Hinsicht. Einwendungen gegen den Anspruch selbst können jedoch im Vollstreckbarerklärungsverfahren geltend gemacht werden,[39] soweit sie erst nach dem Zeitpunkt entstanden sind, in dem sie im Schiedsverfahren spätestens hätten geltend gemacht werden können (§ 767 Abs. 2 ZPO analog).[40] Es wäre eine unnötige teuere Förmelei, den Schuldner mit diesen Einwendungen auf den Wege der Vollstreckungsgegenklage zu verweisen. Diese bleibt nach hL jedoch zulässig, selbst wenn die Geltendmachung der Einwendungen im Vollstreckbarerklärungsverfahren möglich ist.[41] Erhebt der Schuldner bis zum Abschluss des Vollstreckbarerklärungsverfahrens keine Vollstreckungsgegenklage, so werden alle Einwendungen, die er in diesem Verfahren hätte vorbringen können, präkludiert.[42] Nur für später entstehende Einwendungen ist der Weg über die Vollstreckungsgegenklage offen.[43]

681 Die Entscheidung erfolgt durch Beschluss, unabhängig davon, ob eine mündliche Verhandlung stattgefunden hat (§ 1063 Abs. 1 ZPO). Der Beschluss ist für vorläufig vollstreckbar zu erklären (§ 1064 Abs. 2 ZPO). Die Kosten sind nach § 91 ZPO dem Antragsgegner aufzuerlegen, es sei denn, dieser habe keinen Anlass zur Stellung des Antrags gegeben. Anlass besteht dann, wennder Antragsgegner vor Antragstellung durch sein Verhalten den Eindruck erweckt, der Antragsteller werde nicht ohne gerichtliche Hilfe zu seinem Recht kommen[44]

3. Rechtsbehelfe

682 Gegen den stattgebenden und gegen den zurückweisenden Beschluss findet die Rechtsbeschwerde zum Bundesgerichtshof statt (§ 1065 Abs. 1 ZPO). Voraussetzung ist, dass gegen die Entscheidung – wäre sie durch Endurteil ergangen – die Revision zulässig wäre. Der BGH kann die Entscheidung nur auf Rechtsverletzungen überprüfen. Die Revision kann auch darauf gestützt werden, dass die Entscheidung auf der Verletzung eines Staatsvertrags beruht. § 1065 Abs. 1 erklärt §§ 707, 717 für entsprechend anwendbar.

4. Sicherungsvollstreckung

Literatur: *Sessler/Schreiber,* Ausgewählte Fragen der Sicherungsvollstreckung gemäß § 1063 Abs. 3 ZPO, SchiedsVZ 2006, 119 ff.

---

[39] Vgl. dazu *Niepel* NJW 1961, 592 ff.
[40] Vgl. BGHZ 34, 275; BGHZ 38, 259; BGH NJW 1990, 2199, 3210; Baumbach/Lauterbach/Hartmann § 1060 Rn. 10; *Maier* Rn. 460; *Schwab/Walter* Kap. 27 Rn. 15;; Wieczorek/Schütze/Schütze § 1060 Rn. 39; Zöller/*Geimer* § 1060 Rn. 4.
[41] Vgl. RGZ 148, 270; Baumbach/Lauterbach/*Hartmann* § 1060 Rn. 10; *Schwab/Walter* Kap. 27 Rn. 17.
[42] Vgl. Wieczorek/Schütze/*Schütze* § 1060 Rn. 63
[43] Vgl. Wieczorek/Schütze/*Schütze*§ 1060 Rn. 63 Zöller/*Geimer* § 1060 Rn. 9
[44] Vgl. OLG Frankfurt/Main v. 21.6.2013, 26 SchH 3/13; OLG München SchiedsVZ 2015, 205 mAnm *Pörnbacher/Duncker,* ebenda, 207 f.

Nach § 1063 Abs. 3 S. 1 ZPO kann der Gläubiger eines Schiedsspruchs vor Abschluss 683
des Vollstreckbarerklärungsverfahrens beantragen, den Schiedsspruch für vorläufig vollstreckbar zu erklären. Die Norm ist Art. 39 EuGVÜ und Art. 47 Brüssel I VO nachgebildet.[45] Danach sind für Geldforderungen die Bestimmungen über den Arrest anzuwenden.[46] Auch im Rahmen der Sicherungsvollstreckung nach § 1063 Abs. 3 ZPO muss man die Bestimmungen über zivilprozessuale Eilverfahren jedenfalls entsprechend anwenden.[47] Es muss also insbesondere ein Eilbedürfnis vorliegen. Dieses ist nicht bei der Befürchtung der bloßen Verschlechterung der Vermögenslage des Spruchschuldners gegeben.[48] Denn die Norm soll – wie der Arrest – gegen unlautere Beeinträchtigungen und Machenschaften des Spruchschuldners schützen, dient aber nicht dazu, einem Spruchgläubiger – etwa bei bevorstehender Insolvenz des Spruchschuldners – einen Vorsprung vor anderen Gläubigern zu verschaffen.[49]

Die Anordnung der Sicherungsvollstreckung liegt im Ermessen des Gerichts (zuständig 684
ist der Vorsitzende des Senats). Sie kann ohne Anhörung des Gegners ergehen. Wegen der weitreichenden Folgen der Sicherungsvollstreckung für den Spruchschuldner, dessen Handlungsfähigkeit blockiert werden kann, ist im Rahmen der Ermessenausübung – eine sorgfältige Beurteilung[50]
- der Erfolgsaussichten der Parteien im Vollstreckbarerklärungsverfahren,
- der Auswirkungen der Sicherungsvollstreckung für den Spruchschuldner und
- der Gefahr der Zwangsvollstreckungsvereitelung durch den Spruchschuldner

geboten. 685
Die Entscheidung ergeht durch Beschluss. Der Spruchschuldner kann die Sicherungs- 686
vollstreckung durch eigene Sicherheitsleistung abwenden.

III. Anerkennung und Vollstreckbarerklärung ausländischer Schiedssprüche

Literatur: *Borges,* Das Doppelexequatur von Schiedssprüchen. Die Anerkennung ausländischer Schiedssprüche und Exequaturentscheidungen, 1997; *ders.,* Die Anerkennung und Vollstreckbarerklärung von Schiedssprüchen nach neuem Recht, ZZP 111 (1998), 487 ff.; *Chroziel/Westin,* Die Vollstreckbarkeit ausländischer Urteile und Schiedssprüche, ZVglRWiss 87 (1988), 145 ff.; *Endlich* Anerkennung und Vollstreckbarkeit von Schiedssprüchen und die Schiedsordnungen auf nationaler und internationaler Ebene, DB 1979, 2411 ff.; *Ernemann,* Die Anerkennung und Vollstreckung ausländischer Schiedssprüche nach § 1044 ZPO, 1979; *Gessner,* Anerkennung und Vollstreckung von Schiedssprüchen in den USA und Deutschland, 2001; *Haas,* Die Anerkennung und Vollstreckung ausländischer und internationaler Schiedssprüche, 1991; *Jonas,* Anerkennung und Vollstreckung ausländischer Schiedssprüche, JW 1927, 1297 ff.; *Kasolowsky/Steup,* Révision au fond – Einheitliche europäische Massstäbe bei der Überprüfung von Schiedssprüchen auf kartellrechtliche ordre public-Verstösse?, SchiedsVZ 2008, 72 ff.; *Kilgus,* Zur Anerkennung und Vollstreckbarerklärung englischer Schiedssprüche in Deutschland, 1995; *Koch,* Anerkennung und Vollstreckung ausländischer Urteile und Schiedssprüche in der Bundesrepublik Deutschland, in: Gilles (Hrsg.), Effiziente Rechtsverfolgung, 1987, S. 161 ff.; *Kühn,* Aktuelle Fragen zur Anwendung der New Yorker Konvention von 1958 im Hinblick auf die Anerkennung und Vollsteckung ausländischer Schiedssprüche, SchiedsVZ 2009, 53 ff.; *Nienaber,* Die Anerkennung und Vollstreckbarerklärung im Sitzstaat aufgehobener Schiedssprüche, Diss. Münster 2002; *Quinke* § 1061 ZPO und der Meistbegünstigungsgrundsatz des UNÜ,

---

[45] Vgl. *Schwab/Walter* Kap. 28 Rn. 13.
[46] Vgl. *Geimer/Schütze,* Europäisches Zivilverfahrensrecht, 3. Aufl. 2010, A. 1, Art. 47, Rn. 23 mwN.
[47] AA *Sessler/Schreiber* SchiedsVZ 2006, 119 ff., 121.
[48] Vgl. BGHZ 131, 95.
[49] Vgl. BGHZ 131, 95; Zöller/*Vollkommer* § 917 Rn. 9 und 5 mwN.
[50] Vgl. *Sessler/Schreiber* SchiedsVZ 2006, 119 ff., 122.

SchiedsVZ 2011, 169 ff.; *Satmer,* Verweigerung der Anerkennung ausländischer Schiedssprüche wegen Verfahrensmängeln, Diss. Zürich 1994.

687 Ausländische Schiedssprüche bedürfen zur Entfaltung von Wirkungen in Deutschland der Anerkennung und – soweit die Vollstreckbarkeit betroffen ist – der Vollstreckbarerklärung.

1. Nationalität des Schiedsspruchs

688 § 1061 Abs. 1 ZPO erklärt das UN-Übereinkommen vom 10.6.1958 über die Anerkennung und Vollstreckung ausländischer Schiedssprüche allgemein für anwendbar. Nach diesem Übereinkommen sind der Sitz und das anwendbare Schiedsverfahrensrecht gleichwertige Anknüpfungspunkte für die Bestimmung der Nationalität des Schiedsspruchs.[51] Nachdem § 1025 ZPO das Territorialitätsprinzip in das deutsche Recht eingeführt hat, ist jeder Schiedsspruch ein inländischer, wenn der Ort des Schiedsverfahrens im Inland liegt. Das gilt auch dann, wenn der Spruch nach ausländischem Schiedsverfahrensrecht ergangen ist. Das anwendbare Schiedsverfahrensrecht hat zur Bestimmung der Nationalität eines Schiedsspruchs damit nur insoweit Bedeutung, als es sich um die Bestimmung der Nationalität eines Spruchs eines Schiedsgerichts mit Sitz im Ausland handelt.

689 Abzustellen ist auf den effektiven Schiedsort.[52] Die Parteien sind zwar in der Wahl des Schiedsortes frei, können auch Sitzungen, Beratungen, Beweisaufnahmen pp. an einem anderen als dem Schiedsort durchführen. Der Sitz des Schiedsgerichts muss aber eine Beziehung zum Verfahren haben. Der Schiedsspruch kann aber nicht durch eine Fiktion des Schiedsortes eine bestimmte Nationalität erlangen. Bestimmen die Parteien Ulan Bator als Schiedsort, finden aber alle Sitzungen, Beratungen, Zeugenvernehmungen, Sachverständigenanhörungen in Stuttgart statt, so ist der Spruch – trotz der Schiedsortsbestimmung – kein mongolischer, sondern ein deutscher.

2. Konkurrenz des Verfahrens nach § 1061 ZPO und anderer Verfahrensarten

Literatur: *Borges,* Das Doppelexequatur von Schiedssprüchen, 1997; *Dolinar,* Vollstreckung aus einem ausländischen, einen Schiedsspruch bestätigenden Exequaturteil. Gedanken zur Merger-Theorie, Festschrift für Schütze, 1999, S. 187 ff.; *Plassmeier* Ende des „Doppelexequatur" bei ausländischen Schiedssprüchen, SchiedsVZ 2010, 82 ff.; *Quinke* § 1061 ZPO und der Meistbegünstigungsgrundsatz des UNÜ, SchiedsVZ 2011, 169 ff.; *Schlosser,* Doppelexequatur zu Schiedssprüchen und ausländischen Gerichtsentscheiden?, IPRax 1985, 141 ff.; *Schütze,* Die Bedeutung eines ausländischen Urteils über die Wirksamkeit eines Schiedsspruchs für dessen Exequierung im Inland, Jahrbuch für die Praxis der Schiedsgerichtsbarkeit 3 (1989), S. 118 ff.; *ders.,* Der Abschied vom Doppelexequatur ausländischer Schiedssprüche, RIW 2009, 817 ff.; *Weller,* Aufstieg und Fall des Doppelexequaturs in der deutschen Rechtsprechung, Festschrift für von Hoffmann, 2011, S. 1087 ff.

690 Im Verhältnis der Staatsverträge zu § 1061 ZPO gilt als Faustregel das Günstigkeitsprinzip. Diese schon zu § 1044 aF ZPO entwickelte Lehre[53] ergibt sich jetzt unmittelbar aus § 1061 Abs. 1 ZPO. Es kommt die anerkennungsfreundlichere Regelung zur Anwendung. Dieser Grundsatz ist in Art. VII des UN-Übereinkommens, der Gegenstand von § 1061 ZPO geworden ist, überdies ausdrücklich manifestiert.

---

[51] Vgl. *Schlosser* Rn. 64 f.
[52] Vgl. dazu → Rn. 403 f.
[53] Vgl. BGHZ 52, 184 (zum Genfer Abkommen); *Glossner/Bredow/Bühler* Rn. 522 f.; *Maier* Rn. 478; *Mezger* AWD 1971, 322 ff.; *Schlosser* Rn. 156 ff.; *Schütze/Tscherning/Wais* Rn. 638; Wieczorek/Schütze/*Schütze* § 1044 Rn. 3 mwN.

Dagegen schließt die Möglichkeit der Wirkungserstreckung eines ausländischen 691
Schiedsspruchs nach einem Staatsvertrag oder nach § 1061 ZPO die Erfüllungsklage aus.[54]
Für diese fehlt das erforderliche Rechtsschutzinteresse.

Ist der ausländische Schiedsspruch im Erststaat durch ein staatliches Gericht für voll- 692
streckbar erklärt oder bestätigt worden und nimmt diese Entscheidung nach der doctrine
of merger[55] den Inhalt des Schiedsspruchs in sich auf, so sollte der Gläubiger nach der
bisherigen Rechtsprechung des BGH ein Wahlrecht haben, ob er die Vollstreckbarerklärung des Urteils nach §§ 328, 722 f. ZPO oder die des ausländischen Schiedsspruchs nach
deutschem autonomen Recht oder einer staatsvertraglichen Regelung betreiben will.[56]
Das OLG Frankfurt/Main[57] hat in Verfolg der BGH Rechtsprechung einer englischen
Exequaturentscheidung des High Court für einen Schiedsspruch die Klauselerteilung
bewilligt (bzw. die Beschwerde hiergegen zurückgewiesen). Der BGH hat unter Berücksichtigung harscher Kritik im Schrifttum[58] die bisherige Rechtsprechung aufgegeben[59]
und hält ein Doppelexequatur nunmehr auch für unzulässig, wenn das erststaatliche
Recht – im entschiedenen Fall kalifornisches Recht – der doctrine of merger folgt.

Das Aufhebungsverfahren nach § 1059 ZPO ist neben dem Vollstreckbarerklärungs- 693
verfahren nicht zulässig. Es fehlt das Rechtsschutzinteresse (→ Rn. 663).

3. Anerkennung und Vollstreckbarerklärung nach UN-Übereinkommen

§ 1061 Abs. 1 S. 1 ZPO erklärt das UN-Übereinkommen vom 10.6.1958 über die 694
Anerkennung und Vollstreckung ausländischer Schiedssprüche für die Wirkungserstreckung aller ausländischer Schiedssprüche für anwendbar, und zwar unabhängig davon,
ob der Erststaat der Konvention angehört oder nicht.[60] Die Streitfrage, die nach der
Reform des 10. Buchs der ZPO durch die Übernahme des Modellgesetzes entstanden ist,
ob neben der Regelung des durch § 1061 übernommenen UN-Übereinkommens auch
günstigere Regelungen des deutschen autonomen Rechts zur Anwendung kommen können[61] hat der BGH anerkennungsfreundlich entschieden. Nach der jüngsten Rechtsprechung des III. Senats[62] findet die Meistbegünstigungsklausel in Art. VII Abs. 1 UNÜ

---

[54] Vgl. OLG Hamburg HRR 1933, Nr. 1791; Baumbach/Lauterbach/*Hartmann* § 1060 Rn. 2;
Riezler, Internationales Zivilprozessrecht, 1949, S. 640; *Schütze/Tscherning/Wais* Rn. 639; *Schwab/
Walter* Kap. 26 Rn. 4; Zöller/*Geimer* § 1061 Rn. 60.

[55] Vgl. zur doctrine of merger im US-amerikanischen Recht *Borges,* Das Doppelexequatur von
Schiedssprüchen, 1997, S. 275 ff.; *Borris,* Die internationale Handelsschiedsgerichtsbarkeit in den
USA, 1987, S. 91 f.; zum englischen Recht *Kilgus,* Zur Anerkennung und Vollstreckbarerklärung
englischer Schiedssprüche in Deutschland, 1995, S. 122 ff.

[56] Vgl. BGH RIW 1984, 557 mAnm *Dielmann* und *Schütze* RIW 1984, 734 ff.; BGH RIW 1984,
644 mAnm *Mezger;* ebenso OLG Hamburg RIW 1992, 939; aA noch RGZ 5, 397; RGZ 30, 368. Das
LG Hamburg RabelsZ 53 (1989), 165 mAnm *Anderegg* ebenda und mAnm *Schlosser* EWiR § 1044
ZPO 1/87, 1249 hat ein Rechtsschutzbedürfnis für die Vollstreckbarerklärung der Exequaturentscheidung verneint. Vgl. dazu auch *Borges,* Das Doppelexequatur von Schiedssprüchen, 1997, S. 23 ff.;
Schlosser IPRax 1985, 141 ff.; *Schütze,* Die Bedeutung eines ausländischen Urteils über die Wirksamkeit eines Schiedsspruchs für dessen Exequierung im Inland, Jahrbuch für die Praxis der Schiedsgerichtsbarkeit 3 (1989), S. 118 ff.

[57] Vgl. OLG Frankfurt/Main IHR 2006, 212; dazu *Borges* IHR 2006, 206 ff.

[58] Vgl. *Dolinar* Festschrift für Schütze, 1999, S. 187 ff. (204); *Geimer* IZPRRn. 3107; *Schwab/
Walter* Kap. 30, Rn. 15; *Schütze* Urteilsanmerkung, RIW 1984, 734 ff.

[59] Vgl. BGH NJW 2009, 2826; dazu *Geimer* IPRax 2010, 346 f.; *Plassmeier* SchiedsVZ 2010, 82 ff.;
Schütze RIW 2009, 817 ff.; *Weller,* Festschrift für von Hoffmann, S. 1087 ff.

[60] Der Vorbehalt, den Deutschland bei Hinterlegung der Ratifikationsurkunde im Hinblick auf
die Beschränkung der Anwendung des Übereinkommens auf Schiedssprüche aus anderen Vertragsstaaten gemacht hat, ist damit praktisch hinfällig geworden.

[61] Vgl. für Nachweise *Quinke* SchiedsVZ 2011, 169 ff.

[62] Vgl. BGH SchiedsVZ 2010, 332 und SchiedsVZ 2011, 105.

ohne Rückverweisung auf das nationale Recht auch für die Anwendung im Verhältnis zum UNÜ anerkennungsfreundlicheren autonomen Rechts Anwendung. Das hat insbesondere Bedeutung für die Aufrechterhaltung von Schiedsvereinbarungen, die den Formerfordernissen des Art. II UNÜ nicht entsprechen, wohl aber denen des deutschen Schiedsverfahrensrechts[63].

a) Erfordernisse der Wirkungserstreckung

695 Erfordernisse der Wirkungserstreckung sind:[64]

- Der Schiedsspruch darf nicht nur schuldrechtliche Wirkung entfalten[65] wie zB der lodo di arbitro irrituale des italienischen Rechts.[66]
- Gegenstand des Schiedsspruchs muss eine Zivil- oder Handelssache[67] sein.
- Die dem Schiedsverfahren zugrunde liegende Schiedsvereinbarung muss wirksam sein.[68] Die Wirksamkeit beurteilt sich in persönlicher Hinsicht nach dem Heimatrecht der Schiedsparteien (insbesondere die Geschäftsfähigkeit). Die Formgültigkeit ergibt sich aus Art. II des UN-Übereinkommens direkt. Es genügt jedoch wegen des Günstigkeitsprinzips, dass die Schiedsvereinbarung nach § 1031 ZPO formwirksam ist, auch wenn sie die Erfordernisse des Art. II UN-Übereinkommen nicht erfüllt (vgl. Rn. 694). Im Übrigen beurteilt sich die Gültigkeit der Schiedsvereinbarung nach dem von den Parteien gewählten Recht, bei Fehlen einer Rechtswahl nach erststaatlichem Recht. Die Oberlandesgerichte Bremen[69], Celle[70] und Dresden[71] haben Connecticut Schiedssprüchen die Vollstreckbarerklärung verweigert, weil die Schiedsvereinbarungen (in Franchise Verträgen) nach dem anwendbaren österreichischen Recht wegen gröblicher Benachteiligung unwirksam waren.[72]

696 Nach der früheren Rechtsprechung des BGH[73] konnte sich der Schuldner eines ausländischen Schiedsspruchs nicht auf die Unwirksamkeit der Schiedsvereinbarung berufen, wenn er von einem nach erststaatlichem Recht gegebenen befristeten Rechtsbehelf keinen Gebrauch gemacht hat.[74] Nachdem der BGH seine Rechtsprechung 2008 bereits „entschärft" und den Abschied von der Präklusion eingeläutet hatte,[75] hat er das Erfordernis der Geltendmachung des Einwands der mangelnden Schiedsvereinbarung im

---

[63] Vgl. dazu zusammenfassend *Quinke* SchiedsVZ 2011, 169 ff.

[64] Vgl. *Schütze/Tscherning/Wais* Rn. 619.

[65] BGH WM 1982, 134 = RIW/AWD 1982, 210 = IPRax 1982, 143 mAnm *Wenger* ebenda S. 135; zu der Problematik und den Ungereimtheiten der BGH-Rechtsprechung vgl. *Kilgus*, Zur Anerkennung und Vollstreckbarerklärung englischer Schiedssprüche in Deutschland, 1995, S. 65 ff.

[66] Vgl. dazu *Broggini* AWD 1969, 93 ff.; *Moschel* AWD 1991, 165 ff.; zum obligationenrechtlichen Schiedsspruch in der Schweiz vgl. *Wenger*, Zum obligationenrechtlichen Schiedsverfahren im schweizerischen Recht, 1968.

[67] Zum Begriff der Handelssache vgl. *Luther* ZHR 127 (1964), S. 145 ff.

[68] Vgl. zur Beurteilung der Schiedsvereinbarung in der Anerkennungsperspektive BGH IPRax 2006, 268; dazu *Geimer* IPRax 2006, 233 ff.

[69] Vgl. OLG Bremen Beschl. v. 6.10.2008, 2 Sch 2/08, NJOZ 2009, 1188.

[70] Vgl. OLG Celle Beschl. v. 4.12.2008, 8 Sch 13/07 zit. nach *Schulz/Niedermaier* SchiedsVZ 2009, 196 ff.

[71] Vgl. OLG Dresden IHR 2008, 119 mAnm *Kraayvanger*.

[72] Vgl. eingehend *Schulz/Niedermaier* SchiedsVZ 2009, 196 ff.

[73] Vgl. BGHZ 52, 184; BGHZ 55, 1962; BGHZ 57, 153; BGH WM 1984, 1014; BGH WM 1987, 739.

[74] Die Rechtsprechung des BGH wurde in der Literatur kontrovers beurteilt; zustimmend ua *Mezger* AWD 1970, 258 ff.; *ders.* AWD 1971, 322 ff.; *Schlosser* Rn. 800; ablehnend ua *Bülow* NJW 1971, 1486 ff.; *ders.* NJW 1972, 415 ff.; *Ernemann* aaO S. 110 ff.; *Schütze*, Jahrbuch für die Praxis der Schiedsgerichtsbarkeit 3 (1989), S. 118 ff., 122; *Schwab/Walter* Kap. 30 Rn. 19.

[75] Vgl. BGH RIW 2008, 474; dazu *Kryvanger* Vollstreckbarerklärung eines ausländischen Schiedsspruchs: Einwendungen des Antragsgegners und Gegeneinwand der unzulässigen Rechtsausübung, SchiedsVZ 2008, 301 ff.

Erststaat nunmehr zu Recht fallen gelassen[76]. Der Spruchschuldner kann im Vollstreckbarerklärungsverfahren den Mangel einer Wirksamkeit einer Schiedsvereinbarung ohne Einschränkung geltend machen.

- Der unterlegenen Partei muss rechtliches Gehör gewährt worden sein,[77] so dass sie sich angemessen verteidigen konnte. Der Begriff des rechtlichen Gehörs ist dem deutschen Recht zu entnehmen und ist derselbe wie in § 1042 Abs. 1 S. 1 ZPO (dazu → Rn. 386 ff.).
- Das Schiedsgericht darf die Grenzen seiner Zuständigkeit nicht überschritten haben.[78] Es handelt sich um die Einhaltung des Umfangs und der Bindungswirkung der Schiedsvereinbarung.
- Die Bildung des Schiedsgerichts und das schiedsrichterliche Verfahren müssen dem von den Parteien gewählten – hilfsweise dem erststaatlichen – Schiedsverfahrensrecht entsprechen.[79]
- Der Schiedsspruch muss für die Parteien verbindlich geworden sein.[80] Dies setzt voraus, dass der Schiedsspruch keiner Aufhebung oder Abänderung durch einen schiedsrichterlichen oder staatsgerichtlichen Rechtsbehelf mehr unterliegt.[81] Nicht verbindlich sind zB einstweilige Maßnahmen eines ausländischen Schiedsgerichts.[82]
- Der Streitgegenstand muss nach zweitstaatlichem – also deutschem – Recht schiedsfähig sein.[83] Die Prüfung erfolgt nach §§ 1025 ff. ZPO. Die Schiedsfähigkeit muss objektiv (dazu → Rn. 267 ff.) und subjektiv (dazu → Rn. 189 ff.) gegeben sein.
- Der Schiedsspruch darf nicht gegen den zweitstaatlichen – also deutschen – ordre public verstoßen.[84] Der Verstoß[85] kann verfahrensrechtlicher[86] oder materiellrechtlicher Art sein.[87]

Als Verstoß gegen den *verfahrensrechtlichen ordre public* wurde die mangelhafte Besetzung des Schiedsgerichts[88] und die Parteilichkeit der Schiedsrichter[89] angesehen. Ein Verstoß gegen den *materiellrechtlichen ordre public* kann vorliegen bei Verletzung grundlegender Normen des Kartellrechts,[90] Verstoß gegen deutsche Devisenge-

697

---

[76] Vgl. BGH RIW 2011, 404; dazu *Schütze*, Der Abschied von der Präklusionsrechtsprechung bei der Anerkennung ausländischer Schiedssprüche, RIW 2011, 417 ff.; vgl. schon früher *Schütze* Die Anerkennung und Vollstreckbarerklärung ausländischer Schiedssprüche, die ohne wirksame Schiedsvereinbarung ergangen sind, Festschrift für Bucher, 2009, S. 699 ff.
[77] Vgl. Art. V Abs. 1 lit. b UN-Übereinkommen; dazu aus der Rechtsprechung den instruktiven Fall OLG Köln ZZP 91 (1978), 318 mAnm *Kornblum*.
[78] Vgl. Art. V Abs. 1 lit. c UN-Übereinkommen.
[79] Vgl. Art. V Abs. 1 lit. d UN-Übereinkommen.
[80] Vgl. Art. V Abs. 1 lit. e UN-Übereinkommen.
[81] Vgl. BGH NJW 1984, 2763; vgl. dazu *Schütze*, Jahrbuch für die Praxis der Schiedsgerichtsbarkeit 3 (1989), S. 118 ff.
[82] Vgl. *Sandrock/Nöcker*, Jahrbuch für die Praxis der Schiedsgerichtsbarkeit 1 (1987), S. 74 ff., 90.
[83] Vgl. Art. V Abs. 2 lit. a UN-Übereinkommen.
[84] Vgl. Art. V Abs. 2 lit. b UN-Übereinkommen.
[85] Vgl. dazu von *Heymann*, Der ordre public in der privaten Schiedsgerichtsbarkeit, 1969; *Köhn* KTS 1956, 129 ff., 166 ff.; *Kornblum* KTS 1968, 143 ff.; ders., Festschrift für Nagel, 1987, S. 140 ff.; *Roth*, Der Vorbehalt des Ordre Public gegenüber fremden gerichtlichen Entscheidungen, 1967. Vgl. zum ordre public im griechischen Recht der Schiedsgerichtsbarkeit *Kaissis*, Festschrift für Schlosser, 2005, S. 321 ff.
[86] Vgl. dazu *Marx*, Der verfahrensrechtliche ordre public bei der Anerkennung und Vollstreckung ausländischer Schiedssprüche in Deutschland, 1994; *Schulthess*, Der verfahrensrechtliche ordre public in der internationalen Schiedsgerichtsbarkeit in der Schweiz, 1981.
[87] Vgl. zur Unterscheidung *Baur*, Festschrift für Guldener, 1973, S. 1 ff.; *Roth* S. 158 ff.
[88] Vgl. OLG Köln ZZP 91 (1978), 318 mAnm *Kornblum*.
[89] Vgl. dazu *Kornblum*, Probleme der schiedsrichterlichen Unabhängigkeit, 1968; *Schlosser* ZZP 93 (1980), S. 121 ff.
[90] Vgl. BGHZ 46, 365; OLG Frankfurt/Main RIW 1989, 911 (den Verstoß im konkreten Fall verneinend); *Schwab/Walter* Kap. 24 Rn. 44 (dortselbst weitere Beispiele).

setze,[91] Verurteilung zu Strafschadensersatz (punitive damages)[92] sowie die Verurteilung aufgrund eines strafrechtsrelevanten oder in anderer Weise anstößigen Vertrages.[93]

698 Der Differenz-[94] und Termineinwand[95] gehören bei Börsentermingeschäften nicht – mehr – zum ordre public (international). Auch ein Schiedsspruch, der nach ausländischem Recht ergangen ist, das den Termin- und Differenzeinwand nicht kennt, kann anerkannt und für vollstreckbar erklärt werden.[96]

699 Auch der Prozessbetrug kann einen ordre public Verstoß begründen.[97]

700 Bei der Prüfung eines ordre public Verstosses ist eine Kontrolle der Tatsachenbasis durch das Exequaturgericht nur dann erforderlich, wenn es Anhaltspunkte für eine verfahrensfehlerhafte Würdigung des ordre public Vestosses durch das Schiedsgericht gibt[98]. *Kasolowsky/Steup* fordern einheitliche europäische Maßstäbe bei der Überprüfung auf einen kartellrechtlichen ordre public-Verstoß.[99]

b) Verfahren der Wirkungserstreckung

701 Die *Anerkennung* erfolgt formlos.[100] Die Wirkungen des ausländischen Schiedsspruchs werden automatisch auf das Inland erstreckt, sobald die Anerkennungsvoraussetzungen gegeben sind und eine Inlandsbeziehung besteht.

702 Die *Vollstreckbarerklärung* erfolgt in einem gerichtlichen Verfahren (§ 1061 ZPO). Dieses folgt den Regeln für die Vollstreckbarerklärung inländischer Schiedssprüche (→ Rn. 662 ff.). Das deutsche Exequaturgericht ist nicht berechtigt, den ausländischen Schiedsspruch aufzuheben.[101] An die Stelle der Aufhebung tritt die Feststellung, dass der ausländische Schiedsspruch nicht anzuerkennen ist.

703 Die Vollstreckbarerklärung setzt ein Rechtsschutzbedürfnis voraus.[102] Dieses ist vom LG Köln für einen französischen Zwischenschiedsspruch über die Zuständigkeit des Schiedsgerichts verneint worden.[103]

704 Eine sachliche Nachprüfung (révision au fond) des ausländischen Schiedsspruchs ist unzulässig.[104] Das Exequaturgericht (OLG) ist auf die Nachprüfung der Erfordernisse der Wirkungserstreckung beschränkt. Einwendungen gegen den Anspruch selbst können im Verfahren der Vollstreckbarerklärung geltend gemacht werden, soweit sie nach dem Zeitpunkt entstanden sind, in dem sie im Schiedsverfahren spätestens hätten geltend gemacht werden können.[105] Eine Ausnahme gilt für die Aufrechnung. Sie kann noch im

---

[91] Vgl. LG Dortmund JW 1935, 550; OLG Celle JW 1937, 2834; zu den Devisenvorschriften gehört insbesondere das Abkommen von Bretton Woods, vgl. BGH WM 1970, 785; im Übrigen *Ebke*, Internationales Devisenrecht, 1990, S. 279 ff.
[92] Vgl. *Kühn*, Festschrift für Glossner, 1994, S. 193 ff.; *Schütze* DIS-MAT XII (2005), S. 85 ff.
[93] Vgl. dazu *Kreindler*, Strafrechtsrelevante und andere anstößige Verträge als Gegenstand von Schiedsverfahren, 2005.
[94] Vgl. BGH WM 1991, 576 = WuB VII B3. § 1044 ZPO 1.91 mAnm *Schütze*.
[95] Vgl. BGH WM 1998, 1176 = WuB I G7. – 7/98 mAnm *Schwark*.
[96] Vgl. dazu *Ellenberger* WM-Beil 2/1999.
[97] Vgl. dazu eingehend *Eckstein-Puhl*, Prozessbetrug im Schiedsverfahren, 2005, S. 149 ff.; *Rüssmann*, Festschrift für Schlosser, 2005, S. 785 ff.
[98] Vgl. *Harbst* Korruption und andere ordre-public Verstösse als Einwände im Schiedsverfahren, SchiedsVZ 2007, 22 ff.
[99] Vgl. *Kasolowsky/Steup* SchiedsVZ 2008, 72 ff.
[100] Vgl. Wieczorek/Schütze/*Schütze* § 1061 Rn. 121; Zöller/*Geimer* § 1061 Rn. 16.
[101] Vgl. *Schwab/Walter* Kap. 30, Rn. 29.
[102] Vgl. *Schütze/Tscherning/Wais* Rn. 646.
[103] Vgl. LG Köln IPRax 1984, 90; dazu *Laschet* IPRax 1984, 72 ff.; *Mezger* IPRax 1984, 194 ff.
[104] Vgl. RG HRR 1928, 2057; *Schütze/Tscherning/Wais* Rn. 636.
[105] Vgl. BGHZ 34, 274, OLG Hamburg RIW/AWD 1975, 645; *Schwab/Walter* Kap. 27 Rd. 15; Wieczorek/Schütze/*Schütze* § 1061 Rn. 116.

Vollstreckbarerklärungsverfahren erklärt und dem Anspruch entgegengesetzt werden, selbst wenn die Aufrechnungslage bereits im Zeitpunkt des Erlasses des Schiedsspruchs bestand (vgl. → Rn. 670 ff.).

Wird der für vollstreckbar erklärte ausländische Schiedsspruch im Erststaat aufgehoben, so kann die Aufhebung der Vollstreckbarerklärung im Inland betrieben werden (§ 1061 Abs. 3 ZPO). Die Aufhebung erfolgt im Beschlussverfahren nach § 1063 ZPO. Erforderlich für die Aufhebung der Vollstreckbarerklärung ist, dass das ausländische Urteil, das die Aufhebung des Schiedsspruchs ausspricht, nach § 328 ZPO anzuerkennen ist.[106] Der Spruchschuldner ist jedoch präkludiert, wenn er die Aufhebung bereits im Vollstreckbarerklärungsverfahren geltend machen konnte. § 767 Abs. 2 ZPO ist entsprechend anzuwenden.[107]

705

4. Anerkennung und Vollstreckbarerklärung aufgrund anderer Staatsverträge

§ 1061 Abs. 1 S. 2 ZPO lässt die Geltung von Staatsverträgen über die Wirkungserstreckung ausländischer Schiedssprüche unberührt. In Betracht kommen im Wesentlichen

706

- das Genfer Abkommen zur Vollstreckung ausländischer Schiedssprüche vom 26.9.1927;[108]
- das Übereinkommen über den Internationalen Eisenbahnverkehr (COTIF);[109]
- das Londoner Schuldenabkommen vom 27.2.1953;[110]
- der deutsch-amerikanische Freundschafts-, Handels- und Schifffahrtsvertrag vom 29.10.1954;[111]
- der deutsch-tunesische Rechtshilfe-, Anerkennungs- und Vollstreckungsvertrag v. 19.7.1966;[112]
- das deutsch-belgische Anerkennungs- und Vollstreckungsabkommen vom 30.6.1958.[113]

Die bilateralen Anerkennungs- und Vollstreckungsverträge mit der Schweiz, Italien, Österreich, den Niederlanden, Griechenland, Israel und Norwegen verweisen auf das UN-Übereinkommen und enthalten keine eigenständige Regelung für die Wirkungserstreckung von ausländischen Schiedssprüchen.[114] Der deutsch-spanische Anerkennungs- und Vollstreckungsvertrag klammert die Schiedsgerichtsbarkeit aus seinem Geltungsbereich völlig aus.

707

5. Die Bedeutung eines ausländischen Urteils über die Wirksamkeit eines Schiedsspruchs, insbesondere die Vollstreckbarerklärung im Ausland aufgehobener Schiedssprüche

Literatur: *Bajons*, Enforcing Annulled Arbitral Awards – A Comparative View, Croat.Arb.Yearb. 7 (2002), 55 ff.; *Chan*, The Enforceability of Annulled Foreign Arbitral Awards in the United States. A Critique of Cromalloy, B. U. Int. L. J. 17 (1999), 141 ff.; *Fouchard*, La portée internationale de l'annu-

---

[106] Vgl. *Schütze*, Jahrbuch für die Praxis der Schiedsgerichtsbarkeit 3 (1989), S. 118 ff., 121.
[107] Vgl. *Schütze/Tscherning/Wais* Rn. 646; *Schwab/Walter* Kap. 30 Rn. 33.
[108] Zum Geltungsbereich und Schrifttum → Rn. 29; zu den Erfordernissen der Wirkungserstreckung Wieczorek/Schütze/*Schütze* § 1061 Rn. 140 ff.
[109] Vgl. dazu Wieczorek/Schütze/*Schütze* § 1061 Rn. 144 ff.
[110] Vgl. dazu Wieczorek/Schütze/*Schütze* § 1061 Rn. 148 ff.
[111] Vgl. dazu Wieczorek/Schütze/*Schütze* § 1061 Rn. 184 ff.
[112] Vgl. dazu dazu Wieczorek/Schütze/*Schütze* § 1061 Rn. 175ff; im Übrigen *Arnold* AWD 1970, 145 ff.; *Ganske* NJW 1970, 1478 ff.
[113] Vgl. dazu Geimer/Schütze, Internationale Urteilsanerkennung, Bd. 2, 1971, S. 251 ff.; *Schütze/Tscherning/Wais* Rn. 626.
[114] Vgl. dazu im Einzelnen Wieczorek/Schütze/*Schütze* § 1061 Rn. 155 ff.

lation de la sentence arbitrale dans son pays d'origine, Rev.arb. 1997, 329 ff.; *Freyer,* United States Recognition and Enforcement of Annulled Foreign Awards. The Aftermath of the Chromalloy Case, J. Int.Arb. 17 (2000), Nr. 2, 1 ff.; *Gaillard,* The Enforcement of Awards Set Aside in the Country of Origin, ICSID Rev, 14 (1999), 16 ff.; *Giardina,* The International Recognition and Enforcement of Arbitral Awards Nullified int the Country of Origin, Festschrift für Böckstiegel, 2001, S. 205 ff.; *Mayer,* The Enforcement of Annulled Arbitral Awards: Towards a Uniform Judicial Interpretation of the 1958 New York Convention, ULR 1998, 583 ff.; *Nacimiento/Drop,* Recognition and Enforcement of Annulled Arbitral Awards, SchiedsVZ 2009, 272 ff.; *Nienhaber,* Die Anerkennung und Vollstreckung im Sitzstaat aufgehobener Schiedssprüche, 2002; *Reiner,* Zur Vollstreckung eines Schiedsspruchs nach dem Europäischen Übereinkommen von 1961 trotz Aufhebung im Ursprungsstaat und zum Umfang der ordre public Kontrolle nach Art. 81, 82 EGV, IPRax 2000, 323 ff.; *Rivkin,* The Enforcement of Awards Nullified in the Country of Origin: The American Experience, in: van den Berg (Hrsg.), Improving the Efficiency of Arbitration Agreements and Awards, 1999, S. 528 ff.; *Schütze,* Die Bedeutung eines ausländischen Urteils über die Wirksamkeit eines Schiedsspruchs für dessen Exequierung im Inland, Jahrbuch für die Praxis der Schiedsgerichtsbarkeit 3 (1989), S. 118 ff.; *Siehr,* Der aufgehobene Schiedsspruch – Zum Schicksal der im Ursprungsstaat aufgehobenen Schiedssprüche bei Vollstreckung im Ausland, ZZP 115 (2002), 143 ff.; *Solomon,* Die Verbindlichkeit von Schiedssprüchen in der internationalen privaten Schiedsgerichtsbarkeit, 2007; *Webster,* Evolving Principles in Enforcing Awards Subject to Annulment Proceedings, Journal of International Arbitration 23 (3) (2006), 201 ff.; *Weinacht,* Die Vollstreckung ausländischer Schiedssprüche nach ihrer Annullierung im Herkunftsstaat. Das New Yorker UN-Übereinkommen im Wechselspiel mit nationalem Recht in Frankreich und den USA – Die Fälle Hilmarton und Chromalloy, ZVglRWiss 98 (1999), 139 ff.

708   Insbesondere drei Fälle[115] haben in der jüngeren Vergangenheit die juristische Diskussion auf das Problem der Vollstreckbarerklärung im Ausland aufgehobener Schiedssprüche gelenkt:

709   Radenska v. Kajo:[116] In dieser Sache war ein Schiedsspruch des Außenhandelsschiedsgerichts bei der Wirtschaftskammer Jugoslawien in Belgrad am 7.7.1988 ergangen. Dieser wurde am 3.7.1992 durch das Oberste Gericht der Republik Slowenien in letzter Instanz aufgehoben. Zwischenzeitlich hatte der Gläubiger die Anerkennung und Vollstreckbarerklärung des Schiedsspruchs in Österreich erfolgreich betrieben. Der OGH hielt letztlich die Aufhebung des Schiedsspruchs für folgenlos.

710   Hilmarton v. Omnium de Traitement et de Valorisation.[117] In dieser Sache hatte das vereinbarte Genfer Schiedsgericht die Schiedsklage abgewiesen. Der Schiedsspruch wurde in der Schweiz aufgehoben.[118] Zwischenzeitlich hatte die Gläubigerin des Schiedsspruch die Anerkennung und Vollstreckbarerklärung des Schiedsspruchs in Frankreich beantragt. Ungeachtet der Aufhebung in der Schweiz wurde der Schiedsspruch in Frankreich anerkannt. Dem Anerkennungsbegehren für einen zweiten Schiedsspruch in dieser Sache und des Aufhebungsurteils gaben die französischen Gerichte schließlich statt.

711   Chromalloy Aeroservices v. Arab Republic of Egypt:[119] Der District Court of Columbia erkannte einen zwischenzeitlich durch die ägyptischen Gerichte aufgehobenen ägyptischen Schiedsspruch an.[120]

---

[115] Für weitere Fälle vgl. *Nacimiento/Drop* SchiedsVZ 2009, 272 ff.; dort insbesondere eine Darstellung des Schicksals des Schiedsspruchs in Sachen Yukos v. Rosneft, die in Russland aufgehoben, in den Niederlanden jedoch für vollstreckbar erklärt worden ist.

[116] Vgl. dazu *Lastenouse/Senkovic* Rev.arb. 1998, 419 ff.; *Nienhaber,* Die Anerkennung und Vollstreckung im Sitzstaat aufgehobener Schiedssprüche, 2002, S. 71 ff., *Siehr* ZZP 115 (2002), 143 ff., 151.

[117] Vgl. dazu *Karrer,* Festschrift für Schütze, 1999, S. 337 ff., 343 ff.; *Solomon* S. 9 ff. (Fn. 1) mwN; *Weihnacht* VglRWiss 98 (1999), 139 ff.

[118] Vgl. BG Rev.arb. 1993, 315.

[119] Vgl. Mealey's Int. Arb. Rep. 11 (1996), Nr. 8, C-5; auch die Entscheidung des US District Court, 939 F. Supp. 907, 912 (D.D.C 1996).

[120] Vgl. 939 F. Supp. 907 (D.D.C. 1996) = ZZPInt 3 (1998), 485 ff. mAnm *Schlosser; Nienhaber* aaO S. 82 ff.; weitere Nachweise bei *Solomon* S. 16, Fn. 8.

Für das deutsche Recht ist davon auszugehen, dass der im Ausland aufgehobene 712
Schiedsspruch seine Wirkung verliert. Er kann nicht mehr anerkannt und für vollstreckbar erklärt werden. Voraussetzung ist aber auch in diesem Fall – ebenso wie bei Abweisung der Bestätigungsklage – dass die Aufhebungsentscheidung anerkennungsfähig ist.[121] Das ausländische Urteil kann nur bei Vorliegen der Erfordernisse des § 328 ZPO Berücksichtigung finden. Das Ergebnis mag auf den ersten Blick seltsam erscheinen. Denn der Gläubiger eines im Ausland aufgehobenen Schiedsspruchs kann dessen ungeachtet bei Nichtanerkennung des Aufhebungsurteils die Vollstreckbarerklärung des Schiedsspruchs betreiben. Das ist aber nur sachgerecht. Es sind Fälle denkbar, in denen ein Schiedsspruch aus unsachlichen Erwägungen – etwa, weil das Ergebnis nicht in die politische Ideologie passt – aufgehoben wird. Wenn das Aufhebungsurteil wegen Verstoßes gegen den ordre public nicht anerkannt werden kann, warum soll der Schiedsspruch die Anerkennungsfähigkeit verlieren?

Wird der Schiedsspruch nach Vollstreckbarerklärung in Deutschland im Ausland aufgehoben, dann kann die Aufhebung des Schiedsspruchs nach § 1061 Abs. 3 ZPO beantragt werden. Auch in diesem Fall muss das ausländische Aufhebungsurteil nach § 328 ZPO anerkennungsfähig sein.[122] 713

IV. Vollstreckungsgegenklage

Literatur: *Schütze,* Die Geltendmachung von Gegenforderungen im Schiedsverfahren, Festschrift für Kargados, 2004, S. 1009 ff.

1. Zulässigkeit der Vollstreckungsgegenklage

Der Schuldner eines Schiedsspruchs hat ein Wahlrecht, ob er – bei zulässiger Aufrechnung – Gegenforderungen gegen die titulierte Spruchforderung im Wege der Aufrechnung oder durch Vollstreckungsgegenklage geltend macht.[123] Auch für die Vollstreckungsgegenklage gilt, dass die Gegenansprüche im Schiedsverfahren nicht geltend gemacht werden konnten.[124] 714

Die Wirksamkeit der Aufrechnung richtet sich nach dem Schuldstatut der Forderung gegen die aufgerechnet wird.[125] 715

2. Konkurrenz der Verfahrensarten

Schwebt bereits ein Verfahren auf Vollstreckbarerklärung des Schiedsspruchs, so ist die Vollstreckungsgegenklage nicht mehr zulässig. Es fehlt ein Rechtsschutzinteresse. Der Schuldner hat mit der Aufrechnung im Exequaturverfahren eine einfachere Möglichkeit, seine Gegenforderungen geltend zu machen.[126] 716

Ist Vollstreckungsgegenklage erhoben und leitet der Spruchgläubiger sodann das Vollstreckbarerklärungsverfahren ein, so fällt das Rechtsschutzinteresse für die Vollstre- 717

---

[121] Vgl. *Schütze,* Jahrbuch für die Praxis der Schiedsgerichtsbarkeit, 3 (1989), S. 118 ff., 121.
[122] Vgl. *Schütze,* Jahrbuch für die Praxis der Schiedsgerichtsbarkeit, 3 (1989), S. 118 ff., 121.
[123] Vgl. RGZ 148, 270; OLG Düsseldorf SchiedsVZ 2005, 214; OLG Dresden SchiedsVZ 2005, 210; *Henn* Rn. 502; *Schütze/Tscherning/Wais* Rn. 531; *Schwab/Walter* Kap. 27 Rn. 12 f.; Wieczorek/Schütze/*Schütze* § 1061 Rn. 133.
[124] Vgl. OLG Dresden SchiedsVZ 2005, 210.
[125] Vgl. OLG Düsseldorf SchiedsVZ 2005, 214.
[126] Vgl. *Henn* Rn. 502; *Lachmann,* Rn. 1793; *Schütze,* Festschrift für Kargados, S. 1009 ff.; *Schwab/Walter* Kap. 27 Rn. 13; Wieczorek/Schütze*Schütze* § 1061 Rn. 137.

ckungsgegenklage fort.[127] Es tritt Erledigung der Hauptsache ein.[128] Der Spruchschuldner muss im Verfahren der Vollstreckungsgegenklage die Erledigung der Hauptsache erklären, will er nicht Klageabweisung riskieren. Schließt sich der Spruchgläubiger der Erledigterklärung an, so ist nach § 91a ZPO zu verfahren.

V. Schadensersatz wegen völkerrechtswidriger Verweigerung der Vollstreckbarerklärung

Literatur: *Maurer*, Begründet die völkerrechtswidrige Verweigerung der Vollstreckung eines ausländisches Schiedspruchs einen Schadensersatzanspruch des Schiedsklägers? – Die Durchsetzung" multilateraler völkerrechtlicher Verträge durch private Parteien, SchiedsVZ 2011, 75 ff.; *Telke*, Non-recognition of arbitral awards by domestic courts, SchiedsVZ 2013, 94 ff.

718　Die Verweigerung des Exequaturs für einen Schiedsspruch in Bangladesh hat eine Diskussion darüber ausgelöst, ob der durch einen Staatsvertrag zur Vollstreckbarerklärung verpflichtete Staat durch die Verweigerung der Wirkungserstreckung schadensersatzpflichtig wird[129]. Ein ICSID Schiedsgericht hat das bejaht[130]. Jedoch ist zweifelhaft, ob für die Geltendmachung eines Anspruchs ein Schiedsgericht nach den Investitionsschutzverträgen Zuständigkeit besitzt, es sich nicht um eine Investition handelt und der Grundsatz des fair und equitable treatment verletzt wird[131]

719　Für die Durchsetzung ausländischer Schiedssprüche in Deutschland besteht die Problematik nicht, da § 1061 ZPO das UN-Übereinkommen für anwendbar erklärt.

VI. Immunität im Vollstreckbarerklärungs- und Vollstreckungsverfahren

1. Vollstreckbarerklärungsverfahren

720　Ist zulässigerweise ein Schiedsspruch gegen einen ausländischen Staat, gegen ein Staatsunternehmen oder eine mit Immunität bekleidet Person ergangen – weil in dem Abschluss einer Schiedsvereinbarung ein Verzicht auf die Gerichtsfreiheit liegt (vgl. dazu → Rn. 187 f.), so wirkt dieser Verzicht im Vollstreckbarerklärungsverfahren fort. Es wäre unsinnig anzunehmen, dass der Vericht nur für den Erlass des Titels, nicht aber für die Schaffung von Vollstreckbarkeit wirkt.

2. Vollstreckung

721　Dagegen wirkt der Verzicht auf die Immunität nicht für das Vollstreckungsverfahren[132]. Hier gilt der Grundsatz, dass Vermögenswerte, die hoheitlichen Zwecken des ausländischen Hoheitsträgers dienen nicht dem Vollstreckungzugriff ausgesetzt sind, im übrigen keine Beschränkungen der Vollstreckung bestehen.
So ist die Zwangsvollstreckung in Konsulatskonten unzulässig[133] Der Bundesgerichtshof hat jüngst die auf Konten der Deutschen Bundesbank verwalteten Währungsreser-

---

[127] Vgl. BGHZ 38, 259; RGZ 165, 374; Thomas/Putzo/*Reichold* § 1060 Rn. 9; Wieczorek/Schütze/*Schütze* § 1061 Rn. 138; aA *Glossner/Bredow/Bühler*, Das Schiedsgericht in der Praxis, Rn. 503, die die Vollstreckungsgegenklage auch in diesem Fall weiterhin für zulässig halten.
[128] Vgl. Wieczorek/Schütze/*Schütze* § 1061 Rn. 138.
[129] Vgl. dazu *Maurer* SchiedsVZ 2011, 75 ff.
[130] Vgl. ICSID Case No. ARB/05/07.
[131] Vgl. dazu *Telke*, SchiedsVZ 2013, 94 ff.
[132] Vgl. *Geimer* IZPR, Rn. 631 mwN.
[133] Vgl. LG Stuttgart, AWD 1973, 104.

ven der Zentralbank der Mongolei als der Vollstreckungsimmunität unterliegend angesehen[134]

VII. Anerkennung und Vollstreckbarerklärung deutscher Schiedssprüche im Ausland

Literatur: *El-Ahdab/El-Ahdab* (Hrsg.), Arbitration with the Arab Countries, 3. Aufl. 2011; *Liebscher/Fremuth-Wolf* (Hrsg.), Arbitration Law and Practice in Central and Eastern Europe, o. J. (Loseblatt); *Paulsson* (Hrsg.), International Handbook on Commercial Arbitration, o. J (Loseblatt); *Nairn/Heneghan* (Hrsg.), Arbitration World, 5. Aufl. 2015; *Respondek* (Hrsg.), Asia Arbitration Guide, 4. Aufl., 2015; *Schütze/Tscherning/Wais*, Rn. 647 ff.; *Weigand* (Hrsg.), International Commercial Arbitration, 2. Aufl. 2009. Eine Zusammenstellung des Schrifttums zur Schiedsgerichtsbarkeit der EU-, EWR- und wichtiger ausländischer Rechtsordnungen findet sich bei *Schütze*, Rechtsverfolgung im Ausland, 5. Auflage 2016, Rn. 600 ff.

Die Anerkennung und Vollstreckbarerklärung deutscher Schiedssprüche im Ausland ist in großem Masse staatvertraglich geregelt. Insbesondere gewährleistet das UN-Übereinkommen 1958 weitgehende Freizügigkeit. Auch die autonomen Rechte – in vielen Rechtsordnungen durch die Übernahme des UNCITRAL-Modellgesetzes geprägt – sind gegenüber Schiedssprüchen in größerem Massen anerkennungsfreundlicher als gegenüber Urteilen staatlicher Gerichte. **722**

Im Einzelnen ergibt sich folgendes Bild:[135] **723**

Abu Dhabi: vgl. Vereinigte Arabische Emirate **724**

Ägypten[136]: Ägypten ist Mitgliedstaat des UN-Übereinkommens 1958.[137] Ägypten hat das UNCITRAL-Modellgesetz übernommen (Law No. 27 of 1994). Nach Art. 299 der ägyptischen Zivil- und Handelsprozessordnung ist das Verfahren für die Vollstreckbarerklärung ausländischer Zivilurteile auch auf die Exequaturerteilung für ausländische Schiedssprüche anwendbar.[138] Sachlich zuständig ist das Zivilgericht 1. Instanz, örtlich zuständig das Gericht des Sprengels, in dem die Zwangsvollstreckung durchgeführt werden soll.

Äthiopien: Rechtsgrundlage für die Wirkungserstreckung ausländischer Schiedssprüche ist Art. 461 der äthiopischen Zivilprozessordnung. Erfordernisse der Anerkennung und Vollstreckbarerklärung sind:[139]

- Gültigkeit der Schiedsvereinbarung;
- Ordnungsgemäße Besetzung des Schiedsgerichts;
- Schiedsfähigkeit des Streitgegenstandes;
- Vereinbarkeit mit dem äthiopischen ordre public;
- Vollstreckungsfähigkeit des Spruchs;
- Verbürgung der Gegenseitigkeit. Angesichts der Möglichkeit der Vollstreckbarerklärung äthiopischer Schiedssprüche nach § 1061 ZPO ist davon auszugehen, dass die Gegenseitigkeit von äthiopischer Seite bejaht wird.

---

[134] Vgl. BGH WM 2013, 1469.
[135] Die Darstellung ist nach der Konzeption des Buches nur auf Rechtsgrundlagen und – soweit aufklärbar – die Zuständigkeit für das Exequaturverfahren beschränkt. Die Literaturhinweise sind nicht erschöpfend und sollen nur einen Hinweis auf mögliche Weiterführung geben. Dabei ist nicht nur Schrifttum zur jeweiligen aktuellen Rechtslage aufgenommen, vielmehr auch zu früherem Rechtszustand, soweit es noch teilweise aktuell ist.
[136] Vgl. dazu *El-Ahdab/El-Ahdab*, EG 001 ff.; *Ellaboudi*, Schiedsgerichtsbarkeit in Ägypten, 2006; *Matouk/Cox* in Nairn/Heneghan, Arbitration World, S. 463 ff.
[137] BGBl. II 1962, 102.
[138] Vgl. *Bälz* in Geimer/Schütze, Internationaler Rechtsverkehr, 1001.8 f.; *Charr*, Yearbook Commercial Arbitration IV (1979), S. 44 ff., 58 f.; *Schütze* RIW/AWD 1977, 761 ff.; *Saleh*, Commercial Arbitration in the Arab Middle East, 1984, S. 220 ff.
[139] Vgl. dazu *Arnold* AWD 1968, 309 ff.

Die Wirkungserstreckung erfolgt in einem gerichtlichen Verfahren. Zuständig ist die Abteilung des High Court, die für die Provinz zuständig ist, in der die Vollstreckung durchgeführt werden soll.

Afghanistan: Afghanistan ist Mitgliedstaat des UN-Übereinkommens 1958.[140] Angesichts der gegenwärtigen politischen Situation kann von einer allseits geordneten Rechtspflege nicht ausgegangen werden. Die Durchsetzung deutscher Schiedssprüche ist derzeit nicht gesichert.

Ajman: vgl. Vereinigte Arabische Emirate.

Albanien: Albanien ist Mitgliedstaat des UN-Übereinkommens 1958.[141] Zuständig für die Vollstreckbarerklärung ist das Zivilkollegium des Obersten Gerichts.[142]

Algerien:[143] Algerien ist Mitgliedstaat des UN-Übereinkommens 1958.[144] Das Übereinkommen war durch ordonnance no. 93-09 vom 25.4.1993 in das algerische Zivilprozessrecht umgesetzt, der durch den Code de Procédure Civile zum 24.4.2009 ausser Kraft getreten ist. Die internationale Schiedsgerichtsbarkeit ist nunmehr in Artt. 1039 ff. CPC geregelt, ohne dass sich für die Wirkungserstreckung von Schiedssprüchen wesentliche Änderungen ergeben haben.[145] Zuständig für die Erteilung des Exequaturs ist der Präsident des Gerichts, in dessen Sprengel die Zwangsvollstreckungsmaßnahme durchgeführt werden soll.

Andorra: Deutsche Schiedssprüche können nicht auf staatsvertraglicher Grundlage geltend gemacht werden. Eine autonome gesetzliche Regelung fehlt. Jedoch soll eine Geltendmachung auf gewohnheitsrechtlicher Basis möglich sein.[146]

Antigua und Barbuda: Antigua und Barbuda sind Mitgliedstaat des UN-Übereinkommens 1958.[147] Das Übereinkommen wird in Antigua und Barbuda angewendet, obwohl der Arbitration Act 1975 noch nicht ergänzt ist. Der Spruchgläubiger kann für die Wirkungserstreckung des deutschen Schiedspruchs auf zwei Arten betreiben:[148]

- Er kann die Vollstreckbarerklärung durch action on the award betreiben oder
- das summarische Verfahren nach sect. 27, 35 Arbitration Act, 1975 wählen.

Zuständig ist in beiden Fällen der High Court of Justice in St. John's.

Argentinien: Argentinien ist Mitgliedstaat des UN-Übereinkommens 1958.[149] Nach autonomem Recht erfolgt die Wirkungserstreckung ausländischer Schiedssprüche nach den Bestimmungen des Art. 519 bis CP.[150] Zuständig für die Vollstreckbarerklärung ist das erstinstanzliche Gericht.[151] Das Exequaturverfahren bestimmt sich nach Artt. 518, 175 ff. CP.

---

[140] BGBl. II 2005, 97.
[141] BGBl. II 2001, 790.
[142] Vgl. zur entsprechenden Regelung bei der Wirkungserstreckung ausländischer Zivilurteile *Halili* in Jayme (Hrsg.), Ein internationales Zivilverfahrensrecht für Gesamteuropa, 1992, S. 35 ff., 40.
[143] Vgl. dazu *Al Ahdab* in Al Ahdab/Alahdab, DZ-001 ff.; Ben *Abderrahmane* IPRax 1994, 313 ff.; *Issad*, L'Arbitrage en Algerie, Rev. de L'Arbitrage 3 (1977), 219 ff.
[144] BGBl. II 1989, 639.
[145] Vgl. *Rauscher* in Geimer/Schütze, Internationaler Rechtsverkehr, 1004.9.
[146] Vgl. *Rau* in Geimer/Schütze, Internationaler Rechtsverkehr, 1005.6.
[147] BGBl. II 1989, 639.
[148] Vgl. dazu *Schütze* in Geimer/Schütze, Internationaler Rechtsverkehr, 1007.9.
[149] BGBl. II 1990, 851.
[150] Vgl. dazu und zu den Erfordernissen der Wirkungserstreckung *Grigera Naón* in Paulsson, International Handbook on Commercial Arbitration, Argentina, 1 ff., 30 ff.; *Grigera Naón/Samtleben* RIW 1983, 721 ff., 728 ff.; *Piltz* in Geimer/Schütze, Internationaler Rechtsverkehr, 1009.15 f.
[151] Vgl. *Kleinheisterkamp*, International Commercial Arbitration in Latin America, 2005, S. 440.

§ 10 Die Vollstreckbarerklärung von Schiedssprüchen

Armenien: Armenien hat das UN-Modellgesetz übernommen und ist Mitgliedstaat des UN-Übereinkommens 1958.[152]

Aserbaidschan: Aserbaidschan ist Mitgliedstaat des UN-Übereinkommens 1958.[153] Aserbaidschan hat das UNCITRAL-Modellgesetz übernommen[154].

Australien:[155] Australien ist Mitgliedstaat des UN-Übereinkommens 1958.[156] Australien hat das UNCITRAL-Modellgesetz übernommen.[157] Die Vollstreckbarerklärung ausländischer Schiedssprüche folgt demselben Verfahren wie dem der Exequierung ausländischer Zivilurteile. Zuständig sind die Gerichte der Einzelstaaten. Je nach einzelstaatlicher Verfahrensordnung kann die Zulassung durch den Supreme Court erforderlich sein.[158]

Bahamas: Die Bahamas sind Mitgliedstaat des UN-Übereinkommen 1958. Darüber hinaus ist eine Wirkungserstreckung nach autonomem Recht möglich. Es gelten common law Grundsätze.

Bahrain[159]: Bahrain ist Mitgliedstaat des UN-Übereinkommens 1958.[160] Bahrain hat das UNCITRAL-Modellgesetz durch Dekret Nr. 9/1994 übernommen. Die Zuständigkeit für die Vollstreckbarerklärung liegt beim Gericht der 1. Instanz.

Bangladesch:[161] Bangladesch ist Mitgliedstaat des UN-Übereinkommens 1958,[162] hat aber lange gezögert, die Konvention in das innerstaatliche Recht umzusetzen.[163] Dies ist im Arbitration Act 2001 erfolgt, der auf dem UNCITRAL-Modellgesetz basiert. Zuständig für die Vollstreckbarerklärung ist der District Court.[164]

Barbados: Barbados ist Mitgliedstaat des UN-Übereinkommens 1958.[165] Die Vollstreckbarerklärung erfolgt durch action on the foreign award durch den High Court.

Belarus: Belarus ist Mitgliedstaat des UN-Übereinkommens 1958.[166] Belarus hat den Vorbehalt gemacht, dass nur Schiedssprüche aus Mitgliedstaaten anerkannt und für vollstreckbar erklärt werden. Belarus hat das UNCITRAL-Modellgesetz übernommen. Die Vollstreckbarerklärung erfolgt in einem gerichtlichen Verfahren.[167] Zuständig sind die

---

[152] BGBl. II 1998, 879. Vgl. im Übrigen *Mindach,* Länderbericht Armenien in Geimer/Schütze, IRV, 1011.10 ff.; *dies.,* IPRax 2011, 303 ff.

[153] BGBl. II 2000, 743.

[154] Vgl. im einzelnen *Mindach,* Länderbericht Aserbaidschan in Geinmer/Schütze, IRV, 1012.12 f.; *dies.* IPRax 2011, 303 ff.

[155] Vgl. dazu auch *Foster/Martignoni/Morrison* in Nairn/Heneghan, Arbitration World, S. 307 ff.; *Goldring,* Länderbericht Australien, Yearbook Commercial Arbitration II (1977), 13 f.; *O'Keefe* in Simmonds/Hill (Hrsg.), Commercial Arbitration Law in Asia and the Pacific, 1987, S. 5 ff., 17 ff.; *Pryles* in Paulsson (Hrsg.), International Handbook on Commercial Arbitration, Australia1 ff.

[156] BGBl. II 1975, 842.

[157] International Arbitration Amendment Act, 1989, vgl. dazu *Foster/Martignoni/Morrison* in Nairn/Heneghan, Arbitration World, S. 307 ff.

[158] Vgl. *von Hopffgarten,* Länderbericht Australien, in Geimer/Schütze, IRV, 1013.11.

[159] Vgl. dazu *El-Ahdab/El-Ahdab,* BH 001 ff.; *Bälz* RIW 2011, 118 ff.; *ders.,* Länderbericht Bahrain, in Geimer/Schütze, IRV, 1015. 5 ff.

[160] BGBl. II 1988, 954.

[161] Vgl. dazu *Maniruzzanan,* International Commercial Arbitration in Bangladesh: The New Law, Arbitration 2004, 131 ff.; *Ajmalul Hossain,* Länderbericht Bangladesch, in Respondek, Asia Arbitration Guide, S. 11 ff.

[162] BGBl. II 1993, 123.

[163] Vgl. dazu *Otto,* Länderbericht Bangladesch, in: Geimer/Schütze, IRV, 1018.9 ff.

[164] Vgl. zum Verfahren im Einzelnen *Otto* aaO 1018.10 f.

[165] BGBl. II 1993, 1239.

[166] BGBl. II 1962, 102.

[167] Vgl. *Marenkov,* Länderbericht Belarus, in Geimer/Schütze, IRV, 1019.15 ff.; *Sysujew* in Böckstiegel (Hrsg.), Recht und Praxis der internationalen Schiedsgerichtsbarkeit in Staaten Zentral- und Ost-Europas, 1998, S. 19 ff., 27 f.

Gebietsgerichte, in Minsk das Stadtgericht. Die Entscheidung über das Exequatur erfolgt nach mündlicher Verhandlung.

Belgien:[168] Belgien ist Mitgliedstaat des UN-Übereinkommens 1958.[169] Daneben ist die Geltendmachung deutscher Schiedssprüche nach Art. 13 des deutsch-belgischen Anerkennungs- und Vollstreckungsabkommens möglich.[170] Nach Art. 16 des deutsch-belgischen Abkommens gilt das Günstigkeitsprinzip, so dass in erster Linie die bilaterale Regelung Anwendung findet. Zuständig für die Vollstreckbarerklärung ist der Präsident des Zivilgerichts 1. Instanz des Sprengels, in dem die Zwangsvollstreckung aus dem Spruch stattfinden soll.

Benin: Benin ist Mitgliedstaat des UN-Übereinkommens 1958.[171]

Bermuda:[172] Die internationale Schiedsgerichtsbarkeit ist Gegenstand des Bermuda International Conciliation and Arbitration Act, 1993.[173] Durch dieses Gesetz sind das UNCITRAL-Modellgesetz und das UN-Übereinkommen 1958 in das Recht Bermudas übernommen worden.[174] Sect. 28 schließt jedoch die Anwendbarkeit von Kapitel VIII des Modellgesetzes, das Bestimmungen über die Wirkungserstreckung von Schiedssprüchen enthält, in den Fällen aus, in denen die Materie durch das UN-Übereinkommen geregelt ist. Die Anerkennung und Vollstreckbarerklärung deutscher Schiedssprüche bestimmen sich deshalb nach dem UN-Übereinkommen 1958. Die Anerkennung erfolgt formlos. Die Vollstreckbarerklärung erfolgt durch action upon the foreign award. Zuständig ist der Supreme Court in Hamilton.

Bhutan: Bhutan ist Mitgliedstaat des UN Übereinkommens 1958.[175] Es ist ein förmliches Exequaturverfahren notwendig. Zuständig zur Vollstreckbarerklärung ist der High Court in Thimpu.[176]

Bolivien: Bolivien ist Mitgliedstaat des UN-Übereinkommens 1958.[177] Die Vollstreckbarerklärung erfolgt nach denselben Grundsätzen wie denen für ausländische Zivilurteile[178] durch Homologierung. Zuständig ist der oberste Gerichtshof.[179]

Bosnien und Herzegowina: Bosnien und Herzegowina sind Mitgliedstaat des UN-Übereinkommens 1958.[180]

Botswana: Botswana ist Mitgliedstaat des UN-Übereinkommens 1958.[181] Das Verfahren der Wirkungserstreckung entspricht dem der Anerkennung und Vollstreckbar-

---

[168] Vgl. auch *Claeys/Tanghe* in Nairn/Heneghan, Arbitration World, S. 349 ff.; van *Houtte/Looyens* in Gottwald (Hrsg.), Internationale Schiedsgerichtsbarkeit, 1997, S. 161 ff.; *Huys/Keutgen,* L'arbitrage en droit belge et international, 1981; *Matray,* Länderbericht Belgien, Yearbook Commercial Arbitration V (1980), S. 1 ff.; *ders.* in Paulsson (Hrsg.), International Handbook on Commercial Arbitration, Begium. 1 ff.; *Storme/Demeulenaere,* International Commercial Arbitration in Belgium, 1989.

[169] BGBl. II 1975, 1782.

[170] Vgl. dazu *Geimer/Schütze,* Internationale Urteilsanerkennung, Bd. II, 1971, S. 312 ff.

[171] BGBl. II 1974, 1046.

[172] Vgl. dazu *Hargun/Elkinson* in Paulsson, International Handbook on Commercial Arbitration, Bd. 1, Bermuda, 1 ff.; *Schütze,* Länderbericht Bermuda, in Geimer/Schütze, IRV, 1020.9 ff.

[173] Title 8 Laws of Bermuda, 1989 Rv.; dazu *Rawling,* ADR: Bermuda's International Conciliation and Arbitration Act 1993, Arb. Int. 10 (1) (1994), 99 ff.

[174] Vgl. dazu *Schütze* in Geimer/Schütze, IRV, 1020, 9 ff.

[175] Vgl. zum Recht vor dem Beitritt zum UN Übereinkommen 1958 *Schütze* JR 1981, 498 f.

[176] Vgl. *Schütze* JR 1981, 498 f., 499.

[177] BGBl. II 1995, 667.

[178] Vgl. *Céspedes/Camacho* in Kos-Rabcewicz-Zubkowski (Hrsg.), Cooperación interamericana en los procedimientos civiles y mecantiles, 1982, S. 41 ff., 50.

[179] Vgl. *Kleinheisterkamp,* International Commercial Arbitration in Latin America, 1995, S. 439.

[180] BGBl. II 1995, 274.

[181] BGBl. II 1972, 292.

erklärung ausländischer Zivilurteile.[182] Der Spruchgläubiger kann zwischen dem ordentlichen Verfahren der action upon the foreign award und dem summarischen Prozess der provisional sentence wählen.

Brasilien:[183] Brasilien ist Mitgliedstaat des UN-Übereinkommens 1958.[184] Die Regelung über das Verfahren der Wirkungserstreckung von ausländischen Zivilurteilen findet für die Exequierung entsprechende Anwendung.[185] Es findet ein Bestätigungsverfahren vor dem Superior Tribunal de Justica statt.[186]

British Virgin Islands: Das UN-Übereinkommen 1958 ist am 24.2.2014 durch Grossbritannien auf den Virgin Islands erstreckt worden[187]. Im übrigen gilt der Arbitration Act 2013, durch den das Modellgesetz mit geringfügigen Änderungen umgesetzt worden ist

Brunei Darussalam: Brunei Darussallam hat das UNCITRAL-Modellgesetz übernommen[188] und ist Mitgliedstaat des UN-Übereinkommens 1958.[189]

Bulgarien:[190] Bulgarien ist Mitgliedstaat des UN-Übereinkommens 1958.[191] Bulgarien hat das UNCITRAL-Modellgesetz übernommen.[192] Zuständig für die Vollstreckbarerklärung ist nach Art. 304 Zivilprozessgesetz das Stadtgericht Sofia.[193]

Burkina Faso: Burkina Faso ist Mitgliedstaat des UN-Übereinkommens 1958.[194] Das Verfahren ist das der Anerkennung und Vollstreckbarerklärung ausländischer Zivilurteile.

Cayman Islands: Das UN Übereinkommen 1958 findet kraft Erstreckung durch Grossbritannien Anwendung[195]. Es ist umgesetzt im Foreign Arbitral Awards Enforcement Law (1997 Rev.). Zuständig für die Vollstreckbarerklärung istder Grand Court.

Chile:[196] Chile ist Mitgliedstaat des UN-Übereinkommens 1958.[197] Daneben ist eine Wirkungserstreckung ausländischer Schiedssprüche nach autonomem Recht möglich. Chile hat das UNCITRAL-Modellgesetz übernommen.[198] Der Erfordernisse in dem

726

---

[182] Vgl. dazu *Schütze* JR 1978, 54 f.
[183] Vgl. dazu *Carmona* in Gottwald (Hrsg.), Internationale Schiedsgerichtsbarkeit, 1997, S. 211 ff.; *Nehring Netto* in Paulsson International Handbook on Commercial Arbitration, Brazil 1 ff., dort auch Literaturnachweise 5 ff.; *de Paiva Muniz/ Palhares Basilio*, Arbitration Law of Brazil, 2006; *Samtleben* RIW/AWD 1981, 376 ff.; *des.* SchiedsVZ 2009, 109 ff.; *ders.*, Länderbericht Brasilien, in: Geimer/Schütze, IRV, 1023.42 ff.; *Schlingmann/Wimmer*, Zur Reform des brasilianischen Schiedsrechts, SchiedsVZ 2015, 178 ff.
[184] BGBl. II 2002, 1752.
[185] Vgl. *Samtleben* in Geimer/Schütze, IRV, 1023. 42 ff.
[186] Vgl. Art. 35 brasilianischen Schiedsgesetz; dazu *Schlingmann/Wimmer* SchiedsVZ 2015, 178 ff. (181).
[187] Vgl. dazu *Otto*, Länderbericht Bristish Virgin Islands, in Geimer/Schütze, IRV, 1024.10.
[188] Vgl. International Arbitration Order, 2009; dazu *Ahmad Jefri Abd Rahman*, Länderbericht Brunei, in Respondek (Hrsg.), Asia Arbitration Guide, S. 35 ff.
[189] BGBl. II 1996, 2794.
[190] Vgl. dazu *Stalev* in Paulsson, International Handbook on Commercial Arbitration, Bulgaria, 1 ff.; *Chernev* in Liebscher/Fremuth-Wolf, BUL-2 ff.; *Stalev*, Jahrbuch für die Praxis der Schiedsgerichtsbarkeit 2 (1988), S. 208 ff.; *Tschipev* in Böckstiegel (Hrsg.), Recht und Praxis der internationalen Schiedsgerichtsbarkeit in Staaten Zentral- und Ost-Europas, 1998, S. 55 ff.
[191] BGBl. II 1962, 102.
[192] Law on International Commercial Arbitration 1988, vgl. dazu *Stalev*, Jahrbuch für die Praxis der Schiedsgerichtsbarkeit 2 (1988), S. 208 ff.
[193] Vgl. dazu *Jessel-Holst*, Länderbericht Bulgarien, in Geimer/Schütze, IRV, 1025. 16 f.
[194] BGBl. II 1987, 612.
[195] Vgl. dazu *Otto*, Länderbericht Cayman Islands, in Geimer/Schütze, IRV, 1026.9.
[196] Vgl. dazu *Eyzaguirre Echeverria*, Länderbericht Chile, Yearbook Commercial Arbitration III (1978), S. 45 ff.; *Källmann* IHR 2006, 137 ff.; *Samtleben* RIW 1983, 167 ff.
[197] BGBl. II 1975, 1782.
[198] Vgl. dazu *Conejo Roos*, The new Chilenean arbitration law and the influence of the model law, Journal of International Arbitration 22.2 (2005), 149 ff.; *Fernández/Gutiérrez* in Rowley (Hrsg.), Arbitration World, 2. Aufl. 2006, S. 49 ff.; *Källmann* IHR 2006, 137 ff.

178   4. Teil: Durchsetzung, Überprüfung und Aufhebung von Schiedssprüchen

Gesetz Nr. 19.971 entsprechen fast wörtlich denen im UN-Übereinkommen 1958. Das Exequatur wird durch den Obersten Gerichtshof (Corte Suprema) erteilt.[199]
China (Volksrepublik):[200] China ist Mitgliedstaat des UN-Übereinkommens 1958.[201] China hat das UNCITRAL-Modellgesetz übernommen.[202] Die Wirkungserstreckung erfolgt in einem gerichtlichen Verfahren durch das Volksgericht der Mittelstufe. Es besteht eine reiche Praxis.[203]
Cook-Inseln: Die Cook-Inseln sind Mitgliedstaat des UN-Übereinkommens 1958.
Costa Rica: Costa Rica hat das UNCITRAL-Modellgesetz übernommen und ist Mitgliedstaat des UN-Übereinkommens 1958.[204] Die Wirkungserstreckung erfolgt nach dem Verfahren für das Exequatur ausländischer Zivilurteile.[205] Zuständig ist der Oberste Gerichtshof (Corte Suprema).

727 **Dänemark:**[206] Dänemark ist Mitgliedstaat des UN-Übereinkommens 1958.[207] Daneben besteht die Möglichkeit der Vollstreckbarerklärung nach autonomem Recht unter denselben Voraussetzungen wie nach dem UN-Übereinkommen 1958.[208] Dänemark hat das UNCITRAL-Modellgesetz übernommen.[209] Die Wirkungserstreckung deutscher Schiedssprüche, die unter die UN-Konvention fallen, erfolgt nach der VO Nr. 117 v. 7.3.1973. Danach bedarf es keiner vorgängigen Vollstreckbarerklärung durch ein Gericht. Dieses ist nur für das Exequatur nach autonomem Recht erforderlich.
Dominica: Dominica ist Mitgliedstaat des UN-Übereinkommens 1958.[210]
Dominikanische Republik: Die Dominikanische Republik hat das UNCITRAL-Modellgesetz übernommen und ist Mitgliedstaat des UN-Übereinkommens 1958.[211]
Dschibuti: Dschibuti ist Mitgliedstaat des UN-Übereinkommens 1958.[212]
Dubai: vgl. Vereinigte Arabische Emirate.

---

[199] Vgl. *Kleinheisterkamp,* International Commercial Arbitration in Latin America, 2005, S. 439.

[200] Vgl. dazu *Brödermann,* Chinesische und chinabezogene Schiedsverfahren, Festschrift für Elsing 2015, 53 ff.; *Etgen,* Länderbericht China, in Respondek, Asia Arbitration Guide, S. 55 ff.; *Fung/Wang* (Hrsg.), Arbitration in China, 2004; *Kniprath,* Schiedsgerichtsbarkeit der China International Economic and Trade Arbitration Commission (CIETAC), 2004; *Murray/Lin* in Nairn/Heneghan, Arbitration World, S. 409 ff.; *Tao,* Arbitration Law and Practice in China, 2004; *Tang Houzhi/Wang Shengchang* in Paulsson (Hrsg.), International Handbook on Commercial Arbitration, P. R. China, 1 ff.; *Tevini* Besonderheiten des chinesischen Schiedsverfahrensrechts, SchiedsVZ 2010, 25 ff.

[201] BGBl. II 1987, 346. Dazu *Fei Lanfang,* Implementation of the New York Convention in China: A Case Study, Asian International Arbitration Journal 4 (2008), 123 ff.

[202] Schiedsgesetz 1995, vgl. dazu *Murray/Longton/Li* in Rowley (Hrsg.), Arbitration World, 3. Aufl. 2010, S. 233 ff.

[203] Vgl. im Einzelnen *Darwazeh/Yeoh,* Recognition and Enforcement of Awards under the New York Convention – China and Hoingkong Perspectives, J. Int.Arb. 25 (2008), 837 ff.; *Trappe* SchiedsVZ 2006, 258 ff., 269.

[204] BGBl. II 1987, 389; 1988 II, 204.

[205] Vgl. *Rissel* in Geimer/Schütze, Internationaler Rechtsverkehr, 1030.10 f.

[206] Vgl. dazu *Ehlers,* Revue de l'arbitrage 1977, 327 ff.; *Lando* ZHR 136 (1972), 517 ff.; *Philip* in Paulsson (Hrsg.), International Handbook on Commercial Arbitration, Denmark, 1 ff.; *ders.* in Gottwald (Hrsg.), Internationale Schiedsgerichtsbarkeit, 1997, S. 243 ff.; *Trolle,* Länderbericht Dänemark, Yearbook Commercial Arbitration V (1980), S. 28 ff.

[207] BGBl. II 1973, 551.

[208] Vgl. *Philip, Denmark* 27.

[209] Vgl. dazu *Jørgensen/Terkildsen,* Internation Arbitration Law Review, 2005, 203 ff.; *Meurs-Gerken,* Distinctive features of the new Danish Arbitration Act, ICC Bull. 16.6, 47 ff.

[210] BGBl. II 1989, 292.

[211] BGBl. II 2002, 1752.

[212] BGBl. II 1985, 50.

Ecuador:[213] Ecuador ist Mitgliedstaat des UN-Übereinkommens 1958.[214] Die Vollstreckbarerklärung folgt dem Verfahren, das für ausländische Zivilurteile gilt. Zuständig ist das Zivilgericht 1. Instanz am Wohnsitz des Spruchschuldners.

El Salvador: El Salvador ist Mitgliedstaat des UN-Übereinkommens 1958.[215] Die Vollstreckbarerklärung folgt dem Verfahren, das für ausländische Zivilurteile gilt.[216] Zuständig ist das Zivilgericht 1. Instanz.

Elfenbeinküste: Die Elfenbeinküste ist Mitgliedstaat des UN-Übereinkommens 1958.[217] Die Vollstreckbarerklärung erfolgt durch Exequatur. Zuständig ist das Zivilgericht 1. Instanz.

England:[218] England ist Mitgliedstaat des UN-Übereinkommens 1958.[219] Das deutsch-britische Anerkennungs- und Vollstreckungsabkommen regelt die Wirkungserstreckung von Schiedssprüchen nicht. Die Vollstreckbarerklärung erfolgt durch „order granting leave to enforce". Zuständig ist der High Court. Darüber hinaus ist eine action on the foreign award nach common law möglich.

Estland:[220] Estland hat das UNCITRAL-Modellgesetz übernommen und ist Mitgliedstaat des UN-Übereinkommens 1958.[221] Zuständig für die Vollstreckbarerklärung sind die ordentlichen Gerichte.

Fiji: Fiji ist nicht Mitgliedstaat einer der Konventionen der internationalen Schiedsgerichtsbarkeit. Die Wirkungserstreckung ausländischer Schiedssprüche erfolgt nach Order 73 Rule 5 High Court Rules 1988.[222] Diese Bestimmung ist aber nur auf Staaten anwendbar, für die der Foreign Judgments (Reciprocal Enforcement) Act gilt, was für Deutschland nicht der Fall ist. Deutsche Schiedssprüche können jedoch nach common law durch action upon the foreign award für vollstreckbar erklärt werden.

Finnland:[223] Finnland ist Mitgliedstaat des UN-Übereinkommens 1958.[224] Das Übereinkommen wurde durch §§ 51–55 des Schiedsverfahrensgesetzes in nationales Recht umgesetzt.[225] Zur Entscheidung über die Vollstreckbarerklärung ist das Gericht erster Instanz zuständig.

---

[213] Vgl. dazu *Jimenez Salazar,* Yearbook Commercial Arbitration III (1978), S. 74 ff.
[214] BGBl. II 1963, 40.
[215] BGBl. II 1998, 1629.
[216] Vgl. *Ungo* in Kos-Rabcewicz-Zubkowski, Cooperación interamericana en los procedimientos civiles y mercantiles, 1982, S. 363 ff., 373.
[217] BGBl. II 1991; 686.
[218] Vgl. dazu *Benkö,* Schiedsverfahren und Vollstreckung von Schiedssprüchen in England, 1979, S. 137 ff.; *Harris/Planterose/Tecks,* The Arbitration Act 1996, 1996; *Merkin,* Arbitration Act 1996, 1996; *Rutherford/Sims,* Arbitration Act 1996, 1996; *Sheppard* in Rowley (Hrsg.), Arbitration World, 3. Aufl. 2010, S. 255 ff.; *Triebel/Hunter,* Das neue englische Schiedsgerichtsgesetz, 1997; *Veeder* in Paulsson (Hrsg.), Internationale Handbook on Commercial Arbitration, England, 1 ff.
[219] BGBl. II 1975, 1782.
[220] Vgl. dazu *Hallmägi* in Böckstiegel (Hrsg.), Recht und Praxis der internationalen Schiedsgerichtsbarkeit in Staaten Zentral- und Ost-Europas, 1998, S. 95 ff.
[221] BGBl. II 1994, 2428.
[222] Vgl. *Schütze* in Geimer/Schütze, Internationaler Rechtsverkehr, 1038. 8.
[223] Vgl. dazu *Jokela,* Yearbook Commercial Arbitration V (1980), 41 ff., 54 ff.; *Taivalkoski/Knuts* in Rowley, Arbitration World, 3. Aufl. 2010, S. 271 ff.
[224] BGBl. II 1962, 2170.
[225] Vgl. dazu *Uusitalo/Kocher* in Geimer/Schütze, Internationaler Rechtsverkehr, 1038 a.9.

Frankreich:[226] Frankreich ist Mitgliedstaat des UN-Übereinkommens 1958.[227] Im Übrigen erfolgt die Wirkungserstreckung ausländischer Schiedssprüche nach dem Dekret vom 14.5.1980,[228] das in die Zivilprozessordnung übernommen worden ist. Artt. 1498 ff. NCPC regeln die Anerkennung und Vollstreckung ausländischer Schiedssprüche.[229] Es ist ein Exequaturverfahren erforderlich. Zuständig ist das Zivilgericht 1. Instanz.

Fujairah: vgl. Vereinigte Arabische Emirate.

730 **Gabun:** Gabun ist Mitgliedstaat des UN-Übereinkommens 1958.

Georgien:[230] Georgien hat das UNCITRAL-Modellgesetz übernommen und ist Mitgliedstaat des UN-Übereinkommens 1958.[231] Die Zuständigkeit für die Vollstreckbarerklärung ist unklar.

Ghana: Ghana ist Mitgliedstaat des UN-Übereinkommens 1958.[232] Die Vollstreckbarerklärung erfolgt nach dem Arbitration Act durch den High Court of Ghana.

Griechenland:[233] Griechenland ist Mitgliedstaat des UN-Übereinkommens 1958.[234] Der deutsch-griechische Anerkennungs- und Vollstreckungsvertrag v. 4.11.1961 verweist in Art. 14 Abs. 1 ausdrücklich auf Sonderabkommen, was wiederum zur Anwendung der Konvention von 1958 führt.[235] Daneben ist eine Wirkungserstreckung nach autonomem Recht (Art. 903 gr. ZPO) nach den Grundsätzen der Anerkennung und Vollstreckbarerklärung ausländischer Zivilurteile möglich.[236] Griechenland hat das UNCITRAL-Modellgesetz übernommen.[237] Die Vollstreckbarerklärung erfolgt in einem Gerichtsverfahren. Zuständig ist das Einzelrichtergericht des Sprengels, in dem sich Wohnsitz oder hilfsweise gewöhnlicher Aufenthalt des Spruchschuldners befinden. Hat der Spruchschuldner weder Wohnsitz noch gewöhnlichen Aufenthalt in Griechenland, so ist das Einzelrichtergericht Athen zuständig. Das Gericht entscheidet im Verfahren der freiwilligen Gerichtsbarkeit.

Guatemala: Guatemala ist Mitgliedstaat des UN-Übereinkommens 1958.[238] Guatemala hat das UNCITRAL-Modellgesetz übernommen. Das Verfahren der Wirkungserstreckung entspricht dem bei ausländischen Zivilurteilen.[239]

Guinea: Guinea ist Mitgliedstaat des UN-Übereinkommens 1958.[240]

731 **Haiti:** Haiti ist Mitgliedstaat des UN-Übereinkommens 1958.[241]

---

[226] Vgl. dazu *Derains/Goodman-Everard* in Paulsson (Hrsg.), International Handbook on Commercial Arbitration, S. 45 ff. mit einer kurzen Bibliographie S. 5 ff.; *Kühner* Das neue französische Schiedsrecht, SchiedsVZ 2011, 125 ff.; *Mezger* in Böckstiegel (Hrsg.), Schiedsgerichtsbarkeit in Frankreich, 1983, S. 45 ff.

[227] BGBl. II 1962, 102.

[228] Vgl. dazu *Mezger* ZZP 94 (1981), 117 ff.; ders. RIW/AWD 1980, 677 ff.

[229] Vgl. *Schütze* in Geimer/Schütze, Internationaler Rechtsverkehr, 1039.11 f.

[230] Vgl. dazu *Knieper* in Geimer/Schütze, Internationaler Rechtsverkehr, 1041.6.

[231] BGBl. II 1986, 542.

[232] BGBl. II 1968, 776.

[233] Vgl. dazu *Foustocos* in Paulsson (Hrsg.), International Handbook on Commercial Arbitration, Greece, 1 ff.; *ders.*, L'arbitrage – interne et international – en dorit privé hellénique, 1976; *Kerameus* ZZP 92 (1979), 413 ff.; *ders.* in Sawczuk (Hrsg.), Les particularités de l'arbitrage commercial international, 1987, S. 85 ff.; *Klamaris* Festschrift für Schlosser 2005, 383 ff.

[234] BGBl. II 1963, 40.

[235] Vgl. dazu *Parkos* Rev.Hell.de Droit Intern. 1974, 295 ff.

[236] Vgl. *Kerameus* in Geimer/Schütze, Internationaler Rechtsverkehr, 1043.12 ff.

[237] Gesetz Nr. 2735; vgl. dazu *Koussoulis*, Greek arbitration law – introduction, 2005.

[238] BGBl. II 1984, 660.

[239] Vgl. *Aguirre Godoy* in Kos-Rabcewicz-Zubkowski, Cooperación interamericana en los procedimientos civiles y mercantiles, 1982, S. 421 ff., 440 f.

[240] BGBl. II 1991, 686.

[241] BGBl. II 1984, 191.

Honduras: Honduras hat das UNCITRAL-Modellgesetz übernommen und ist Mitgliedstaat des UN-Übereinkommens 1958.[242] Das Verfahren der Wirkungserstreckung entspricht dem bei ausländischen Zivilurteilen.[243]

Hongkong[244] Hongkong ist Mitgliedstaat des UN-Übereinkommens 1958. Grundlage für das Schiedsverfahrensrecht ist der Arbitration Ordinance (Cap. 609), der seit 2011 in Kraft ist. Dieser regelt auch die Wirkungserstreckung ausländischer Schiedssprüche, und zwar unabhängig davon ob sie unter das UN-Übereinkommen fallen oder nicht. Zuständig ist das Gericht 1. Instanz.

Indien:[245] Indien ist Mitgliedstaat des UN-Übereinkommens 1958.[246] Nach neuem Schiedsverfahrensrecht – Indien hat das UNCITRAL-Modellgesetz übernommen[247] – ist eine action upon the foreign award nicht mehr erforderlich.[248] Die Vollstreckbarerklärung wird durch den District Court erteilt. Der Antrag auf Vollstreckbarerklärung muss innerhalb von drei Jahren nach Erlass des Schiedsspruchs gestellt werden. Andernfalls tritt Spruchverjährung ein.

Indonesien:[249] Indonesien ist Mitgliedstaat des UN-Übereinkommens 1958.[250] Mangels eines Ausführungsgesetzes zu der Konvention war deren Anwendung in Indonesien lange Zeit unmöglich bis der Oberste Gerichtshof durch die VO Nr. 1/1990 den Weg für die Anwendung des UN-Übereinkommens frei gemacht hat.[251] Das Verfahren ist zweistufig. Der Antrag auf Vollstreckbarerklärung ist bei dem Bezirksgericht Jakarta-Mitte zu stellen. Dieses hat jedoch nur Briefträgerfunktion und leitet den Antrag mit Anlagen dem Obersten Gerichtshof zur Entscheidung weiter. Das indonesische Schiedsverfahrensrecht ist im Schiedsgesetz von 1999 (Law Nr. 30) geregelt, das das UNCITRAL Modellgesetz nicht übernommen hat, obwohl Einflüsse nicht zu verkennen sind.

Irak:[252] Die Anerkennung und Vollstreckbarerklärung ausländischer Schiedssprüche nach autonomem Recht ist zwar unter den Bedingungen der Wirkungserstreckung auslän-

---

[242] BGBl. II 2001, 166.
[243] Vgl. *Léon Gómez* in Kos-Rabcewicz-Zubkowski, Cooperación interamericana en los procedimientos civiles y mercantiles, 1982, S. 451 ff., 465.
[244] Vgl. dazu *Eliasson/Rydstern*, Länderbericht Hongkong, in Respondek, Asia Arbitration Guide, S. 88 ff.
[245] Vgl. dazu *Kachwaha/Eberl* SchiedsVZ 2008, 28 ff.; *Nariman* J Int'l Arb. 1989, 25 ff.; *ders.* in Paulsson (Hrsg.), International Handbook on Commercial Arbitration, India, 1 ff.; *Maurer*, Enforcing Foreign Arbitral Award in India – is there Really Light at the End of the Tunnel?, Festschrift für Schütze II, 2014, S. 393 ff.; *Modem/Vikram Bhat*, Länderbericht Indien, in Respondek, Asia Arbitration Guide, S. 110 ff.; *Otto* RIW 1997, 298 ff.; *Schäfer* SchiedsVZ 2008, 299 ff.; *Phadnis/Otto* RIW 1993, 471 ff.; *Sharma/Pfaff*, RIW 2011, 817 ff.; *Steinbrück*, International Arbitration in India, in Balthasar (Hrsg.) International Commercial Arbitration, 2016, S. 447 ff. Das indische Schiedsrecht ist jüngst durch den Arnbitration an Conciliation (Amendments) Ordinance, 2015 reformiert worden, vgl. *Breckheimer* RIW 2016, Nr. 4, erste Seite.
[246] BGBl. II 1982, 102.
[247] Arbitration and Conciliation Act, 1996; vgl. dazu *Mukhopadhaya/York* in Rowley (Hrsg.), Arbitration World, 2. Aufl. 2006, S. 123 ff.
[248] Vgl. *Otto* in Geimer/Schütze, Internationaler Rechtsverkehr, 1046.10 ff.
[249] Vgl. dazu *Gautama* in Paulsson (Hrsg.), International Handbook on Commercial Arbitration, Indonesia 1 ff.; *Mills/Rakhmat/Febrianto*, Länderbericht Indonesien, in Respondek, Asia Arbitration Guide, S. 125 ff.; *Serriere/Subekti* in Simmonds/Hill, Commercial Arbitration Law in Asia and the Pacific, 1987, S. 67 ff.; *Subekti*, Länderbericht Indonesien, Yearbook Commercial Arbitration V (1980), S. 84 ff.
[250] BGBl. II 1982, 205.
[251] Vgl. dazu *Schütze* RIW 1990, 936 ff.
[252] Vgl. dazu *El-Ahdab/El-Ahdab,* IQ 001ff.

182   4. Teil: Durchsetzung, Überprüfung und Aufhebung von Schiedssprüchen

discher Zivilurteile möglich, scheitert aber für deutsche Schiedssprüche regelmässig an der Gegenseitigkeitshürde.[253]

Iran: Iran ist Mitgliedstaat des UN-Übereinkommens 1958.[254] Die Anerkennungspraxis soll problematisch sein, obwohl iranische Gerichte bereits Schiedssprüche unter der Konvention für vollstreckbar erklärt haben.[255] Soweit das UN-Übereinkommen keine Anwendung findet kommen die Regelungen für ausländische Urteile zur Anwendung. Iran hat das UNCITRAL-Modellgesetz übernommen.[256] Zuständig für das Exequaturverfahren ist das erstinstanzliche Gericht am Wohnsitz des Spruchschuldners, hilfsweise das Gericht in Teheran.

Irland:[257] Irland ist Mitgliedstaat des UN-Übereinkommens 1958.[258] Das UN-Übereinkommen hat seine Bedeutung im deutsch-irischen Rechtsverkehr durch den Arbitration (International Commercial) Act, 1998 weitgehend verloren, der durch die Übernahme des UNCITRAL-Modellgesetzes[259] eine großzügige Anerkennungsregelung schafft. Zuständig für die Vollstreckbarerklärung ist der High Court.

Island: Island ist Mitgliedstaat des UN-Übereinkommens 1958.[260] Es ist ein Exequatur des erstinstanzlichen Gerichts notwendig.

Israel:[261] Israel ist Mitgliedstaat des UN-Übereinkommens 1958.[262] Der deutsch-israelische Anerkennungs- und Vollstreckungsvertrag hat die Geltung unberührt gelassen und verweist hierauf. Das Verfahren der Vollstreckbarkeit entspricht dem inländischer Schiedssprüche. Dem Spruchgläubiger stehen zwei Wege zur Wahl. Er kann das Exequaturverfahren bei dem ordentlichen Gericht betreiben oder neue Klage aus dem ausländischen Schiedsspruch erheben.

Italien:[263] Italien ist Mitgliedstaat des UN-Übereinkommens 1958.[264] Zuständig für die Vollstreckbarerklärung ist der Präsident des Appellationsgerichtshofs des Sprengels, in dem der Spruchschuldner seinen Wohnsitz hat, hilfsweise der Präsident des Appellationsgerichtshofs Rom. Der ausländische Schiedsspruch wird durch Dekret in Italien für wirksam erklärt.[265]

733   **Jamaika:** Jamaika ist Mitgliedstaat des UN-Übereinkommens 1958.[266] Zuständig im Vollstreckbarerklärungsverfahren ist der High Court.

---

[253] Vgl. *Bälz* in Geimer/Schütze, Internationaler Rechtsverkehr, 1049.8.
[254] BGBl. II 2002, 157.
[255] Vgl. *Bälz* in Geimer/Schütze, Internationaler Rechtsverkehr, 1050.9 ff.
[256] Vgl. dazu *Seifi* Journal of International Arbitration 15 (1998), No. 2, 15 ff.
[257] Vgl. dazu *Bunni* in Paulsson (Hrsg.), International Handbook on Commercial Arbitration, Ireland 1 ff.; *Forde*, Arbitration Law and Procedure, 1994; *Simms*, Das Recht der Schiedsgerichtsbarkeit in Irland, 2002.
[258] BGBl. II 1981, 576.
[259] Arbitration (International Commercial) Act, 1998; vgl. dazu *Pinsolle/Griffin*, Revue de L'Arbitrage 2000, 4 ff.; *Reichert* in Rowley (Hrsg.), Arbitration World, 2. Aufl. 2006, S. 147 ff.; *Simms*, Das Recht der Schiedsgerichtsbarkeit in Irland, 2002.
[260] BGBl. II 2002, 1752.
[261] Vgl. auch *Ottolenghi*, Yearbook Commercial Arbitration II (1977), S. 47 ff.
[262] BGBl. II 1962, 102.
[263] Vgl. dazu auch *Bernini* in Paulsson (Hrsg.), Internationale Handbook on Commercial Arbitration, Italy, 1 ff.; *Luzzato* Riv.dir.int.priv.proc. 1994, 291 ff.; *Tarzia/Luzzato/Ricci*, Legge 5 gennaio 1994, n. 25, 1995; *Walter* RIW 1982, 693 ff.
[264] BGBl. II 1969, 1019.
[265] Vgl. *Pfeifer* in Geimer/Schütze, Internationaler Rechtsverkehr, 1056.13 f.
[266] BGBl. II 2002, 2498.

Japan:[267] Japan ist Mitgliedstaat des UN-Übereinkommens 1958.[268] Japan hat das UNCITRAL-Modellgesetz übernommen.[269] Die Wirkungserstreckung erfolgt in einem gerichtlichen Verfahren.[270] Zuständig ist das Distriktsgericht.

Jemen:[271] Jemen gehört keiner der Konventionen über die Schiedsgerichtsbarkeit an. Ausländische Schiedssprüche können nach den Grundsätzen über die Anerkennung und Vollstreckbarerklärung ausländischer Zivilurteile für vollstreckbar erklärt werden.[272] Nach der Verweisungsnorm des Art. 285 ZPO wird Gegenseitigkeit gefordert. Obwohl die Durchsetzung jemenitischer Schiedssprüche in Deutschland gesichert ist, bestehen Zweifel, ob die Gegenseitigkeit von jemenitischer Seite bejaht werden wird.

Jordanien:[273] Jordanien ist Mitgliedstaat des UN-Übereinkommens 1958.[274] Daneben ist eine Vollstreckbarerklärung ausländischer Schiedssprüche nach autonomem Recht möglich.[275] Jordanien hat das UNCTRAL-Modellgesetz übernommen. Zuständig für die Exequaturerteilung ist das erstinstanzliche Gericht des Sprengels, in dem der Spruchschuldner seinen Wohnsitz hat oder in dem die Vollstreckung durchgeführt werden soll.

Jugoslawien (ehemaliges): Das ehemalige Jugoslawien ist Mitgliedstaat des UN-Übereinkommens 1958.[276] Da die Vollstreckung deutscher Schiedssprüche nach der Auflösung Jugoslawiens nicht mehr möglich ist, hat die UN-Konvention nur für jugoslawische „Alt"schiedssprüche Bedeutung.

Kambodscha: Kambodscha hat das UNCITRAL-Modellgesetz übernommen[277] und ist Mitgliedstaat des UN-Übereinkommens 1958.[278]

Kamerun: Kamerun ist Mitgliedstaat des UN-Übereinkommens 1958.[279] Erfahrungen liegen für die Weltbankschiedsgerichtsbarkeit,[280] nicht jedoch für private Schiedssprüche vor.

734

---

[267] Vgl. auch *Iwasaki*, Asian International Arbitration Journal 2 (2006), 76 ff.; *Koch*, Außergerichtliche Streitbeilegung im japanischen Wirtschaftsverkehr unter besonderer Berücksichtigung der Schiedsgerichtsbarkeit, 2000; *Kondo*, Arbitration Law of Japan, 2004; *Oghigian//Tseng*, Japan's Arbitration Law, SchiedsVZ 2008, 270 ff.; *Mueller/Hocke*, Länderbericht Japan, in: Responde (Hrsg.) Asia Arbitration Guide, 4. Aufl., 2015, S. 143 ff; *Taniguchi/Nakamura* in Paulsson (Hrsg.), International Handbook on Commercial Arbitration, Japan 1 ff.
[268] BGBl. II 1962, 102.
[269] Gesetz Nr. 138/2003; vgl. dazu *Iwasaki* Asian International Arbitration Journal 2 (2006), 76 ff.; *Nakamura* Mealey's International Arbitration Report 2003, 18 ff.; *Oghigian* Asian Dispute Review, 2005, 56 ff.; *Roughton* Asian International Arbitration Journal 2005, 56 f.; *Ohara/Yamashita/Ikeda/Tsukamoto*, in Naïrn/Heneghan (Hrsg.), Arbitration World, 5. Aufl. 2015, S. 631 ff.
[270] Vgl. *Petersen* in Geimer/Schütze, Internationaler Rechtsverkehr, 1058.12.
[271] Vgl. dazu *El-Ahdab/El-Ahdab*, YE 001 ff.
[272] Vgl. *Krüger* RIW 1993, 470 ff., 471.
[273] Vgl. dazu *El-Ahdab/El-Ahdab*, JO 001 ff.
[274] BGBl. II 1980, 52.
[275] Vgl. *Behrens*, Das Kollisionsrecht Jordaniens, 1970, S. 31 ff.; *Saleh*, Commercial Arbitration in the Arab Middle East, 1984, S. 171 ff.; Jordanien hat das UNCITRAL-Modellgesetz übernommen.
[276] BGBl. II 1982, 949.
[277] Vgl. *Hem*, Länderbericht Cambodia, in Respondek, Asia Arbitration Guide, S. 47 f.
[278] BGBl. II 1962, 102.
[279] BGBl. II 1988, 954.
[280] Vgl. Klöckner Industrie-Anlagen GmbH v. Vereinigte Republik Kamerun, Yearbook Commercial Arbitration XI (1986), 162.

Kanada:[281] Kanada ist Mitgliedstaat des UN-Übereinkommens 1958.[282] Darüber hinaus hat Kanada des UNCITRAL-Modellgesetz auf föderaler Ebene (Alberta, British Columbia, Manitoba, New Brunswick, Newfoundland und Labrador, Nothwest Territories, Nova Scotia, Nunavut, Ontario, Prince Edward Island, Quebec, Saskatchewan, Yukon) umgesetzt.[283] Für die Vollstreckbarerklärung gilt einzelstaatliches Verfahrensrecht.

Kap Verde: Die Anerkennung und Vollstreckbarerklärung ausländischer Schiedssprüche erfolgt nach autonomem Recht[284]. Kap Verde hat portugiesisches Zivilprozessrecht rezipiert.[285] Die Wirkungserstreckung erfolgt durch das Vollstreckungsgericht.

Kasachstan:[286] Kasachstan ist Mitgliedstaat des UN-Übereinkommens 1958.[287] Die Wirkungserstreckung erfolgt in einem gerichtlichen Verfahren[288] durch Beschluss, der mit ordentlichen Rechtsmitteln angefochten werden kann. Darüber hinaus sind Anerkennung und Vollstreckbarerklärung ausländischer Schiedssprüche nach autonomem Recht (Artt. 32 f. des Gesetzes über die internationale Handelsschiedsgerichtsbarkeit[289]) möglich. Das Verfahren entspricht dem nach dem UN-Übereinkommen 1958.

Katar:[290] Katar ist Mitgliedstaat des UN-Übereinkommens 1958.[291] Im übrigen verweist Art. 381 ZPO auf die Regelung für die Geltendmachung ausländischer Zivilurteile.[292]

Kenia: Kenia ist Mitgliedstaat des UN-Übereinkommens 1958.[293] Kenia hat die internationale Schiedsgerichtsbarkeit durch die Übernahme des UNCITRAL-Modellgesetzes neu geordnet. Auch nach autonomem Recht ist die Geltendmachung ausländischer Schiedssprüche möglich. Zuständig für die Vollstreckbarerklärung ist der High Court.

Kirgistan:[294] Kirgistan ist Mitgliedstaat des UN-Übereinkommens 1958.[295]

Kolumbien:[296] Kolumbien ist Mitgliedstaat des UN-Übereinkommens 1958.[297] Kolumbien hat die Schiedsgerichtsbarkeit durch Übernahme des UNCITRAL Modellgesetzes (Law on International Commercial Arbitration 1985 mit Ergänzung 2006) neu geregelt. Die Vollstreckbarerklärung erfolgt durch Exequatur.[298] Zuständig ist die Corte Suprema de Justicia. Spruchverjährung tritt nach 30 Jahren ein.

---

[281] Vgl. dazu *Casey*, Arbitration Law of Canada, 2005; *Kos-Rabcewicz-Zubkowski*, Yearbook Commercial Arbitration, XIII (1988), S. 393 ff.; *Lalonde* in Paulsson (Hrsg.), Internationale Handbook on Commercial Arbitration, Canada, 1 ff.; *Castel/Walker*, Canadian Conflict of Laws, 5. Aufl. 2003, Nr. 15.1; *Nöcker*, Das Recht der Schiedsgerichtsbarkeit in Kanada, 1988.

[282] BGBl. II 1986, 949.

[283] Vgl. *Bachmann* in Geimer/Schütze, Internationaler Rechtsverkehr, 1065.29 ff.; *Haigh/Grant/Rojas/Beke/Quintal/Luu* in Nairn/Heneghan, Arbitration World, S. 367 ff.

[284] Vgl. im einzelnen *Nordmeier*, Länderbericht Kap Verde, in Geimer/Schütze, IRV, 1066.26 ff.

[285] Vgl. *Schütze* JR 1989, 324.

[286] Vgl. dazu *Bassin* in Seiffert (Hrsg.), Anerkennung und Vollstreckung ausländischer Entscheidungen in Osteuropa, 1994, S. 51 ff.; *Mindach* IPRax 2006, 317 ff.; *dies.* IPRax 2011, 303 ff.

[287] BGBl. II 1996, 365.

[288] Vgl. dazu *Mindach* in Geimer/Schütze, Internationaler Rechtsverkehr, 1068. 10 ff.

[289] Abgedruckt in der Übersetzung von *Mindach* IPRax 2006, 322 ff.

[290] Vgl. dazu *El-Ahdab/El-Ahdab*, QA, 001 ff.

[291] BGBl. II 2003, 121.

[292] Vgl. *Bälz/Klaiber*, Länderbricht Katar, in Geimer/Schütze, IRV, 1068 a. 7.

[293] BGBl. II 1989, 639.

[294] Vgl. dazu *Levitin* in Seiffert (Hrsg.), Anerkennung und Vollstreckung ausländischer Entscheidungen in Osteuropa, 1994, S. 59 ff.; *Mindach* IPRax 2008, 278 ff.; *dies.* IPRax 2011, 303 ff.

[295] BGBl. II 1997, 895.

[296] Vgl. dazu *Isaacs/Romero/Vengoechea* in Nairn/Heneghan, Arbitration World, S. 429 ff.; *Monroy Cabra* in Paulsson (Hrsg.), International Handbook on Commercial Arbitration, Colobia, 1 ff.; *ders.*, Arbitraje Comercial, 1982; *Samtleben* RIW 1996, 555 ff.

[297] BGBl. II 1979, 1206.

[298] Vgl. *von Bila* in Geimer/Schütze, Internationaler Rechtsverkehr, 1070.12 f.

Korea:[299] Korea ist Mitgliedstaat des UN-Übereinkommens 1958.[300] Daneben ist eine Wirkungserstreckung ausländischer Schiedssprüche[301] nach autonomem Recht nach Art. 217 ZPG in der gleichen Weise wie für ausländische Urteile möglich.[302] Korea hat das UNCITRAL-Modellgesetz übernommen.[303] Die Wirkungserstreckung erfolgt durch neue Klage, in der der ausländische Schiedsspruch jedoch nicht nachgeprüft werden kann.[304] Zuständig ist deshalb das erstinstanzliche Gericht.

Kosovo;[305] Kosovo ist kein Mitgliedstaat des UN-Übereinkommens 1958. Die Wirkungserstreckung ausländischer Schiedssprüche bestimmt sich nach dem Schiedsgesetz 2007 und dem Zivilprozessgesetz (Art. 511 Abs. 2 ZPG). Zuständig zur Vollstreckbarerklärung ist das Wirtschaftsgericht. Der Erfordernisse der Exequaturerteilung entsprechen denen nach dem UN-Übereinkommen 1958.

Kroatien:[306] Kroatien ist Mitgliedstaat des UN-Übereinkommens 1958.[307] Daneben ist eine Wirkungserstreckung ausländischer Schiedssprüche nach Art. 40 des Schiedsgerichtsgesetzes möglich. Kroatien hat das UNCTRAL-Modellgesetz übernommen.[308] Die Vollstreckbarerklärung erfolgt in einem gerichtlichen Verfahren. Zuständig ist nach Art. 43 des Schiedsgerichtsgesetzes das Handelsgericht Zagreb.

Kuba:[309] Kuba ist Mitgliedstaat des UN-Übereinkommens 1958.[310]

Kuwait:[311] Kuwait ist Mitgliedstaat des UN-Übereinkommens 1958.[312] Ausländische Schiedssprüche werden verfahrensrechtlich wie ausländische Zivilurteile behandelt. Zuständig ist der High Court.

Laos: Laos ist Mitgliedstaat des UN-Übereinkommens 1958.[313] Grundlage für die internationale Schiedsgerichtsbarkeit ist das Gesetz über wirtschaftliche Streitigkeiten vom 17.12.2010[314], das vom UNCITRAL Modellgesetz beeinflust ist, dieses aber nicht übernommen hat. Zuständig für die Vollstreckbarerklärung ist das Volksgericht.

---

[299] Vgl. dazu *Bae/Kim/Lee*, Arbitration Law of Korea, 2011; *Groen/Soo Kil Chang* in Simmonds/Hill, Commercial Arbitration Law in Asia and the Pacific, 1987, S. 115 ff.; *Lee* in Paulsson (Hrsg.), International Handbook on Commercial Arbitration, Korea, 1 ff.; *Lee/Winkler* in Respondek, Asia Arbitration Guide, S. 158 ff.; *Lim/Kim (S.)/Kim (J.)* in Nairn/Heneghan, Arbitration World, S. 873 ff.; *Sang Hyun Song* in Gottwald (Hrsg.), Internationale Schiedsgerichtsbarkeit, 1997, S. 643 ff.; *Stiller*, Das internationale Zivilprozessrecht der Republik Korea, 1989, S. 250 ff.
[300] BGBl. II 1973, 972.
[301] Vgl. dazu *Jae-Ho Choe/Kanaga Dharmananda* Asian International Arbitration Journal 2 (2006), 60 ff.
[302] Vgl. *Stiller/Schleicher* in Geimer/Schütze, Internationaler Rechtsverkehr, 1073. 18.
[303] Schiedsgesetz 1985.
[304] Vgl. *Sang Hyun Song,* S. 662.
[305] Vgl. dazu *Wietzorek* in Geimer/Schütze, Internationaler Rechtsvekehr, 1074.18 ff.
[306] Vgl. dazu *Liebscher* Eastlex 2005, 148 ff.; *Sikiric*, Schiedsgerichtsbarkeit in Kroatien, 2001; *Uzelac* in Paulsson (Hrsg.), International Handbook on Commercial Arbitration, Croatia, 1 ff. (mit einer umfassenden Bibliographie 6 ff.; *Uzelac/Keglević* in Oberhammer (Hrsg.), Schiedsgerichtsbarkeit in Zentraleuropa, 2005, S. 131 ff.
[307] BGBl. II 1994, 2428.
[308] Schiedsgesetz 2001, vgl. dazu *Sajko*, Festschrift für Jayme 2004, 793 ff.
[309] Vgl. dazu *Samtleben* in Pfaff, Die Außenhandelsschiedsgerichtsbarkeit der sozialistischen Länder im Handel mit der Bundesrepublik Deutschland, 1973, S. 274 ff.
[310] BGBl. II 1975, 842.
[311] Vgl. dazu *Bälz* RIW 2011, 118 ff.; *Dilger* in Vertragspraxis und Streiterledigung im Wirtschaftsverkehr mit arabischen Staaten, 1981, S. 101 ff.; *El-Ahdab/El-Ahdab*, KW 001 ff.; *Saleh*, Commercial Arbitration in the Arab Middle East, 1984, S. 271 ff.; *Zayyad*, Yearbook Commercial Arbitration IV (1979), S. 139 ff.
[312] BGBl. II 1978, 1212.
[313] BGBl. II 1998, 2630.
[314] Nr. 06/NA; dazu *Boutdakham*, Länderbericht Laos, in Respondek, Asia Arbitration Guide, S. 167 ff.

Lesotho: Lesotho ist Mitgliedstaat des UN-Übereinkommens 1958.[315]
Lettland:[316] Lettland ist Mitgliedstaat des UN-Übereinkommens 1958.[317] Im übrigen ist die Wirkungserstreckung ausländischer Schiedssprüche nach autonomem Recht nach Teil F, Kap. 78 der ZPO möglich.[318]
Libanon:[319] Der Libanon ist Mitgliedstaat des UN-Übereinkommens 1958.[320] Ausländische Schiedssprüche werden verfahrensrechtlich wie ausländische Zivilurteile behandelt. Zuständig für die Vollstreckbarerklärung ist der Präsident des Appellationsgerichtshofes.
Liberia:[321] Liberia ist Mitgliedstaat des UN-Übereinkommens 1958. Darüber hinaus ist die Wirkungserstreckung ausländischer Schiedssprüche nach autonomem Recht möglich. Erfordernisse der Wirkungserstreckung sind:

- Es muss eine wirksame Schiedsvereinbarung vorgelegen haben.
- Der Schiedsspruch darf nicht durch Bestechung, Betrug oder andere unlautere Mittel erlangt worden sein.
- Die Schiedsrichter müssen den Spruch unparteiisch gefällt haben.
- Das Schiedsgericht muss in den Grenzen seiner Kompetenz entschieden haben.
- Der Schiedsspruch darf nicht gegen den liberianischen ordre public verstoßen.
- Das Schiedsverfahren darf nicht an schweren Verfahrenmängeln gekrankt haben.

Die Vollstreckbarerklärung erfolgt durch action upon the foreign award. Zuständig ist der Circuit Court. Angesichts der gegenwärtigen Situation Liberias ist eine Vollstreckbarerklärung eines deutschen Schiedsspruchs zweifelhaft.
Libyen:[322] Die Vollstreckbarerklärung erfolgt nach autonomem Recht in gleicher Weise wie die ausländischer Zivilurteile. Zuständig ist das Gericht erster Instanz des Sprengels, in dem die Zwangsvollstreckung durchgeführt werden soll.
Liechtenstein: Liechtenstein ist seit 2011 Mitgliedstaat des UN-Übereinkommens 1958. Im Übrigen können ausländische Schiedssprüche in Liechtenstein nur anerkannt und für vollstreckbar erklärt werden, wenn die Gegenseitigkeit staatsvertraglich oder durch förmliche Gegenrechtserklärung verbürgt ist. Beides ist im deutsch-liechtensteinischen Verhältnis nicht der Fall.
Litauen:[323] Litauen ist Mitgliedstaat des UN-Übereinkommens 1958.[324] Überdies hat Litauen das UNCITRAL-Modellgesetz übernommen. Die Vollstreckbarerklärung folgt den Regeln der Wirkungserstreckung ausländischer Zivilurteile.[325] Zuständig für die Vollstreckbarerklärung ist das Berufungsgericht.

---

[315] BGBl. II 1990, 851.
[316] Vgl. *Ziedonis Udris/Kaćevska* in Liebscher/Fremuth-Wolf, LAT-1 ff. für Texte *Böckstiegel* (Hrsg.), Recht und Praxis der internationalen Schiedsgerichtsbarkeit in Staaten Zentral- und Ost-Europas, 1982, S. 139 ff.
[317] BGBl. II 1993, 123.
[318] Vgl. dazu *Trunk/Balodis* in Geimer/Schütze, IRV, 1078.10 f.
[319] Vgl. auch *El-Ahdab/El-Ahdab*, LB 001 ff.; *Seleh,* Commercial Arbitration in the Arab Middle East, 1984, S. 147 ff.; *Abou Sleiman,* Enforcement and Recognition of Foreign Arbitral Awards in Lebanon, Diss. Harvard 1981; *Bälz/Koch* in Geimer/Schütze, IRV, 1078a. 8 f.
[320] BGBl. II 1998, 2949.
[321] Vgl. dazu *Schütze* RIW 1987, 598 ff.
[322] Vgl. auch *Bälz/Hamza* in Geimer/Schütze, IRV, 1078a. 8; *Buzghaia,* Yearbook Commercial Arbitration IV (1979), S. 148 ff.; *El-Ahdab/El-Ahdab*, LY 001 ff.; *Kadiki* in Paulsson (Hrsg.), International Handbook on Commercial Arbitration, Libya, 1 ff.; *Saleh,* Commercial Arbitration in the Arab Middle East, 1982, S. 248 ff.
[323] Vgl. dazu *Cicenas/Pavan* in Liebscher/Fremuth-Wolf, LIT-1 ff.; *Godine* in Böckstiegel (Hrsg.), Recht und Praxis der internationalen Schiedsgerichtsbarkeit in Staaten Zentral- und Ost-Europas, 1998, S. 153 ff.
[324] BGBl. II 1995, 667.
[325] Vgl. *Trunk/Nekrosius* in Geimer/Schütze, IRV, 1080.11.

Luxemburg:[326] Luxemburg ist Mitgliedstaat des UN-Übereinkommens 1958.[327] Die Vollstreckbarerklärung erfolgt durch Exequatur[328] gem. Art. 1028-1 CPC. Zuständig ist der Präsident des Arrondissementsgerichts des Sprengels, in dem der Spruchschuldner seinen Wohnsitz hat oder in dem die Vollstreckung durchgeführt werden soll

Madagaskar: Madagaskar ist Mitgliedstaat des UN-Übereinkommens 1958.[329] Madagaskar hat das UNCITRAL-Modellgesetz übernommen. Zuständig für die Vollstreckbarerklärung ist das Zivilgericht erster Instanz.

Malaysia:[330] Malaysia ist Mitgliedstaat des UN-Übereinkommens 1958.[331] Die Vollstreckbarerklärung erfolgt durch Exequatur. Zuständig ist der High Court. Malaysia hat das UNCITRAL Modellgesetz übernommen.

Mali: Mali ist Mitgliedstaat des UN-Übereinkommens 1958.[332]

Malta:[333] Malta ist Mitgliedstaat des UN-Übereinkommens 1958.[334] Malta hat das UNCITRAL-Modellgesetz übernommen. Deutsche Schiedssprüche können nach Art. 74 des Schiedsgerichtsgesetzes beim Malta Arbitration Centre registriert und daraufhin durch die maltesischen Gerichte für vollstreckbar erklärt werden.

Marokko:[335] Marokko ist Mitgliedstaat des UN-Übereinkommens 1958.[336] Die Vollstreckbarerklärung erfolgt durch Exeqierung. Zuständig ist der tribunal de première instance am Wohnsitz oder gewöhnlichen Aufenthalt des Spruchschuldners in Marokko, hilfsweise am Ort der beabsichtigten Vollstreckung. Das Verfahren ist dasselbe wie das für die Vollstreckbarerklärung ausländischer Zivilurteile.[337]

Marshallinseln: Die Marshallinseln sind Mitgliedstaat des UN-Übereinkommens 1958.

Mauretanien:[338] Mauretanien ist Mitgliedstaat des UN-Übereinkommens 1958.[339]

Mauritius: Mauritius ist Mitgliedstaat des UN-Übereinkommens 1958.[340] Das Übereinkommen ist innerstaatlich durch Artt. 1020 ff. Code de la Procédure Civile umgesetzt worden.[341] Zuständig zur Vollstreckbarerklärung ist der Supreme Court. Mauritius hat darüber hinaus seine Schiedsgerichtsbarkeit durch die Übernahme des UNCITRAL-Modellgesetzes neu geordnet.

Mazedonien (ehemalige jugoslawische Rep.): Mazedonien ist Mitgliedstaat des UN-Übereinkommens 1958.[342] Die Schiedsgerichtsbarkeit ist durch Übernahme des UNCITRAL-Modellgesetzes neu geordnet worden.

---

[326] Vgl. dazu *Arendt/Harles-Walch* in Paulsson (Hrsg.), International Handbook on Commercial Arbitration, Luxembourg, 1 ff.; *Harles/Kohler* in Geimer/Schütze, IRV, 1083. 11 f.
[327] BGBl. II 1983, 732.
[328] Vgl. dazu *Harles/Kohler* in Geimer/Schütze, Internationaler Rechtsverkehr, 1083.11 f.
[329] BGBl. II 1963, 40.
[330] Vgl. dazu *Abraham/Baskaran* in Respondek, Asia Arbitration Guide, S. 177 ff.; *Lim* in Paulsson (Hrsg.), International Handbook on Commercial Arbitration, Malaysia, 1 ff.; *Nadkarni/Singh* in Nairn/Heneghan, Arbitration World, S. 663 ff.; *Padmanabha Rau*, Law of Arbitration, 1997; *Schütze* RIW 1989, 441 ff.
[331] BGBl. II 1986, 542; vgl. zu Anwendungsproblemen *Hirth* SchiedsVZ 2007, 38 ff.
[332] BGBl. II 1995, 427.
[333] Vgl. *Cremona/Bonnici* in Nairn/Heneghan, Arbitration World, S. 685 ff.; *Pietsch* in Geimer/Schütze, Internationaler Rechtsverkehr, 1087.15 f.
[334] BGBl. II 2000, 1490.
[335] Vgl. dazu *El-Ahdab/El-Ahdab*, MA 001 ff.
[336] BGBl. II 1962, 102.
[337] Vgl. *Rauscher* in Geimer/Schütze, Internationaler Rechtsverkehr, 1088. 12.
[338] Vgl. dazu *Krüger* RIW 1990, 988 ff., der es als „geradezu abenteuerlich" beschreibt sich zum zum mauretanischen Recht der Schiedsgerichtsbarkeit zu äußern (991).
[339] BGBl. II 1997, 1152.
[340] BGBl. II 1996, 2653.
[341] Vgl. *Otto* in Geimer/Schütze, Internationaler Rechtsverkehr, 1089.9.
[342] BGBl. II 1994, 3650.

188   4. Teil: Durchsetzung, Überprüfung und Aufhebung von Schiedssprüchen

Mexiko:[343] Mexiko ist Mitgliedstaat des UN-Übereinkommens 1958.[344] Mexiko hat das UNCITRAL-Modellgesetz übernommen.[345] Das Verfahren der Vollstreckbarerklärung ist dasselbe wie das für ausländische Zivilurteile. Zuständig ist das Zivilgericht 1. Instanz.
Moldau:[346] Die Republik Moldau ist Mitgliedstaat des UN-Übereinkommens 1958.[347] Darüber hinaus ist eine Wirkungserstreckung ausländischer Schiedssprüche nach autonomem Recht nach § 475 der moldauischen ZPO möglich. In beiden Fällen ist ein Exequaturverfahren notwendig, das im Wesentlichen dem für ausländische Urteile entspricht.[348]
Monaco: Monaco ist Mitgliedstaat des UN-Übereinkommens 1958.[349] Die Anerkennung und Vollstreckbarerklärung erfolgt nach der Rechtsprechung der Regelung für ausländische Zivilurteile. Zuständig für die Erteilung des Exequatur ist der tribunal de première instance.
Mongolei: Die Mongolei ist Mitgliedstaat des UN-Übereinkommens 1958.[350] Das Schiedsgesetz 2003 hat in großen Teilen das UNCITRAL-Modellgesetz übernommen.[351] Die Vollstreckbarerklärung erfolgt durch den Obersten Gerichtshof.[352]
Montenegro: Montenegro ist Mitgliedstaat des UN-Übereinkommens 1958. Grundlage für die Schiedsgerichtsbarkeit ist das UNCITRAL-Modellgesetz.
Mosambik:[353] Mosambik ist Mitgliedstaat des UN-Übereinkommens 1958.[354] Darüber hinaus erscheint eine Vollstreckbarerklärung nach den Grundsätzen der Wirkungserstreckung ausländischer Zivilurteile nach der Zivilprozessordnung möglich. Die Praxis ist aber unklar.
Myanmar (Burma):[355] Es gilt der Arbitration Act, 2016. Myanmar ist Mitgliedstaat des UN-Übereinkommens 1958. Zuständig für die Anerkennung und Vollstreckbarerklärung ist der High Court oder zuständige District Court.

737   **Nepal:** Nepal ist Mitgliedstaat des UN-Übereinkommens 1958.[356]
Neuseeland:[357] Neuseeland ist Mitgliedstaat des UN-Übereinkommens 1958.[358] Daneben besteht die Möglichkeit der Wirkungserstreckung des ausländischen Schiedsspruchs nach sect. 36 First Schedule of the Arbitration Act, 1996.[359] Neuseeland hat das

---

[343] Vgl. dazu *Brisano Sierra,* Yearbook Commercial Arbitration III (1978), S. 94 ff.; *von Sachsen-Gessaphe* in Geimer/Schütze, Internationaler Rechtsverkehr, 1090.17; *Siqueiros/Hoagland* in Paulsson (Hrsg.), International Handbook on Commercial Arbitration, Mexico, 1 ff.; *Santos Belandro,* Arbitraje Comercial Internacional, 1997; *von Wobeser* in Rowley (Hrsg.), Arbitration World, 3. Aufl. 2010, S. 399 ff. (in der 5. von Nairn/Heneghan herausgegebenen Aufl. nicht mehr behandelt).
[344] BGBl. II 1971, 968.
[345] Commercial Code – Art. 1415 ff., 1993.
[346] Vgl. *Heger* RIW 1999, 481 ff.; *Mindach* IPRax 2011, 303 ff.
[347] BGBl. II 1999, 124.
[348] Vgl. *Aden* in Geimer/Schütze, Internationaler Rechtsverkehr, 1091.8 ff.
[349] BGBl. II 1982, 1055.
[350] BGBl. II 1995, 427.
[351] Vgl. *Nergui/Murti,* Länderbericht Mongolia, in Respondek, Asia Arbitration Guide, S. 188 ff.
[352] Vgl. *Nelle* in Geimer/Schütze, Internationaler Rechtsverkehr, 1092.7 f.
[353] Vgl. dazu *Nordmeier,* Länderbericht Mosambik, in Geimer/Schütze, Internationaler Rechtsverkehr, 1093.22 ff.
[354] BGBl. II 1998, 2630.
[355] Vgl. dazu *Finch/Aye,* Länderbericht Myanmar, in Respondek, Asia Arbitration Guide, S. 203 ff.; *Respondek/Witte* in Geimer/Schütze, Internationaler Rechtsverkehr, 1093a, 13 ff.
[356] BGBl. II 1998, 1629.
[357] Vgl. dazu *Carter* in Simmonds/Hill, Commercial Arbitration in Asia and the Pacific, 1987, S. 135 ff.; *Green/Hunt,* Arbitration law and Practice, 2005; *Kennedy-Grant* in Paulsson (Hrsg.), International Handbook on Commercial Arbitration, New Zealand, 1 ff.; *Williams/Walker* in Rowley ua (Hrsg.), Arbitration World, 3. Aufl. 2010, S. 431 ff. (in der 5. Aufl. nicht mehr bearbeitet); *Willy,* Arbitration in New Zealand, 2003.
[358] BGBl. II 1983, 320.
[359] Vgl. *Schütze* in Geimer/Schütze, Internationaler Rechtsverkehr, 1094.10 ff.

UNCITRAL-Modellgesetz übernommen.[360] Die Vollstreckbarerklärung erfolgt in beiden Fällen durch gerichtliche Entscheidung, die den Schiedsspruch inkorporiert. Zuständig ist der High Court. Es ist zweifelhaft, ob auch ein einen ausländischen Schiedsspruch exequierendes Urteil anerkennungsfähig ist.

Nicaragua: Nicaragua hat das UNCITRAL-Modellgesetz übernommen und ist Mitgliedstaat des UN-Übereinkommens 1958.[361] Ausländische Schiedssprüche werden verfahrensrechtlich wie ausländische Zivilurteile behandelt.[362]

Niederlande:[363] Die Niederlande sind Mitgliedstaat des UN-Übereinkommens 1958.[364] Die Wirkungserstreckung von Schiedssprüchen ist darüber hinaus im deutsch-niederländischen Anerkennungs- und Vollstreckungsvertrag geregelt, dessen Art. 17 aber lediglich auf das UN-Übereinkommen 1958 verweist. Die Vollstreckbarerklärung[365] erfolgt durch das Landgericht, in dessen Sprengel die Vollstreckung erfolgen soll.

Niger: Niger ist Mitgliedstaat des UN-Übereinkommens 1958.[366] Es ist ein Exequatur erforderlich. Zuständig ist das Zivilgericht 1. Instanz.

Nigeria:[367] Nigeria ist Mitgliedstaat des UN-Übereinkommens 1958.[368] Nigeria hat das UNCITRAL-Modellgesetz übernommen.[369] Die Wirkungserstreckung erfolgt durch action upon the foreign judgment.

Norwegen:[370] Norwegen ist Mitgliedstaat des UN-Übereinkommen 1958.[371] Art. 19 des deutsch-norwegischen Anerkennungs- und Vollstreckungsvertrages regelt die Wirkungserstreckung von Schiedssprüchen nicht eigenständig, verweist lediglich auf die staatsvertraglichen Vereinbarungen, also das UN-Übereinkommen 1958. Norwegen hat das UNCITRAL-Modellgesetz in das innerstaatliche Recht übernommen. Die Vollstreckung bedarf keines vorgängigen Exequaturverfahrens. Das Vollstreckungsgericht prüft die Erfordernisse der Anerkennung und Vollstreckbarerklärung incidenter.

Österreich:[372] Österreich ist Mitgliedstaat des UN-Übereinkommens 1958.[373] Der deutsch-österreichische Anerkennungs- und Vollstreckungsvertrag 1959 verweist in

738

---

[360] Arbitration Act 1996, vgl. dazu *Williams/Walker* in Rowley (Hrsg.), Arbitration World, 3. Aufl. 2010, S. 431 ff. (in der 5. Aufl. nicht mehr bearbeitet).
[361] BGBl. II 2003, 1730.
[362] Vgl. *Ortiz Urbina* in Kos-Rabcewicz-Zubkowski, Cooperación interamericana en los procedimientor civiles y mercantiles, 1982, S. 497 ff., 507.
[363] Vgl. dazu *van den Berg*, Yearbook Commercial Arbitration XII (1987), S. 3 ff.; *Bühler* RIW 1987, 901 f.; *De Ly* in Gottwald (Hrsg.), Internationale Schiedsgerichtsbarkeit, 1997, S. 667 ff.; *Knotterbelt/Burumat* in Nairn/Heneghan (Hrsg.), Arbitration World, S. 413 ff.
[364] BGBl. II 1964, 1232.
[365] Vgl. auch *Gotzen* AWD 1974, 163 ff.
[366] BGBl. II 1965, 143.
[367] Vgl. dazu *Achebe*, Journal of World Trade Law 8 (1974), 420 ff.; *Oyenkune*, Yearbook Commercial Arbitration II (1977), S. 66 ff.; *ders.* in Paulsson (Hrsg.), International Handbook on Commercial Arbitration, Nigeria, 1 ff.; *Ufot*, The Enforcement of Foreign Arbitral Awards in Nigeria: Current State of Olay and the Look Towards the Future, Festschrift für Wegen 2015, 759 ff.
[368] BGBl. II 1970, 291.
[369] Arbitration and Conciliation Decree 1988.
[370] Vgl. dazu *Eckhoff*, Yearbook Commercial Arbitration V (1980), S. 97 ff.; *Haug* in Paulsson (Hrsg.), International Handbook on Commercial Arbitration, Norway, 1 ff.; *Mörsdorf* in Geimer/Schütze, Internationaler Rechtsverkehr, 1104.10 ff.
[371] BGBl. II 1962, 102.
[372] Vgl. dazu *Reiner/Aschauer* in Nairn/Heneghan (Hrsg.), Arbitration World, S. 329 ff.; *Öhlberger* Vollstreckung ausländischer Schiedssprüche in Österreich und deren Formvoraussetzungen nach dem New Yorker Übereinkommen, SchiedsVZ 2007, 77 ff.; *Riegler/Petsche/Fremuth-Wolf/Platte/Liebscher*, Arbitration Law of Austria, 2007; *Zeiler*, Schiedsverfahren, 2006 mit umfangreichen Nachweisen zum neuen Schiedsverfahren nach dem SchiedsRÄndG 2006; einen guten Überblick gibt *Neuteufel* öJZ 2006, 433 ff.
[373] BGBl. II 1962, 102, 2170.

Art. 12[374] auf die jeweils zwischen den beiden Staaten in Kraft befindlichen Übereinkommen, verweist also auf das UN-Übereinkommen 1958. Österreich hat das UNCITRAL-Modellgesetz übernommen. Die Vollstreckbarerklärung[375] erfolgt in einem gerichtlichen Verfahren[376] (§ 79 Abs. 1 EO). Das Verfahren wird auf Antrag des betreibenden Gläubigers eingeleitet. Sachlich zuständig ist das Bezirksgericht, örtlich zuständig das Gericht des Sprengels, in dem der Spruchschuldner Wohnsitz oder Sitz hat oder das für den Vollzug der einzuleitenden Exekution zuständig ist. Es wird ohne mündliche Verhandlung im Urkundsverfahren entschieden.

Oman:[377] Oman ist Mitgliedstaat des UN-Übereinkommens 1958.[378] Daneben besteht die Möglichkeit der Durchsetzung ausländischer Schiedssprüche nach autonomem Recht nach dem Schiedsverfahrensgesetz und dem VerfG. Oman hat das UNCITRAL-Modellgesetz übernommen. In jedem Fall ist ein gerichtliches Exequatur erforderlich, für dessen Erteilung der Präsident des Handelsgerichts zuständig ist. Gegen die die Vollstreckbarerklärung aussprechende Entscheidung ist kein Rechtsmittel gegeben, gegen die Ablehnung ein befristeter Rechtsbehelf (30 Tage). 1985 hat die damalige Authority for the Settlement of Commercial Disputes einen ausländischen Schiedsspruch (ICC Regeln) für vollstreckbar erklärt.[379] Eine weitere Möglichkeit der Durchsetzung ausländischer Schiedssprüche besteht nach dem Schiedsverfahrensgesetz. Zuständig für die Erteilung des Exequatur ist der örtlich zuständige erstinstanzliche Vollstreckungsrichter.

Pakistan: Pakistan ist Mitgliestaat des UN-Übereinkommens 1958, das durch den Recognition and Enforcement (Arbitration Agreement & Foreign Awards) Act. 2011 in das innerstaatliche Recht übernommen worden ist.[380; 381]

Panama:[382] Panama ist Mitgliedstaat des UN-Übereinkommens 1958.[383]

Paraguay: Paraguay ist Mitgliedstaat des UN-Übereinkommens 1958.[384] Paraguay hat das UNCITRAL-Modellgesetz in das innerstaatliche Recht übernommen. Zuständig für die Vollstreckbarerklärung ist das Zivilgericht erster Instanz.[385]

Peru:[386] Peru ist Mitgliedstaat des UN-Übereinkommens 1958.[387] Peru hat das UNCITRAL-Modellgesetz in das innerstaatliche Recht übernommen.[388] Zuständig für die Vollstreckbarerklärung ist das Appellationsgericht des Sprengels, in dem der Spruchschuldner seinen Wohnsitz hat.

---

[374] Vgl. dazu *Geimer/Schütze,* Internationale Urteilsanerkennung, Bd. II, 1971, S. 160 f.
[375] Vgl. dazu auch *Spickhoff* IPRax 2006, 522 ff.
[376] Vgl. dazu *Zeiler,* Schiedsverfahren, S. 213 ff.
[377] Vgl. dazu *Bälz* RIW 2011, 118 ff.; *El-Ahdab/El-Ahdab,* OM, 001 ff.; *Krüger* in Geimer/Schütze, Internationaler Rechtsverkehr, 1106.10 ff.; zum Rechtszustand vor Novellierung des Schiedsverfahrensrechts *Dilger* in Böckstiegel (Hrsg.), Vertragspraxis und Streiterledigung im Wirtschaftsverkehr mit arabischen Staaten, 1981, S. 101 ff., 121 f.; *Triebel/Salah Al Hejailan* in von Boehmer (Hrsg.), Deutsche Unternehmen in den arabischen Golfstaaten, 1990, S. 583 ff., 610 ff.
[378] BGBl. II 1999, 699.
[379] Vgl. dazu *Jarvin,* JIntArb. 2 IV (1985), 81 ff.; *Lane/Morton,* Arb.Int. 2 (1986), 75 ff.
[380] Vgl. dazu *Sarwana* in Respondek, Asia Arbitration Guide, S. 214 ff.
[381] Vgl. dazu *Jamal/Farooq,* Länderbericht Pakistan, in Nairn/Heneghan, S. 719 ff.
[382] Vgl. dazu *de la Guardia,* Yearbook Commercial Arbitration III (1978), S. 106 ff.
[383] BGBl. II 1985, 50.
[384] BGBl. II 1998, 113.
[385] Vgl. *Kleinheisterkamp,* International Commercial Arbitration in Latin America, 2005, S. 440.
[386] Vgl. dazu *Aramburú Menchaca,* Yearbook Commercial Arbitration III (1978), S. 116 ff.; *Canturias/Araburú,* El arbitraje en Perú, 1994; *Montoya Alberti* in Paulsson (Hrsg.), Peru, 1 ff.; *Rubio* in Nairn/Heneghan (Hrsg.), Arbitration World, S. 739 ff.; *Samtleben* RIW 1987, 20 ff.
[387] BGBl. II 1988, 954.
[388] Ley General de Arbitraje, 1992.

Philippinen:[389] Die Philippinen sind Mitgliedstaat des UN-Übereinkommens 1958.[390] Die Philippinen haben das UNCITRAL-Modellgesetz in das innerstaatliche Recht übernommen. Zuständig zur Vollstreckbarerklärung ist das Zivilgericht erster Instanz.

Polen:[391] Polen ist Mitgliedstaat des UN-Übereinkommens 1958.[392] Polen hat das UNCITRAL-Modellgesetz in das innerstaatliche Recht übernommen.[393] Das Verfahren bestimmt sich nach Artt. 1148, 1151 Zivilverfahrensgesetzbuch.[394] Für das danach erforderliche Exequaturverfahren ist das Bezirksgericht sachlich zuständig. Die örtliche Zuständigkeit bestimmt sich nach dem Wohnsitz des Spruchschuldners, hilfsweise dem Ort, an dem die Zwangsvollstreckung durchgeführt werden soll. Das Gericht entscheidet nach mündlicher Verhandlung durch Beschluss.

Portugal:[395] Portugal ist Mitgliedstaat des UN-Übereinkommens 1958.[396] Die Vollstreckbarerklärung ausländischer Schiedssprüche erfolgt in gleicher Weise wie die inländischer. Zuständig ist das Appellationsgericht.

Rumänien:[397] Rumänien ist Mitgliedstaat des UN-Übereinkommens 1958.[398] Für die Vollstreckbarerklärung gelten die Bestimmungen der Vollstreckbarerklärung ausländischer Zivilurteile.[399] Zuständig ist der Gerichtshof des Kreises, in dem die Vollstreckung durchgeführt werden soll.

Russische Föderation:[400] Die Wirkungserstreckung deutscher Schiedssprüche erfolgt aufgrund des UN-Übereinkommens 1958.[401] Russland hat das UNCITRAL-Modellgesetz in das innerstaatliche Recht übernommen.

---

[389] Vgl. dazu *Feliciana/San Juan* in Simmonds/Hill (Hrsg.), Commercial Arbitration Law in Asia and the Pacific, 1987, S. 175 ff.; *Rico-Pamfilo* in Respondek, Asia Arbitration Guide, S. 224 ff.

[390] BGBl. II 1968, 8.

[391] Vgl. dazu *Bächtold*, Die Außenhandelsschiedsgerichtsbarkeit in Polen, Diss. Zürich, 1973; *Jakubowski*, Polish Yearbook of International Law VII, S. 65 ff.; *Jochemczak/Sychowicz* in Nairn/Heneghan, Arbitration World, S. 761 ff.; *Kalus* WIRO 1993, 299 ff.; *Pankowska-Lier*, Schiedsgerichtsbarkeit in Polen, 1998; *Weitz* ZZPInt 12 (2007), 127 ff.; *Zoll/Lyszczarz* in Oberhammer (Hrsg.), Schiedsgerichtsbarkeit in Zentraleuropa, 2005, S. 375 ff.

[392] BGBl. 1962, 102, 2170.

[393] Vgl. dazu *Kakolecki/Nowaczyk* ICC Bull. 16.2, 41 ff.

[394] Vgl. *Gralla* in Geimer/Schütze, Internationaler Rechtsverkehr, 1113.8 ff.

[395] Vgl. dazu *Cruz* in ICC, Arbitration Law in Europe, 1981, S. 307 ff.; *Barrocas* in Nairn/Heneghan, Arbitration World, S. 761 ff.; *Morais Leitão/Moura Vicente* in Paulsson (Hrsg.), International Handbook on Commercial Arbitration, Portugal, 1 ff.; *Nordmeier*, Zur Anerkennung und Vollstreckung ausländischer Schiedssprüche in Portugal, SchiedsVZ 2013, 210 ff.

[396] BGBl. II 1995, 427.

[397] Vgl. dazu *Capatina* in Paulsson (Hrsg.), International Handbook on Commercial Arbitration, Romania, 1 ff.; *Nestor*, Yearbook Commercial Arbitration I (1976), S. 77 ff.; *Zilberstein* RabelsZ 40 (1976), 56 ff.; *Zilberstein/Capatina*, Die Anerkennung und Vollstreckung ausländischer Gerichtsentscheidungen und Schiedssprüche in der Sozialistischen Republik Rumänien, in Zeitgenössische Fragen des internationalen Verfahrensrechts, 1972, S. 235 ff.

[398] BGBl. II 1962, 102.

[399] Vgl. *Leonhardt* in Geimer/Schütze, Internationaler Rechtsverkehr, 1116.13.

[400] Vgl. dazu *Marenkov*, Zur Anerkennung und Vollstreckung von ausländischen Schiedssprüchen in Russland, SchiedsVZ 2011, 136 ff.; *Mindach* IPRax 2011, 303 ff.; *Singer-Kurzynsky/Davydenko*, Materiellrechtlicher ordre public bei der Anerkennung und Vollstreckbarerklärung von schiedsgerichtlichen Urteilen in der Russischen Föderation, SchiedsVZ 2010, 203 ff.; *Steinbach*, Anerkennung und Vollstreckung ausländischer Urteile und Schiedssprüche in der Russischen Föderation, 2003; *Verschinin* in Gottwald (Hrsg.), Internationale Schiedsgerichtsbarkeit, 1997, S. 759 ff.; vgl. zu den Reformbestrebungen in Russland *Mekat/Yadykin*, Die Reform des russischen Schiedsverfahrensrechts, SchiedsVZ 2015, 269 ff.

[401] BGBl. II 1962, 102.

Die Vollstreckbarerklärung erfolgt in einem gerichtlichen Verfahren.[402] Zuständig ist das Oberste Gericht der Teilrepublik, in dem der Spruchschuldner seinen Wohnsitz hat, hilfsweise in dem Vermögen belegen ist. In Moskau und St. Petersburg ist das Stadtgericht zuständig. Über den Antrag wird in öffentlicher Sitzung entschieden. Eine révision au fond ist unzulässig.

Rwanda: Rwanda hat das UNITRAL-Modellgesetz übernommen und ist Mitgliedstaat des UN-Übereinkommen 1958.

Sambia: Sambia ist Mitgliedstaat des UN-Übereinkommens 1958.[403] Durch den Arbitration Act Nr. 19/2000 ist die Konvention in das innerstaatliche Recht übernommen worden. Darüber hinaus hat Sambia das UNCITRAL-Modellgesetz übernommen. Die Vollstreckbarerklärung erfolgt in einem gerichtlichen Verfahren durch action upon the foreign award. Zuständig ist der High Court.

San Marino: San Marino ist Mitgliedstaat des UN-Übereinkommens 1958.[404]

Saudi-Arabien:[405] Saudi-Arabien ist Mitgliedstaat des UN-Übereinkommens 1958.[406] Im autonomen Recht fehlt eine gesetzliche Regelung. Zuständig für die Vollstreckbarerklärung ist der Board of Grievances. Erfahrungen sind selten, die Rechtslage ist weitgehend ungeklärt.[407]

Schottland:[408] Schottland ist als Teil des Vereinigten Königreichs Mitgliedstaat des UN-Übereinkommens 1958.[409] Schottland hat das UNCITRAL-Modellgesetz in das autonome Recht übernommen.[410] Die Vollstreckbarerklärung erfolgt entweder durch action upon the foreign award oder Registrierung. Zuständig ist der High Court.

Schweden:[411] Schweden ist Mitgliedstaat des UN-Übereinkommens 1958.[412] Grundlage für die Vollstreckbarerklärung ist der Arbitration Act 1995. Nach Art. 57 des Gesetzes ist das Svea Hofgericht zuständig für die Vollstreckbarerklärung.[413]

---

[402] Vgl. dazu *Lovyrev/Udovichenko* in Nairn/Heneghan, Arbitration World, S. 801 ff.; *Trunk/Jarkov* in Geimer/Schütze, Internationaler Rechtsverkehr, 1118.14; *Komarov* in Böckstiegel (Hrsg.), Recht und Praxis der internationalen Schiedsgerichtsbarkeit in Staaten Zentral- und Ost-Europas, 1998, S. 265 ff., 275 f.; *Machulskaya*, Recognition and Enforcement of Foreign Arbitral Awards in Russia, 2014 (mit einer umfassenden Auswertung russischer Quellen), *Märkl*, Schiedsgerichtsbarkeit in Russland, 1998, S. 175 ff.; *Solotych*, Vollstreckungsurteil für ausländischen Schiedsspruch in Russland ergangen, WIRO 1994, 225 f.

[403] BGBl. II 2002, 1752.

[404] BGBl. II 1979, 751.

[405] Vgl. dazu *Bälz* RIW 2011, 118 ff.; *El-Ahdab/El-Ahdab*, SA 001 ff.; *Turck* in Paulsson (Hrsg.), International Handbook on Commercial Arbitration, Saudi Arabia, 1 ff.

[406] BGBl. II 1994, 2428.

[407] Vgl. im Einzelnen *van den Berg*, Yearbook Commercial Arbitration IX (1984), S. 7 ff.; *Haberbeck/Bälz* in Geimer/Schütze, Internationaler Rechtsverkehr, 1119.7; *Krüger*, Probleme des saudiarabischen internationalen Vertrags- und Schiedsrechts, Vertragspraxis und Streiterledigung im Wirtschaftsverkehr mit arabischen Staaten, 1981, S. 61 ff., 75 f.; *Klingmüller*, Zu den Grundlagen von Schiedsvereinbarungen im Königreich Saudi-Arabien, S. 5 ff.; *Nerz* RIW 1983, 811 f.; *Saleh*, Commercial Arbitration in the Middle East, 1984, S. 320 ff.

[408] Vgl. dazu *Dervaird* in Paulsson (Hrsg.), International Handbook on Commercial Arbitration, Scotland, 1 ff.; *Hunter*, The Law of Arbitration in Scotland, 1987; *Malone* in Nairn/Heneghan, Arbitration World, S. 819 ff.

[409] BGBl. II 1975, 1782.

[410] Vgl. dazu *Davidson*, International Commercial Arbitration. Scotland and the UNCITRAL Model Law, 1991.

[411] Vgl. dazu Arbitration in Sweden, 2. Aufl. 1984; *Heuman*, Arbitration Law of Sweden: Practice and Procedure, 2003; *Hóber* Arb.Int. 17 (2001), Nr. 4; *Holmbäck/Mangard*, Yearbook Commercial Arbitration III (1978), S. 161 ff.; *Lindell* in Gottwald, Internationale Schiedsgerichtsbarkeit, 1997, S. 779 ff.

[412] BGBl. II 1972, 580.

[413] Vgl. auch *Pålsson* in Geimer/Schütze, Internationaler Rechtsverkehr, 1120.14.

§ 10 Die Vollstreckbarerklärung von Schiedssprüchen

Schweiz:[414] Die Schweiz ist Mitgliedstaat des UN-Übereinkommens 1958.[415] Das deutsch-schweizerische Anerkennungs- und Vollstreckungsabkommen verweist in Art. 9 lediglich auf das Genfer Abkommen 1927, das durch das UN-Übereinkommen 1958 ersetzt worden ist. Es bringt keine eigenständige Grundlage für die Geltendmachung deutscher Schiedssprüche. Das Vollstreckbarerklärungsverfahren bestimmt sich nach dem IPRG. Nach Art. 194 IPRG sind ausländische Schiedssprüche nach dem UN-Übereinkommen 1958 auf Antrag des Spruchgläubigers von der zuständigen kantonalen Behörde unabhängig von einem Schuldbetreibungs- oder Rechtsöffnungsverfahren für vollstreckbar zu erklären.[416]

Senegal: Senegal ist Mitgliedstaat des UN-Übereinkommens 1958.[417] Zuständig für die Vollstreckbarerklärung ist der Präsident des Gerichts erster Instanz des Sprengels, in dem die Zwangsvollstreckung durchgeführt werden soll.

Serbien:[418] Serbien ist Mitgliedstaat des UN-Übereinkommens 1958,[419] das auch nach der Dismembration in beiden Landesteilen weitergilt. Serbien hat das UNCITRAL-Modellgesetz übernommen.

Sharjah: vgl. Vereinigte Arabische Emirate.

Simbabwe: Simbabwe ist Mitgliedstaat des UN-Übereinkommens 1958.[420] Simbabwe hat im Arbitration Act 1996 (No. 6 of 1996) das UNCITRAL-Modellgesetz übernommen. Es gelten Artt. 35 f. Zuständig für die Vollstreckbarerklärung ist der High Court.

Singapur:[421] Singapur ist Mitgliedstaat des UN-Übereinkommens 1958.[422] Singapur hat das UNCITRAL-Modellgesetz in das Innerstaatliche Recht durch den International Arbitration Act, 1994 übernommen.[423] Daneben ist eine Wirkungserstreckung nach common law zulässig.[424] Die Vollstreckbarerklärung erfolgt durch action upon the foreign award. Zuständig ist der High Court.

Slowakei:[425] Die Slowakei ist Mitgliedstaat des UN-Übereinkommens 1958.[426] Im Übrigen regelt das Schiedsverfahren die Anerkennung und Vollstreckbarerklärung ausländerischer Schiedssprüche.

Slowenien:[427] Slowenien ist Mitgliedstaat des UN-Übereinkommens 1958.[428] Daneben ist eine Wirkungserstreckung ausländischer Schiedssprüche nach autonomem Recht nach

---

[414] Vgl. *Berger/Kellerhals*, Internationale und interne Schiedsgerichtsbarkeit in der Schweiz, 2006; *Karrer/Straub* in Weigand (Hrsg.), Practitioner's Handbook on International Commercial Arbitration, 2. Aufl., 2009, S. 815 ff.; *von Segesser/Jolles/George* in Nairn/Heneghan, Arbitration World, S. 931 ff.; *Walter* in Gottwald (Hrsg.), Internationale Schiedsgerichtsbarkeit, 1997, S. 817 ff.
[415] BGBl. II 1965, 1436.
[416] Vgl. *Patocchi/Geisinger/Lüke* IPRG, 2000, Art. 194 IPRG Rn. 1.
[417] BGBl. II 1995, 427.
[418] Vgl. *Pink* Eastlex 2005, 159 ff.; *Wietzorek* in Geimer/Schütze, Internationaler Rechtsverkehr, 1124.15 ff.
[419] BGBl. II 2001, 597.
[420] BGBl. II 1995, 427.
[421] Vgl. *Hwang/Boo/Lai* in Paulsson (Hrsg.), International Handbook on Commercial Arbitration Bd. IV, Singapore, 1 ff.; Sonarajah, The Enforcement of Foreign Awards in Singapore (1988) M. L. J. lxxxvi.; *Tselentis/Lee* in Nairn/Heneghan, Arbitration World S. 839 ff.
[422] BGBl. II 1987, 177.
[423] Vgl. dazu *Howell* SchiedsVZ 2003, 114 ff.; *Pillay* Arb.Int 20 (2004), 355 ff.
[424] Vgl. *Schütze* in Geimer/Schütze, Internationaler Rechtsverkehr, 1127.6 f.
[425] Vgl. dazu *Chmelkowa* in Böckstiegel (Hrsg.), Recht und Praxis der internationalen Schiedsgerichtsbarkeit in Staaten Zentral- und Ost-Europas, 1998, S. 319 ff.
[426] BGBl. II 1995, 274.
[427] Vgl. dazu *Galič/Mežnar* in Oberhammer (Hrsg.), Schiedsgerichtsbarkeit in Zentraleuropa, 2005, S. 529 ff.; *Ude/Wedam-Lukić*, Schiedsgerichtsbarkeit in der Republik Slowenien, 1998; *Wedam-Lukić*, Croatian Arbitration Yearbook 2 (1995), S. 33 ff.; *dies.* in Böckstiegel (Hrsg.), Recht und Praxis der internationalen Schiedsgerichtsbarkeit in Staaten Zentral- und Ost-Europas, 1998, S. 351 ff.
[428] BGBl. II 1993, 123.

dem Schiedsgerichtsgesetz 2008 möglich, durch das das UNCITRAL-Modellgesetz übernommen wurde. Dieses verweist jedoch wieder auf das UN-Übereinkommen 1958[429]
Die Vollstreckbarerklärung erfolgt in einem gerichtlichen Verfahren. Zuständig ist das Kreisgericht des Wohnsitzes oder Sitzes des Spruchschuldners.

Sowjetunion (ehemalige): Die ehemalige Sowjetunion war Mitgliedstaat des UN-Übereinkommens 1958.[430] Nach der Auflösung hat das Übereinkommen nur noch Bedeutung für die Wirkungserstreckung von „Alt"schiedssprüchen sowjetischer Schiedsgerichte.

Spanien:[431] Spanien ist Mitgliedstaat des UN-Übereinkommens 1958.[432] Der deutsch-spanische Anerkennungs- und Vollstreckungsvertrag bringt keine Regelung, klammert die Schiedsgerichtsbarkeit vielmehr aus. Spanien hat das UNCITRAL-Modellgesetz in das innerstaatliche Recht übernommen. Zuständig für die Vollstreckbarerklärung ist der Tribunal Supremo. An dem Verfahren ist das Ministerio Fiscal beteiligt, um involvierte Staatsinteressen (ordre public) geltend machen zu können.

Sri Lanka: Sri Lanka ist Mitgliedstaat des UN-Übereinkommens 1958.[433] Nach Sect. 31 des Arbitration Act (No. 11 of 1995), der dem UNCITRAL-Modellgesetz nachgebildet ist, erfolgt die Vollstreckbarerklärung durch den High Court. Der Antrag muss spätestens 1 Jahr und 14 Tage nach dem Erlass des Schiedsspruchs gestellt werden. Der decree on the award ist der Vollstreckungstitel.[434]

St. Vincent und die Grenadinen: St. Vincent und die Grenadinen sind Mitgliedstaat des UN-Übereinkommens 1958.[435]

Südafrika:[436] Südafrika ist Mitgliedstaat des UN-Übereinkommens 1958.[437] Die Umsetzung ist durch den Reccognition and Enforcement of Foreign Awards Act, 1977 erfolgt. Die Vollstreckbarerklärung erfolgt durch den High Court. Ausländische Währung ist in Rand umzurechnen.

Sudan:[438] Eine Möglichkeit zur Geltendmachung deutscher Schiedssprüche auf staatsvertraglicher Grundlage besteht nicht. Das autonome Recht kennt keine Regelung. Es wird diskutiert, ob die Regeln über die Anerkennung und Vollstreckbarerklärung ausländischer Zivilurteile anzuwenden sind.[439] Die Rechtslage ist unklar.

Syrien:[440] Syrien ist Mitgliedstaat des UN-Übereinkommens 1958.[441] Ausländische Schiedssprüche werden in dem Verfahren für die Exequierung ausländischer Zivilurteile anerkannt und für vollstreckbar erklärt.[442] Es ist ein gerichtliches Exequaturverfahren

---

[429] Vgl. *Rudolf* in Geimer/Schütze, IRV, 1129.22.
[430] BGBl. II 1962, 102.
[431] Vgl. dazu *Arroyo*, Int.Bus. L. 1985, 763 ff.; *Bühring-Uhle* ZVglRWiss 88 (1989), 287 ff.; *Cremades*, Yearbook Commercial Arbitration XII (1987), S. 39 ff.; *Hendel/ Sanchez Freire* in Nairn/Heneghan, Arbitration World, S. 889 ff.; *Remiro Brotons*, Ejecución de sentencias arbitrales extranjeras en Espãna, 1981; *Schütze/Karl* in Geimer/Schütze, Internationaler Rechtsverkehr, 1130.19 f.
[432] BGBl. II 1977, 630.
[433] BGBl. II 1962, 2170.
[434] Vgl. *Otto* in Geimer/Schütze, Internationaler Rechtsverkehr, 1131.7 f.
[435] BGBl. II 2000, 1490.
[436] Vgl. dazu *Doser* in Geimer/Schütze, Internationaler Rechtsverkehr, 1133.10; *Lane* in Pauslsson (Hrsg.), International Handbook on Commercial Arbitration, South Africa, 1 ff.; *Roodt/Siciliano/ Reyneke/Mabokwe/Kruger* in Nairn/Heneghan, Arbitration World, S. 857 ff.; *Schaeffer*, Yearbook Commercial Arbitration II (1977), S. 76 ff.
[437] BGBl. II 1976, 1216.
[438] Vgl. dazu *El-Ahdab/El-Ahdab,* SD 001 ff.
[439] Vgl. *Bälz* in Geimer/Schütze, Internationaler Rechtsverkehr, 1132.8.
[440] Vgl. dazu; *El-Ahdab/El-Ahdab,* SY 001 ff.; *El Hakim* in Gottwald (Hrsg.), Internationale Schiedsgerichtsbarkeit, 1997, S. 849 ff.
[441] BGBl. II 1962, 102.
[442] Vgl. *Börner* in Geimer/Schütze, Internationaler Rechtsverkehr, 1135.11 f.; *ders.*, Die Anerkennung ausländischer Titel in den arabischen Staaten, 1996, S. 172 ff.; *El Hakim,* Yearbook Commercial

notwendig. Zuständig ist das Bezirksgericht. Im Falle ausländischer Schiedssprüche entscheidet entsprechend Art. 534 syrZPO der Eilrichter. Örtlich zuständig ist das Gericht des Sprengels, in dem die Vollstreckung durchgeführt werden soll.

Taiwan[443]: Die Vollstreckbarerklärung ausländischer Schiedssprüche erfolgt nach autonomem Recht.[444] Die Erfordernisse der Wirkungserstreckung entsprechen cum grano salis denen des UN-Übereinkommens 1958. Nach Art. 32 Abs. 2 des Handelsschiedsgesetzes ist darüber hinaus die Verbürgung der Gegenseitigkeit erforderlich. Da nach § 1061 ZPO taiwanesische Schiedssprüche in Deutschland unter den Bedingungen des UN-Übereinkommens 1958 anerkannt und für vollstreckbar erklärt werden, ist von der Verbürgung der Gegenseitigkeit auszugehen. Zuständig für die Vollstreckbarerklärung ist das Bezirksgericht.

Tansania: Tansania ist Mitgliedstaat des UN-Übereinkommens 1958.[445]

Thailand:[446] Thailand ist Mitgliedstaat des UN-Übereinkommens 1958.[447] Die Vorschriften des UN-Übereinkommens sind durch Artt. 28 ff. Arbitration Act in das thailändische Recht transformiert worden. Thailand hat das UNCITRAL-Modellgesetz übernommen. Die Vollstreckbarerklärung erfolgt durch judgment upon the award;[448] nach mündlicher Verhandlung. Zuständig ist das Zivilgericht 1. Instanz.

Trinidad und Tobago: Trinidad und Tobago sind Mitgliedstaat des UN-Übereinkommens 1958.[449]

Tschechische Republik:[450] Die Tschechische Republik ist Mitgliedstaat des UN-Übereinkommens 1958.[451] Die Tschechische Republik hat das UNCITRAL-Modellgesetz im wesentlichen übernommen. Die Regelung im autonomen Recht nach dem Gesetz über das Schiedsverfahren und über die Vollstreckung von Schiedssprüchen ist subsidiär zur staatsvertraglichen Regelung.[452] Zuständig für die Vollstreckbarerklärung ist das Bezirksgericht. Die örtliche Zuständigkeit bestimmt sich nach dem Wohnsitz des Spruchschuldners, hilfsweise dem Ort, an dem die Zwangsvollstreckung durchgeführt werden soll.

Tschechoslowakei (ehemalige): Die ehemalige Tschechoslowakei war Mitgliedstaat des UN-Übereinkommens 1958.[453] Nach der Dismembration hat das UN-Übereinkommen nur noch Bedeutung für die Vollstreckbarerklärung von „Alt"schiedssprüchen aus der Tschechoslowakei.

742

Arbitration VIII (1982), S. 35 ff., 52 ff.; *Saleh,* Commercial Arbitration in the Arab Middle East, 1984, S. 118 ff.

[443] Vgl. dazu *Kaiser/Hsu/Liu/Kuo/Neuer* in Respondek, Asia Arbitration Guide, S. 265 ff.; *Liao Wei-ming,* Die Schiedsgerichtsbarkeit in Taiwan, 2003.

[444] Vgl. *Etgen/Sheng-Lin Jan* in Geimer/Schütze, Internationaler Rechtsverkehr, 1028.8 ff.

[445] BGBl. II 1965, 143.

[446] Vgl. dazu *Bunnag* in Simmonds/Hill, Commercial Arbitration Law in Asia and the Pacific, 1987, S. 223 f.; *Respondek* in Respondek, Asia Arbitration Guide, S. 294 ff.; *Respondek/Werinorn/Khwan,* Enforcement of Foreign Arbitral Awards and Foreign Judgments in Thailand, Singapore Law Gazette Nov. 2015, 30 ff.

[447] BGBl. II 1962, 102.

[448] Vgl. *Asawarof* in Paulsson (Hrsg.), International Handbook on Commercial Arbitration, Thailand, 1 ff.; *Falder* in Geimer/Schütze, Internationaler Rechtsverkehr, 1140.7 f.

[449] BGBl. II 1966, 597.

[450] Vgl. dazu *Puknerová/Růžička* in Oberhammer (Hrsg.), Schiedsgerichtsbarkeit in Zentraleuropa, 2005, S. 253 ff.; *Roth* RIW 1996, 653 ff.; *Verny,* Schiedsgerichtsbarkeit in der Tschechischen Republik, 1998.

[451] BGBl. II 1995, 274.

[452] Vgl. *Wünsch* in Geimer/Schütze, Internationaler Rechtsverkehr, 1145.8.

[453] BGBl. II 1962, 102.

Türkei:[454] Die Türkei ist Mitgliedstaat des UN-Übereinkommens 1958.[455] Darüber hinaus ist eine Wirkungserstreckung ausländischer Schiedssprüche nach autonomem Recht aufgrund Artt. 43 ff. IPR-Gesetz möglich.[456] Die Türkei hat im Gestz über die internationale Schiedsgerichtsbarkeit 2001 das UNCITRAL-Modellgesetz weitgehend übernommen. Die Vollstreckbarerklärung erfolgt in einem gerichtlichen Verfahren. Zuständig ist das von den Parteien vereinbarte örtliche Grundgericht, hilfsweise das Gericht am Wohnsitz der Partei, gegen die der Schiedsspruch ergangen ist, äußerst hilfsweise das Gericht am Ort der Belegenheit des Vermögens, in das vollstreckt werden soll (Art. 43 Abs. 2 IPRG). Die Entscheidung erfolgt durch Urteil. Eine Teilvollstreckbarerklärung ist zulässig.

Tunesien[457]: Tunesien ist Mitgliedstaat des UN-Übereinkommens 1958.[458] Darüber hinaus ermöglicht der deutsch-tunesischen Rechtshilfe-, Anerkennungs- und Vollstreckungsvertrag die Geltendmachung deutscher Schiedssprüche in Tunesien. Der Spruchgläubiger hat ein Wahlrecht, welchen Weg er beschreiten will.[459] Tunesien hat das UNCITRAL-Modellgesetz übernommen (Code d'arbitrage 1993). Die Wirkungserstreckung erfolgt durch Exequatur. Zuständig ist die Cour d'Appel Tunis.[460]

743 **Uganda:**[461] Uganda ist Mitgliedstaat des UN-Übereinkommens 1958.[462] Uganda hat im Arbitration and Conciliation Act 2000 weitgehend das UNCITRAL-Modellgesetz übernommen. Die Wirkungserstreckung von Schiedssprüchen nach dem UN-Übereinkommen 1958 erfolgt nach Sect. 40 ff. des Act. Zuständig zur Vollstreckbarerklärung ist der High Court.

Ukraine:[463] Die Ukraine ist Mitgliedstaat des UN-Übereinkommens 1958.[464] Der Vorbehalt gegenüber Nichtmitgliedstaaten[465] ist für deutsche Schiedssprüche bedeutungslos. Die Bestimmungen des UN-Übereinkommens 1958 sind – in verkürzter Form – in das Gesetz über die internationale Handelsschiedsgerichtsbarkeit übernommen worden. Die Ukraine hat das UNCITRAL-Modellgesetz übernommen. Während die Vollstreckung inländischer Schiedssprüche ohne gerichtliches Exequatur möglich ist, bedarf die Vollstreckbarerklärung eines ausländischen Schiedsspruchs der Entscheidung des Gebietsgerichts am Wohnsitz oder Sitz des Spruchschuldners.

Umm al Quwain: vgl. Vereinigte Arabische Emirate.

---

[454] Vgl. dazu *Akinci*, Arbitration Law of Turkey, 2011; *Alangoya*, Festschrift für Schwab, 1990, S. 1 ff.; *Ayiter* ZfRV 1980, 241 ff.; *Kalpüz* in Deutsch-türkische Juristenvereinigung e. V. (Hrsg.), Internationale Schiedsgerichtsbarkeit und steuerrechtliche Aspekte des ausländischen Kapitals in der Türkei, 2003, S. 9 ff.; *Atamer/Karaman/Ercin/Celicapa*, Aktuelle Probleme aus der türkischen Praxis zur internationalen Schiedsgerichtsbarkeit, S. 57 ff.; *Birsel/Yesilirmak/Cavusoglu* in Paulsson (Hrsg.), International Handbook on Commercial Arbitration, Turkey, 1 ff. *Karkin* in Nairn/Heneghan, Arbitration World, S. 951 ff.

[455] BGBl. II 1993, 123.

[456] Vgl. *Schütze/Esin* in Geimer/Schütze, Internationaler Rechtsverkehr, 1146.12 ff.

[457] Vgl. dazu *El-Ahdab/El-Ahdab*, TN 001 ff.

[458] BGBl. II 1968, 8.

[459] Vgl. zur wahlweisen Geltendmachung Denkschrift zu dem Vertrag BT-Drs. V/3167, 63; *Ganske* AWD 1970, 145 ff., 154.

[460] Vgl. *Rauscher* in Geimer/Schütze, IRV, 1147.18.

[461] Vgl. *Knieper* in Geimer/Schütze, Internationaler Rechtsverkehr, 1150.5 f.

[462] BGBl. II 1993, 123.

[463] Vgl. dazu *Kiszczuk* RIW 1995, 641 ff.; *Porbitschenko*, ICC-Bull. 1994, 126 ff.; *ders.* in Paulsson (Hrsg.), International Handbook on Commercial Arbitration, Ukraine, 1 ff.; *Sourjikova-Giebner*, Schiedsgerichtsbarkeit in der Ukraine, 1998.

[464] BGBl. II 1962, 102.

[465] Vgl. dazu *Solotych* in Geimer/Schütze, Internationaler Rechtsverkehr, 1152.12 f.

Ungarn:[466] Ungarn ist Mitgliedstaat des UN-Übereinkommens 1958.[467] Darüber hinaus ist eine Durchsetzung ausländischer Schiedssprüche nach autonomem Recht möglich.[468] Ungarn hat das UNCITRAL-Modellgesetz übernommen.[469] Die Anerkennung ist formlos, es kann jedoch die Feststellung der Anerkennung begehrt werden. Zuständig ist das Komitatsgericht (in Budapest das hauptstädtische Gericht), in dessen Sprengel der Spruchschuldner Wohnsitz oder gewöhnlichen Aufenthalt hat, hilfsweise wird auf Wohnsitz oder gewöhnlichen Aufenthalt des Gläubigers abgestellt. Das Gericht entscheidet im Verfahren der Freiwilligen Gerichtsbarkeit. Die Vollstreckbarerklärung erfolgt durch Exequatur des Komitatsgerichts (in Budapest des hauptstädtischen Gerichts) des Wohnsitzes oder Sitzes des Spruchschuldners, hilfsweise des Ortes, an dem Vermögen des Schuldners belegen ist, in das vollstreckt werden kann.

Uruguay:[470] Uruguay ist Mitgliedstaat des UN-Übereinkommens 1958.[471] Das Verfahren der Vollstreckbarerklärung ist das der Wirkungserstreckung ausländischer Zivilurteile.[472] Zuständig für die Vollstreckbarerklärung ist der Oberste Gerichtshof.[473]

Usbekistan: Usbekistan ist Mitgliedstaat des UN-Übereinkommens 1958.[474]

USA:[475] Die USA sind Mitgliedstaat des UN-Übereinkommens 1958.[476] Überdies können deutsche Schiedssprüche nach Art. VI Abs. 2 des deutsch-amerikanischen Freundschafts-, Handels- und Schifffahrtsvertrages vom 19.10.1954[477] anerkannt und für vollstreckbar erklärt werden. Der Gläubiger eines Spruchs hat – soweit sich der Geltungsbereich beider Übereinkommen deckt, die Wahl, worauf er sein Begehren auf Wirkungserstreckung stützt.[478] Schließlich erlaubt das autonome Recht die Durchsetzung von ausländischen Schiedssprüchen.[479] Ein Teil der Einzelstaaten hat international Arbitration Acts erlassen. California, Connecticut, Florida, Georgia, Illinois, Louisiana, Oregon und Texas haben das UNCITRAL-Modellgesetz übernommen. Eine Sonderregelung besteht für New York, wo das Schiedsverfahrensrecht Teil der Civil Practice Law and Rules ist. Im Übrigen kann ein ausländischer Schiedsspruch auch nach dem Federal ArbitrationAct durch ordinary action bei einem Staatsgericht oder Bundesgericht durchgesetzt werden

Die Zuständigkeit zur Durchsetzung von Schiedssprüchen[480] nach dem UN-Übereinkommen 1958 liegt nach sect. 201 ff. Federal Arbitration Act bei den Bundesgerich-

---

[466] Vgl. dazu *Bánrévy* in Seiffert (Hrsg.), Anerkennung und Vollstreckung ausländischer Entscheidungen in Osteuropa, 1994, S. 99 ff.; *Kengyel* ZZPInt 3 (1998), 363 ff.; *Németh*, Festschrift für Schlosser 2005, 637 ff.; *Pikó*, Schiedsgerichtsbarkeit in Ungarn, 1998; *Sebestyén*, Yearbook Commercial Arbitration I (1976), S. 53 ff.; *Varga* in Oberhammer (Hrsg.), Schiedsgerichtsbarkeit in Zentraleuropa, 2005, S. 629 ff.
[467] BGBl. II 1962, 2170.
[468] Vgl. dazu *Kengyel* in Geimer/Schütze, Internationaler Rechtsverkehr, 1151.24 f.
[469] Vgl. dazu *Engelhardt* RPS BB-Beil. 5/1996, 6 ff.; *Horváth* in Böckstiegel (Hrsg.), Recht und Praxis der Schiedsgerichtsbarkeit in Staaten Zentral- und Ost-Europas, 1998, S. 505 ff.
[470] Vgl. dazu auch *Holz/Samtleben* RIW 1988, 107 ff.
[471] BGBl. II 1983, 462.
[472] Vgl. *Barrios de Angelis* in Kos-Rabcewicz-Zubkowski (Hrsg.), Cooperación interamericana en los procedimientos civiles y mercantiles, 1982, S. 547 ff., 572 f.
[473] Vgl. *Kleinheisterkamp*, International Commercial Arbitration in Latin America, 2005, S. 439.
[474] BGBl. II 1996, 966.
[475] Vgl. dazu *Borris*, Die internationale Handelsschiedsgerichtsbarkeit in den USA, 1987; *Holtzmann* in Sanders/van den Berg, International Handbook on Commercial Arbitration, USA, 1 ff.; *Morris* RIW 1989, 857 ff.; *Rivkin/Friedman/Reid* in Nairn/Henghan, Arbitration World, S. 1017 ff.
[476] BGBl. II 1971, 15.
[477] BGBl. II 1956, 487, 763.
[478] Vgl. dazu *Schütze* DIS-MAT XII (2005), S. 85 ff.
[479] Vgl. im Einzelnen *Holtzmann/Donovan* in Paulsson, International Handbook on Commercial Arbitration, USA. 60 ff.; *Kronenburg*, Vollstreckung ausländischer Schiedssprüche in den USA, 2001.
[480] Vgl. auch *Schütze* in Geimer/Schütze, Internationaler Rechtsverkehr, 1157.22 f.

ten.[481] Die Vollstreckbarerklärung erfolgt in einem gerichtlichen Verfahren. Der Antrag muss binnen drei Jahren nach Erlass des Schiedsspruchs gestellt werden. Das Verfahren ist – soweit Staatsverträge nichts Abweichendes vorsehen – dasselbe wie bei inländischen Schiedssprüchen.

744   **Vatikan:** Der Heilige Stuhl ist Mitgliedstaat des UN-Übereinkommens 1958.[482] Das Verfahren richtet sich nach autonomem Recht,[483] das auch eine Wirkungserstreckung ausländischer Schiedssprüche über das UN-Übereinkommen 1958 hinaus erlaubt.

Venezuela:[484] Venezuela hat das UNCITRAL-Modellgesetz übernommen und ist Mitgliedstaat des UN-Übereinkommens 1958.[485] Das Verfahren der Wirkungserstreckung bestimmt sich nach dem der Anerkennung und Vollstreckbarerklärung ausländischer Zivilurteile. Zuständig ist der oberste Gerichtshof.

Vereinigte Arabische Emirate:[486] Die Vereinigten Arabischen Emirate sind 2006 dem UN-Übereinkommen 1958 beigetreten.[487] Die Wirkungserstreckung deutscher Schiedssprüche aufgrund autonomen Rechts nach Art. 236 der Zivilprozessordnung.[488] Die bisher wegen mangelnder vertraglich verbürgter Gegenseitigkeit, die hiernach Anerkennungserfordernis[489] ist, nicht möglich war,[490] ist nunmehr gesichert.

Vietnam: Vietnam ist Mitgliedstaat des UN-Übereinkommens 1958.[491] Im übrigen gilt seit dem 1.1.2011 das Law on Commercial Arbitration. Dieses Gesetz folgt dem UNCITRAL Modellgesetz[492] Die Vollstreckbarerklärung erfolgt in einem gerichtlichen Verfahren, das eingeleitet wird durch einen Antrag an das Justizministerium, das den Antrag binnen 7 Tagen an das zuständige Gericht weiterleitet. Zuständig ist das Gericht am Wohnsitz oder Sitz des Schuldners.[493]

745   **Zentralafrikanische Republik:** Die Zentralafrikanische Republik ist Mitgliedstaat des UN-Übereinkommens 1958.[494] Darüber hinaus ist eine Wirkungserstreckung nach autonomem Recht möglich.

Die Vollstreckbarerklärung[495] erfolgt durch gerichtliches Exequatur. Zuständig ist der Präsident des tribunal de grande instance des Ortes, an dem Schuldnervermögen belegen ist.

Zypern: Zypern ist Mitgliedstaat des UN-Übereinkommens 1958.[496] Zypern hat das UNCITRAL-Modellgesetz in das innerstaatliche Recht übernommen (The International

---

[481] Vgl. *Holtzmann*, Yearbook Commercial Arbitration II (1977), S. 138 ff.; *Borris* S. 119 ff. mit Rechtsprechungsnachweisen. *Borris* vertritt die Ansicht, dass die Zuständigkeit der einzelstaatlichen Gerichte wohl nicht ausgeschlossen ist; ebenso *Kronenburg* aaO, S. 151 ff.

[482] BGBl. II 1975, 928.

[483] Vgl. dazu *Matscher*, Rivista di Scienze Giuridiche 1956, 127 ff., 132 f.

[484] Vgl. dazu *Rodríguez Urraca* in Kos-Rabcewicz-Zubkowski, Cooperación intreramericana en los procedimientos civiles y mercantiles, 1982, S. 575 ff.; *Samtleben* RIW 1984, 860 ff.; ders. RIW 1987, 20 ff.

[485] BGBl. II 2002, 157.

[486] Vgl. dazu *Afridi/Karmali* in Nairn/Heneghan, Arbitration World, S. 977 ff.; *Al Tamini*, Practical Guide to Litigation and Arbitration in the United Arab Emirates, 2003; *El-Ahdab/El-Ahdab*, AE, 001 ff.; *Krüger* RPS BB-Beil. 2/2001, 2 ff.; *Meyer-Reumann* RIW 1994, 780 f.

[487] Vgl. VO (EG) Nr. 43/2006; dazu *Krüger* IPRax 2006, II.

[488] Vgl. *Bälz* in Geimer/Schütze, Internationaler Rechtsverkehr, 1155.8 f.

[489] Vgl. *Krüger* RPS BB-Beil., 2/2001, 2 ff., 9.

[490] Vgl. zu weiteren Problemen *Bälz*, aaO 1155.8 f.

[491] BGBl. II 1996, 222.

[492] Vgl. *Dinh Quang Thuan*, Länderbericht Vietnam, in Respondek, Asia Arbitration Guide, S. 308

[493] Vgl. *Garnett/Nguyen*, Enforcement of Arbitration Awards in Vietnam, Asian Arbitration Journal 2 (2006), 137 ff.; *Nguyen/Wieczorek/Le Net*, in Geimer/Schütze, IRV, 11608.8 f.

[494] BGBl. II 1963, 154.

[495] Vgl. dazu *Knieper* in Geimer/Schütze, IRV, 1180, 5 f.

[496] BGBl. II 1981, 157.

Arbitration Law, 1987). Im Übrigen ist eine Vollstreckbarerklärung nach common law möglich.[497] Der Supreme Court hat entschieden, dass ein Schiedsspruch durch Exequierung im Ursprungsstaat – wenn dort ie merger Lehre praktiziert wird – seine Natur als Schiedsspruch nicht verliert[498] und deshalb nur als Schiedsspruch für vollstreckbar erklärt werden kann.

§ 11 Die gerichtliche Überprüfung von Entscheidungen des Schiedsgerichts, insbesondere die Aufhebung von Schiedssprüchen

Literatur: *Aden,* Verfahrensverstoss durch fehlerhafte Rechtsanwendung im Schiedsverfahren, DZWIR 2011, 400 ff.; *ders.,* Verfahrensverstoss und Ursächlichkeit für den Schiedsspruch im Aufhebungsverfahren nach § 1059 Abs. 2 Nr. 1d ZPO, DZWIR 2013, 149 ff.; *Altenmüller,* Zur materiellrechtlichen Überprüfung von Schiedssprüchen, KTS 1974, 150 ff.; *Böckstiegel,* Schiedsgerichte und staatliche Gerichte, RIW/AWD 1979, 161 ff.; *Harbst,* Die Rolle der staatlichen Gerichte im Schiedsverfahren, 2002; *Kremer/Weimann,* Die Aufhebbarkeit von Schiedssprüchen, insbesondere Zwischen- oder Teilschiedssprüchen über den Anspruchsgrund – Widerspruch zu Prinzipien der Prozessökonomie?, SchiedsVZ 2007, 238 ff.; *Schroeder,* Zur Aufhebung von Scheinschiedssprüchen und anderen formellen Schiedssprüchen durch staatliche Gerichte – Ein Beitrag zur Auslegung des Begriffes „Schiedsspruch" in § 1059 ZPO, SchiedsVZ 2005, 244 ff.; *Schütze,* Die gerichtliche Überprüfung von Entscheidungen des Schiedsgerichts, SchiedsVZ 2009, 241 ff.; *Sonnauer,* Die Kontrolle der Schiedsgerichte durch staatliche Gerichte, 1991, S. 51 ff., 113 ff.; *Wighardt,* Verfahrensfragen bei Zurückverweisung der Sache an das Schiedsgericht, SchiedsVZ 2010, 252 ff.; *Wolff,* Zurückverweisung der Sache an das Schiedsgericht nach Aufhebung des Schiedsspruchs – zu den „geeigneten Fällen" nach § 1059 Abs. 4 ZPO, SchiedsVZ 2007, 254 ff.

I. Die gerichtliche Überprüfung von Entscheidungen des Schiedsgerichts

Der Staat misstraut den Schiedsgerichten. Deshalb sieht das 10. Buch der ZPO – wenn man reine verfahrensleitende Verfügungen außer Betracht lässt – regelmäßig eine direkte oder indirekte Überprüfungsmöglichkeit schiedsgerichtlicher Entscheidungen durch staatliche Gerichte vor.[499]

746

1. Die verfassungsrechtlich gebotene Nachprüfbarkeit von schiedsgerichtlichen Entscheidungen

Die gerichtliche Nachprüfbarkeit schiedsgerichtlicher Entscheidungen folgt zunächst aus Art. 19 Abs. 4 GG. Der sekundäre Kontrollanspruch auf Überprüfung erstinstanzlicher Rechtsakte garantiert ein zweistufiges Verfahren.[500] Da das schiedsgerichtliche Verfahren in der Regel nur eine Instanz kennt, ist eine Überprüfung durch staatliche Gerichte als „zweite Instanz" verfassungsrechtlich geboten.

747

Eine Überprüfungsmöglichkeit schiedsgerichtlicher Entscheidungen durtch staatliche Gerichte ergibt sich auch aus Art. 6 Abs. 1 EMRK. Zwar besitzt die europäische Menschenrechtskonvention – anders als in Österreich[501] – in Deutschland nicht Verfassungsrang. Jedoch ist die Rechtsprechung des Eurpäischen Menschenrechtsgerichtshofes bei

748

---

[497] Vgl. *Schütze* in Geimer/Schütze, IRV, 1181.10.
[498] Vgl. Madina Maritime S. A. v. Jeropoulos & Co. Ltd, (1984) 1 CLR 841.
[499] Vgl. im einzelnen *Schütze* SchiedsVZ 2009, 241 ff.
[500] Vgl. für Nachweise *Schmidt-Assmann* in Maunz/Dürig/Herzog, GG, Art. 19 Abs. 4 Rn. 96; *Krebs* in Münch/Kunig, GG-Kommentar, 5. Aufl., Art. 19 Rn. 64.
[501] Vgl. dazu *Bajons,* Über Grenzen und Freiräume des New Yorker Schiedskonvention im Lichte des EMRK, Festschrift für Machacek und Matscher 2008, 703 ff.

der Bestimmung des Inhalts und der Tragweite der Grundrechte zu beachten.[502] Nach Art. 6 Abs. 1 EMRK muss der Staat eine Möglichkeit zur Verfügung stellen, eine mit Verletzungen des Gebots eines fairen Verfahrens behaftetes Verfahren und die darin ergehende Entscheidung aufzuheben oder zu korrigieren.

2. Die schiedsgerichtlichen Entscheidungen im Einzelnen[503]

a) Verfahrensverfügungen

749 Verfahrensverfügungen des Schiedsgerichts, wie Terminierung, Fristsetzung pp. unterliegen keiner unmittelbaren Nachprüfung durch staatliche Gerichte. Die Überprüfung erfolgt im Vollstreckbarerklärungs- oder Aufhebungsverfahren. Setzt das Schiedsgericht etwa zu kurze Fristen, so kann darin eine Verletzung rechtlichen Gehörs liegen, die zur Aufhebung oder Versagung der Vollstreckbarerklärung führen kann. Zu einer Diskussion[504] hat in diesem Zusammenhang in den achtziger Jahren die Verlängerungspraxis der ICC hinsichtlich der in der SchO vorgesehenen Sechsmonatsfrist für die Entscheidung geführt. Der BGH[505] hat im Gegensatz zum OLG Stuttgart[506] entschieden, dass es sich bei der Fristverlängerung nach Art. 18 Abs. 1 ICC-SchO aF um eine nicht überprüfbare verfahrensleitende Verfügung handele, für die kein rechtliches Gehör gewährt werden müsse.

b) Sicherheitsleistung für die Prozesskosten

750 Die Anordnung einer cautio iudicatum solvi ist wie eine Verfahrensverfügung zu behandeln. Sie ist nur mit dem Endschiedsspruch überprüfbar. Etwas anderes gilt, wenn die Anordnung der Sicherheitsleistung durch einstweilige Verfügung des Schiedsgerichts erfolgt ist. In diesem Falle ist die Massnahme des einstweiligen Rechtsschutzes nach allgemeinen Regeln (vgl. Rn. 618 ff.) überprüfbar.

c) Entscheidung des Schiedsgerichts über seine Zuständigkeit (Kompetenz-Kompetenz)

Literatur: *Haas*, Die gerichtliche Kontrolle der schiedsgerichtlichen Entscheidungsbefugnis, Festschrift für Rechberger, 2005, S. 187 ff.

751 Das Schiedsgericht hat die Befugnis über seine eigene Zuständigkeit zu entscheiden (§ 1040 Abs. 1). Das letzte Wort hat aber das staatliche Gericht.[507]
* Bejaht das Schiedsgericht seine Zuständigkeit durch Zwischenentscheid (§ 1040 Abs. 3), so kann gegen diesen binnen eines Monats nach Bekanntgebe gerichtliche Entscheidung durch das OLG beantragt werden (§ 1040 Abs. 3).[508]
* Verneint das Schiedsgericht seine Zuständigkeit, so weist es die Schiedsklage durch Endschiedsspruch als unzulässig ab. Gegen diesen ist das Aufhebungsverfahren nach § 1059 gegeben.

---

[502] Vgl. BVerfGE 74, 358 (370).
[503] Vgl. zu den Entscheidungsformen in der Schiedsgerichtsbarkeit *Schlosser* Festschrift für Statopoulos 2010, 2639 ff.
[504] Vgl. dazu *Aden* RIW 1989, 607 ff.; *Hermanns* IPrax 1987, 353 ff.; *Raeschke-Kessler/Bühler* ZIP 1987, 1157 ff.; *Wackenhuth* IPrax 1987, 355 f.
[505] Vgl. BGH RIW 1988, 642.
[506] Vgl. OLG Stuttgart RIW 1988, 480.
[507] Vgl. BGH SchiedsVZ 2005, 95; eingehend *Haas* Festschrift für Rechberger 2005, 187 ff. (202 ff.).
[508] Vgl. dazu OLG Hamburg SchiedsVZ 2009, 71.

d) Die Entscheidung des Schiedsgerichts über die Befangenheit von Schiedsrichtern

Die Entscheidung des Schiedsgerichts über die Ablehnung eines Schiedsrichters (§ 1037 Abs. 2) unterliegt in vollem Umfang der gerichtlichen Nachprüfung. Bleibt die Ablehnung erfolglos, so entscheidet das OLG auf Antrag nach § 1037 Abs. 3, 1062 Abs. 1 Nr. 1. 752

e) Entscheidungen des einstweiligen Rechtsschutzes

vgl. dazu → Rn. 618 ff. 753

II. Die Aufhebung von Schiedssprüchen

1. Schiedssprüche, deren Aufhebung zulässig ist

Schiedsspruch iSv § 1059 kann nur ein deutscher Schiedsspruch sein. Ausländische Schiedssprüche können durch ein deutsches Gericht nicht aufgehoben werden.[509] Für ausländische Schiedssprüche nimmt Deutschland keine Aufhebungszuständigkeit in Anspruch,[510] unabhängig von der Frage, ob dies völkerrechtlich zulässig wäre, was *Geimer* bejaht.[511] Die Nationalität des Schiedsspruchs ist nach dem Sitz zu bestimmen (vgl. → Rn. 688 f.). Abzustellen ist auf den effektiven Sitz.[512] Liegt der effektive Schiedsort im Ausland und ist der vereinbarte oder bestimmte deutsche Sitz des Schiedsgerichts nur fiktiv, so ist ein Aufhebungsverfahren nach § 1059 unzulässig. Ein Aufhebungsverfahren kann nur im Ausland erfolgen, soweit die lex fori am effektiven Schiedsort dies zulässt. Über die Wirkungen eines im Ausland aufgehobenen Schiedsspruchs → Rn. 708 ff. 754

Das Aufhebungsverfahren nach § 1059 ist auch zulässig gegen einen Prozessschiedsspruch, durch den das Schiedsgericht seine Zuständigkeit verneint.[513] 755

Der Aufhebung nach § 1059 zugänglich sind auch Schiedssprüche, die nicht von einem Schiedsgericht aufgrund einer gültigen Grundlage ergangen sind (Scheinschiedssprüche[514]).[515] 756

Hinsichtlich der Art der Schiedssprüche gilt Folgendes.[516] 757

a) Endschiedssprüche

Endschiedssprüche unterliegen im vollem Umfang der Aufhebung nach § 1059. 758

b) Teilschiedssprüche

Ein Teilschiedsspruch ist im Rahmen seiner Entscheidung ein Endschiedsspruch und ist der Aufhebung nach § 1059 zugänglich. 759

---

[509] Vgl. *Kröll* in Böckstiegel/Kröll/Nascimiento, Arbitration in Germany, 2007, § 1059 Rn. 7; Wieczorek/Schütze/*Schütze* § 1059 Rn. 4.
[510] Vgl *Geimer* IZPR Rn. 1262; *Rensmann*, Anationale Schiedssprüche, 2007, S. 184; Thomas/Putzo/*Reichold* § 1059 Rn. 5; Zöller/*Geimer* § 1059 Rn. 1 b.
[511] Vgl. *Geimer* IZPR Rn. 222 c.
[512] Vgl. *Schütze*, Die Bedeutung des effektiven Schiedsortes in internationalen Schiedsverfahren, Festschrift für von Hoffmann 2011, 1077 ff.
[513] Vgl. BGH NJW 2002, 3031; Thomas/Putzo/*Reichold* § 1059 Rn. 1.
[514] Vgl. zur Terminologie OLG Frankfurt/Main OLG Report 2001, 302.
[515] Vgl. *Schroeder* SchiedsVZ 2005, 244 ff.
[516] Vgl. im einzelnen *Schütze* SchiedsVZ 2009, 241ff, dem die Darstellung hier folgt.

c) Zwischenentscheide

760 Der wesentliche Zwischenentscheid ist die Entscheidung über die Zuständigkeit. Bejaht das Schiedsgericht nach § 1040 Abs. 3 seine Zuständigkeit,[517] so ist der Zwischenentscheid nach § 1040 Abs. 3 S. 2 durch das Oberlandesgericht (§ 1062) nachprüfbar.

d) Vorbehaltsschiedssprüche

761 Bei Vorbehaltsschiedssprüchen bei Aufrechnung durch den Schiedsbeklagten ist zu differenzieren:
- Unterliegt der zur Aufrechnung gestellte Anspruch der Schiedsvereinbarung, kann darüber aber noch nicht entschieden werden, so kann zwar ein Vorbehaltsschiedsspruch ergehen, aber nicht für vollstreckbar erklärt oder aufgehoben werden, da das Schiedsverfahren über den mit der Schiedsklage geltend gemachten Anspruch noch nicht abgeschlossen ist, die Entscheidung vielmehr im Nachverfahren vor dem Schiedsgericht noch abgeändert werden kann.[518]
- Unterliegt der zur Aufrechnung gestellte Anspruch nicht der Schiedsvereinbarung und muss das Schiedsgericht dem Staatsgericht die Entscheidung über diesen Anspruch überlassen, so liegt kein echter Vorbehaltsschiedsspruch vor. Es handelt sich um einen Endschiedsspruch über den Schiedsklageanspruch, der der Übereprüfung im Aufhebungs- oder Vollstreckbarerklärungsverfahren unterliegt.[519]

e) Schiedssprüche über den Grund

762 Es ist zu differenzieren:
- Ergeht eine – nicht bindende – Vorabentscheidung, so ist diese nicht selbständig aufhebbar und kann nicht für vollstreckbar erklärt werden.[520]
- Anders ist es, wenn nach der Schiedsvereinbarung oder dem Willen der Schiedsrichter, durch den Schiedsspruch endgültig über den Grund entschieden worden ist. Ein solcher Schiedsspruch ist ein echter Endschiedsspruch.[521]

f) Anerkenntnis-, Verzichts- und Säumnisschiedssprüche

763 Anerkenntnis-, Verzichts- und Säumnisschiedssprüche[522] sind unzuzlässig, mögen derartige Erklärungen und prozessuales Verhalten der Parteien im Endschiedsspruch berücksichtigt werden (vgl. → Rn. 575). Erlässt das Schiedsgericht dennoch einen solchen Schiedsspruch, so ist dieser ein Endschiedsspruch und kann nach § 1059 aufgehoben werden.

---

[517] Eine Verneinung der Zuständigkeit durch Zwischenentscheid kommt nicht in Betracht. In diesem Fall muss das Schiedsgericht die Schiedsklage durch Endschiedsspruch abweisen.
[518] Vgl. *Glossner/Bredow/Bühler* S. 180; *Schwab/Walter* Kap. 18 Rn. 7; *Sieg* JZ 1959, 752 ff. (752); *Lachmann* Rn. 1710 vertritt in diesem Fall die Ansicht, es liege überhaupt kein Schiedsspruch vor.
[519] Vgl. zur Zulässigkeit der Vollstreckbarereklärung BGHZ 10, 325; *Lachmann* Rn. 1711; *Schwab/Walter* Kap. 18, Rn. 8; *Sieg* JZ 1959, 752 ff. (752).
[520] Vgl. *Lachmann* Rn. 1707; *Zöller/Geimer* § 1059 Rn. 13.
[521] Vgl. BGHZ 10, 325; BGH SchiedsVZ 2008, 40; *Kremer/Weimann* SchiedsVZ 2007, 238 ff.; *Schwab/Walter* Kap. 18, Rn. 7, 26; *Zöller/Geimer* § 1059. Rn. 13; aA wohl OLG Frankfurt/Main SchiedsVZ 2007, 278.
[522] Vgl. zur Säumnis im Schiedsverfahren *Kessler*, Säumnis und Verspätung im Schiedsverfahren, Festschrift für Elsing 2015, 235 ff.; *Kühn*, Defaulting Parties and Default Awards in International Arbitration, Festschrift für Wegen 2015, 691 ff.; *Quinke*, Säumnis im Schiedsverfahren, SchiedsVZ 2013, 129 ff.

g) Schiedssprüche mit vereinbartem Wortlaut

Die Aufhebung eines Schiedsspruchs mit vereinbartem Wortlaut bestimmt sich nach § 1059.[523]   764

h) Beschlüsse über die Berichtigung, Auslegung und Ergänzung des Schiedsspruchs

Die Möglichkeit der Berichtigung, Auslegung oder Ergänzung des Schiedsspruchs durch das Schiedsgericht soll die Notwendigkeit von Aufhebungsverfahren nach § 1059 beschränken,[524] schließt das Aufhebungsverfahren aber nicht aus. Es handelt sich um ein notwendiges Vorschaltverfahren, ohne das ein Verfahren nach § 1059 unzulässig ist.[525]   765

Weist das Schiedsgericht den Antrag nach § 1058 zurück, so ist der Weg frei für ein Aufhebungsverfahren, wobei der Antragsteller mit allen Einwendungen präkludiert ist, die er im Verfahren nach § 1058 hätte vorbringen können.   766

Anders ist es, wenn das Schiedsgericht dem Antrag ganz oder teilweise stattgibt. Handels es sich um eine Ergänzung, so liegt ein echter Schiedsspruch vor,[526] der der Aufhebung nach § 1059 zugänglich ist. Auslegungs- und Berichtigungsentscheidungen sind dagegen nicht selbständig anfechtbar.[527] Sie sind Teil des Schiedsspruchs und können nur mit diesem zusammen im Aufhebungsverfahren angefochten werden.[528]   767

i) Verfahrensbeendende Beschlüsse

Das Gesetz sieht keine Anfechtungsmöglichkeit für verfahrensbeendende Beschlüsse (§ 1056 Abs. 2) vor. Die hL verneint dann auch jegliche Möglichkeit, gegen einen verfahrensbeendenden Beschluss gerichtlich vorzugehen.[529] Nun hat der Beendigungsbeschluss – unabhängig davon, ob man ihm konstitutive oder deklaratorische Bedeutung beimißt[530] – erhebliche rechtliche Auswirkungen für die Parteien. Zunächst endet nach § 1056 Abs. 3 das Mandat der Schiedsrichter. Die Parteien haben – wenn der Beendigungsbeschluss zu Unrecht ergangen ist, nutzlos viel Zeit und Geld in den Rechtsstreit investiert. Überdies endet die Schiedshängigkeit und damit die Hemmung der Verjährung. Bei fristgebundenen Klagen, etwa gesellschaftsrechtlichen Ausschlussklagen, kann die Frist endgültig verloren gehen. Da § 1056 Abs. 3 ohne Einschränkung auf § 1059 Abs. 4 verweist, sind verfahrensbeendigende Beschlüsse der Aufhebung nach § 1059 zugänglich.[531] Das OLG Köln hat dann auch – in einer zugegebenerweise dunklen Entscheidung – einen verfahrensbeendenden Beschluss zusammen mit der Kostenentscheidung nach § 1059 aufgehoben.[532]   768

2. Aufhebungsgründe

Die Gründe für die Aufhebung eines Schiedsspruchs sind in § 1059 Abs. 2 ZPO abschließend geregelt: 769

---

[523] Vgl. Zöller/*Geimer* § 1059 Rn. 12.
[524] Vgl. *Calavros* Das UNCITRAL-Modellgesetz über die internationale Handelsschiedsgerichtsbarkeit, 1988, S. 144.
[525] Vgl. *Schütze* SchiedsVZ 2009, 241 ff. (245 f.).
[526] Vgl. *Lachmann* Rn. 2040; Zöller/*Geimer* § 1058 Rn. 4.
[527] Vgl. Begründung, BT-Drs. Erel. zu § 1058; *Lachmann* Rn. 2040; *Schwab/Walter* Kap. 21 Rn. 18; Zöller/*Geimer* § 1058 Rn. 4.
[528] AA OLG Frankfurt/Main SchiedsVZ 2005, 311.
[529] Vgl. *Haas* SchiedsVZ 2010, 286 ff.; *Gerstenmaier* SchiedsVZ 2010, 281 ff. jeweils mit Nachweisen.
[530] Vgl. zu Streitstand MüKo/*Münch* § 1056 Rn. 3.
[531] Vgl. im einzelnen *Schütze* SchiedsVZ 2009, 241 ff. (246 f.).
[532] Vgl. OLG Köln – Beschl. v. 26.11.2002 – 9 Sch 20/02, DIS Datenbank.

a) Unwirksamkeit der Schiedsvereinbarung

770 Fehlt eine Schiedsvereinbarung, ist sie unwirksam oder erloschen, so ist der Schiedsspruch aufhebbar (§ 1059 Abs. 2 Nr. 1 lit. a ZPO). Die Gültigkeit der Schiedsvereinbarung unterliegt der Prüfung durch das staatliche Gericht, ohne dass dieses an die Entscheidung des Schiedsgerichts gebunden wäre,[533] es sei denn, es gehe um die Kompetenz-Kompetenz (§ 1040 ZPO, dazu → Rn. 349 ff.), wobei dann diese wieder der gerichtlichen Überprüfung unterliegt.[534] Dabei ist allerdings zu beachten, dass die Parteien nach § 1040 Abs. 2 und 3 ZPO vorgehen können – und zur Vermeidung des Verlustes des Rügerechts müssen – und die rügelose Einlassung Mängel der Schiedsvereinbarung heilt (vgl. → Rn. 259 ff.).

771 Die Berufung auf die mangelnde Schiedsvereinbarung kann gegen Treu und Glauben verstoßen, wenn die sich hierauf berufende Partei das Schiedsverfahren veranlasst hat.[535]

772 Die fehlende subjektive Schiedsfähigkeit (dazu → Rn. 189 ff.) ist überflüssigerweise in § 1059 Abs. 2 Nr. 1 lit. a ZPO als Aufhebungsgrund aufgeführt; denn sie führt zur Unwirksamkeit der Schiedsvereinbarung, die selber Aufhebungsgrund ist. Sie ist als besonderer Aufhebungsgrund nur deshalb aufgenommen worden, weil das Modellgesetz diesen Aufhebungsgrund enthält.[536]

b) Versagung rechtlichen Gehörs

773 § 1059 Abs. 2 Nr. 1 lit. b ZPO erklärt einen Unterfall der Nichtgewährung rechtlichen Gehörs zum Versagungsgrund:[537] die Abschneidung die Geltungsmachung von prozessualen Angriffs- oder Verteidigungsmitteln aus jeglichem Grunde, insbesondere deshalb, weil die Partei von der Bestellung eines Schiedsrichters oder vom schiedsrichterlichen Verfahren nicht gehörig in Kenntnis gesetzt worden ist. Für die Kenntniserlangung ist das anwendbare Schiedsverfahrensrecht maßgebend. Verfahrensverstöße können aber durch tatsächliche Kenntnis geheilt werden. Schreibt die Schiedsvereinbarung Zustellung der Schiedsklage durch Zustellung durch den Gerichtsvollzieher vor und wird die Zustellung durch einfachen Brief vorgenommen, so kann sich die Partei im Aufhebungsverfahren jedenfalls nicht auf § 1059 Abs. 2 Nr. 1 lit. b ZPO stützen.

774 Im Übrigen stellt auch über die in § 1059 Abs. 2 Nr. 1 lit. b ZPO genannten Gründe hinaus jede Verweigerung rechtlichen Gehörs einen Aufhebungsgrund dar, wobei es Geschmackssache ist, ob man hier Nr. 1 lit. b oder Nr. 2 lit. b (ordre public Klausel) anwenden will. Die Nichtgewährung rechtlichen Gehörs ist kein absoluter Aufhebungsgrund. Sie muss entscheidungserheblich gewesen sein.[538] Zum Inhalt und Umfang des Rechtes auf rechtliches Gehör vgl. im Übrigen → Rn. 386 ff.

775 Nach der Ansicht des BGH umfasst der Anspruch auf rechtliches Gehör nicht verfahrensleitende Anordnungen des Schiedsgerichts (zB Terminbestimmungen, Verlängerung von Schriftsatz- oder sonstigen Äußerungsfristen). Das soll auch dann gelten, wenn eine Frist für den Erlass des Schiedsspruchs (entschieden zu Art. 18 ICC Schiedsordnung aF) betroffen ist.[539]

---

[533] Vgl. BGHZ 68, 356; *Schwab/Walter* Kap. 24 Rn. 9.
[534] Vgl. BGHZ 68, 356; *Schütze/Tscherning/Wais* Rn. 540.
[535] Vgl. BGH WM 1987, 1084.
[536] Vgl. dazu *Calavros* S. 150 ff.; *Granzow* S. 202 ff.; *Hußlein-Stich* S. 177 ff.
[537] Vgl. *Granzow* S. 197 f.; *Hußlein-Stich* S. 183 f.
[538] Vgl. BGHZ 3, 215; BGHZ 31, 43; OLG Hamburg RIW 1991, 152; MüKo/*Münch* § 1059 Rn. 18; *Schütze/Tscherning/Wais* Rn. 544; Zöller/*Geimer* § 1059 Rn. 35.
[539] Vgl. BGH WM 1988, 1178, zur kontroversen Diskussion dieser Frage vgl. Wieczorek/Schütze/ *Schütze* § 1061 Rn. 43 mwN in Fn. 73.

Eckstein-Puhl[540] will auch den Prozessbetrug unter § 1059 Abs. 2 lit. d ZPO fassen.   776

c) Überschreiten der Grenzen der Schiedsvereinbarung

§ 1059 Abs. 2 Nr. 1 lit. c ZPO statuiert einen an sich überflüssigen Aufhebungsgrund: 777
das Überschreiten der Grenzen der Schiedsvereinbarung.[541] Diese Fallgruppe ist regelmäßig bereits unter lit. a der Bestimmung zu fassen.[542] Wenn das Schiedsgericht über einen Anspruch entscheidet, der nicht der Schiedsvereinbarung unterliegt, dann ist die Entscheidung nicht durch die Schiedsvereinbarung gedeckt. Für diesen Anspruch fehlt eine wirksame Schiedsvereinbarung.

Unterfällt ein Anspruch der Schiedsvereinbarung nur teilweise, so ist ein Aufhebungsgrund für den Teil gegeben, der durch die Schiedsvereinbarung nicht gedeckt ist – immer   778
unter der Voraussetzung, dass es sich um einen teilbaren Anspruch handelt.

d) Schwere Verfahrensverstöße

Haben die Parteien bei der Bildung des Schiedsgerichts die Regelungen des 10. Buchs   779
der ZPO und/oder ihrer Parteivereinbarung nicht beachtet, etwa einen Schiedsrichter ohne die nach der Schiedsvereinbarung vorgesehene Qualifikation (zB Befähigung zum Richteramt) ernannt, so ist der Schiedsspruch aufhebbar. Dasselbe gilt bei Verstößen gegen das durch Parteivereinbarung oder §§ 1025 ff. ZPO vorgeschriebene Verfahren[543] (§ 1059 Abs. 2 Nr. 1 lit. d ZPO).[544] Ein Aufhebungsgrund liegt vor, wenn das Schiedsgericht mit einem erfolgreich abgelehnten Schiedsrichter besetzt war, auch wenn über die Ablehnung durch gerichtliche Entscheidung erst nach Erlass des Schiedsspruchs entschieden worden ist[545]

Erforderlich ist, dass die Entscheidung auf dem Verstoß beruht, dh bei Beachtung der   780
Vorschriften über die Bildung des Schiedsgerichts und Einhaltung der Verfahrensregeln möglicherweise anders entschieden worden wäre. Weiterhin setzt die Geltendmachung dieses Aufhebungsgrundes voraus, dass der die Aufhebung des Schiedsspruchs Betreibende eine entsprechende Verfahrensrüge rechtzeitig – aber vergeblich – erhoben hat.[546] Der Aufhebungsgrund kann deshalb nur sehr eingeschränkt geltend gemacht werden. Regelmäßig werden die Parteien präkludiert sein.

Aden will in schweren Fehlern der Anwendung materiellen Rechts einen Verfahrensverstoß sehen[547]. Sein Ansatzpunkt ist überlegenswert. Es besteht aber die Gefahr, dass   781
einer révision au fond Tür und Tor geöffnet werden.

e) Mangelnde objektive Schiedsfähigkeit

Die mangelnde objektive Schiedsfähigkeit ist ein von Amts wegen[548] zu beachtender   782
Aufhebungsgrund.[549] Zur objektiven Schiedsfähigkeit vgl. oben → Rn. 267 ff.

---

[540] Vgl. *Eckstein-Puhl*, Prozessbetrug im Schiedsverfahren, 2005.
[541] Vgl. dazu *Calavros* S. 154 f.; *Granzow* S. 198 f.; *Hußlein-Stich* S. 180 f.
[542] Vgl. *Hußlein-Stich* S. 180.
[543] Vgl. zu Fallgruppen *Marx*, Der verfahrensrechtliche ordre public bei der Anerkennung und Vollstreckung ausländischer Schiedssprüche in Deutschland, 1994 sowie – aus schweizerischer Sicht – *Satmer*, Verweigerung der Anerkennung ausländischer Schiedssprüche wegen Verfahrensmängeln, 1994.
[544] Vgl. dazu *Calavros* S. 157 ff.; *Granzow* S. 199 f.; *Hußlein-Stich* S. 184 f.
[545] Vgl. BGH SchiedsVZ 2016, 41.
[546] Vgl. Begründung, BT-Drs. 13/5274, 79.
[547] Vgl. *Aden* DZWIR 2011, 400 ff.
[548] Vgl. Begründung, BT-Drs. 13/5274, 59; *Calavros* S. 155.
[549] Vgl. dazu *Calavros* S. 155 f.; *Hußlein-Stich* S. 181 f.

783 Den Streit um die kollisionsrechtliche Anknüpfung der objektiven Schiedsfähigkeit im Rahmen der Aufhebung[550] hat der Gesetzgeber positivrechtlich erledigt. Die objektive Schiedsfähigkeit beurteilt sich nach deutschem Recht.

f) Ordre public Klausel

784 Nach § 1059 Abs. 2 Nr. 2 lit. b ZPO führt die ordre public Widrigkeit der Durchsetzung eines Schiedsspruchs zu seiner Aufhebung. Der ordre public-Verstoß kann verfahrensrechtlicher[551] oder materiellrechtlicher Natur sein. Anders als bei der Wirkungserstreckung ausländischer Schiedssprüche ist im Rahmen der Aufhebung nur der ordre public interne[552] Aufhebungsgrund.

785 Als ordre public-Verstöße kommen beispielsweise in Betracht:
- die Verurteilung zur Zahlung von Spiel- und Wettschulden;[553]
- die Verurteilung zu Leistungen aus oder zu einem gegen kartellrechtliche Bestimmungen verstoßenden Verhalten.[554]
- der Prozessbetrug[555]
- die Nichtbeachtung der Handelsvertreterrichtlinie[556]

786 Nicht jede Abweichung von den Normen des deutschen Rechts führt zu einem ordre public-Verstoß. Es muss sich um eine Abweichung handeln, die zum Kernbereich der deutschen Rechtsordnung gehört, dessen Verletzung unerträglich wäre.[557]

g) Restitutionsgründe

787 Der Aufhebungsgrund des § 1041 Abs. 1 Nr. 6 aF ZPO ist in das neue Recht nicht übernommen worden, ohne dass dadurch eine sachliche Änderung eingetreten wäre. Die Restitutionsgründe des § 580 Nr. 1–6 ZPO sind jetzt unter den ordre public zu subsumieren. Ihr Vorliegen führt zu einem Aufhebungsgrund nach § 1059 Abs. 2 Nr. 2 lit. b ZPO.[558]

3. Verfahren der Aufhebung

788 Die Aufhebung erfolgt im Beschlussverfahren nach § 1063 ZPO. Zuständig ist das Oberlandesgericht (§ 1062 Abs. 1 Nr. 4 ZPO). Das Verfahren wird durch Antrag eingeleitet. Dieser muss binnen drei Monaten nach Zustellung des Schiedsspruchs bei Gericht eingebracht werden. Im Falle des Schwebens von Anträgen auf Berichtigung, Ergänzung

---

[550] Vgl. dazu *Hußlein-Stich* S. 181 f.
[551] Vgl. dazu *Baur,* Festschrift für Guldener, 1973, S. 1 ff.; *Marx,* Der verfahrensrechtliche ordre public bei der Anerkennung und Vollstreckung ausländischer Schiedssprüche in Deutschland, 1994.
[552] Vgl. zu der teilweise nicht ganz nachvollziehbaren Differenzierung bei der Umschreibung des ordre public *Kornblum,* Festschrift für Nagel, 1987, S. 140 ff.
[553] Vgl. OLG Hamburg NJW 1955, 390.
[554] Vgl. BGHZ 46, 365; BGHZ 30, 96.
[555] Vgl. *Eckstein-Puhl,* Prozessbetrug im Schiedsverfahren, 2005, die das Problem allerdings unter dem Gesichtspunkt des rechtlichen Gehörs sieht.
[556] Das OLG München (SchiedsVZ 2007, 146) hat allerdings im Anschluss an die alte Rechtsprechung zum Börsentermineinwand für den Handelsvertreterausgleichsanspruch entschieden, die Vereinbarung der Zuständigkeit eines Schiedsgerichts und der Wahl ausländischen Rechts, das den Ausgleichsanspruch nicht kennt, unwirksam sei. Wenn denn aber ein Schiedsgericht dennoch den Ausgleichsanspruch des Handelsvertreters unter Anwendung ausländischen Rechts verneint hat, dann muss man vom Versagungsgrund der fehlenden Schiedsvereinbarung ausgehen. Wenn man allerdings die Schiedsvereinbarung als wirksam ansieht, dann verstösst der Spruch wohl gegen den ordre public.
[557] Vgl. im Einzelnen Wieczorek/Schütze*Schütze* § 1059, Rn. 58 ff.
[558] Vgl. Begründung, BT-Drs. 13/5274, S. 59; *Schwab,* Festschrift für Nagel, 1987, S. 425 ff., 442; zur Historie des Übergehens der Restitutionsgründe im Modellgesetz vgl. *Granzow* S. 203.

oder Auslegung des Schiedsspruchs nach § 1058 ZPO verlängert sich die Frist auf bis zu einem Monat nach Entscheidung über diesen Antrag. Voraussetzung ist jedoch, dass der Antrag nach § 1058 ZPO binnen einer Frist von 1 Monat nach Empfang des Schiedsspruchs gestellt worden ist.

Der Antrag auf Aufhebung setzt ein Rechtsschutzinteresse voraus,[559] das regelmäßig nur der im Schiedsverfahren ganz oder teilweise Unterlegene hat. Die Vollstreckbarerklärung schließt das Aufhebungsverfahren aus (§ 1059 Abs. 3 S. 3 ZPO).

Die Entscheidung über die Aufhebung ist gestaltender Natur.[560] Sie ergeht durch Beschluss, gegen den die Rechtsmittel des § 1065 ZPO gegeben sind.

4. Wirkung der Aufhebung

Mit der Rechtskraft des Beschlusses, der die Aufhebung des Schiedsspruchs ausspricht, fällt dieser fort. Zu § 1041 aF ZPO wurde von der hL angenommen, dass in diesem Fall die Schiedsvereinbarung verbraucht ist und mit Aufhebung des Schiedsspruchs nicht wieder in Kraft tritt.[561] Der Weg zu den staatlichen Gerichten war nach dieser Meinung sodann eröffnet.

Demgegenüber ordnet § 1059 Abs. 5 ZPO nunmehr an, dass die Schiedsvereinbarung für den Streitgegenstand wieder auflebt. Die Parteien können eine abweichende Regelung treffen. Wenn ein Schiedsgericht eine derart falsche Entscheidung trifft, dass diese aufhebbar ist, so wird es häufig so sein, dass die Parteien kein Vertrauen mehr in die Schiedsgerichtsbarkeit haben und lieber eine Entscheidung des Rechtsstreits durch die staatlichen Gerichte wollen. § 1059 Abs. 5 ZPO gibt auch die Möglichkeit, einen solchen stillschweigenden Parteiwillen zu beachten.[562]

Nach Aufhebung des Schiedsspruchs kann das Oberlandesgericht die Sache auf Antrag einer Partei „in geeigneten Fällen" an das Schiedsgericht zurückverweisen (§ 1059 Abs. 4 ZPO)[563]. Hierzu ist der Gegner im Rahmen der Gewährung rechtlichen Gehörs zu hören. Widerspricht er, so liegt regelmäßig kein „geeigneter Fall" vor. Denn man kann einer Partei kaum zumuten, weiterhin Vertrauen zu einem Schiedsgericht zu haben, das eine mit Verfahrens- oder sonstigen schweren Mängeln behaftete Entscheidung erlassen hat.[564]

---

[559] Vgl. *Schwab/Walter* Kap. 25 Rn. 4.
[560] Vgl. *Schütze/Tscherning/Wais* Rn. 547; *Schwab/Walter* S. 231; Zöller/Geimer § 1059 Rn. 1.
[561] Vgl. RGZ 133, 16; *Maier* Rn. 470; *Schütze/Tscherning/Wais* Rn. 548; *Schwab/Walter* 6. Aufl. S. 235.
[562] Vgl. im einzelnen *Wolff* SchiedsVZ 2007, 254 ff.
[563] Vgl. dazu *Wighardt* SchiedsVZ 2010, 252 ff.
[564] *Hußlein-Stich* S. 188 bezeichnet denn auch zu Recht die Möglichkeit der Rückverweisung an das Schiedsgericht als „sehr ungewöhnlich". Skeptisch äußert sich auch *Calavros* S. 164 f.

5. Teil: Schiedsverfahren für besondere Sachgebiete

§ 12 Das arbeitsrechtliche Schiedsverfahren

Literatur: *Birk,* Internationale private Schiedsgerichtsbarkeit in Arbeitssachen, Erlanger Festschrift für Schwab, 1990, S. 305 ff.; *Dütz,* Die Beilegung von Arbeitsrechtsstreitigkeiten in der Bundesrepublik Deutschland, RdA 1978, 291 ff.; *Gramm,* Gerichte für Arbeitssachen und Schiedsgerichte, RdA 1967, 41 ff.; *Kirchner,* Vereinbarte Schlichtung und vereinbarte Schiedsgerichtsbarkeit – Abgrenzungsprobleme, RdA 1966, 1 ff.; *Langer,* Schiedsgerichte in Arbeitssachen, in: Die Arbeitsgerichtsbarkeit, 1994, S. 465 ff.; *Löwisch,* Fragen des schiedsrichterlichen Verfahrens zwischen Tarifvertragsparteien nach § 101 Abs. 1 ArbGG, ZZP 103 (1990), S. 22 ff.; *Schreiber,* Der Schiedsvertrag in Arbeitsstreitigkeiten, ZfA 1983, 31 ff.

Die Zuständigkeit der Arbeitsgerichte ist nach dem ArbGG im Prinzip ausschließlich. Dieser Grundsatz erfährt jedoch zugunsten der Schiedsgerichtsbarkeit Durchbrechungen. Drei Fallgruppen sind zu unterscheiden: 794

- Für Streitigkeiten nach § 2a ArbGG ist die Vereinbarung eines Schiedsgerichts unzulässig.[1]
- Für Streitigkeiten nach § 2 Abs. 1 und 2 ArbGG kann die Zuständigkeit eines Schiedsgerichts unter Ausschluss der Arbeitsgerichtsbarkeit vereinbart werden. Zulässigkeit und Verfahren bestimmen sich jedoch nicht nach §§ 1025 ff. ZPO, sondern nach §§ 101 ff. ArbGG (§ 4 ArbGG).
- Die fakultative Zuständigkeit der Arbeitsgerichte nach § 2 Abs. 3 und 4 ArbGG kann durch eine Schiedsvereinbarung nach §§ 1025 ff. ZPO ausgeschlossen werden.[2]

Das Schiedsverfahren in arbeitsrechtlichen Streitigkeiten ist in §§ 101 ff. ArbGG abschließend geregelt. §§ 1025 ff. ZPO finden keine – auch nicht ergänzende – Anwendung. Jedoch ist nicht zu verkennen, dass sich die Regelungen weitgehend entsprechen. Sie können deshalb zur Auslegung herangezogen werden.[3] Allerdings driften beide Regelungen nach der Novellierung des Schiedsverfahrensrechts jedenfalls terminologisch auseinander. Die Chance, auch §§ 101 ff. ArbGG zu novellieren, ist leider nicht genutzt worden.[4] 795

I. Die Schiedsvereinbarung

Grundlage des arbeitsrechtlichen Schiedsverfahrens ist eine wirksame Schiedsvereinbarung. Diese muss eine Streitigkeit der in § 101 ArbGG bezeichneten Art betreffen. Die Begriffe sind dem Arbeitsrecht zu entnehmen. So bestimmt sich der Begriff der Tarifvertragspartei nach § 2 TVG.[5] 796

Die *Gesamtschiedsvereinbarung* nach § 101 Abs. 1 ArbGG kann nur von den Tarifvertragsparteien abgeschlossen werden. Sie bedarf nicht der Schriftform des § 1 Abs. 2 797

---

[1] Vgl. *Germelmann/Matthes/Prütting,* Arbeitsgerichtsgesetz, 8. Aufl. 2013, § 4 Rn. 4.
[2] Vgl. *Germelmann/Matthes/Prütting* § 4 Rn. 5; Wieczorek/Schütze/*Schütze* § 1025 Rn. 35.
[3] Vgl. *Stein/Jonas/Schlosser* Vor § 1025 Rn. 18.
[4] Zu den Bedenken gegen die gesetzliche Regelung der Schiedsgerichtsbarkeit für arbeitsrechtliche Verfahren vgl. *Schwab/Weth,* Arbeitsgerichtsgesetz, 3. Aufl., 2011, § 4 Rn. 21 ff.
[5] Vgl. *Schwab/Walter* Kap. 36 Rn. 5.

TVG, kann vielmehr auch formlos zustande kommen.⁶ Auch eine Schiedsvereinbarung für einen Einzelfall ist zulässig.⁷

798 Die *Einzelschiedsvereinbarung* nach § 101 Abs. 2 ArbGG bedarf dagegen zu ihrer Wirksamkeit immer der Schriftform. Bei den tarifgebundenen Berufsgruppen folgt dies daraus, dass die Vereinbarung nur im Tarifvertrag erfolgen kann, dessen Formerfordernis (§ 1 Abs. 2 TVG) sie teilt.⁸ Für die einzelvertragliche Vereinbarung ordnet § 101 Abs. 2 S. 3 ArbGG dies ausdrücklich an. Jedoch ist der Mangel der Form durch rügelose Einlassung zur Hauptsache heilbar. Die Regelung entspricht § 1031 Abs. 6 ZPO und ist in gleicher Weise auszulegen.

1. Wirkung der Schiedsvereinbarung

799 Die wirksame Schiedsvereinbarung begründet eine prozesshindernde Einrede. § 102 Abs. 1 ArbGG entspricht § 1032 Abs. 1 ZPO. Die Einrede muss vor der Verhandlung zur Hauptsache erhoben werden (§§ 46 Abs. 2 S. 1 ArbGG, 282 Abs. 3, 296 Abs. 3 ZPO). Die Geltendmachung in der Güteverhandlung ist nicht notwendig.⁹ Es wäre vom Standpunkt der Prozessökonomie wenig sinnvoll, wenn die Parteien nicht die Möglichkeiten gütlicher Einigung unter Mithilfe des Gerichts ausschöpfen könnten, der Beklagte vielmehr zu Erhaltung der Einrede diese bereits vor der Güteverhandlung geltend machen müsste.

2. Erlöschen der Schiedsvereinbarung

800 § 102 Abs. 2 ArbGG regelt den Wegfall der Einrede in der Schiedsvereinbarung in vier Beispielsfällen, in denen die Bestellung des Schiedsgerichts, der Erlass eines Schiedsspruchs oder die Durchführung des Schiedsverfahrens unmöglich oder nicht in angemessener Frist möglich ist. In Wahrheit handelt es sich um den Fall des Erlöschens der Schiedsvereinbarung für den in Frage stehenden Rechtsstreit. Die Aufzählung in Absatz 2 ist nicht abschließend. Auch die sonstigen Fälle des Wegfalls einer Schiedsvereinbarung (dazu → Rn. 325 ff.) sind darunter zu fassen.¹⁰

II. Zusammensetzung des Schiedsgerichts

801 § 103 ArbGG beschränkt die Freiheit der Parteien in der Wahl der Personen, die als Schiedsrichter tätig sein können. Die Bestimmung schreibt eine paritätische Besetzung des Schiedsgerichts vor. Damit ist die Entscheidung durch einen Einzelschiedsrichter ausgeschlossen. Die Parteien können die Zahl der Schiedsrichter in der Schiedsvereinbarung im übrigen frei bestimmen. Erforderlich ist jedoch, dass mindestens je ein Schiedsrichter die Eigenschaft eines Arbeitnehmers und eines Arbeitgebers hat. Der Begriff ist der gleiche wie in §§ 22 f. ArbGG. Darüber hinaus kann als „Unparteiischer" ein nicht dem Kreis der Arbeitgeber oder Arbeitnehmer zuzurechnender Schiedsrichter bestellt werden. Besondere Qualifikationsmerkmale für die Schiedsrichter stellt § 103 ArbGG darüber hinaus nicht auf. Die Schiedsrichter müssen jedoch die Fähigkeit zur Bekleidung öffentlicher Ämter besitzen (§ 103 Abs. 1 S. 2 ArbGG).

---

[6] Vgl. *Germelmann/Matthes/Prütting* § 101 Rn. 13.

[7] Vgl. *Germelmann/Matthes/Prütting* § 101 Rn. 12; *Schütze/Tscherning/Wais* Rn. 550; *Schwab/Walter* Kap. 36 Rn. 6.

[8] Vgl. *Germelmann/Matthes/Prütting* § 101 Rn. 24; *Schwab/Walter* Kap. 36 Rn. 6.

[9] Vgl. *Germelmann/Matthes/Prütting* § 102 Rn. 6; *Henssler/Willemsen/Kalb/Kalb*, Arbeitsrecht Kommentar, 2004, § 102 ArbGG, Rn. 4; aA *Schwab/Walter* Kap. 37 Rn. 2 mwN für den Meinungsstand in Fn. 2.

[10] Vgl. *Schwab/Walter* Kap. 37 Rn. 6.

§ 12 Das arbeitsrechtliche Schiedsverfahren   211

Ist die Bestellung von Schiedsrichtern entgegen § 103 ArbGG erfolgt, so ist das 802 Schiedsgericht nicht ordnungsgemäß besetzt. Ein Schiedsspruch kann nach § 110 Abs. 1 Nr. 1 ArbGG mit der Aufhebungsklage angegriffen werden.[11]

Mitglieder des Schiedsgerichts können aus Gründen abgelehnt werden, die zur Ableh- 803 nung eines Richters berechtigen.[12] Zuständig für die Entscheidung über die Ablehnung ist das Arbeitsgericht, das für die Geltendmachung des Anspruchs zuständig wäre (§ 103 Abs. 3 ArbGG).

III. Das Verfahren im Einzelnen

Das Verfahren im Einzelnen richtet sich nach §§ 105–110 ArbGG (§ 104 ArbGG). Die 804 Regelung ist lückenhaft. Soweit das ArbGG schweigt, ist der Parteiwille maßgebend. Im Übrigen bestimmt sich das Verfahren nach dem Ermessen des Schiedsgerichts (§ 104 ArbGG). Das gilt für die Bestimmung des Sitzes des Schiedsgerichts (mit denselben Bindungen wie in → Rn. 398 ff. dargestellt), des Verhandlungsortes, der schiedsrichterlichen Fristen pp.

1. Rechtliches Gehör

Im arbeitsrechtlichen Schiedsverfahren ist wie in jedem anderen rechtsstaatlichen Prozess 805 den Parteien rechtliches Gehör zu gewähren. Während §§ 1042 Abs. 1, 1047 Abs. 1 ZPO es in das Ermessen des Schiedsgerichts stellen, in welcher Weise – mündlich oder schriftlich – rechtliches Gehör zu gewähren ist, schreibt § 105 Abs. 2 S. 1 ArbGG vor, dass die Parteien mündlich zu hören sind. Von dem Prinzip mündlicher Anhörung kann auch durch Parteivereinbarung nicht abgewichen werden.[13] Für den Inhalt des Anspruchs auf rechtliches Gehör gilt dasselbe wie im Rahmen des § 1042 Abs. 1 ZPO (dazu → Rn. 773 ff.).

2. Vertretung

Die Parteien sind gehalten, zur Schiedsverhandlung persönlich zu erscheinen oder sich 806 durch einen Bevollmächtigten vertreten zu lassen (§ 105 Abs. 2 ArbGG). Für den Bevollmächtigten gilt § 11 Abs. 1 ArbGG entsprechend. Es können Rechtsanwälte, Verbandsvertreter, aber auch sonstige Bevollmächtigte die Vertretung übernehmen. Sie müssen ihre Bevollmächtigung durch eine schriftliche Vollmacht nachweisen, die aber nachgereicht werden kann.

Das Nichterscheinen einer Partei oder ihres Vertreters bleibt ohne Sanktionen. Ein 807 Säumnisverfahren ist nicht statthaft.[14] Nach § 105 Abs. 3 ArbGG ist jedoch der Pflicht zur Anhörung genügt, wenn eine Partei unentschuldigt nicht erscheint oder sich trotz Aufforderung nicht äußert.

3. Beweisaufnahme

§ 106 Abs. 1 ArbGG, der die Beweisaufnahme regelt, entspricht § 1042 Abs. 4 ZPO. 808 Das Schiedsgericht ist im Prinzip auf die von den Parteien beigebrachten Beweismittel beschränkt. Es kann weder Zeugen oder Sachverständige, die nicht freiwillig erscheinen, zum Erscheinen zwingen, noch kann es Zeugen oder Sachverständige vereidigen oder eidesstattliche Versicherungen verlangen oder entgegennehmen. Das Arbeitsgericht fun-

---

[11] Vgl. BGH NJW 1986, 3079; *Germelmann/Matthes/Prütting* § 103 Rn. 2; *Schwab/Walter* Kap. 40 Rn. 14 ff.
[12] Vgl. § 49 ArbGG iVm § 42 Abs. 1 ZPO.
[13] Vgl. *Germelmann/Matthes/Prütting* § 105 Rn. 4; *Schwab/Walter* Kap. 39 Rn. 6.
[14] Vgl. *Schwab/Walter* Kap. 39 Rn. 15.

giert in diesen Fällen der Beschränkung der Beweisermittlung als Rechtshilfegericht (§ 106 Abs. 2 ArbGG). Zuständig ist der Vorsitzende des Arbeitsgerichts, in dessen Sprengel die Beweisaufnahmemaßnahme durchzuführen ist. Das Ersuchen kann nur vom Schiedsgericht ausgehen, nicht von einer Partei. Hierin liegt ein Unterschied zum Schiedsverfahren nach der ZPO, wo der Antrag auf Vornahme einer richterlichen Handlung im Rahmen der Beweisaufnahme auch von einer Partei im Einvernehmen mit dem Schiedsgericht gestellt werden kann (§ 1050 ZPO).

IV. Abschluss des Verfahrens

809   Das Schiedsverfahren kann durch Klagerücknahme, Vergleich (§ 107 ArbGG) oder Schiedsspruch (§ 108 ArbGG) beendet werden. Der *Schiedsvergleich* ist im arbeitsrechtlichen Schiedsverfahren weiterhin möglich. Er muss von den Parteien und den Mitgliedern des Schiedsgerichts unter Angabe des Tages seines Zustandekommens unterschrieben werden. Eine Niederlegung des Schiedsvergleichs ist nicht notwendig.

810   Der *Schiedsspruch* ergeht mit Stimmenmehrheit. Bei gerader Mitgliederzahl des Schiedsgerichts (aber auch in anderen Fällen)[15] kann es zu einer Pattsituation kommen. In diesem Fall wird die Schiedsvereinbarung nach § 102 Abs. 2 Nr. 3 ArbGG hinfällig. Der Schiedsspruch ist von den Mitgliedern des Schiedsgerichts zu unterschreiben, zu datieren und schriftlich zu begründen. Die Parteien können auf eine schriftliche Begründung verzichten. § 108 ArbGG regelt weitere Formalien.

V. Vollstreckbarerklärung

811   Schiedssprüche und Schiedsvergleiche bedürfen der Vollstreckbarerklärung, bevor aus ihnen vollstreckt werden kann (§ 109 ArbGG). Zuständig für die Vollstreckbarerklärung ist der Vorsitzende des Arbeitsgerichts, das für die Geltendmachung des Anspruchs zuständig gewesen wäre. Der Gegner ist zu hören. Eine révision au fond ist an sich unzulässig, wird aber über die Aufhebungsklage (§ 110 Abs. 1 Nr. 2 ArbGG) teilweise ermöglicht.

812   Im Übrigen können – ebenso wie im Verfahren nach § 1060 ZPO (dazu → Rn. 670 ff., 714 ff.) – Einwendungen gegen den Anspruch selbst geltend gemacht werden, soweit sie nach Schluss der Schiedsverhandlung entstanden sind.[16] Darüber hinaus können die Aufhebungsgründe nach § 110 ArbGG nicht geltend gemacht werden.[17] Ist auf Aufhebung des Schiedsspruchs geklagt, so ist die Entscheidung über die Vollstreckbarerklärung auszusetzen (§ 109 Abs. 1 S. 3 ArbGG).

VI. Aufhebungsklage

813   Nach § 110 Abs. 1 ArbGG kann die Aufhebung des Schiedsspruchs begehrt werden, wenn

- das Schiedsverfahren unzulässig war, etwa wegen einer Besetzung des Schiedsgerichts entgegen § 103 ArbGG;
- der Schiedsspruch auf der Verletzung einer Rechtsnorm beruht, was eine révision au fond ermöglicht und das Arbeitsgericht in praxi zu einer Rechtsmittelinstanz werden lässt;
- ein Restitutionsgrund iS von § 560 Nr. 1–6 ZPO vorliegt.

---

[15] Vgl. dazu Wieczorek/Schütze/*Schütze* § 1052 Rn. 23.
[16] AA *Germelmann/Matthes/Prütting* § 109 Rn. 12; *Schwab/Walter* Kap. 40 Rn. 8, die den Schuldner jedoch beide auf die Vollstreckungsgegenklage verweisen wollen.
[17] Vgl. *Germelmann/Matthes/Prütting* § 109 Rn. 9; *Schwab/Walter* Kap. 40 Rn. 8.

Zuständig ist das Arbeitsgericht, das für die Geltendmachung des Anspruchs zuständig gewesen wäre. Die Aufhebungsklage ist binnen einer Notfrist von 2 Wochen zu erheben. Für die Berufung und Revision gegen das Aufhebungsurteil gelten §§ 64 und 72 ArbGG. 814

§ 13 Das Künstlerschiedsverfahren

Literatur: *Kempken,* Probleme der Bühnenschiedsgerichtsbarkeit, 1965; *Reupke,* Bühnenschiedsgerichte in der Bewährung, 1997; *Vogel,* Die Bühnenschiedsgerichtsbarkeit – ein Modell für Tarifvertragsgerichte zur arbeitsrechtlichen Streitbeilegung, NZA 1999, 26 ff.

Für gewisse Berufsgruppen der Künstler und Seeleute können die Streitigkeiten aus dem Arbeitsverhältnis, soweit ein Tarifvertrag Anwendung findet, einer Schiedsvereinbarung unterstellt werden. Für die Bestellung des Schiedsgerichts und das Verfahren gelten ausschließlich §§ 101–110 ArbGG. 815

In den Kreis der so für die Schiedsgerichtsbarkeit in Betracht kommenden Personen fallen:[18] 816

Bühnenkünstler,[19] also Schauspieler, Sänger, Komparsen, Choristen, Bühnenbildner, Inspizienten, Intendanten, Regisseure pp., nicht aber Bühnenarbeiter, Souffleure und Theaterangestellte, zB Platzanweiser, Kassierer pp. 817

Filmschaffende, neben den Berufsgruppen, die als Bühnenkünstler tätig sind, auch die Kameramänner, Kostümierer, kurz als Faustregel: alle, die im Vorspann oder Nachspann eines Films genannt werden. 818

Artisten, also Jongleure, Trapezkünstler, Kunstschützen und alle varieté- und zirkusmäßig Tätigen, nicht jedoch Tierpfleger und das technische Personal. 819

Schiffsbesatzungen, also Kapitäne und ihre Stellvertreter (§ 1 SeemannG) und Besatzungsmitglieder (§ 2 SeemannG). 820

§ 14 Das patentrechtliche Schiedsverfahren

Literatur: *Adolphsen,* Europäisches und internationales Zivilprozessrecht in Patentsachen, 2005, Rn. 1152 ff.; *Baumann* Patentstreitigkeiten vor Schiedsgerichten, 2008; *Frost,* Schiedsfähigkeit im Bereich des geistigen Eigentums nach deutschem und US-amerikanischen Schiedsrecht, 2001; *Pfaff,* Grenzbewegungen der Schiedsgerichtsbarkeit – Patentnichtigkeit im Schiedsverfahren, Festschrift für Nagel, 1987, S. 278 ff.; *Ruess* Schiedsgerichtsvereinbarungen im gewerblichen Rechtsschutz, SchiedsVZ 2010, 23 ff.; *Schlosser,* Schiedsgerichtsbarkeit und öffentlich-rechtlich beeinflusste Streitgegenstände, Festschrift für Bülow, 1981, S. 189 ff.; *Schweyer,* Patentnichtigkeit und Patentverletzung und deren Beurteilung durch internationale private Schiedsgerichte nach dem Recht der Schweiz, Deutschlands, Italiens und Frankreichs, 1981.

Für Klagen auf Nichtigerklärung oder Zurücknahme von Patenten und die Erteilung von Zwangslizenzen ist das Patentgericht ausschließlich zuständig (§ 65 Abs. 1 PatG). Diese Streitigkeiten sind der Schiedsgerichtbarkeit entzogen.[20] Das folgt aus der Natur 821

---

[18] Vgl. dazu Wieczorek/*Schütze* § 1025 Rn. 38.
[19] Vgl. dazu auch *Kempken,* Probleme der Bühnenschiedsgerichtsbarkeit,1965.
[20] Vgl. BGH BB 1984, 561; *Lachmann* Rn. 230 ff.; *Schütze/Tscherning/Wais* Rn. 155; in diesem Sinne auch die Begründung zu § 1030 ZPO, BT-Drs. 13/5274; aA *Pfaff,* Festschrift für Nagel, 1987,

des Patentes und dem öffentlichen Akt seiner Erteilung. *Geimer*[21] hält zwar nicht die Rechtsbeständigkeit des Patents für schiedsfähig, hält jedoch eine Schiedsklage auf Beantragung der Löschung des Patents durch den Schiedsbeklagten für zulässig. Das scheint eine überzeugende Lösung.

822 Im Übrigen können die Parteien die Ansprüche aus einem Patent und seiner Verwertung, insbesondere solche auf Lizenzgebührenzahlung, einer Schiedsvereinbarung unterstellen. Auch für die Markenlöschungsklage kann wirksam eine Schiedsvereinbarung getroffen werden.[22]

823 Im Bereich des gewerblichen Rechtsschutzes gilt Entsprechendes.[23]

824 Für die Bestellung des Schiedsgerichts und das Verfahren gelten §§ 1025 ff. ZPO.[24]

825 Für den Bereich des gewerblichen Rechtsschutzes besteht seit 1994 ein Schiedszentrum bei der WIPO. Die deutsche Bundesregierung hat 2004 einen Vorstoß unternommen, einen internationalen Schiedsgerichtshof für Patentsachen einzurichten. Dabei würde es sich dann aber wohl eher um ein Sondergericht handeln, denn ein privates Schiedsgericht.

§ 15 Das kartellrechtliche Schiedsverfahren

Literatur: *Altenmüller*, Die schiedsrichterliche Entscheidung kartellrechtlicher Streitigkeiten, 1973; *Böckstiegel/Berger/Bredow* (Hrsg.), Schiedsgerichtsbarkeit und Kartellrecht, 2006 (mit Beiträgen von *Blechmann, Eilmansberger, Hermanns, Pfeffer, Trittmann* und *Hilbig*); *Eilmannsberger*, Die Bedeutung des Art. 81 und 82 EG für Schiedsverfahren, SchiedsVZ 2006, 5 ff.; *Elsing*, Schiedsgerichtsbarkeit und Kartellrecht, in: Enforcement – Die Durchsetzung des Wettbewerbsrechts, 2005, S. 47 ff.; *Günther*, Kartellstreitigkeiten vor Schiedsgerichten, Festschrift für Böckstiegel, 2001, S. 253 ff.; *Kasolowsky/Steup*, Révision au fond – Einheitliche europäische Massstäbe bei der Überprüfung von Schiedssprüchen auf kartellrechtliche ordre public-Verstösse?, SchiedsVZ 2008, 72 ff.; *Kühn*, Kartellrecht und Schiedsgerichtsbarkeit in Deutschland, BB 1987, 621 ff.; *Lieberknecht*, Kartellrechtliche Probleme im internationalen Schiedsverfahren, Festschrift für Sölter, 1982, S. 311 ff.; *Sachs*, Schiedsgerichtsverfahren über Unternehmenskaufverträge – unter besonderer Berücksichtigung kartellrechtlicher Aspekte, SchiedsVZ 2004, 123 ff.; *Sachslehner*, Schiedsvereinbarungen in wettbewerbsbeschränkenden Verträgen, 2001; *Schmidt (K.)*, Kartellrecht im Schiedsverfahren – Neuorientierung durch VO 1/2003 und 7. GWB-Novelle?, BB 2006, 1397 ff.; *ders.*, Europakartellrechtliche Wirksamkeitsrisiken für Schiedssprüche in der Handelsschiedsgerichtsbarkeit, Festschrift für Kerameus, 2009, S. 1197 ff.; *Teufer* Alternbative Beilegung privater Wettbewerbsstreitigkeite – Kartellmediation, Kartellschiedsgerichtsbarkeit und Wettbewerbsvergleich im Spannungsfeld zwischen Provatautonomie und staatlicher Regelung, 2006; *Vollmer*, Verfassungsmäßige Grenzen der Kartellschiedsgerichtsbarkeit, WuW 1969, 421 ff.; *Wagner*, Schiedsgerichtsbarkeit in Kartellsachen, ZVglRWiss. 114 (2015), 494 ff.; *Zimmer*, Zulässigkeit und Grenzen schiedsrichterlicher Entscheidung in Kartellstreitigkeiten, 1991.

826 Auch für kartellrechtliche Streitigkeiten kann die Zuständigkeit eines Schiedsgerichts vereinbart werden.[25] Die Einschränkungen, die sich nach altem Recht aus § 91 GWB

S. 278 ff.; *Schlosser*, Rn. 317; *ders.*, Festschrift für Bülow, 1981, S. 189 ff., 192 f.; *ders.* DIS-MAT IV (1998), S. 49 ff., 60 f.; *Schwab/Walter* Kap. 4 Rn. 11.

[21] Vgl. Zöller/*Geimer* § 1030 Rn. 15.
[22] Vgl. *Schlosser* DIS-MAT IV (1998), S. 49 ff., 58 f.
[23] Vgl. dazu *Albrechtskirchinger/Kretschmer*, Festschrift für Glossner, 1994, S. 11 ff.; *Ochmann* GRUR 1993, 255 ff.; *Ruess* SchiedsVZ 2010, 23 ff. (sehr weitgehend); Zöller/*Geimer* § 1030 Rn. 15; vgl. zu den Problemen des gewerblichen Rechtsschutzes in der Schiedsgerichtsbarkeit die Tagungsbeiträge zur DIS-Vortragsveranstaltung „Wes Geistes Kind?" am 12.10.2005, DIS-MAT XIII (2006).
[24] Vgl. Wieczorek/Schütze/*Schütze* § 1025 Rn. 42.
[25] Vgl. BGH BB 1963, 206; BGHZ 46, 365; *Schütze/Tscherning/Wais* Rn. 155; *Schwab/Walter* Kap. 4 Rn. 7; *Vollmer* WuW 1969, 421 ff.; Zöller/*Geimer* § 1030 Rn. 12.

ergaben, sind durch die Novellierung fortgefallen.[26] Der Gesetzgeber war der Ansicht, dass die Kontrolle des Schiedsspruchs durch die staatlichen Gerichte im Vollstreckbarerklärungsverfahren eine hinreichende Garantie für die Einhaltung kartellrechtlicher Vorschriften gewährleistet.[27]

Für die Bestellung des Schiedsgerichts und das Schiedsverfahren gelten §§ 1025 ff. ZPO. Das Schiedsgericht ist nicht an die Bestimmungen von §§ 87 ff. GWB gebunden, insbesondere besteht nicht die Verpflichtung zur Benachrichtigung und Beteiligung des Bundeskartellamtes. Jedoch muss das Schiedsgericht materielles deutsches und europäisches Kartellrecht anwenden[28]. Das Schiedsgericht ist nicht zur Vorlage an den EuGH befugt, soweit es sich um eine Auslegung von europäischem Kartellrecht handelt.[29] Es kann jedoch die Sache nach § 1050 ZPO durch das ordentliche Gericht vorlegen lassen.[30]

827

Eine Frage der Auslegung ist es, ob Streitigkeiten über Schadensersatzverpflichtungen aus Kartellabsprachen unter die Schiedsvereinbarung fallen. Der EuGH hat eine Gerichtsstandsvereinbarung über Kartellschadensersatzansprüche für zulässig erklärt, sofern die Gerichtsstandsvereinbarung dahin auszulegen ist, dass diese Ansprüche erfasst werden[31]. Diese Grundsätze gelten auch für Schiedsvereinbarungen[32].

828

Das OLG München[33] hat unter dem kartellrechtlichen Gesichtspunkt des Missbrauchs von Marktmacht im Pechstein Fall eine Schiedsvereinbarung für unwirksam erklärt, wenn ein marktbeherrschender Sportverband die Zulassung zu einem von ihm ausgerichteten Wettkampf von der Zustimmung zu einer Schiedsvereinbarung zugunsten des CAS abhängig macht[34].

829

§ 16 Das Börsenschiedsverfahren und das Verfahren für Streitigkeiten aus Finanztermingeschäften

Literatur: *Berger*, Schiedsgerichtsbarkeit und Finanztermingeschäfte – Der „Schutz" der Anleger vor der Schiedsgerichtsbarkeit durch § 37h WpHG, ZBB 2003, 77 ff.; *Ebbing*, Zur Schiedsgerichtsbarkeit von Börsengeschäften und Börsentermingeschäften, WM 1999, 1264 ff.; *Eggert/Groh*, Internationaler

---

[26] Vgl. dazu *K. Schmidt* ZHR 161 (1998), 265 ff., 283.
[27] Vgl. Begründung, BT-Drs. 13/5274, S. 71.
[28] Vgl. dazu *Schmidt (K.)* Festschrift für Kerameus, 2009, S. 1196 ff.
[29] Vgl. EuGH Rs. 102/81 – Nordsee v. Reederei Mond – EuGHE 1982, 1095; EuGH Rs. C-126/97 – Eco Swiss v. Benetton – EuGHE 1999, I-3055 ff.; *Zobel*, Schiedsgerichtsbarkeit und Gemeinschaftsrecht, 2005, S. 120 ff.; vgl. im Übrigen *Kaissis* in Kaissis/Mavromatis (Hrsg.), Les Avantages de l'Arbitrage en Greece et dans les Pays Balkans, 1999, S. 117 ff., 120 f.
[30] Vgl. *Zobel*, Schiedsgerichtsbarkeit und Gemeinschaftsrecht, 2005, S. 147 ff. mit einer Darstellung der vom EuGH gebauten „goldenen Brücke".
[31] Vgl. EuGH Rs. C-352/13 – Cartel Damages Claims Hydrogen Peroxide SA v. Evonik GmbH – SchiedsVZ 2015, 199.
[32] Vgl. dazu *Steinle/Wilske/Eckardt*, Kartellschadensersatz und Schiedsklauseln – Luxemburg locuta, Causa Finita?, SchiedsVZ 2015, 165 ff.; *Weller/Wäschle,* EuVVO – Zuständigkeitskonzentration bei Schadensersatzklage gegen mehrere Kartellanten und Reichweite einer abweichenden Gerichtsstandsvereinbarung, RIW 2015, 598 ff.
[33] Vgl. OLG München SchiedsVZ 2015, 40.
[34] Vgl. zu den Auswirkungen der Entscheidung *Brandner/Kläger,* Ein Sieg über (oder für) das System der Sportsschiedsgerichtsbarkeit?, SchiedsVZ 2015, 112 ff.; *Rombach,* The „Pechstein judgment" of the OLG München: What does it mean for international sports and commercial arbitration?, SchiedsVZ 2015, 105 ff.; *Scherrer/Muresan/Ludwig,* „Pechstein" ist kein „Bosman der Sportschiedsgerichtsbarkeit", SchVZ2015, 161 ff.

Kapitalanlegerschutz vor dem Bundesgerichtshof, IPRax 2011, 458 ff.; *Iffland*, Börsenschiedsgerichtsbarkeit in Deutschland und Russland, 2008; *Jordans*, Schiedsgerichte bei Termingeschäften und Anlegerschutz, 2007; *Lehmann*, Wertpapierhandel als schiedsfreie Zone? – Zur Wirksamkeit von Schiedsvereinbarungen nach § 37h WpHG, SchiedsVZ 2003, 219 ff.; *Niedermaier,* Schiedsgerichtsbarkeit und Finanztermingeschäfte – Anlegerschutz durch § 37h WpHG und andere Instrumente, SchiedsVZ 2012, 177 ff.; *Quinke*, Börsenschiedsvereinbarungen und prozessualer Anlegerschutz, 2005; *Samtleben*, Das Börsentermingeschäft ist tot – es lebe das Finanztermingeschäft, ZBB 2003, 69 ff.; *ders.*, Schiedsgerichtsbarkeit und Finanztermingeschäfte – Der Schutz der Anleger vor der Schiedsgerichtsbarkeit durch § 37h WpHG, IPRax 2011, 469 ff.; *Sethe*, Schiedsvereinbarungen, in: Assmann/Schneider (Hrsg.), Wertpapierhandelsgesetz, 6. Aufl. 2012.

830 Streitigkeiten aus Börsengeschäften erfordern vom Richter ein hohes Maß an Sachkunde, das regelmäßig bei ordentlichen Gerichten nicht erwartet werden kann. Derartige Streitigkeiten eignen sich deshalb besonders für die Schiedsgerichtsbarkeit. Deshalb hat sich schon seit langem eine besondere Börsenschiedsgerichtsbarkeit entwickelt. Bekannt ist zB das Schiedsgericht des Vereins der Mitglieder der Wertpapierbörse in Hamburg.

831 Börsenschiedsgerichte müssen im Zusammenhang mit dem Börsenverkehr stehen und seinen besonderen Bedürfnissen zu dienen bestimmt sein.[35] Die Schiedsparteien müssen zum Kreis der am Börsengeschäft Beteiligten gehören. Die Schiedsrichter müssen an der Börse tätig sein.[36]

832 Für die Bestellung des Schiedsgerichts und das Verfahren gelten §§ 1025 ff. ZPO. Die Einschränkung aus § 28 BörsG aF, wonach die subjektive Schiedsfähigkeit auf Börsentermingeschäftsfähige iS von § 53 BörsG beschränkt war, ist fortgefallen. Nunmehr ersetzt § 37h WpHG – eingeführt durch das 4. Finanzmarktförderungsgesetz – die bisherige Bestimmung im BörsG. Nach § 37h WpHG sind nur Kaufleute und juristische Personen des öffentlichen Rechts für Streitigkeiten aus Wertpapierdienstleistungen, Wertpapiernebendienstleistungen und Finanzierungsgeschäften subjektiv schiedsfähig. Mit der Ausdehnung des Kreises der risikoträchtigen Geschäfte, die nicht – jedenfalls nicht vor Entstehen der Streitigkeit – schiedsfähig sein sollen, geht § 37h WpHG über § 28 BörsG aF unnötig hinaus:[37] Auf einen weiteren Schwachpunkt der Regelung weist *Quinke*[38] hin. Wegen der Anknüpfung der subjektiven Schiedsfähigkeit an Art. 7 EGBGB können deutsche Anleger in Deutschland keine wirksame Schiedsvereinbarung über die in § 37h WpHG genannten Geschäfte abschließen, während ein solcher Abschluss ausländischen Privatanlegern in Deutschland offen steht.

833 Probleme der Rechtswahl ergeben sich bei Schiedsvereinbarungen über Streitigkeiten aus Finanztermingeschäften. Der BGH hat die Rechtswahl für ein Börsentermingeschäft im Hinblick auf § 61 aF BörsG als unzulässig angesehen.[39] *Mann*[40] hat diese Rechtsprechung mit beachtlichen Argumenten kritisiert.

834 Die Neufassung des § 61 BörsG hatte dann einige Klarheit gebracht. Rechtswahlklauseln waren plötzlich zulässig. Die Vereinbarung der Zuständigkeit eines ausländischen Schiedsgerichts war nun auch zulässig, wenn dieses aufgrund einer Rechtswahlklausel ein Recht anwenden würde, das den Differenzeinwand nicht kennt.[41] Der BGH hatte daraufhin eingelenkt und war von seiner früheren Rechtsprechung behutsam abgerückt.[42] Er

---

[35] Vgl. *Weber/Weber-Rey*, Jahrbuch für die Praxis der Schiedsgerichtsbarkeit 3 (1989), S. 149 ff., 151 ff. mwN.
[36] Vgl. BGH WM 1991, 1248.
[37] Vgl. *Assmann/Schneider/Sethe* Wertpapierhandelsgesetz § 37h Rn. 9.
[38] Vgl. *Quinke* S. 387 ff.
[39] Vgl. die Zusammenstellung bei *Bundschuh* WM 1986, 725 ff., 727 f.; weiter *Veltins*, Jahrbuch für die Praxis der Schiedsgerichtsbarkeit 3 (1989), S. 126 ff., 132 f.
[40] Vgl. *Mann*, Festschrift für von Caemmerer, 1978, S. 737 ff.
[41] Vgl. *Bork/Stöve*, Schiedsgerichtsbarkeit bei Börsentermingeschäften, 1992, S. 37.
[42] Vgl. BGH WM 1991, 1248 mAnm *Schütze* WuB VII B 3, ZPO 1.91 und *Koller* EWiR 1991, 559.

suchte die Lösung über die Versagung der Wirkungserstreckung oder die Aufhebung des Schiedsspruchs.

Das alles ist seit dem 4. Finanzmarktförderungsgesetz Rechtsgeschichte geworden. Die Regelung der Börsentermingeschäfte in §§ 50–70 BörsG sind durch §§ 37e–37h WpHG ersetzt worden, die das früher diskutierte Problem haben obsolet werden lassen. 835

Der BGH unterstellt Schiedsklauseln in Verträgen ausländischer Broker mit inländischen Verbrauchern deutschem Recht und fordert die Einhaltung der Form des § 1031 Abs. 5 ZPO[43] 836

§ 17 Das gesellschaftsrechtliche Schiedsverfahren

Literatur: *Beckmann,* Statutarische Schiedsklauselnim deutschen Recht und im internationalen Kontext, 2007; *Bork,* Zur Schiedsfähigkeit von Beschlussmängelstreitigkeiten, ZHR 160 (1996), 374 ff.; *Haas,* Beruhen Schiedsabreden in Gesellschaftsverträgen nicht auf Vereinbarungen iS des § 1066 ZPO oder vielleicht doch?, SchiedsVZ 2007, 1 ff.; *Habersack/Wasserbäch,* Organhandeln vor Schiedsgerichten, AG 2016, 2 ff.; *Heinze,* Zur Schiedsfähigkeit von Gesellschafterbeschlüssen im GmbH-Recht, ZGR 17 (1988), 542 ff.;*Hilbig,* Schiedsvereinbarungen über GmbH-Beschlussmängelstreitigkeiten, SchiedsVZ 2009, 247 ff.; *Korff,* Beschlussmängelstreitigkeiten der Kapitalgesellschaft im Schiedsverfahren, 2004; *Kühn,* Schiedsgerichtsbarkeit in gesellschaftsrechtlichen Beschlussstreitigkeiten unter besonderer Berücksichtigung der Rechtsprechung des OLG Karlsruhe und des BGH, Festschrift für Böckstiegel, 2001, S. 443 ff.; *Nolting,* Schiedsfähigkeit von Beschlussmängelstreitigkeiten bei der GmbH, SchiedsVZ 2011, 319 ff.; *Papmehl,* Die Schiedsfähigkeit gesellschaftsrechtlicher Streitigkeiten, 2001; *Pitkowitz,* Schiedsfähigkeit gesellschaftsrechtlicher Streitigkeiten – Alles klar?, Festschrift für Torggler, 2013, S. 959 ff.; *Raeschke-Kessler,* Gesellschaftsrechtliche Schiedsverfahren und das Recht der EU, SchiedsVZ 2003, 145 ff.; *ders.* 60 Jahre höchstrichterliche Rechtsprechung zur Schiedsfähigkeit von Beschlussmängelstreitigkeiten – und neue offene Fragen, Festschrift für Goette, 2011, S. 381 ff.; *Roth,* Schiedsklauseln in Gesellschaftsverträgen, Festschrift für Nagel, 1987, S. 318 ff.; *K. Schmidt,* Schiedsklauseln in Gesellschaftsverträgen der GmbH & Co. KG, GmbHRdSch 1990, 16 ff.; *ders.,* Schiedsklagen gegen Hauptversammlungsbeschlüsse?, AG 1995, 551ff; *ders.,* Schiedsfähigkeit von GmbH-Beschlüssen, ZGR 17 (1988), 523 ff.; *Schopp,* Schiedsklauseln in Gesellschaftsverträgen, DB 1958, 591 ff.; *Vollmer,* Unternehmensrechtliche Schiedsgerichte, ZGR 1982, 15 ff.; *Wegen,* Schiedsabreden über Beschlussmängelstreitigkeiten betreffend GmbHs im Rechtsverkehr zwischen Deutschland und Österreich, Festschrift für Torggler, 2013, S. 1263 ff. *Westermann,* Gesellschaftsrechtliche Schiedsgerichte, Festschrift für Fischer, 1979, S. 853 ff.; *ders.,* Schiedsfähigkeit von gesellschaftsrechtlichen Fragen, in: Böckstiegel (Hrsg) Schiedsgerichtsbarkeit in gesellschaftsrechtlichen und erbrechtlichen Angelegenheiten, 1996, S. 49 ff.; *ders.,* Zur personellen und sachlichen Reichweite von Schiedsvereinbarungen über gesellschaftsrechtliche Streitigkeiten, Festschrift für Goette, 2011, S. 601 ff.; *Zilles,* Vereinbarung des Schiedsverfahrens über Beschlüsse von GmbH-Gesellschaftern, RPS BB-Beil. 4/1999, 2 ff.

Schiedsvereinbarungen finden sich im gesellschaftsrechtlichen Bereich für zwei Arten von Streitigkeiten: 837
- satzungsrechtliche Streitigkeiten und
- individualrechtliche Streitigkeiten.[44]

Satzungsmäßige Schiedsgerichte fallen unter § 1066 ZPO, der §§ 1025 ff. ZPO für entsprechend anwendbar erklärt; jedoch ist diese Art der Schiedsvereinbarung hinsichtlich der Formerfordernisse privilegiert.[45] Satzungsmäßige Schiedsvereinbarungen unterliegen 838

---

[43] BGH IPRax 2011, 499, dazu *Samtleben,* IPRax 2011, 469 ff.
[44] Vgl. zur Schiedsvereinbarung *Weber* in Böckstiegel (Hrsg.), Schiedsgerichtsbarkeit in gesellschaftsrechtlichen und erbrechtlichen Angelegenheiten, 1996, S. 49 ff.
[45] AA die Reformkommission, zur Begründung, BT-Drs. 13/5274, S. 66, wo darauf hingewiesen wird, dass der Gesetzgeber die Frage bewusst offen gelassen hat.

nicht § 1031 ZPO.[46] Satzungsmäßige Schiedsgerichte sind zulässig bei der AG[47] und der GmbH,[48] nicht jedoch für die OHG[49] und KG,[50] auch nicht für die Massen- und PublikumsKG[51] und die GmbH & Co KG.[52]

839 Auf individualrechtliche Streitigkeiten sind §§ 1025 ff. ZPO unmittelbar anwendbar. Probleme bereitet in diesem Bereich häufig die objektive Schiedsfähigkeit von gesellschaftsrechtlichen Streitigkeiten (dazu → Rn. 270 f.).

840 § 1066 ist anwendbar zB auf den Ausschluss eines Gesellschafters und dessen Abfindung[53] und die Festsetzung der Abfindung bei Abschluss von Beherrschungs- und Gewinnabführungsverträgen nach § 305 AktG.

841 Probleme entstehen bei Beschlussmängelstreitigkeiten im Hinblick auf die Bindungswirkung für die Gesellschafter. Ein Vorschlag für eine Schiedsvereinbarung – auch im Hinblick auf die notwendige Mehrparteienbeteiligung – findet sich bei *Weber*.[54]

842 Zwei Entscheidungen des BGH haben einige Klarheit gebracht[55] und sind Anlass zu einigen Regelwerken zum gesellschaftsrechtlichen Schiedsverfahren geworden. So hat die DIS Ergänznde Regeln für gesellschaftsrechtlich Streitigkeiten erlassen, die am 15.9.2009 in Kraft getreten sind.[56]

843 Auch Organhandeln kann Gegenstand einer Schiedsvereinbarung sein[57]. Rechtsstreitigkeiten im Zusammenhang mit Organhandeln können in der AG sowohl durch statutarische Schiedsklausel als auch eine individualrechtliche Schiedsvereinbarung der Entscheidung eines Schiedsgerichts unterstellt werden.

§ 18 Das restitutionsrechtliche Schiedsverfahren

844 § 38a VermG lässt Schiedsvereinbarungen für Streitigkeiten über die Rückgabe und Entflechtung von Unternehmen zu.[58] Obwohl es sich bei diesen Schiedsgerichten im Bereich des Vermögensgesetzes um öffentlich-rechtliche Schiedsgerichte handelt,[59] finden §§ 1025 ff. ZPO Anwendung. Das Schiedsgericht ist ein Dreierschiedsgericht, das aus zwei von den Parteien ernannten Schiedsrichtern und einem Vorsitzenden besteht, der die Befähigung zum Richteramt haben muss.

---

[46] Vgl. Wieczorek/Schütze/*Schütze*, § 1066, Rn. 27; Stein/Jonas/*Schlosser*, § 1066, Rn. 4; zu § 1048 aF ZPO *Henn*, S. 103; *Maier* Rn. 98; *Roth*, Festschrift für Nagel S. 318 ff.
[47] Vgl. Wieczorek/Schütze/*Schütze* § 1066, Rn. 10.
[48] Vgl. *Schütze* BB 1992, 1877 ff., 1880 mwN.
[49] Vgl. BGHZ 45, 282; BGH NJW 1980, 1049; *Maier* Rn. 95; *Schütze* BB 1992, 1877 ff., 1880.
[50] Vgl. *Baumbach/Hopt*, HGB, 35. Aufl. 2012, Einl. Vor § 1 Rn. 90; *Maier* Rn. 95; *Schütze* BB 1992, 1877 ff., 1880.
[51] Vgl. BGH NJW 1980, 1049; aA *Schmidt*, Schiedsklauseln in Gesellschaftsverträgen der GmbH & Co. KG, GmbHRdSch 1990, 16 ff.
[52] Vgl. Wieczorek/Schütze/*Schütze* § 1066 Rn. 10.
[53] Vgl. BGH WM 1983, 1207; Geimer, Festschrift für Schlosser, S. 197 ff. (211).
[54] Vgl. *Weber* in Böckstiegel (Hrsg.), Schiedsgerichtsbarkeit in gesellschaftsrechtlichen und erbrechtlichen Angelegenheiten, 1996, S. 49 ff., 62 f.
[55] Vgl. BGH Z 132, 278; (Schiedsfähigkeit I), BGH SchiedsVZ 2009, 233 (Schiedsfähigkeit II); dazu *Hilbig* SchiedsVZ 2009, 247 ff.
[56] Vgl. dazu *Borris* SchiedsVZ 2009299 ff.
[57] Vgl. dazu *Habersack/Wasserbäch*, AG 2016, 2 ff.
[58] Vgl. dazu *Nolting* RPS BB-Beil. 15/1992, S. 14 ff.
[59] Vgl. Wieczorek/Schütze/*Schütze* § 1025 Rn. 41a.

§ 19 Außervertragliche Schiedsgerichte

Literatur: *Anbuhl,* Außervertragliche Schiedsgerichtsanordnung, 1962; *Geimer,* Nichtvertragliche Schiedsgerichte, Festschrift für Schlosser, 2005, S. 197 ff.;*ders.,* Nichtvertragliche Schiedsgerichte,in: v. Bodungen ua, Taktik im Schiedsverfahren, 2008, S. 109 ff.; *Kölbl,* Schiedsklauseln in Vereinssatzungen, Diss. Marburg 2003; *Vollmer,* Satzungsmäßige Schiedsklauseln, 1970; *Stumpf,* Schiedsgerichtsbarkeit in Stiftungen, SchiedsVZ 2009, 266 ff.

§ 1066 ZPO eröffnet die Zulässigkeit für nicht vereinbarte (außervertragliche) Schiedsgerichte.[60] Es handelt sich hierbei insbesondere um solche, die in letztwilligen Verfügungen, Vereinssatzungen oder Gesellschaftsverträgen angeordnet werden. § 1066 ZPO ist dabei keine reine Verweisungsnorm, die auf „andere Normen, die solche Möglichkeiten statuieren"[61] verweist, ist vielmehr eine eigenständige Grundlage für die einseitige Anordnung eines Schiedsgerichts.[62] In den Fällen des § 1066 ZPO ist die Formvorschrift des § 1031 nicht – auch nicht analog – anwendbar.[63] Verfassungsrechtlich ist der durch § 1066 ermöglichte Schiedszwang unbedenklich[64].

845

I. Letztwillig angeordnete Schiedsgerichte

Literatur: *Geimer,* Nichtvertragliche Schiedsgerichte, Festschrift für Schlosser, 2005, S. 197 ff.; *ders.,* Entlassung des Testamentsvollstreckers durch ein vom Erblasser eingesetztes Schiedsgericht?, Gedächtnisschrift für Wolf, 2011, S. 371 ff.; *Haas,* Schiedsgerichte in Erbsachen und das New Yorker Übereinkommen über die Anerkennung und Vollstreckung ausländischer Schiedssprüche, SchiedsVZ 2011, 289 ff.; *ders.,* Letztwillige Schiedsverfügungen iS des § 1066 ZPO, ZEV 2007, 49 ff.; *Happe,* Schiedsklauseln im Testament, in: Böckstiegel (Hrsg.), Schiedsgerichtsbarkeit in gesellschaftsrechtlichen und erbrechtlichen Angelegenheiten, 1996, S. 85 ff.; *Harder,* Das Schiedsverfahren im Erbrecht, 2007; *Kistler,* Schiedsabreden in Testamenten und Erbverträgen, 1999; *Kohler,* Letztwillige Schiedsklauseln, DNotZ 1962, 125 ff.; *Lange,* Letztwillig angeordnete Schiedsklauseln, ZZP 128 (2015), S. 407 ff.; *Schiffer,* Erbrechtliche Gestaltung: Möglichkeiten der Schiedsgerichtsbarkeit: in: Böckstiegel (Hrsg.), Schiedsgerichtsbarkeit in gesellschaftsrechtlichen und erbrechtlichen Angelegenheiten, 1996, S. 65 ff.; *ders.,* Erbrechtliche Gestaltung: Letztwillige Schiedsklauseln – Möglichkeiten und Hinweise, RPS BB-Beil. 1995/5, 2 ff.; *Perrin,* De l'arbitralité des litiges successoraus, ASA Bulletin 24 (2006), 417 ff.; *Schlumpf,* Testamentarische Schiedsgerichte, 2011; *Schulze,* Letztwillig angeordnete Schiedsgerichte, MDR 2000, 314 ff.; *Storz* Kann der Erblasser die Entlassung des Testamentsvollstreckrs (§ 2227 BGB) testamentarisch einem Schiedsgericht übertragen?, SchiedsVZ 2010, 200 ff.; *Walter,* Schiedsverträge und Schiedsklauseln in der notariellen Praxis, insbesondere bei letztwilligen Verfügungen, MittRhNotK 1984, 69 ff.

Durch Testament oder Erbvertrag können Streitigkeiten, die ihren Grund in dem Erbfall haben, unter Ausschluss der ordentlichen Gerichte einem Schiedsgericht übertragen werden.[65] Sonstige Streitigkeiten zwischen den Erben, Vermächtnisnehmern und anderen Bedachten kann der Erblasser nicht einem Schiedsgericht unterwerfen. Für das Verfahren gelten §§ 1025 ff. ZPO entsprechend (§ 1066 ZPO).

846

---

[60] Vgl. dazu auch *Nicklisch* BB 1972, 1285 ff.; *Schütze* BB 1992, 1877 ff.
[61] Vgl. für Nachweise Stein/Jonas/Schlosser § 1066 Rn. 1 ff.
[62] Vgl. *Geimer,* Festschrift für Schlosser, S. 197 ff., 202 f.; *ders.,* Gedächtnisschrift für Wolf, S. 371 ff.; Zöller/*Geimer,* § 1066, Rn. 16 ff.
[63] Vgl. OLG Hamburg SchiedsVZ 2004, 266; *Wagner,* Prozessverträge, 1998, S. 494; Zöller/Geimer § 1066 Rn. 24.
[64] Vgl. dazu *Geimer* in Taktik im Schiedsverfahren, S. 118 ff.
[65] Vgl. für ein Muster *Schütze/Tscherning/Wais* Rn. 169.

847 Dabei kann dem Schiedsgericht auch die Entscheidung durch gestaltenden Schiedsspruch (zB Auseinandersetzung einer Erbengemeinschaft[66] übertragen werden.

848 Die Zuständigkeit des Schiedsgerichts bestimmt der Erblasser, insoweit als es sich um Streitigkeiten im Zusammenhang mit dem Nachlass und seiner Abwicklung iS von § 27 ZPO handelt. Als Streitgegenstände kommen in Betracht:[67]
- Feststellung des Erbrechts einschließlich der Erbunwürdigkeitsklagen und Streitigkeiten zwischen Erbprätendenten;
- Ansprüche des Erben gegen den Erbschaftsbesitzer;
- Ansprüche aus Vermächtnissen;
- Pflichtteilsansprüche;[68]
- Teilung des Nachlasses.[69]

849 Der Erblasser kann auch Auswahl und Entlassung eines Testamentsvollstreckers einem Schiedsgericht übertragen,[70] wobei die Ausstellung des Testamentsvollstreckerzeugnisses dem Nachlassgericht vorbehalten bleibt.

850 Die – zulässige – Anordnung der Entscheidung von Streitigkeiten durch ein Schiedsgericht ist nicht etwa nur eine Auflage des Erblassers, die eine Vertragsabschluss der Beteiligten voraussetzt. Die Zuständigkeit des Schiedsgerichtsberuht vielmehr auf der einseitigen Anordnung des Erblassers. § 1066 gibt dem Erblasser die Macht, im Rahmen der dort gezogenen Grenzen Rechtsstreitigkeiten den staatlichen Gerichten zu entziehen und der Zuständigkeit von Schiedsgerichten zu überweisen.

851 Streitig ist die Zulässigkeit der Übertragung der Entscheidung über die Entlassung eines Testamentsvollstreckers auf ein Schiedsgericht[71]. Das OLG Karlsruhe[72] hat die Regelungsbefugnis des Erblassers verneint, mit der Begründung, die Befugnis der Erben, die Entlassung eines Testamentsvollstreckers zu betreiben und auch eine Fehleinschätzung des Erblassers postmortal zu beschränken, sei nicht einschränkbar[73]. Da das Schiedsgericht weniger Garantien für die Erben in Schiedsverfahren gebe als im Rechtsstreit vor den staatlichen Gerichten, insbesondere im Hinblick auf die Möglichkeiten des Gerichts für amtswegige Ermittlungen und Zwangsmassnahmen, beinhalte die Zuständigkeitsübertragung auf ein Schiedsgericht eine unzulässige Einschränkung. Dagegen hat sich *Geimer* mit überzeugenden Gründen ausgesprochen[74]. Eine Zuweisung der Kompetenz zur Entscheidung der Entlassung eines Testamentsvollstreckers auf ein Schiedsgericht ist zulässig.

852 Die letztwillige Schiedsverfügung im Rahmen der Ordnung und Planung des Nachlasses ist auch unter der Geltung des UN-Übereinkommen 1954 zulässig[75].

853 Es besteht zwischenzeitlich ein institutionelles Schiedsgericht für erbrechtliche Streitigkeiten.[76] Dieses trägt den besonderen Gegebenheiten bei Erbstreitigkeiten insbesondere bei der Schiedsrichterauswahl Rechnung.

---

[66] Vgl. BGH NJW 1959, 1493.
[67] Vgl. *Geimer*, Festschrift für Schlosser, S. 197 ff., 205; *Lange*, ZZP 128 (2015), 407 ff. (418 ff.).
[68] Str. vgl. dazu eingehend *Lange*, ZZP 128 (2015), 407 ff. (422 ff.).
[69] Vgl. dazu LG Mainz, SchiedsVZ 2008, 263.
[70] Vgl. *Geimer*, Festschrift für Schlosser, S. 197 ff., 207.
[71] Vgl. für Nachweise *Geimer*, Gedächtnisschrift für Wolf, S. 371 ff. (371); *Harder*, Das Schiedsverfahren im Erbrecht, 2007, S. 142; *Storz* SchiedsVZ 2010, 200 ff.
[72] Vgl. OLG Karlsruhe NJW 2010, 688.
[73] Ebenso *Lange*, ZZP 128 (2015), 407 ff. (427 ff.) m. w. N. zum Streitstand.
[74] Vgl. *Geimer*, Gedächtnisschrift für Wolf, S. 371 ff. (372 f.).
[75] Vgl. im einzelnren *Haas*, SchiedsVZ 2011, 289 ff.
[76] Vgl. Schiedsordnung der Deutschen Schiedsstelle für Erbstreitigkeiten e. V. v. 1.1.1999.

II. Durch Satzung angeordnete Schiedsgerichte

Literatur: *Fenn,* Zur Abgrenzung von Verbandsgerichtsbarkeit und statutarischer Schiedsgerichtsbarkeit, Festschrift für Henckel, 1995, S. 173 ff.; *Kölbl,* Schiedsklauseln in Verbandssatzungen, Diss. Marburg 2003; *Schlosser,* Vereins- und Verbandsschiedsgerichtsbarkeit, 1972.

Zahlreiche Vereins- und Verbandssatzungen enthalten Schiedsklauseln, die die Mitglieder verpflichten, Streitigkeiten der Vereins- oder Verbandsschiedsgerichtsbarkeit zu unterwerfen. Derartige Schiedsklauseln lässt § 1066 ZPO zu, soweit es sich um juristische Personen des Privatrechts handelt.[77] 854

Verbandsschiedsgerichte finden sich häufig bei Zusammenschlüssen von Kaufleuten im landwirtschaftlichen Sektor, zB im Getreide- und Futtermittelhandel. International spielt die Verbandsschiedsgerichtsbarkeit generell im Rohstoffhandel eine große Rolle.[78] § 1066 ZPO enthält keine besonderen Bestimmungen über die Besetzung des Schiedsgerichts. Der BGH hat Klauseln, die die Entscheidung von Streitigkeiten zwischen Mitgliedern und Nichtmitgliedern eines Vereins durch ein allein von Vereinsmitgliedern gebildetes Schiedsgericht vorsehen, für unwirksam gehalten.[79] 855

Von der Verbands- und Vereinsschiedsgerichtsbarkeit ist die Verbandsgerichtsbarkeit zu unterscheiden, die Bedeutung im Bereich der Sportgerichte und Parteigerichte hat (vgl. dazu → Rn. 16). 856

In die Diskussion geraten ist die Schiedsgerichtsbarkeit des DGB, die dem satzungsmäßigen Prinzip: Ein Betrieb – eine Gewerkschaft zur Durchsetzung verhelfen soll.[80] 857

Unter § 1066 fallen auch die Stiftungsschiedsgerichte und die Schiedsverfügung im Stiftungsgeschäft[81] 858

III. Durch Auslobung angeordnete Schiedsgerichte

Ein Schiedsgericht kann auch durch Auslobung angeordnet werden.[82] Das Schiedsgericht ist dann zur Entscheidung eines etwaigen Streites darüber, ob die Belohnung „verdient" ist, zuständig. Keine Schiedsgerichte sind in Preisausschreiben oder Wettbewerben eingesetzte Preisrichtergremien (zB bei Misswahlen). Hier handelt es sich um Schiedsgutachter. 859

§ 20 Das insolvenzrechtliche Schiedsverfahren

Literatur: *Berger,* Schiedsrichtervertrag und Insolvenz der Schiedspartei, Festschrift von Hoffmann, 2011, S. 903 ff.; *Eckardt,* Internationale Handelsschiedsgerichtsbarkeit und Insolvenzverfahren, Festschrift für von Hoffmann, 2011, S. 934 ff.; *Flöther* Auswirkungen des inländischen Insolvenzverfahrens auf Schiedsverfahren und Schiedsabrede, 2001; *Heidbrink,* Die Insolvenzanfechtung im Schiedsverfahren, SchiedsVZ 2009, 258 ff.; *Heydn,* Bindung des Insolvenzverwalters an eine Schiedsverein-

---

[77] Vgl. BGHZ 48, 35.
[78] Vgl. zB für den Getreidehandel OLG Hamburg OLGZ 37, 202; für den Kartoffelhandel OLG Schleswig RdL 1951, 238; für den Baumwollhandel BGH NJW 1993, 1798 mAnm *Schütze* WuB VI A. § 1027 ZPO 1.93.
[79] Vgl. BGHZ 51, 255 mit zust. Anm. *Kornblum* ZZP 82 (1969), S. 480 ff.; ablehnend *Bülow,* Unwiderleglich vermutete Befangenheit von Vereinsschiedsrichtern gegenüber Nichtmitgliedern?, NJW 1970, 585 ff.
[80] Vgl. dazu *Feudner* DB 2006, 1954 ff.
[81] Vgl. dazu eingehend *Stumpf* SchiedsVZ 2009, 266 ff.
[82] Vgl. dazu *Schütze/Tscherning/Wais* Rn. 170.

barung bei der Geltendmachung insolvenzspezifischer Rechte?, SchiedsVZ 2010, 182 ff.; *Jestaedt*, Schiedsverfahren und Konkurs, 1985; *Mankowski*, EuInsVO und Schiedsverfahren, ZIP 2010, 2478 ff.; *Longrée/Gantenbrink*, Insolvenz des Beklagten im Schiedsverfahren, SchiedsVZ 2014, 21 ff.; 2010, 2478 ff.

860 Die Insolvenzeröffnung hat Auswirkungen auf Schiedsabreden und Schiedsverfahren. Die rigorose Meinung von *Häsemeyer*,[83] der jegliche Bindung des Insolvenzverwalters an vom Gemeinschuldner getroffene Schiedsvereinbarungen ablehnt, ist mit dem Gesetz nicht zu vereinbaren und ist im rechtswissenschaftlichen Schrifttum und der Rechtsprechung allein geblieben.

I. Schiedsvereinbarungen des Insolvenzverwalters

861 Im Rahmen der ihm übertragenen Verwaltungs- und Verwertungsbefugnis (§ 80 InsO) ist der Insolvenzverwalter berechtigt, Schiedsvereinbarungen abzuschliessen, insbesondere für Rechtsstreitigkeiten für Masseaktiva und -passiva[84]. Diese Befugnis ergibt sich unmittelbar aus § 160 Abs. 2 Nr. 3 InsO, wonach der Insolvenzverwalter für Rechtsstreitigkeiten mit erheblichem Streitwert für den Abschluss einer Schiedsvereinbarung der Zustimmung des Gläubigerausschusses bedarf. Die InsO sieht also implicite vor, dass der Insolvenzverwalter Schiedsvereinbarungen abschliessen kann, solche für Streitigkeiten geringem Streitwert ohne, solche für Streitigkeiten mit erheblichem mit Zustimmung des Gläubigerausschusses.

II. Schiedsvereinbarungen des Gemeinschuldners

862 Schiedsvereinbarungen sind keine gegenseitigen Verträge iS von § 103 InsO.[85] Für sie besteht kein Wahlrecht des Insolvenzverwalters. Er ist an vorinsolvenzliche Schiedsvereinbarungen des Gemeinschuldners gebunden, soweit es sich nicht um Ansprüche handelt, die erst in der Person des Insolvenzverwalters entstehen. Der Insolvenzverwalter steht einem Gesamtrechtsnachfolger gleich.

863 Der Insolvenzverwalter ist gebunden für Ansprüche
- auf Aussonderung und Absonderung,[86]
- Feststellung zur Tabelle.

864 Nicht gebunden ist der Insolvenzverwalter für Ansprüche
- auf Anfechtung[87]
- auf Ausübung des Wahlrechts nach § 103 InsO.[88]

865 Das Recht auf Insolvenzanfechtung kann der Insolvenzverwalter nicht in einem von ihm geführten Passivschiedsverfahren einredeweise geltend machen. Der BGH verweist ihn auf das Exequaturverfahren.[89]

866 Die Bindungswirkung endet bei Mittellosigkeit der Masse.[90] Nach der höchst problematischen Rechtsprechung des BGH soll in einem solchen Fall die Schiedsverein-

---

[83] Vgl. *Häsemeyer* Insolvenzrecht, 4. Aufl., 2007, Rn. 13.28.
[84] Vgl. *Häsemeyer*, Rn. 13.28; für das österreichische Recht *Rechberger* in: Smid (Hrsg.), Fragen des deutschen und internationalen OInsolvenzrechts, 2007, S. 71 ff. (77 f.).
[85] Vgl. für viele *Kreft/Marotzke*, Insolvenzordnung, 6. Aufl., 2011, § 103, Rn. 31.
[86] Vgl. RGZ 137, 109; BGHZ 24, 15; BGH ZINSO 2004, 88; BGHZ 179, 304; BGH SchiedsVZ 2011, 281 mAnm *Wilske* LMK 2011, 322673; *Lachmann*, Rn. 518.
[87] Vgl. BGH NJW 1976, 1920; BGH SchiedsVZ 2008, 148; BGH SchiedsVZ 2011, 281.
[88] Vgl. BGH SchiedsVZ 2011, 281; ebenso schon *Heydn* SchiedsVZ 2010, 182 ff.
[89] Vgl. BGH SchiedsVZ 2008, 148.
[90] Vgl. dazu *Wagner*, SchiedsVZ 2003, 206 ff.

barung undurchführbar und unwirksam sein (vgl. dazu → Rn. 332). Der Vorbehalt, den der BGH macht, dass die Schiedsvereinbarung nicht undurchführbar sei, wenn die Verfahrenskosten von der anderen Partei übernommen werden, lässt sich mit der angeblich ipso iure eintretenden Unwirksamkeit begriffslogisch nicht vereinbaren.[91]

III. Insolvenzeröffnung während des Schiedsverfahrens

Die Insolvenzeröffnung über das Vermögen einer Partei hat zunächst keinen Einfluss auf ein laufendes Schiedsverfahren. § 240 ZPO ist auf Schiedsverfahren nicht anwendbar.[92] Allerdings geht die hL davon aus, dass dem Insolvenzverwalter rechtliches Gehör zu gewähren ist.[93] Der Effekt ist ähnlich wie bei der Unterbrechung des Verfahrens. Der Insolvenzverwalter hat Zeit zum Überlegen. Aber nur das. Das Schiedsgericht hat es in der Hand, in welcher Weise es rechtliches Gehör gewähren und welche Fristen es setzen will.

867

IV. Der Schiedsrichtervertrag in der Insolvenz

Der Schiedsrichtervertrag als materiellrechtlicher gegenseitiger Vertrag (→ Rn. 152 ff.) müsste an sich nach § 103 InsO undurchführbar werden. Der Insolvenzverwalter müsste ein Wahlrecht haben, ob er Erfüllung wählt (was er im Zweifel nicht täte). Dennoch hält die ganz hL § 103 InsO für unanwendbar auf den Schiedsrichtervertrag.[94] Die Rechtsprechung, die im Schiedsrichtervertrag einen Vertrag sui generis sieht (→ Rn. 153) hat damit wenig Probleme. Denn ein Vertrag sui generis ist eben etwas anderes als ein gegenseitiger Vertrag in § 103 InsO. Auch diejenigen, die die Qualifikation des Schiedsrichtervertrages als prozessrechtlichem Vertrag mit materiellrechtlichen Elementen (→ Rn. 152) favorisieren, haben wenig Probleme. Aber auch dann, wenn man im Schiedsrichtervertrag einen materiellrechtlichen Vertrag sieht, ergibt sich der Ausschluss der Anwendbarkeit des § 103 InsO aus der ratio legis. § 103 InsO will die Masse vor Zugriffen Dritter schützen, die den durch § 80 InsO angeordneten Übergang der Verwaltungs- und Verfügungsbefugnis auf den Insolvenzverwalter stören könnten. Das ist aber bei Schiedsrichtervertrag nicht der Fall[95]. Die Bindungswirkung der vom Gemeinschuldner abgeschlossenen Schiedsvereinbarung (→ Rn. 262 ff.) erfordert es geradezu, dass die in diesem Zusammenhang abgeschlossenen Schiedsrichterverträge von der Insolvenzeröffnung unberührt bleiben.

868

Unberührt durch die Insolvenzeröffnung bleiben alle Ansprüche aus dem Schiedsrichtervertrag, also auch finanzielle Forderungen der Schiedsrichter auf Honorarzahlung und Aufwendungsersatz. Diese werden Masseforderung.

869

---

[91] Vgl. *Wagner* SchiedsVZ 2003, 206 ff. (216 ff); *Walter* ZZP 114 (2001), 97 ff. (99 ff.).
[92] Vgl. RGZ 62, 24; BGH WM 1967, 56; OLG Dresden SchiedsVZ 2005, 159; *Heidbrink/von der Groeben* ZIP 2006, 265 ff. (269); *Flöther* S. 12 ff.; *ders.*, DZWir 2001, 89 ff. (92); *Schwab/Walter* Kap. 16, Rn. 49; *Zöller/Geimer* § 1042, Rn. 48.
[93] Vgl. *Heidbrink/von der Groeben*, ZIP 2006, 265 ff. (269); *Jestaedt* S. 36 ff.; *Stein/Jonas/Schlosser* § 1029, Rn. 35.
[94] Vgl. *Flöther* Auswirkungen des inländischen Insolvenzverfahrens auf Schiedsverfahren und Schiedsabrede, 2001, S. 125 f.; *Jestaedt* Schiedsgerichtsbarkeit und Konkurs, 1985, S. 66 f.; *MüKoZPO/Münch* Vor § 1034, Rn. 47; *Musielak/Voit* § 1035, Rn. 38; *Real* S. 186 f.; *Schwab/Walter* Kap. 16, Rn. 49; *Stein/Jonas/Schlosser* Vor § 1025, Rn. 30.
[95] Vgl. *Flöther* S. 125; *Jestaedt* S. 70.

§ 21 Das Investitionsschiedsverfahren

Literatur: *Bubrowski*, Das Verhältnis zwischen internationalen Investititonsschiedsverfahren und nationalen Gerichtsverfahren, 2012; *Bungenberg/Griebel/Hobe/Reinisch* (Hrsg.), International Investment Law, 2015; *Dolzer/Schreuer*, Principles of International Investment Law, 2008, *Dugan/Wallace/Rubins/Sabahi*, Investor-State Arbitration, 2008; *Engel,* Imvestititonsschutzstreitigkeiten in der Europäischen Union, SchiedsVZ 2015, 218 ff.; *Ghouri*, Positing for Balancing: Investment Treaty Rights and the Rights of Citizens, Contemporary Asia Arbitration Journal 4 (2011), 95 ff.; *Gildemeister*, Les differends fiscaux en droit international des investissements, Diss. Paris (Est), 2011; *Gramlich/Conen*, Streitbeilegung bei Auslandsinvestitionen – „Guter" Rechtsschutz für (private) Investoren, SchiedsVZ 2015, 225 ff.; *von Hammerstein/Roegele*, Der Fair and Equitable Treatment-Standard im Investitionsschutzrecht, SchiedsVZ 2015, 275 ff.; *Hoffmann* (Hrsg.), Protection of Foreign Investments through Modern Treaty Arbitration, 2010; *Jagusch/Triantafilou*, Investment Treaty Arbitration, 2015; *Knieper*, Rethinking Investment Arbitration, SchiedsVZ 201525 ff.; *König*, Präzedenzwirkung internationaler Schiedssprüche – Dogmatisch-emirische Analysenzur Handels- und Investitionsschiedsgerichtsbarkeit, Diss. Berlin (Humboldt), 2013; *Raeschke-Kessler,* Der Einfluss des Völkervertragsrechts auf Vollstreckbarerklärung und Vollstreckung aus Schiedssprüchen auf der Basis von Investitionsschutzabkommen, Festschrift für Schlick, 2015, S. 57 ff.; *Sackmann*, Im Schatten von CETA und TTIP: Zur Verfahrenstransparenz in Inter-EU-Investitionsschiedsverfahren, SchiedsVZ 2015, 15 ff.; *Sandrock*, Das internationale Handelsgericht im TTIP, RIW 2015, 625 ff.; *Schön*, Grenzen der Gestaltungsfreiehit bei der rechtlichen Strukturierung von Auslandsinvestitionen, 2012; *Wehland*, Investment Treaty Arbitration, in: Balthasar (Hrsg.), International Commercial Arbitration, 2016, S, 158 ff.

870   Die staatliche Gerichtsbarkeit ist nicht oder nur bedingt in der Lage, ausländische Investoren – insbesondere in Entwicklungs- und Schwellenländern gegen Enteignung oder unfaire Behandlung zu schützen. Denn im Streitfall ist der Investor in einem Dilemma: Auf der einen Seite kann er ausserhalb des Investitionsstaates nicht klagen, weil es sich bei der Enteignung und enteignungsgleichen und ähnlichen Akten um acta iure imperii handelt, für die der ausländische Staat Immunität geniesst. Auf der anderen Seite ist eine Klage in dem Staat der Investition regelmässig aussichtslos, weil in einigen Staaten die Justiz nicht rechtsstaatlichen Anforderungen entspricht, in anderen eine regimetreue Richterschaft Klagen gegen den Staat aussichtslos machen. Ein Beispiel möge das verdeutlichen. Das Allende Regime enteignete ausländische Investoren in völkerrechtswidriger Weise entschädigungslos[96]. In Chile vor den staatlichen Gerichten zu klagen wäre erfolglos geblieben, da die sozialistische Richterschaft Allende nicht die Gefolgschaft zu verweigern gewillt war. In anderen Staaten wären die Klagen vor staatlichen Gerichten an der Immunität Chiles gescheitert[97]. Sic!

871   Der Ausweg ist die Schiedsgerichtsbarkeit, die bis heute das internationale Investitionsrecht beherrscht. Quelle der Investitionsschiedsgerichtsbarkeit sind zunächst bilaterale Staatsverträge[98]. 129 Investitionsschutz- und -förderungsverträge sind für Deutschland

---

[96] Allende rechtfertigte dies rhetorisch glanzvoll – aber rabbulistisch – in einer Rede am 4. Dezember 1972 vor der UNO damit, dass die ausländischen Investoren in der Vergangenheit Gewinne aus der Investition gezogen hätten, die dem chilenischen Volk zugestanden hätten. Hiermit werde aufgerechnet. Hierüber aber könnte nur die chilenische Justiz der sozialistischen Volkrepublik entscheiden, vgl. *Allende*, Chiles Kampf um Souveränität, in: Reden, die die Welt bewegten, 5. Aufl., 1986, S. 596 ff.

[97] Das hinderte nicht ausländische Gerichte, Beschlagnahmen in den Kupferfällen vorzunehmen. Das LG Hamburg hat eine Beschlagname chilenischen Kupfers allerdings nicht wegen der Immunität Chiles abgelehnt, sondern weil das Kupfer aus Minen stammte, die schon vorher enteignet worden waren, vgl. LG Hamburg, AWD 1973, 163; 1974,410; weiter *Krajewski*, Wirtschaftsvölkerrent, 5. Aufl., 2012, S. 185.

[98] Eine Übersicht über die staatsvertragliche Investkitionsschiedsgerichtsbarkeit in 25 Jurisdiktionen bringen *Jagusch/Triantafilou*, Investment Treaty Arbitration, 2015; vgl. im übrigen den Sammelband *Hoffmann*, Protection of Foreign Investments through Modern Treaty Arbitration, 2010.

zur Zeit in Kraft, die Schiedsklauseln enthalten. Daneben ist die Investitionsschiedsgerichtsbarkeit in zwei internationalen Konventionen geregelt:, dem Washingtoner(Weltbank)Übereinkommen zur Beilegung von Investitionsstreitigkeiten zwischen Staaten und Angehörigen anderer Staaten vom 18. März 1965 (ICSID)[99]und dem Vertrag über die Energie Charter (Energy Charter Treaty) vom 17. Dezember 1994[100].

I. ICSID

Zur Erzielung eines fairen Ausgleichs im Interessenkonflikt zwischen den Entwicklungs- und Schwellenländern einerseits und den privaten Investoren andererseits gründete die Weltbank 1966 das International Centre for the Settlement of Investment Disputes (ICSID) mit Sitz in Washington[101]. Die ICSID Rules[102] garantieren durch die Besetzung des Schiedsgerichts dessen grösstmögliche Neutralität. Die Mehrheit der Schiedsrichter muss eine andere Nationalität als die der Parteien haben. Bei einem Dreisrschiedsgericht – dem Rgelschiedsgericht – darf kein Parteischiedsrichter, der dem Staat dieser Partei angehört, ernannt werden ohne Zustimmung der Gegenpartei. 872

Die Verfahrensregeln weichen in mancherlei Teilen von der Üblichkeit im Schiedsverfahren ab. Der Vertraulichkeitsgrundsatz ist gelockert. Einmal wird das Verfahrensregister des ICSID öffentlich geführt und enthält Details über den wesntlichen Verfahrensablauf. Zum anderen werden Schiedssprüche in grosser Zahl veröffentlicht. Die Vereöffentlichung darf nach der Regel 48 Abs. 4 aber nur mit Zustimmung der Parteien erfolgen. Schliesslich stellt die Möglichkeit der Zulassung eines amicus curiae nach Regel 37 Abs. 2 eine Durchbrechung der Vertraulichkeit dar. Der amicus curiae darf Schriftsätze einreichen (amicus curiae brief[103]), die eine Kenntnis des Prozessstoffes voraussetzen. Die Zulassung eines amicus curiae steht im Ermessen des Schiedsgerichts. Die Zahl der Anträge auf Zulassung nimmt stetig zu[104]. 873

Die ICSID Schiedsgerichtsbarkeit ist delokalisiert in dem Sinne, dass auf das Verfahren nicht die lex arbitri des Sitzstaates Anwendung findet – die Anwendung des 10. Buchs der ZPO ist also ausgeschlossen- und das ICSID Schiedssprüche nicht der Aufhebung durch die staatlichen Gerichte des Sitzstaates unterliegen (Art. 54 ICSID Konvention).[105] 874

II. Energy Charter Treaty

Der Vertrag über die Energy Charter[106] ist ein multilaterales Investitionsschutzabkommen, das ua – wenngleich nicht ausschliesslich – dem Schutz von Auslandsinvestitionen 875

---

[99] BGBl. 1969, 1191; vgl. dazu *Pirrung*, Die Schiedsgerichtsbarkeit nach dem Weltbankübereinkommen für Investititonsstreitigkeiten, 1972.
[100] BGBl. 1997 II4, 102; vgl. dazu *Nelson/Herlihy/Lawn*, The Energy Charter Treaty, in: Nairn/Heneghan, Arbitration World, S. 57 ff.
[101] International Centre for Settlement of Investment Disputes (ICSID), MSN U3-301, 1818 H Street,N. W., Washington DC 20433.
[102] Vgl. dazu *Happ*. ICSID Rules, in: Schütze (Hrsg.), Institutional Arbitration, 2013, S. 923 ff., *ders.*, ICSID Arbitration Rules, in: Schütze (Hrsg.) Institutionelle Schiedsgerichtsbarkeit, 2. Aufl., 2011, S. 977 ff.; *Petrochilos/ Noury/Kalderimis*, ICSID Arbitration Rules, in: Mistelis (Hrsg.), Concise International Arbitration, 2010; *Pirrung*, Die Schiedsgerichtsbarkeit nach dem Weltbankübereinkommen für Investitionsstreitigkeiten unter besonderer Berücksichtigung de Rechtslage bezüglich der Bundesrepublik Deutschland, 1972; *Reed/Paulsson/Blackaby*, Guide to ICSID Arbitration, 2004.
[103] Vgl. dazu *Ruthemeyer*, Der amicus curie brief im internationalen Investitionsrecht, 2014, im übrigen Rn. 421 ff.
[104] Vgl. *Happ*, Institutionelle Schiedsgerichtsbarkeit, ICSID Rules Art. 37, Rn. 2.
[105] Vgl. *Happ*, Institutionelle Schiedsgerichtsbarkeit, Einleitung, Rn. 9.
[106] Vgl. dazu den guten Überblick bei *Nelson/Herlihy/Lawn*, The Energy Charter Treaty, in: Nairn/Heneghan, Arbitration World, S. 57 ff.

dient. Die Gesamtzahl seiner Mitglieder beträgt 53. Die praktische Bedeutung der Konvention ist gross. Das in der gegenwärtigen Diskussion so angefeindete Schiedsverfahren *Vattenfall v. Bundesrepublik Deutschland*[107] wird unter dem Energy Charter Treaty geführt. Auch das Schiedsverfahren über die Folgen der Zerschlagung von Yukon ist unter der Konvention ergangen.

876   Die Konvention stellt dem Investor drei Wege zur Verfügung, Streitigkeiten auf schiedsvertraglichem Wege entscheiden zu lassen:
- Er kann das ICSID Schiedsverfahren wählen, vorausgesetzt, dass der Staat, dem der Investor angehört und der Staat, in dem die Investition erfolgt ist, dem Übereinkommen angehören (Art. 26, Abs. 4 lit. a)
- Er kann ein Schiedsverfahren nach den Stockholm Rules[108] einleiten (Art, 26, Abs. 4 lit. c)
- Er kann schliesslich ein Schiedsverfahren eines ad hoc Schiedsgerichts nach den UNCITRAL Rules wählen (Art. 26, Abs. 4 lit. b).

877   Für das Schiedsverfahren und seine Adminstrierung – soweit nicht im ad hoc Schiedsverfahren prozessiert wird – gelten die jweiligen Regelungen der Institution.

878   Probleme können sich – wie die Electrocabel-Entscheidung gezeigt hat – bei Intra-EU Verfahren ergeben.[109]

III. Ad hoc Schiedsgericht

879   Die Parteien können schliesslich ein ad hoc Schiedsverfahren vereinbaren. Es gelten dann die allgemeinen Regeln über die Durchführung von Schiedsverfahren. Der ausländische Staat geniesst keine Immunität im Schieds- und Vollstreckbarerklärungsverfahren, da er jedenfalls durch den Abschluss der Schiedsvereinbarung auf seine Immunität verzichtet hat. Das gilt jedoch nicht für die Vollstreckungsimmunität (vgl. → Rn. 187 f., 720).

---

[107] Vgl. dazu ua *Buntenbroich/Kaul* Transparenz in Investitionsschiedsverfahren – Der Fall Vattenfall und die UNCITRAL-Transparenzregeln, SchiedsVZ 2004, 1 ff.; *Krajewski*, Umweltschutz und Internationales Investitionsschutzrecht am Beispiel dere Vattenfall-Klagen und des Transatlantischen Handels- und Investitionsabkommens (TTIP), ZUR 2014, 396 ff.

[108] Vgl. dazu oben Rn. 75 ff..

[109] Vgl. dazu *Kulick, Electrocabel* locuta, causa finita?, Intra-EU- Investitionsstreitigkeiten unter dem Energiecharter-Vertrag, SchiedsVZ 2013, 81 ff.

Anhang

Ausgewählte Texte zur Schiedsgerichtsbarkeit

I. Die Regelung der Schiedsgerichtsbarkeit im deutschen autonomen Recht

1. Die Regelung der Schiedsgerichtsbarkeit im 10. Buch der ZPO (§§ 1025–1066 ZPO)

1. Abschnitt. Allgemeine Vorschriften

§ 1025 [Anwendungsbereich] (1) Die Vorschriften dieses Buches sind anzuwenden, wenn der Ort des Schiedsverfahrens im Sinne des § 1043 Abs. 1 in Deutschland liegt.

(2) Die Bestimmungen der §§ 1032, 1033 und 1050 sind auch dann anzuwenden, wenn der Ort des Schiedsverfahrens im Ausland liegt oder noch nicht bestimmt ist.

(3) Solange der Ort des Schiedsverfahrens noch nicht bestimmt ist, sind die deutschen Gerichte für die Ausübung der in §§ 1034, 1035, 1037 und 1038 bezeichneten gerichtlichen Aufgaben zuständig, wenn der Beklagte oder der Kläger seinen Sitz oder seinen gewöhnlichen Aufenthalt in Deutschland hat.

(4) Für die Anerkennung und Vollstreckung ausländischer Schiedssprüche gelten die §§ 1061 bis 1065.

§ 1026 [Umfang gerichtlicher Tätigkeit] Ein Gericht darf in den in §§ 1025 bis 1061 geregelten Angelegenheiten nur tätig werden, soweit dieses Buch es vorsieht.

§ 1027 [Verlust des Rügerechts] Ist einer Bestimmung dieses Buches, von der die Parteien abweichen können, oder einem vereinbarten Erfordernis des schiedsrichterlichen Verfahrens nicht entsprochen worden, so kann eine Partei, die den Mangel nicht unverzüglich oder innerhalb einer dafür vorgesehenen Frist rügt, diesen später nicht mehr geltend machen. Dies gilt nicht, wenn der Partei der Mangel nicht bekannt war.

§ 1028 [Empfang schriftlicher Mitteilungen bei unbekanntem Aufenthalt] (1) Ist der Aufenthalt einer Partei oder einer zur Entgegennahme berechtigten Person unbekannt, gelten, sofern die Parteien nichts anderes vereinbart haben, schriftliche Mitteilungen an dem Tag als empfangen, an dem sie bei ordnungsgemäßer Übermittlung durch Einschreiben gegen Rückschein oder auf eine andere Weise, welche den Zugang an der letztbekannten Postanschrift oder Niederlassung oder dem letztbekannten gewöhnlichen Aufenthalt des Adressaten belegt, dort hätten empfangen werden können.

(2) Absatz 1 ist auf Mitteilungen in gerichtlichen Verfahren nicht anzuwenden.

2. Abschnitt. Schiedsvereinbarung

§ 1029 [Begriffsbestimmung] (1) Schiedsvereinbarung ist eine Vereinbarung der Parteien, alle oder einzelne Streitigkeiten, die zwischen ihnen in bezug auf ein bestimmtes Rechtsverhältnis vertraglicher oder nichtvertraglicher Art entstanden sind oder künftig entstehen, der Entscheidung durch ein Schiedsgericht zu unterwerfen.

(2) Eine Schiedsvereinbarung kann in Form einer selbständigen Vereinbarung (Schiedsabrede) oder in Form einer Klausel in einem Vertrag (Schiedsklausel) geschlossen werden.

§ 1030 [Schiedsfähigkeit] (1) Jeder vermögensrechtliche Anspruch kann Gegenstand einer Schiedsvereinbarung sein. Eine Schiedsvereinbarung über nichtvermögensrechtliche Ansprüche hat insoweit rechtliche Wirkung, als die Parteien berechtigt sind, über den Gegenstand des Streites Vergleich zu schließen.

(2) Eine Schiedsvereinbarung über Rechtsstreitigkeiten, die den Bestand eines Mietverhältnisses über Wohnraum im Inland betreffen, ist unwirksam. Dies gilt nicht, soweit es sich um Wohnraum der in § 556a Abs. 8 des Bürgerlichen Gesetzbuchs bestimmten Art handelt.

(3) Gesetzliche Vorschriften außerhalb dieses Buches, nach denen Streitigkeiten einem schiedsrichterlichen Verfahren nicht oder nur unter bestimmten Voraussetzungen unterworfen werden dürfen, bleiben unberührt.

§ 1031 [Form der Schiedsvereinbarung] (1) Die Schiedsvereinbarung muss entweder in einem von den Parteien unterzeichneten Schriftstück oder in zwischen ihnen gewechselten Schreiben, Fernkopien, Telegrammen oder anderen Formen der Nachrichtenübermittlung, die einen Nachweis der Vereinbarung sicherstellen, enthalten sein.

(2) Die Form des Absatzes 1 gilt auch dann als erfüllt, wenn die Schiedsvereinbarung in einem von der einen Partei der anderen Partei oder von einem Dritten beiden Parteien übermittelten Schriftstück enthalten ist und der Inhalt des Schriftstücks im Fall eines nicht rechtzeitig erfolgten Widerspruchs nach der Verkehrssitte als Vertragsinhalt angesehen wird.

(3) Nimmt ein den Formerfordernissen der Absätze 1 oder 2 entsprechender Vertrag auf ein Schriftstück Bezug, das eine Schiedsklausel enthält, so begründet dies eine Schiedsvereinbarung, wenn die Bezugnahme dergestalt ist, dass sie diese Klausel zu einem Bestandteil des Vertrages macht.

(4) *[aufgehoben]*

(5) Schiedsvereinbarungen, an denen ein Verbraucher beteiligt ist, müssen in einer von den Parteien eigenhändig unterzeichneten Urkunde enthalten sein. Andere Vereinbarungen als solche, die sich auf das schiedsrichterliche Verfahren beziehen, darf die Urkunde nicht enthalten; dies gilt nicht bei notarieller Beurkundung. Verbraucher ist eine natürliche Person, die bei dem Geschäft, das Gegenstand der Streitigkeit ist, zu einem Zweck handelt, der weder ihrer gewerblichen oder ihrer selbständigen beruflichen Tätigkeit zugerechnet werden kann.

(6) Der Mangel der Form wird durch die Einlassung auf die schiedsgerichtliche Verhandlung zur Hauptsache geheilt.

§ 1032 [Schiedsvereinbarung und Klage vor Gericht] (1) Wird vor einem Gericht Klage in einer Angelegenheit erhoben, die Gegenstand einer Schiedsvereinbarung ist, so hat das Gericht die Klage als unzulässig abzuweisen, sofern der Beklagte dies vor Beginn der mündlichen Verhandlung zur Hauptsache rügt, es sei denn, das Gericht stellt fest, dass die Schiedsvereinbarung nichtig, unwirksam oder undurchführbar ist.

(2) Bei Gericht kann bis zur Bildung des Schiedsgerichts Antrag auf Feststellung der Zulässigkeit oder Unzulässigkeit eines schiedsrichterlichen Verfahrens gestellt werden.

(3) Ist ein Verfahren im Sinne der Absätze 1 oder 2 anhängig, kann ein schiedsrichterliches Verfahren gleichwohl eingeleitet oder fortgesetzt werden und ein Schiedsspruch ergehen.

§ 1033 [Schiedsvereinbarung und einstweilige gerichtliche Maßnahmen] Eine Schiedsvereinbarung schließt nicht aus, dass ein Gericht vor oder nach Beginn des schiedsrichterlichen Verfahrens auf Antrag einer Partei eine vorläufige oder sichernde Maßnahme in bezug auf den Streitgegenstand des Schiedsverfahrens anordnet.

3. Abschnitt. Bildung des Schiedsgerichts

§ 1034 [Zusammensetzung des Schiedsgerichts] (1) Die Parteien können die Anzahl der Schiedsrichter vereinbaren. Fehlt eine solche Vereinbarung, so ist die Zahl der Schiedsrichter drei.

(2) Gibt die Schiedsvereinbarung einer Partei bei der Zusammensetzung des Schiedsgerichts ein Übergewicht, das die andere Partei benachteiligt, so kann diese Partei bei Gericht beantragen, den oder die Schiedsrichter abweichend von der erfolgten Ernennung oder der vereinbarten Ernennungsregelung zu bestellen. Der Antrag ist spätestens bis zum Ablauf von zwei Wochen, nachdem der Partei die Zusammensetzung des Schiedsgerichts bekannt geworden ist, zu stellen. § 1032 Abs. 3 gilt entsprechend.

§ 1035 [Bestellung der Schiedsrichter] (1) Die Parteien können das Verfahren zur Bestellung des Schiedsrichters oder der Schiedsrichter vereinbaren.

(2) Sofern die Parteien nichts anderes vereinbart haben, ist eine Partei an die durch sie erfolgte Bestellung eines Schiedsrichters gebunden, sobald die andere Partei die Mitteilung über die Bestellung empfangen hat.

(3) Fehlt eine Vereinbarung der Parteien über die Bestellung der Schiedsrichter, wird ein Einzelschiedsrichter, wenn die Parteien sich über seine Bestellung nicht einigen können, auf Antrag einer Partei durch das Gericht bestellt. In schiedsrichterlichen Verfahren mit drei Schiedsrichtern bestellt jede Partei einen Schiedsrichter; diese beiden Schiedsrichter bestellen den dritten Schiedsrichter, der als Vorsitzender des Schiedsgerichts tätig wird. Hat eine Partei den Schiedsrichter nicht innerhalb eines Monats nach Empfang einer entsprechenden Aufforderung durch die andere Partei bestellt oder können sich die beiden Schiedsrichter nicht binnen eines Monats nach ihrer Bestellung über den dritten Schiedsrichter einigen, so ist der Schiedsrichter auf Antrag einer Partei durch das Gericht zu bestellen.

(4) Haben die Parteien ein Verfahren für die Bestellung vereinbart und handelt eine Partei nicht entsprechend diesem Verfahren oder können die Parteien oder die beiden Schiedsrichter eine Einigung entsprechend diesem Verfahren nicht erzielen oder erfüllt ein Dritter eine ihm nach diesem Verfahren übertragene Aufgabe nicht, so kann jede Partei bei Gericht die Anordnung der erforderlichen Maßnahmen beantragen, sofern das vereinbarte Bestellungsverfahren zur Sicherung der Bestellung nichts anderes vorsieht.

(5) Das Gericht hat bei der Bestellung eines Schiedsrichters alle nach der Parteivereinbarung für den Schiedsrichter vorgeschriebenen Voraussetzungen zu berücksichtigen und allen Gesichtspunkten Rechnung zu tragen, die die Bestellung eines unabhängigen und unparteiischen Schiedsrichters sicherstellen. Bei der Bestellung eines Einzelschiedsrichters oder eines dritten Schiedsrichters hat das Gericht auch die Zweckmäßigkeit der Bestellung eines Schiedsrichters mit einer anderen Staatsangehörigkeit als derjenigen der Parteien in Erwägung zu ziehen.

§ 1036 [Ablehnung eines Schiedsrichters] (1) Eine Person, der ein Schiedsrichteramt angetragen wird, hat alle Umstände offenzulegen, die Zweifel an ihrer Unparteilichkeit oder Unabhängigkeit wecken können. Ein Schiedsrichter ist auch nach seiner Bestellung bis zum Ende des schiedsrichterlichen Verfahrens verpflichtet, solche Umstände den Parteien unverzüglich offenzulegen, wenn er sie ihnen nicht schon vorher mitgeteilt hat.

(2) Ein Schiedsrichter kann nur abgelehnt werden, wenn Umstände vorliegen, die berechtigte Zweifel an seiner Unparteilichkeit oder Unabhängigkeit aufkommen lassen, oder wenn er die zwischen den Parteien vereinbarten Voraussetzungen nicht erfüllt. Eine Partei kann einen Schiedsrichter, den sie bestellt oder an dessen Bestellung sie mitgewirkt hat, nur aus Gründen ablehnen, die ihr erst nach der Bestellung bekannt geworden sind.

§ 1037 [Ablehnungsverfahren] (1) Die Parteien können vorbehaltlich des Absatzes 3 ein Verfahren für die Ablehnung eines Schiedsrichters vereinbaren.

(2) Fehlt eine solche Vereinbarung, so hat die Partei, die einen Schiedsrichter ablehnen will, innerhalb von zwei Wochen, nachdem ihr die Zusammensetzung des Schiedsgerichts oder ein Umstand im Sinne des § 1036 Abs. 2 bekannt geworden ist, dem Schiedsgericht schriftlich die Ablehnungsgründe darzulegen. Tritt der abgelehnte Schiedsrichter von seinem Amt nicht zurück oder stimmt die andere Partei der Ablehnung nicht zu, so entscheidet das Schiedsgericht über die Ablehnung.

(3) Bleibt die Ablehnung nach dem von den Parteien vereinbarten Verfahren oder nach dem in Absatz 2 vorgesehenen Verfahren erfolglos, so kann die ablehnende Partei innerhalb eines Monats, nachdem sie von der Entscheidung, mit der die Ablehnung verweigert wurde, Kenntnis erlangt hat, bei Gericht eine Entscheidung über die Ablehnung beantragen; die Parteien können eine andere Frist vereinbaren. Während ein solcher Antrag anhängig ist, kann das Schiedsgericht einschließlich des abgelehnten Schiedsrichters das schiedsrichterliche Verfahren fortsetzen und einen Schiedsspruch erlassen.

§ 1038 [Untätigkeit oder Unmöglichkeit der Aufgabenerfüllung] (1) Ist ein Schiedsrichter rechtlich oder tatsächlich außerstande, seine Aufgaben zu erfüllen, oder kommt er aus anderen Gründen seinen Aufgaben in angemessener Frist nicht nach, so endet sein Amt, wenn er zurücktritt oder wenn die Parteien die Beendigung seines Amtes vereinbaren. Tritt der Schiedsrichter von seinem Amt nicht zurück oder können sich die Parteien über dessen Beendigung nicht einigen, kann jede Partei bei Gericht eine Entscheidung über die Beendigung des Amtes beantragen.

(2) Tritt ein Schiedsrichter in den Fällen des Absatzes 1 oder des § 1037 Abs. 2 zurück oder stimmt eine Partei der Beendigung des Schiedsrichteramtes zu, so bedeutet dies nicht die Anerkennung der in Absatz 1 oder § 1036 Abs. 2 genannten Rücktrittsgründe.

§ 1039 [Bestellung eines Ersatzschiedsrichters] (1) Endet das Amt eines Schiedsrichters nach den §§ 1037, 1038 oder wegen seines Rücktritts vom Amt aus einem anderen Grund oder wegen der Aufhebung seines Amtes durch Vereinbarung der Parteien, so ist ein Ersatzschiedsrichter zu bestellen. Die Bestellung erfolgt nach den Regeln, die auf die Bestellung des zu ersetzenden Schiedsrichters anzuwenden waren.

(2) Die Parteien können eine abweichende Vereinbarung treffen.

4. Abschnitt. Zuständigkeit des Schiedsgerichts

§ 1040 [Befugnis des Schiedsgerichts zur Entscheidung über die eigene Zuständigkeit]
(1) Das Schiedsgericht kann über die eigene Zuständigkeit und im Zusammenhang hiermit über das Bestehen oder die Gültigkeit der Schiedsvereinbarung entscheiden. Hierbei ist eine Schiedsklausel als eine von den übrigen Vertragsbestimmungen unabhängige Vereinbarung zu behandeln.

(2) Die Rüge der Unzuständigkeit des Schiedsgerichts ist spätestens mit der Klagebeantwortung vorzubringen. Von der Erhebung einer solchen Rüge ist eine Partei nicht dadurch ausgeschlossen, dass sie einen Schiedsrichter bestellt oder an der Bestellung eines Schiedsrichters mitgewirkt hat. Die Rüge, das Schiedsgericht überschreite seine Befugnisse, ist zu erheben, sobald die Angelegenheit, von der dies behauptet wird, im schiedsrichterlichen Verfahren zur Erörterung kommt. Das Schiedsgericht kann in beiden Fällen eine spätere Rüge zulassen, wenn die Partei die Verspätung genügend entschuldigt.

(3) Hält das Schiedsgericht sich für zuständig, so entscheidet es über eine Rüge nach Absatz 2 in der Regel durch Zwischenentscheid. In diesem Fall kann jede Partei innerhalb eines Monats nach schriftlicher Mitteilung des Entscheids eine gerichtliche Entscheidung beantragen. Während ein solcher Antrag anhängig ist, kann das Schiedsgericht das schiedsrichterliche Verfahren fortsetzen und einen Schiedsspruch erlassen.

§ 1041 [Maßnahmen des einstweiligen Rechtsschutzes] (1) Haben die Parteien nichts anderes vereinbart, so kann das Schiedsgericht auf Antrag einer Partei vorläufige oder sichernde Maßnahmen anordnen, die es in bezug auf den Streitgegenstand für erforderlich hält. Das Schiedsgericht kann von jeder Partei im Zusammenhang mit einer solchen Maßnahme angemessene Sicherheit verlangen.

(2) Das Gericht kann auf Antrag einer Partei die Vollziehung einer Maßnahme nach Absatz 1 zulassen, sofern nicht schon eine entsprechende Maßnahme des einstweiligen Rechtsschutzes bei einem Gericht beantragt worden ist. Es kann die Anordnung abweichend fassen, wenn dies zur Vollziehung der Maßnahme notwendig ist.

(3) Auf Antrag kann das Gericht den Beschluss nach Absatz 2 aufheben oder ändern.

(4) Erweist sich die Anordnung einer Maßnahme nach Absatz 1 als von Anfang an ungerechtfertigt, so ist die Partei, welche ihre Vollziehung erwirkt hat, verpflichtet, dem Gegner den Schaden zu ersetzen, der ihm aus der Vollziehung der Maßnahme oder dadurch entsteht, dass er Sicherheit leistet, um die Vollziehung abzuwenden. Der Anspruch kann im anhängigen Schiedsverfahren geltend gemacht werden.

5. Abschnitt. Durchführung des schiedsrichterlichen Verfahrens

§ 1042 [Allgemeine Verfahrensregeln] (1) Die Parteien sind gleich zu behandeln. Jeder Partei ist rechtliches Gehör zu gewähren.

(2) Rechtsanwälte dürfen als Bevollmächtigte nicht ausgeschlossen werden.

(3) Im Übrigen können die Parteien vorbehaltlich der zwingenden Vorschriften dieses Buches das Verfahren selbst oder durch Bezugnahme auf eine schiedsrichterliche Verfahrensordnung regeln.

(4) Soweit eine Vereinbarung der Parteien nicht vorliegt und dieses Buch keine Regelung enthält, werden die Verfahrensregeln vom Schiedsgericht nach freiem Ermessen bestimmt. Das Schiedsgericht ist berechtigt, über die Zulässigkeit einer Beweiserhebung zu entscheiden, diese durchzuführen und das Ergebnis frei zu würdigen.

§ 1043 [Ort des schiedsrichterlichen Verfahrens] (1) Die Parteien können eine Vereinbarung über den Ort des schiedsrichterlichen Verfahrens treffen. Fehlt eine solche Vereinbarung, so wird der Ort des schiedsrichterlichen Verfahrens vom Schiedsgericht bestimmt. Dabei sind die Umstände des Falles einschließlich der Eignung des Ortes für die Parteien zu berücksichtigen.

(2) Haben die Parteien nichts anderes vereinbart, so kann das Schiedsgericht ungeachtet des Absatzes 1 an jedem ihm geeignet erscheinenden Ort zu einer mündlichen Verhandlung, zur Vernehmung von Zeugen, Sachverständigen oder der Parteien, zur Beratung zwischen seinen Mitgliedern, zur Besichtigung von Sachen oder zur Einsichtnahme in Schriftstücke zusammentreten.

§ 1044 [Beginn des schiedsrichterlichen Verfahrens] Haben die Parteien nichts anderes vereinbart, so beginnt das schiedsrichterliche Verfahren über eine bestimmte Streitigkeit mit dem Tag, an dem der Beklagte den Antrag, die Streitigkeit einem Schiedsgericht vorzulegen, empfangen hat. Der Antrag muss die Bezeichnung der Parteien, die Angabe des Streitgegenstandes und einen Hinweis auf die Schiedsvereinbarung enthalten.

§ 1045 [Verfahrenssprache] (1) Die Parteien können die Sprache oder die Sprachen, die im schiedsrichterlichen Verfahren zu verwenden sind, vereinbaren. Fehlt eine solche Vereinbarung, so bestimmt hierüber das Schiedsgericht. Die Vereinbarung der Parteien oder die Bestimmung des Schiedsgerichts ist, sofern darin nichts anderes vorgesehen wird, für schriftliche Erklärungen einer Partei, mündliche Verhandlungen, Schiedssprüche, sonstige Entscheidungen und andere Mitteilungen des Schiedsgerichts maßgebend.

(2) Das Schiedsgericht kann anordnen, dass schriftliche Beweismittel mit einer Übersetzung in die Sprache oder die Sprachen versehen sein müssen, die zwischen den Parteien vereinbart oder vom Schiedsgericht bestimmt worden sind.

§ 1046 [Klage und Klagebeantwortung] (1) Innerhalb der von den Parteien vereinbarten oder vom Schiedsgericht bestimmten Frist hat der Kläger seinen Anspruch und die Tatsachen, auf die sich dieser Anspruch stützt, darzulegen und der Beklagte hierzu Stellung zu nehmen. Die Parteien können dabei alle ihnen erheblich erscheinenden Schriftstücke vorlegen oder andere Beweismittel bezeichnen, derer sie sich bedienen wollen.

(2) Haben die Parteien nichts anderes vereinbart, so kann jede Partei im Laufe des schiedsrichterlichen Verfahrens ihre Klage oder ihre Angriffs- und Verteidigungsmittel ändern oder ergänzen, es sei denn, das Schiedsgericht lässt dies wegen Verspätung, die nicht genügend entschuldigt wird, nicht zu.

(3) Absätze 1 und 2 gelten für die Widerklage entsprechend.

§ 1047 [Mündliche Verhandlung und schriftliches Verfahren] (1) Vorbehaltlich einer Vereinbarung der Parteien entscheidet das Schiedsgericht, ob mündlich verhandelt werden soll oder ob das Verfahren auf der Grundlage von Schriftstücken und anderen Unterlagen durchzuführen ist. Haben die Parteien die mündliche Verhandlung nicht ausgeschlossen, hat das Schiedsgericht eine solche Verhandlung in einem geeigneten Abschnitt des Verfahrens durchzuführen, wenn eine Partei es beantragt.

(2) Die Parteien sind von jeder Verhandlung und jedem Zusammentreffen des Schiedsgerichts zu Zwecken der Beweisaufnahme rechtzeitig in Kenntnis zu setzen.

(3) Alle Schriftsätze, Schriftstücke und sonstigen Mitteilungen, die dem Schiedsgericht von einer Partei vorgelegt werden, sind der anderen Partei, Gutachten und andere schriftliche Beweismittel, auf die sich das Schiedsgericht bei seiner Entscheidung stützen kann, sind beiden Parteien zur Kenntnis zu bringen.

§ 1048 [Säumnis einer Partei] (1) Versäumt es der Kläger, seine Klage nach § 1046 Abs. 1 einzureichen, so beendet das Schiedsgericht das Verfahren.

(2) Versäumt es der Beklagte, die Klage nach § 1046 Abs. 1 zu beantworten, so setzt das Schiedsgericht das Verfahren fort, ohne die Säumnis als solche als Zugeständnis der Behauptungen des Klägers zu behandeln.

(3) Versäumt es eine Partei, zu einer mündlichen Verhandlung zu erscheinen oder innerhalb einer festgelegten Frist ein Schriftstück zum Beweis vorzulegen, so kann das Schiedsgericht das Verfahren fortsetzen und den Schiedsspruch nach den vorliegenden Erkenntnissen erlassen.

(4) Wird die Säumnis nach Überzeugung des Gerichts genügend entschuldigt, bleibt sie außer Betracht. Im Übrigen können die Parteien über die Folgen der Säumnis etwas anderes vereinbaren.

§ 1049 [Vom Schiedsgericht bestellter Sachverständiger] (1) Haben die Parteien nichts anderes vereinbart, so kann das Schiedsgericht einen oder mehrere Sachverständige zur Erstattung eines Gutachtens über bestimmte vom Schiedsgericht festzulegende Fragen bestellen. Es kann ferner eine Partei auffordern, dem Sachverständigen jede sachdienliche Auskunft zu erteilen oder alle für das Verfahren erheblichen Schriftstücke oder Sachen zur Besichtigung vorzulegen oder zugänglich zu machen.

(2) Haben die Parteien nichts anderes vereinbart, so hat der Sachverständige, wenn eine Partei dies beantragt oder das Schiedsgericht es für erforderlich hält, nach Erstattung seines schriftlichen oder mündlichen Gutachtens an einer mündlichen Verhandlung teilzunehmen. Bei der Verhandlung können die Parteien dem Sachverständigen Fragen stellen und eigene Sachverständige zu den streitigen Fragen aussagen lassen.

(3) Auf den vom Schiedsgericht bestellten Sachverständigen sind die §§ 1036, 1037 Abs. 1 und 2 entsprechend anzuwenden.

§ 1050 [Gerichtliche Unterstützung bei der Beweisaufnahme und sonstige richterliche Handlungen] Das Schiedsgericht oder eine Partei mit Zustimmung des Schiedsgerichts kann bei Gericht Unterstützung bei der Beweisaufnahme oder die Vornahme sonstiger richterlicher Handlungen, zu denen das Schiedsgericht nicht befugt ist, beantragen. Das Gericht erledigt den Antrag, sofern es ihn nicht für unzulässig hält, nach seinen für die Beweisaufnahme oder die sonstige richterliche Handlung geltenden Verfahrensvorschriften. Die Schiedsrichter sind berechtigt, an einer gerichtlichen Beweisaufnahme teilzunehmen und Fragen zu stellen.

6. Abschnitt. Schiedsspruch und Beendigung des Verfahrens

§ 1051 [Anwendbares Recht] (1) Das Schiedsgericht hat die Streitigkeit in Übereinstimmung mit den Rechtsvorschriften zu entscheiden, die von den Parteien als auf den Inhalt des Rechtsstreits anwendbar bezeichnet worden sind. Die Bezeichnung des Rechts oder der Rechtsordnung eines bestimmten Staates ist, sofern die Parteien nicht ausdrücklich etwas anderes vereinbart haben, als unmittelbare Verweisung auf die Sachvorschriften dieses Staates und nicht auf sein Kollisionsrecht zu verstehen.
(2) Haben die Parteien die anzuwendenden Rechtsvorschriften nicht bestimmt, so hat das Schiedsgericht das Recht des Staates anzuwenden, mit dem der Gegenstand des Verfahrens die engsten Verbindungen aufweist.
(3) Das Schiedsgericht hat nur dann nach Billigkeit zu entscheiden, wenn die Parteien es ausdrücklich dazu ermächtigt haben. Die Ermächtigung kann bis zur Entscheidung des Schiedsgerichts erteilt werden.
(4) In allen Fällen hat das Schiedsgericht in Übereinstimmung mit den Bestimmungen des Vertrages zu entscheiden und dabei bestehende Handelsbräuche zu berücksichtigen.

§ 1052 [Entscheidung durch ein Schiedsrichterkollegium] (1) Haben die Parteien nichts anderes vereinbart, so ist in schiedsrichterlichen Verfahren mit mehr als einem Schiedsrichter jede Entscheidung des Schiedsgerichts mit Mehrheit der Stimmen aller Mitglieder zu treffen.
(2) Verweigert ein Schiedsrichter die Teilnahme an einer Abstimmung, können die übrigen Schiedsrichter ohne ihn entscheiden, sofern die Parteien nichts anderes vereinbart haben. Die Absicht, ohne den verweigernden Schiedsrichter über den Schiedsspruch abzustimmen, ist den Parteien vorher mitzuteilen. Bei anderen Entscheidungen sind die Parteien von der Abstimmungsverweigerung nachträglich in Kenntnis zu setzen.
(3) Über einzelne Verfahrensfragen kann der vorsitzende Schiedsrichter allein entscheiden, wenn die Parteien oder die anderen Mitglieder des Schiedsgerichts ihn dazu ermächtigt haben.

§ 1053 [Vergleich] (1) Vergleichen sich die Parteien während des schiedsrichterlichen Verfahrens über die Streitigkeit, so beendet das Schiedsgericht das Verfahren. Auf Antrag der Parteien hält es den Vergleich in der Form eines Schiedsspruchs mit vereinbartem Wortlaut fest, sofern der Inhalt des Vergleichs nicht gegen die öffentliche Ordnung (ordre public) verstößt.
(2) Ein Schiedsspruch mit vereinbartem Wortlaut ist gemäß § 1054 zu erlassen und muss angeben, dass es sich um einen Schiedsspruch handelt. Ein solcher Schiedsspruch hat dieselbe Wirkung wie jeder andere Schiedsspruch zur Sache.
(3) Soweit die Wirksamkeit von Erklärungen eine notarielle Beurkundung erfordert, wird diese bei einem Schiedsspruch mit vereinbartem Wortlaut durch die Aufnahme der Erklärungen der Parteien in den Schiedsspruch ersetzt.

(4) Mit Zustimmung der Parteien kann ein Schiedsspruch mit vereinbartem Wortlaut auch von einem Notar, der seinen Amtssitz im Bezirk des nach § 1062 Abs. 1, 2 für die Vollstreckbarerklärung zuständigen Gerichts hat, für vollstreckbar erklärt werden. Der Notar lehnt die Vollstreckbarerklärung ab, wenn die Voraussetzungen des Absatzes 1 Satz 2 nicht vorliegen.

§ 1054 [Form und Inhalt des Schiedsspruchs] (1) Der Schiedsspruch ist schriftlich zu erlassen und durch den Schiedsrichter oder die Schiedsrichter zu unterschreiben. In schiedsrichterlichen Verfahren mit mehr als einem Schiedsrichter genügen die Unterschriften der Mehrheit aller Mitglieder des Schiedsgerichts, sofern der Grund für eine fehlende Unterschrift angegeben wird.

(2) Der Schiedsspruch ist zu begründen, es sei denn, die Parteien haben vereinbart, dass keine Begründung gegeben werden muss, oder es handelt sich um einen Schiedsspruch mit vereinbartem Wortlaut im Sinne des § 1053.

(3) Im Schiedsspruch sind der Tag, an dem er erlassen wurde, und der nach § 1043 Abs. 1 bestimmte Ort des schiedsrichterlichen Verfahrens anzugeben. Der Schiedsspruch gilt als an diesem Tag und diesem Ort erlassen.

(4) Jeder Partei ist ein von den Schiedsrichtern unterschriebener Schiedsspruch zu übersenden.

§ 1055 [Wirkungen des Schiedsspruchs] Der Schiedsspruch hat unter den Parteien die Wirkungen eines rechtskräftigen gerichtlichen Urteils.

§ 1056 [Beendigung des schiedsrichterlichen Verfahrens] (1) Das schiedsrichterliche Verfahren wird mit dem endgültigen Schiedsspruch oder mit einem Beschluss des Schiedsgerichts nach Absatz 2 beendet.

(2) Das Schiedsgericht stellt durch Beschluss die Beendigung des schiedsrichterlichen Verfahrens fest, wenn

1. der Kläger
    a) es versäumt, seine Klage nach § 1046 Abs. 1 einzureichen und kein Fall des § 1048 Abs. 4 vorliegt, oder
    b) seine Klage zurücknimmt, es sei denn, dass der Beklagte dem widerspricht und das Schiedsgericht ein berechtigtes Interesse des Beklagten an der endgültigen Beilegung der Streitigkeit anerkennt; oder
2. die Parteien die Beendigung des Verfahrens vereinbaren; oder
3. die Parteien das schiedsrichterliche Verfahren trotz Aufforderung des Schiedsgerichts nicht weiter betreiben oder die Fortsetzung des Verfahrens aus einem anderen Grund unmöglich geworden ist.

(3) Vorbehaltlich des § 1057 Abs. 2 und der §§ 1058, 1059 Abs. 4 endet das Amt des Schiedsgerichts mit der Beendigung des schiedsrichterlichen Verfahrens.

§ 1057 [Entscheidung über die Kosten] (1) Sofern die Parteien nichts anderes vereinbart haben, hat das Schiedsgericht in einem Schiedsspruch darüber zu entscheiden, zu welchem Anteil die Parteien die Kosten des schiedsrichterlichen Verfahrens einschließlich der den Parteien erwachsenen und zur zweckentsprechenden Rechtsverfolgung notwendigen Kosten zu tragen haben. Hierbei entscheidet das Schiedsgericht nach pflichtgemäßem Ermessen unter Berücksichtigung der Umstände des Einzelfalles, insbesondere des Ausgangs des Verfahrens.

(2) Soweit die Kosten des schiedsrichterlichen Verfahrens feststehen, hat das Schiedsgericht auch darüber zu entscheiden, in welcher Höhe die Parteien diese zu tragen haben. Ist die Festsetzung der Kosten unterblieben oder erst nach Beendigung des schiedsrichterlichen Verfahrens möglich, wird hierüber in einem gesonderten Schiedsspruch entschieden.

§ 1058 [Berichtigung, Auslegung und Ergänzung des Schiedsspruchs] (1) Jede Partei kann beim Schiedsgericht beantragen,
1. Rechen-, Schreib- und Druckfehler oder Fehler ähnlicher Art im Schiedsspruch zu berichtigen;
2. bestimmte Teile des Schiedsspruchs auszulegen;
3. einen ergänzenden Schiedsspruch über solche Ansprüche zu erlassen, die im schiedsrichterlichen Verfahren zwar geltend gemacht, im Schiedsspruch aber nicht behandelt worden sind.

(2) Sofern die Parteien keine andere Frist vereinbart haben, ist der Antrag innerhalb eines Monats nach Empfang des Schiedsspruchs zu stellen.

(3) Das Schiedsgericht soll über die Berichtigung oder Auslegung des Schiedsspruchs innerhalb eines Monats und über die Ergänzung des Schiedsspruchs innerhalb von zwei Monaten entscheiden.

(4) Eine Berichtigung des Schiedsspruchs kann das Schiedsgericht auch ohne Antrag vornehmen.

(5) § 1054 ist auf die Berichtigung, Auslegung oder Ergänzung des Schiedsspruchs anzuwenden.

7. Abschnitt. Rechtsbehelf gegen den Schiedsspruch

§ 1059 [Aufhebungsantrag] (1) Gegen einen Schiedsspruch kann nur der Antrag auf gerichtliche Aufhebung nach den Absätzen 2 und 3 gestellt werden.

(2) Ein Schiedsspruch kann nur aufgehoben werden,
1. wenn der Antragsteller begründet geltend macht, dass
   a) eine der Parteien, die eine Schiedsvereinbarung nach §§ 1029, 1031 geschlossen haben, nach dem Recht, das für sie persönlich maßgebend ist, hierzu nicht fähig war, oder dass die Schiedsvereinbarung nach dem Recht, dem die Parteien sie unterstellt haben oder, falls die Parteien hierüber nichts bestimmt haben, nach deutschem Recht ungültig ist oder
   b) er von der Bestellung eines Schiedsrichters oder von dem schiedsrichterlichen Verfahren nicht gehörig in Kenntnis gesetzt worden ist oder dass er aus einem anderen Grund seine Angriffs- oder Verteidigungsmittel nicht hat geltend machen können oder
   c) der Schiedsspruch eine Streitigkeit betrifft, die in der Schiedsabrede nicht erwähnt ist oder nicht unter die Bestimmungen der Schiedsklausel fällt, oder dass er Entscheidungen enthält, welche die Grenzen der Schiedsvereinbarung überschreiten; kann jedoch der Teil des Schiedsspruchs, der sich auf Streitpunkte bezieht, die dem schiedsrichterlichen Verfahren unterworfen waren, von dem Teil, der Streitpunkte betrifft, die ihm nicht unterworfen waren, getrennt werden, so kann nur der letztgenannte Teil des Schiedsspruchs aufgehoben werden oder
   d) die Bildung des Schiedsgerichts oder das schiedsrichterliche Verfahren einer Bestimmung dieses Buches oder einer zulässigen Vereinbarung der Parteien nicht entsprochen hat und anzunehmen ist, dass sich dies auf den Schiedsspruch ausgewirkt hat; oder
2. wenn das Gericht feststellt, dass
   a) der Gegenstand des Streites nach deutschem Recht nicht schiedsfähig ist oder
   b) die Anerkennung oder Vollstreckung des Schiedsspruchs zu einem Ergebnis führt, das der öffentlichen Ordnung (ordre public) widerspricht.

(3) Sofern die Parteien nichts anderes vereinbaren, muss der Aufhebungsantrag innerhalb einer Frist von drei Monaten bei Gericht eingereicht werden. Die Frist beginnt mit dem Tag, an dem der Antragsteller den Schiedsspruch empfangen hat. Ist ein Antrag nach

§ 1058 gestellt worden, verlängert sich die Frist um höchstens einen Monat nach Empfang der Entscheidung über diesen Antrag. Der Antrag auf Aufhebung des Schiedsspruchs kann nicht mehr gestellt werden, wenn der Schiedsspruch von einem deutschen Gericht für vollstreckbar erklärt worden ist.

(4) Ist die Aufhebung beantragt worden, so kann das Gericht in geeigneten Fällen auf Antrag einer Partei unter Aufhebung des Schiedsspruchs die Sache an das Schiedsgericht zurückverweisen.

(5) Die Aufhebung des Schiedsspruchs hat im Zweifel zur Folge, dass wegen des Streitgegenstandes die Schiedsvereinbarung wiederauflebt.

8. Abschnitt. Voraussetzungen der Anerkennung und Vollstreckung von Schiedssprüchen

§ 1060 [Inländische Schiedssprüche] (1) Die Zwangsvollstreckung findet statt, wenn der Schiedsspruch für vollstreckbar erklärt ist.

(2) Der Antrag auf Vollstreckbarerklärung ist unter Aufhebung des Schiedsspruchs abzulehnen, wenn einer der in § 1059 Abs. 2 bezeichneten Aufhebungsgründe vorliegt. Aufhebungsgründe sind nicht zu berücksichtigen, soweit im Zeitpunkt der Zustellung des Antrags auf Vollstreckbarerklärung ein auf sie gestützter Aufhebungsantrag rechtskräftig abgewiesen ist. Aufhebungsgründe nach § 1059 Abs. 2 Nr. 1 sind auch dann nicht zu berücksichtigen, wenn die in § 1059 Abs. 3 bestimmten Fristen abgelaufen sind, ohne dass der Antragsgegner einen Antrag auf Aufhebung des Schiedsspruchs gestellt hat.

§ 1061 [Ausländische Schiedssprüche] (1) Die Anerkennung und Vollstreckung ausländischer Schiedssprüche richtet sich nach dem Übereinkommen vom 10. Juni 1958 über die Anerkennung und Vollstreckung ausländischer Schiedssprüche (BGBl. 1961 II S. 121). Die Vorschriften in anderen Staatsverträgen über die Anerkennung und Vollstreckung von Schiedssprüchen bleiben unberührt.

(2) Ist die Vollstreckbarerklärung abzulehnen, stellt das Gericht fest, dass der Schiedsspruch im Inland nicht anzuerkennen ist.

(3) Wird der Schiedsspruch, nachdem er für vollstreckbar erklärt worden ist, im Ausland aufgehoben, so kann die Aufhebung der Vollstreckbarerklärung beantragt werden.

9. Abschnitt. Gerichtliches Verfahren

§ 1062 [Zuständigkeit] (1) Das Oberlandesgericht, das in der Schiedsvereinbarung bezeichnet ist oder, wenn eine solche Bezeichnung fehlt, in dessen Bezirk der Ort des schiedsrichterlichen Verfahrens liegt, ist zuständig für Entscheidungen über Anträge betreffend
1. die Bestellung eines Schiedsrichters (§§ 1034, 1035), die Ablehnung eines Schiedsrichters (§ 1037) oder die Beendigung des Schiedsrichteramtes (§ 1038);
2. die Feststellung der Zulässigkeit oder Unzulässigkeit eines schiedsrichterlichen Verfahrens (§ 1032) oder die Entscheidung eines Schiedsgerichts, in der dieses seine Zuständigkeit in einem Zwischenentscheid bejaht hat (§ 1040);
3. die Vollziehung, Aufhebung oder Änderung der Anordnung vorläufiger oder sichernder Maßnahmen des Schiedsgerichts (§ 1041);
4. die Aufhebung (§ 1059) oder die Vollstreckbarerklärung des Schiedsspruchs (§§ 1060 ff.) oder die Aufhebung der Vollstreckbarerklärung (§ 1061).

(2) Besteht in den Fällen des Absatzes 1 Nr. 2 erste Alternative, Nr. 3 oder Nr. 4 kein deutscher Schiedsort, so ist für die Entscheidungen das Oberlandesgericht zuständig, in dessen Bezirk der Antragsgegner seinen Sitz oder gewöhnlichen Aufenthalt hat oder sich Vermögen des Antragsgegners oder der mit der Schiedsklage in Anspruch genommene oder von der Maßnahme betroffene Gegenstand befindet, hilfsweise das Kammergericht.

(3) In den Fällen des § 1025 Abs. 3 ist für die Entscheidung das Oberlandesgericht zuständig, in dessen Bezirk der Kläger oder der Beklagte seinen Sitz oder seinen gewöhnlichen Aufenthalt hat.

(4) Für die Unterstützung bei der Beweisaufnahme und sonstige richterliche Handlungen (§ 1050) ist das Amtsgericht zuständig, in dessen Bezirk die richterliche Handlung vorzunehmen ist.

(5) Sind in einem Land mehrere Oberlandesgerichte errichtet, so kann die Zuständigkeit von der Landesregierung durch Rechtsverordnung einem Oberlandesgericht oder dem obersten Landesgericht übertragen werden; die Landesregierung kann die Ermächtigung durch Rechtsverordnung auf die Landesjustizverwaltung übertragen. Mehrere Länder können die Zuständigkeit eines Oberlandesgerichts über die Ländergrenzen hinaus vereinbaren.

§ 1063 [Allgemeine Vorschriften] (1) Das Gericht entscheidet durch Beschluss. Vor der Entscheidung ist der Gegner zu hören.

(2) Das Gericht hat die mündliche Verhandlung anzuordnen, wenn die Aufhebung des Schiedsspruchs beantragt wird oder wenn bei einem Antrag auf Anerkennung oder Vollstreckbarerklärung des Schiedsspruchs Aufhebungsgründe nach § 1059 Abs. 2 in Betracht kommen.

(3) Der Vorsitzende des Zivilsenats kann ohne vorherige Anhörung des Gegners anordnen, dass der Antragsteller bis zur Entscheidung über den Antrag die Zwangsvollstreckung aus dem Schiedsspruch betreiben oder die vorläufige oder sichernde Maßnahme des Schiedsgerichts nach § 1041 vollziehen darf. Die Zwangsvollstreckung aus dem Schiedsspruch darf nicht über Maßnahmen zur Sicherung hinausgehen. Der Antragsgegner ist befugt, die Zwangsvollstreckung durch Leistung einer Sicherheit in Höhe des Betrages, wegen dessen der Antragsteller vollstrecken kann, abzuwenden.

(4) Solange eine mündliche Verhandlung nicht angeordnet ist, können zu Protokoll der Geschäftsstelle Anträge gestellt und Erklärungen abgegeben werden.

§ 1064 [Besonderheiten bei der Vollstreckbarerklärung von Schiedssprüchen] (1) Mit dem Antrag auf Vollstreckbarerklärung eines Schiedsspruchs ist der Schiedsspruch oder eine beglaubigte Abschrift des Schiedsspruchs vorzulegen. Die Beglaubigung kann auch von dem für das gerichtliche Verfahren bevollmächtigten Rechtsanwalt vorgenommen werden.

(2) Der Beschluss, durch den ein Schiedsspruch für vollstreckbar erklärt wird, ist für vorläufig vollstreckbar zu erklären.

(3) Auf ausländische Schiedssprüche sind die Absätze 1 und 2 anzuwenden, soweit Staatsverträge nicht ein anderes bestimmen.

§ 1065 [Rechtsmittel] (1) Gegen die in § 1062 Abs. 1 Nr. 2 und 4 genannten Entscheidungen findet die Rechtsbeschwerde statt. Im Übrigen sind die Entscheidungen in den in § 1062 Abs. 1 bezeichneten Verfahren unanfechtbar.

(2) Die Rechtsbeschwerde kann auch darauf gestützt werden, dass die Entscheidung auf einer Verletzung eines Staatsvertrages beruht. Die §§ 707, 717 sind entsprechend anzuwenden.

10. Abschnitt. Außervertragliche Schiedsgerichte

§ 1066 [Entsprechende Anwendung der Vorschriften des Zehnten Buches] Für Schiedsgerichte, die in gesetzlich statthafter Weise durch letztwillige oder andere nicht auf Vereinbarung beruhende Verfügungen angeordnet werden, gelten die Vorschriften dieses Buches entsprechend.

2. Die Regelung der Schiedsgerichtsbarkeit im 4. Teil des ArbGG (§§ 101–110 ArbGG)

Vierter Teil. Schiedsvertrag in Arbeitsstreitigkeiten

§ 101 [Grundsatz] (1) Für bürgerliche Rechtsstreitigkeiten zwischen Tarifvertragsparteien aus Tarifverträgen oder über das Bestehen oder Nichtbestehen von Tarifverträgen können die Parteien des Tarifvertrags die Arbeitsgerichtsbarkeit allgemein oder für den Einzelfall durch die ausdrückliche Vereinbarung ausschließen, dass die Entscheidung durch ein Schiedsgericht erfolgen soll.

(2) Für bürgerliche Rechtsstreitigkeiten aus einem Arbeitsverhältnis, das sich nach einem Tarifvertrag bestimmt, können die Parteien des Tarifvertrags die Arbeitsgerichtsbarkeit im Tarifvertrag durch die ausdrückliche Vereinbarung ausschließen, dass die Entscheidung durch ein Schiedsgericht erfolgen soll, wenn der persönliche Geltungsbereich des Tarifvertrags überwiegend Bühnenkünstler, Filmschaffende oder Artisten umfasst. Die Vereinbarung gilt nur für tarifgebundene Personen. Sie erstreckt sich auf Parteien, deren Verhältnisse sich aus anderen Gründen nach dem Tarifvertrag regeln, wenn die Parteien dies ausdrücklich und schriftlich vereinbart haben; der Mangel der Form wird durch Einlassung auf die schiedsgerichtliche Verhandlung zur Hauptsache geheilt.

(3) Die Vorschriften der Zivilprozessordnung über das schiedsrichterliche Verfahren finden in Arbeitssachen keine Anwendung.

§ 102 [Prozesshindernde Einrede] (1) Wird das Arbeitsgericht wegen einer Rechtsstreitigkeit angerufen, für die die Parteien des Tarifvertrages einen Schiedsvertrag geschlossen haben, so hat das Gericht die Klage als unzulässig abzuweisen, wenn sich der Beklagte auf den Schiedsvertrag beruft.

(2) Der Beklagte kann sich nicht auf den Schiedsvertrag berufen,

1. wenn in einem Falle, in dem die Streitparteien selbst die Mitglieder des Schiedsgerichts zu ernennen haben, der Kläger dieser Pflicht nachgekommen ist, der Beklagte die Ernennung aber nicht binnen einer Woche nach der Aufforderung des Klägers vorgenommen hat;
2. wenn in einem Falle, in dem nicht die Streitparteien, sondern die Parteien des Schiedsvertrags die Mitglieder des Schiedsgerichts zu ernennen haben, das Schiedsgericht nicht gebildet ist und die den Parteien des Schiedsvertrags von dem Vorsitzenden des Arbeitsgerichts gesetzte Frist zur Bildung des Schiedsgerichts fruchtlos verstrichen ist;
3. wenn das nach dem Schiedsvertrag gebildete Schiedsgericht die Durchführung des Verfahrens verzögert und die ihm von dem Vorsitzenden des Arbeitsgerichts gesetzte Frist zur Durchführung des Verfahrens fruchtlos verstrichen ist;
4. wenn das Schiedsgericht den Parteien des streitigen Rechtsverhältnisses anzeigt, dass die Abgabe eines Schiedsspruchs unmöglich ist.

(3) In den Fällen des Absatzes 2 Nr. 2 und 3 erfolgt die Bestimmung der Frist auf Antrag des Klägers durch den Vorsitzenden des Arbeitsgerichts, das für die Geltendmachung des Anspruchs zuständig wäre.

(4) Kann sich der Beklagte nach Absatz 2 nicht auf den Schiedsvertrag berufen, so ist eine schiedsrichterliche Entscheidung des Rechtsstreits auf Grund des Schiedsvertrags ausgeschlossen.

§ 103 [Zusammensetzung des Schiedsgerichts] (1) Das Schiedsgericht muss aus einer gleichen Anzahl von Arbeitnehmern und von Arbeitgebern bestehen; außerdem können ihm Unparteiische angehören. Personen, die infolge Richterspruchs die Fähigkeit zur Bekleidung öffentlicher Ämter nicht besitzen, dürfen ihm nicht angehören.

(2) Mitglieder des Schiedsgerichts können unter denselben Voraussetzungen abgelehnt werden, die zur Ablehnung eines Richters berechtigen.

(3) Über die Ablehnung beschließt die Kammer des Arbeitsgerichts, das für die Geltendmachung des Anspruchs zuständig wäre. Vor dem Beschluss sind die Streitparteien und das abgelehnte Mitglied des Schiedsgerichts zu hören. Der Vorsitzende des Arbeitsgerichts entscheidet, ob sie mündlich oder schriftlich zu hören sind. Die mündliche Anhörung erfolgt vor der Kammer. Gegen den Beschluss findet kein Rechtsmittel statt.

§ 104 [Verfahren vor dem Schiedsgericht] Das Verfahren vor dem Schiedsgericht regelt sich nach den §§ 105 bis 110 und dem Schiedsvertrag, im Übrigen nach dem freien Ermessen des Schiedsgerichts.

§ 105 [Anhörung der Parteien] (1) Vor der Fällung des Schiedsspruchs sind die Streitparteien zu hören.

(2) Die Anhörung erfolgt mündlich. Die Parteien haben persönlich zu erscheinen oder sich durch einen mit schriftlicher Vollmacht versehenen Bevollmächtigten vertreten zu lassen. Die Beglaubigung der Vollmachtsurkunde kann nicht verlangt werden. Die Vorschrift des § 11 Abs. 1 bis 3 gilt entsprechend, soweit der Schiedsvertrag nicht anderes bestimmt.

(3) Bleibt eine Partei in der Verhandlung unentschuldigt aus oder äußert sie sich trotz Aufforderung nicht, so ist der Pflicht zur Anhörung genügt.

§ 106 [Beweisaufnahme] (1) Das Schiedsgericht kann Beweise erheben, soweit die Beweismittel ihm zur Verfügung gestellt werden. Zeugen und Sachverständige kann das Schiedsgericht nicht beeidigen, eidesstattliche Versicherungen nicht verlangen oder entgegennehmen.

(2) Hält das Schiedsgericht eine Beweiserhebung für erforderlich, die es nicht vornehmen kann, so ersucht es um die Vornahme den Vorsitzenden desjenigen Arbeitsgerichts oder, falls dies aus Gründen der örtlichen Lage zweckmäßiger ist, dasjenige Amtsgericht, in dessen Bezirk die Beweisaufnahme erfolgen soll. Entsprechend ist zu verfahren, wenn das Schiedsgericht die Beeidigung eines Zeugen oder Sachverständigen gemäß § 58 Abs. 2 Satz 1 für notwendig oder eine eidliche Parteivernehmung für sachdienlich erachtet. Die durch die Rechtshilfe entstehenden baren Auslagen sind dem Gericht zu ersetzen; § 22 Abs. 1 und § 29 des Gerichtskostengesetzes finden entsprechende Anwendung.

§ 107 [Vergleich] Ein vor dem Schiedsgericht geschlossener Vergleich ist unter Angabe des Tages seines Zustandekommens von den Streitparteien und den Mitgliedern des Schiedsgerichts zu unterschreiben.

§ 108 [Schiedsspruch] (1) Der Schiedsspruch ergeht mit einfacher Mehrheit der Stimmen der Mitglieder des Schiedsgerichts, falls der Schiedsvertrag nichts anderes bestimmt.

(2) Der Schiedsspruch ist unter Angabe des Tages seiner Fällung von den Mitgliedern des Schiedsgerichts zu unterschreiben und muss schriftlich begründet werden, soweit die Parteien nicht auf schriftliche Begründung ausdrücklich verzichten. Eine vom Verhandlungsleiter unterschriebene Ausfertigung des Schiedsspruchs ist jeder Streitpartei zuzustellen. Die Zustellung kann durch eingeschriebenen Brief gegen Rückschein erfolgen.

(3) Eine vom Verhandlungsleiter unterschriebene Ausfertigung des Schiedsspruchs soll bei dem Arbeitsgericht, das für die Geltendmachung des Anspruchs zuständig wäre, niedergelegt werden. Die Akten des Schiedsgerichts oder Teile der Akten können ebenfalls dort niedergelegt werden.

(4) Der Schiedsspruch hat unter den Parteien dieselben Wirkungen wie ein rechtskräftiges Urteil des Arbeitsgerichts.

§ 109 [Zwangsvollstreckung] (1) Die Zwangsvollstreckung findet aus dem Schiedsspruch oder aus einem vor dem Schiedsgericht geschlossenen Vergleich nur statt, wenn der Schiedsspruch oder der Vergleich von dem Vorsitzenden des Arbeitsgerichts, das für die Geltendmachung des Anspruchs zuständig wäre, für vollstreckbar erklärt worden ist. Der Vorsitzende hat vor der Erklärung den Gegner zu hören. Wird nachgewiesen, dass auf Aufhebung des Schiedsspruchs geklagt ist, so ist die Entscheidung bis zur Erledigung dieses Rechtsstreits auszusetzen.

(2) Die Entscheidung des Vorsitzenden ist endgültig. Sie ist den Parteien zuzustellen.

§ 110 [Aufhebungsklage] (1) Auf Aufhebung des Schiedsspruchs kann geklagt werden,
1. wenn das schiedsgerichtliche Verfahren unzulässig war;
2. wenn der Schiedsspruch auf der Verletzung einer Rechtsnorm beruht;
3. wenn die Voraussetzungen vorliegen, unter denen gegen ein gerichtliches Urteil nach § 580 Nr. 1 bis 6 der Zivilprozessordnung die Restitutionsklage zulässig wäre.

(2) Für die Klage ist das Arbeitsgericht zuständig, das für die Geltendmachung des Anspruchs zuständig wäre.

(3) Die Klage ist binnen einer Notfrist von zwei Wochen zu erheben. Die Frist beginnt in den Fällen des Absatzes 1 Nr. 1 und 2 mit der Zustellung des Schiedsspruchs. Im Falle des Absatzes 1 Nr. 3 beginnt sie mit der Rechtskraft des Urteils, das die Verurteilung wegen der Straftat ausspricht, oder mit dem Tage, an dem der Partei bekanntgeworden ist, dass die Einleitung oder die Durchführung des Verfahrens nicht erfolgen kann; nach Ablauf von zehn Jahren, von der Zustellung des Schiedsspruchs an gerechnet, ist die Klage unstatthaft.

(4) Ist der Schiedsspruch für vollstreckbar erklärt, so ist in dem der Klage stattgebenden Urteil auch die Aufhebung der Vollstreckbarkeitserklärung auszusprechen.

II. Die Regelung der Schiedsgerichtsbarkeit in völkerrechtlichen Verträgen

1. UN-Übereinkommen über die Anerkennung und Vollstreckung ausländischer Schiedssprüche vom 10.6.1958

Artikel I

(1) Dieses Übereinkommen ist auf die Anerkennung und Vollstreckung von Schiedssprüchen anzuwenden, die in Rechtsstreitigkeiten zwischen natürlichen oder juristischen Personen in dem Hoheitsgebiet eines anderen Staates als desjenigen ergangen sind, in dem die Anerkennung und Vollstreckung nachgesucht wird. Es ist auch auf solche Schiedssprüche anzuwenden, die in dem Staat, in dem ihre Anerkennung und Vollstreckung nachgesucht wird, nicht als inländische anzusehen sind.

(2) Unter „Schiedssprüchen" sind nicht nur Schiedssprüche von Schiedsrichtern, die für eine bestimmte Sache bestellt worden sind, sondern auch solche eines ständigen Schiedsgerichtes, dem sich die Parteien unterworfen haben, zu verstehen.

(3) Jeder Staat, der dieses Übereinkommen unterzeichnet oder ratifiziert, ihm beitritt oder dessen Ausdehnung gemäß Artikel X notifiziert, kann gleichzeitig auf der Grundlage der Gegenseitigkeit erklären, dass er das Übereinkommen nur auf die Anerkennung und Vollstreckung solcher Schiedssprüche anwenden werde, die in dem Hoheitsgebiet eines anderen Vertragsstaates ergangen sind. Er kann auch erklären, dass er das Übereinkommen nur auf Streitigkeiten aus solchen Rechtsverhältnissen, sei es vertraglicher oder nichtvertraglicher Art, anwenden werde, die nach seinem innerstaatlichen Recht als Handelssachen angesehen werden.

Artikel II

(1) Jeder Vertragsstaat erkennt eine schriftliche Vereinbarung an, durch die sich die Parteien verpflichten, alle oder einzelne Streitigkeiten, die zwischen ihnen aus einem bestimmten Rechtsverhältnis, sei es vertraglicher oder nichtvertraglicher Art, bereits entstanden sind oder etwa künftig entstehen, einem schiedsrichterlichen Verfahren zu unterwerfen, sofern der Gegenstand des Streites auf schiedsrichterlichem Wege geregelt werden kann.

(2) Unter einer „schriftlichen Vereinbarung" ist eine Schiedsklausel in einem Vertrag oder eine Schiedsabrede zu verstehen, sofern der Vertrag oder die Schiedsabrede von den Parteien unterzeichnet oder in Briefen oder Telegrammen enthalten ist, die sie gewechselt haben.

(3) Wird ein Gericht eines Vertragsstaates wegen eines Streitgegenstandes angerufen, hinsichtlich dessen die Parteien eine Vereinbarung im Sinne dieses Artikels getroffen haben, so hat das Gericht auf Antrag einer der Parteien sie auf das schiedsrichterliche Verfahren zu verweisen, sofern es nicht feststellt, dass die Vereinbarung hinfällig, unwirksam oder nicht erfüllbar ist.

Artikel III

Jeder Vertragsstaat erkennt Schiedssprüche als wirksam an und lässt sie nach den Verfahrensvorschriften des Hoheitsgebietes, in dem der Schiedsspruch geltend gemacht wird, zur Vollstreckung zu, sofern die in den folgenden Artikeln festgelegten Voraussetzungen gegeben sind. Die Anerkennung oder Vollstreckung von Schiedssprüchen, auf die dieses Übereinkommen anzuwenden ist, darf weder wesentlich strengeren Verfahrensvorschriften noch wesentlich höheren Kosten unterliegen als die Anerkennung oder Vollstreckung inländischer Schiedssprüche.

Artikel IV

(1) Zur Anerkennung und Vollstreckung, die im vorangehenden Artikel erwähnt wird, ist erforderlich, dass die Partei, welche die Anerkennung und Vollstreckung nachsucht, zugleich mit ihrem Antrag vorlegt:

a) die gehörig legalisierte (beglaubigte) Urschrift des Schiedsspruches oder eine Abschrift, deren Übereinstimmung mit einer solchen Urschrift ordnungsgemäß beglaubigt ist;

b) die Urschrift der Vereinbarung im Sinne des Artikels II oder eine Abschrift, deren Übereinstimmung mit einer solchen Urschrift ordnungsgemäß beglaubigt ist.

(2) Ist der Schiedsspruch oder die Vereinbarung nicht in einer amtlichen Sprache des Landes abgefasst, in dem der Schiedsspruch geltend gemacht wird, so hat die Partei, die seine Anerkennung und Vollstreckung nachsucht, eine Übersetzung der erwähnten Urkunden in diese Sprache beizubringen. Die Übersetzung muss von einem amtlichen oder beeidigten Übersetzer oder von einem diplomatischen oder konsularischen Vertreter beglaubigt sein.

Artikel V

(1) Die Anerkennung und Vollstreckung des Schiedsspruches darf auf Antrag der Partei, gegen die er geltend gemacht wird, nur versagt werden, wenn diese Partei der zuständigen Behörde des Landes, in dem die Anerkennung und Vollstreckung nachgesucht wird, den Beweis erbringt,

a) das die Parteien, die eine Vereinbarung im Sinne des Artikels II geschlossen haben, nach dem Recht, das für sie persönlich maßgebend ist, in irgendeiner Hinsicht hierzu nicht fähig waren oder dass die Vereinbarung nach dem Recht, dem die Parteien sie unterstellt haben, oder, falls die Parteien hierüber nichts bestimmt haben, nach dem Recht des Landes, in dem der Schiedsspruch ergangen ist, ungültig ist, oder

b) dass die Partei, gegen die der Schiedsspruch geltend gemacht wird, von der Bestellung des Schiedsrichters oder von dem schiedsrichterlichen Verfahren nicht gehörig in Kenntnis gesetzt worden ist oder dass sie aus einem anderen Grund ihre Angriffs- oder Verteidigungsmittel nicht hat geltend machen können, oder

c) dass der Schiedsspruch eine Streitigkeit betrifft, die in der Schiedsabrede nicht erwähnt ist oder nicht unter die Bestimmungen der Schiedsklausel fällt, oder dass er Entscheidungen enthält, welche die Grenzen der Schiedsabrede oder der Schiedsklausel überschreiten; kann jedoch der Teil des Schiedsspruches, der sich auf Streitpunkte bezieht, die dem schiedsrichterlichen Verfahren unterworfen waren, von dem Teil, der Streitpunkte betrifft, die ihm nicht unterworfen waren, getrennt werden, so kann der erstgenannte Teil des Schiedsspruches anerkannt und vollstreckt werden, oder

d) dass die Bildung des Schiedsgerichtes oder das schiedsrichterliche Verfahren der Vereinbarung der Parteien oder, mangels einer solchen Vereinbarung, dem Recht des Landes, in dem das schiedsrichterliche Verfahren stattfand, nicht entsprochen hat, oder

e) dass der Schiedsspruch für die Parteien noch nicht verbindlich geworden ist oder dass er von einer zuständigen Behörde des Landes, in dem oder nach dessen Recht er ergangen ist, aufgehoben oder in seinen Wirkungen einstweilen gehemmt worden ist.

(2) Die Anerkennung und Vollstreckung eines Schiedsspruches darf auch versagt werden, wenn die zuständige Behörde des Landes, in dem die Anerkennung und Vollstreckung nachgesucht wird, feststellt,

a) dass der Gegenstand des Streites nach dem Recht dieses Landes nicht auf schiedsrichterlichem Wege geregelt werden kann, oder

b) dass die Anerkennung oder Vollstreckung des Schiedsspruches der öffentlichen Ordnung dieses Landes widersprechen würde.

Artikel VI
Ist bei der Behörde, die im Sinne des Artikels V Absatz 1 Buchstabe e zuständig ist, ein Antrag gestellt worden, den Schiedsspruch aufzuheben oder ihn in seinen Wirkungen einstweilen zu hemmen, so kann die Behörde, vor welcher der Schiedsspruch geltend gemacht wird, sofern sie es für angebracht hält, die Entscheidung über den Antrag, die Vollstreckung zuzulassen, aussetzen; sie kann aber auch auf Antrag der Partei, welche die Vollstreckung des Schiedsspruches begehrt, der anderen Partei auferlegen, angemessene Sicherheit zu leisten.

Artikel VII
(1) Die Bestimmungen dieses Übereinkommens lassen die Gültigkeit mehrseitiger oder zweiseitiger Verträge, welche die Vertragsstaaten über die Anerkennung und Vollstreckung von Schiedssprüchen geschlossen haben, unberührt und nehmen keiner beteiligten Partei das Recht, sich auf einen Schiedsspruch nach Maßgabe des innerstaatlichen Rechts oder der Verträge des Landes, in dem er geltend gemacht wird, zu berufen.

(2) Das Genfer Protokoll über die Schiedsklauseln von 1923 und das Genfer Abkommen zur Vollstreckung ausländischer Schiedssprüche von 1927 treten zwischen den Vertragsstaaten in dem Zeitpunkt und in dem Ausmaß außer Kraft, in dem dieses Übereinkommen für sie verbindlich wird.

Artikel VIII
(1) Dieses Übereinkommen liegt bis zum 31. Dezember 1958 zur Unterzeichnung durch jeden Mitgliedstaat der Vereinten Nationen sowie durch jeden anderen Staat auf, der Mitglied einer Sonderorganisation der Vereinten Nationen oder Vertragspartei des Statutes des Internationalen Gerichtshofes ist oder später wird oder an den eine Einladung der Generalversammlung der Vereinten Nationen ergangen ist.

(2) Dieses Übereinkommen bedarf der Ratifizierung; die Ratifikationsurkunde ist bei dem Generalsekretär der Vereinten Nationen zu hinterlegen.

Artikel IX
(1) Alle in Artikel VIII bezeichneten Staaten können diesem Übereinkommen beitreten.
(2) Der Beitritt erfolgt durch Hinterlegung einer Beitrittsurkunde bei dem Generalsekretär der Vereinten Nationen.

Artikel X
(1) Jeder Staat kann bei der Unterzeichnung, bei der Ratifizierung oder beim Beitritt erklären, dass dieses Übereinkommen auf alle oder auf einzelne der Gebiete ausgedehnt werde, deren internationale Beziehungen er wahrnimmt. Eine solche Erklärung wird wirksam, sobald das Übereinkommen für den Staat, der sie abgegeben hat, in Kraft tritt.
(2) Später kann dieses Übereinkommen auf solche Gebiete durch eine an den Generalsekretär der Vereinten Nationen gerichtete Notifikation ausgedehnt werden; die Ausdehnung wird am neunzigsten Tage, nachdem die Notifikation dem Generalsekretär der Vereinten Nationen zugegangen ist, oder sofern dieses Übereinkommen für den Betracht kommenden Staat später in Kraft tritt, erst in diesem Zeitpunkt wirksam.
(3) Hinsichtlich der Gebiete, auf welche dieses Übereinkommen bei der Unterzeichnung, bei der Ratifizierung oder beim Beitritt nicht ausgedehnt worden ist, wird jeder in Betracht kommende Staat die Möglichkeit erwägen, die erforderlichen Maßnahmen zu treffen, um das Übereinkommen auf sie auszudehnen, und zwar mit Zustimmung der Regierungen dieser Gebiete, falls eine solche aus verfassungsrechtlichen Gründen notwendig sein sollte.

Artikel XI
Für einen Bundesstaat oder einen Staat, der kein Einheitsstaat ist, gelten die folgenden Bestimmungen:
a) hinsichtlich der Artikel dieses Übereinkommens, die sich auf Gegenstände der Gesetzgebungsbefugnis des Bundes beziehen, sind die Verpflichtungen der Bundesregierung die gleichen wie diejenigen der Vertragsstaaten, die keine Bundesstaaten sind;
b) hinsichtlich solcher Artikel dieses Übereinkommens, die sich auf Gegenstände der Gesetzgebungsbefugnis der Gliedstaaten oder Provinzen beziehen, die nach der verfassungsrechtlichen Ordnung des Bundes nicht gehalten sind, Maßnahmen im Wege der Gesetzgebung zu treffen, ist die Bundesregierung verpflichtet, die in Betracht kommenden Artikel den zuständigen Behörden der Gliedstaaten oder Provinzen so bald wie möglich befürwortend zur Kenntnis zu bringen;
c) ein Bundesstaat, der Vertragspartei dieses Übereinkommens ist, übermittelt auf das ihm von dem Generalsekretär der Vereinten Nationen zugeleitete Ersuchen eines anderen Vertragsstaates eine Darstellung des geltenden Rechts und der Übung innerhalb des Bundes und seiner Gliedstaaten oder Provinzen hinsichtlich einzelner Bestimmungen dieses Übereinkommens, aus der insbesondere hervorgeht, inwieweit diese Bestimmungen durch Maßnahmen im Wege der Gesetzgebung oder andere Maßnahmen wirksam geworden sind.

Artikel XII
(1) Dieses Übereinkommen tritt am neunzigsten Tage nach der Hinterlegung der dritten Ratifikations- oder Beitrittsurkunde in Kraft.
(2) Für jeden Staat, der dieses Übereinkommen nach Hinterlegung der dritten Ratifikations- oder Beitrittsurkunde ratifiziert oder ihm beitritt, tritt es am neunzigsten Tage nach der Hinterlegung seiner Ratifikations- oder Beitrittsurkunde in Kraft.

Artikel XIII

(1) Jeder Vertragsstaat kann dieses Übereinkommen durch eine an den Generalsekretär der Vereinten Nationen gerichtete schriftliche Notifikation kündigen. Die Kündigung wird ein Jahr, nachdem die Notifikation dem Generalsekretär zugegangen ist, wirksam.

(2) Jeder Staat, der gemäß Artikel X eine Erklärung abgegeben oder eine Notifikation vorgenommen hat, kann später jederzeit dem Generalsekretär der Vereinten Nationen notifizieren, dass die Ausdehnung des Übereinkommens auf das in Betracht kommende Gebiet ein Jahr, nachdem die Notifikation dem Generalsekretär zugegangen ist, ihre Wirkung verlieren soll.

(3) Dieses Übereinkommen bleibt auf Schiedssprüche anwendbar, hinsichtlich derer ein Verfahren zum Zwecke der Anerkennung oder Vollstreckung eingeleitet worden ist, bevor die Kündigung wirksam wird.

Artikel XIV

Ein Vertragsstaat darf sich gegenüber einem anderen Vertragsstaat nur insoweit auf dieses Übereinkommen berufen, als er selbst verpflichtet ist, es anzuwenden.

Artikel XV

Der Generalsekretär der Vereinten Nationen notifiziert allen in Artikel VIII bezeichneten Staaten:

a) die Unterzeichnungen und Ratifikationen gemäß Artikel VIII;
b) die Beitrittserklärungen gemäß Artikel IX;
c) die Erklärungen und Notifikationen gemäß den Artikeln I, X und XI;
d) den Tag, an dem dieses Übereinkommen gemäß Artikel XII in Kraft tritt;
e) die Kündigungen und Notifikationen gemäß Artikel XIII.

Artikel XVI

(1) Dieses Übereinkommen, dessen chinesischer, englischer, französischer, russischer und spanischer Wortlaut in gleicher Weise maßgebend ist, wird in dem Archiv der Vereinten Nationen hinterlegt.

(2) Der Generalsekretär der Vereinten Nationen übermittelt den in Artikel VIII bezeichneten Staaten eine beglaubigte Abschrift dieses Übereinkommens.

2. Europäisches Übereinkommen über die internationale Handelsschiedsgerichtsbarkeit vom 21.4.1961

Artikel I. Anwendungsbereich des Übereinkommens

(1) Dieses Übereinkommen ist anzuwenden:

a) auf Schiedsvereinbarungen, die zum Zwecke der Regelung von bereits entstandenen oder künftig entstehenden Streitigkeiten aus internationalen Handelsgeschäften zwischen natürlichen oder juristischen Personen geschlossen werden, sofern diese bei Abschluss der Vereinbarung ihren gewöhnlichen Aufenthalt oder ihren Sitz in verschiedenen Vertragsstaaten haben;
b) auf schiedsrichterliche Verfahren und auf Schiedssprüche, die sich auf die in Absatz 1 Buchstabe a bezeichneten Vereinbarungen gründen.

(2) Im Sinne dieses Übereinkommens bedeutet

a) „Schiedsvereinbarung" eine Schiedsklausel in einem Vertrag oder eine Schiedsabrede, sofern der Vertrag oder die Schiedsabrede von den Parteien unterzeichnet oder in Briefen, Telegrammen oder Fernschreiben, die sie gewechselt haben, enthalten ist, und, im Verhältnis zwischen Staaten, die in ihrem Recht für Schiedsvereinbarungen nicht die Schriftform fordern, jede Vereinbarung, die in den nach diesen Rechtsordnungen zulässigen Formen geschlossen ist;

b) „Regelung durch ein Schiedsgericht" die Regelung von Streitigkeiten nicht nur durch Schiedsrichter, die für eine bestimmte Sache bestellt werden (ad hoc-Schiedsgericht), sondern auch durch ein ständiges Schiedsgericht;

c) „Sitz" den Ort, an dem sich die Niederlassung befindet, welche die Schiedsvereinbarung geschlossen hat.

Artikel II. Schiedsfähigkeit der juristischen Personen des öffentlichen Rechts

(1) In den Fällen des Artikels I Abs. 1 haben die juristischen Personen, die nach dem für sie maßgebenden Recht „juristische Personen des öffentlichen Rechts" sind, die Fähigkeit, wirksam Schiedsvereinbarungen zu schließen.

(2) Jeder Staat kann bei der Unterzeichnung oder Ratifizierung des Übereinkommens oder beim Beitritt erklären, dass er diese Fähigkeit in dem Ausmaße beschränkt, das in seiner Erklärung bestimmt ist.

Artikel III. Fähigkeit der Ausländer zum Schiedsrichteramt

Ausländer können in schiedsrichterlichen Verfahren, auf die dieses Übereinkommen anzuwenden ist, zu Schiedsrichtern bestellt werden.

Artikel IV. Gestaltung des schiedsrichterlichen Verfahrens

(1) Den Parteien einer Schiedsvereinbarung steht es frei zu bestimmen,

a) dass ihre Streitigkeiten einem ständigen Schiedsgericht unterworfen werden; in diesem Fall wird das Verfahren nach der Schiedsgerichtsordnung des bezeichneten Schiedsgerichts durchgeführt; oder

b) dass ihre Streitigkeiten einem ad hoc-Schiedsgericht unterworfen werden; in diesem Fall können die Parteien insbesondere
   1. die Schiedsrichter bestellen oder im Einzelnen bestimmen, wie die Schiedsrichter bei Entstehen einer Streitigkeit bestellt werden;
   2. den Ort bestimmen, an dem das schiedsrichterliche Verfahren durchgeführt werden soll;
   3. die von den Schiedsrichtern einzuhaltenden Verfahrensregeln festlegen.

(2) Haben die Parteien vereinbart, die Regelung ihrer Streitigkeiten einem ad hoc-Schiedsgericht zu unterwerfen, und hat eine der Parteien innerhalb von 30 Tagen, nachdem der Antrag, mit dem das Schiedsgericht angerufen wird, dem Beklagten zugestellt worden ist, ihren Schiedsrichter nicht bestellt, so wird dieser Schiedsrichter, sofern nichts anderes vereinbart ist, auf Antrag der anderen Partei von dem Präsidenten der zuständigen Handelskammer des Staates bestellt, in dem die säumige Partei bei Stellung des Antrags, mit dem das Schiedsgericht angerufen wird, ihren gewöhnlichen Aufenthalt oder ihren Sitz hat. Dieser Absatz gilt auch für die Ersetzung von Schiedsrichter, die von einer Partei oder von dem Präsidenten der oben bezeichneten Handelskammer bestellt worden sind.

(3) Haben die Parteien vereinbart, die Regelung ihrer Streitigkeiten einem ad hoc-Schiedsgericht, das aus einem Schiedsrichter oder aus mehreren Schiedsrichtern besteht, zu unterwerfen, und enthält die Schiedsvereinbarung keine Angaben über die Maßnahmen der in Absatz 1 bezeichneten Art, die zur Gestaltung des schiedsrichterlichen Verfahrens erforderlich sind, so werden diese Maßnahmen, wenn die Parteien sich hierüber nicht einigen und wenn nicht ein Fall des Absatzes 2 vorliegt, von dem Schiedsrichter oder von den Schiedsrichtern getroffen, die bereits bestellt sind. Kommt zwischen den Parteien über die Bestellung des Einzelschiedsrichters oder zwischen den Schiedsrichtern über die zu treffenden Maßnahmen eine Einigung nicht zustande, so kann der Kläger, wenn die Parteien den Ort bestimmt haben, an dem das schiedsrichterliche Verfahren

durchgeführt werden soll, sich zu dem Zweck, dass diese Maßnahmen getroffen werden, nach seiner Wahl entweder an den Präsidenten der zuständigen Handelskammer des Staates, in dem der von den Parteien bestimmte Ort liegt, oder an den Präsidenten der zuständigen Handelskammer des Staates wenden, in dem der Beklagte bei Stellung des Antrags, mit dem das Schiedsgericht angerufen wird, seinen gewöhnlichen Aufenthalt oder seinen Sitz hat; haben die Parteien den Ort, an dem das schiedsrichterliche Verfahren durchgeführt werden soll, nicht bestimmt, so kann sich der Kläger nach seiner Wahl entweder an den Präsidenten der zuständigen Handelskammer des Staates, in dem der Beklagte bei Stellung des Antrags, mit dem das Schiedsgericht angerufen wird, seinen gewöhnlichen Aufenthalt oder seinen Sitz hat, oder an das Besondere Komitee wenden, dessen Zusammensetzung und dessen Verfahren in der Anlage zu diesem Übereinkommen geregelt sind. Übt der Kläger die ihm in diesem Absatz eingeräumten Rechte nicht aus, so können sie von dem Beklagten oder von den Schiedsrichtern ausgeübt werden.

(4) Der Präsident oder das Besondere Komitee kann, je nach den Umständen des ihm vorgelegten Falles, folgende Maßnahmen treffen:

a) den Einzelschiedsrichter, den Obmann des Schiedsgerichts, den Oberschiedsrichter oder den dritten Schiedsrichter bestellen;

b) einen oder mehrere Schiedsrichter ersetzen, die nach einem anderen als dem in Absatz 2 vorgesehenen Verfahren bestellt worden sind;

c) den Ort bestimmen, an dem das schiedsrichterliche Verfahren durchgeführt werden soll, jedoch können die Schiedsrichter einen anderen Ort wählen,

d) unmittelbar oder durch Verweisung auf die Schiedsgerichtsordnung eines ständigen Schiedsgerichts die von den Schiedsrichtern einzuhaltenden Verfahrensregeln festlegen, wenn nicht mangels einer Vereinbarung der Parteien über das Verfahren die Schiedsrichter dieses selbst festgelegt haben.

(5) Haben die Parteien vereinbart, die Regelung ihrer Streitigkeiten einem ständigen Schiedsgericht zu unterwerfen, ohne dass sie das ständige Schiedsgericht bestimmt haben, und einigen sie sich nicht über die Bestimmung des Schiedsgerichts, so kann der Kläger diese Bestimmung gemäß dem in Absatz 3 vorgesehenen Verfahren beantragen.

(6) Enthält die Schiedsvereinbarung keine Angaben über die Art des Schiedsgerichts (ständiges Schiedsgericht oder ad hoc-Schiedsgericht), dem die Parteien ihre Streitigkeit zu unterwerfen beabsichtigt haben, und einigen sich die Parteien nicht über diese Frage, so kann der Kläger von dem in Absatz 3 vorgesehenen Verfahren Gebrauch machen. Der Präsident der zuständigen Handelskammer oder das Besondere Komitee kann die Parteien entweder an ein ständiges Schiedsgericht verweisen oder sie auffordern, ihre Schiedsrichter innerhalb einer von ihm festgesetzten Frist zu bestellen und sich innerhalb derselben Frist über die Maßnahmen zu einigen, die zur Durchführung des schiedsrichterlichen Verfahrens erforderlich sind. In diesem letzten Falle sind die Absätze 2, 3 und 4 anzuwenden.

(7) Ist ein Antrag der in den Absätzen 2, 3, 4, 5 und 6 vorgesehenen Art von dem Präsidenten der in diesen Absätzen bezeichneten Handelskammer innerhalb von 60 Tagen nach Eingang des Antrags nicht erledigt worden, so kann sich der Antragsteller an das Besondere Komitee wenden, damit dieses die Aufgaben übernimmt, die nicht erfüllt worden sind.

Artikel V. Einrede der Unzuständigkeit des Schiedsgerichts

(1) Will eine Partei die Einrede der Unzuständigkeit des Schiedsgerichts erheben, so hat sie die Einrede, wenn diese damit begründet wird, die Schiedsvereinbarung bestehe nicht, sei nichtig oder sei hinfällig geworden, in dem schiedsrichterlichen Verfahren spätestens gleichzeitig mit ihrer Einlassung zur Hauptsache vorzubringen; wird die Einrede damit begründet, der Streitpunkt überschreite die Befugnisse des Schiedsgerichts, so

hat die Partei die Einrede vorzubringen, sobald der Streitpunkt, der die Befugnisse des Schiedsgerichts überschreiten soll, in dem schiedsrichterlichen Verfahren zur Erörterung kommt. Wird eine Einrede von den Parteien verspätet erhoben, so hat das Schiedsgericht die Einrede dennoch zuzulassen, wenn die Verspätung auf einem von dem Schiedsgericht für gerechtfertigt erachteten Grund beruht.

(2) Werden die in Absatz 1 bezeichneten Einreden der Unzuständigkeit nicht in den dort bestimmten zeitlichen Grenzen erhoben, so können sie, sofern es sich um Einreden handelt, die zu erheben den Parteien nach dem von dem Schiedsgericht anzuwendenden Recht überlassen ist, im weiteren Verlauf des schiedsrichterlichen Verfahrens nicht mehr erhoben werden; sie können auch später vor einem staatlichen Gericht in einem Verfahren in der Hauptsache oder über die Vollstreckung des Schiedsspruches nicht mehr geltend gemacht werden, sofern es sich um Einreden handelt, die zu erheben den Parteien nach dem Recht überlassen ist, welches das mit der Hauptsache oder mit der Vollstreckung des Schiedsspruches befasste staatliche Gericht nach seinen Kollisionsnormen anzuwenden hat. Das staatliche Gericht kann jedoch die Entscheidung, mit der das Schiedsgericht die Verspätung der Einrede festgestellt hat, überprüfen.

(3) Vorbehaltlich einer dem staatlichen Gericht nach seinem Recht zustehenden späteren Überprüfung kann das Schiedsgericht, dessen Zuständigkeit bestritten wird, das Verfahren fortsetzen; es ist befugt, über seine eigene Zuständigkeit und über das Bestehen oder die Gültigkeit der Schiedsvereinbarung oder des Vertrages, in dem diese Vereinbarung enthalten ist, zu entscheiden.

Artikel VI. Zuständigkeit der staatlichen Gerichte

(1) Der Beklagte kann die Einrede der Unzuständigkeit, die damit begründet wird, es liege eine Schiedsvereinbarung vor, in einem Verfahren vor einem staatlichen Gericht, das eine Partei der Schiedsvereinbarung angerufen hat, nur vor oder gleichzeitig mit seiner Einlassung zur Hauptsache erheben, je nachdem, ob die Einrede der Unzuständigkeit nach dem Recht des angerufenen staatlichen Gerichts verfahrensrechtlicher oder materiellrechtlicher Natur ist; anderenfalls ist die Einrede ausgeschlossen.

(2) Hat ein Gericht eines Vertragsstaates über das Bestehen oder die Gültigkeit einer Schiedsvereinbarung zu entscheiden, so hat es dabei die Fähigkeit der Parteien nach dem Recht, das für sie persönlich maßgebend ist, und sonstige Fragen wie folgt zu beurteilen:

a) nach dem Recht, dem die Parteien die Schiedsvereinbarung unterstellt haben;
b) falls die Parteien hierüber nichts bestimmt haben, nach dem Recht des Staates, in dem der Schiedsspruch ergehen soll;
c) falls die Parteien nichts darüber bestimmt haben, welchem Recht die Schiedsvereinbarung unterstellt wird, und falls im Zeitpunkt, in dem das staatliche Gericht mit der Frage befasst wird, nicht vorausgesehen werden kann, in welchem Staat der Schiedsspruch ergehen wird, nach dem Recht, welches das angerufene Gericht nach seinen Kollisionsnormen anzuwenden hat.

Das angerufene Gericht kann einer Schiedsvereinbarung die Anerkennung versagen, wenn die Streitigkeit nach seinem Recht der Regelung durch ein Schiedsgericht nicht unterworfen werden kann.

(3) Ist ein schiedsrichterliches Verfahren vor der Anrufung eines staatlichen Gerichts eingeleitet worden, so hat das Gericht eines Vertragsstaates, das später mit einer Klage wegen derselben Streitigkeit zwischen denselben Parteien oder mit einer Klage auf Feststellung, dass die Schiedsvereinbarung nicht bestehe, nichtig oder hinfällig geworden sei, befasst wird, die Entscheidung über die Zuständigkeit des Schiedsgerichts auszusetzen, bis der Schiedsspruch ergangen ist, es sei denn, dass ein wichtiger Grund dem entgegensteht.

(4) Wird bei einem staatlichen Gericht ein Antrag gestellt, einstweilige Maßnahmen, einschließlich solcher, die auf eine Sicherung gerichtet sind, anzuordnen, so gilt dies weder als unvereinbar mit der Schiedsvereinbarung noch als Unterwerfung der Hauptsache unter die staatliche Gerichtsbarkeit.

Artikel VII. Anwendbares Recht

(1) Den Parteien steht es frei, das Recht zu vereinbaren, welches das Schiedsgericht in der Hauptsache anzuwenden hat. Haben die Parteien das anzuwendende Recht nicht bestimmt, so hat das Schiedsgericht das Recht anzuwenden, auf das die Kollisionsnormen hinweisen, von denen auszugehen das Schiedsgericht jeweils für richtig erachtet. In beiden Fällen hat das Schiedsgericht die Bestimmungen des Vertrages und die Handelsbräuche zu berücksichtigen.

(2) Das Schiedsgericht entscheidet nach Billigkeit, wenn dies dem Willen der Parteien entspricht und wenn das für das schiedsrichterliche Verfahren maßgebende Recht es gestattet.

Artikel VIII. Begründung des Schiedsspruches

Es wird vermutet, dass die Parteien davon ausgegangen sind, der Schiedsspruch werde begründet werden, es sei denn,

a) dass die Parteien ausdrücklich erklärt haben, der Schiedsspruch bedürfe keiner Begründung, oder

b) dass sie sich einem schiedsrichterlichen Verfahrensrecht unterworfen haben, nach welchem es nicht üblich ist, Schiedssprüche zu begründen, sofern nicht in diesem Fall von den Parteien oder von einer Partei vor Schluss der mündlichen Verhandlung oder, wenn eine mündliche Verhandlung nicht stattgefunden hat, vor der schriftlichen Abfassung des Schiedsspruches eine Begründung ausdrücklich verlangt worden ist.

Artikel IX. Aufhebung des Schiedsspruches

(1) Ist ein unter dieses Übereinkommen fallender Schiedsspruch in einem Vertragsstaat aufgehoben worden, so bildet dies in einem anderen Vertragsstaat nur dann einen Grund für die Versagung der Anerkennung oder der Vollstreckung, wenn die Aufhebung in dem Staat, in dem oder nach dessen Recht der Schiedsspruch ergangen ist, ausgesprochen worden ist und wenn sie auf einem der folgenden Gründe beruht:

a) die Parteien, die eine Schiedsvereinbarung geschlossen haben, waren nach dem Recht, das für sie persönlich maßgebend ist, in irgendeiner Hinsicht hierzu nicht fähig, oder die Vereinbarung ist nach dem Recht, dem die Parteien sie unterworfen haben, oder falls die Parteien hierüber nichts bestimmt haben, nach dem Recht des Staates, in dem der Schiedsspruch ergangen ist, ungültig; oder

b) die Partei, welche die Aufhebung des Schiedsspruches begehrt, ist von der Bestellung des Schiedsrichters oder von dem schiedsrichterlichen Verfahren nicht gehörig in Kenntnis gesetzt worden, oder sie hat aus einem anderen Grund ihre Angriffs- oder Verteidigungsmittel nicht geltend machen können; oder

c) der Schiedsspruch betrifft eine Streitigkeit, die in der Schiedsabrede nicht erwähnt ist oder nicht unter die Bestimmungen der Schiedsklausel fällt, oder er enthält Entscheidungen, welche die Grenzen der Schiedsabrede oder der Schiedsklausel überschreiten; kann jedoch der Teil des Schiedsspruches, der sich auf Streitpunkte bezieht, die dem schiedsrichterlichen Verfahren unterworfen waren, von dem Teil, der Streitpunkte betrifft, die ihm nicht unterworfen waren, getrennt werden, so muss der erstgenannte Teil des Schiedsspruches nicht aufgehoben werden; oder

d) die Bildung des Schiedsgerichts oder das schiedsrichterliche Verfahren hat der Vereinbarung der Parteien oder, mangels einer solchen Vereinbarung, den Bestimmungen des Artikels IV nicht entsprochen.

(2) Im Verhältnis zwischen Vertragsstaaten, die auch Vertragsparteien des New Yorker Übereinkommens vom 10. Juni 1958 über die Anerkennung und Vollstreckung ausländischer Schiedssprüche sind, hat Absatz 1 die Wirkung, die Anwendung des Artikels V Abs. 1 Buchstabe e des New Yorker Übereinkommens auf die Aufhebungsgründe zu beschränken, die in Absatz 1 dieses Artikels aufgezählt sind.

Artikel X. Schlussbestimmungen
(1) Dieses Übereinkommen steht den Mitgliedstaaten der Wirtschaftskommission für Europa sowie den nach Absatz 8 des der Kommission erteilten Auftrages in beratender Eigenschaft zu der Kommission zugelassenen Staaten zur Unterzeichnung oder zum Beitritt offen.
(2) Die Staaten, die nach Absatz 11 des der Wirtschaftskommission für Europa erteilten Auftrages berechtigt sind, an gewissen Arbeiten der Kommission teilzunehmen, können durch Beitritt Vertragsparteien des Übereinkommens nach seinem Inkrafttreten werden.
(3) Das Übereinkommen liegt bis einschließlich 31. Dezember 1961 zur Unterzeichnung auf. Nach diesem Tage steht es zum Beitritt offen.
(4) Dieses Übereinkommen bedarf der Ratifizierung.
(5) Die Ratifikation- oder Beitrittsurkunden sind bei dem Generalsekretär der Vereinten Nationen zu hinterlegen.
(6) Bei der Unterzeichnung dieses Übereinkommens, bei der Ratifizierung oder beim Beitritt teilen die Vertragsparteien dem Generalsekretär der Vereinten Nationen die Liste der Handelskammern oder anderen Institutionen ihres Staates mit, deren Präsidenten die Aufgaben erfüllen sollen, die durch Artikel IV den Präsidenten der zuständigen Handelskammern übertragen werden.
(7) Die Bestimmungen dieses Übereinkommens lassen die Gültigkeit mehrseitiger oder zweiseitiger Verträge, welche die Vertragsstaaten auf dem Gebiete der Schiedsgerichtsbarkeit geschlossen haben oder noch schließen werden, unberührt.
(8) Dieses Übereinkommen tritt am neunzigsten Tage nach der Hinterlegung der Ratifikation- oder Beitrittsurkunden durch fünf der in Absatz 1 bezeichneten Staaten in Kraft. Für jeden Staat, der dieses Übereinkommen später ratifiziert oder ihm später beitritt, tritt es am neunzigsten Tage nach der Hinterlegung seiner Ratifikations- oder Beitrittsurkunde in Kraft.
(9) Jede Vertragspartei kann dieses Übereinkommen durch eine an den Generalsekretär der Vereinten Nationen gerichtete Notifikation kündigen. Die Kündigung wird zwölf Monate, nachdem die Notifikation dem Generalsekretär zugegangen ist, wirksam.
(10) Sinkt die Zahl der Vertragsparteien nach Inkrafttreten dieses Übereinkommens durch Kündigungen auf weniger als fünf, so tritt das Übereinkommen mit dem Tag außer Kraft, an dem die letzte dieser Kündigungen wirksam wird.
(11) Der Generalsekretär der Vereinten Nationen notifiziert den in Absatz 1 bezeichneten Staaten sowie den Staaten, die auf Grund des Absatzes 2 Vertragsparteien geworden sind,
a) die Erklärungen gemäß Artikel II Abs. 2;
b) die Ratifikationen und Beitrittserklärungen gemäß den Absätzen 1 und 2 dieses Artikels;
c) die Mitteilungen gemäß Absatz 6 dieses Artikels;
d) die Zeitpunkte, zu denen dieses Übereinkommen gemäß Absatz 8 dieses Artikels in Kraft tritt;
e) die Kündigungen gemäß Absatz 9 dieses Artikels;
f) das Außerkrafttreten dieses Übereinkommens gemäß Absatz 10 dieses Artikels.

(12) Nach dem 31. Dezember 1961 wird die Urschrift dieses Übereinkommens bei dem Generalsekretär der Vereinten Nationen hinterlegt, der allen in den Absätzen 1 und 2 bezeichneten Staaten beglaubigte Abschriften übermittelt.

Anlage
Zusammensetzung und Verfahren des in Artikel IV des Übereinkommens bezeichneten Besonderen Komitees

(1) Das in Artikel IV des Übereinkommens bezeichnete Besondere Komitee setzt sich aus zwei ordentlichen Mitgliedern und einem Vorsitzenden zusammen. Eines der ordentlichen Mitglieder wird von den Handelskammern oder anderen Institutionen gewählt, die gemäß Artikel X Abs. 6 des Übereinkommens von den Staaten bezeichnet werden, in denen im Zeitpunkt, in dem das Übereinkommen zur Unterzeichnung aufgelegt wird, Landesgruppen (Nationalkomitees) der Internationalen Handelskammer bestehen und die im Zeitpunkt der Wahl Vertragsparteien des Übereinkommens sind. Das andere Mitglied wird von den Handelskammern oder anderen Institutionen gewählt, die gemäß Artikel X Abs. 6 des Übereinkommens von den Staaten bezeichnet werden, in denen im Zeitpunkt, in dem das Übereinkommen zur Unterzeichnung aufgelegt wird, keine Landesgruppen (Nationalkomitees) der Internationalen Handelskammer bestehen und die im Zeitpunkt der Wahl Vertragsparteien des Übereinkommens sind.

(2) Die Personen, die unter den Voraussetzungen des Absatzes 7 das Amt des Vorsitzenden des Besonderen Komitees auszuüben berufen sind, werden ebenfalls von den Handelskammern oder anderen Institutionen gewählt, wie dies im Absatz 1 vorgesehen ist.

(3) Die in Absatz 1 bezeichneten Handelskammern oder anderen Institutionen nehmen gleichzeitig mit der Wahl der Vorsitzenden und der ordentlichen Mitglieder und in gleicher Weise die Wahl stellvertretender Mitglieder für den Fall der vorübergehenden Verhinderung der Vorsitzenden oder der ordentlichen Mitglieder vor. Im Falle der dauernden Verhinderung oder des Rücktritts eines Vorsitzenden oder eines ordentlichen Mitglieds wird sein Stellvertreter, je nach den Umständen, Vorsitzender oder ordentliches Mitglied; die Gruppe der Handelskammern oder anderen Institutionen, die den Stellvertreter gewählt hatte, der Vorsitzender oder ordentliches Mitglied geworden ist, wählt sodann einen neuen Stellvertreter.

(4) Die ersten Wahlen zur Bildung des Komitees finden innerhalb von 90 Tagen nach der Hinterlegung der fünften Ratifikation- oder Beitrittsurkunde statt. An diesen Wahlen können auch die Handelskammern oder andere Institutionen teilnehmen, die von den Staaten bezeichnet werden, welche das Übereinkommen unterzeichnet haben, jedoch noch nicht Vertragsparteien sind. Können die Wahlen innerhalb der angegebenen Frist nicht durchgeführt werden, so sind die Absätze 3 bis 7 des Artikels IV des Übereinkommens so lange nicht anzuwenden, bis die Wahlen nach den vorstehenden Bestimmungen durchgeführt werden.

(5) Vorbehaltlich des Absatzes 7 werden die Mitglieder des Besonderen Komitees für einen Zeitraum von vier Jahren gewählt. Neuwahlen haben innerhalb der ersten sechs Monate des vierten Jahres nach den vorhergegangenen Wahlen stattzufinden. Führt eine Neuwahl der Mitglieder des Besonderen Komitees zu keinen Ergebnissen, so üben die vorher gewählten Mitglieder ihr Amt bis zur Wahl der neuen Mitglieder weiter aus.

(6) Die Ergebnisse der Wahlen der Mitglieder des Besonderen Komitees werden dem Generalsekretär der Vereinten Nationen mitgeteilt; dieser notifiziert sie den in Artikel X Abs. 1 des Übereinkommens bezeichneten Staaten sowie den Staaten, die gemäß Artikel X Abs. 2 Vertragsparteien geworden sind. Der Generalsekretär notifiziert gegebenenfalls auch allen diesen Staaten, dass die Absätze 3 bis 7 des Artikels IV des Übereinkom-

mens gemäß Absatz 4 dieser Anlage noch nicht anzuwenden sind und von welchem Zeitpunkt an diese Absätze anwendbar werden.

(7) Die zu Vorsitzenden gewählten Personen üben ihr Amt abwechseln aus, und zwar jede für zwei Jahre. Wer von den beiden Personen während des ersten Zeitraums von zwei Jahren nach dem Inkrafttreten des Übereinkommens das Amt des Vorsitzenden ausübt, wird durch das Los bestimmt. Der Vorsitz geht sodann jeweils für den nächsten Zeitraum von zwei Jahren auf die Person über, die von der anderen Gruppe von Staaten zum Vorsitzenden gewählt worden ist als derjenigen, welche den Vorsitzenden gewählt hat, der in dem unmittelbar vorhergegangenen Zeitraum von zwei Jahren sein Amt ausgeübt hat.

(8) Die in den Absätzen 3 bis 7 des Artikels IV des Übereinkommens vorgesehenen Anträge an das Besondere Komitee sind bei dem Exekutivsekretär der Wirtschaftskommission für Europa einzureichen. Der Exekutivsekretär legt den Antrag zunächst dem Mitglied des Besonderen Komitees vor, das von der anderen Gruppe von Staaten gewählt worden ist als derjenigen, welche den bei Eingang des Antrags im Amt befindlichen Vorsitzenden gewählt hat. Die Lösung, die das mit dem Antrag zuerst befasste Mitglied vorschlägt, übermittelt der Exekutivsekretär dem anderen Mitglied des Komitees; stimmt dieses Mitglied dem Vorschlag zu, so gilt diese Lösung als Entscheidung des Komitees und wird als solche von dem Exekutivsekretär dem Antragsteller mitgeteilt.

(9) Können sich die beiden Mitglieder des Besonderen Komitees, denen der Exekutivsekretär den Antrag vorgelegt hat, über eine Lösung auf schriftlichem Wege nicht einigen, so beruft der Exekutivsekretär eine Sitzung des Besonderen Komitees nach Genf ein, um zu versuchen, eine einstimmige Entscheidung über den Antrag herbeizuführen. Wird keine Einstimmigkeit erzielt, so wird die Entscheidung des Komitees mit Stimmenmehrheit getroffen und von dem Exekutivsekretär dem Antragsteller mitgeteilt.

(10) Die Kosten, die in einer unter dieses Übereinkommen fallenden Streitigkeit mit der Einschaltung des Besonderen Komitees verbunden sind, hat zunächst der Antragsteller zu entrichten, sie gelten jedoch als Kosten des schiedsrichterlichen Verfahrens.

Vereinbarung über die Anwendung des Europäischen Übereinkommens über die Handelsschiedsgerichtsbarkeit vom 17.12.1962

Artikel 1

Für die Beziehungen zwischen natürlichen oder juristischen Personen, die ihren gewöhnlichen Aufenthalt oder ihren Sitz in den Vertragsstaaten dieser Vereinbarung haben, werden die Absätze 2 bis 7 des Artikels IV des Europäischen Übereinkommens über die internationale Handelsschiedsgerichtsbarkeit, das am 21. April 1961 in Genf zur Unterzeichnung aufgelegt worden ist, durch die folgende Vorschrift ersetzt:

„Enthält die Schiedsvereinbarung keine Angaben über die Gesamtheit oder einen Teil der in Artikel IV Abs. 1 des Europäischen Übereinkommens über die internationale Handelsschiedsgerichtsbarkeit bezeichneten Maßnahmen, so werden die bei der Bildung oder der Tätigkeit des Schiedsgerichts etwa entstehenden Schwierigkeiten auf Antrag einer Partei durch das zuständige staatliche Gericht behoben."

Artikel 2

(1) Diese Vereinbarung liegt für die Mitgliedstaaten des Europarats zur Unterzeichnung auf. Sie bedarf der Ratifizierung oder der Annahme. Die Ratifikations- oder Annahmeurkunden sind bei dem Generalsekretär des Europarats zu hinterlegen.

(2) Vorbehaltlich des Artikels 4 tritt die Ratifikations- oder Annahmeurkunde in Kraft.

(3) Für jede Unterzeichnerregierung, welche die Vereinbarung später ratifiziert oder annimmt, tritt sie vorbehaltlich des Artikels 4 dreißig Tage nach Hinterlegung ihrer Ratifikations- oder Annahmeurkunde in Kraft.

Artikel 3

(1) Nach dem Inkrafttreten dieser Vereinbarung kann das Ministerkomitee des Europarats jeden Staat, der nicht Mitglied des Europarats ist und in dem eine Landesgruppe (ein Nationalkomitee) der Internationalen Handelskammer besteht, einladen, dieser Vereinbarung beizutreten.

(2) Der Beitritt erfolgt durch Hinterlegung einer Beitrittsurkunde bei dem Generalsekretär des Europarats; der Beitritt wird vorbehaltlich des Artikels 4 dreißig Tage nach der Hinterlegung wirksam.

Artikel 4

Das Inkrafttreten dieser Vereinbarung ist für jeden Staat, der sie gemäß Artikel 2 und 3 ratifiziert, annimmt oder ihr beitritt, von dem Inkrafttreten des Europäischen Übereinkommens über die internationale Handelsschiedsgerichtsbarkeit abhängig.

Artikel 5

Jede Vertragspartei kann diese Vereinbarung durch eine an den Generalsekretär des Europarats gerichtete Notifikation für sich selbst kündigen. Die Kündigung wird sechs Monate, nachdem die Notifikation dem Generalsekretär des Europarats zugegangen ist, wirksam.

Artikel 6

Der Generalsekretär des Europarats notifiziert den Mitgliedstaaten des Rates und der Regierung jedes Staates, der dieser Vereinbarung beigetreten ist,

a) jede Unterzeichnung,
b) die Hinterlegung jeder Ratifikations-, Annahme- oder Beitrittsurkunde,
c) die Zeitpunkte, zu denen die Vereinbarung in Kraft tritt,
d) jede Notifikation nach Artikel 5.

III. Musterschiedsordnung
UNCITRAL-Schiedsordnung (Arbitration Rules)

Abschnitt I. Einleitende Bestimmungen

Anwendungsbereich
Artikel 1

1. Haben die Parteien eines Vertrages schriftlich vereinbart, dass Streitigkeiten, die sich auf diesen Vertrag beziehen, der Schiedsgerichtsbarkeit nach der UNCITRAL-Schiedsgerichtsordnung unterliegen, so werden diese Streitigkeiten nach dieser Schiedsgerichtsordnung geregelt, vorbehaltlich solcher Änderungen, welche die Parteien schriftlich vereinbaren.

2. Das Schiedsverfahren unterliegt dieser Schiedsgerichtsordnung mit der Ausnahme, dass bei Widerspruch zwischen einer ihrer Regelungen und einer Bestimmung des auf das Schiedsverfahren anzuwendenden Rechts, von der die Parteien nicht abweichen dürfen, diese Bestimmung vorgeht.

Zustellung, Berechnung von Fristen
Artikel 2

1. Für die Zwecke dieser Schiedsgerichtsordnung wird jede Zustellung einschließlich einer Mitteilung oder eines Vorschlages als zugegangen angesehen, wenn sie dem Empfänger selbst übergeben oder an seinen gewöhnlichen Aufenthalt, an seinen Geschäftssitz oder an seine Postanschrift oder – wenn keine dieser Anschriften nach angemessenen Nachforschungen festgestellt werden konnte – an den letzten bekannten Aufenthalt oder

Geschäftssitz des Empfängers übergeben wurde. Die Zustellung gilt als an dem Tag dieser Übergabe erfolgt.

2. Zum Zweck der Berechnung einer in dieser Schiedsgerichtsordnung bestimmten Frist beginnt diese Frist mit dem Tag zu laufen, der auf den Tag folgt, an dem die Zustellung, die Mitteilung oder der Vorschlag zugegangen ist. Ist der letzte Tag der Frist am Aufenthaltsort oder am Geschäftssitz des Empfängers ein staatlicher Feiertag oder ein arbeitsfreier Tag, so wird die Frist bis zum ersten folgenden Werktag verlängert. Staatliche Feiertage und arbeitsfreie Tage, die in den Lauf der Frist fallen, werden mitgerechnet.

Einleitung des Schiedsverfahrens
Artikel 3

1. Die Partei, die das Schiedsverfahren einleiten will (nachstehend „Kläger" genannt), hat die andere Partei (nachstehend „Beklagter" genannt) davon zu benachrichtigen.

2. Das Schiedsverfahren wird als an dem Tag begonnen angesehen, an dem die Benachrichtigung über die Einleitung des Schiedsverfahrens dem Beklagten zugegangen ist.

3. Die Benachrichtigung über die Einleitung des Schiedsverfahrens hat folgende Angaben zu enthalten:

a) Das Verlangen, die Streitigkeit der Schiedsgerichtsbarkeit zu unterwerfen;
b) Die Namen und Anschriften der Parteien;
c) Eine Bezugnahme auf die geltend gemachte Schiedsklausel oder Schiedsvereinbarung;
d) Eine Bezugnahme auf den Vertrag, aus dem sich der Streitfall ergibt oder auf den er sich bezieht;
e) Die allgemeine Art des Anspruchs und gegebenenfalls eine Angabe über die Höhe des Streitwerts;
f) Das Klagebegehren;
g) Einen Vorschlag hinsichtlich der Anzahl der Schiedsrichter (dh einen oder drei Schiedsrichter), wenn die Parteien vorher darüber nichts vereinbart haben.

4. Die Benachrichtigung über die Einleitung des Schiedsverfahrens kann auch die folgenden Angaben enthalten:

a) Die Vorschläge für die Bestellung eines Einzelschiedsrichters und einer Ernennenden Stelle nach Art. 6 Abs. 1;
b) Die Benachrichtigung von der Bestellung eines Schiedsrichters nach Art. 7;
c) Die Klageschrift nach Art. 18.

Vertretung und Beistand
Artikel 4

Die Parteien können sich durch Personen ihrer Wahl vertreten oder beistehen lassen. Die Namen und Anschriften dieser Personen müssen der anderen Partei schriftlich mitgeteilt werden; diese Mitteilung muss die Angabe enthalten, ob die Bestellung der betreffenden Person als Vertreter oder als Beistand geschieht.

Abschnitt II. Zusammensetzung des Schiedsgerichts

Anzahl der Schiedsrichter
Artikel 5

Sind die Parteien nicht vorher über die Anzahl der Schiedsrichter (dh einen oder 3 Schiedsrichter) übereingekommen und haben sie nicht innerhalb von 15 Tagen nachdem der Beklagte die Benachrichtigung über die Einleitung des Schiedsverfahrens erhalten hat, vereinbart, dass nur ein Schiedsrichter tätig werden soll, so sind drei Schiedsrichter zu bestellen.

Bestellung der Schiedsrichter (Artt. 6–8)
Artikel 6

1. Ist ein Einzelschiedsrichter zu bestellen, so kann jede Partei der anderen vorschlagen:

a) Den oder die Namen einer oder mehrerer Personen, von denen eine als Einzelschiedsrichter in Betracht kommt; und

b) Wenn die Parteien sich nicht auf eine Ernennende Stelle geeinigt haben, den oder die Namen einer oder mehrerer Institutionen oder Personen, von denen eine als Ernennende Stelle in Betracht kommt.

2. Falls innerhalb von 30 Tagen, nachdem eine Partei einen Vorschlag nach Abs. 1 erhalten hat, zwischen den Parteien keine Einigung über die Bestellung des Einzelschiedsrichters erzielt wurde, wird der Einzelschiedsrichter von der Ernennenden Stelle bestellt, welche die Parteien vereinbart haben. Haben die Parteien keine Ernennende Stelle vereinbart, oder lehnt die Ernennende Stelle, die sie vereinbart haben, es ab, tätig zu werden, oder bestellt sie den Schiedsrichter nicht innerhalb von 60 Tagen, nachdem sie ein diesbezügliches Ersuchen einer Partei erhalten hat, so kann jede Partei den Generalsekretär des Ständigen Schiedsgerichtshofs in Den Haag um die Bestimmung einer Ernennenden Stelle ersuchen.

3. Die Ernennende Stelle hat den Einzelschiedsrichter auf Ersuchen einer der Parteien so schnell wie möglich zu bestellen. Bei der Bestellung geht die Ernennende Stelle nach dem folgenden Listenverfahren vor, es sei denn, beide Parteien schließen dieses Verfahren aus oder die Ernennende Stelle entscheidet nach ihrem Ermessen, dass die Verwendung des Listenverfahrens für den Fall nicht geeignet ist:

a) Auf Ersuchen einer der Parteien übersendet die Ernennende Stelle beiden Parteien eine gleiche Liste, die mindestens drei Namen enthält;

b) Innerhalb von 15 Tagen, nachdem sie diese Liste erhalten hat, kann jede Partei der Ernennenden Stelle die Liste zurücksenden, nachdem sie den oder die Namen, gegen die sie Einwände hat, gestrichen und die übrigen Namen in der von ihr bevorzugten Reihenfolge numeriert hat;

c) Nach Ablauf der Frist bestellt die Ernennende Stelle den Einzelschiedsrichter aus dem Kreis der Personen, deren Namen auf den ihr zurückgesandten Listen verblieben sind, und zwar in Übereinstimmung mit der von den Parteien angegebenen Reihenfolge:

d) Kann die Bestellung aus irgendeinem Grund nicht nach diesem Verfahren stattfinden, so kann die Ernennende Stelle den Einzelschiedsrichter nach freiem Ermessen bestellen.

4. Bei der Bestellung berücksichtigt die Ernennende Stelle solche Umstände, die geeignet sind, die Bestellung eines unabhängigen und unparteiischen Schiedsrichters zu sichern, und trägt dabei auch der Zweckmäßigkeit der Bestellung eines Schiedsrichters, der eine andere Staatsangehörigkeit als die der Parteien besitzt, Rechnung.

Artikel 7

1. Sind drei Schiedsrichter zu bestellen, so hat jede Partei einen Schiedsrichter zu bestellen. Die beiden so bestellten Schiedsrichter wählen den dritten Schiedsrichter, der als Vorsitzender des Schiedsgerichts tätig wird.

2. Hat eine Partei innerhalb von 30 Tagen, nachdem sie die Mitteilung des Namens des von der anderen Partei bestellten Schiedsrichters erhalten hat, der anderen Partei nicht den vor ihr bestellten Schiedsrichter bekanntgegeben:

a) So kann die erste Partei die vorher von den Parteien bestimmte Ernennende Stelle um die Bestellung des zweiten Schiedsrichters ersuchen; oder

b) Wenn die Parteien vorher keine Ernennende Stelle bestimmt haben oder wenn die vorher bestimmte Ernennende Stelle es ablehnt, tätig zu werden, oder wenn sie den

Schiedsrichter nicht innerhalb von 30 Tagen, nachdem sie ein diesbezügliches Ersuchen einer Partei erhalten hat, bestellt, kann die erste Partei den Generalsekretär des Ständigen Schiedsgerichtshofs in Den Haag um die Bestimmung der Ernennenden Stelle ersuchen. Die erste Partei kann dann die auf diese Weise bestimmte Ernennende Stelle um die Bestellung des zweiten Schiedsrichters ersuchen. In dem einen wie in dem anderen Fall kann die Ernennende Stelle den Schiedsrichters nach ihrem Ermessen bestellen.

3. Haben sich die beiden Schiedsrichter innerhalb von 30 Tagen nach Bestellung des zweiten Schiedsrichters über die Bestellung des Vorsitzenden des Schiedsgerichts nicht geeinigt, so wird dieser von einer Ernennenden Stelle so bestellt, wie ein Einzelschiedsrichter nach Art. 6 bestellt würde.

Artikel 8
1. Wird eine Ernennende Stelle nach Art. 6 oder 7 um die Bestellung eines Schiedsrichters ersucht, so hat die Partei, die das Ersuchen stellt, der Ernennenden Stelle eine Abschrift der Benachrichtigung über die Einleitung des Schiedsverfahrens, eine Abschrift des Vertrages aus dem sich der Streitfall ergibt oder auf den er sich bezieht, und eine Abschrift der Schiedsvereinbarung zu übersenden, wenn diese nicht im Vertrag enthalten ist. Die Ernennende Stelle kann von jeder der Parteien die Auskünfte verlangen, die sie zur Erfüllung ihrer Aufgabe für erforderlich hält.

2. Wird eine oder werden mehrere Personen für die Bestellung zum Schiedsrichter vorgeschlagen, so sind ihre vollständigen Namen und Anschriften sowie ihre Staatsangehörigkeit und gleichzeitig auch ihre besondere Eignung bekanntzugeben.

Ablehnung von Schiedsrichtern (Artt. 9–12)
Artikel 9
Wer als Schiedsrichter vorgesehen ist, hat denjenigen, die im Zusammenhang mit seiner möglichen Bestellung an ihn herangetreten sind, alle Umstände bekanntzugeben, die geeignet sind, berechtigte Zweifel aufkommen zu lassen, dass er unparteiisch oder unabhängig ist. Nach seiner Bestellung hat der Schiedsrichter diese Umstände den Parteien mitzuteilen, es sei denn, diese sind schon vorher von ihm darüber unterrichtet worden.

Artikel 10
1. Jeder Schiedsrichter kann abgelehnt werden, wenn Umstände vorliegen, die Anlass zu berechtigten Zweifeln geben, dass er unparteiisch oder unabhängig ist.
2. Eine Partei kann den von ihr bestellten Schiedsrichter nur aus Gründen ablehnen, von denen sie erst nach der Bestellung Kenntnis erhalten hat.

Artikel 11
1. Eine Partei, die einen Schiedsrichter ablehnen will, hat diesen Entschluss innerhalb von 15 Tagen nach dem Tag, an dem ihr die Bestellung dieses Schiedsrichter bekanntgegeben wurde, oder innerhalb von 15 Tagen, nachdem sie von den in den Art. 9 und 10 bezeichneten Umständen Kenntnis erlangt hat, bekanntzugeben.
2. Die Ablehnung ist der anderen Partei, dem abgelehnten Schiedsrichter und den anderen Mitgliedern des Schiedsgerichts bekanntzugeben. Die Bekanntgabe hat schriftlich unter Angabe der Gründe der Ablehnung zu erfolgen.
3. Wurde ein Schiedsrichter von einer Partei abgelehnt, so kann die andere Partei der Ablehnung zustimmen. Der Schiedsrichter kann auch nach seiner Ablehnung zurücktreten. In keinem der beiden Fälle bedeutet das die Anerkennung der Ablehnungsgründe. In beiden Fällen ist das in den Art. 6 oder 7 vorgesehene Verfahren für die Bestellung des Ersatzschiedsrichters in vollem Umfang anzuwenden, selbst wenn eine Partei ihr Recht, den abgelehnten Schiedsrichter zu bestellen oder bei seiner Bestellung mitzuwirken, nicht ausgeübt hat.

Artikel 12

1. Stimmt die andere Partei der Ablehnung nicht zu und tritt der abgelehnte Schiedsrichter nicht zurück, so entscheidet über die Ablehnung:
a) Wenn die ursprüngliche Bestellung von einer Ernennenden Stelle vorgenommen wurde, diese Stelle;
b) Wenn die ursprüngliche Bestellung nicht von einer Ernennenden Stelle vorgenommen, aber eine Ernennende Stelle vorher bestimmt wurde, diese Stelle;
c) In allen anderen Fällen die Ernennende Stelle, die nach dem Verfahren für die Bestimmung einer Ernennenden Stelle nach Art. 6 zu bestimmen ist.

2. Bestätigt die Ernennende Stelle die Ablehnung, so ist ein Ersatzschiedsrichter nach dem in den Artt. 6–9 für die Bestellung eines Schiedsrichters vorgesehenen Verfahren zu bestellen; sieht dieses Verfahren jedoch die Bestimmung einer Ernennenden Stelle vor, so erfolgt die Bestellung dieses Schiedsrichters durch die Ernennende Stelle, die über die Ablehnung entschieden hat.

Ersetzung eines Schiedsrichters
Artikel 13

1. Im Fall des Ablebens oder des Rücktritts eines Schiedsrichters während des Schiedsverfahrens ist ein Ersatzschiedsrichter nach dem Verfahren zu bestellen, das nach den Artt. 6–9 für die Bestellung des zu ersetzenden Schiedsrichters anzuwenden war.

2. Im Fall der Untätigkeit eines Schiedsrichters oder der rechtlichen oder tatsächlichen Unmöglichkeit für ihn, seine Aufgabe zu erfüllen, ist das in den vorhergehenden Artikeln vorgesehene Verfahren für die Ablehnung und die Ersetzung eines Schiedsrichters anzuwenden.

Wiederholung der mündlichen Verhandlung bei Ersetzung eines Schiedsrichters
Artikel 14

Bei Ersetzung des Einzelschiedsrichters oder des Vorsitzenden des Schiedsgerichts nach den Artt. 11–13 sind alle vorher durchgeführten mündlichen Verhandlungen zu wiederholen; bei Ersetzung eines anderen Schiedsrichters können solche vorher durchgeführten mündlichen Verhandlungen nach Ermessen des Schiedsgerichts wiederholt werden.

Abschnitt III. Schiedsverfahren

Allgemeine Bestimmungen
Artikel 15

1. Vorbehaltlich dieser Schiedsgerichtsordnung kann das Schiedsgericht das Schiedsverfahren nach freiem Ermessen durchführen, vorausgesetzt, dass die Parteien gleich behandelt werden und dass jede Partei in jedem Stadium des Verfahrens alle Möglichkeiten hat, ihren Standpunkt vorzubringen und ihre Anträge zu stellen.

2. Wenn eine der Parteien es in irgendeinem Stadium des Verfahrens beantragt, hat das Schiedsgericht eine mündliche Verhandlung zur Erhebung von Beweisen durch Zeugen und Sachverständige oder zum mündlichen Vortrag der Standpunkte durchzuführen. Wird kein derartiger Antrag gestellt, so entscheidet das Schiedsgericht, ob eine mündliche Verhandlung anzuberaumen oder ob das Verfahren auf der Grundlage von Schriftstücken und anderen Unterlagen durchzuführen ist.

3. Alle Schriftstücke oder Informationen, die dem Schiedsgericht von einer Partei vorgelegt oder erteilt werden, sind gleichzeitig auch der anderen Partei zu übermitteln.

Ort des Schiedsverfahrens
Artikel 16

1. Haben sich die Parteien über den Ort des Schiedsverfahrens nicht geeinigt, so bestimmt das Schiedsgericht diesen Ort unter Berücksichtigung der Umstände des Schiedsverfahrens.

2. Das Schiedsgericht kann den Ort des Schiedsverfahrens innerhalb des von den Parteien vereinbarten Landes bestimmen. Es kann an jedem Ort, der ihm unter Berücksichtigung der Umstände des Schiedsverfahrens geeignet erscheint, Zeugen vernehmen und Sitzungen zur Beratung unter seinen Mitgliedern abhalten.

3. Das Schiedsgericht kann an jedem ihm geeignet erscheinenden Ort zum Zweck der Besichtigung von Waren oder anderen Sachen oder der Prüfung von Schriftstücken zusammenkommen. Die Parteien sind rechtzeitig zu benachrichtigen, um ihnen ihre Teilnahme hierbei zu ermöglichen.

4. Der Schiedsspruch ist am Ort des Schiedsverfahrens zu erlassen.

Sprache
Artikel 17

1. Vorbehaltlich einer Vereinbarung der Parteien hat das Schiedsgericht unverzüglich nach seiner Bestellung die Sprache oder die Sprachen des Verfahrens zu bestimmen. Diese Bestimmung gilt für die Klageschrift, die Klagebeantwortung und alle weiteren Schriftsätze und im Falle von mündlichen Verhandlungen, für die Sprache oder die Sprachen, die bei diesen mündlichen Verhandlungen zu verwenden sind.

2. Das Schiedsgericht kann anordnen, dass alle der Klageschrift oder der Klagebeantwortung beigefügten Schriftstücke und alle zusätzlichen im Laufe des Verfahrens vorgelegten Schrift- oder Beweisstücke, die in ihrer Originalsprache vorgelegt werden, mit einer Übersetzung in die Sprache oder die Sprachen zu versehen sind, die von den Parteien vereinbart oder vom Schiedsgericht bestimmt wurden.

Klageschrift
Artikel 18

1. War die Klageschrift nicht bereits in der Benachrichtigung über die Einleitung des Schiedsverfahrens enthalten, so hat der Kläger innerhalb einer vom Schiedsgericht festzusetzenden Frist seine Klageschrift dem Beklagten und jedem der Schiedsrichter zu übersenden. Eine Abschrift des Vertrages und, wenn sie nicht im Vertrag enthalten ist, der Schiedsvereinbarung ist beizufügen.

2. Die Klageschrift hat folgende Angaben zu enthalten:

a) Die Namen und Anschriften der Parteien;
b) Eine Darstellung des Sachverhalts, auf den die Klage gestützt wird;
c) Die streitigen Punkte;
d) Das Klagebegehren.

Der Kläger kann seiner Klageschrift alle Schriftstücke, die er für erheblich erachtet, beifügen oder die Schriftstücke oder andere Beweismittel, die er vorlegen wird, angeben.

Klagebeantwortung
Artikel 19

1. Der Beklagte hat innerhalb einer vom Schiedsgericht zu bestimmenden Frist seine schriftliche Klagebeantwortung dem Kläger und jedem der Schiedsrichter zu übersenden.

2. In der Klagebeantwortung ist zu den Angaben b), c) und d) der Klageschrift (Art. 18 Abs. 2) Stellung zu nehmen. Der Beklagte kann seinem Schriftsatz die Schriftstücke beifügen, auf die er seine Verteidigung stützt, oder andere Beweismittel.

3. In seiner Klagebeantwortung oder in einem späteren Stadium des Schiedsverfahrens, vorausgesetzt, dass das Schiedsgericht diese Verspätung durch die Umstände für gerecht-

fertigt erachtet, kann der Beklagte eine auf denselben Vertrag gestützte Widerklage erheben oder sich zum Zweck der Aufrechnung auf eine sich aus demselben Vertrag ergebende Forderung berufen.

4. Art. 18 Abs. 2 findet auch auf eine Widerklage und auf eine zur Aufrechnung gestellte Forderung Anwendung.

Änderung der Klage und der Klagebeantwortung
Artikel 20

Im Laufe des Schiedsverfahrens kann jede Partei ihre Klage oder ihre Klagebeantwortung ändern oder ergänzen, es sei denn, das Schiedsgericht hält es wegen der Verspätung, mit der eine solche Änderung vorgenommen wird, wegen des Nachteils für die andere Partei oder wegen irgendwelcher anderer Umstände für unangebracht, sie zuzulassen. Eine Klage kann jedoch nicht so geändert werden, dass sie die Schiedsklausel oder die selbständige Schiedsvereinbarung überschreitet.

Einrede der Unzuständigkeit des Schiedsgerichts
Artikel 21

1. Das Schiedsgericht ist befugt, über Einreden gegen seine Zuständigkeit einschließlich aller Einwendungen, die das Bestehen oder die Gültigkeit der Schiedsklausel oder der selbständigen Schiedsvereinbarung betreffen, zu entscheiden.

2. Das Schiedsgericht ist befugt, über das Bestehen oder die Gültigkeit des Vertrages zu entscheiden, der die Schiedsklausel enthält. Für die Zwecke des Art. 21 wird eine Schiedsklausel, die in einem Vertrag enthalten ist und die Durchführung eines Schiedsverfahrens nach dieser Schiedsgerichtsordnung vorsieht, als eine von den anderen Bestimmungen des Vertrages getrennte Vereinbarung angesehen. Eine Entscheidung des Schiedsgerichts, dass der Vertrag nichtig ist, zieht nicht ohne weiteres die Nichtigkeit der Schiedsklausel nach sich.

3. Die Einrede der Unzuständigkeit des Schiedsgerichts ist spätestens in der Klagebeantwortung oder, im Falle einer Widerklage, in der Beantwortung der Widerklage zu erheben.

4. Im allgemeinen soll das Schiedsgericht über eine Einrede seiner Unzuständigkeit als Vorfrage entscheiden. Das Schiedsgericht kann jedoch das Schiedsverfahren fortsetzen und über eine solche Einrede in seinem endgültigen Schiedsspruch entscheiden.

Weitere Schriftsätze
Artikel 22

Das Schiedsgericht hat zu entscheiden, welche weiteren Schriftsätze außer der Klageschrift und der Klagebeantwortung von den Parteien beizubringen sind oder von ihnen vorgelegt werden können, und hat die Fristen für die Einreichung dieser Schriftsätze zu bestimmen.

Fristen
Artikel 23

Die vom Schiedsgericht für die Einreichung von Schriftsätzen (einschließlich der Klageschrift und der Klagebeantwortung) bestimmten Fristen sollen 45 Tage nicht überschreiten. Das Schiedsgericht kann jedoch die Fristen verlängern, wenn es eine Verlängerung für gerechtfertigt erachtet.

Beweis und mündliche Verhandlung (Artt. 24 und 25)
Artikel 24

1. Jede Partei hat die Beweislast für die Tatsachen, auf die sie ihre Klage oder Klagebeantwortung stützt, zu tragen.

2. Hält es das Schiedsgericht für angebracht, so kann es eine Partei auffordern, ihm sowie der anderen Partei in einer von ihm bestimmten Frist eine Aufstellung der Schriftstücke und anderen Beweismittel vorzulegen, auf die sich die betreffende Partei zum Nachweis von streitigen Tatsachen in ihrer Klage oder Klagebeantwortung zu berufen beabsichtigt.

3. Das Schiedsgericht kann in jedem Zeitpunkt des Verfahrens die Parteien zur Vorlage von Schrift- oder Beweisstücken oder anderen Beweisen innerhalb einer von ihm bestimmten Frist auffordern.

Artikel 25

1. Im Fall einer mündlichen Verhandlung hat das Schiedsgericht den Parteien den Tag, die Zeit und den Ort der Verhandlung rechtzeitig im voraus bekanntzugeben.

2. Sind Zeugen zu vernehmen, so hat jede Partei dem Schiedsgericht und der anderen Partei mindestens 15 Tage vor der Verhandlung die Namen und Anschrift der Zeugen, die sie vernehmen lassen möchte, den Gegenstand der Zeugenaussagen und die Sprachen bekanntzugeben, in denen die Zeugen aussagen werden.

3. Das Schiedsgericht trifft Vorkehrungen für die Übersetzung von mündlichen Ausführungen bei der Verhandlung und für die Anfertigung eines Verhandlungsprotokolls, wenn es die eine oder die andere dieser Maßnahmen nach den Umständen des Falls für geboten hält oder wenn die Parteien dies vereinbart und ihre Vereinbarung dem Schiedsgericht mindestens 15 Tage vor der Verhandlung bekanntgegeben haben.

4. Verhandlungen sind nicht öffentlich, es sei denn, dass die Parteien etwas anderes vereinbaren. Das Schiedsgericht kann verlangen, dass sich Zeugen während der Vernehmung anderer Zeugen zurückziehen. Das Schiedsgericht kann die Art der Zeugenvernehmung nach freiem Ermessen bestimmen.

5. Zeugenbeweis kann auch in Form schriftlicher, von den Zeugen unterzeichneter Erklärungen erbracht werden.

6. Das Schiedsgericht hat die Zulässigkeit, die Erheblichkeit, die Bedeutung und die Beweiskraft der angebotenen Beweise zu beurteilen.

Vorläufige oder sichernde Maßnahmen
Artikel 26

1. Auf Antrag der einen oder der anderen Partei kann das Schiedsgericht alle vorläufigen Maßnahmen, die es in Ansehung des Streitgegenstandes für notwendig erachtet, treffen, insbesondere sichernde Maßnahmen für Waren, die den Streitgegenstand bilden, wie etwa die Anordnung ihrer Hinterlegung bei einem Dritten oder die Anordnung des Verkaufs verderblicher Waren.

2. Diese vorläufigen Maßnahmen können in der Form eines vorläufigen Schiedsspruchs getroffen werden. Das Schiedsgericht ist berechtigt, Sicherheit für die Kosten dieser Maßnahmen zu verlangen.

3. Ein Antrag auf Anordnung vorläufiger Maßnahmen der von einer der Parteien bei einem staatlichen Gericht gestellt wird, ist weder als mit der Schiedsvereinbarung unvereinbar noch als Verzicht auf diese anzusehen.

Sachverständige
Artikel 27

1. Das Schiedsgericht kann einen oder mehrere Sachverständige bestellen, die ihm über die vom Schiedsgericht genau bezeichneten Punkte schriftlich zu berichten haben. Eine Abschrift des dem Sachverständigen vom Schiedsgericht erteilten Auftrags ist den Parteien zu übermitteln.

2. Die Parteien haben dem Sachverständigen alle sachdienlichen Auskünfte zu erteilen oder ihm alle erheblichen Schriftstücke oder Waren zur Untersuchung vorzulegen, die er

von ihnen verlangt. Jede Meinungsverschiedenheit zwischen einer Partei und dem Sachverständigen über die Erforderlichkeit der verlangten Auskunft oder Vorlage ist dem Schiedsgericht zur Entscheidung vorzulegen.

3. Nach Erhalt des Berichts des Sachverständigen hat das Schiedsgericht den Parteien Abschriften dieses Berichts zu übersenden und ihnen die Möglichkeit zu geben, zu dem Bericht schriftlich Stellung zu nehmen. Die Parteien sind berechtigt, jedes Schriftstück zu prüfen, auf das sich der Sachverständige in seinem Bericht berufen hat.

4. Auf Antrag einer der Parteien kann der Sachverständige nach Ablieferung seines Berichts in einer mündlichen Verhandlung gehört werden, in der die Parteien anwesend sein und dem Sachverständigen Fragen stellen können. Zu dieser Verhandlung können die Parteien sachverständige Zeugen beibringen, die zu den streitigen Fragen aussagen sollen. Art. 25 ist auf dieses Verfahren anzuwenden.

Säumnis
Artikel 28

1. Hat es der Kläger versäumt, innerhalb der vom Schiedsgericht bestimmten Frist seine Klageschrift einzureichen, ohne dafür ausreichend Gründe vorzubringen, so erlässt das Schiedsgericht einen Beschluss über die Einstellung des Schiedsverfahrens. Übermittelt der Beklagte nicht innerhalb der vom Schiedsgericht bestimmten Frist seine Klagebeantwortung, ohne dafür ausreichende Gründe vorzubringen, so hat das Schiedsgericht die Fortsetzung des Verfahrens anzuordnen.

2. Erscheint eine der Parteien, die nach dieser Schiedsgerichtsordnung ordnungsgemäß geladen war, nicht zur Verhandlung, ohne dafür ausreichende Gründe vorzubringen, so kann das Schiedsgericht das Verfahren fortsetzen.

3. Legt eine der Parteien nach ordnungsgemäßer Aufforderung schriftliche Beweise nicht innerhalb der festgesetzten Frist vor, ohne dafür ausreichende Gründe vorzubringen, so kann das Schiedsgericht den Schiedsspruch auf Grund der ihm vorliegenden Beweisergebnisse erlassen.

Schluss der Verhandlung
Artikel 29

1. Das Schiedsgericht kann die Parteien befragen, ob sie noch weitere Beweise anzubieten, Zeugen vernehmen zu lassen oder Erklärungen abzugeben haben. Ist dies nicht der Fall, kann das Schiedsgericht die Verhandlung für geschlossen erklären.

2. Das Schiedsgericht kann, wenn es dies wegen außerordentlicher Umstände für notwendig hält, von sich aus oder auf Ersuchen einer Partei die Verhandlung jederzeit vor Erlass des Schiedsspruchs für wieder eröffnet erklären.

Verzicht auf die Geltendmachung eines Verstoßes gegen die Schiedsgerichtsordnung
Artikel 30

Eine Partei, die weiß, dass eine Bestimmung oder ein Erfordernis dieser Schiedsgerichtsordnung nicht eingehalten wurde, aber dennoch das Schiedsverfahren fortsetzt, ohne diesen Verstoß unverzüglich zu rügen, wird so angesehen, als habe sie auf ihr Recht, Einspruch zu erheben, verzichtet.

Abschnitt IV. Schiedsspruch

Entscheidung
Artikel 31

1. Besteht das Schiedsgericht aus drei Schiedsrichtern, so ist jeder Schiedsspruch oder jede andere Entscheidung des Schiedsgerichts mit Stimmenmehrheit zu erlassen.

2. Soweit es sich um Verfahrensfragen handelt, kann der Vorsitzende des Schiedsgerichts, wenn keine Stimmenmehrheit zustande kommt oder das Schiedsgericht ihn dazu ermächtigt, vorbehaltlich einer etwaigen Änderung durch das Schiedsgericht, allein entscheiden.

Form und Wirkung des Schiedsspruchs
Artikel 32
1. Das Schiedsgericht ist berechtigt, nicht nur endgültige, sondern auch vorläufige Schiedssprüche, Zwischen- und Teilschiedssprüche zu erlassen.
2. Der Schiedsspruch ist schriftlich zu erlassen und ist endgültig und bindet die Parteien. Die Parteien verpflichten sich, den Schiedsspruch unverzüglich zu erfüllen.
3. Das Schiedsgericht hat den Schiedsspruch zu begründen, es sei denn, die Parteien haben vereinbart, dass er nicht zu begründen ist.
4. Der Schiedsspruch ist von den Schiedsrichtern zu unterzeichnen und hat die Angabe des Tages und des Ortes, an dem er erlassen wurde, zu enthalten. Besteht das Schiedsgericht aus drei Schiedsrichtern und fehlt die Unterschrift eines von ihnen, so ist der Grund für das Fehlen dieser Unterschrift im Schiedsspruch zu vermerken.
5. Der Schiedsspruch darf nur mit Zustimmung beider Parteien veröffentlicht werden.
6. Von den Schiedsrichtern unterschriebene Abschriften des Schiedsspruchs sind den Parteien durch das Schiedsgericht zu übermitteln.
7. Verlangt das für die Schiedsgerichtsbarkeit geltende Recht des Staates, in dem der Schiedsspruch erlassen wird, dass das Schiedsgericht den Schiedsspruch bei Gericht hinterlegt oder registrieren lässt, so hat das Schiedsgericht diesem Erfordernis innerhalb der gesetzlich vorgeschriebenen Frist nachzukommen.

Anzuwendendes Recht, Billigkeitsentscheidung
Artikel 33
1. Das Schiedsgericht hat das Recht anzuwenden, das die Parteien als in der Sache selbst maßgebend bezeichnet haben. Fehlt eine solche Bezeichnung durch die Parteien, so hat das Schiedsgericht jenes Recht anzuwenden, das von den Kollisionsnormen, die es im betreffenden Fall für anwendbar erachtet, bezeichnet wird.
2. Das Schiedsgericht hat nur dann nach Billigkeit (amiable compositeur, ex aequo et bono) zu entscheiden, wenn es dazu ausdrücklich von den Parteien ermächtigt wurde und wenn das auf das Schiedsverfahren anzuwendende Recht es gestattet.
3. In allen Fällen hat das Schiedsgericht nach den Bestimmungen des Vertrages zu entscheiden, und die auf das Geschäft anzuwendenden Handelsbräuche zu berücksichtigen.

Einigung oder andere Gründe für die Einstellung des Verfahrens
Artikel 34
1. Einigen sich die Parteien vor Erlass des Schiedsspruchs über die Beilegung der Streitigkeit, so hat das Schiedsgericht entweder einen Beschluss über die Einstellung des Schiedsverfahrens zu erlassen oder, falls beide Parteien es beantragen und das Schiedsgericht zustimmt, die Einigung in Form eines Schiedsspruchs mit vereinbartem Wortlaut zu Protokoll zu nehmen. Dieser Schiedsspruch bedarf keiner Begründung.
2. Wird es, bevor der Schiedsspruch erlassen wurde, aus irgendeinem anderen Grund als dem des Abs. 1 unnötig oder unmöglich, das Schiedsverfahren fortzusetzen, so hat das Schiedsgericht die Parteien von seiner Absicht, einen Beschluss über die Einstellung des Verfahrens zu erlassen, zu unterrichten. Das Schiedsgericht hat die Befugnis, einen solchen Beschluss zu erlassen, es sei denn, dass eine der Parteien dagegen begründete Einwände erhebt.
3. Das Schiedsgericht übermittelt den Parteien von den Schiedsrichtern unterzeichnete Abschriften des Beschlusses über die Einstellung des Schiedsverfahrens oder des Schieds-

spruchs mit vereinbartem Wortlaut. Ergeht ein Schiedsspruch mit vereinbartem Wortlaut, so findet Art. 32, Abs. 2 und 4–7 Anwendung.

Auslegung des Schiedsspruchs
Artikel 35
1. Innerhalb von 30 Tagen nach Erhalt des Schiedsspruchs kann jede Partei, unter Benachrichtigung der anderen, das Schiedsgericht um eine Auslegung des Schiedsspruchs ersuchen.
2. Die Auslegung ist innerhalb von 45 Tagen nach Erhalt des Antrags schriftlich zu erteilen. Die Auslegung bildet einen Bestandteil des Schiedsspruchs, und Artikel 32, Abs. 2–7, findet auf sie Anwendung.

Berichtigung des Schiedsspruchs
Artikel 36
1. Innerhalb von 30 Tagen nach Erhalt des Schiedsspruchs kann jede Partei unter Benachrichtigung der anderen das Schiedsgericht um Berichtigung von im Schiedsspruch enthaltenen Rechen-, Schreib-, Druck- oder anderen Fehlern gleicher Art ersuchen. Das Schiedsgericht kann solche Berichtigungen von sich aus innerhalb von 30 Tagen nach Mitteilung des Schiedsspruchs vornehmen.
2. Auf solche Berichtigungen, die schriftlich vorzunehmen sind, findet Art. 32, Abs. 2–7, Anwendung.

Ergänzender Schiedsspruch
Artikel 37
1. Innerhalb von 30 Tagen nach Erhalt des Schiedsspruchs kann jede Partei unter Benachrichtigung der anderen beim Schiedsgericht den Erlass eines ergänzenden Schiedsspruchs über Ansprüche beantragen, die im Schiedsverfahren geltend gemacht, im Schiedsspruch aber nicht behandelt wurden.
2. Erachtet das Schiedsgericht diesen Antrag für gerechtfertigt und ist es der Ansicht, dass die Auslassung ohne weitere mündliche Verhandlung oder Beweisaufnahme behoben werden kann, so hat es den Schiedsspruch innerhalb von 60 Tagen nach Erhalt des Antrags zu ergänzen.
3. Bei Erlass eines ergänzenden Schiedsspruchs findet Art. 32, Abs. 2–7, Anwendung.

Kosten (Artt. 38–40)
Artikel 38
1. Das Schiedsgericht hat in seinem Schiedsspruch die Kosten des Schiedsverfahrens festzusetzen. Der Begriff „Kosten" umfasst lediglich:
a) Die Honorare der Mitglieder des Schiedsgerichts, die für jeden Schiedsrichter einzeln anzugeben und vom Schiedsgericht selbst nach Art. 39 festzusetzen sind;
b) Die Reisekosten und sonstigen Auslagen der Schiedsrichter;
c) Die Kosten für Sachverständige und für jede andere von den Schiedsrichtern in Anspruch genommene Unterstützung;
d) Die Reisekosten und sonstigen Auslagen von Zeugen in der Höhe, in der diese Ausgaben vom Schiedsgericht gebilligt wurden;
e) Die Kosten für rechtliche Vertretung und rechtlichen Beistand der obsiegenden Partei, wenn die Erstattung dieser Kosten während des Schiedsverfahrens beantragt wurde, jedoch nur in der Höhe, die das Schiedsgericht für angemessen erachtet;
f) etwaige Gebühren und Auslagen der Ernennenden Stelle sowie Auslagen des Generalsekretärs des Ständigen Schiedsgerichtshofs in Den Haag.

Artikel 39
1. Die Honorare der Mitglieder des Schiedsgerichts müssen dem Streitwert, der Schwierigkeit der Sache, der von den Schiedsrichtern aufgewendeten Zeit und allen anderen hierfür maßgebenden Umständen angemessen sein.
2. Haben sich die Parteien auf eine Ernennende Stelle geeinigt oder ist eine solche vom Generalsekretär des Ständigen Schiedsgerichtshofs in Den Haag bestimmt worden und hat diese Stelle eine Tabelle für Schiedsrichterhonorare in internationalen Streitfällen, die sie betreut, herausgegeben, so hat das Schiedsgericht bei der Festsetzung der Honorare der Schiedsrichter diese Tabelle zu berücksichtigen, soweit es dies nach den Umständen des Falles für angebracht erachtet.
3. Hat diese Ernennende Stelle keine Tabelle für Schiedsrichterhonorare in internationalen Streitfällen herausgegeben, so kann jede Partei die Ernennende Stelle jederzeit um eine Aufstellung ersuchen, in der die Grundsätze für die Bemessung von Honoraren dargelegt werden, die gewöhnlich in internationalen Streitfällen, in denen die Ernennende Stelle Schiedsrichter bestellt, befolgt werden. Ist die Ernennende Stelle bereit, eine solche Aufstellung zu geben, so hat das Schiedsgericht bei der Festsetzung der Honorare der Schiedsrichter diese Auskünfte zu berücksichtigen, soweit es dies nach den Umständen des Falles für angebracht erachtet.
4. Übernimmt in den Fällen der Abs. 2 und 3 die Ernennende Stelle auf Antrag einer Partei diese Aufgabe, so hat das Schiedsgericht die Honorare der Schiedsrichter erst nach Beratung mit der Ernennenden Stelle festzusetzen, die ihrerseits dem Schiedsgericht gegenüber alle Bemerkungen machen kann, die sie in Ansehung dieser Honorare für angebracht hält.

Artikel 40
1. Vorbehaltlich des Abs. 2 sind die Kosten des Schiedsverfahrens grundsätzlich von der unterliegenden Partei zu tragen. Das Schiedsgericht kann jedoch jede Art von Kosten zwischen den Parteien aufteilen, wenn es dies unter Berücksichtigung der Umstände des Falls für angemessen erachtet.
2. Bezüglich der Kosten für rechtliche Vertretung und rechtlichen Beistand nach Art. 38 Buchstabe e) steht es dem Schiedsgericht unter Berücksichtigung der Umstände des Falls frei, zu bestimmen, welche Partei die Kosten zu tragen hat, oder diese Kosten zwischen den Parteien aufzuteilen, wenn es feststellt, dass diese Aufteilung angemessen ist.
3. Erlässt das Schiedsgericht einen Beschluss über die Einstellung des Schiedsverfahrens oder einen Schiedsspruch mit vereinbartem Wortlaut, so hat es die Kosten des Schiedsverfahrens nach Artt. 38 und 39 Abs. 1 in diesem Beschluss oder im Schiedsspruch festzusetzen.
4. Das Schiedsgericht kann für die Auslegung, die Berichtigung oder die Ergänzung seines Schiedsspruchs nach den Artt. 35 bis 37 keine zusätzlichen Honorare fordern.

Hinterlegung eines Kostenvorschusses
Artikel 41
1. Das Schiedsgericht kann, nachdem es gebildet worden ist, jede Partei auffordern, einen gleichen Betrag als Vorschuss für die Kosten nach Art. 38, Buchst. a), b) und c), zu hinterlegen.
2. Während des Schiedsverfahrens kann das Schiedsgericht von den Parteien die Hinterlegung weiterer Beträge verlangen.
3. Haben die Parteien sich auf eine Ernennende Stelle geeinigt oder ist sie vom Generalsekretär des Ständigen Schiedsgerichtshofs in Den Haag bestimmt worden und übernimmt diese Ernennende Stelle diese Aufgabe auf Antrag einer Partei, so hat das Schiedsgericht die Beträge oder die zusätzlichen Beträge, die zu hinterlegen sind, erst nach

Beratung mit der Ernennende Stelle festzusetzen, die ihrerseits dem Schiedsgericht gegenüber alle Bemerkungen machen kann, die sie in Ansehung der Höhe des zu hinterlegenden oder zusätzlich zu hinterlegenden Betrags für angemessen erachtet.

4. Werden die Beträge, deren Hinterlegung verlangt wird, nicht innerhalb von 30 Tagen nach Erhalt der Aufforderung voll eingezahlt, so hat das Schiedsgericht dies den Parteien mitzuteilen, damit die eine oder die andere von ihnen die verlangte Zahlung leisten kann. Wird diese Zahlung nicht geleistet, so kann das Schiedsgericht die Unterbrechung oder die Einstellung des Schiedsverfahrens beschließen.

5. Nachdem der Schiedsspruch erlassen wurde, hat das Schiedsgericht den Parteien gegenüber über die Verwendung der hinterlegten Beträge Rechnung zu legen und den Parteien einen nicht verbrauchten Rest zurückzuzahlen.

Musterschiedsklausel

Jede Streitigkeit, Meinungsverschiedenheit oder jeder Anspruch, die sich aus diesem Vertrag ergeben oder sich auf diesen Vertrag, seine Verletzung, seine Auflösung oder seine Nichtigkeit beziehen, sind durch ein Schiedsverfahren nach der UNCITRAL-Schiedsgerichtsordnung in ihrer derzeit geltenden Fassung zu regeln.

Hinweis

Die Parteien können, wenn sie es wünschen, folgende ergänzende Angaben machen:

a) Die Ernennende Stelle ist... (Name der Institution oder Person);
b) Die Anzahl der Schiedsrichter beträgt... (einer oder drei);
c) Der Ort des Schiedsverfahrens ist... (Stadt oder Land);
d) Die im Schiedsverfahren zu verwendende(n) Sprache(n) ist (sind)...

IV. Materialien Begründung zur Novellierung der §§ 1025–1066 ZPO (BT-Drucks. 13/5274)

Vorbemerkungen

Das Kernstück des Entwurfs, nämlich die in Artikel 1 Nr. 6 vorgesehene Neufassung des 10. Buchs der ZPO, entspricht im wesentlichen dem von der Kommission zur Neuordnung des Schiedsverfahrensrechts vorgeschlagenen Diskussionsentwurf, dessen Redaktion dem Bundesministerium der Justiz oblag. Demgemäß stimmen auch der Allgemeine Teil der Begründung sowie die Begründung zu Artikel 1 Nr. 6 des Entwurfs weitgehend mit den Ausführungen in den Abschnitten A, B und C II des Berichts der Reformkommission überein. Schon aus Gründen der besseren Vergleichbarkeit zwischen dem vorliegenden Entwurf und dem Diskussionsentwurf lag es nahe, auch in der Begründung des Gesetzentwurfs von den entsprechenden Ausführungen im Kommissionsbericht durchweg nur insoweit abzuweichen, als die Bestimmungen des Diskussionsentwurfs nicht oder nur in modifizierter Form in den vorliegenden Entwurf übernommen wurden.

A. Allgemeiner Teil

I. Notwendigkeit einer Reform des 10. Buchs der ZPO

Die Vorschriften des 10. Buchs der ZPO über das Schiedsverfahren (§§ 1025 bis 1048) sind veraltet. Sie stammen weitgehend noch aus dem Jahr des Inkrafttretens der ZPO (1879). Mit dem „Gesetz zur Änderung einiger Vorschriften der Zivilprozessordnung über das schiedsrichterliche Verfahren" vom 25. Juli 1930 (RGBl. I S. 361) wurden im Wesentlichen die §§ 1042a bis 1042d sowie § 1044 ZPO über die Vollstreckbarerklärung ausländischer Schiedssprüche eingefügt. Die einzig nennenswerte Änderung, die nach dieser Novelle erfolgte, war die Neufassung des § 1039 ZPO durch das Gesetz zur Neuregelung des Internationalen Privatrechts vom 25. Juli 1986 (BGBl. I S. 1142), die im Hinblick auf die Bedürfnisse der internationalen Schiedsgerichtsbarkeit Liberalisierungen bei den förmlichen Wirksamkeitsvoraussetzungen des Schiedsspruchs (Unterschrift der Schiedsrichter, Zustellung und Niederlegung des Schiedsspruchs) vorsah.

Bis auf die Vorschriften über die Anerkennung und Vollstreckung ausländischer Schiedssprüche enthält das geltende Recht keine speziellen Regelungen für internationale Schiedsverfahren, obwohl diese bei der Schiedsgerichtsbarkeit im Vordergrund des Interesses stehen und in den vergangenen Jahrzehnten immer größere Bedeutung gewonnen haben. Ferner entsprechen die gesetzlichen Bestimmungen zT nicht mehr der Rechtswirklichkeit und werden deshalb durch Parteivereinbarung regelmäßig abbedungen (zB Vereinbarung eines Dreierschiedsgerichts statt des in § 1028 ZPO als Regelfall vorgesehenen Zweierschiedsgerichts). Der Verfahrensablauf wird, sofern keine diesbezüglichen Parteivereinbarungen vorliegen, vom Gesetz nahezu in vollem Umfang dem schiedsrichterlichen Ermessen überlassen (vgl. § 1034 Abs. 2 ZPO), während moderne Gesetze und Verfahrensordnungen dieses Ermessen zugunsten des Prinzips der Rechtssicherheit stärker einschränken. Die Kompliziertheit des Verfahrens der Vollstreckbarerklärung von Schiedssprüchen und die umfangreichen Rechtsmittel gegen gerichtliche Entscheidungen widersprechen dem Anliegen einer möglichst zügigen Durchführung und Beendigung des Schiedsverfahrens und wirken insbesondere für ausländische Parteien abschreckend. Das gerichtliche Verfahren bedarf aber auch im Interesse einer Entlastung der staatlichen Justiz einer wesentlichen Vereinfachung.

Soweit das Gesetz ausfüllungsbedürftige Lücken enthält, ist dieser Mangel zwar durch Rechtsprechung und Schrifttum zum großen Teil behoben worden. Rechtsfragen im Zusammenhang mit internationalen Schiedsverfahren sind darüber hinaus weitgehend in von der Bundesrepublik Deutschland ratifizierten völkerrechtlichen Verträgen geregelt. Zu nennen sind hier insbesondere das UN-Übereinkommen vom 10. Juni 1958 über die Anerkennung und Vollstreckung ausländischer Schiedssprüche (BGBl. 1961 II S. 121; im Folgenden: UNÜE 1958) sowie das Europäische Übereinkommen vom 21. April 1961 über die internationale Handelsschiedsgerichtsbarkeit (BGBl. 1964 II S. 425; im Folgenden: EuÜE 1961). Die Tatsache, dass das deutsche Schiedsverfahrensrecht sich von daher durchaus auf modernem Stand befindet, erschließt sich jedoch nur Fachleuten, die mit den Feinheiten des deutschen Rechts vertraut sind. Insbesondere ausländische Parteien und deren Anwälte, welche die Wahl des Schiedsortes im wesentlichen von dem dort geltenden Recht abhängig machen, greifen hierfür regelmäßig nur auf den Gesetzestext zurück. Insofern aber muss das deutsche Recht in weiten Teilen als rückständig betrachtet werden.

In der früheren DDR erfolgte eine Modernisierung des Schiedsverfahrensrechts durch die Verordnung über das schiedsgerichtliche Verfahren vom 18. Dezember 1975 (GBl. 1976 I S. 444). Von einer dem westlichen Standard vergleichbaren Liberalität auf dem Gebiet der Schiedsgerichtsbarkeit konnte aber weder dort noch in den übrigen Staaten des früheren Ostblocks die Rede sein. Im zwischenstaatlichen Bereich herrschte abgesehen vom Bereich des Ost-West-Handels das Prinzip der Zwangsschiedsgerichtsbarkeit. Nationale Streitfälle unterlagen generell nicht der Schiedsgerichtsbarkeit, sondern der Gerichtsbarkeit der Staatlichen Vertragsgerichte. Seit dem 3. Oktober 1990 gilt auch in den neuen Bundesländern das Schiedsverfahrensrecht der ZPO. Die Tatsache, dass mit der gleichzeitigen Aufhebung der Verordnung über das schiedsgerichtliche Verfahren ein vergleichsweise modernes Regelungswerk zugunsten des allgemeinen Prinzips der Rechtsvereinheitlichung aufgehoben wurde, macht die Notwendigkeit noch deutlicher, für das deutsche Schiedsverfahrensrecht nunmehr einen zeitgemäßen gesetzlichen Rahmen zu schaffen.

Das in seinem normativen Bestand veraltete Schiedsverfahrensrecht der ZPO wird in Fachkreisen als eine wesentliche Ursache dafür angesehen, dass die Bundesrepublik Deutschland als Austragungsort für internationale Schiedsstreitigkeiten eine im Vergleich zu anderen europäischen Ländern kaum nennenswerte Rolle spielt. Von den nach der Schiedsgerichtsordnung der Internationalen Handelskammer (deren Statistik als repräsentativ angesehen werden kann) durchgeführten internationalen Schiedsverfahren werden ca. ein Drittel in Frankreich und ca. ein Viertel in der Schweiz ausgetragen; danach folgen Großbritannien, Österreich und Schweden. Die geringe Bedeutung der Bundesrepublik Deutschland als internationaler Schiedsplatz hat zwar auch politisch-historische Gründe. Das neue, von der Auflösung der Ost-West-Konfrontation gekennzeichnete weltpolitische Klima lässt jedoch den Gesichtspunkt der politischen Neutralität mehr und mehr in den Hintergrund treten. Für die Auswahl des Schiedsplatzes wird jedenfalls langfristig dem sachimmanenten Aspekt der Qualität des dort geltenden Schiedsverfahrensrechts ausschlaggebende Bedeutung zukommen.

II. Reformen in anderen europäischen Staaten und Harmonisierungsbestrebungen auf internationaler Ebene

Mehrere europäische Staaten haben ihr Schiedsverfahrensrecht in den letzten Jahrzehnten grundlegend reformiert: so beispielsweise die Schweiz mit dem Schiedsgerichtskonkordat vom 27. März/27. August 1969 und – für internationale Schiedsverfahren – dem Bundesgesetz über das Internationale Privatrecht vom 18. Dezember 1987; die Niederlande mit dem Reformgesetz vom 2. Juli 1986; Großbritannien mit dem Arbitration Act vom 4. April 1979; Österreich mit der Zivilverfahrensnovelle vom 2. Februar 1983; Frankreich mit dem Dekret Nr. 81–500 vom 12. Mai 1981; Spanien mit dem Ley de Arbitraje vom 5. Dezember 1988; Schottland mit dem am 1. Januar 1991 in Kraft getretenen Law Reform (Scotland) Act 1990 (Schedule 7) und die Russische Föderation mit dem Gesetz über die internationale Handelsschiedsgerichtsbarkeit vom 7. Juli 1993.

Das Ziel, die Schiedsverfahrensrechte der europäischen Staaten zu harmonisieren, war erstmals von UNIDROIT im Jahre 1933 mit den Arbeiten an einem Modellgesetz (loi uniforme) in Angriff genommen worden, die 1937 zu einem ersten Entwurf führten.

1954 wurde in Zusammenarbeit zwischen der Internationalen Handelskammer und UNIDROIT ein neues Modellgesetz im Entwurf vorgelegt. Der Europarat verabschiedete dann 1966 das „Einheitliche Gesetz über die Schiedsgerichtsbarkeit", das jedoch wegen seiner gegenüber einem Modellgesetz unflexiblen Konzeption bislang von keinem Staat außer Belgien ratifiziert wurde. Das EuÜE 1961 enthält – neben Kollisionsnormen hinsichtlich der Gültigkeit der Schiedsvereinbarung und des anwendbaren materiellen Rechts – im Wesentlichen nur Vorschriften über die Bildung des Schiedsgerichts und regelt damit wie das UNÜE 1958 lediglich Teilaspekte des Schiedsverfahrens.

Die weltweite Ausdehnung der Handelsbeziehungen hatte zur Folge, dass das Anliegen einer Harmonisierung der nationalen Schiedsverfahrensrechte auch von den UN aufgegriffen wurde. Ein erster nachhaltiger Erfolg dieser Bemühungen war das bereits genannte UNÜE 1958, das inzwischen von mehr als 90 Staaten (darunter die wichtigsten Industrieländer, frühere Ostblockstaaten und Entwicklungsländer) ratifiziert wurde. 1976 folgten die UNCITRAL Arbitration Rules, die vielfach für Schiedsverfahren zwischen Unternehmen aus Industrieländern einerseits und Entwicklungsländern andererseits vereinbart werden. Die UNCITRAL Arbitration Rules wurden im Jahre 1980 ergänzt durch die UNCITRAL Conciliation Rules für Fälle, in denen die Streitbeilegung zunächst in einem Schlichtungsverfahren versucht werden soll.

Die nationalen Schiedsverfahrensrechte blieben jedoch von diesen Entwicklungen weitgehend unberührt. Aus diesem Grunde beschloss die Kommission für Internationales Handelsrecht der Vereinten Nationen (United Nations Commission on International

Trade Law = UNCITRAL) im Jahre 1978, ein Modellgesetz zum Zweck der Harmonisierung der nationalen Schiedsverfahrensrechte auszuarbeiten. Mit den Vorarbeiten beschäftigte sich in den darauffolgenden Jahren eine Arbeitsgruppe, in die Experten aus allen nennenswerten westlichen und östlichen Ländern und aus vielen Entwicklungsländern sowie die maßgeblichen auf dem Gebiet des Schiedsgerichtswesens tätigen internationalen Organisationen – ICC (Internationale Handelskammer), ICCA (International Council for Commercial Arbitration), IBA (International Bar Association) und ILA (International Law Association) – ihren Sachverstand einbrachten. Die Arbeiten fanden ihren Abschluss in der Resolution der Vollversammlung der UN vom 11. Dezember 1985, in der den Mitgliedstaaten der UN empfohlen wurde, das UNCITRAL-Modellgesetz bei künftigen Neugestaltungen des Schiedsverfahrensrechts gebührend zu berücksichtigen.

III. Bericht der Kommission zur Neuordnung des Schiedsverfahrensrechts (Diskussionsentwurf)

Nach der Verabschiedung des UNCITRAL-Modellgesetzes über die internationale Handelsschiedsgerichtsbarkeit (im Folgenden aus: UNCITRAL-Modellgesetz, Modellgesetz, ModG) haben sich insbesondere das Deutsche Institut für Schiedsgerichtswesen und der Deutsche Ausschuss für Schiedsgerichtswesen, die sich am 1. Januar 1992 zur Deutschen Institution für Schiedsgerichtsbarkeit zusammenschlossen, für eine Reform des deutschen Schiedsverfahrensrechts nach dessen Vorbild ausgesprochen. Das Bundesministerium der Justiz hielt eine Reform des 10. Buchs der ZPO ebenfalls für geboten und entschloss sich, zur Vorbereitung der Reform eine Kommission einzusetzen. Die aus neun Mitgliedern – Vertreter der Landesjustizverwaltungen, der Anwalt- und Richterschaft, der Wissenschaft und der Praxis – bestehende Kommission erhielt im Herbst 1991 vom Bundesministerium der Justiz den Auftrag, „Vorschläge zu erarbeiten, wie das deutsche Schiedsverfahrensrecht unter besonderer Berücksichtigung des UNCITRAL-Modellgesetzes über die internationale Handelsschiedsgerichtsbarkeit neu zu gestalten ist. In diese Überlegung ist sowohl das für internationale als auch das für nationale Schiedsfälle geltende Recht einzubeziehen".

Während der etwa zweijährigen Beratungen der Kommission stand die Frage im Vordergrund, inwieweit das UNCITRAL-Modellgesetz über die internationale Handelsschiedsgerichtsbarkeit in das deutsche Recht übernommen werden kann. Hierbei haben auch rechtsvergleichende Betrachtungen eine bedeutende Rolle gespielt. In Bezug auf die nationale Gesetzgebung galt das besondere Augenmerk naturgemäß den Staaten, die ihr Schiedsverfahrensrecht in der Zeit um oder kurz nach der Verabschiedung des UNCITRAL-Modellgesetzes reformiert und dabei das Modellgesetz nicht oder nur punktuell übernommen haben, also der Schweiz und den Niederlanden.

Im Februar 1994 hat die Kommission ihren Abschlußbericht dem Bundesministerium der Justiz übergeben. Der Bericht besteht im Wesentlichen aus einem als Diskussionsentwurf bezeichneten konkreten Gesetzesvorschlag zur Neufassung des 10. Buchs der ZPO mit einer Begründung aller Einzelvorschriften. Das Bundesministerium der Justiz hat den Diskussionsentwurf an die betroffenen Bundesressorts, die Landesjustizverwaltungen und sonstige Stellen, die üblicherweise an Gesetzgebungsvorhaben beteiligt werden, zur Stellungnahme übersandt. Unter Berücksichtigung dieser Stellungnahmen wurde zunächst ein Referentenentwurf und in dessen Folge der vorliegende Entwurf erarbeitet.

IV. Grundzüge des Entwurfs für ein neues 10. Buch der ZPO

Der Entwurf stimmt im Wesentlichen mit dem von der Kommission zur Neuordnung des Schiedsverfahrensrechts vorgeschlagenen Diskussionsentwurf überein. Der Diskussionsentwurf seinerseits orientiert sich weitgehend am UNCITRAL-Modellgesetz über die internationale Handelsschiedsgerichtsbarkeit.

1. Die Vorbildfunktion des UNCITRAL-Modellgesetzes

Rechtspolitisch gesehen besteht der Vorzug des UNCITRAL-Modellgesetzes darin, dass es auf weltweitem Konsens beruht und deshalb auch aus internationaler Sicht ein vertrautes Regelungswerk darstellt. Von seinem konkreten Inhalt her bietet das Modellgesetz ein übersichtlich gegliedertes, weitgehend vollständiges und in sich geschlossenes System, welches gewährleistet, dass das Schiedsverfahren auch in häufigen Fällen textarmer Schiedsklauseln reibungslos ablaufen kann. Das 10. Buch der ZPO enthält nur wenige dispositive Vorschriften, die bei fehlenden Parteivereinbarungen eingreifen. Ansonsten wird das Verfahren gemäß § 1034 Abs. 2 ZPO weitgehend vom Schiedsgericht nach dessen Ermessen festgelegt. Demgegenüber ist das schiedsrichterliche Ermessen im Modellgesetz in einer ganzen Reihe von Bestimmungen (insbesondere des V. Kapitels) zugunsten des Prinzips der Rechtssicherheit ausgeschlossen bzw. in bestimmter Weise vorgezeichnet. So wird beispielsweise für den Fall des Fehlens einer Parteivereinbarung der Beginn des schiedsrichterlichen Verfahrens festgelegt (Artikel 21); ferner ist bestimmt, dass eine Klageänderung oder Klageergänzung von den Schiedsrichtern nur im Falle der Verspätung zurückgewiesen werden kann (Artikel 23 Abs. 2) und dass das Schiedsgericht eine mündliche Verhandlung durchzuführen hat, wenn eine Partei es beantragt (Artikel 24 Abs. 1). Außerhalb des V. Kapitels enthält das Modellgesetz im Gegensatz zur ZPO ua ausführliche Bestimmungen über das Verfahren der Schiedsrichterbestellung und der Schiedsrichterablehnung (Artikel 11, 13), die Kompetenz-Kompetenz des Schiedsgerichts (Artikel 16) und die Beendigung des schiedsrichterlichen Verfahrens (Artikel 32).

In der Sache entsprechen die Vorschriften des Modellgesetzes dem Standard, der für den internationalen Bereich durch völkerrechtliche Übereinkünfte gesetzt worden ist und in modernen internationalen Verfahrensordnungen seinen Niederschlag gefunden hat. Auch enthält das Modellgesetz keine grundlegenden Abweichungen vom geltenden – teilweise ungeschriebenen – Recht, die mit dem deutschen Verständnis vom Wesen der Schiedsgerichtsbarkeit unvereinbar wären.

Dem Anliegen des Modellgesetzes, die nationalen Schiedsverfahrensrechte zu vereinheitlichen, sind bereits eine Reihe von Staaten nachgekommen. Vollinhaltlich oder im Wesentlichen haben das Modellgesetz in ihr nationales Recht übernommen: Kanada auf Bundesebene („Commercial Arbitration Act" vom 17. Juni 1986) sowie zum gleichen Zeitpunkt oder wenig später alle kanadischen Bundesstaaten und Provinzen; Zypern („The International Commercial Arbitration Law", 1987); Bulgarien („Law on International Commercial Arbitration" vom 29. Juli 1988); Australien („International Arbitration Amendment Act 1989" – Sects. 15 bis 30 –, in Kraft getreten am 12. Juni 1989); Hongkong (Arbitration Ordinance [Amendment] (No. 2) Ordinance 1989, in Kraft getreten am 6. April 1990); Schottland („Law Reform [Scotland] Act 1990" Sect. 66, Schedule 7, UNCITRAL Model Law on International Commercial Arbitration, in Kraft getreten am 1. Januar 1991); Peru („Ley General de Arbitraje" – Artikel 81 bis 109 – vom 10. Dezember 1992); Mexiko („Commercial Code" – Artikel 1415 bis 1437 – vom 6. Juli 1993); Bermuda (International Conciliation and Arbitration Act vom 29. Juni 1993); die Russische Föderation („Law on International Commercial Arbitration" vom 7. Juli 1993); Ukraine (Law on International Commercial Arbitration vom 24. Februar 1994, in Kraft getreten am 20. April 1994); Ägypten (Law 27 of 1994 enacting a Law Concerning Arbitration in Civil and Commercial Matters, in Kraft getreten am 22. Mai 1994). Auf dem afrikanischen Kontinent ist das Modellgesetz von Nigeria („Arbitration and Conciliation Decree 1988", Part III, Sects. 43 bis 47, in Kraft getreten am 14. März 1988) und Tunesien („Code de l'arbitrage" vom 26. April 1993) und innerhalb der USA von den Bundesstaaten Kalifornien („An Act to add Title 9.3 to Part 3 of the Code of Civil

Procedure" vom 4. März 1988), Connecticut („An Act Concerning the UNCITRAL Model Law on International Commercial Arbitration", in Kraft getreten am 1. Oktober 1989), Oregon („International Commercial Arbitration and Conciliation Act", in Kraft getreten am 29. September 1991) und Texas („An Act relating to the Arbitration or Conciliation of International Commercial Disputes", in Kraft getreten am 1. September 1989), Florida (International Arbitration Act, Fla. Stat. ss. 684.01–684.35 [1988]), Georgia (Georgia Arbitration Code, Ga. Code Ann. ss. 9-9-1 to 9-9-43 [1989], in Kraft getreten am 1. Juli 1988), North Carolina (International Commercial Arbitration Act, Chapter 1, Artikel 45B Gen Stats., in Kraft getreten am 13. Juni 1991) und Ohio (Ohio Code Chap. 2712, International Commercial Arbitration, in Kraft getreten am 23. Oktober 1991) übernommen worden.

In Schweden steht eine am UNCITRAL-Modellgesetz orientierte neue Gesetzgebung wie in Deutschland unmittelbar bevor.

2. Einheitliches Gesetz für nationale und internationale Verfahren

Der Entwurf sieht wie der Diskussionsentwurf ein einheitliches Gesetz für nationale und internationale Schiedsverfahren vor und geht damit über den Anwendungsbereich des UNCITRAL-Modellgesetzes hinaus. Maßgebend für dieses – in den Stellungnahmen zu dem Diskussionsentwurf unwidersprochen gebliebene – Konzept ist die Schlussfolgerung, dass sich die für internationale Schiedsverfahren gebotenen Regelungen jedenfalls für das traditionell liberale deutsche Schiedsverfahrensrecht durchweg in gleicher Weise auch für nationale Verfahren eignen. Von dieser Prämisse ausgehend konnten beide Varianten, in denen bei einer sondergesetzlichen Regelung für die internationale (Handels-)Schiedsgerichtsbarkeit ein für nationale Schiedsverfahren weitergeltendes 10. Buch der ZPO denkbar gewesen wäre, nicht befriedigen. Wäre man der von den Befürwortern einer möglichst unveränderten Übernahme des Modellgesetzes als Sondergesetz für Verfahren der internationalen (Handels-)Schiedsgerichtsbarkeit gleichzeitig favorisierten Vorstellung gefolgt, das 10. Buch der ZPO weitgehend unverändert beizubehalten, hätte dies die Geltung zweier in Struktur, Umfang und Terminologie stark voneinander abweichender Normgefüge zur Folge gehabt, deren Divergenzen fast ausnahmslos nicht mit sachlichen Erwägungen erklärbar gewesen wären; darüber hinaus hätte ein solches Konzept notwendigerweise zu zahlreichen Zweifelsfragen bezüglich der gegenseitigen Beeinflussung beider Regelungswerke geführt. Hätte man dagegen die Neuordnung des für nationale Verfahren geltenden Rechts ebenfalls unter rein sachlichen Kriterien angestrebt, so wäre dies auf zwei in Struktur, Umfang und Terminologie weitgehend identische Regelungswerke hinausgelaufen. Aus diesen Gründen erschien ein einheitliches Gesetz die unter sachlichen und gesetzesästhetischen Gesichtspunkten allein überzeugende Lösung.

Auch die Verfasser des Modellgesetzes sind davon ausgegangen, dass dieses sich in gleicher Weise für nationale Verfahren eignen kann (vgl. Holtzmann/Neuhaus, A Guide To The UNCITRAL Model Law On International Commercial Arbitration, S. 71 f.). Von der Möglichkeit, das Modellgesetz auch für nationale Verfahren (weitgehend) zu übernehmen, haben bislang Ägypten, Mexiko, Bulgarien und Kanada (auf Bundesebene) Gebrauch gemacht. Der schwedische Entwurf unterscheidet ebenfalls nicht zwischen nationalen und internationalen Verfahren.

In Übereinstimmung mit dem Diskussionsentwurf sieht der Entwurf weder Sondervorschriften für nationale oder internationale Verfahren noch für Verfahren der (internationalen) Handelsschiedsgerichtsbarkeit vor. Die wenigen Fälle, in denen unterschiedliche Regelungen für nationale und internationale Verfahren diskutabel erschienen – etwa hinsichtlich der Förmlichkeiten des Schiedsspruchs oder der Bemessung von Fristen – hätten es von ihrem Gewicht her nicht gerechtfertigt, ein entsprechendes Sonderkapitel mit der Folge der Notwendigkeit einer nicht nur für den Gesetzgeber, sondern auch die Gerichte und die sonstigen Rechtsanwender schwierigen Abgrenzung internationaler und nationaler Verfahren vorzusehen. Desgleichen sollen die Kaufmannseigenschaft und der Begriff des „Handelsgewerbes" im neuen 10. Buch der ZPO keine Kriterien für unterschiedliche Rechtsfolgen mehr sein. Im deutschen Recht wird die historisch bedingte Beschränkung des Handelsrechts auf gewerblich tätige „Kaufleute" heute ganz allgemein als zu eng empfunden. Der gegenüber den Definitionen der §§ 1 bis 7 und 343 HGB weit gefasste Handelsbegriff des Modellgesetzes ist dagegen in seinen Konturen unklar, was schon daraus deutlich wird, dass das Modellgesetz sich auf eine Beschreibung dieses Begriffs in der Fußnote zu Artikel 1 Abs. 1 ModG beschränkt hat. Sein Aufgreifen im Bereich des Schiedsverfahrensrechts hätte also für das deutsche Recht einen gespaltenen Handelsbegriff zur Folge gehabt, dessen Auswirkungen angesichts der in die Wege geleiteten Reformarbeiten zum Handelsrecht und Handelsregister derzeit nicht überblickbar gewesen wären. Für die Inkaufnahme dieser Rechtsfolge bestand schon deshalb keine Notwendigkeit, weil eine Sonderregelung für die Fälle, die keine Fälle der internationalen Handelsschiedsgerichtsbarkeit darstellen, allein im Zusammenhang mit den Formvorschriften des § 1031 ZPO-E erforderlich erschien. Insoweit stellt der Entwurf darauf ab, ob an der Schiedsvereinbarung Personen beteiligt sind, die bei dem der Schiedsvereinbarung zugrundeliegenden Geschäft zu einem gewerblichen oder einem nicht gewerblichen Zweck handeln (vgl. § 1031 Abs. 5 ZPO-E). Dem entspricht es, dass auch in der parallel laufenden Reform des Handelsrechts die gewerbsmäßige Tätigkeit als zentrales Kriterium für die Anwendung der besonderen Vorschriften des Handelsrechts angesehen wird.

3. Zum wesentlichen Inhalt des neuen 10. Buchs der ZPO im Vergleich mit dem UNCITRAL-Modellgesetz

Der Entwurf eines neuen 10. Buchs der ZPO stimmt in der Anordnung (der ersten sieben Abschnitte) sowohl mit dem Diskussionsentwurf als auch dem UNCITRAL-Modellgesetz, das dem Diskussionsentwurf als Vorbild diente, überein. Gleiches gilt für den Regelungsumfang. Auch insoweit stellt das Modellgesetz einen vernünftigen Kompromiss zwischen Extremlösungen wie etwa denjenigen des schweizerischen (19 Artikel) und des niederländischen Rechts (56 Artikel) dar. Problemstellungen, die sich angesichts ihrer Komplexität für eine gesetzliche Regelung nicht eignen – wie zB Fragen der Mehrparteienschiedsgerichtsbarkeit oder der Aufrechnung oder der Geltendmachung von Ansprüchen im Wechsel- oder Urkundenprozess –, sind daher in dem Entwurf nicht aufgegriffen, sondern (weiterhin) der Konturierung durch die Rechtsprechung überlassen worden. Dagegen sieht der Entwurf in Übereinstimmung mit dem Diskussionsentwurf als zusätzliche Regelung sowohl gegenüber dem Modellgesetz als auch dem geltenden Recht eine Kostenregelung vor, weil der Kostenpunkt in jedem Schiedsverfahren relevant ist und jedenfalls die Grundzüge der Kostenverteilung einer praktikablen gesetzlichen Regelung zugänglich sind. Im Übrigen ist zu den einzelnen Abschnitten Folgendes zu bemerken:

- Der 1. Abschnitt (Allgemeine Vorschriften) übernimmt in den §§ 1025 bis 1028 ZPO-E im Wesentlichen die Artikel 1 und 3 bis 5 ModG. Eine für internationale Schiedsverfahren wichtige Änderung gegenüber dem geltenden Recht enthält dabei die Vorschrift des § 1025 ZPO-E über den Anwendungsbereich des Gesetzes, mit der für inländische Schiedsverfahren die sog. Verfahrenstheorie zugunsten des dem Modellgesetz zugrundeliegenden Territorialitätsprinzips aufgegeben wird.
  Artikel 2 ModG ist nicht in den Entwurf übernommen worden. Teilweise erschienen dessen Bestimmungen selbstverständlich (Buchstaben a, d, e), teilweise erschien eine Regelung im einschlägigen Sachzusammenhang näherliegend (vgl. § 1034 Abs. 1 ZPO-

E hinsichtlich des Buchstabens b, § 1046 Abs. 3 ZPO-E hinsichtlich des Buchstabens f), während die in Buchstabe c enthaltene Regelung für das deutsche Recht gegenstandslos ist.

Artikel 6 ModG betrifft die gerichtliche Zuständigkeit, die der Entwurf in § 1062 ZPO-E im Zusammenhang mit dem – vom Modellgesetz nicht erfassten – gerichtlichen Verfahren regelt.

- Im 2. Abschnitt (Schiedsvereinbarung) entsprechen die Vorschriften der §§ 1029 und 1031 bis 1033 ZPO-E weitgehend denjenigen der Artikel 7 bis 9 ModG. Die Formvorschrift des Artikels 7 Abs. 2 ModG hat allerdings in § 1031 Abs. 2 und 4 ZPO-E weitere Liberalisierungen erfahren, während die Schutzvorschrift des § 1031 Abs. 5 ZPO-E im wesentlichen dadurch bedingt ist, dass das neue 10. Buch der ZPO über den Anwendungsbereich des Modellgesetzes hinaus auf alle Schiedsverfahren anzuwenden ist.

Ferner findet sich im 2. Abschnitt mit § 1030 ZPO-E eine gesonderte Bestimmung über die Schiedsfähigkeit, die in Artikel 1 Abs. 5 ModG für den Anwendungsbereich des Modellgesetzes allgemein vorausgesetzt und nur im Hinblick auf diesbezügliche Sonderregelungen in anderen Gesetzen angesprochen ist. Die objektive Schiedsfähigkeit wird dabei gegenüber dem geltenden Recht, das in § 1025 Abs. 1 ZPO insoweit auf die Vergleichsfähigkeit abstellt, auf alle vermögensrechtlichen Ansprüche ausgedehnt.

- Der 3. Abschnitt (Bildung des Schiedsgerichts) enthält in den mit den Artikeln 10 bis 15 ModG weitgehend identischen §§ 1034 bis 1039 ZPO-E im Gegensatz zum geltenden Recht ausführliche Bestimmungen über die Bestellung und die Ablehnung von Schiedsrichtern. Die Ablehnungsgründe sind dabei in einer Generalklausel (§ 1036 Abs. 2 ZPO-E) geregelt; es wird also nicht mehr wie in § 1032 Abs. 1 ZPO auf die Gründe für die Richterablehnung verwiesen. Im Übrigen ist in allen Fällen der Beendigung des Schiedsrichteramtes im Gegensatz zum geltenden Recht (vgl. § 1033 Nr. 1 ZPO) gemäß § 1039 ZPO-E ein Ersatzschiedsrichter zu bestellen.

- Der 4. Abschnitt (Zuständigkeit des Schiedsgerichts) besteht wie das IV. Kapitel des Modellgesetzes lediglich aus zwei Vorschriften. Die Bestimmung über die Kompetenz-Kompetenz des Schiedsgerichts (§ 1040 ZPO-E) sieht in Übereinstimmung mit Artikel 16 ModG vor, dass die abschließende Entscheidung über die Zuständigkeit des Schiedsgerichts den staatlichen Gerichten vorbehalten bleibt. Die Rechtsprechung des Bundesgerichtshofs zum geltenden Recht, wonach das Schiedsgericht in für das staatliche Gericht bindender Weise über seine Zuständigkeit entscheiden kann, wenn die Parteien es hierzu in einer gesonderten Vereinbarung ausdrücklich ermächtigt haben, wird also nicht übernommen. Ferner wird in § 1041 ZPO-E (Artikel 17 ModG) bestimmt, dass einstweilige Maßnahmen künftig auch vom Schiedsgericht angeordnet und vom staatlichen Gericht für vollziehbar erklärt werden können, was derzeit nach herrschender Meinung nicht möglich ist.

- Während sich im geltenden Recht die Verfahrensregeln im Wesentlichen allein nach der Generalklausel des § 1034 Abs. 2 ZPO bestimmen (Parteimaxime, hilfsweise schiedsrichterliches Ermessen), enthält der 5. Abschnitt (Durchführung des schiedsrichterlichen Verfahrens) in den §§ 1042 bis 1050 ZPO-E ausführliche Regelungen, die weitgehend mit den Bestimmungen der Artikel 18 bis 27 ModG identisch sind und ganz überwiegend unter dem Vorbehalt einer anderweitigen Parteivereinbarung stehen. Die Vorschriften über den Ort des schiedsrichterlichen Verfahrens (§ 1043 ZPO-E) und die Verfahrenssprache (§ 1045 ZPO-E) haben dabei in erster Linie für internationale Schiedsverfahren Bedeutung. Nennenswerte Abweichungen vom geltenden Recht enthalten die Bestimmungen des 5. Abschnitts im Ergebnis nicht.

- Der 6. Abschnitt (Schiedsspruch und Beendigung des Schiedsverfahrens) übernimmt in den §§ 1051 bis 1054, 1056 und 1058 ZPO-E in weitem Umfang die Regelungen der Artikel 28 bis 34 ModG. Ferner enthält der Entwurf im Gegensatz zum Modellgesetz (und zum geltenden Recht) mit § 1057 ZPO-E eine Kostenvorschrift, die aus verfahrensökonomischen Gründen geboten erscheint. Was das anzuwendende materielle Recht betrifft, so geht der Entwurf im Gegensatz sowohl zum Diskussionsentwurf als auch dem Modellgesetz davon aus, dass die auf Artikel 3 ff. des Übereinkommens vom 19.6.1980 über das auf vertragliche Schuldverhältnisse anzuwendende Recht (Gesetz vom 25.7.1986 – BGBl. 1986 II 809; im Folgenden: EG-Schuldvertragsübereinkommen, EG-Übereinkommen vom 19.6.1980) beruhenden Artikel 27 ff. EGBGB bezüglich der Frage des anwendbaren materiellen Rechts auch im Schiedsverfahren gelten. Hierauf beruht jedoch lediglich die von Artikel 28 Abs. 2 ModG abweichende Formulierung des § 1051 Abs. 2 ZPO-E, die im übrigen letztlich keine Divergenz in der Sache bedeutet.§ 1052 Abs. 3 ZPO-E (Artikel 29 Abs. 2 ModG) stellt klar, dass der vorsitzende Schiedsrichter über einzelne Verfahrensfragen allein entscheiden kann, soweit die Parteien oder die anderen Mitglieder des Schiedsgerichts ihn dazu ermächtigt haben. Ferner wird der schiedsrichterliche Vergleich des geltenden Rechts (§ 1044a ZPO) in § 1053 ZPO-E durch den im Modellgesetz (Artikel 30) vorgesehenen „Schiedsspruch mit vereinbartem Wortlaut" ersetzt. Der Anwaltsvergleich nach § 1044b ZPO, der als solcher mit dem schiedsrichterlichen Verfahren nichts zu tun hat, wird im 8. Buch der ZPO geregelt (vgl. Artikel 1 Nr. 3 des Entwurfs).In der Bestimmung des § 1054 ZPO-E über Form und Inhalt des Schiedsspruchs werden die Regelungen des Artikels 31 ModG übernommen. Künftig soll also auf die Zustellung und die Niederlegung des Schiedsspruchs als Wirksamkeits- und Vollstreckbarerklärungsvoraussetzung ganz verzichtet werden, während nach geltendem Recht die Zustellung und die Niederlegung des Schiedsspruchs jedenfalls in bestimmten Fällen noch erforderlich sind.Gegenüber dem geltenden Recht neu ist auch die Bestimmung des § 1056 ZPO-E (Artikel 32 ModG), wonach das Schiedsgericht die Beendigung des Verfahrens durch Beschluss feststellt, wenn eine Fortsetzung des Verfahrens aus unterschiedlichen Gründen nicht mehr in Betracht kommt.
- Der im 7. Abschnitt geregelte Aufhebungsantrag (§ 1059 ZPO-E) soll in Übereinstimmung mit dem Modellgesetz (Artikel 34) und im Gegensatz zum geltenden Recht an eine Frist von drei Monaten gebunden werden, allerdings nur für den Fall, dass der Schiedsspruch förmlich zugestellt wird. Ferner soll – was das Modellgesetz ebenfalls nicht vorsieht – ein nicht fristgerecht gestellter Aufhebungsantrag zur Folge haben, dass Aufhebungsgründe bis auf diejenigen, die von Amts wegen zu berücksichtigen sind, im Vollstreckbarerklärungsverfahren nicht mehr geltend gemacht werden können (vgl. § 1060 Abs. 2 Satz 2 und 3 ZPO-E). Was die einzelnen Aufhebungsgründe angeht, übernimmt der Entwurf in § 1059 Abs. 2 ZPO-E den Katalog des Artikels 34 Abs. 2 ModG. Neu gegenüber dem geltenden Recht sind ferner die Vorschriften des § 1059 Abs. 4 und 5 ZPO-E, wonach das staatliche Gericht den Rechtsstreit unter Aufhebung des Schiedsspruchs an das Schiedsgericht zurückverweisen kann (Absatz 4) und entgegen der herrschenden Meinung zum geltenden Recht mit der Aufhebung des Schiedsspruchs die Schiedsvereinbarung im Zweifel wiederauflebt (Absatz 5).
- Im 8. Abschnitt (Voraussetzungen der Anerkennung und Vollstreckung von Schiedssprüchen) weicht der Entwurf insbesondere insofern vom geltenden Recht und – jedenfalls in der Systematik – auch vom Modellgesetz ab, als für die Anerkennung und Vollstreckung ausländischer Schiedssprüche künftig generell das UNÜE 1958 maßgebend sein soll. Für inländische Schiedssprüche sieht der Entwurf im Gegensatz zum Modellgesetz und in Übereinstimmung mit dem geltenden Recht keine An-

erkennung vor; ferner behält er die Vollstreckbarerklärung mit den Aufhebungsgründen bei.
- Zu dem im 9. Abschnitt geregelten gerichtlichen Verfahren enthält das UNCITRAL-Modellgesetz bis auf die Vorschrift des Artikels 6 über die Konzentration der Zuständigkeiten und vereinzelte Bestimmungen über den Ausschluss von Rechtsmitteln (vgl. Artikel 11 Abs. 5, Artikel 13 Abs. 3, Artikel 14 Abs. 1 und Artikel 16 Abs. 3 ModG) keine Vorschriften. Eine grundlegende Vereinfachung und Straffung des gerichtlichen Verfahrens ist jedoch ein zentrales Anliegen der Reform, und zwar sowohl im Interesse einer zügigen Beendigung des Schiedsverfahrens als auch einer Entlastung der staatlichen Gerichte. Ihr wird mit den in den §§ 1062 bis 1065 ZPO-E enthaltenen Regelungen Rechnung getragen. Vorgesehen ist im Wesentlichen die generelle Eingangszuständigkeit der Oberlandesgerichte (mit Ausnahme der Zuständigkeit für gerichtliche Unterstützungsmaßnahmen), die Einführung eines einheitlichen Beschlussverfahrens sowie der weitgehende Ausschluss von Rechtsmitteln gegen gerichtliche Entscheidungen.
- Im 10. Abschnitt (Außervertragliche Schiedsgerichte) wird mit § 1066 ZPO-E die Vorschrift des § 1048 ZPO beibehalten.

Soweit die im Entwurf vorgesehenen Einzelregelungen des Modellgesetzes dem deutschen Recht als gesetzliche Regelungen unbekannt sind oder von diesem Recht abweichen, war hierfür der Gesichtspunkt der Rechtsvereinheitlichung von ausschlaggebender Bedeutung. Will man erreichen, dass Deutschland künftig häufiger als Schiedsplatz für internationale Streitigkeiten gewählt wird, muss ausländischen Parteien ein Recht zur Verfügung gestellt werden, das äußerlich und inhaltlich dem weltweit vertrauten Rahmen des Modellgesetzes im Wesentlichen entspricht, zumal beim Aushandeln internationaler Verträge auf die Ausgestaltung der Klausel über die Streitbeilegung üblicherweise nicht viel Zeit verwendet wird. Dem Anliegen des Modellgesetzes, zur Rechtsvereinheitlichung beizutragen, kann nur Rechnung getragen werden, wenn man bereit ist, sowohl bei der Struktur des Gesetzes als auch hinsichtlich der Terminologie und des Inhalts von Einzelregelungen die rein nationale Sichtweise zugunsten des Ziels der Rechtsvereinheitlichung zurückzustellen.

Der Entwurf folgt dem Diskussionsentwurf und dem Modellgesetz auch insofern, als er die Abgrenzung zwischen dispositiven und zwingenden Vorschriften bei den einzelnen Regelungen deutlich macht, während zB das niederländische Recht den Vorrang der Parteimaxime und hilfsweise des schiedsrichterlichen Ermessens nur allgemein anordnet (vgl. § 1036 niederl. ZPO). Dies bedeutet allerdings nicht, dass ausnahmslos alle Vorschriften, die nicht ausdrücklich unter dem Vorbehalt anderweitiger Parteivereinbarungen stehen, notwendig zwingender Natur wären. So können die Parteien beispielsweise im Hinblick auf die Rechtsfolge des § 1038 Abs. 2 ZPO-E auch etwas anderes vereinbaren, ohne dass dies im Gesetz ausdrücklich normiert ist. Im Zweifelsfall muss diese Frage letztlich aus dem jeweiligen Normzweck heraus entschieden werden.

V. Zu den Folgeregelungen des neuen 10. Buchs der ZPO

Die Neufassung des 10. Buchs der ZPO macht Folgeänderungen im 8. Buch der ZPO und in zahlreichen anderen Bundesgesetzen, die auf Vorschriften des 10. Buchs der ZPO verweisen, erforderlich. Die diesbezüglichen, in Artikel 2 enthaltenen Gesetzesänderungen sind vor allem durch die Einführung des einheitlichen Beschlussverfahrens für gerichtliche Entscheidungen während oder im Anschluss an das Schiedsverfahren (§ 1063 ZPO-E), die Ersetzung des Schiedsvergleichs (§ 1044a ZPO) durch den Schiedsspruch mit vereinbartem Wortlaut (§ 1053 ZPO-E) und die Regelung des Anwaltsvergleichs im 8. Buch der ZPO (§§ 796a bis 796c ZPO-E) bedingt.

B. Begründung zu den Einzelvorschriften

Vorbemerkungen zu Artikel 1 Nr. 1 bis 5

Die in Artikel 1 Nr. 1 bis 5 enthaltenen Vorschriften beruhen auf der Verlagerung der Regelung des für vollstreckbar erklärbaren Anwaltsvergleichs (sog. „vollstreckbarer Anwaltsvergleich"), die sich bisher in § 1044b ZPO findet, in das 8. Buch der ZPO.

Diese Verlagerung ist notwendig, da nach der Neufassung eine derartige Regelung im 10. Buch der ZPO einen Fremdkörper darstellen würde, für dessen Standort keine sinnvolle Begründung mehr möglich wäre. Der bisherige Standort der Regelung im 10. Buch der ZPO war nicht systemgerecht. Der Gegenstand der Regelung – ein von den Parteien und ihren Rechtsanwälten unterschriebener Vergleich, der eine einfach und außergerichtlich zu erstellende Grundlage eines Vollstreckungstitels sein soll – hat nämlich mit dem Schiedsverfahren nichts zu tun. Der Standort im 10. Buch der ZPO war alleine dadurch bedingt, dass die Vorschriften über die Vollstreckbarkeit schiedsrichterlicher Vergleiche anwendbar sein sollten und dies durch eine möglichst einfache Verweisung erreicht werden sollte. Mit dem Wegfall des schiedsrichterlichen Vergleichs (vgl. § 1053 ZPO-E) entfällt auch der Anknüpfungspunkt zum 10. Buch der ZPO.

Der Sinn des § 1044b ZPO liegt darin, den Parteien einen effektiven außergerichtlichen Weg zur Verfügung zu stellen, um im Rahmen einer vergleichsweisen Einigung Vereinbarungen treffen zu können, die inhaltliche Grundlage vollstreckbarer Titel sein können. Die Vollstreckbarerklärung dieser Vereinbarungen ist der zur Zwangsvollstreckung geeignete Titel, an dem die Parteien interessiert sind. Der für vollstreckbar erklärbare Anwaltsvergleich ist also die inhaltliche Regelung dessen, was aufgrund der Vollstreckbarerklärung des Vergleichs im Wege der Zwangsvollstreckung durchgesetzt werden soll. Aus diesen Gründen gehören die entsprechenden Regelungen zum Recht der Zwangsvollstreckung in das 8. Buch der ZPO.

Kern der vorgesehenen Neuregelung ist die Einfügung der §§ 796a bis 796c ZPO-E (Artikel 1 Nr. 3 des Entwurfs). Die Vorschriften bestimmen die Voraussetzungen der Vollstreckbarerklärung eines Anwaltsvergleichs (§ 796a ZPO-E), regeln das gerichtliche Verfahren der Vollstreckbarerklärung (§ 796b ZPO-E) und sehen vor, anstelle der Vollstreckbarerklärung durch ein Gericht die Vollstreckbarerklärung durch einen Notar zu wählen (§ 796c ZPO-E). Im Interesse der besseren Verständlichkeit ist dieser Kern der Neuregelung nunmehr im Gegensatz zu dem fast ausschließlich verweisenden § 1044b ZPO in sich abgeschlossen und der Diktion der ZPO angepasst. Dies dient nicht zuletzt dem Ziel einer größtmöglichen Akzeptanz dieser Vorschriften und damit einer Streitverhinderung bzw. -beilegung im Vorfeld gerichtlichen Tätigwerdens.

Die in Artikel 1 Nr. 1, 2, 4 und 5 vorgeschlagenen Änderungen und Ergänzungen sind Folgeänderungen des Artikels 1 Nr. 3

Zu Artikel 1 Nr. 1 und 2 (§ 794 Abs. 1 Nr. 4a und 4b ZPO-E)

Durch den Wegfall des schiedsrichterlichen Vergleichs und die Neuregelung des für vollstreckbar erklärbaren Anwaltsvergleichs in den §§ 796a bis 796c ZPO-E (Artikel 1 Nr. 3) war die Aufzählung der Vollstreckungstitel in § 794 Abs. 1 ZPO neu zu fassen.

Zu § 794 Abs. 1 Nr. 4a

Um der durch die Neuregelung des Schiedsverfahrensrechts gewachsenen Bedeutung der Entscheidungen zur Vollstreckbarerklärung von Schiedssprüchen gerecht zu werden und um eine klare Regelung zu schaffen, die auch für an Schiedsverfahren beteiligte ausländische Rechtsanwender leichter verständlich ist, sind von § 794 Abs. 1 Nr. 4a ZPO-E in der Fassung des Artikels 1 Nr. 1 nur noch diese Entscheidungen erfasst. Durch die Formulierung wird nun auch, anders als im bisherigen § 794 Abs. 1 Nr. 4a ZPO, klargestellt, das Vollstreckungstitel allein die Entscheidung über die Vollstreckbarkeit des Schiedsspruchs ist, nicht aber dieser selbst.

Zu § 794 Abs. 1 Nr. 4b

Die Entscheidungen zur Vollstreckbarkeit von für vollstreckbar erklärbaren Anwaltsvergleichen sind von der durch Artikel 1 Nr. 2 eingefügten neuen Nummer 4b des § 794 Abs. 1 ZPO erfasst. Diese eigenständige Nennung im Rahmen des § 794 Abs. 1 ZPO ist geboten, um hier, wie bei der Neufassung von Nummer 4a der Norm, die Änderungen durch die Neuregelung des Schiedsverfahrensrechts angemessen zu berücksichtigen. Da nach dieser Neuregelung der für vollstreckbar erklärbare Anwaltsvergleich nicht mehr nach den Bestimmungen des 10. Buchs der ZPO für vollstreckbar erklärt wird, sind die entsprechenden Vollstreckungstitel auch in § 794 Abs. 1 ZPO getrennt aufzuführen. Durch die Formulierung des § 794 Abs. 1 Nr. 4b ZPO-E wird außerdem klargestellt, dass Vollstreckungstitel allein die Beschlüsse nach §§ 796b und 796c ZPO-E – also die Vollstreckbarerklärungen – sind, nicht die anwaltlichen Vergleiche als solche.

Zu Artikel 1 Nr. 3 (§§ 796a bis 796c ZPO-E)

Durch die §§ 796a bis 796c ZPO-E wird die bisher in § 1044b ZPO getroffene Regelung des sog. „vollstreckbaren Anwaltsvergleichs" in das 8. Buch der ZPO verlagert (zur Notwendigkeit und den Grundzügen dieser Verlagerung siehe Vorbemerkungen zu Artikel 1 Nr. 1 bis 5).

Der Standort der Vorschriften und ihre Untergliederung gewährleisten eine zusammenhängende und übersichtliche Regelung. Die notwendigen Verweisungen auf diese Vorschriften (§ 794 Abs. 1 Nr. 4a, § 797 Abs. 6, § 798 ZPO-E) stehen in einem Zusammenhang, der ebenfalls zur Verständlichkeit beiträgt.

Zu § 796a

Die Vorschrift bestimmt die Voraussetzungen, unter denen ein Anwaltsvergleich für vollstreckbar erklärt werden kann.

In Absatz 1 sind die positiven Voraussetzungen festgelegt.

Der Vergleich muss von Rechtsanwälten im Namen und mit Vollmacht der von ihnen vertretenen Parteien abgeschlossen werden. Durch das Erfordernis des Handelns im Namen der vertretenen Parteien soll insbesondere die verdeckte Stellvertretung und durch das Erfordernis des Handelns mit Vollmacht ausdrücklich eine vollmachtlose Vertretung ausgeschlossen werden. Hierdurch werden die Sicherheit des Rechtsverkehrs und der Schutz der Parteien im notwendigen, aber auch ausreichenden Maße verwirklicht. Der Unterzeichnung des Vergleichs durch die Parteien, wie § 1044b Abs. 1 ZPO sie fordert, bedarf es deshalb nicht mehr, wodurch eine Verfahrensvereinfachung und -beschleunigung möglich wird.

Die Erklärung, sich als Schuldner der sofortigen Zwangsvollstreckung zu unterwerfen, macht den Vergleich für den Gläubiger zur tauglichen Grundlage eines zügig umsetzbaren Vollstreckungstitels. Die Angabe des Tages des Zustandekommens des Vergleichs dient der Identifizierung des Vergleichs. Beide Voraussetzungen enthält bereits das geltende Recht (vgl. § 1044b Abs. 1 und § 1044b Abs. 1 iVm § 1044a Abs. 1 Satz 2 ZPO).

Die Niederlegung bei einem Gericht, bei dem eine der Parteien z. Z. des Vergleichsabschlusses ihren allgemeinen Gerichtsstand hat, bezweckt den Schutz der Urkunde vor nachträglicher Änderung und Verlust. Die Niederlegung bei Gericht fordert bereits das geltende Recht, § 1044b Abs. 1 iVm § 1044a Abs. 1 Satz 2 ZPO. Die Bestimmung des zuständigen Gerichts wie bisher über die Verweisung des § 1044b Abs. 1 auf § 1044a Abs. 1 Satz 2 iVm §§ 1046 und 1045 Abs. 1 ZPO und damit auf die für die Entscheidungen im schiedsrichterlichen Verfahren zuständigen Gerichte war jedoch nicht beizubehalten. Die Neuregelung schafft eine einfache Bestimmbarkeit des zuständigen Gerichts und dient damit der Rechtsklarheit. An die Stelle des Gerichts kann nach § 796c ZPO ein Notar treten.

Absatz 2 nimmt Vergleiche über Ansprüche auf Abgabe einer Willenserklärung und Vergleiche über den Bestand eines Mietverhältnisses über Wohnraum ungeachtet ihrer materiellrechtlichen Wirksamkeit von der Vollstreckbarerklärung aus. Für Ansprüche auf Abgabe einer Willenserklärung enthält § 894 ZPO eine ausreichende Regelung. Für Ansprüche betreffend den Bestand eines Mietverhältnisses über Wohnraum bedeutet Absatz 2, dass über diese, sofern sie mittels staatlichen Zwangs durchsetzbar sein sollen, ein Gericht entschieden haben muss. Damit entspricht die Regelung der Vorschrift des Artikels 1 Nr. 12 des Entwurfs eines Zweiten Gesetzes zur Änderung zwangsvollstreckungsrechtlicher Vorschriften (Drucksache 13/341), wonach notarielle Urkunden, aus denen die Vollstreckung stattfindet, künftig über alle Ansprüche mit Ausnahme solcher auf Abgabe einer Willenserklärung oder betreffend den Bestand eines Mietverhältnisses über Wohnraum errichtet werden können. Ein Gleichklang beider Vorschriften ist erforderlich, da sich eine von der beabsichtigten Änderung des § 794 Abs. 1 Nr. 5 ZPO abweichende Regelung beim Anwaltsvergleich sachlich nicht begründen lässt.

Im (weiteren) Verlauf beider Gesetzgebungsverfahren wird allerdings zu prüfen sein, ob es mit den Zielen der Deregulierung und der möglichst weitgehenden Entlastung der Gerichte vereinbar ist, für Ansprüche betreffend den Bestand eines Mietverhältnisses über Wohnraum die Schaffung eines vollstreckbaren Titels sowohl im Wege des Anwaltsvergleichs als auch im Wege einer notariellen Urkunde auszuschließen. Gründe des Mieterschutzes erfordern diesen Ausschluss nicht, da der Mieter beim Abschluss eines Anwaltsvergleichs durch einen Rechtsanwalt seines Vertrauens vertreten ist und er im notariellen Verfahren durch einen unparteiischen Notar auf die Konsequenzen seiner Willenserklärung hingewiesen wird. Ferner ist zu bedenken, dass der geltende – durch das Rechtspflegevereinfachungsgesetz eingeführte – § 1044b ZPO nach herrschender Meinung auch auf Räumungsvergleiche anwendbar ist (vgl. Stein/Jonas/ Schlosser, 21. Aufl., Rn. 2 zu § 1044b ZPO; Zöller/Geimer, 19. Aufl., Rn. 4 zu § 1044b ZPO; ausführlich Münch, NJW 1993, S. 1181 ff.; LG Tübingen, WM 93, S. 353).

Absatz 3 schließt die Vollstreckbarerklärung entsprechend der Regelung des § 1044b Abs. 1 iVm § 1044b Abs. 2 ZPO aus, wenn ein Vergleich der Rechtswirksamkeit entbehrt, so zB wenn er einen nicht vergleichsfähigen Gegenstand betrifft. Weiterhin ist die Vollstreckbarerklärung ausgeschlossen, wenn die der Vollstreckbarerklärung innewohnende staatliche Anerkennung des Vergleichs gegen die öffentliche Ordnung verstieße. Die damit einhergehende Inhaltskontrolle des Vergleichs am Maßstab des deutschen ordre public ist aufgrund der Vielzahl nicht vorhersehbarer Vergleichsgegenstände und Ausgestaltungsmöglichkeiten als Korrektiv bei besonders gravierenden Verstößen unverzichtbar.

Zu § 796b

Die Vorschrift regelt das gerichtliche Verfahren der Vollstreckbarerklärung.

Nach Absatz 1 ist das Gericht als Prozessgericht für die Vollstreckbarerklärung zuständig, das im Falle der gerichtlichen Geltendmachung des zu vollstreckenden Anspruchs zuständig wäre. Diese Anknüpfung an die allgemeinen Zuständigkeitsregelungen der §§ 12 ff. ZPO entspricht dem geltenden Recht (§ 1045 Abs. 1 Nr. 2 ZPO, der über § 1044b Abs. 1, § 1044a Abs. 1 Satz 2, § 1046 ZPO anwendbar ist). Die Bestimmung, dass das Gericht als Prozessgericht tätig wird, ist notwendig, da sonst aufgrund § 764 ZPO, § 20 Nr. 17 RPflG der Rechtspfleger für das Vollstreckbarerklärungsverfahren zuständig wäre. Das Verfahren beinhaltet nämlich Aufgaben, die dem Richter vorbehalten bleiben müssen und vom Rechtspfleger nicht übernommen werden können, so insbesondere die Entscheidung über die Rechtswirksamkeit des Vergleichs und seine Vereinbarkeit mit dem ordre public.

Um den Parteien schnellstmöglich den begehrten Vollstreckungstitel zu verschaffen, sieht Absatz 2 in Satz 1 erster Halbsatz die fakultative mündliche Verhandlung, in Satz 2 die Entscheidungsform des Beschlusses und in Satz 3 dessen Unanfechtbarkeit vor. Um sicherzustellen, dass dem Antragsgegner auch in diesem auf Beschleunigung ausgerichteten Verfahren rechtliches Gehör gewährt wird, schreibt Satz 1 zweiter Halbsatz dies ausdrücklich vor.

Zu § 796c

Die Vorschrift eröffnet die Möglichkeit, die gerichtliche Tätigkeit durch die eines Notars zu ersetzen. Nach Absatz 1 Satz 1 kann der Vergleich mit Zustimmung beider Parteien von einem Notar in Verwahrung genommen und für vollstreckbar erklärt werden, wie es bereits § 1044b Abs. 2 Satz 1 ZPO vorsieht. Durch die Verweisung auf die §§ 796a und 796b ZPO-E in Satz 2 werden die für die gerichtliche Tätigkeit geltenden Bestimmungen anwendbar. Eine solche Verweisung findet sich ebenfalls bereits im geltenden Recht (§ 1044b Abs. 2 Satz 2 ZPO). Eine Abweichung vom gerichtlichen Verfahren ist lediglich bei der örtlichen Zuständigkeit für die Vollstreckbarerklärung vorgesehen: Da es keine Zuständigkeit eines Notars für die gerichtliche Geltendmachung des zu vollstreckenden Anspruchs gibt, richtet sich die Bestimmung der örtlichen Zuständigkeit nach dem Ort der Niederlegung. Dementsprechend erklärt Satz 1 den Notar, bei dem der Vergleich niedergelegt ist, nicht nur für die Verwahrung, sondern auch für die Vollstreckbarerklärung des Vergleichs zuständig.

Absatz 2 sieht für den Fall der Ablehnung der Vollstreckbarerklärung nach § 796a Abs. 3 ZPO-E die Möglichkeit der Anfechtung dieser Entscheidung vor. Die Ablehnung der Vollstreckbarerklärung aus den Gründen des § 796a Abs. 3 ZPO-E muss dem Notar möglich sein, da er andernfalls unter Umständen gegen seine Amtspflichten handeln müsste. Um die Überprüfung solcher ablehnender Entscheidungen im gerichtlichen Verfahren zu ermöglichen, sind sie zu begründen (Satz 1). Die Anfechtung ist bei dem Gericht zulässig, das nach § 796b Abs. 1 ZPO-E an Stelle des Notars für die Vollstreckbarerklärung zuständig gewesen wäre (Satz 2).

Zu Artikel 1 Nr. 4 (§ 797 Abs. 6 ZPO-E)

Die Neufassung ist lediglich eine Folgeänderung. Es werden also wie nach bisherigem Recht die vollstreckbaren Ausfertigungen der Vollstreckbarerklärungen der Notare gemäß § 796c ZPO-E von diesen selbst erteilt, § 797 Abs. 2 ZPO. Die vollstreckbaren Ausfertigungen der Vollstreckbarerklärungen der Gericht gemäß § 796b ZPO-E werden wie bisher von den Gerichten erteilt, §§ 795, 724 ff. ZPO.

Zu Artikel 1 Nr. 5 (§ 798 ZPO-E)

Die Neufassung der Vorschrift trägt der Einfügung des § 794 Abs. 1 Nr. 4b ZPO-E Rechnung.

Zu Artikel 1 Nr. 6 (Neufassung des 10. Buchs der ZPO)

Zu § 1025

In § 1025 ZPO-E wird der Anwendungsbereich des neuen 10. Buchs der ZPO festgelegt.

Absatz 1 sieht vor, dass das neue Recht auf alle Schiedsverfahren anzuwenden ist, die in Deutschland stattfinden. Hierbei ist der Begriff „Deutschland" statt „Bundesrepublik Deutschland" sowohl aus Gründen der Wiedervereinigung als auch deshalb gewählt worden, weil in ausländischen Gesetzen ebenfalls nicht die offizielle Staatsbezeichnung, sondern die übliche Bezeichnung des Landes erfolgt.

Was den sachlichen Anwendungsbereich des künftigen Rechts betrifft, so ist das neue 10. Buch der ZPO mangels einer entsprechenden Einschränkung auf bestimmte Verfahren über den Anwendungsbereich des Modellgesetzes hinaus auf alle Schiedsverfahren anzuwenden. Maßgebend hierfür sind die im Allgemeinen Teil der Begründung unter A. IV.2 erörterten Gesichtspunkte. Dementsprechend bedarf es in der Vorschrift über den sachlichen Anwendungsbereich des neuen Rechts im Gegensatz zum Modellgesetz weder einer Definition des Begriffs des „internationalen" Schiedsverfahrens (vgl. Artikel 1 Abs. 3 und 4 ModG) noch einer Definition bzw. Umschreibung des Handelsbegriffs (vgl. Fußnote zu Artikel 1 Abs. 1 ModG).

Hinsichtlich des territorialen Anwendungsbereichs kommt es nach dem neuen Recht darauf an, ob der Ort des Schiedsverfahrens im Sinne des § 1043 Abs. 1 ZPO-E in Deutschland liegt. Auf das gleiche würde es hinauslaufen, in beiden Fällen auf den Sitz des Schiedsgerichts abzustellen. Es besteht jedoch kein Grund, insoweit vom Modellgesetz, das den Anwendungsbereich ebenfalls vom Ort des Schiedsverfahrens abhängig macht und diesen in dem als § 1043 ZPO-E übernommenen Artikel 20 ModG näher definiert, abzuweichen, zumal auch das UNÜE 1958 diesem Abgrenzungskriterium folgt.

Liegt der Ort des Schiedsverfahrens in Deutschland, soll für das Verfahren künftig zwingend das neue 10. Buch der ZPO gelten, also nicht mehr wie bislang das Verfahrensrecht eines anderen Staates vereinbart werden können. Haben die Parteien die Möglichkeit, ein fremdes Verfahrensrecht im Ganzen zu vereinbaren, bleibt unklar, inwieweit das Schiedsgericht die zwingenden Vorschriften der lex fori nicht dennoch – insbesondere im Hinblick auf eine spätere Vollstreckbarerklärung des Schiedsspruchs – zu beachten hat. Ferner ist fraglich, welche Gerichte für die Aufhebungsklage und die unterstützenden Funktionen bei der Bildung des Schiedsgerichts zuständig sind. Diese Unsicherheiten werden vermieden, wenn man die Rechtswahlmaxime auf die dispositiven Bestimmungen des Ortsrechts beschränkt. Dies erscheint bei einem am Modellgesetz orientierten Recht um so unbedenklicher, als das Modellgesetz den Parteien breitesten Raum für vom gesetzlichen Regelfall abweichende Parteivereinbarungen lässt. Obwohl viele Rechtsordnungen die Wahl eines fremden Verfahrensrechts zulassen, übernimmt der Entwurf aus Gründen der Rechtsklarheit das strikte Territorialitätsprinzip des Modellgesetzes (zur Aufgabe der „Verfahrenstheorie" in der Frage der Qualifikation von Schiedssprüchen als inländische oder ausländische Schiedssprüche vgl. die Begründung zu § 1061 ZPO-E).

Allerdings gilt der Territorialitätsgrundsatz des Absatzes 1 im Gegensatz zu Artikel 1 Abs. 2 ModG nur für inländische Verfahren. Von einer Ausgestaltung des Absatzes 1 als negative Kollisionsnorm in der Richtung, dass die Vereinbarung des deutschen Verfahrensrechts für ausländische Schiedsverfahren vom deutschen Recht nicht angenommen und einschlägigen Schiedssprüchen die Anerkennung versagt würde, ist abgesehen worden, da es dem ausländischen Gesetzgeber überlassen bleiben muss, ob er seinerseits dem strikten Territorialitätsgrundsatz des Modellgesetzes folgt oder den Parteien die Wahl eines fremden Verfahrensrechts gestattet. Erlaubt das ausländische im Gegensatz zum deutschen Recht die Wahl eines fremden Verfahrensrechts, muss der deutsche Gesetzgeber dies anerkennen, wenngleich sich in diesem Fall in der Frage der Zuständigkeit der staatlichen Gerichte Kompetenzkonflikte nicht vermeiden lassen.

Absatz 2 nennt die Funktionen, für welche die deutschen Gerichte auch dann zuständig sind, wenn der Ort des Schiedsverfahrens im Ausland liegt. Die Fälle des § 1032 ZPO-E (Abweisung der Klage zum staatlichen Gericht als unzulässig) und des § 1033 ZPO-E (Anordnung einstweiliger Maßnahmen durch das staatliche Gericht) entsprechen den in Artikel 1 Abs. 2 ModG aufgeführten Artikeln 8 und 9 ModG. Zusätzlich zum Modellgesetz ist § 1050 ZPO-E (gerichtliche Unterstützung bei der Beweisaufnahme und sonstige richterliche Handlungen) aufgenommen worden. Die deutschen Gerichte müssen in allen drei Fällen auch dann angerufen werden können, wenn das Schiedsverfahren im Ausland stattfindet.

Absatz 3 trägt dem gegen das strikte Territorialitätsprinzip häufig ins Feld geführten Gesichtspunkt Rechnung, dass bei der Konstituierung des Schiedsgerichts der Ort des Schiedsverfahrens zuweilen noch nicht feststeht. In diesen Fällen sollen Unterstützungshandlungen der staatlichen Gerichte nach § 1034 Abs. 2, § 1035 Abs. 4, § 1037 Abs. 3 und § 1038 Abs. 1 ZPO-E von deutschen Gerichten auch dann gewährt werden können, wenn entweder der Beklagte oder der Kläger seinen (Wohn-)Sitz oder seinen gewöhnlichen Aufenthalt in Deutschland hat. Auch bei den Verhandlungen über das Modellgesetz ist eine entsprechende Vorschrift erwogen, ein Bedürfnis hierfür aber letztlich verneint worden (vgl. Bericht zum Modellgesetz = UN-Doc. A/40/17, Nr. 80). Die vorgeschlagene Regelung erscheint jedoch im Zusammenhang mit der Einführung des Territorialitätsprinzips für inländische Schiedsverfahren aus Gründen der Rechtsklarheit geboten.

Anders als Artikel 1 Abs. 2 ModG trifft Absatz 2 keine Aussage zur Anerkennung und Vollstreckung inländischer und ausländischer Schiedssprüche. Dies erklärt sich daraus, dass der Entwurf im Gegensatz zum Modellgesetz gesonderte Vorschriften über die Anerkennung und Vollstreckung inländischer und ausländischer Schiedssprüche enthält (vgl. §§ 1060, 1061 ZPO-E). Aus diesem Grund konnten Letztere anders als bei Artikel 1 Abs. 2 ModG aus sprachlichen Gründen nicht in die Aufzählung des Absatzes 2 aufgenommen werden. Vielmehr war in Absatz 4 eine Sonderregelung für ausländische Schiedssprüche zu treffen, die klarstellt, welche Vorschriften des Entwurfs für die Anerkennung und Vollstreckung ausländischer Schiedssprüche gelten.

Im Gegensatz zum Modellgesetz (vgl. Artikel 1 Abs. 1 ModG) enthält § 1025 ZPO-E keine ausdrückliche Bestimmung über den Vorrang völkerrechtlicher Verträge, da dieser Vorrang selbstverständlich ist. Das in Artikel 1 Abs. 5 ModG angesprochene Problem der Schiedsfähigkeit regelt der Entwurf in § 1030 ZPO-E gesondert.

Zu § 1026

Die Vorschrift bestimmt, dass die staatlichen Gerichte während oder im Anschluss an das Schiedsverfahren nur insoweit tätig werden dürfen, als das Gesetz selbst dies ausdrücklich vorsieht. Eine Übernahme des inhaltlich gleichbedeutenden Artikels 5 ModG in das deutsche Recht lag schon deshalb nahe, weil diese Vorschrift für das kontinentaleuropäische Rechtssystem – anders als für das englische Recht, das von umfangreichen Eingriffsmöglichkeiten der staatlichen Gerichte in das Schiedsverfahren geprägt ist – und insbesondere auch für das deutsche Recht nichts grundsätzlich Neues, sondern eher eine aus Gründen der Rechtssicherheit gebotene Klarstellung bedeutet. Auch das geltende Recht enthält (in den §§ 1045 und 1046 ZPO) eine Aufzählung der gerichtlichen Zuständigkeiten; diese ist weitgehend identisch mit dem, was das Modellgesetz an Tätigkeiten der staatlichen Gerichte vorsieht.

Eine Klarstellung, dass es sich bei dem „Gericht" im Sinne des § 1026 ZPO-E sowie der nachfolgenden Vorschriften um das staatliche Gericht handelt, erschien nicht erforderlich, weil der Entwurf konsequent zwischen den Begriffen „Gericht" und „Schiedsgericht" unterscheidet und somit kein Zweifel bestehen kann, dass mit „Gericht" immer das staatliche Gericht gemeint ist.

Artikel 5 ModG schließt es nicht aus, den Zuständigkeitskatalog in der nationalen Gesetzgebung gegenüber dem Modellgesetz (einzuschränken oder) zu erweitern. Eine solche Erweiterung sieht der Entwurf an drei Stellen vor. Zum einen soll entsprechend dem geltenden Recht bis zur Bildung des Schiedsgerichts beim staatlichen Gericht Antrag auf Feststellung der Zulässigkeit oder Unzulässigkeit des schiedsrichterlichen Verfahrens gestellt werden können (vgl. § 1032 Abs. 2 ZPO-E). Ferner wurde eine Bestellung des oder der Schiedsrichter durch das Gericht im Falle des § 1034 Abs. 2 ZPO-E (unausgewogene Zusammensetzung des Schiedsgerichts) vorgesehen. Schließlich ermöglicht § 1050 ZPO-E eine Hilfestellung der staatlichen Gerichte bei der Durchführung des Schiedsverfahrens in weitergehendem Umfang als das Modellgesetz. Während Artikel 27 ModG eine Unterstützung durch das staatliche Gericht nur bei der Beweisaufnahme vorsieht, dehnt § 1050 ZPO-E die Hilfstätigkeit der staatlichen Gerichte entsprechend dem weitergefaßten § 1036 Abs. 1 ZPO auf sonstige Unterstützungshandlungen, die vom Schiedsgericht nicht vorgenommen werden können, aus.

Die gerichtlichen Zuständigkeiten nach dem neuen Recht sind in der Vorschrift über die Zuständigkeit der staatlichen Gerichte (§ 1062 ZPO-E) zusammenfassend aufgeführt.

Zu § 1027

Die Vorschrift sieht eine allgemeine Präklusion von Verfahrensrügen vor. Sie entspricht inhaltlich weitgehend Artikel 4 ModG.

Nach geltendem Recht liegen die Folgen verspäteten Vorbringens im Ermessen der Schiedsrichter, die bei der Entscheidung das Spannungsverhältnis zwischen den Grundsätzen des rechtlichen Gehörs und der Verfahrensbeschleunigung zu berücksichtigen haben. Diese Unsicherheit soll durch eine gesetzliche Bestimmung nach der Art, wie sie § 295 ZPO für das gerichtliche Verfahren enthält, beseitigt werden. Bei den Voraussetzungen, unter denen dem Grundsatz der Verfahrensbeschleunigung künftig auch in Schiedsverfahren Vorrang vor dem Anspruch auf jederzeitiges rechtliches Gehör zu geben ist, orientiert sich § 1027 ZPO-E teils an Artikel 4 ModG, teils an § 295 ZPO:

Zunächst tritt der Verlust des Rügerechts nur ein, soweit ein Verstoß gegen eine nicht zwingende gesetzliche Verfahrensvorschrift oder gegen ein von den Parteien zulässigerweise vereinbartes Erfordernis des schiedsrichterlichen Verfahrens in Frage steht. Diese Einschränkung, die sowohl Artikel 4 ModG als auch § 295 Abs. 2 ZPO enthalten, ist deshalb geboten, weil andernfalls über eine Präklusion des Rügerechts eine Verzichtbarkeit auch zwingender gesetzlicher Vorschriften erreicht würde.

Der Verlust des Rügerechts setzt ferner voraus, dass der Partei der Verfahrensverstoß bekannt war oder hätte bekannt sein müssen (Satz 2). Insofern ist die gleiche Wertung geboten wie im Rahmen des § 295 ZPO, wonach das „Kennenmüssen" für den Verlust des Rügerechts ausreicht; denn hierdurch werden zeitraubende Erörterungen über das Bekanntsein eines Verfahrensmangels, das bei verspätetem Vorbringen häufig bestritten werden dürfte, vermieden.

Schließlich muss der Verfahrensverstoß nach Kenntniserlangung oder dem Kennenmüssen unverzüglich oder innerhalb einer dafür (vom Schiedsgericht oder in der Schiedsvereinbarung) vorgesehenen Frist gerügt werden. Anders als in § 295 ZPO kann im Schiedsverfahren nicht auf die „nächste mündliche Verhandlung" abgestellt werden, weil in Schiedsverfahren vielfach keine mündlichen Verhandlungen stattfinden. Aber auch die Setzung einer Frist (ab Kenntnis oder Kennenmüssens des Mangels) kommt nicht in Betracht, weil in Schiedsverfahren hinsichtlich des (Wohn-)Sitzes der Parteien und ihrer Nähe zum Ort des Verfahrens zu unterschiedliche Konstellationen denkbar sind, als dass eine feste Frist dem Anliegen einer Vermeidung von Verfahrensverzögerungen für alle Fallgestaltungen gerecht werden könnte. Im Allgemeinen wird „unverzüglich" allerdings bedeuten, dass die Rüge entweder wie nach § 295 ZPO bei der nächsten mündlichen Verhandlung oder, wenn keine mündliche Verhandlung (mehr) festgesetzt ist, in einem sofortigen Schriftsatz vorzubringen ist.

Spezialgesetzliche Ausprägungen des Präklusionsgrundsatzes enthalten § 1031 Abs. 6 und § 1040 Abs. 2 ZPO-E. In beiden Fällen war aus unterschiedlichen Gründen eine Sonderregelung erforderlich. Bei der zuerst genannten Vorschrift handelt es sich um die ausnahmsweise Heilung der Verletzung einer zwingenden gesetzlichen Vorschrift. § 1040

Abs. 2 ZPO-E behandelt den Verlust der Rüge der Unzuständigkeit des Schiedsgerichts, betrifft also das gesamte Schiedsverfahren und nicht einen einzelnen Verfahrensverstoß.

Der Verlust des Rügerechts hat zur Folge, dass der Verfahrensverstoß als solcher auch im Aufhebungs- und Vollstreckbarerklärungsverfahren nicht mehr geltend gemacht werden kann.

Der Entwurf hat in Übereinstimmung mit dem Diskussionsentwurf davon abgesehen, über das Modellgesetz hinausgehend eine allgemeine Präklusionsvorschrift auch für die Fälle zu schaffen, in denen von einem im Gesetz vorgesehenen Rechtsbehelf gegen Entscheidungen des Schiedsgerichts kein oder nicht fristgerecht Gebrauch gemacht wird. Die Frage, ob dann die Entscheidung des Schiedsgerichts im Aufhebungs- und Vollstreckbarerklärungsverfahren noch angegriffen werden kann, gewinnt nur in den Fällen des § 1037 Abs. 3 (wenn das Schiedsgericht einem Ablehnungsantrag nicht stattgibt) und des § 1040 Abs. 3 ZPO-E (wenn das Schiedsgericht seine Zuständigkeit trotz einer Zuständigkeitsrüge bejaht) Bedeutung. Sie eignet sich daher für eine allgemeine Regelung nicht, sondern muss aus Sinn und Zweck der beiden genannten Bestimmungen entschieden werden (vgl. insoweit die Begründung zu § 1037 Abs. 3 und § 1040 Abs. 3 ZPO-E).

Zu § 1028

Die Vorschrift enthält eine an Artikel 3 ModG angelehnte Bestimmung über den Empfang schriftlicher Mitteilungen. Im Gegensatz zu Artikel 3 ModG und auch zu § 1028 des DiskE regelt sie allerdings nur den Fall des Zugangs bei unbekanntem Aufenthalt des Empfängers. Bei bekanntem Aufenthalt des Adressaten der Mitteilung laufen die genannten beiden Bestimmungen auf die Aussage hinaus, dass schriftliche Mitteilungen dann als empfangen gelten, wenn sie dem Adressaten zugehen. Dies aber ist selbstverständlich und bedarf somit weder einer Fiktion noch einer anderweit von § 130 BGB abweichenden Regelung. Regelungsbedürftig ist vielmehr nur der Fall, dass der Aufenthalt einer Partei oder einer für die Partei zur Entgegennahme einer schriftlichen Mitteilung berechtigten Person unbekannt ist.

Der Begriff „unbekannt" ist im objektiven Sinne zu verstehen. Unbekannt ist die Adresse oder der Aufenthalt des Empfängers dann, wenn dem Absender hierüber Informationen nicht vorliegen und nach zumutbaren Recherchen auch nicht zu erlangen sind. Für diese Fälle stellt der Entwurf in Übereinstimmung mit dem Modellgesetz auf einen hypothetischen Zugang ab: Sofern die Parteien nichts anderes vereinbart haben, ist der Zugang der Mitteilung an der letztbekannten Postanschrift oder Niederlassung oder dem letztbekannten gewöhnlichen Aufenthalt der Partei oder der zur Entgegennahme der Mitteilung berechtigten Person ausschlaggebend. Dieser Zugang ist allerdings nachzuweisen, wobei der Nachweis durch Einschreiben gegen Rückschein oder auf eine andere Weise, welche den Zugang dokumentiert, geführt werden kann. Gegebenenfalls gilt die Mitteilung am Tag des nachgewiesenen Zugangs an den genannten Orten als empfangen.

Diese Regelung verhindert, das eine Partei, die das Schiedsgericht und/oder die andere Partei über ihre Erreichbarkeit im Unklaren lässt, sich im späteren Verfahren darauf berufen kann, eine bestimmte Mitteilung nicht erhalten zu haben. Bei der Vorschrift des § 1028 ZPO-E handelt es sich also im weiteren Sinne um eine Ausprägung des Grundsatzes des venire contra factum proprium.

Der in Absatz 1 fingierte Empfangszeitpunkt hat in erster Linie Bedeutung für den Lauf der im Gesetz vorgesehenen Fristen. Anders als Artikel 2 Abs. 2 der UNCITRAL Arbitration Rules sieht der Entwurf in Übereinstimmung mit dem Modellgesetz keine Fristberechnung vor; hierfür sind vielmehr die §§ 187 ff. BGB maßgebend.

In Absatz 2 wird klargestellt, dass die Vorschriften des Absatzes 1 auf Mitteilungen in gerichtlichen Verfahren nicht anzuwenden sind. Insofern gilt insbesondere § 270 ZPO.

Zu § 1029

Die Vorschrift enthält eine Legaldefinition der „Schiedsvereinbarung". Von dem entsprechenden Artikel 7 Abs. 1 ModG unterscheidet sie sich lediglich durch die Widmung eines selbständigen Paragraphen und die von daher nahegelegte Unterteilung in zwei Absätze.

Während das geltende Recht durchgängig vom „Schiedsvertrag" spricht (vgl. § 1025 Abs. 2, §§ 1025a ff. ZPO) und in § 1025 Abs. 1 ZPO den Begriff der (Schieds-)Vereinbarung lediglich zur Legaldefinition des Schiedsvertrages verwendet, definiert § 1029 ZPO-E die „Schiedsvereinbarung". Auch im nachfolgenden Text des Entwurfs wird ausschließlich auf die „Schiedsvereinbarung" abgestellt, während der Begriff des Vertrages nur im Zusammenhang mit dem Hauptvertrag verwendet wird (vgl. § 1029 Abs. 2, § 1040 Abs. 1, § 1051 Abs. 4 ZPO-E). Eine konsequente terminologische Unterscheidung ist für das neue Recht aus Gründen der Rechtsklarheit geboten, während ein solches Bedürfnis für das geltende Recht nicht besteht, weil dieses an keiner Stelle vom Hauptvertrag spricht. Im übrigen enthält Absatz 1 keine Abweichungen vom geltenden Recht.

Die Schiedsvereinbarung muss sich auf alle oder einzelne Streitigkeiten aus einem bestimmten Rechtsverhältnis vertraglicher oder nichtvertraglicher Art beziehen. Sie kann ferner bereits entstandene Streitigkeiten („compromis") oder erst künftig entstehende Streitigkeiten („clause compromissoire") zum Gegenstand haben; auch das geltende deutsche Recht sieht – wie die meisten anderen Rechtsordnungen – Schiedsvereinbarungen sowohl über bereits entstandene als auch über erst künftig entstehende Streitigkeiten vor (vgl. § 1026 ZPO).

Nach Absatz 2 kann eine Schiedsvereinbarung sowohl in der Form einer selbständigen Vereinbarung (Schiedsabrede) als auch in der Form einer Klausel in einem Vertrag (Schiedsklausel) geschlossen werden, wobei die erste Variante bei Schiedsvereinbarungen über bereits entstandene, die zweite bei Schiedsvereinbarungen über künftig entstehende Rechtsstreitigkeiten die Regel ist. Dabei ist die Schiedsklausel in einem Hauptvertrag als selbständige, vom Schicksal des Hauptvertrages unabhängige Vereinbarung anzusehen (vgl. § 1040 Abs. 1 Satz 2 ZPO-E). Schiedsklauseln sind nach geltendem Recht angesichts der Formvorschrift des § 1027 Abs. 1 ZPO, wonach die Urkunde über die Schiedsvereinbarung keine anderen Vereinbarungen enthalten darf als solche, die sich auf das schiedsrichterliche Verfahren beziehen, nur unter Vollkaufleuten möglich (vgl. § 1027 Abs. 2 ZPO). Künftig soll das Erfordernis, dass die Schiedsvereinbarung in einer gesonderten Urkunde enthalten sein muss, für solche Personen gelten, die bei dem der Schiedsvereinbarung zugrundeliegenden Geschäft zu einem Zweck handeln, der nicht ihrer gewerblichen Tätigkeit zugeordnet werden kann. Der Personenkreis, der Schiedsvereinbarungen auch in der Form einer Schiedsklausel wirksam abschließen kann (gewerbsmäßig tätige Personen), ist damit gegenüber dem geltenden Recht (Vollkaufleute) leicht verändert.

§ 1029 ZPO-E enthält keine Vorschrift nach Art des § 1025 Abs. 2 ZPO („Überlegenheitsklausel"). Angesichts des in § 1042 Abs. 1 ZPO-E verankerten Gebots der Gleichbehandlung beider Parteien durch das Schiedsgericht kann ein nicht hinzunehmendes Übergewicht einer Partei über die andere Partei im schiedsrichterlichen Verfahren selbst nur bei der Zusammensetzung des Schiedsgerichts auftreten. Insofern aber erschien es angemessener, die in § 1025 Abs. 2 ZPO vorgesehene Rechtsfolge der Unwirksamkeit der Schiedsvereinbarung durch eine Regelung zu ersetzen, die eine ausgewogene Zusammensetzung des Schiedsgerichts sicherstellt (vgl. § 1034 Abs. 2 ZPO-E).

Der Abschluss der Schiedsvereinbarung als solcher kann unter der Prämisse einer Gleichbehandlung der Parteien sowohl bei der Zusammensetzung des Schiedsgerichts als auch bei der Durchführung des schiedsrichterlichen Verfahrens keine Benachteiligung einer Partei darstellen. Die in § 1025 Abs. 2 erste Alternative ZPO vorgesehene Rechtsfolge der Nichtigkeit des Schiedsvertrages für den Fall, dass eine Partei ihre wirtschaftliche und soziale Überlegenheit dazu ausgenutzt hat, die andere Partei zum Abschluss der Schiedsvereinbarung zu nötigen, erscheint angesichts der Tatsache, dass die Schiedsgerichtsbarkeit einen der staatlichen Gerichtsbarkeit grundsätzlich gleichwertigen Rechtsschutz bietet, zu weitgehend. Im Übrigen sind Verträge zwischen Parteien, von denen die eine der anderen wirtschaftlich oder sozial überlegen ist, in der Realität sehr häufig. Ebenso wenig wie sich aus dieser Tatsache als solcher die Nichtigkeit des Hauptvertrages herleiten lässt, kann dies allein für die Schiedsvereinbarung gelten.

Aus diesen Gründen sieht der Entwurf von einer Übernahme der ersten Alternative des § 1025 Abs. 2 ZPO in das neue Recht ersatzlos ab, während die zweite Alternative dieser Vorschrift in der in § 1034 Abs. 2 ZPO-E vorgesehenen Rechtsfolge gerichtlicher Sicherstellung einer ausgewogenen Zusammensetzung des Schiedsgerichts Ausdruck findet.

Im Zusammenhang mit § 1029 ZPO-E steht die Regelung des Artikels 2 Buchstabe e ModG, wonach Schiedsgerichtsregeln, auf welche sich die Parteien in einer Schiedsvereinbarung beziehen, zum Bestandteil der Schiedsvereinbarung werden, sofern die Bestimmungen des Gesetzes eine Parteivereinbarung zulassen. Von einer Übernahme dieser Bestimmung hat der Entwurf in Übereinstimmung mit dem Diskussionsentwurf abgesehen, weil die genannte Rechtsfolge als eine selbstverständliche Konsequenz der Parteimaxime anzusehen ist.

Zu § 1030

§ 1030 ZPO-E regelt die Schiedsfähigkeit von Rechtsstreitigkeiten. Das Modellgesetz spricht die Schiedsfähigkeit lediglich in Artikel 1 Abs. 5 an, und zwar (wie § 1030 Abs. 3 ZPO-E) in dem Sinne, dass einschränkende Regelungen über die Schiedsfähigkeit in „anderen Gesetzen" des rezipierenden Staates unberührt bleiben. Für seinen sachlichen Anwendungsbereich (internationale Handelsschiedsgerichtsbarkeit) geht das Modellgesetz also davon aus, dass sich die Schiedsgerichtsbarkeit einschränkende Regelungen nur aus anderen Gesetzen als dem das Modellgesetz rezipierenden Gesetz selbst, also dem 10. Buch der ZPO, ergeben können. Da der sachliche Anwendungsbereich des neuen 10. Buchs der ZPO jedoch nicht beschränkt sein soll, bedarf es hierin einer über die Vorschrift des § 1030 Abs. 3 ZPO-E hinausgehenden Aussage zur Schiedsfähigkeit.

Das geltende Recht knüpft die objektive Schiedsfähigkeit in § 1025 Abs. 1 ZPO generell, also auch für vermögensrechtliche Ansprüche, an das Kriterium der Vergleichsfähigkeit. Hieran hält der Entwurf nicht fest. Sieht man die Schiedsgerichtsbarkeit als eine der staatlichen Gerichtsbarkeit im Prinzip gleichwertige Rechtsschutzmöglichkeit an, liegt es nahe, sie nur insoweit auszuschließen, als der Staat sich im Interesse besonders schutzwürdiger Rechtsgüter ein Entscheidungsmonopol vorbehalten hat. Dieser Gesichtspunkt ist allerdings für eine Verankerung im Gesetz zu vage. Das Gesetz braucht ein klares Abgrenzungskriterium. Da man davon ausgehen kann, dass ein Interesse an ausschließlich staatlicher Rechtsprechung nach wie vor zwar für einen Großteil nichtvermögensrechtlicher Ansprüche, generell dagegen nicht für vermögensrechtliche Ansprüche besteht, liegt es nahe, die Schiedsfähigkeit nach dem Vorbild des Artikels 177 Abs. 1 schweiz. IPRG und entsprechend dem Vorschlag der Kommission zur Neuordnung des Schiedsverfahrensrechts prinzipiell für alle vermögensrechtlichen Ansprüche vorzusehen und das Kriterium der Vergleichsfähigkeit nur noch zur Abgrenzung der schiedsfähigen von den nichtschiedsfähigen nichtvermögensrechtlichen Streitigkeiten zu verwenden.

Nach Absatz 1 Satz 1 soll künftig grundsätzlich jeder vermögensrechtliche Anspruch Gegenstand einer Schiedsvereinbarung sein können. Dies bedeutet, dass Vorschriften über Verfügungs-, Vergleichs- oder Verzichtsverbote, wie sie etwa nach § 312 BGB oder im Handels- und Gesellschaftsrecht zB nach § 89b HGB, §§ 50, 302 Abs. 2 AktG und

§§ 9b und 43 GmbHG bestehen, künftig so zu interpretieren sind, dass eine Schiedsfähigkeit der zugrundeliegenden Ansprüche nicht ausgeschlossen ist. Auch soweit die fehlende Vergleichsfähigkeit aus einer ausschließlichen Zuständigkeit bestimmter staatlicher Gerichte hergeleitet wird, kann dies im neuen Recht nicht mehr als ein ausschlaggebendes Argument gegen die Schiedsfähigkeit der betreffenden Rechtsstreitigkeiten angesehen werden, zumal sich solche Zuständigkeitsnormen in der Regel nur auf die Zuständigkeit unter den staatlichen Gerichten innerhalb der ordentlichen Gerichtsbarkeit beziehen und folglich nichts darüber aussagen, ob der Rechtsstreit auch von einem Schiedsgericht entschieden werden kann (vgl. Karsten Schmidt, ZGR 1988, S. 523 ff.). Etwas anderes gilt dann, wenn der Gesetzgeber besondere Gerichte für bestimmte Streitigkeiten wie die Klagen auf Nichtigerklärung oder Zurücknahme von Patenten eingerichtet hat. Diese Verfahren betreffen Rechte, die kraft Verwaltungsakt erteilt worden sind und die deshalb nicht der Disposition der Beteiligten im Wege von Vereinbarungen unterliegen. Über diese Rechte ist deshalb durch richterliches Gestaltungsurteil, das nicht nur zwischen den Parteien, sondern gegenüber jedermann wirkt, zu entscheiden.

Auch die von der herrschenden Meinung zum geltenden Recht angenommene Schiedsunfähigkeit bestimmter gesellschaftsrechtlicher Anfechtungs- und Nichtigkeitsklagen wird sich künftig nicht mehr aus dem Kriterium der ausschließlichen Zuständigkeit der Landgerichte – etwa nach § 246 Abs. 3 Satz 1 AktG – herleiten lassen (vgl. BGH LM Nr. 1 zu § 199 AktG aF). Grundsätzlich bestehen keine Bedenken dagegen, dass ein Schiedsgericht Entscheidungen mit rechtsgestaltender Wirkung erlassen kann, wie an dem einfachen Beispiel einer Rechtsstreitigkeit über die Wirksamkeit einer Vertragskündigung deutlich wird. Fraglich bleibt jedoch, inwieweit ein Schiedsspruch Rechtsgestaltung mit Wirkung für und gegen Dritte bewirken, ein Schiedsspruch über eine aktienrechtliche Anfechtungsklage also beispielsweise für und gegen alle Aktionäre wirken kann. Diese Problematik soll durch die Aussage, dass jeder vermögensrechtliche Anspruch (grundsätzlich) schiedsfähig ist, nicht in bejahendem Sinne präjudiziert, sondern angesichts ihrer Vielschichtigkeit in tatsächlicher und rechtlicher Hinsicht weiterhin der Lösung durch die Rechtsprechung unter Berücksichtigung der konkreten Umstände des Einzelfalles überlassen bleiben.

Vermögensrechtliche Ansprüche müssen im Übrigen nicht notwendig privatrechtlicher Natur sein. Was das öffentliche Recht angeht, bleibt es bei dem Grundsatz, dass Schiedsgerichtsbarkeit insoweit möglich ist, als die Parteien über den Streitgegenstand einen öffentlich-rechtlichen Vertrag schließen können (wie etwa über die Höhe von Entschädigungsansprüchen). Gegebenenfalls sind die Vorschriften der §§ 1025 ff. ZPO auch zB in verwaltungsrechtlichen Verfahren entsprechend anwendbar (vgl. §§ 173, 168 Abs. 1 Nr. 5 VwGO). In diesem Zusammenhang ist zu beachten, dass der öffentlich-rechtliche Vertrag durch § 55 VwVfG erheblich aufgewertet wurde. Bemerkenswert ist auch, dass das Vermögensgesetz (BGBl. 1994 I S. 3610) und das Vermögenszuordnungsgesetz (BGBl. 1994 I S. 709) ungeachtet des öffentlich-rechtlichen Charakters der dort geregelten Ansprüche in begrenztem Umfang die Möglichkeit einer schiedsrichterlichen Entscheidung vorsehen (vgl. § 30 Abs. 2, § 38a VermG; § 14 VZOG).

Schließlich kommt Deutschland auch als Austragungsort für Schiedsverfahren zwischen ausländischen Staaten und Investoren in Betracht. Das Schiedsgericht hat dann, wie in der Schweiz (vgl. Artikel 177 Abs. 2 schweiz. IPRG), den Streitgegenstand als schiedsfähig zu betrachten und braucht sich mit dem diffizilen Einwand des ausländischen Staates, der Streitgegenstand sei in Wirklichkeit nicht schiedsfähig, obwohl seine Organpersonen den Schiedsvertrag unterschrieben hätten, nicht auseinanderzusetzen.

Nach Absatz 1 Satz 2 sollen nichtvermögensrechtliche Ansprüche insoweit schiedsfähig sein, als die Parteien berechtigt sind, über den Streitgegenstand einen Vergleich zu schließen. Dieses, dem geltenden Recht entnommene Kriterium erscheint für nichtvermögensrechtliche Ansprüche aussagekräftiger als die von der Reformkommission vorgeschlagene Regelung, wonach eine Schiedsvereinbarung über nichtvermögensrechtliche Ansprüche „nicht ausgeschlossen" sein sollte. Nicht schiedsfähig sind damit nach wie vor etwa Ehescheidungs- und sonstige der Parteidisposition entzogene Statusverfahren. Einer Parteivereinbarung zugänglich – und damit auch schiedsfähig – sind dagegen beispielsweise Streitigkeiten über eine Gegendarstellung nach dem Presserecht oder solche über einen Vereinsausschluss, da für solche Verfahren keinerlei Interesse an einem Entscheidungsmonopol der staatlichen Gerichte besteht.

In Absatz 2 wird die Regelung des § 1025a Satz 1 ZPO übernommen. Sie stellt keine Abweichung vom Modellgesetz dar, da Mietverhältnisse über Wohnraum vom Anwendungsbereich des Modellgesetzes nicht erfasst werden. Gesetzgeberischer Zweck des § 1025a ZPO ist es, Umgehungen der zum Schutz des Mieters geschaffenen ausschließlichen Gerichtsstandsregelung des § 29a ZPO durch Schiedsvereinbarungen zu verhindern. Liegt der Mittelpunkt der Lebensverhältnisse des Mieters im Ausland, obliegt eine solche Schutzbestimmung aber nicht dem deutschen Recht. Aus diesem Grunde grenzt der Entwurf die einschränkende Bestimmung des Absatzes 2 Satz 1 entsprechend dem Vorschlag der Reformkommission auf Wohnraum im Inland ein. Dagegen folgt der Entwurf der Auffassung der Kommission, dass für eine Vorschrift nach Art. des § 1025a Satz 2 ZPO kein Bedürfnis bestehe, nicht. Er behält diese Vorschrift insbesondere aus der Überlegung bei, dass die Schiedsgerichtsbarkeit unter dem Gesichtspunkt einer Entlastung der staatlichen Justiz nicht mehr als unbedingt notwendig eingeschränkt werden sollte.

Absatz 3 bestimmt in Übereinstimmung mit Artikel 1 Abs. 5 ModG, dass Vorschriften in anderen Gesetzen, welche die Schiedsgerichtsbarkeit einschränken, unberührt bleiben. Dies geschieht zB in § 1822 Nr. 12 BGB, § 133 Nr. 2 der Konkursordnung und § 28 des Börsengesetzes. Solche Einschränkungen der Schiedsfähigkeit widersprechen der Zielsetzung der Reform nicht und können daher aufrechterhalten bleiben. Etwas anderes gilt allerdings für das „Gesetz über die schiedsgerichtliche Erledigung privatrechtlicher Streitigkeiten des Reiches und der Länder" vom 10. Oktober 1933 (RGBl. I S. 722), wonach seitens des Bundes oder der Länder für privatrechtliche Streitigkeiten getroffene Schiedsvereinbarungen zu ihrer Wirksamkeit der Zustimmung des Bundesministeriums der Finanzen bedürfen. Diese Regelung, mit der der Staat sich als Partei eines Schiedsverfahrens quasi vor sich selbst schützt, erscheint angesichts der heute unbestrittenen Anerkennung der Schiedsgerichtsbarkeit als eine der staatlichen Gerichtsbarkeit äquivalente Rechtsschutzmöglichkeit nicht mehr zeitgemäß. Der Entwurf sieht daher entsprechend dem Vorschlag der Reformkommission die Aufhebung dieses Gesetzes vor (vgl. Artikel 2 § 1).

Ausdrücklichen Einschränkungen unterliegt die Schiedsgerichtsbarkeit gemäß § 91 Abs. 1 GWB auch bei Kartellstreitigkeiten. Der Entwurf geht davon aus, dass für diese Einschränkungen heute kein Bedürfnis mehr besteht. Er schlägt daher vor, § 91 GWB insgesamt zu streichen (vgl. im einzelnen die Begründung zu Artikel 2 § 19).

Hinsichtlich der eingeschränkten Schiedsgerichtsbarkeit bei arbeitsrechtlichen Streitigkeiten enthalten die §§ 101 bis 110 ArbGG eine abschließende Regelung, die an keiner Stelle auf das 10. Buch der ZPO Bezug nimmt und für welche dessen Vorschriften auch nicht entsprechend anwendbar sind. Eine Änderung der §§ 101 bis 110 ArbGG erschien nicht veranlasst.

Zu § 1031
Die Vorschrift regelt die Form, in der eine Schiedsvereinbarung geschlossen sein muss. In den Absätzen 1 und 3 wird die Formvorschrift des Artikels 7 Abs. 2 ModG – bis auf Artikel 7 Abs. 2 Satz 2 letzte Alternative ModG – übernommen. Die Absätze 2 und 4

enthalten zusätzliche Regelungen, die von der Reformkommission vorgeschlagen wurden. Absatz 5 beinhaltet eine Schutzvorschrift für Personen, die bei dem der Schiedsvereinbarung zugrundeliegenden Geschäft zu einem nicht gewerblichen Zweck handeln. Absatz 6 schließlich übernimmt die Regelung des Artikels 7 Abs. 2 Satz 2 letzte Alternative ModG als allgemeine Vorschrift, die sich insbesondere auch auf Absatz 5 bezieht.

Sind die Erfordernisse des § 1031 ZPO-E nicht erfüllt, ist die Schiedsvereinbarung immer ungültig. Dies ergibt sich aus § 1059 Abs. 2 Nr. 1 Buchstabe a ZPO-E, der ebenso wie Artikel 34 Abs. 2 Buchstabe a (i) ModG die Formvoraussetzungen von der Rechtswahlmaxime ausnimmt. Auch zu der vergleichbaren Vorschrift des Artikels V Abs. 1 Buchstabe a UNÜE 1958 ist anerkannt, dass im Falle einer Schiedsvereinbarung, welche die Formerfordernisse des Artikels II Abs. 2 dieses Übereinkommens nicht erfüllt, dem Schiedsspruch die Anerkennung zu versagen ist, gleich welchem Recht die Parteien die Schiedsvereinbarung unterstellt haben (vgl. Hußlein-Stich, Das UNCITRAL-Modellgesetz über die internationale Handelsschiedsgerichtsbarkeit, S. 179).

Nach Absatz 1 Satz 1 muss die Schiedsvereinbarung in einer Form erfolgen, die einen schriftlichen Nachweis der Vereinbarung ermöglicht. Im Einzelnen bedeutet die in den nachfolgenden Vorschriften vorgesehene Neuregelung des Formerfordernisses eine erhebliche Erleichterung gegenüber § 1027 Abs. 1 Satz 1 ZPO. Eine dem § 1027 Abs. 2 ZPO entsprechende Regelung, wonach Vollkaufleute im Sinne des deutschen Rechts Schiedsvereinbarungen auch mündlich abschließen können, sieht der Entwurf dagegen nicht vor. Maßgebend hierfür war die Überlegung, dass ein echtes Bedürfnis für die Gültigkeit mündlicher Schiedsvereinbarungen nicht besteht. Hinzu kommt, dass auch Artikel II Abs. 2 UNÜE 1958 mündlichen Schiedsvereinbarungen die Wirksamkeit versagt. Eine § 1027 Abs. 2 ZPO vergleichbare Regelung wäre im Übrigen für internationale Schiedsfälle kaum praktikabel, weil ausländischen Rechtsordnungen ein dem „Handelsgeschäft" (vgl. §§ 343, 344 HGB) vergleichbarer Begriff als Anknüpfungspunkt für Sonderregelungen fremd ist.

Nach Absatz 1 Satz 2 erste Alternative ist das Formerfordernis des Satzes 1 zunächst dann erfüllt, wenn die Schiedsvereinbarung in einem von den Parteien unterzeichneten Schriftstück enthalten ist. Dabei ist vorbehaltlich des Absatzes 5 nicht mehr erforderlich, dass das Schriftstück keine anderen Vereinbarungen als solche enthält, die sich auf das schiedsrichterliche Verfahren beziehen; dies ergibt sich bereits aus § 1029 Abs. 2 ZPO-E. Darüber hinaus ist nach Absatz 1 Satz 2 zweite Alternative die Form auch dann erfüllt, wenn die Schiedsvereinbarung in zwischen den Parteien gewechselten Schreiben, Fernkopien oder Telegrammen oder ähnlichen Formen der Nachrichtenübermittlung, die einen Nachweis der Vereinbarung erlauben, enthalten ist. Der in dem entsprechenden Artikel 7 Abs. 2 Satz 2 ModG gegenüber Artikel II Abs. 2 UNÜE 1958 (wo lediglich von zwischen den Parteien gewechselten „Briefen oder Telegrammen" die Rede ist) erweiterte und nur beispielhaft zu verstehende Katalog trägt den in den vergangenen Jahrzehnten weiterentwickelten Formen der Kommunikationstechnik Rechnung und hat Eingang in alle neueren Reformgesetzgebungen gefunden (vgl. zB Artikel 1021 Satz 1 niederl. ZPO; Artikel 178 schweiz. IPRG und § 577 österr. ZPO). Schon von daher erschien die Übernahme des Artikels 7 Abs. 2 Satz 2 ModG auch in das deutsche Recht geboten.

Absatz 2 übernimmt einen Vorschlag der Reformkommission, mit dem das Formerfordernis über die vom UNÜE 1958 und dem Modellgesetz vorgesehenen Möglichkeiten hinaus erleichtert wird. Nach dieser Vorschrift gilt die Form des Absatzes 1 auch dann als erfüllt, wenn das Schweigen der Gegenpartei nach der Verkehrssitte als Zustimmung zu dem schriftlichen Abschlussangebot der anderen Partei anzusehen ist. Gedacht ist in diesem Zusammenhang insbesondere an das Schweigen auf ein kaufmännisches Bestätigungsschreiben, dem nach deutschem Recht und dem Recht anderer Länder (zB Frankreich, Belgien, Luxemburg, Niederlande) rechtsgeschäftliche Bedeutung im Sinne der

Annahme des Vertragsangebots beigemessen wird. Die Vorschrift findet im Kern eine Parallele in Artikel 17 EuGVÜ, wonach eine Gerichtsstandsvereinbarung ua dann zustande kommt, wenn sie in einer Form geschlossen wird, die „einem Handelsbrauch entspricht, den die Parteien kannten oder kennen mussten ...".

Gemäß Absatz 3 soll eine Schiedsvereinbarung künftig auch durch die vertragliche Bezugnahme auf ein Schriftstück, das seinerseits eine Schiedsklausel enthält, wirksam begründet werden können, sofern der Vertrag den Formerfordernissen der Absätze 1 oder 2 entspricht. Mit dieser Vorschrift wird der im Handelsverkehr verbreiteten Gepflogenheit Rechnung getragen, in Verträgen – insbesondere bei ständigen Vertragsbeziehungen – auf Allgemeine Geschäftsbedingungen Bezug zu nehmen. Die Vorschrift entspricht Artikel 7 Abs. 2 Satz 3 ModG und bezieht die Fälle des Absatzes 2 mit ein. Zu einem Bestandteil des Vertrages wird die Schiedsvereinbarung allerdings nur, wenn die Vorschriften des AGB-Gesetzes beachtet sind; insbesondere darf die Schiedsvereinbarung den Vertragspartner des Verwenders der Allgemeinen Geschäftsbedingungen nicht „unangemessen benachteiligen" (vgl. § 9 AGB-Gesetz).

Das UNÜE 1958 enthält eine Vorschrift nach Art des Artikels 7 Abs. 2 Satz 3 ModG nicht, was zu Unklarheiten und unterschiedlichen Entscheidungen bezüglich der Frage geführt hat, ob eine in Allgemeinen Geschäftsbedingungen enthaltene Schiedsklausel dem Formerfordernis des Artikels II Abs. 2 UNÜE genügt (vgl. Schütze/Tscherning/Wais, Handbuch des Schiedsverfahrens, 2. Aufl., Rn. 566). Die Bestimmung entspricht im übrigen der Rechtsprechung des Europäischen Gerichtshofs zum Formerfordernis nach Artikel 17 Abs. 1 Satz 2 erste Alternative EuGVÜ für die Vereinbarung einer Gerichtsstandsklausel (Urteil des EuGH vom 14. Dezember 1976, RIW/AWD 1977, S. 104).

Absatz 4 trifft eine Sonderregelung für die in der seerechtlichen Praxis besonders bedeutsamen Konnossemente. Das Konnossement enthält als ein im Rahmen des Seefrachtvertrages vom Verfrachter ausgestelltes Wertpapier eine Empfangsbescheinigung über die zur Beförderung übernommenen Güter und begründet – bei Begebung – einen selbstständigen schuldrechtlichen Auslieferungsanspruch des legitimierten Inhabers dieses Papiers, der nicht notwendig mit dem nach dem Frachtvertrag bestimmten Empfänger identisch sein muss. In Konnossementen wird üblicherweise nur allgemein auf die Bedingungen des Chartervertrages (zwischen dem Verfrachter und dem Befrachter; vgl. § 557 HGB) Bezug genommen, der üblicherweise auch eine Schiedsklausel enthält.

Auch im künftigen Recht soll die Möglichkeit bestehen, dass der Verfrachter mit der Begebung eines Konnossements an einen Dritten eine Schiedsvereinbarung schließt, ohne dass diese im Konnossement aufgeführt ist. Voraussetzung ist jedoch, dass das Konnossement zumindest eine Inkorporationsklausel enthält, in der ausdrücklich auf die im Chartervertrag enthaltene Schiedsklausel Bezug genommen wird. Eine allgemeine Verweisung auf die Bedingungen des Chartervertrages im Konnossement genügt dagegen den Formerfordernissen der Absätze 1 und 2 nicht. Aus diesem Grunde wird die in Absatz 4 getroffene Regelung auch nicht von derjenigen des Absatzes 3 erfasst.

Absatz 5 enthält als Ausnahme von den Formvorschriften der Absätze 1 bis 4 eine Schutzvorschrift für Personen, die bei dem der Schiedsvereinbarung zugrundeliegenden Geschäft zu einem nicht gewerblichen Zweck handeln. Ein angemessener Schutz solcher Personen erfordert eine Vorschrift, die wie § 1027 Abs. 1 ZPO verlangt, dass die Schiedsvereinbarung in einer von den Parteien eigenhändig unterzeichneten Urkunde enthalten ist (Satz 1) und diese Urkunde andere Vereinbarungen als solche, die sich auf das schiedsrichterliche Verfahren beziehen, nicht beinhalten darf (Satz 2 erster Halbsatz). Nur hierdurch wird dem betreffenden Personenkreis in der notwendigen Deutlichkeit vor Augen geführt, dass er auf die Entscheidung eines evtl. Rechtsstreits durch die staatlichen Gerichte verzichtet. Mit dem Abstellen auf ein nicht gewerbsmäßiges Handeln wird der durch Absatz 5 geschützte Personenkreis möglichst eng an den von § 1027 Abs. 1 ZPO erfassten Personenkreis angelehnt, ohne auf das unscharfe und vor allem im internationalen Rahmen nicht vertraute Kriterium des Handelsgeschäfts zurückgreifen zu müssen. Auch in der parallel laufenden Reform des Handelsrechts wird diesem Kriterium die entscheidende Bedeutung für die Anwendung handelsrechtlicher Vorschriften beigemessen.

Durch Satz 2 zweiter Halbsatz erfährt das Erfordernis einer besonderen Urkunde für den Fall der notariellen Beurkundung eine Ausnahme. Nach § 17 Abs. 1 des Beurkundungsgesetzes hat der Notar die Beteiligten über die rechtliche Tragweite des Geschäfts zu belehren. Die Belehrungspflicht umfasst alle wesentlichen Punkte, wozu auch eine Schiedsvereinbarung gehört. Angesichts dieser Belehrungspflicht, von deren Erfüllung auszugehen ist, bedarf es des Erfordernisses einer besonderen Urkunde bei notarieller Beurkundung nicht, da die Belehrung des Notars den Parteien die Tatsache des Abschlusses einer Schiedsvereinbarung und deren Tragweite deutlich macht. Vielmehr reicht es in diesen Fällen aus, wenn der in ein notarielles Protokoll aufgenommene Hauptvertrag, der eine Schiedsklausel enthält, von den Vertragsschließenden unterzeichnet ist.

Absatz 6 entspricht § 1027 Abs. 1 Satz 2 ZPO und stimmt inhaltlich im wesentlichen auch mit Artikel 7 Abs. 2 Satz 2 ModG überein. Die Vorschrift hat den Sinn, möglichst frühzeitig evtl. Unklarheiten über die Formgültigkeit einer Schiedsvereinbarung auszuschließen. Im Übrigen wird der Schutz des Beklagten gegenüber dem geltenden Recht dadurch verbessert, dass in der Klageschrift auf die Schiedsvereinbarung hingewiesen werden muss (vgl. § 1044 Satz 2 ZPO-E).

Zu § 1032

Nach Absatz 1 Satz 1 ist die vor einem staatlichen Gericht erhobene Klage als unzulässig abzuweisen, wenn sie eine Angelegenheit betrifft, die Gegenstand einer Schiedsvereinbarung ist. Nur wenn das Gericht zu der Feststellung gelangt, dass die Schiedsvereinbarung ungültig oder undurchführbar ist, setzt es den Rechtsstreit fort. Dies entspricht dem geltenden Recht (vgl. § 1027a ZPO). Das Modellgesetz bestimmt dagegen in Artikel 8 Abs. 1 lediglich, dass das staatliche Gericht in diesem Fall die Parteien auf das schiedsgerichtliche Verfahren „zu verweisen" hat, lässt also die Art und Weise, wie dies geschehen soll, offen.

Der Entwurf zieht die Lösung des geltenden Rechts einer Verweisung (in entsprechender Anwendung des § 281 ZPO) oder einer Aussetzung des Verfahrens (in entsprechender Anwendung des § 148 ZPO) vor. Die Abweisung der Klage als unzulässig schafft klare Verhältnisse. Sie setzt voraus, dass das Gericht die Gültigkeit und die Durchführbarkeit der Schiedsvereinbarung prüft und bejaht. Diese Problematik sollte möglichst frühzeitig, dh bei dem zuerst angegangenen Gericht, geklärt werden. Im Übrigen spricht gegen eine Verweisung des Rechtsstreits an das Schiedsgericht, dass dieses vielfach noch nicht konstituiert sein wird. Eine Aussetzung des Verfahrens begegnet deshalb Bedenken, weil das staatliche Gericht oft über lange Zeit mit dem Verfahren befasst bleibt, obwohl ungewiss ist, ob und inwieweit das Verfahren vor Verfahren vor dem staatlichen Gericht später, zB als Vollstreckbarerklärungsverfahren, wieder aufgenommen werden kann.

Die Rüge der Unzuständigkeit des staatlichen Gerichts ist vor Beginn der mündlichen Verhandlung vorzubringen, dh vor Einlassung zur Sache in der mündlichen Verhandlung. Dies entspricht im Ergebnis der Regelung des § 39 ZPO.

Eine Vorschrift nach Art des Absatzes 2, wonach bis zur Konstituierung des Schiedsgerichts vor dem staatlichen Gericht Antrag auf Feststellung der Zulässigkeit oder Unzulässigkeit eines schiedsrichterlichen Verfahrens gestellt werden kann, findet sich im Modellgesetz nicht. Die nach § 1046 ZPO bestehende Möglichkeit, vor dem staatlichen Gericht Klage auf Feststellung der Unzulässigkeit des schiedsrichterlichen Verfahrens zu erheben, soll jedoch aus verfahrensökonomischen Gründen (als Antragsverfahren) beibehalten und entsprechend dem Vorschlag der Reformkommission ausdrücklich auf den positiven Feststellungsantrag, der nach der Rechtsprechung zum geltenden Recht ebenfalls zulässig ist (vgl. RGZ 23, S. 426), ausgedehnt werden. Aus der zeitlichen Grenze für den Antrag folgt, dass ein negativer Feststellungsantrag nur die Unzulässigkeit des schiedsrichterlichen Verfahrens im Ganzen betreffen kann, während die Unzulässigkeit einzelner Verfahrenshandlungen im Rahmen des Aufhebungsverfahrens (vgl. § 1059 Abs. 2 Nr. 1 Buchstabe d ZPO-E) oder als Aufhebungsgrund im Vollstreckbarerklärungsverfahren geltend zu machen ist. Nach der Bildung des Schiedsgerichts kann die Rüge der Unzuständigkeit des Schiedsgerichts oder die Rüge der Überschreitung der schiedsrichterlichen Befugnisse nach § 1040 Abs. 2 ZPO-E nur vor dem Schiedsgericht geltend gemacht werden.

Absatz 3 entspricht Artikel 8 Abs. 2 ModG und dehnt diese Vorschrift auf die Verfahren nach Absatz 2 aus. Bereits nach geltendem Recht kann ein Schiedsverfahren, das im Zeitpunkt der Klageerhebung vor dem staatlichen Gericht schon begonnen hatte, fortgesetzt werden (vgl. § 1037 ZPO). Auch die Einleitung eines Schiedsverfahrens lässt sich nach herrschender Meinung durch Verfahrensrügen nicht verhindern (vgl. § 1037 ZPO). Auch die Einleitung eines Schiedsverfahrens lässt sich nach herrschender Meinung durch Verfahrensrügen nicht verhindern (vgl. Schwab/Walter, Schiedsgerichtsbarkeit, 5. Aufl., Kap. 15, Rn. 28 mit weit. Nachw.). Wenn ein staatliches Gericht nicht von Amts wegen zur Beachtung der Schiedshängigkeit verpflichtet ist, kann eine entsprechende Bindung auch für das Schiedsgericht nicht bestehen. Die Gefahr von Parallelverfahren und -entscheidungen ist im Hinblick auf die Einredemöglichkeiten in beiden Verfahren (vgl. Absatz 1 für das gerichtliche und § 1040 Abs. 2 ZPO-E für das schiedsgerichtliche Verfahren) gering, da das Schiedsgericht im Falle einer gerichtlichen Klage in aller Regel sein Verfahren aussetzen wird. Die Möglichkeit, im Einzelfall anders zu verfahren, dient jedoch dem vorrangigen Zweck, Verschleppungstaktiken zu verhindern. Von daher bewirkt die Vorschrift des Absatzes 3 tendenziell auch eine Entlastung der staatlichen Justiz, da die Parteien durch eine Klage vor Gericht den Beginn oder den Fortgang des Schiedsverfahrens nicht verhindern können.

Zu § 1033

Die Vorschrift entspricht Artikel 9 ModG. Mit ihr wird die negative Wirkung einer Schiedsvereinbarung für die Zuständigkeit des staatlichen Gerichts gemäß § 1032 Abs. 1 ZPO-E bezüglich des einstweiligen Rechtsschutzes eingeschränkt. Dass das staatliche Gericht in Angelegenheiten, für die eine schiedsrichterliche Streiterledigung vereinbart ist, auf Antrag einer Partei eine einstweilige (vorläufige oder sichernde) Maßnahme anordnen kann, ist zwar auch im geltenden Recht nicht zweifelhaft. Dennoch erscheint es geboten, diese Möglichkeit für das künftige Recht ausdrücklich klarzustellen. Denn das Fehlen einer dem Artikel 9 ModG entsprechenden Vorschrift könnte im Zusammenhang mit der Vorschrift des § 1041 ZPO-E, wonach einstweiliger Rechtsschutz künftig auch beim Schiedsgericht selbst beantragt werden kann, insbesondere aus ausländischer Sicht zu dem Fehlschluss verleiten, das eine originäre Zuständigkeit des staatlichen Gerichts für solche Maßnahmen daneben nicht (mehr) besteht.

Die originäre Zuständigkeit der staatlichen Gerichte für Maßnahmen des einstweiligen Rechtsschutzes – für welche im einzelnen die Vorschriften der ZPO maßgebend sind – soll neben der in § 1041 ZPO-E vorgesehenen originären Zuständigkeit des Schiedsgerichts zur Anordnung solcher Maßnahmen prinzipiell keinen Einschränkungen unterliegen. Eine generelle Subsidiarität des staatlichen gegenüber dem schiedsgerichtlichen Rechtsschutz empfiehlt sich aus mehreren Gründen nicht. Zum einen besteht für den einstweiligen Rechtsschutz durch die staatlichen Gerichte – etwa zu Zwecken der Beweissicherung – häufig gerade in der Phase vor der Konstituierung des Schiedsgerichts ein

Bedürfnis. Zum anderen ist zu bedenken, dass die Voraussetzungen, unter denen einstweiliger Rechtsschutz durch das staatliche Gericht einerseits und das Schiedsgericht andererseits erlangt werden kann, unterschiedlich sind. Während das Schiedsgericht nach § 1041 ZPO-E auf Antrag einer Partei einstweilige Maßnahmen anordnen kann, aber nicht muss, hat das staatliche Gericht solche Maßnahmen zu erlassen, sofern die gesetzlichen Voraussetzungen hierfür vorliegen. Ferner bedürfen einstweilige Maßnahmen des Schiedsgerichts einer Vollziehbarerklärung durch das staatliche Gericht, während einstweilige Maßnahmen des staatlichen Gerichts aus sich heraus vollziehbar sind. Im Einzelfall kann daher das direkte Verfahren vor dem staatlichen Gericht schneller zum Ziel führen als der Weg über das Schiedsgericht. Schließlich könnte eine Subsidiaritätsklausel Streitigkeiten über das Vorliegen ihrer Voraussetzungen provozieren und damit den auf Schnelligkeit angewiesenen einstweiligen Rechtsschutz beeinträchtigen.

Aus diesen Gründen soll der einstweilige Rechtsschutz durch die staatlichen Gerichte in vollem Umfang neben der in § 1041 ZPO-E vorgesehenen Neuregelung aufrechterhalten bleiben. Doppelte Entscheidungen werden durch das immer zu beachtende Erfordernis des Rechtsschutzbedürfnisses sowie durch die in § 1041 Abs. 2 Satz 1 ZPO-E für die Vollziehbarerklärung einstweiliger Maßnahmen des Schiedsgerichts gemachte Einschränkung verhindert.

Zu § 1034

Absatz 1 bestimmt, dass das Schiedsgericht bei Fehlen einer anderweitigen Vereinbarung der Parteien aus drei Schiedsrichtern besteht. Die Parteimaxime steht also wie im geltenden Recht an erster Stelle. Die Parteien können mithin einen, zwei, drei oder mehr Schiedsrichter bestellen. Zum gesetzlichen Regelfall wird in Abkehr von § 1028 ZPO, der von einem Zweierschiedsgericht ausgeht, das Dreierschiedsgericht bestimmt. Die Regelung entspricht Artikel 10 ModG. In der Praxis ist das Dreierschiedsgericht zwar vor allem in Verfahren der internationalen Handelsschiedsgerichtsbarkeit die häufigste Besetzung. Aber auch in nationalen Verfahren dürfte das Dreierschiedsgericht den Interessen der Parteien regelmäßig eher entsprechen als das Zweierschiedsgericht, zumal es bei der Abstimmung über den Schiedsspruch den Fall der Stimmengleichheit vermeidet.

Absatz 2 findet weder im Modellgesetz noch im geltenden Recht ein Vorbild. Satz 1 greift den in der „Überlegenheitsklausel" des § 1025 Abs. 2 ZPO enthaltenen Rechtsgedanken in dem Teilaspekt der Zusammensetzung des Schiedsgerichts auf. Gibt die Schiedsvereinbarung einer Partei ein Übergewicht bei der Zusammensetzung des Schiedsgerichts – etwa in der Weise, dass eine Partei auf die Ernennung des Einzelschiedsrichters oder des dritten Schiedsrichters größeren Einfluss als die andere Partei hat –, gewährleistet er eine Bestellung des Schiedsrichters oder der Schiedsrichter durch das staatliche Gericht, das hierbei den Grundsatz der Unparteilichkeit und Unabhängigkeit aller Schiedsrichter von Amts wegen zu beachten hat (vgl. § 1035 Abs. 5 ZPO-E). Diese Regelung, die Artikel 1028 niederl. ZPO entlehnt ist, wird den Interessen der Parteien besser gerecht als die ua für diesen Fall in § 1025 Abs. 2 ZPO vorgesehene Rechtsfolge der Unwirksamkeit des Schiedsvertrags. (Zur Nichtübernahme des § 1025 Abs. 2 ZPO in das neue Recht allgemein vgl. die Begründung zu § 1029 ZPO-E.)

Nach Absatz 2 Satz 2 ist der Antrag auf gerichtliche Bestellung spätestens bis zum Ablauf von zwei Wochen nach Bekanntwerden der Zusammensetzung des Schiedsgerichts zu stellen. Dies entspricht der Frist für die Ablehnung eines Schiedsrichters nach § 1037 Abs. 2 ZPO-E. Satz 3 sieht eine entsprechende Anwendung des § 1032 Abs. 3 ZPO-E vor. Die damit gegebene Möglichkeit der Fortsetzung des Verfahrens vor dem Schiedsgericht soll Verschleppungstaktiken vorbeugen.

Zu § 1035

§ 1035 ZPO-E regelt das Verfahren der Schiedsrichterbestellung. Er übernimmt im Wesentlichen die diesbezüglichen Vorschriften des Artikels 11 ModG bis auf dessen Absatz 1. Ferner ergänzt er das Modellgesetz um die Aussage des § 1030 ZPO.

Von einer Übernahme des Artikels 11 Abs. 1 ModG, wonach vorbehaltlich einer anderweitigen Vereinbarung der Parteien niemand wegen seiner Staatsangehörigkeit vom Schiedsrichteramt ausgeschlossen werden darf, sieht der Entwurf dem Vorschlag der Reformkommission folgend ab. Für das deutsche Recht ist dies selbstverständlich. Die Vorschrift versteht sich ebenso wie Artikel III EuÜE 1961 in erster Linie als Absage an die Praxis lateinamerikanischer Staaten sowie der früheren Ostblockstaaten, nach der nur Angehörige bestimmter Staaten zu Schiedsrichtern bestellt werden konnten. In den früheren Ostblockländern ist diese Praxis nur wenige Jahre nach Verabschiedung des Modellgesetzes weitgehend aufgegeben worden. Aus diesen Gründen erschien es nicht sinnvoll, die Staatsangehörigkeit im Gegensatz zu anderen Eigenschaften wie etwa dem Geschlecht oder der Religionszugehörigkeit, die für die Ausübung des Schiedsrichteramtes ebenso wenig eine Rolle spielen sollten, im Gesetz besonders hervorzuheben. Hinzu kommt, dass diese Eigenschaften genau genommen nicht das Bestellungsverfahren, sondern die Befähigung zum Schiedsrichteramt betreffen.

Absatz 1 bestimmt, dass die Parteien das Bestellungsverfahren selbst regeln können. Von Artikel 11 Abs. 2 ModG weicht diese Vorschrift insofern ab, als sie die Parteiautonomie nicht unter den Vorbehalt der in den Absätzen 4 und 5 getroffenen Regelungen (die Artikel 11 Abs. 4 und 5 ModG entsprechen) stellt. Die in Absatz 4 vorgesehene Bestellung des oder der Schiedsrichter durch das staatliche Gericht wird dort selbst unter den Vorbehalt gestellt, dass das vereinbarte Bestellungsverfahren zur Sicherung der Bestellung nichts anderes vorsieht; von daher hat die in Artikel 11 Abs. 2 ModG normierte Einschränkung der Parteimaxime im Hinblick auf Absatz 4 keine praktische Bedeutung. In Absatz 5 sind die Grundsätze aufgeführt, die bei der Bestellung eines Schiedsrichters seitens des staatlichen Gerichts zu beachten sind; diese Grundsätze aber unterliegen der Parteidisposition ohnehin nicht, so dass dies in Absatz 1 nicht ausdrücklich hervorgehoben werden muss.

Absatz 2, wonach eine Partei an die durch sie erfolgte Bestellung eines Schiedsrichters gebunden ist, sobald der anderen Partei diese Bestellung mitgeteilt wurde, entspricht § 1030 ZPO. Das Modellgesetz kennt eine vergleichbare Regelung nicht. Maßgebend für die entsprechend dem Vorschlag der Reformkommission erfolgte Übernahme des § 1030 ZPO auch in das neue Recht war die Überlegung, dass diese Bestimmung Verfahrensverzögerungen verhindert und den Zeitpunkt der endgültigen Bestellung des Schiedsrichters, falls keine Ablehnung seitens der anderen Partei erfolgt, konkretisiert. Im Hinblick darauf, dass der Entwurf entsprechend dem Modellgesetz den Vorrang der Parteiautonomie durchweg ausdrücklich normiert, erschien dies allerdings auch für die Regelung des Absatzes 2 geboten.

Absatz 3 legt das Bestellungsverfahren für den Fall fest, dass keine diesbezüglichen Parteivereinbarungen vorliegen. Haben die Parteien die Entscheidung durch einen Einzelschiedsrichter vorgesehen, ist dieser, wenn die Parteien sich über seine Bestellung nicht einigen können, vom Gericht zu bestellen. Für den gesetzlichen Regelfall des Dreierschiedsgerichts haben die Parteien je einen Schiedsrichter zu bestellen (wobei in diesem Zusammenhang die Rechtsfolge des Absatzes 2 zu beachten ist). Diese beiden von den Parteien bestellten Schiedsrichter bestellen sodann den dritten Schiedsrichter, der als Vorsitzender des Schiedsgerichts tätig wird. Kommt eine Partei ihrer Bestellungspflicht nicht binnen eines Monats nach Empfang einer diesbezüglichen Aufforderung durch die andere Partei nach oder können sich die von den Parteien bestellten Schiedsrichter nicht binnen eines Monats auf den dritten Schiedsrichter einigen, ist dieser auf

Antrag einer Partei durch das Gericht zu bestellen. Dabei ist davon auszugehen, dass das Recht der beklagten Partei, einen Schiedsrichter zu benennen, ungeachtet der Einmonatsfrist erst dann endet, wenn die andere Partei einen Antrag auf Ersatzbenennung gestellt hat.

Absatz 3 stimmt mit Artikel 11 Abs. 3 ModG bis auf den Umstand überein, dass er nicht auf Tagesfristen, sondern entsprechend dem durchgängigen Sprachgebrauch der ZPO auf Wochen- oder Monatsfristen abstellt. Das vorgesehene Verfahren entspricht im wesentlichen den in internationalen Übereinkommen und Verfahrensordnungen getroffenen Regelungen (vgl. Artikel IV EuÜE 1961; Artikel 6 und 7 UNCITRAL Arbitration Rules). Dies gilt auch hinsichtlich der Einmonatsfrist für die Bestellung des Schiedsrichters durch den Beklagten sowie die Einigung der Parteien auf den vorsitzenden Schiedsrichter. § 1029 Abs. 1 ZPO sieht zwar für den ersten Fall nur eine einwöchige Frist vor. Eine so kurze Frist wäre aber jedenfalls in internationalen Verfahren nicht angemessen. Wenngleich die Einmonatsfrist andererseits für nationale Verfahren relativ lang erscheint, soll sie im Interesse einer einheitlichen Regelung für alle Verfahren übernommen werden, zumal den Parteien die Möglichkeit bleibt, die Fristen durch Vereinbarung abzukürzen.

Absatz 4 regelt den Fall, dass ein von den Parteien vereinbartes Bestellungsverfahren nicht reibungslos abläuft und die Parteien zur Sicherung der Bestellung keine besonderen Vereinbarungen getroffen haben. Jede Partei kann dann bei Gericht die erforderlichen Maßnahmen beantragen.

Absatz 5 entspricht Artikel 11 Abs. 5 Satz 2 ModG und legt die Grundsätze fest, die bei der gerichtlichen Bestellung eines Schiedsrichters zu beachten sind. Den in Artikel 11 Abs. 5 Satz 1 ModG bestimmten Ausschluss von Rechtsmitteln gegen die Entscheidungen des staatlichen Gerichts im Rahmen des Bestellungsverfahrens regelt der Entwurf in § 1065 Abs. 1 ZPO-E zusammenfassend für alle Fälle, in denen der Entwurf in Anlehnung an das Modellgesetz den Ausschluss von Rechtsmitteln vorsieht.

Zu § 1036

Mit § 1036 ZPO-E wird Artikel 12 ModG bis auf eine redaktionelle Änderung der Eingangsformel wörtlich übernommen. Gegenüber dem geltenden Recht beinhaltet er sachlich keine Änderung.

Absatz 1 betrifft die Offenbarungspflicht des Schiedsrichters bezüglich solcher Umstände, die Zweifel an seiner Unparteilichkeit oder Unabhängigkeit begründen. Wenngleich man eine solche Offenbarungspflicht auch dann annehmen muss, wenn sie – wie im geltenden Recht – nicht ausdrücklich normiert ist, erscheint die Übernahme des Artikels 12 Abs. 1 ModG in das deutsche Recht geboten. Seine Bedeutung zeigt sich auch darin, dass sowohl die UNCITRAL Arbitration Rules (Artikel 1034) die Offenbarungspflicht in einem eigenständigen Artikel regeln. Eine Nichtübernahme des Artikels 12 Abs. 1 ModG in das neue Recht könnte daher als Distanzierung vom Inhalt dieser Vorschrift missverstanden werden.

Absatz 2 Satz 1 nennt die Voraussetzungen, unter denen ein Schiedsrichter abgelehnt werden kann. Entsprechend Artikel 12 Abs. 2 ModG stellt die Vorschrift nur auf die Kriterien der Unparteilichkeit und Unabhängigkeit sowie darauf ab, dass der Schiedsrichter die zwischen den Parteien vereinbarten Voraussetzungen nicht erfüllt. Demgegenüber nimmt § 1032 Abs. 1 ZPO auf die Gründe Bezug, unter denen der Richter eines staatlichen Gerichts abgelehnt werden kann (§§ 41, 42 ZPO). Das geltende Recht läuft jedoch letztlich auf dasselbe hinaus wie die Orientierung der Ablehnung an den Kriterien der Unparteilichkeit und Unabhängigkeit; denn die Tatbestände des § 41 ZPO begründen in jedem Fall „Zweifel" an der Unvoreingenommenheit des Schiedsrichters. Die Übernahme der Generalklausel des Modellgesetzes erschien deshalb naheliegend, weil hierdurch eine vor allem für ausländische Benutzer nur schwer nachvollziehbare Verweisung auf Vorschriften des nationalen Prozessrechts vermieden wird.

Einzelfragen im Zusammenhang mit der Offenbarungspflicht und der Schiedsrichterablehnung – wie zB die, ob an die von den Parteien ernannten Schiedsrichter die gleichen Anforderungen hinsichtlich der Unparteilichkeit und Unabhängigkeit zu stellen sind wie an den Einzelschiedsrichter oder den dritten Schiedsrichter – lassen sich im Gesetz keiner Lösung zuführen. Insofern muss nach wie vor auf die hierzu in der Literatur entwickelten Lösungen zurückgegriffen werden (vgl. zB Schwab/Walter, aaO., Kap. 9, Rn. 4 ff.). Von Bedeutung sind in diesem Zusammenhang auch die von der Internationalen Anwaltvereinigung (IBA) entwickelten Standesregeln für Internationale Schiedsrichter (abgedruckt im Jahrbuch für die Praxis der Schiedsgerichtsbarkeit, Bd. 1 (1987), S. 192 ff.).

Hinsichtlich sonstiger Qualifikationen der Schiedsrichter, wie sie zB Artikel 14 Abs. 1 Nr. 1 des Übereinkommens vom 18. März 1965 zur Beilegung von Investitionsstreitigkeiten zwischen Staaten und Angehörigen anderer Staaten (sog. „Weltbankübereinkommen"; BGBl. 1969 II S. 369) fordert, sagt der Entwurf nichts. Entsprechende Erfordernisse können in Absprachen zwischen den Parteien vereinbart werden, die dann den gleichen Rang und im Falle ihres Fehlens die gleichen Rechtsfolgen haben wie das Fehlen der gesetzlichen Voraussetzungen der Unparteilichkeit und Unabhängigkeit.

Nach Absatz 2 Satz 2 kann eine Partei einen Schiedsrichter, den sie bestellt oder an dessen Bestellung sie mitgewirkt hat, nur aus Gründen ablehnen, die ihr erst nach der Bestellung bekannt geworden sind. Diese Bestimmung ist Ausdruck des Verbots widersprüchlichen Verhaltens.

Zu § 1037

Die Vorschrift regelt das Ablehnungsverfahren und stimmt im Wesentlichen mit Artikel 13 ModG überein. Sie soll gewährleisten, dass Ablehnungsgründe möglichst frühzeitig geltend gemacht werden. Eine Übernahme des Artikels 13 ModG in das deutsche Recht, das eine vergleichbare Bestimmung nicht enthält, ist aus Gründen der Rechtsvereinheitlichung und zu Zwecken der Verfahrensbeschleunigung geboten.

Nach Absatz 1 können die Parteien vorbehaltlich des Absatzes 3 das Ablehnungsverfahren durch Vereinbarungen regeln. Dies bedeutet etwa, dass die Parteien statt der in Absatz 2 vorgesehenen Entscheidung des Schiedsgerichts auch eine Entscheidung durch einen Dritten treffen lassen können.

Soweit Vereinbarungen der Parteien bezüglich des Ablehnungsverfahrens nicht vorliegen, bestimmt Absatz 2 Satz 1, dass Ablehnungsgründe dem Schiedsgericht binnen zwei Wochen nach Bekanntwerden der Ablehnungsgründe mitzuteilen sind. Dies soll verhindern, dass eine Partei ihr Ablehnungsgesuch hinauszögert, bis es ihr aus Gründen des Verfahrensstandes opportun erscheint und dann ganze Verfahrensabschnitte bei einer erfolgreichen Ablehnung obsolet werden. Nach geltendem Recht lässt sich nur aus dem in § 1032 Abs. 1 ZPO in Bezug genommenen § 44 Abs. 4 ZPO herleiten, dass die Ablehnung vor der Einlassung zur Sache (schriftlich oder zu Beginn der mündlichen Verhandlung) erklärt werden muss.

Die Abgabe der Erklärung ist nur gegenüber dem Schiedsgericht vorgesehen. Dies erklärt sich daraus, dass nach Absatz 2 Satz 2 zunächst das Schiedsgericht über die Ablehnung entscheidet und das staatliche Gericht gemäß Absatz 3 erst dann mit der Sache befasst werden kann, wenn das Schiedsgericht einen Ablehnungsgrund verneint. Demgegenüber obliegt die Entscheidung über den Ablehnungsantrag nach geltendem Recht allein dem staatlichen Gericht, was zur Folge hat, dass die Ablehnung auch dem staatlichen Gericht gegenüber erklärt werden kann. Für den Fall, dass der abgelehnte Schiedsrichter nicht zurücktritt oder die andere Partei der Ablehnung nicht zustimmt, ist jedoch eine vorherige Entscheidung des Schiedsgerichts über den Ablehnungsantrag sinnvoll, weil sich damit der Streit über die Begründetheit der Ablehnung vielfach vor dem Schiedsgericht erledigt, das staatliche Gericht also nicht in Anspruch genommen werden muss. Über die Ablehnung eines Einzelschiedsrichters kann allerdings nur das staatliche Gericht entscheiden.

Absatz 2 Satz 2 sieht ferner vor, dass das Schiedsgericht über den Ablehnungsantrag unter Ausschluss des abgelehnten Schiedsrichters entscheidet, während Artikel 13 Abs. 2 Satz 2 ModG von der Mitwirkung des abgelehnten Schiedsrichters an der Entscheidung ausgeht (vgl. Bericht zum Modellgesetz Nummern 128 und 129). Letzteres hat im Regelfall des Dreierschiedsgerichts zwar den Vorteil, dass jedenfalls theoretisch eine ausgewogene Zusammensetzung des Schiedsgerichts erhalten bleibt, während eine Entscheidung unter Ausschluss des abgelehnten Schiedsrichters durch ein Gremium erfolgt, in dem die Interessen der ablehnenden Partei als überrepräsentiert angesehen werden könnten. Nimmt man jedoch den Grundsatz der Unparteilichkeit und Unabhängigkeit aller Schiedsrichter ernst, verliert dieser Gesichtspunkt an Gewicht. Jedenfalls kann er nicht stärker wiegen als der – auch bei der Ablehnung eines staatlichen Richters geltende – Grundsatz, dass niemand Richter in eigener Sache sein kann. Der Entwurf schließt sich daher der auch von der Reformkommission vertretenen Auffassung an, dass der abgelehnte Schiedsrichter von der Mitwirkung an der Entscheidung über das Ablehnungsgesuch ausgeschlossen sein muss.

Sind beim Dreierschiedsgericht die beiden stimmberechtigten Schiedsrichter entgegengesetzter Meinung über die Begründetheit des Ablehnungsantrags, ist der Antrag gemäß § 1052 Abs. 1 ZPO-E als abgelehnt anzusehen. Beim Einzelschiedsrichter ist der Nichtrücktritt bereits als Entscheidung des Schiedsgerichts anzusehen, so dass dann sofort das staatliche Gericht über die Ablehnung entscheidet (vgl. auch Bericht zum Modellgesetz Nummer 129).

Bleibt die Ablehnung nach dem von den Parteien vereinbarten oder dem nach Absatz 2 vorgesehenen Verfahren erfolglos, kann die ablehnende Partei gemäß Absatz 3 Satz 1 eine gerichtliche Entscheidung über die Ablehnung beantragen. Der Antrag auf gerichtliche Entscheidung, die nach § 1065 Abs. 1 Satz 2 ZPO-E unanfechtbar ist, muss innerhalb eines Monats nach Kenntniserlangung von der ablehnenden Entscheidung des Schiedsgerichts gestellt werden. Gemäß Satz 1 zweiter Halbsatz können die Parteien allerdings eine abweichende Frist vereinbaren. Mit dieser Bestimmung soll verdeutlicht werden, dass Absatz 1 den Absatz 3 nur insoweit von der Parteimaxime ausnimmt, als es um die gerichtliche Entscheidung als solche geht. Dagegen besteht kein Grund, die Frist, in der die Entscheidung beantragt werden muss, ebenfalls der Parteidisposition zu entziehen.

Absatz 3 Satz 2 sieht vor, dass das Schiedsgericht einschließlich des abgelehnten Schiedsrichters das Verfahren fortsetzen und einen Schiedsspruch erlassen kann, während der Antrag bei Gericht anhängig ist. Die entsprechende Bestimmung des Modellgesetzes (Artikel 13 Abs. 3 Satz 2) übernimmt der Entwurf deshalb, weil sie geeignet ist, Verzögerungstaktiken zu verhindern. Allerdings ist davon auszugehen, dass von der Möglichkeit, den Schiedsspruch vor Abschluss des Ablehnungsverfahrens zu fällen, nur in Ausnahmefällen Gebrauch gemacht wird. Denn der Erlass eines Schiedsspruchs mit nachfolgender positiver Ablehnungsentscheidung seitens des staatlichen Gerichts führt dazu, dass der Streit über die Ablehnung des Schiedsrichters in das Aufhebungs- oder Vollstreckbarerklärungsverfahren verlagert wird.

Im Übrigen ist Absatz 3 in zweifacher Hinsicht als Präklusionsvorschrift für das Aufhebungs- und Vollstreckbarerklärungsverfahren zu verstehen. Zum einen können Ablehnungsgründe in diesen Verfahren nicht mehr geltend gemacht werden, wenn die Partei von der in Absatz 3 vorgesehenen Möglichkeit erfolglos Gebrauch gemacht hat; dies ergibt sich daraus, dass die Entscheidung über den Ablehnungsantrag, obwohl durch Beschluss zu treffen, der materiellen Rechtskraft fähig ist und dass die Entscheidung nach

Absatz 3 gemäß § 1065 Abs. 1 Satz 2 ZPO-E keinen Rechtsmitteln unterliegt. Zum anderen muss die Geltendmachung von Ablehnungsgründen im Aufhebungs- oder Vollstreckbarerklärungsverfahren aber auch dann ausgeschlossen sein, wenn die Partei die nach Absatz 3 mögliche gerichtliche Entscheidung nicht beantragt. Im Gegensatz zu Absatz 2, wonach die Geltendmachung des Ablehnungsgrundes in der dort genannten Frist erfolgen muss, spricht Absatz 3 zwar davon, dass die gerichtliche Entscheidung herbeigeführt werden „kann". Diese Formulierung erklärt sich jedoch allein daraus, dass das Gesetz die Herbeiführung einer gerichtlichen Entscheidung nur anbieten, nicht dagegen vorschreiben kann und bedeutet nicht, dass die Partei die Wahl hätte, ob sie die ablehnende Entscheidung des Schiedsgerichts sofort innerhalb der Frist des Absatzes 3 oder erst im Aufhebungs- oder Vollstreckbarerklärungsverfahren zur Nachprüfung durch das staatliche Gericht stellt. Der Grundgedanke des Absatzes 3 liegt also darin, dass über die Frage der schiedsrichterlichen Befangenheit in den Fällen einer ablehnenden Entscheidung des Schiedsgerichts möglichst rasch eine gerichtliche Klärung herbeigeführt werden soll.

Allerdings kann die präkludierende Wirkung der Nichtherbeiführung einer gerichtlichen Entscheidung nicht ausnahmslos Platz greifen. Ist ein Schiedsrichter beispielsweise Mitglied des Vertretungsorgans einer der beiden Parteien und folglich in eigener Sache tätig geworden, stellt dies nach der Rechtsprechung des Bundesgerichtshofs einen absoluten Aufhebungsgrund nach § 1041 Abs. 1 Nr. 1 ZPO (§ 1059 Abs. 2 Nr. 1 Buchstabe d ZPO-E) dar, der auch noch im Aufhebungs- oder Vollstreckbarerklärungsverfahren geltend gemacht werden kann (vgl. BGHZ 65, S. 59 = NJW 1976, S. 109). An dieser Rechtsprechung soll durch den Entwurf nichts geändert werden.

Zu § 1038

In § 1038 ZPO-E übernimmt der Entwurf die Regelung des Artikels 14 ModG.

Nach Absatz 1 endet das Amt des Schiedsrichters über den Fall des Rücktritts nach § 1037 Abs. 2 ZPO-E hinaus auch in den Fällen des Rücktritts oder der parteieinvernehmlichen Beendigung des Schiedsrichteramtes aus den in Satz 1 genannten Gründen, nämlich der rechtlichen oder tatsächlichen Unmöglichkeit der Aufgabenerfüllung oder der Untätigkeit. Allerdings sind damit, wie § 1039 ZPO-E (Artikel 15 ModG) deutlich macht, die Beendigungsgründe nicht erschöpfend aufgezählt. Das Schiedsrichteramt endet vielmehr auch dann, wenn der Schiedsrichter „grundlos" von ihm zurücktritt oder die Parteien „grundlos" die Beendigung seines Mandats vereinbaren, unabhängig von den Rechtsfolgen aus der dann möglicherweise gegebenen Verletzung des Schiedsrichtervertrages. Dieses Regelungsgefüge erscheint zwar konstruktiv schwerfällig. Da es aber in der Sache selbst keinen Bedenken begegnet und das geltende Recht mit der rudimentären Regelung des § 1031 ZPO im Zusammenhang mit der Bestellung eines Ersatzschiedsrichters keine befriedigende Alternative darstellt, ist die Regelung aus Gründen der Rechtsvereinheitlichung gleichwohl in den Entwurf übernommen worden.

Ist ein Schiedsrichter rechtlich (zB wegen Verlusts der Geschäftsfähigkeit) oder tatsächlich (zB wegen schwerer Krankheit) außerstande, seine Aufgabe zu erfüllen oder kommt er aus anderen Gründen seiner Aufgabe in angemessener Frist nicht nach, können die Parteien die Beendigung seines Amtes vereinbaren, sofern der Schiedsrichter nicht freiwillig zurücktritt. In tatsächlicher Hinsicht dürfte diese Regelung insbesondere bei der Frage Schwierigkeiten bereiten, wann ein Schiedsrichter seiner Aufgabe nicht „in angemessener Frist" nachkommt; hierbei wird es maßgeblich auf den Schiedsrichtervertrag, die von den Parteien vorausgesetzten Qualifikationen des Schiedsrichters sowie die Schwierigkeit oder Komplexität des Streitgegenstandes ankommen. Im Gesetz ist diese Frage nicht regelbar. Ist eine Einigung der Parteien über die Beendigung des Schiedsrichteramtes aus den in Absatz 1 Satz 1 genannten Gründen nicht zu erzielen, kann jede Partei gemäß

Satz 2 eine gerichtliche Entscheidung über die Beendigung des Schiedsrichteramtes beantragen. Auch wenn diese Bestimmung nicht ausdrücklich unter dem Parteivorbehalt steht, können die Parteien insofern allerdings etwas anderes vereinbaren.

Die Regelung des Absatzes 2 soll entsprechend dem Anliegen des Artikels 14 Abs. 2 ModG sowohl den Rücktritt des Schiedsrichters als auch eine Einigung der Parteien über die Beendigung des Schiedsrichteramtes aus den Gründen des Absatzes 1 erleichtern. Einem Rücktritt des Schiedsrichters wie auch einer Einigung der Parteien über die Beendigung seines Amtes wird der Weg geebnet, wenn das Gesetz es ausdrücklich offenlässt, ob ein entsprechender Grund hierfür wirklich vorgelegen hat.

Zu § 1039

Im Einklang mit Artikel 15 ModG sieht Absatz 1 Satz 1 in allen Fällen der Beendigung des Schiedsrichteramtes die Bestellung eines Ersatzschiedsrichters vor. Diese hat gemäß Satz 2 nach den gleichen Regeln zu erfolgen, die auf die Bestellung des zu ersetzenden Schiedsrichters anwendbar waren. Sowohl hinsichtlich der Rechtsfolge des Satzes 1 als auch bezüglich des in Satz 2 festgelegten Grundsatzes können die Parteien gemäß Absatz 2 etwas anderes vereinbaren. Dies entspricht in allen Einzelheiten dem Modellgesetz, wenngleich Artikel 15 ModG den Parteivorbehalt nicht ausdrücklich normiert (vgl. Holtzmann/Neuhaus, aaO., S. 465 f.).

Das geltende Recht sieht in § 1031 ZPO die Bestellung eines Ersatzschiedsrichters nur bei Wegfall eines in der Schiedsvereinbarung nicht benannten Schiedsrichters vor, während bei Wegfall eines in der Schiedsvereinbarung benannten Schiedsrichters der Schiedsvertrag gemäß § 1033 Nr. 1 ZPO erlischt. Dem ist die Lösung des Modellgesetzes vorzuziehen. Denn der Fall, dass die Bereitschaft zum Abschluss einer Schiedsvereinbarung allein von der Person eines bestimmten Schiedsrichters abhängt, ohne dass aus der Sicht der anderen Partei gegen diesen Schiedsrichter ein Ablehnungsgrund vorläge, dürfte kaum vorkommen. Folglich liegt es nahe, beim Wegfall eines Schiedsrichters als gesetzlichen Regelfall die Bestellung eines Ersatzschiedsrichters vorzusehen und damit die Schiedsvereinbarung aufrechtzuerhalten. Sofern die Parteien eine andere Rechtsfolge wünschen, können sie diese vereinbaren.

Gegenüber den §§ 1036 bis 1038 ZPO-E erweitert § 1039 ZPO-E die Fälle der Beendigung des Schiedsrichteramtes um den Rücktritt des Schiedsrichters aus einem anderen Grund und die Aufhebung des Schiedsrichteramtes durch Vereinbarung der Parteien. Damit wird deutlich, dass der Schiedsrichter auch aus anderen Gründen als den in § 1036 Abs. 2 und § 1038 Abs. 1 ZPO-E genannten (zB Arbeitsüberlastung) oder auch ohne jeden sachlichen Grund aus bloßer Unwilligkeit zurücktreten kann und dass auch die Parteien – als Ausdruck ihrer Parteiherrschaft – die Beendigung seines Amtes vereinbaren können, ohne sich hierfür auf einen im Gesetz genannten Grund berufen zu müssen. Dagegen ist davon abgesehen worden, den in Artikel 15 ModG schließlich noch genannten „anderen Fall der Beendigung des Schiedsrichteramtes" in § 1039 ZPO-E aufzunehmen, da in der vorangehenden Aufzählung alle denkbaren Gründe für die Beendigung des Schiedsrichteramtes erfasst sind.

Zu § 1040

Die Vorschrift regelt die Frage der sog. „Kompetenz-Kompetenz" des Schiedsgerichts. Sie entspricht im Wesentlichen Artikel 16 ModG, der seinerseits Artikel V EuÜE 1961 nachgebildet ist. Auch das neue schweizerische und das neue niederländische Recht haben die „Kompetenz-Kompetenz" im gleichen Sinne wie das Modellgesetz geregelt (vgl. Artikel 186 schweiz. IPRG; Artikel 1052 niederl. ZPO). Das geltende Recht enthält dagegen keine gesetzliche Regelung.

Nach Absatz 1 Satz 1 kann das Schiedsgericht über die eigene Zuständigkeit entscheiden. Diese Entscheidung steht und fällt mit der Gültigkeit und der Tragweite der Schiedsvereinbarung. Daher bestimmt Absatz 1 Satz 2, dass für die Beurteilung der Gültigkeit der Schiedsvereinbarung diese und der Hauptvertrag als zwei voneinander unabhängige Verträge zu betrachten sind, und zwar auch dann, wenn die Schiedsklausel Bestandteil des Hauptvertrages ist. Aus der Unwirksamkeit des Hauptvertrages folgt also nicht ohne weiteres die Unwirksamkeit der Schiedsvereinbarung; ist die Schiedsvereinbarung gleichwohl wirksam, steht dem Schiedsgericht vielmehr die Entscheidung über Rückabwicklungsansprüche aus dem unwirksamen Hauptvertrag zu. Diese Rechtsfolge, die zB in Artikel 8 Abs. 4 der ICC-Schiedsgerichtsordnung ausdrücklich angeordnet ist, entspricht dem Rechtszustand in nahezu allen Ländern und bedeutet auch für das deutsche Recht nichts Neues (vgl. BGHZ 53, S. 318).

Die Gültigkeit der Schiedsvereinbarung ist nach den in § 1059 Abs. 2 Nr. 1 Buchstabe a und – hinsichtlich der objektiven Schiedsfähigkeit – § 1059 Abs. 2 Nr. 2 Buchstabe a ZPO-E enthaltenen Kollisionsregeln zu beurteilen; denn für die Entscheidung des Schiedsgerichts kann insoweit nichts anderes gelten als für das staatliche Gericht im Rahmen des Aufhebungsverfahrens.

Absatz 2 Satz 1 bestimmt als Sonderregelung gegenüber § 1027 ZPO-E, dass die Rüge der Unzuständigkeit des Schiedsgerichts spätestens mit der Klagebeantwortung vorzubringen ist. Satz 2, wonach die Rüge nicht dadurch ausgeschlossen wird, dass die Partei einen Schiedsrichter bestellt oder an der Bestellung eines Schiedsrichters mitgewirkt hat, erklärt sich daraus, dass es häufig auch für die beklagte Partei ratsam ist, die Konstituierung des Schiedsgerichts abzuwarten, bevor sie dessen Unzuständigkeit rügt.

Die Rüge, das Schiedsgericht überschreite seine „Befugnisse" (der Begriff entspricht der Terminologie des Artikels V Abs. 1 EuÜE 1961), ist nach Absatz 2 Satz 3 vorzubringen, sobald die Angelegenheit, von der dies behauptet wird, im schiedsrichterlichen Verfahren zur Erörterung kommt. Dieser Fall stellt im Übrigen gemäß § 1059 Abs. 2 Nr. 1 Buchstabe c ZPO-E einen Aufhebungsgrund dar. Die zuletzt genannte Vorschrift enthält allerdings anders als § 1059 Abs. 2 Nr. 1 Buchstabe a ZPO-E keine Kollisionsregel. Da die Frage der Kompetenzüberschreitung jedoch nach der Schiedsvereinbarung und deren Auslegung zu beurteilen ist, kann für sie ebenfalls nur das Schiedsvertragsstatut maßgebend sein.

Gemäß Absatz 2 Satz 4 kann das Schiedsgericht eine nach Überschreiten der in den Sätzen 1 und 3 genannten Zeitpunkte erhobene Rüge zulassen, wenn die Partei die Verspätung genügend entschuldigt. Wird die Frist dagegen unentschuldigt versäumt, kann die Rüge weder im weiteren schiedsgerichtlichen Verfahren noch im Aufhebungs- oder Vollstreckbarerklärungsverfahren geltend gemacht werden; andernfalls hätten die Fristen keinen Sinn.

Absatz 3 Satz 1 bestimmt, dass das Schiedsgericht über eine Rüge nach Absatz 2 dann, wenn es seine Zuständigkeit bejaht, in der Regel durch „Zwischenentscheid" zu befinden hat. (Als „Zwischenschiedsspruch" kann der Entscheid nicht bezeichnet werden, da es sich nicht um eine Entscheidung in der Sache handelt.) Demgegenüber sieht das Modellgesetz in Artikel 16 Abs. 3 Satz 1 vor, dass das Schiedsgericht über eine solche Einrede „als Vorfrage oder in einem Schiedsspruch zur Sache" entscheidet. Eine seine Zuständigkeit verneinende Entscheidung des Schiedsgerichts kann jedoch weder als Zwischenentscheid bzw. im Wege der Vorfrage noch in einem Schiedsspruch zur Sache getroffen werden, sondern nur in einem Prozessschiedsspruch (in den Fällen des Absatzes 2 einem Teil-Prozessschiedsspruch), der in der Regel lediglich im Aufhebungsverfahren anfechtbar ist. Daher bezieht sich Absatz 3 von vornherein nur auf die Fälle, in denen das Schiedsgericht seine Zuständigkeit bejaht. Ferner macht er die Entscheidung durch Zwischenentscheid ausdrücklich zur Regel. Damit soll gewährleistet werden, dass die Kompetenzfrage grundsätzlich in einem frühen Verfahrensstadium geklärt wird.

Über den seine Zuständigkeit bejahenden Zwischenentscheid des Schiedsgerichts kann jede Partei nach Absatz 3 Satz 2 innerhalb eines Monats eine gerichtliche Entscheidung beantragen. Wird ein solcher Antrag nicht gestellt, kann die Entscheidung des Schiedsgerichts auch nicht mehr im Aufhebungs- oder Vollstreckbarerklärungsverfahren zur Prüfung gestellt werden. Der Gefahr einer durch die Herbeiführung einer gerichtlichen Entscheidung beabsichtigten Verfahrensverzögerung wird dadurch Rechnung getragen, dass nach Absatz 3 Satz 3 das schiedsrichterliche Verfahren während der Anhängigkeit eines solchen Antrags fortgesetzt und ein Schiedsspruch erlassen werden kann.

Im Übrigen bleibt dem Schiedsgericht die Möglichkeit, in Ausnahmefällen über seine Kompetenz erst in einem Schiedsspruch zur Sache positiv zu entscheiden, nämlich dann, wenn es den Eindruck hat, dass die Behauptung seiner Unzuständigkeit oder seiner Kompetenzüberschreitung allein den Grund hat, das Verfahren zu verzögern. In diesem Fall ist die Überprüfung der Entscheidung im Rahmen des Aufhebungs- oder Vollstreckbarerklärungsverfahrens möglich (vgl. § 1059 Abs. 2 Nr. 1 Buchstabe a und c ZPO-E; Artikel V Abs. 1 Buchstabe a und d UNÜE 1958 iVm § 1061 ZPO-E).

Über die Kompetenz des Schiedsgerichts entscheidet also in jedem Fall letztlich das staatliche Gericht, sofern ein entsprechender Antrag seitens einer Partei innerhalb der hierfür in Absatz 3 Satz 2 oder § 1059 Abs. 3 ZPO-E vorgesehenen Frist gestellt wird. Dies bedeutet insofern eine Abweichung vom geltenden Recht, als nach der Rechtsprechung des Bundesgerichtshofs das Schiedsgericht dann endgültig über seine Kompetenz entscheiden kann, wenn die Parteien eine „Kompetenz-Kompetenz-Klausel", dh eine gesonderte Schiedsabrede hinsichtlich der Gültigkeit des Schiedsvertrages getroffen haben; dann ist nur die Wirksamkeit dieser Klausel vom staatlichen Gericht nach § 1041 Abs. 1 Nr. 1 ZPO überprüfbar (vgl. BGHZ 68, S. 356). Die BGH-Rechtsprechung beugt zwar der Gefahr vor, dass das gesamte Schiedsverfahren umsonst durchgeführt wird. Dieser Gesichtspunkt verliert jedoch an Gewicht, wenn die Überprüfung der Entscheidung des Schiedsgerichts in aller Regel nicht im Rahmen des Aufhebungsverfahrens, sondern – wie in Absatz 3 vorgesehen – in einem gerichtlichen Verfahren unmittelbar im Anschluss an den Zwischenentscheid des Schiedsgerichts erfolgt. Unter dieser Prämisse empfiehlt es sich, in Abkehr von der BGH-Rechtsprechung der dem Modellgesetz zugrundeliegenden Auffassung zu folgen, dass die Entscheidung über die Zuständigkeit des Schiedsgerichts letztlich dem staatlichen Gericht vorzubehalten ist. Dies entspricht auch den meisten ausländischen Rechtsordnungen, der in der deutschen Rechtsliteratur vorherrschenden Meinung und dem Vorschlag der Reformkommission.

Zu § 1041

Die Vorschrift regelt Maßnahmen des einstweiligen Rechtsschutzes durch das Schiedsgericht. In ihrem Kern (Absatz 1) entspricht sie Artikel 17 ModG.

Nach der Rechtsprechung ist das Schiedsgericht derzeit zur Anordnung einstweiliger Maßnahmen nicht befugt. Maßgebend hierfür ist in erster Linie die Erwägung, dass gemäß den §§ 1039, 1040, 1042 ZPO nur endgültige Schiedssprüche für vollstreckbar erklärt werden könnten (vgl. BGH ZZP 1958, S. 427). Eine weitere Überlegung ist, dass das Schiedsgericht nicht die Möglichkeit zur Abnahme eidesstattlicher Versicherungen habe, dieses Mittel der Glaubhaftmachung aber in Verfahren über einstweilige Maßnahmen unentbehrlich sei. Demgegenüber sehen nicht nur das Modellgesetz (Artikel 17) und die UNCITRAL Arbitration Rules (Artikel 26), sondern auch neuere nationale Gesetze wie Artikel 183 schweiz. IPRG und Artikel 1051 niederl. ZPO, eine Befugnis des Schiedsgerichts zur Anordnung von Maßnahmen des einstweiligen Rechtsschutzes vor. In der Literatur wird eine solche Befugnis auch für das deutsche Recht vielseits befürwortet (vgl. Brinkmann, Schiedsgerichtsbarkeit und Maßnahmen des einstweiligen Rechtsschutzes, 1977; Schlosser, ZZP 99 [1986], S. 241 ff.; Aden, BB 1985, S. 2277;

Lindacher, ZGR 1979, S. 201; Kühn, Vorläufiger Rechtsschutz und Schiedsgerichtsbarkeit in: Jahrbuch für die Praxis der Schiedsgerichtsbarkeit, Bd. 1 [1987], S. 47ff; Sandrock/Nöcker, daselbst, S. 74ff.).

Die herrschende Praxis ist unbefriedigend. Anordnungen, die der Sache nach Maßnahmen des einstweiligen Rechtsschutzes sind, können derzeit lediglich in Form von (vollstreckungsfähigen) Teilschiedssprüchen ergehen. Dies aber ist nur insoweit möglich, als die Maßnahmen sich als Verpflichtungen aus dem Vertrag selbst ergeben. Hinzu kommt, dass das Schiedsgericht am ehesten in der Lage ist zu beurteilen, welche einstweiligen Maßnahmen in Bezug auf den Streitgegenstand erforderlich sind; dabei kann es sich auch auf andere Mittel der Glaubhaftmachung als das der eidesstattlichen Versicherung stützen. Im Übrigen lässt sich die Auffassung der herrschenden Meinung, dass nur endgültige Schiedssprüche im Sinne des § 1039 ZPO der Vollstreckbarerklärung durch die staatlichen Gerichte fähig seien, schon für das geltende Recht nicht zwingend belegen. Aus diesen Gründen folgt der Entwurf dem Vorschlag der Reformkommission, Artikel 17 ModG in das deutsche Recht zu übernehmen und darüber hinaus die Vollziehbarkeit einstweiliger Maßnahmen des Schiedsgerichts in § 1041 ZPO-E selbst zu regeln.

Nach Absatz 1 Satz 1 kann das Schiedsgericht vorbehaltlich einer anderweitigen Vereinbarung der Parteien auf Antrag einer Partei vorläufige oder sichernde Maßnahmen anordnen, die es in bezug auf den Streitgegenstand für erforderlich hält. Es erschien naheliegend, auch hier der Parteimaxime den Vorzug zu geben, und zwar entsprechend Artikel 17 ModG in der üblichen Weise, dass nur eine entgegenstehende Parteivereinbarung das Eingreifen der gesetzlichen Regelung hindert (ebenso Artikel 183 schweiz. IPRG, während nach Artikel 1051 Abs. 1 niederl. ZPO einstweilige Maßnahmen seitens des Schiedsgerichts einer ausdrücklichen diesbezüglichen Parteivereinbarung bedürfen).

Mit der vom Modellgesetz abweichenden Formulierung des Satzes 1 soll verdeutlicht werden, dass der schiedsrichterliche einstweilige Rechtsschutz gegenüber dem einstweiligen Rechtsschutz durch die staatlichen Gerichte nicht eingeschränkt ist. Wenn das Modellgesetz für Maßnahmen nach Artikel 17 ModG gegenüber solchen nach Artikel 9 ModG (§ 1033 ZPO-E) einen „eingeschränkten Anwendungsbereich" sieht (vgl. Bericht zum Modellgesetz Nummer 168), so kann dieser sinnvollerweise nur darin liegen, dass schiedsrichterliche Maßnahmen des einstweiligen Rechtsschutzes nicht in Rechte Dritter eingreifen können, was aber nach deutschem Recht – selbst bei originären einstweiligen Maßnahmen durch das staatliche Gericht – ohnehin nicht möglich ist. Dies gilt insbesondere für den Arrest, der im übrigen wegen seiner weitreichenden Auswirkungen vom Schiedsgericht in den seltensten Fällen als „erforderlich" angesehen werden dürfte. Von daher ist dein sachlicher Grund für Einschränkungen gegenüber dem staatlichen einstweiligen Rechtsschutz ersichtlich (so auch Calavros, Das UNCITRAL-Modellgesetz über die internationale Handelsschiedsgerichtsbarkeit, S. 101f.; Hußlein-Stich, aaO., S. 101).

Absatz 1 Satz 2, wonach das Schiedsgericht von jeder Partei im Zusammenhang mit der Anordnung einer Maßnahme des einstweiligen Rechtsschutzes angemessene Sicherheit verlangen kann, entspricht Artikel 17 Abs. 2 ModG und der vergleichbaren Befugnis der staatlichen Gerichte nach § 921 Abs. 2 Satz 2 iVm § 936 ZPO.

Allerdings kann die Sicherheit nach dem Entwurf sowohl vom Antragsteller als auch vom Antragsgegner verlangt werden.

Von besonderer Wichtigkeit ist die – im Modellgesetz nicht geregelt und bewusst der nationalen Gesetzgebung überlassene – Frage, auf welche Weise einstweilige Maßnahmen des Schiedsgerichts zwangsweise durchgesetzt werden können. Daher trifft der Entwurf die diesbezüglichen Regelungen weitgehend in § 1041 ZPO-E selbst und nicht erst bei den verfahrensrechtlichen Vorschriften. Nach deutschem Rechtsverständnis muss die Vollziehung durch ein staatliches Gericht angeordnet werden. Absatz 2 Satz 1 sieht deshalb vor, dass die vom Schiedsgericht angeordnete Maßnahme vom staatlichen Gericht für vollziehbar erklärt werden kann. Die Vollziehbarerklärung steht also im pflichtgemäßen Ermessen des Gerichts. Ein solches Ermessen ist kein Fremdkörper im Recht der Zwangsvollstreckung (vgl. § 769 ZPO). Es ermöglicht dem Gericht insbesondere eine Überprüfung der Gültigkeit der Schiedsvereinbarung sowie die Verweigerung der Vollziehbarerklärung etwa bei unverhältnismäßigen Anordnungen.

Allerdings soll die Vollziehbarerklärung ausgeschlossen sein, wenn eine vergleichbare Maßnahme des einstweiligen Rechtsschutzes bereits beim staatlichen Gericht beantragt worden ist. Diese Einschränkung dient dazu, eine doppelte Befassung der staatlichen Gerichte und voneinander abweichende Entscheidungen, zu denen es angesichts der unterschiedlichen Zuständigkeit für originäre Maßnahmen des einstweiligen Rechtsschutzes einerseits (Amts- oder Landgericht) und die Vollziehbarerklärung einstweiliger Maßnahmen des Schiedsgerichts andererseits (Oberlandesgericht) kommen könnte, zu vermeiden. Sie lässt jedoch das Recht der Parteien unberührt, in jedem Stadium des Verfahrens zwischen beiden Rechtsschutzmöglichkeiten zu wählen. Der Ansicht, dass originärer einstweiliger Rechtsschutz durch die staatlichen Gerichte nur dann zu gewähren sei, wenn vorläufiger Rechtsschutz durch das Schiedsgericht mangels dessen Konstituierung oder aus sonstigen Gründen nicht erlangt werden könne (so zB Calavros, aaO., S. 96 ff.; Schlosser, Internationale private Schiedsgerichtsbarkeit, 2. Aufl., Rn. 404; Kühn, aaO., S. 47 ff.; Nicklisch, RIW 1978, S. 639), folgt der Entwurf aus den in der Begründung zu § 1033 ZPO-E enthaltenen Überlegungen nicht. Auch das Modellgesetz geht (entgegen der Ansicht von Calavros, aaO., S. 102) nicht von einer generellen Subsidiarität des gerichtlichen gegenüber dem schiedsgerichtlichen einstweiligen Rechtsschutz aus (vgl. Bericht zum Modellgesetz Nummer 168 f.).

Absatz 2 Satz 2 gibt dem staatlichen Gericht die Möglichkeit, die vom Schiedsgericht angeordnete Maßnahme abweichend zu fassen, soweit dies im Hinblick auf die Typologie des deutschen Zwangsvollstreckungsrechts zur Durchführung der Zwangsvollstreckung – zB im Hinblick auf den Bestimmtheitsgrundsatz – erforderlich ist.

Absatz 3 entspricht im Kern § 927 ZPO. Dessen Aussage nimmt der Entwurf wegen seiner besonderen Bedeutung in den Gesetzestext selbst auf. Eine Aufhebung oder Änderung des Zwangsvollstreckungsbeschlusses ist vor allem dann geboten, wenn der Grund für die vom Schiedsgericht angeordnete Maßnahme ganz oder teilweise entfallen ist oder veränderte Umstände eingetreten sind.

Absatz 4 Satz 1 regelt in Anlehnung an § 945 ZPO die Rechtsfolgen einer schiedsrichterlichen Anordnung, die sich nachträglich als ungerechtfertigt erweist. In diesem Fall hat die Partei, welche die Vollziehung der Anordnung erwirkt hat, dem Gegner den Schaden zu ersetzen, der diesem durch die Vollziehung oder durch die Sicherheitsleistung zur Abwendung der Vollziehung entstanden ist. Da der Anspruch allerdings letztlich auf die Anordnung des Schiedsgerichts zurückgeht, kann er auch im noch anhängigen Schiedsverfahren geltend gemacht werden (Satz 2). Im Modellgesetz ist von einer Bestimmung nach Art des Absatzes 4 abgesehen worden, weil das Modellgesetz sich mit der Frage des Schadensersatzes nicht befassen wollte (vgl. Bericht zum Modellgesetz Nummer 166).

Vorbemerkungen zum 5. Abschnitt (§§ 1042 bis 1050 ZPO-E)

Die §§ 1042 bis 1050 ZPO-E enthalten ausführliche Vorschriften über die Durchführung des schiedsrichterlichen Verfahrens, während das geltende Recht sich diesbezüglich im Wesentlichen mit der (§ 1042 Abs. 3 und 4 ZPO-E entsprechenden) Generalklausel des § 1034 Abs. 2 ZPO begnügt. Dabei werden die Vorschriften des V. Kapitels des Modellgesetzes (Artikel 18 bis 27) zum größten Teil wörtlich übernommen. Deren Vorzug liegt darin, dass sie für den Fall fehlender Parteivereinbarungen hinsichtlich wichtiger

Verfahrensfragen einen reibungslosen und für die Parteien vorhersehbaren Ablauf des Schiedsverfahrens gewährleisten. Wenngleich sie das schiedsrichterliche Ermessen gegenüber dem geltenden Recht einschränken, wird hierdurch letztlich auch dem Schiedsgericht seine Aufgabe erleichtert.

Zu § 1042
Absatz 1 enthält die bedeutsamsten Verfahrensprinzipien, nämlich den Grundsatz der Gleichbehandlung und den (auch in § 1034 Abs. 1 Satz 1 ZPO festgelegten) Grundsatz des rechtlichen Gehörs. Beide Maximen sind während des gesamten Schiedsverfahrens zwingend zu beachten und qualifizieren das Schiedsverfahren als eine dem Verfahren vor den staatlichen Gerichten gleichwertige Rechtsschutzmöglichkeit. Ihre Verletzung stellt im Hinblick auf den Schiedsspruch einen Aufhebungsgrund nach § 1059 Abs. 2 Nr. 1 Buchstabe b und d sowie Nr. 2 Buchstabe b ZPO-E (ordre public) und damit auch einen Grund für die Versagung der Anerkennung und Vollstreckung dar. Dort, wo das rechtliche Gehör zugunsten des Prinzips der Verfahrensbeschleunigung Einschränkungen erfährt – zB bei den Präklusionsvorschriften der §§ 1027 und 1040 Abs. 2 ZPO-E –, handelt es sich nicht um eine Verletzung, sondern um eine aus Gründen der Effektivität des schiedsrichterlichen Rechtsschutzes gebotene sinnvolle Begrenzung des Anspruchs auf rechtliches Gehör.
Im Gegensatz zu den UNCITRAL Arbitration Rules enthält das Modellgesetz keine Regelung über die Vertretung der Parteien im Verfahren, was darauf schließen lässt, dass man diese Frage dem nationalen Gesetzgeber überlassen wollte. Insofern bestimmt Absatz 2, dass Rechtsanwälte als Bevollmächtigte in Schiedsverfahren nicht ausgeschlossen werden dürfen. Die Vertretung durch Anwälte spielt insbesondere in internationalen Schiedsverfahren eine bedeutende Rolle, so dass es naheliegt, die klarstellende Aussage des § 1034 Abs. 1 Satz 2 erster Halbsatz ZPO in das neue Recht zu übernehmen. Unter „Rechtsanwälten" sind dabei sowohl inländische als auch ausländische Rechtsanwälte zu verstehen. Der zweite Halbsatz des § 1034 Abs. 1 Satz 2 ZPO, wonach entgegenstehende Parteivereinbarungen unwirksam sind, erschien dagegen angesichts der Wortwahl „ausgeschlossen" (statt „zurückgewiesen") entbehrlich, weil dieser Begriff auch eine dem Verfahren vor dem Schiedsgericht vorausgehende Parteivereinbarung erfasst und der zwingende Charakter der Vorschrift nicht zweifelhaft ist. Von einer Übernahme des § 1034 Abs. 1 Satz 3 ZPO, wonach Personen, die gemäß § 157 ZPO von dem mündlichen Verhandeln vor Gericht ausgeschlossen sind, zurückgewiesen werden dürfen, hat der Entwurf ebenfalls abgesehen, da sich diese Rechtsfolge im Wege eines Umkehrschlusses aus Absatz 2 als Ausprägung des schiedsrichterlichen Ermessens herleiten lässt.
Absatz 3 Satz 1 enthält die Grundregel für alle in den Absätzen 1 und 2 nicht geregelten Verfahrensfragen. Nach dieser Vorschrift können die Parteien die Verfahrensregeln vorbehaltlich der zwingenden gesetzlichen Vorschriften selbst bestimmen. Bei Letzteren handelt es sich über die Vorschriften der Absätze 1 und 2 hinaus um diejenigen Bestimmungen, die ihrerseits weder ausdrücklich noch ihrem Sinn und Zweck nach unter dem Vorbehalt anderweitiger Parteivereinbarungen stehen.
Soweit hinsichtlich der in Rede stehenden Verfahrensfrage weder eine zwingende Vorschrift zu beachten ist noch eine Vereinbarung der Parteien vorliegt und das Gesetz auch keine dispositive Regelung enthält, kann das Verfahren gemäß Absatz 4 Satz 1 vom Schiedsgericht nach freiem Ermessen bestimmt werden. Dass zu den Befugnissen des Schiedsgerichts auch die Entscheidung über die Zulässigkeit von Beweismitteln und die freie Beweiswürdigung gehört, ist zwar für das deutsche Recht eine Selbstverständlichkeit. Der Entwurf stellt dies jedoch in Absatz 4 Satz 2 (der Artikel 19 Abs. 2 Satz 2 ModG entspricht) deshalb ausdrücklich klar, weil in den Staaten des common law eine andere Praxis herrscht. Hier ist es in Verfahren vor den staatlichen Gerichten und dem-

entsprechend auch in Schiedsverfahren üblich, dass die Parteien Zeugen und Sachverständige zur Verhandlung mitbringen und selbst befragen, ohne dass der (Schieds-)Richter vorher eine Schlüssigkeitsprüfung zum Beweisthema vornimmt.

Aus der Systematik der einzelnen Absätze des § 1042 ZPO-E ergibt sich also, dass an erster Stelle die zwingenden gesetzlichen Vorschriften, an zweiter Stelle die Parteivereinbarungen, an dritter Stelle die dispositiven gesetzlichen Regelungen und an vierter Stelle das schiedsrichterliche Ermessen für die Gestaltung des Verfahrens maßgeblich sind. Dies entspricht der Sache nach dem geltenden Recht (§ 1034 Abs. 2 ZPO).

Was die Parteiautonomie betrifft, so können die Parteien hinsichtlich der Durchführung des Schiedsverfahrens nicht nur punktuelle Vereinbarungen treffen. Vielmehr können sie auch die Geltung einer schiedsgerichtlichen Verfahrensordnung (wie zB die Schiedsgerichtsordnung der Deutschen Institution für Schiedsgerichtsbarkeit, die ICC-Schiedsgerichtsordnung oder die UNCITRAL Arbitration Rules) oder eines ausländischen Schiedsverfahrensrechts im ganzen vereinbaren, wie es das schweizerische Recht für beides ausdrücklich bestimmt (vgl. Artikel 182 Abs. 1 schweiz. IPRG). Gegebenenfalls gelten diese Regelungswerke allerdings im Hinblick auf die in § 1025 Abs. 1 ZPO-E festgelegte zwingende Geltung des lex fori nur im Rahmen der dispositiven Vorschriften des Gesetzes als Bestandteil der Schiedsvereinbarung.

Zu § 1043

Die Vorschrift enthält nähere Bestimmungen über den Ort des schiedsrichterlichen Verfahrens. Sie entspricht bis auf zwei marginale Änderungen in Absatz 2 wörtlich Artikel 20 ModG. Auch die niederländische ZPO enthält eine Regelung über den Verfahrensort (Artikel 1037), die in der Sache mit Artikel 20 ModG übereinstimmt.

Der Verfahrensort ist für mehrere Fragen von entscheidender Bedeutung. Insbesondere bestimmt sich nach ihm das anzuwendende Verfahrensrecht (vgl. § 1025 Abs. 1 ZPO-E) und die Qualifikation als inländischer oder ausländischer Schiedsspruch (vgl. § 1061 Abs. 1 ZPO-E). Daher ist § 1043 ZPO-E auch anzuwenden, wenn zu ermitteln ist, ob im Sinne des § 1025 Abs. 1 ZPO-E wirksam ein Schiedsort in Deutschland festgelegt wurde. Ferner richtet sich nach dem Verfahrensort die örtliche Zuständigkeit des staatlichen Gerichts (vgl. § 1062 Abs. 1 ZPO-E). Der Ort des schiedsrichterlichen Verfahrens ist gemäß § 1054 Abs. 3 ZPO-E (Artikel 31 Abs. 3 ModG) im Schiedsspruch anzugeben.

Nach Absatz 1 Satz 1 obliegt die Bestimmung des Verfahrensortes in erster Linie den Parteien. Eine solche Bestimmung wird allerdings häufig erst nach oder im Zuge der Bildung des Schiedsgerichts erfolgen können, weil die Parteien erst dann die persönlichen Verhältnisse der Schiedsrichter kennen. Liegt zu Beginn des Schiedsverfahrens keine Vereinbarung der Parteien über den Schiedsort vor, wird dieser gemäß Satz 2 von den Schiedsrichtern nach freiem Ermessen bestimmt.

Bei seiner Ermessensentscheidung hat das Schiedsgericht die Umstände des Falles zu berücksichtigen. Solche Umstände sind neben der im Gesetz allein genannten „Eignung des Ortes für die Parteien" auch die Belange der Schiedsrichter selbst und der in Betracht kommenden Zeugen. In internationalen Verfahren werden die Parteien oder die Schiedsrichter sich ferner insbesondere von dem Gesichtspunkt leiten lassen, ob die Anerkennung und Vollstreckung eines nach dem Recht des Verfahrensortes ergangenen Schiedsspruchs in einem anderen in Betracht kommenden Vollstreckungsstaat gewährleistet ist. Da die bei der Ermessensentscheidung des Schiedsgerichts zu beachtenden Gesichtspunkte im Gesetz nicht im einzelnen aufgezählt werden können, hat der Entwurf es bei der Regelung des Modellgesetzes belassen und nur die Parteiinteressen hervorgehoben. Im Übrigen geht der Entwurf davon aus, dass angesichts der bedeutenden Rechtsfolgen, die an den Verfahrensort geknüpft sind, dessen Festlegung durch das Schiedsgericht nicht als eine „einzelne Verfahrensfrage" im Sinne des § 1052 Abs. 3 ZPO-E mit der Folge einer

Entscheidungsbefugnis des vorsitzenden Schiedsrichters angesehen werden kann (vgl. insoweit auch die Begründung zu § 1052 ZPO-E).

Nach Absatz 2 kann das Schiedsgericht ungeachtet des Absatzes 1 an jedem ihm geeignet erscheinenden Ort zur Vornahme bestimmter Handlungen zusammentreten, sofern die Parteien nichts anderes vereinbart haben. Je nach Häufigkeit der tatsächlichen Zusammenkünfte an anderen Orten als dem Schiedsort im Rechtssinne kann dem Ort des Schiedsverfahrens im Sinne des Absatzes 1 ein mehr oder weniger vergeistigter Ortsbegriff zugrunde liegen. Diese Regelung ist sachgerecht, weil einerseits die örtliche Flexibilität des Schiedsgerichts aus Zweckmäßigkeitsgründen gewährleistet sein muss, andererseits aber aus Gründen der Rechtssicherheit ein unabweisbares Bedürfnis für die Festlegung eines einzigen Schiedsortes besteht.

Diejenigen Handlungen, zu denen das Schiedsgericht an jedem ihm geeignet erscheinenden Ort zusammentreten kann, sind gegenüber der Aufzählung in Artikel 20 Abs. 2 ModG um die „mündliche Verhandlung" erweitert worden. Ferner wurde aus Gründen der sprachlichen Straffung der Passus „Waren und andere Gegenstände" (ebenso wie in § 1049 Abs. 1 Satz 2 ZPO-E) durch den beides umfassenden Begriff der „Sachen" ersetzt. Beide Änderungen gegenüber dem Modellgesetz entsprechen einem Vorschlag der Reformkommission.

Zu § 1044

Nach § 1044 Satz 1 ZPO-E, der Artikel 21 ModG entspricht, beginnt das schiedsrichterliche Verfahren vorbehaltlich einer anderweitigen Vereinbarung der Parteien mit dem Tag, an dem der Beklagte den Antrag, die Streitigkeit einem Schiedsgericht vorzulegen, empfangen hat. Auf diesen Zeitpunkt stellen auch Artikel 3 Abs. 2 UNCITRAL Arbitration Rules und Artikel 1025 niederl. ZPO ab, während der im schweizerischen Recht festgelegte Zeitpunkt der „Anrufung" des Schiedsgerichts (Artikel 181 schweiz. IPRG) seinerseits auslegungsbedürftig ist.

Da die Vorschrift ebenso wenig wie Artikel 21 ModG eine Regelung über die Unterbrechung von Verjährungsfristen trifft, lässt sie die diesbezüglichen Normen des § 220 BGB unberührt. Insbesondere gilt insoweit also § 220 Abs. 2 BGB, wonach die Verjährung in den nicht seltenen Fällen, dass das Schiedsgericht noch nicht gebildet ist, schon dadurch unterbrochen wird, „dass der Berechtigte das zur Erledigung der Sache seinerseits Erforderliche vornimmt", dh in der Regel seinen Schiedsrichter benennt. Da der Beginn des Schiedsverfahrens aber durchaus auch für andere Fragen als die der Verjährungsunterbrechung von Bedeutung sein kann, zB für den Eintritt der Schiedshängigkeit, ist der Entwurf dem Vorschlag der Reformkommission gefolgt, Artikel 21 ModG in das neue Recht zu übernehmen.

Nach Satz 2 muss der Antrag die Bezeichnung der Parteien sowie die Angabe des Streitgegenstandes und der Schiedsvereinbarung enthalten. Eine vergleichbare Vorschrift sieht weder der Diskussionsentwurf noch Artikel 21 ModG vor, während Artikel 3 UNCITRAL Arbitration Rules detaillierte Anforderungen an den Inhalt des Antrags stellt. Der Entwurf geht mit § 1044 Satz 2 ZPO-E einen Mittelweg, indem er die an den Antrag auf Durchführung eines Schiedsverfahrens geknüpfte Rechtsfolge des Satzes 1 nur eintreten lässt, wenn der Antrag die zu seiner Schlüssigkeit erforderlichen Angaben beinhaltet. Die Tatsachen, auf die sich der Anspruch stützt, brauchen dagegen in dem Antrag auf Durchführung eines Schiedsverfahrens anders als bei der Schiedsklage (§ 1046 Abs. 1 ZPO-E) nicht im Einzelnen dargelegt zu werden, wobei die Schiedsklage allerdings häufig zusammen mit dem Antrag nach § 1044 ZPO-E eingereicht wird.

Zu § 1045

Insbesondere in internationalen Schiedsverfahren ist die Frage von Bedeutung, in welcher Sprache das Verfahren durchzuführen ist. Diesbezüglich übernimmt § 1045

ZPO-E die Vorschrift des Artikels 22 ModG, da sie eine interessengerechte Regelung darstellt. Demgegenüber haben weder das schweizerische noch das niederländische Recht die Frage der Verfahrenssprache für regelungsbedürftig gehalten. Auch das deutsche Recht enthält eine Vorschrift über die Verfahrenssprache vor dem Schiedsgericht nicht; § 184 GVG, wonach die Gerichtssprache deutsch ist, gilt nur für Verfahren vor den staatlichen Gerichten.

Grundsätzlich ist es nach Absatz 1 Satz 1 den Parteien überlassen, die Verfahrenssprache(n) zu bestimmen. Fehlt eine diesbezügliche Vereinbarung, entscheidet hierüber das Schiedsgericht. In erster Linie wird bei dieser Entscheidung die Vertragssprache zu berücksichtigen sein, wohingegen die Amtssprache am Ort des Verfahrens nicht ausschlaggebend, sondern allenfalls als einer von mehreren Gesichtspunkten beachtlich ist. Nach Satz 2 ist die Vereinbarung der Parteien oder die Bestimmung des Schiedsgerichts für mündliche Verhandlungen, Schriftsätze der Parteien und Mitteilungen des Schiedsgerichts maßgebend.

Nach Absatz 2 kann das Schiedsgericht anordnen, dass auch die in Absatz 1 nicht angesprochenen schriftlichen Beweismittel mit einer Übersetzung in die nach Absatz 1 maßgebende(n) Verfahrenssprache(n) versehen sein müssen. Dabei ist davon auszugehen, dass die Kosten, die aufgrund einer Anordnung nach Absatz 2 für Übersetzungen entstehen, notwendige Kosten im Sinne des § 1057 Abs. 1 ZPO-E sind, über die unabhängig davon zu entscheiden ist, welche Partei die Übersetzung zu veranlassen hatte. Die Kosten für Übersetzungen, die eine Partei aus der Verfahrenssprache in ihre Muttersprache anfertigen lässt, fallen dagegen allein dieser Partei zu Last.

Zu § 1046

§ 1046 ZPO-E regelt in Anlehnung an Artikel 23 ModG die Anforderungen an die Schiedsklage und deren Beantwortung. Die UNCITRAL Arbitration Rules widmen diesem Fragenkomplex drei ausführliche Vorschriften (Artikel 18 bis 20), während das niederländische und das schweizerische Recht hierzu keine eigenständigen Regelungen enthalten.

Nach Absatz 1 Satz 1 entsprechen die Anforderungen an die Schiedsklage im wesentlichen denjenigen, die nach deutschem Recht an eine Klage vor den staatlichen Gerichten gestellt werden. Mit dem „Anspruch" und den „Tatsachen, auf die sich dieser Anspruch stützt", wird der Streitgegenstand bestimmt. Die in Artikel 23 Abs. 1 ModG ferner vorgesehene Angabe der streitigen Punkte (engl. Text: „points at issue") fordert Satz 1 dagegen entsprechend dem Vorschlag der Reformkommission nicht. Die Angabe der streitigen Punkte gehört nicht zur Bestimmung des Streitgegenstandes (vgl. auch § 253 Abs. 2 ZPO). Ferner stehen die streitigen Punkte in ihrer Gesamtheit vielfach erst nach der Klagebeantwortung fest. Aus dieser Änderung gegenüber dem Modellgesetz erklärt sich auch, dass der derart eingeschränkte Inhalt von Klage und Klagebeantwortung entgegen dem Modellgesetz nicht unter den Vorbehalt anderweitiger Parteivereinbarung gestellt ist. Denn der durch Anspruch und anspruchsbegründende Tatsachen umrissene Streitgegenstand gehört zum notwendigen Inhalt jeder Klage und ist folglich nicht disponibel.

Nach Absatz 1 Satz 2 sollen die Parteien mit der Klage oder der Klagebeantwortung alle ihnen erheblich erscheinenden Schriftstücke vorlegen und andere Beweismittel bezeichnen, derer sie sich künftig bedienen wollen. Nach deutschem Prozessrecht sind die Parteien zur Bezeichnung solcher Beweismittel verpflichtet. Nach angelsächsischem Recht besteht jedoch diesbezüglich eine wesentlich stärkere Dispositionsfreiheit. Im Hinblick darauf, dass das neue Recht auch ausländische Parteien zur Durchführung von (internationalen) Schiedsverfahren in Deutschland einladen soll, gibt der Entwurf einer flexibleren Reglung den Vorzug. Anders als das Modellgesetz (Artikel 23 Abs. 1 Satz 2

ModG) und der Diskussionsentwurf (§ 1046 Abs. 1 Satz 2 DiskE), wonach die Parteien die Beweismittel bezeichnen „können", spricht der Entwurf in diesem Zusammenhang von „sollen". Eine (abgemilderte) Verpflichtung zur frühzeitigen Bezeichnung der Beweismittel dient tendenziell der Beschleunigung des Verfahrens und harmoniert besser mit den möglichen nachteiligen Folgen ihrer verspäteten Vorlage nach § 1048 Abs. 3 ZPO-E.

Absatz 2 gestattet es den Parteien vorbehaltlich einer von ihnen getroffenen anderweitigen Vereinbarung, während des schiedsrichterlichen Verfahrens ihre Klage oder ihre Angriffs- oder Verteidigungsmittel zu ändern oder zu ergänzen, es sei denn, das Schiedsgericht lässt dies wegen nicht genügend entschuldigter Verspätung nicht zu. Die redaktionelle Abweichung gegenüber Artikel 23 ModG erklärt sich aus der Anlehnung an den Sprachgebrauch der ZPO. Die Klage selbst ist gesondert aufgeführt, weil sie in der ZPO nicht als „Angriffsmittel" (zB im Sinne des § 282 ZPO) verstanden wird. Ferner erschien es im Hinblick auf § 296 Abs. 3 ZPO geboten, die Zurückweisung von Angriffs- oder Verteidigungsmitteln durch das Schiedsgericht im Gegensatz zum Modellgesetz und zum Diskussionsentwurf an die ausdrückliche Voraussetzung zu knüpfen, dass die Verspätung nicht genügend entschuldigt wird.

Gemäß § 263 ZPO, der auf die Schiedsklage entsprechend angewendet wird, ist eine Klageänderung bei Einwilligung des Beklagten unabhängig von der Auffassung des Gerichts über die Sachdienlichkeit zulässig. Bei Einwilligung des Beklagten wird das Schiedsgericht jedoch ohnehin kaum eine „Verspätung" im Sinne des Absatzes 2 annehmen, so dass die Regelung des Modellgesetzes im Wesentlichen mit dem geltenden Recht übereinstimmt. Im übrigen gilt für Absatz 2 (ebenso wie für Artikel 23 Abs. 2 ModG) der Grundsatz, dass eine Klageänderung nur im Rahmen dessen zulässig ist, was durch die Schiedsvereinbarung gedeckt wird; eine diesbezügliche Klarstellung, wie sie in Artikel 20 Satz 2 UNCITRAL Arbitration Rules erfolgt ist, erschien daher nicht erforderlich.

Nach Absatz 3 sind die Absätze 1 und 2 auf eine Widerklage entsprechend anzuwenden. Dies steht im Einklang mit Artikel 2 Buchstabe f ModG. Was die Zulässigkeit einer Widerklage angeht, so muss ihr Gegenstand von der Schiedsvereinbarung, welche die Grundlage des Schiedsverfahrens bildet, umfasst sein. Das gleiche gilt nach herrschender Meinung für die Aufrechnung, die der Entwurf ebenso wenig wie das Modellgesetz ausdrücklich anspricht. Ist die Aufrechnungsforderung von der Schiedsvereinbarung nicht umfasst, kann sie vor dem Schiedsgericht nur geltend gemacht werden, wenn der Kläger die Zuständigkeit des Schiedsgerichts nicht in Zweifel zieht und somit eine Erweiterung der Schiedsvereinbarung anzunehmen ist. Der Schriftform bedarf eine solche Erweiterung der Schiedsvereinbarung angesichts der Vorschrift des § 1031 Abs. 6 ZPO-E nicht.

Zu § 1047

Die Vorschrift enthält Grundsätze über die mündliche Verhandlung und das schriftliche Verfahren und stellt von daher eine Konkretisierung des Anspruchs auf rechtliches Gehör dar. Dies macht Artikel 15 UNCITRAL Arbitration Rules, der seinerseits Vorbild für die mit § 1047 ZPO-E übernommene Regelung des Artikels 24 ModG war, besonders deutlich.

Der Grundsatz der mündlichen Verhandlung gilt im schiedsrichterlichen Verfahren im Gegensatz zum gerichtlichen Verfahren (vgl. § 128 Abs. 1 ZPO) nicht. Hier haben Schriftsätze eine weitaus stärkere Bedeutung als im Verfahren vor den staatlichen Gerichten. Insbesondere werden Schriftsätze in einer (nachfolgenden) mündlichen Verhandlung auch dann zum Prozessstoff, wenn in der mündlichen Verhandlung nicht ausdrücklich auf sie Bezug genommen wird.

Nach Absatz 1 (Artikel 24 Abs. 1 ModG) bestimmen in erster Linie die Parteien, ob mündlich verhandelt werden soll oder das Verfahren schriftlich durchzuführen ist; fehlt eine solche Vereinbarung, obliegt die Entscheidung hierüber dem Schiedsgericht (Satz 1). In jedem Fall aber ist eine mündliche Verhandlung durchzuführen, wenn eine Partei dies beantragt, es sei denn, die Parteien hätten ausdrücklich vereinbart, dass keine mündliche Verhandlung stattfinden soll (Satz 2). Selbst wenn die Parteien eine mündliche Verhandlung ausgeschlossen haben, ist es allerdings in Ausnahmefällen unter dem Gesichtspunkt des rechtlichen Gehörs denkbar, dass eine mündliche Verhandlung auf Antrag einer Partei abzuhalten ist (vgl. auch Bericht zum Modellgesetz Nummer 205). Dass die mündliche Verhandlung in einem „geeigneten Abschnitt des Verfahrens" durchzuführen ist, macht deutlich, dass das Schiedsverfahren zT mündlich und zT schriftlich durchgeführt werden kann.

Nach Absatz 2 sind die Parteien von jeder seitens des Schiedsgerichts beabsichtigten mündlichen Verhandlung und jedem Zusammentreffen des Schiedsgerichts zu Zwecken der Beweisaufnahme rechtzeitig in Kenntnis zu setzen, um ihnen Gelegenheit zur Wahrnehmung der Termine zu geben. Dies erscheint zwar im Hinblick auf § 1042 Abs. 1 ZPO-E ebenso selbstverständlich wie die Regelung des Absatzes 3, wonach das Schiedsgericht den Parteien alle relevanten Schriftstücke zur Kenntnis zu bringen hat. Dennoch sieht der Entwurf entsprechend dem Vorschlag der Reformkommission eine Übernahme auch dieser Bestimmungen des Modellgesetzes in das neue Recht vor, um Fehlschlüsse zu vermeiden, die aus einer Nichtübernahme gezogen werden könnten. Der gegenüber dem Modellgesetz und dem Diskussionsentwurf gestraffte Text des Absatzes 2 bedeutet keine Änderung in der Sache.

Zu § 1048

Die Vorschrift regelt die Rechtsfolgen der Säumnis. Inhaltlich entspricht sie im Wesentlichen Artikel 25 ModG. Artikel 1040 niederl. ZPO enthält ebenfalls eine ausführliche Bestimmung über die Säumnis mit allerdings teilweise vom Modellgesetz abweichenden Rechtsfolgen. Nach geltendem deutschen Recht liegen die Folgen der Säumnis bei fehlenden Parteivereinbarungen im schiedsrichterlichen Ermessen.

Vorbehaltlich des Absatzes 4 soll für die Fälle der Säumnis künftig Folgendes gelten:

Nach Absatz 1 beendet das Schiedsgericht das Verfahren, wenn der Kläger es versäumt, seine Klage gemäß § 1046 Abs. 1 ZPO-E einzureichen. Die Beendigung erfolgt durch Beschluss nach § 1056 Abs. 2 Nr. 1 Buchstabe a ZPO-E; denn wenn keine Klage eingereicht wird, kann auch kein Schiedsspruch ergehen. Auch Artikel 28 Abs. 1 Satz 1 UNCITRAL Arbitration Rules sieht in diesem Fall „einen Beschluss über die Einstellung des Schiedsverfahrens" vor.

Den Regelfall der Säumnis des Beklagten behandelt Absatz 2. Versäumt es der Beklagte, die Schiedsklage zu beantworten, setzt das Schiedsgericht das Verfahren fort, ohne diese Säumnis als solche als Zugeständnis der Behauptungen des Klägers zu behandeln. Ob das Schiedsgericht aufgrund der Umstände des Einzelfalles ein solches Zugeständnis dennoch annimmt oder ob es über den Vortrag des Klägers verhandelt und sogar Beweis erhebt, bleibt seinem Ermessen überlassen. Für beide Fälle wird durch die Vorschrift des Absatzes 2 vermieden, dass der Beklagte das Schiedsverfahren blockiert.

Absatz 3 behandelt den Fall, dass der Schiedskläger oder der Schiedsbeklagte es versäumt, zu einer mündlichen Verhandlung zu erscheinen oder innerhalb einer (vom Schiedsgericht oder den Parteien) festgelegten Frist ein Schriftstück zum Beweis vorzulegen. Dann kann das Schiedsgericht das Verfahren wie im Fall des Absatzes 2 fortsetzen und darüber hinaus – weil der Streitstoff durch Klage und Klagebeantwortung feststeht – einen Schiedsspruch aufgrund der vorliegenden Erkenntnisse fällen. Artikel 25 Buchstabe c ModG stellt in diesem Zusammenhang auf die vorliegenden „Beweise" ab;

diesen Begriff hat der Entwurf der Reformkommission folgend durch den weitergehenden Begriff der „Erkenntnisse" ersetzt, weil der Schiedsspruch sich auf den gesamten Verfahrensstoff zu stützen hat.

Alle in den Absätzen 1 bis 3 angeordneten Rechtsfolgen treten gemäß Absatz 4 Satz 1 nur ein, wenn die säumige Partei die Säumnis nicht genügend entschuldigt. Normalerweise wird ein Entschuldigungsgrund dem Schiedsgericht vor Erlass seiner Entscheidung mitgeteilt werden können. In diesem Zusammenhang ist zu beachten, dass die für die Säumnis maßgebenden Fristen sich in den Fällen der Absätze 1 und 2 nach § 1046 Abs. 1 ZPO-E richten; was Absatz 3 angeht, so ist die rechtzeitige Ladung zu einer mündlichen Verhandlung gemäß § 1047 Abs. 2 ZPO-E oder – dies folgt unmittelbar aus § 1042 Abs. 1 ZPO-E – eine angemessene Fristsetzung für die Vorlage des Schriftstückes vorauszusetzen.

Im Übrigen können die Parteien gemäß Absatz 4 Satz 2 die Folgen der Säumnis durch Parteivereinbarung abweichend von den Vorschriften der Absätze 1 bis 3 regeln.

Zu § 1049

Mit § 1049 ZPO-E wird die Regelung des Artikels 26 ModG zum Sachverständigenbeweis übernommen. Auch das niederländische Recht hat dieser Frage eine ausführliche Vorschrift gewidmet (Artikel 1042 niederl. ZPO). Das geltende deutsche Recht begnügt sich hingegen insoweit mit der Aussage, dass das Schiedsgericht (Zeugen und) Sachverständige vernehmen kann, die freiwillig vor ihm erscheinen (vgl. § 1035 Abs. 1 ZPO).

Erfahrungsgemäß werden in der nationalen wie auch in der internationalen Schiedsgerichtsbarkeit häufig Juristen zu Schiedsrichtern bestellt, die bei Fragen technischer und kaufmännischer Art auf Sachverständige angewiesen sind. Von daher erscheint eine Vorschrift über die Rechtsstellung des Sachverständigen im Schiedsverfahren naheliegend. Hinzu kommt, dass die in Artikel 26 Abs. 2 ModG vorgesehene Möglichkeit der Beibringung von „Parteisachverständigen" dem deutschen Rechtssystem nicht geläufig ist, so dass ein Absehen von der Vorschrift über den Sachverständigenbeweis offengelassen hätte, wie diese Frage nach dem neuen Recht zu beurteilen ist.

Nach Absatz 1 kann das Schiedsgericht vorbehaltlich einer anderweitigen Vereinbarung der Parteien einen oder mehrere Sachverständige bestellen (Satz 1) und die Parteien zu sachdienlichen Auskünften und anderen Handlungen, die zur Durchführung der Aufgabe der Sachverständigen erforderlich sind, auffordern (Satz 2). Das Schiedsgericht kann also nicht gegen den Willen der Parteien Sachverständige hinzuziehen. Die Vorrangigkeit der Parteimaxime ist schon deshalb geboten, weil der vom Schiedsgericht bestellte Sachverständige für das angelsächsische Rechtssystem und der „Parteisachverständige" für das deutsche Rechtssystem keine Selbstverständlichkeit ist, so dass zumindest der Ausschluss einer solchen Bestellung durch Parteivereinbarung möglich sein muss. Hinzu kommt, dass das Vertrauen der Parteien in die Schiedsrichter nicht notwendig das Vertrauen in die vom Schiedsgericht ausgewählten Sachverständigen einschließt und dass es den Parteien freistehen muss, die durch Sachverständige entstehenden Kosten zu vermeiden.

Gemäß Absatz 2 hat der Sachverständige nach Erstellung seines Gutachtens auf Antrag einer Partei oder wenn es das Schiedsgericht für erforderlich hält an einer mündlichen Verhandlung teilzunehmen (Satz 1), bei der die Parteien ihm Fragen stellen können (Satz 2). Diese Regelung stellt sich als eine Ausprägung des in § 1042 Abs. 1 ZPO-E verankerten Anspruchs auf rechtliches Gehör dar. Gleiches gilt für die gemäß Satz 2 den Parteien gegebene Möglichkeit, in diesem Zusammenhang eigene Sachverständige zu den streitigen Fragen aussagen zu lassen. Der „Parteisachverständige" ist dem deutschen Recht wie gesagt bislang fremd. Gegen die Übernahme des Artikels 26 Abs. 2 ModG auch insoweit bestehen jedoch keine Bedenken, weil den Ausführungen eines solchen

Sachverständigen wegen seiner Nähe zur Partei kein den Ausführungen des vom Gericht bestellten Sachverständigen vergleichbares Gewicht zukommt.

Letzteres wird auch durch die Regelung des Absatzes 3 verdeutlicht, wonach (nur) der vom Gericht bestellte Sachverständige in gleicher Weise wie die Schiedsrichter das Erfordernis der Unparteilichkeit und Unabhängigkeit erfüllen muss und bei Nichterfüllung dieser Voraussetzungen von den Parteien abgelehnt werden kann. Eine solche Vorschrift enthalten weder das Modellgesetz noch die UNCITRAL Arbitration Rules, wobei der Grund hierfür in dem Kompromiss liegen dürfte, der mit Artikel 26 ModG im Hinblick auf die Verschiedenartigkeit des kontinental-europäischen und des angelsächsischen Rechtssystems in Bezug auf den Sachverständigen gefunden wurde. Der Entwurf bringt das Erfordernis der Unabhängigkeit und Unparteilichkeit in Absatz 3 gerade deshalb zum Ausdruck, um die unterschiedlichen Funktionen des vom Schiedsgericht bestellten Sachverständigen und des „Parteisachverständigen" deutlich zu machen.

Die Tatsache, dass Absatz 3 die entsprechende Anwendung des § 1037 ZPO-E auf dessen Absätze 1 und 2 beschränkt, bedeutet, dass die Befangenheit des Sachverständigen bei erfolgloser Ablehnung nur im Aufhebungsverfahren oder Vollstreckbarerklärungsverfahren geltend gemacht werden kann. Für die Möglichkeit der Herbeiführung einer gerichtlichen Entscheidung bereits während des Schiedsverfahrens besteht bei einem vom Schiedsgericht bestellten Sachverständigen im Gegensatz zu einem von der Partei bestellten Schiedsrichter kein Bedürfnis.

Zu § 1050

Satz 1 bestimmt, dass das staatliche Gericht um Unterstützung bei solchen richterlichen Handlungen ersucht werden kann, zu denen das Schiedsgericht selbst nicht befugt ist. Die Vorschrift – die gemäß § 1025 Abs. 2 ZPO-E auch dann gilt, wenn das Schiedsverfahren im Ausland stattfindet oder stattgefunden hat – entspricht im Wesentlichen § 1036 Abs. 1 (iVm § 1035) ZPO.

Artikel 27 ModG trifft eine Regelung über die gerichtliche Unterstützung dagegen nur für den Bereich der Beweisaufnahme. Insoweit geht diese Vorschrift von einer Rechtslage aus, wie sie für das deutsche Recht gemäß § 1035 ZPO gilt. Danach besteht für Zeugen und Sachverständige kein Aussagezwang. Auch ist das Schiedsgericht nicht zur Beeidigung eines Zeugen oder Sachverständigen befugt. Hält es eine eidliche Vernehmung für erforderlich oder erscheint ein Zeuge oder Sachverständiger nicht freiwillig, so bleibt nach § 1036 ZPO nur der Weg einer Anrufung des staatlichen Gerichts. Diese Aussagen verkürzt § 1050 Satz 1 ZPO-E auf die Bestimmung, dass das Gericht zwecks Unterstützung bei der Beweisaufnahme angerufen werden kann, soweit die Befugnisse des Schiedsgerichts nicht reichen. Die diesbezüglich in § 1035 ZPO enthaltenen Einzelvorschriften erschienen für das neue Recht entbehrlich, weil sie letztlich eine bloße gesetzliche Klarstellung von Grundsätzen beinhalten, die aus dem privaten Charakter der Schiedsgerichtsbarkeit folgen.

Hingegen erschien es geboten, entsprechend dem Vorschlag der Reformkommission § 1050 ZPO-E über Artikel 27 ModG hinaus und in Anlehnung an den insoweit ebenfalls allgemein gehaltenen § 1036 Abs. 1 ZPO auf andere richterliche Handlungen, zu deren Vornahme das Schiedsgericht nicht befugt ist, auszudehnen. Als solche kommen beispielsweise das Ersuchen an eine Behörde um Vorlage einer sich in deren Besitz befindliche Urkunde (§ 432 ZPO), das Ersuchen um Zustellung nach den §§ 199 bis 204 ZPO oder die Einholung einer Aussagegenehmigung zur Vernehmung von Beamten und Richtern (§ 376 ZPO) in Betracht. Andernfalls könnte aus § 1026 ZPO-E, wonach die Tätigkeit der Gerichte ausdrücklich auf die im Gesetz genannten Fälle beschränkt ist, der Schluss gezogen werden, dass sonstige Unterstützungshandlungen seitens der staatlichen Gerichte ausgeschlossen sind. Ein solcher Schluss aber würde dem Sinn des § 1026 ZPO-

E, der eine zu weitgehende Einflussnahme der staatlichen Gerichte zu Lasten der Autonomie des Schiedsverfahrens, nicht aber eine zum reibungslosen Ablauf des Schiedsverfahrens notwendige Hilfestellung seitens der staatlichen Gerichte verhindern will, zuwiderlaufen.

§ 1050 ZPO-E entspricht somit inhaltlich den §§ 1035, 136 ZPO. Auf die ausdrückliche Übernahme des § 1036 Abs. 2 ZPO ist dagegen aus Gründen der Rechtsvereinheitlichung verzichtet worden, da der Inhalt dieser Vorschrift als selbstverständlich vorausgesetzt werden kann.

Der Antrag auf Unterstützung durch das staatliche Gericht kann vom Schiedsgericht oder einer Partei mit Bewilligung des Schiedsgerichts gestellt werden. Dies entspricht Artikel 27 ModG und der Regelung des Artikels 184 Abs. 2 schweiz. IPRG. Artikel 27 ModG wurde insoweit von den Verfassern des Modellgesetzes als Kompromisslösung zwischen den Auffassungen, dass entweder nur das Schiedsgericht oder nur die Parteien den Antrag stellen können, verstanden (vgl. Bericht zum Modellgesetz Nummer 226). Gegen die Übernahme dieses Kompromisses in das deutsche Recht bestehen keine Bedenken. Die Beibringung von Beweisen als wichtigster Fall des § 1050 Satz 1 ZPO-E obliegt zwar grundsätzlich den Parteien. Jedoch sollte das Schiedsgericht schon zur Verhinderung von Verzögerungstaktiken die Möglichkeit haben, die Anrufung des staatlichen Gerichts in den Fällen auszuschließen, in denen ihm das Beweisthema für seine Entscheidung unerheblich erscheint.

Satz 2 bestimmt, dass ein Antrag nach Satz 1 gemäß den für die staatlichen Gerichte geltenden Verfahrensvorschriften, also nach den einschlägigen Vorschriften der ZPO, zu erledigen ist. Diese Regelung entspricht Artikel 27 Satz 2 ModG. Voraussetzung soll allerdings sein, dass das Gericht den Antrag nicht für unzulässig hält. Diese ausdrückliche Einschränkung, die weder das Modellgesetz noch der Diskussionsentwurf enthält, soll verdeutlichen, dass das Gericht unzulässige Beweismethoden, zB die Durchführung eines Urkundenbeweises nach amerikanischem Vorbild (in der Form der discovery of documents), ablehnen kann.

Nach Satz 3 sind die Schiedsrichter berechtigt, an einer Beweisaufnahme vor Gericht teilzunehmen und Fragen zu stellen. Diese ebenfalls weder im Modellgesetz noch im Diskussionsentwurf enthaltene Klarstellung erscheint sinnvoll, da den Schiedsrichtern die Möglichkeit gegeben sein muss, sich von solchen Beweisaufnahmen ein unmittelbares Bild zu verschaffen.

Zuständiges Gericht für Unterstützungshandlungen nach § 1050 ZPO-E ist gemäß § 1062 Abs. 4 ZPO-E abweichend von der Regelung des § 1062 Abs. 1 ZPO-E das Amtsgericht, in dessen Bezirk die richterliche Handlung vorgenommen werden soll. Zu den hierfür maßgebenden Erwägungen vgl. die Begründung zu § 1062 ZPO-E.

Zu § 1051
Für internationale Schiedsverfahren ist die Frage von besonderer Bedeutung, welches materielle Recht der Entscheidung des Rechtsstreits zugrundezulegen ist. § 1051 ZPO-E übernimmt diesbezüglich im Ergebnis weitgehend die Regelungen des Artikels 28 ModG.

Bei den Bestimmungen über das anwendbare materielle Recht war darauf zu achten, dass sie mit Artikel 3 ff. des EG-Übereinkommens vom 19. Juni 1980 über das auf vertragliche Schuldverhältnisse anzuwendende Recht (BGBl. 1986 II S. 809), das für die Bundesrepublik Deutschland am 1. April 1991 in Kraft getreten ist, im Einklang stehen. Die Vorschriften des genannten Übereinkommens finden zwar gemäß Artikel 1 Abs. 2 des Vertragsgesetzes innerstaatlich keine unmittelbare Anwendung, sondern gelten – um die Überschaubarkeit des deutschen Internationalen Privatrechts zu gewährleisten – als Vorschriften des EGBGB (Artikel 27 ff.). Sie sind jedoch auf völkervertraglicher Ebene bindend.

Der Auffassung der Reformkommission, dass die Artikel 27 ff. EGBGB nur für die staatlichen Gerichte, nicht aber für (internationale) Schiedsgerichte bindend seien, folgt der Entwurf nicht. Zwar sprechen für die Annahme eines Sonderkollisionsrechts in internationalen Schiedsverfahren gewichtige Gründe (vgl. S. 167 des Kommissionsberichts). Dies ändert jedoch nichts daran, dass das EG-Übereinkommen vom 19. Juni 1980 nach dem Willen seiner Verfasser auch in internationalen Schiedsverfahren für die Frage des auf den Hauptvertrag anwendbaren materiellen Rechts Anwendung finden sollte und damit auch insoweit für die Bundesrepublik Deutschland unmittelbar geltendes Recht ist. Im Bericht zu dem Übereinkommen von Giuliano/Lagarde, Drucksache 10/503, S. 44 li. Sp. vor Abschnitt 6 heißt es, dass sich die Ausschlussklausel des Artikels 1 Abs. 2 Buchstabe d des Übereinkommens dann, wenn die Schiedsklausel Bestandteil eines Vertrages ist, nur auf die Klausel selbst, nicht dagegen auf den Hauptvertrag – und damit auch nicht auf die Frage des auf den Hauptvertrag anwendbaren materiellen Rechts – erstreckt.

Allerdings hat der Vorrang der Artikel 27 ff. EGBGB im Wesentlichen nur Bedeutung für § 1051 Abs. 2 ZPO-E, also die Bestimmung des anwendbaren Rechts für den Fall, dass die Parteien diesbezüglich keine Vereinbarung getroffen haben. Hinsichtlich des Inhalts der Absätze 3 und 4 des Artikels 28 ModG ist dagegen der Zusammenhang mit dem schiedsrichterlichen Verfahren so eng, dass er als von der Ausschlussklausel des Artikels 1 Abs. 2 Buchstabe d des EG-Schuldvertragsübereinkommens erfasst angesehen werden kann; diese Vorschriften konnten also ohne weiteres in das deutsche Recht übernommen werden.

Gemäß Absatz 1 Satz 1, der mit Artikel 28 Abs. 1 Satz 1 ModG und im Ergebnis auch mit Artikel 27 Abs. 1 Satz 1 EGBGB übereinstimmt, hat das Schiedsgericht die Streitigkeit nach den Rechtsvorschriften zu entscheiden, die von den Parteien als auf den Inhalt des Rechtsstreits anwendbar vereinbart worden sind. Der Vorrang der Parteiautonomie ist kollisionsrechtlich unumstritten. Ihr wird in besonderem Maße dadurch Rechnung getragen, dass die Parteien die maßgeblichen „Rechtsvorschriften" wählen können; sie sind also nicht auf die Wahl der Gesamtrechtsordnung eines bestimmten Staates beschränkt, sondern können Rechtsvorschriften aus verschiedenen nationalen Rechten oder auch solche, die auf internationaler Ebene erarbeitet worden sind, wählen. Dies steht im Übrigen nicht nur mit Artikel 27 Abs. 1 Satz EGBGB und dem Modellgesetz, sondern auch dem Trend neuerer nationaler Gesetze (vgl. zB Artikel 1054 Abs. 1 niederl. ZPO; Artikel 1496 des französischen c. pr. c.) in Einklang. Dass eine solche Rechtswahl nicht völlig ohne Schranken zugelassen ist (vgl. vor allem Artikel 34 EGBGB), versteht sich von selbst und braucht daher im Gesetzestext nicht besonders hervorgehoben zu werden.

Nach Absatz 1 Satz 2 ist die Bezeichnung des „Rechts" oder der „Rechtsordnung" eines bestimmten Staates durch die Parteien immer als Verweisung auf das Sachrecht dieses Staates und nicht sein Kollisionsrecht anzusehen, es sei denn, dass die Parteien ausdrücklich etwas anderes, dh die Geltung des Kollisionsrechts eines bestimmten Staates, vereinbart haben. Diese Vorschrift entspricht Artikel 28 Abs. 1 Satz 2 ModG. Zwar sind nach Artikel 35 EGBGB (Artikel 15 des EG-Übereinkommens vom 19. Juni 1980) unter dem von den Parteien nach Artikel 27 Abs. 1 Satz 1 EGBGB frei wählbaren „Recht eines Staates" die in diesem Staat geltenden Sachvorschriften zu verstehen (vgl. auch Artikel 4 Abs. 2 EGBGB). Insofern bestehen jedoch keine gravierenden Bedenken, wenn den Parteien eines Schiedsverfahrens die Wahl eines bestimmten Kollisionsrechts nicht ausdrücklich verboten wird. Mit dem wesentlichen Inhalt des EG-Schuldvertragsübereinkommens (das vor allen den Renvoi bei der objektiven oder gesetzlichen Anknüpfung ausschließt) kollidiert eine solche Wahl im Übrigen nicht, so dass Artikel 28 Abs. 1 ModG unter dem Gesichtspunkt einer möglichst weitgehenden Rechtsvereinheitlichung vollinhaltlich in das neue Recht übernommen werden konnte.

Haben die Parteien das anzuwendende Recht nicht bestimmt, ist vom Schiedsgericht nach Absatz 2 das Recht des Staates anzuwenden, mit dem der Hauptvertrag die engsten Verbindungen aufweist. Nach Artikel 28 Abs. 2 ModG hat das Schiedsgericht hingegen das Recht anzuwenden, „welches das von ihm für anwendbar erachtete Kollisionsrecht bestimmt" (ebenso im Ergebnis: Artikel VII Abs. 1 EuÜE 1961; Artikel 33 Abs. 1 UNCITRAL Arbitration Rules; Artikel 42 Abs. 1 des Weltbankübereinkommens; Artikel 31 Abs. 3 des Schweizer Konkordats; Artikel 13 Abs. 3 der ICC-Schiedsgerichtsordnung). In Frankreich (Artikel 1496 Satz 1 zweiter Halbsatz c.pr.c.) und in den Niederlanden (Artikel 1054 Abs. 2 niederl. ZPO) dürfen die Schiedsrichter sogar, ebenso wie die Parteien, nach gleichem oder ähnlichem Ermessen eine unmittelbare Rechtswahl vornehmen. Der hiervon abweichende Ansatz des Absatzes 2, welcher der Lösung des schweizerischen IPR-Gesetzes (vgl. Artikel 187) entspricht, ist aus den eingangs genannten Gründen durch Artikel 4 des EG-Schuldvertragsübereinkommens (Artikel 28 EGBGB) geboten, der ebenfalls auf das Recht des Staates abstellt, mit dem der Vertrag die engsten Verbindungen aufweist. Im Übrigen bedeutet dieses Kriterium im Ergebnis keine gravierende Abweichung von der Einräumung eines schiedsrichterlichen Ermessens hinsichtlich des anwendbaren Kollisionsrechts. Denn dieses Ermessen kann nicht bedeuten, dass die Schiedsrichter in der Wahl des Kollisionsrechts völlig frei wären und hierüber zur Anwendung eines materiellen Rechts kommen könnten, das mit dem Hauptvertrag keinerlei oder deutlich geringere Verbindungen aufweist als ein anderes Sachrecht. Das Merkmal der engsten Verbindung mit dem Hauptvertrag stellt vielmehr letztlich nur eine Konkretisierung des schiedsrichterlichen Ermessens in der Richtung dar, dass dessen Ergebnis nicht willkürlich sein darf. In diesem Sinne wird auch die o.g. Regelung des Artikels 187 des schweizerischen IPR-Gesetzes verstanden (vgl. Blessing, Das neue internationale Schiedsrecht der Schweiz, S. 72f.).

Aus der Bindung der Bundesrepublik Deutschland an das EG-Schuldvertragsübereinkommen folgt, dass zur Auslegung des unbestimmten Rechtsbegriffs der „engsten Verbindung" auf die übrigen Absätze des Artikels 28 EGBGB zurückzugreifen ist. Nach Artikel 28 Abs. 2 Satz 2 EGBGB wird vermutet, dass der Vertrag die engsten Verbindungen zu dem Staat aufweist, in dem sich die (Haupt-)Niederlassung der Partei befindet, welche die vertragscharakteristische Leistung zu erbringen hat. Bei den Vermutungen der Absätze 2 bis 4 des Artikels 28 EGBGB handelt es sich jedoch ausnahmslos um widerlegbare Vermutungen; dies bedeutet, dass es dem Schiedsrichter auch in Anwendung dieser Bestimmungen des EGBGB nicht verwehrt ist, das Sachrecht eines anderen Staates anzuwenden, wenn im konkreten Fall andere Anknüpfungspunkte ein deutlich stärkeres Gewicht haben (zB wenn das Heimatrecht beider nichtdeutschen Parteien übereinstimmend auf den Ort des Vertragsabschlusses abstellt). Es erscheint jedenfalls nicht erforderlich, die Aussage des Absatzes 2 unter Zugrundelegung der einschlägigen Vorschriften des EGBGB im Gesetzestext näher zu konkretisieren. Schließlich ist zu beachten, dass im Rahmen des Absatzes 2 das Recht des Staates, mit dem der Vertrag die engsten Verbindungen aufweist, nur das Sachrecht und nicht auch das Kollisionsrecht dieses Staates umfasst.

Für Verbraucherfälle enthält Artikel 29 EGBGB (Artikel 5 EG-Schuldvertragsübereinkommen) eine Sonderregelung. Diese ist zwar in den dort genannten Fällen zwingend anzuwenden. Eine diesbezügliche Klarstellung im Gesetz erschien jedoch entbehrlich, weil Verbraucher in internationalen Fällen nur selten Partei einer Schiedsvereinbarung sind und weil ggf. die Anwendung des Artikels 29 EGBGB als lex specialis nach dem EGBGB, auf das § 1051 Abs. 2 ZPO-E in der Sache abstellt, vorgeschrieben ist.

In den Absätzen 3 und 4 werden die Regelungen des Artikels 28 Abs. 3 und 4 ModG übernommen.

Gemäß Absatz 3 soll eine Entscheidung nach Billigkeit getroffen werden können, wenn die Parteien das Schiedsgericht hierzu ausdrücklich ermächtigt haben. Während ein staatliches Gericht stets an das materielle Recht gebunden ist und Billigkeitsgesichtspunkte nur insoweit zum Maßstab seiner Entscheidung machen darf, als das Gesetz selbst dies erlaubt, spielen Billigkeitsentscheidungen in der Schiedsgerichtsbarkeit, insbesondere der internationalen Schiedsgerichtsbarkeit, seit jeher eine größere Rolle. Daher liegt es nahe, den Parteien ausdrücklich zu gestatten, die Entscheidung nach Billigkeit statt streng nach Recht und Gesetz zu vereinbaren. Das Erfordernis einer ausdrücklichen Vereinbarung macht andererseits deutlich, dass die Entscheidung nach Recht und Gesetz auch im Schiedsverfahren die Regel und die Entscheidung allein nach Billigkeit die Ausnahme ist.

Absatz 4 übernimmt die Regelung des Artikels 28 Abs. 4 ModG. Ist das anwendbare Recht – wie in der Regel – an eine nationale Rechtsordnung geknüpft, können die Bestimmungen des Vertrages und die Handelsbräuche allerdings nur insoweit berücksichtigt werden, als die nationale Rechtsordnung es erlaubt. Dies bedeutet, dass zwingende gesetzliche Regelungen Vorrang vor abweichenden Vertragsbestimmungen haben. Insoweit besagt Absatz 4 etwas mehr oder weniger Selbstverständliches und könnte daher zu dem Missverständnis führen, dass Vertragsbestimmungen und Handelsbräuche Vorrang vor den anzuwendenden gesetzlichen Vorschriften hätten. Eine aus dieser Erwägung hergeleitete Nichtübernahme des Artikels 28 Abs. 4 ModG hätte andererseits dessen eigenständige Bedeutung insbesondere für die Fälle außer Acht gelassen, in denen die Parteien eine Billigkeitsentscheidung durch das Schiedsgericht vereinbart haben. Deshalb sowie angesichts der Tatsache, dass Artikel 28 Abs. 4 ModG bereits ein Vorbild in Artikel VII Abs. 1 Satz 3 EuÜE 1961 hat, ist er ebenfalls in das neue Recht übernommen worden.

Zu § 1052

Die Vorschrift regelt die Entscheidungsfindung durch ein Schiedsgericht mit mehr als einem Schiedsrichter.

Nach Absatz 1, der Artikel 29 Satz 1 ModG entspricht, ist vorbehaltlich einer anderweitigen Parteivereinbarung jede Entscheidung durch ein Schiedsrichterkollegium mit der Mehrheit der Stimmen aller Mitglieder zu treffen. Gemeint ist also die absolute Stimmenmehrheit. Auch das geltende Recht stellt auf die absolute Stimmenmehrheit ab (vgl. § 1038 ZPO, der seinerseits § 196 Abs. 1 GVG für das Verfahren vor den staatlichen Gerichten entspricht). Im Fall der Stimmengleichheit hat somit ein Beschluss über die Beendigung des Verfahrens nach § 1056 Abs. 2 Nr. 3 ZPO-E zu erfolgen.

Von einer Vorschrift, wonach im Falle der Stimmengleichheit die Stimme des vorsitzenden Schiedsrichters den Ausschlag gibt (so beispielsweise Artikel 189 Abs. 2 schweiz. IPRG und Artikel 19 Satz 2 der ICC-Schiedsgerichtsordnung), ist im Einklang mit dem Modellgesetz und dem Diskussionsentwurf abgesehen worden. Ein Stichentscheid des Vorsitzenden hätte zwar den Vorteil, dass in jedem Fall eine Entscheidung des Schiedsgerichts ergehen könnte. Die Nachteile eines Stichentscheids erscheinen jedoch gravierender: Zum einen würde das Votum der beisitzenden Schiedsrichter gegenüber dem des Vorsitzenden erheblich an Bedeutung verlieren. Zum anderen könnte das Bemühen um eine gemeinsam getragene Entscheidung als von vornherein sinnlos empfunden werden. Im übrigen haben die Parteien die Möglichkeit, in jedem Stadium des Verfahrens einen Stichentscheid des vorsitzenden Schiedsrichters zu vereinbaren.

Absatz 2 sieht entsprechend dem Votum der Reformkommission über das Modellgesetz hinausgehend Regelungen für den Fall vor, dass ein Schiedsrichter die Teilnahme an einer Abstimmung verweigert (dh an ihr ohne zwingendem Grund nicht teilnimmt). In diesem Fall, dessen Rechtsfolge nach geltendem Recht unklar ist, sollen die übrigen

Schiedsrichter künftig in der Lage sein, die Entscheidung allein zu treffen, sofern die abgegebenen Voten bezogen auf die Gesamtbesetzung des Schiedsgerichts die absolute Mehrheit darstellen (Satz 1). Diese Befugnis korrespondiert mit der in § 1054 Abs. 1 ZPO-E vorgesehenen Regelung bezüglich des Unterschriftserfordernisses, und zwar auch im Hinblick auf die in den nachfolgenden Sätzen geregelte Publizität der Weigerung. Verweigert ein Schiedsrichter die Teilnahme an der Abstimmung über den Schiedsspruch, ist dies den Parteien vorher mitzuteilen, um sie in die Lage zu versetzen, auf den Schiedsrichter Einfluss zu nehmen (Satz 2). Bei anderen Entscheidungen reicht es aus, wenn die Parteien von der Weigerung nachträglich, insbesondere im Schiedsspruch selbst, in Kenntnis gesetzt werden (Satz 3).

Nach Absatz 3 kann der vorsitzende Schiedsrichter (vgl. § 1035 Abs. 3 Satz 2 ZPO-E) über „einzelne Verfahrensfragen" allein entscheiden, wenn die Parteien oder die anderen Mitglieder des Schiedsgerichts ihn dazu ermächtigt haben. Im Gegensatz zu Artikel 29 Satz 2 ModG ist das alleinige Entscheidungsrecht des vorsitzenden Schiedsrichters allerdings auf „einzelne" Verfahrensfragen beschränkt. Maßgebend für diese – von der Reformkommission vorgeschlagene – Einschränkung war die Überlegung, dass bis auf den Schiedsspruch selbst oder etwa die Entscheidung über die eigene Zuständigkeit fast alle Entscheidungen des Schiedsgerichts das schiedsrichterliche Verfahren betreffen und deshalb eine Einschränkung im Gesetz deutlich gemacht werden muss. Da der vorsitzende Schiedsrichter kraft seines Amtes über den äußeren Verfahrensablauf wie zB die Terminierung oder die Reihenfolge von Zeugenvernehmungen ohnehin allein entscheiden kann, sind in Absatz 3 (ebenso wie in Artikel 29 Satz 2 ModG) nur Fragen des „inneren" Verfahrensablaufs angesprochen. Hierzu gehören etwa die Entscheidungen über mündliches oder schriftliches Verfahren, über die Verfahrenssprache und über die Zuziehung von Sachverständigen. Da solche Entscheidungen erkennbar von Bedeutung für den Ausgang des Verfahrens sein können, setzt die Alleinentscheidungsbefugnis des Vorsitzenden eine entsprechende Einzelermächtigung voraus. Insbesondere dies soll mit dem Begriff der „einzelnen" Verfahrensfragen verdeutlicht werden.

Zu § 1053

Mit § 1053 ZPO-E wird die Regelung des Artikel 30 ModG über den „Schiedsspruch mit vereinbartem Wortlaut" in erweiterter Form übernommen. Ähnliche Bestimmungen finden sich zB in Artikel 34 Abs. 1 UNCITRAL Arbitration Rules und Artikel 17 der ICC-Schiedsgerichtsordnung.

Vergleichen sich die Parteien über die Rechtsstreitigkeit, beendet das Schiedsgericht das Verfahren gemäß Absatz 1 Satz 1. Nach Satz 2 hält es den Vergleich in der Form eines Schiedsspruchs mit vereinbartem Wortlaut fest, sofern der Inhalt des Vergleichs nicht gegen die öffentliche Ordnung verstößt.

Für die Ersetzung des Schiedsvergleichs gemäß § 1044a ZPO, der vom Schiedsgericht lediglich zu Protokoll genommen wird, durch den Schiedsspruch mit vereinbartem Wortlaut spricht insbesondere, dass die Vollstreckbarkeit inländischer Schiedsvergleiche im Ausland nur selten gewährleistet ist. Denn während nach § 1044a ZPO auch ausländische Schiedsvergleiche für vollstreckbar erklärt werden können, beinhalten ausländische Rechtsordnungen und auch das UNÜE 1958 (vielfach) keine besonderen Bestimmungen über die Vollstreckbarkeit von Schiedsvergleichen, die lediglich in der Form eines Protokolls abgefasst sind. In bilateralen Übereinkommen werden deshalb häufig von einem Schiedsgericht abgeschlossene Vergleiche einem Schiedsspruch ausdrücklich gleichgestellt (vgl. zB Artikel 9 des deutsch-schweizerischen Anerkennungs- und Vollstreckungsabkommens vom 2. November 1929 – RGBl. II 1930 S. 1209 – und Artikel 12 des deutsch-österreichischen Anerkennungs- und Vollstreckungsvertrages vom 6. Juni 1959 – GBGl. II 1960 S. 1246). Wird dagegen der Schiedsvergleich von vornherein in die Form eines Schiedsspruchs gekleidet, kann er aufgrund der internationalen Konventionen und nahezu aller nationalen Rechtsordnungen auch ohne weiteres für vollstreckbar erklärt werden.

Für die Aufrechterhaltung des § 1044a ZPO neben § 1053 ZPO-E besteht kein Bedürfnis, auch nicht für Schiedsverfahren, in denen eine Vollstreckbarerklärung des Vergleichs im Ausland nicht zur Debatte steht. Auf den ersten Blick erscheint der Schiedsvergleich des geltenden Rechts zwar von daher leichter vollstreckbar, dass die Vollstreckbarerklärung nur unter den Voraussetzungen des § 1044a Abs. 2 ZPO abgelehnt werden kann, während für den Schiedsspruch mit vereinbartem Wortlaut insoweit die allgemeinen Vorschriften gelten. Schon aus der Tatsache, dass der schiedsrichterliche Vergleich nach gegenwärtigem Recht nicht der Aufhebungsklage unterliegt, folgt jedoch, dass im Ergebnis nur die von Amts wegen zu berücksichtigenden Aufhebungsgründe des § 1059 Abs. 2 Nr. 2 ZPO-E, welche im wesentlichen mit den Gründen des § 1044a Abs. 2 ZPO übereinstimmen, die Vollstreckbarerklärung hindern können. Folglich besteht der Unterschied zwischen Artikel 30 ModG und § 1044a ZPO im Wesentlichen in der problemloseren Vollstreckbarkeit der Entscheidung im Ausland, die allerdings den Erlass eines Schiedsspruchs und damit ein etwas aufwendigeres Tätigwerden des Schiedsgerichts (zB ausreichende Bezeichnung der Parteien und des Streitfalls) voraussetzt. Im Übrigen bleibt den Parteien die Möglichkeit, statt des Antrags auf Erlass eines Schiedsspruchs mit vereinbartem Wortlaut einen Vergleich ohne Beteiligung des Schiedsgerichts zu schließen und eine Beendigung des Verfahrens durch Beschluss gemäß § 1056 Abs. 2 Nr. 2 ZPO-E herbeizuführen. Deshalb besteht letztlich kein Grund, die Möglichkeit des schiedsrichterlichen Vergleichs neben § 1053 ZPO-E aufrechtzuerhalten.

Während § 1044a ZPO keine ausdrückliche Regelung darüber enthält, unter welchen Voraussetzungen das Schiedsgericht die Protokollierung des Vergleichs ablehnen kann, stellt Artikel 30 Abs. 1 Satz 2 ModG den Erlass eines Schiedsspruchs mit vereinbartem Wortlaut unter den Vorbehalt, dass das Schiedsgericht „nichts dagegen einzuwenden hat". Diese Einschränkung erscheint zu weitgehend und zu unbestimmt. Da die Schiedsrichter jedoch nicht gezwungen sein können, einen Schiedsspruch zu erlassen, der mit zwingenden Rechtsgrundsätzen unvereinbar ist, sieht § 1053 Abs. 1 Satz 2 ZPO-E vor, dass der Vergleich nicht gegen die öffentliche Ordnung verstoßen darf. Die auch vom staatlichen Gericht bei der Vollstreckbarerklärung zu beachtende ordre public-Klausel des § 1059 Abs. 2 Nr. 2 Buchstabe b ZPO-E erfasst in diesem Zusammenhang auch den Fall, dass der Vergleichsgegenstand nicht schiedsfähig ist (vgl. § 1059 Abs. 2 Nr. 2 Buchstabe a ZPO-E).

Nach Absatz 2 Satz 1 (Artikel 30 Abs. 2 Satz 1 ModG) gelten für den Schiedsspruch mit vereinbartem Wortlaut dieselben Formerfordernisse wie für den aufgrund streitiger Verhandlung ergangenen Schiedsspruch. Dabei ist ausdrücklich anzugeben, dass es sich um einen Schiedsspruch handelt. Nach Satz 2 hat ein Schiedsspruch mit vereinbartem Wortlaut dieselbe Wirkung wie jeder andere Schiedsspruch zur Sache.

Absatz 3 bestimmt, dass die notarielle Beurkundung bei einem Schiedsspruch mit vereinbartem Wortlaut durch die Aufnahme der Erklärungen der Parteien in den Schiedsspruch ersetzt wird. Dies entspricht der herrschenden Meinung, nach der § 127a BGB auf den schiedsrichterlichen Vergleich nach § 1044a ZPO entsprechend anzuwenden ist. Diese Rechtsfolge muss in gleicher Weise auch für den Schiedsspruch mit vereinbartem Wortlaut gelten, wenn die Erklärungen der Parteien, für welche die notarielle Beurkundung vorgeschrieben ist, in den Schiedsspruch aufgenommen werden. Für Eintragungen in das Grundbuch und andere öffentliche Register bedarf ein solcher Schiedsspruch allerdings nach herrschender Meinung der vorherigen Vollstreckbarerklärung.

Absatz 4 Satz 1 sollen Schiedssprüche mit vereinbartem Wortlaut künftig mit Zustimmung der Parteien auch von einem deutschen Notar für vollstreckbar erklärt werden können. Maßgebend für diese Regelung war die Überlegung, dass das, was insoweit für den Anwaltsvergleich gilt (vgl. § 1044b Abs. 2 ZPO und § 796a ZPO-E in der Fassung des Artikels 1 Nr. 3 des Entwurfs), auch für den vom Schiedsgericht in der Form eines Schiedsspruchs mit vereinbartem Wortlaut protokollierten Vergleich der Parteien gelten muss. Denn in beiden Fällen bestehen angesichts des parteieinverständlichen Entscheidungsinhalts sowie der erforderlichen Zustimmung beider Parteien zur Vollstreckbarerklärung durch den Notar gegen eine diesbezügliche Entlastung der staatlichen Gerichte keine Bedenken. Nach Satz 2 hat der Notar die Vollstreckbarerklärung abzulehnen, wenn der Inhalt des Vergleichs gegen die öffentliche Ordnung (im Sinne des § 1059 Abs. 2 Nr. 2 Buchstabe b ZPO-E) verstößt. Diese Einschränkung entspricht der Sache nach § 1044a Abs. 2 ZPO, den § 796a Abs. 3 ZPO-E in der Fassung des Artikels 1 Nr. 3 des Entwurfs für die notarielle Vollstreckbarerklärung eines Anwaltsvergleichs übernimmt. Gegebenenfalls können die Parteien die Vollstreckbarerklärung bei Gericht beantragen.

Zu § 1054

Die Vorschrift regelt Form und Inhalt des Schiedsspruchs und stimmt weitgehend mit Artikel 31 ModG überein. § 1039 ZPO als die einschlägige Vorschrift des geltenden Rechts über die Förmlichkeiten des Schiedsspruchs ist bereits durch das Gesetz zur Neuregelung des Internationalen Privatrechts vom 25. Juli 1986 (BGBl. I S. 1142) neu gefasst worden mit dem Ziel, die Förmlichkeiten des Schiedsspruchs den Erfordernissen der internationalen Schiedsgerichtsbarkeit anzupassen. § 1054 ZPO-E enthält darüber hinaus weitere Erleichterungen, die ebenfalls vor allem den Belangen der internationalen Schiedsgerichtsbarkeit Rechnung tragen sollen.

Nach Absatz 1 Satz 1 ist der Schiedsspruch schriftlich zu erlassen und von den Schiedsrichtern zu unterschreiben. Das in Satz 2 im Einzelnen geregelte Unterschriftserfordernis entspricht Artikel 31 Abs. 1 ModG und weicht von § 1039 Abs. 1 ZPO insbesondere insofern ab, als die Unterschrift der „Mehrheit aller Mitglieder des Schiedsgerichts" genügt. Dies ist für jedwede Zusammensetzung des Schiedsgerichts klarer als die von der ZPO geforderte Unterschrift der „übrigen Schiedsrichter". Ferner scheint § 1039 Abs. 1 ZPO nur den Fall der Unterschriftsverweigerung durch einen Schiedsrichter zu regeln, während das Modellgesetz von seinem Wortlaut her ohne weiteres auch die Situation erfasst, dass zB bei einem aus fünf Mitgliedern bestehenden Schiedsgericht zwei Schiedsrichter die Unterschrift verweigern. Andererseits ist der Fall, dass bei Nichterlangung mehrerer Unterschriften gleichwohl noch eine absolute Mehrheit übrig bleibt, so selten, dass er keiner ausdrücklichen Erfassung im Gesetz bedarf. Daher ist beim Erfordernis der Angabe des Grundes für eine nicht geleistete Unterschrift das vom Modellgesetz verwendete Wort „jede" durch das Wort „eine" ersetzt worden, was aber in der Sache keine Abweichung vom Modellgesetz bedeutet. Dass der Grund für die fehlende Unterschrift anzugeben ist, steht im Einklang mit der Regelung des § 315 Abs. 1 Satz 2 ZPO für das Verfahren vor den staatlichen Gerichten. Die dem Modellgesetz entlehnte Fassung des Absatzes 1 Satz 2 macht im Übrigen deutlich, dass die Unterschriftsverweigerung auch vom vorsitzenden Schiedsrichter herrühren kann. Dagegen ist im Zusammenhang mit § 1039 Abs. 1 Satz 2 zweiter Halbsatz ZPO umstritten, ob der Vorsitzende den Schiedsspruch auf jeden Fall unterzeichnen muss (bejahend zB Sandrock, RIW Beilage 2 zu Heft 5/1987, S. 4 f.; verneinend zB Lörcher, BB 1988, S. 78 f.); offen bleibt damit im geltenden Recht insbesondere die Frage, was gilt, wenn beim Regelfall des Dreierschiedsgerichts der vorsitzende Schiedsrichter die Unterschrift verweigert, weil er von den beiden beisitzenden Schiedsrichtern überstimmt wurde.

Das Unterschriftserfordernis des Absatzes 1 Satz 2 unterliegt im Übrigen anders als das in § 1052 Abs. 1 ZPO-E geregelte Erfordernis der absoluten Mehrheit bei der Abstimmung nicht der Parteiautonomie, während es in seiner Zielsetzung, obstruktiven

Schiedsrichtern die Möglichkeit zu nehmen, einen wirksamen Schiedsspruch zu verhindern, mit § 1052 Abs. 2 ZPO-E übereinstimmt. Die Unterschrift der absoluten Mehrheit der Schiedsrichter ist daher immer erforderlich, aber auch ausreichend.

Nach Absatz 2 ist der Schiedsspruch zu begründen, sofern die Parteien keine andere Vereinbarung getroffen haben oder es sich um einen Schiedsspruch mit vereinbartem Wortlaut handelt. Dies entspricht dem geltenden Recht (vgl. § 1041 Abs. 1 Nr. 5 ZPO). Die hiermit im Zusammenhang stehende Frage, ob dem Schiedsspruch ein Sondervotum („dissenting opinion") beigefügt werden kann, bedurfte keiner ausdrücklichen Regelung; für das geltende Recht wird dies überwiegend als zulässig erachtet (vgl. Schlosser, Internationale private Schiedsgerichtsbarkeit, 2. Aufl., Rn. 691; Calavros, aaO., S. 139).

Nach Absatz 3 Satz 1 muss im Schiedsspruch der Tag und der nach § 1043 Abs. 1 ZPO-E bestimmte Ort seines Erlasses angegeben werden. Die Vorschrift entspricht Artikel 31 Abs. 3 erster Halbsatz ModG. Im Hinblick auf die zentrale Bedeutung des Territorialitätsprinzips ist der Ort des schiedsrichterlichen Verfahrens für das neue Recht von besonderer Bedeutung, so dass seine Angabe neben der (auch in § 1039 Abs. 1 Satz 1 ZPO vorgesehenen) Angabe des Datums geboten ist.

Absatz 3 Satz 2 bestimmt, dass der Schiedsspruch als „an diesem Tag und diesem Ort" erlassen gilt. Der Entwurf weicht damit vom Modellgesetz in Übereinstimmung mit dem Vorschlag der Reformkommission insofern ab, als das Modellgesetz die Fiktion nur auf den Ort des Verfahrens bezieht, was bedeutet, dass der Schiedsspruch auch dann am Ort des schiedsrichterlichen Verfahrens im Sinne des § 1043 Abs. 1 ZPO-E als erlassen gilt, wenn er tatsächlich an einem anderen Ort ergangen ist. Hingegen wollten die Verfasser des Modellgesetzes das im Schiedsspruch anzugebende Datum seines Erlasses nur als widerlegbare Vermutung des wirklichen Tages seines Erlasses ausgestalten, auf den es letztlich ankomme (vgl. Bericht zum Modellgesetz Nummer 253 f.). Diese Überlegung überzeugt jedoch nicht. Gerade weil es im Einzelfall schwierig sein kann, das genaue Datum des Schiedsspruchs festzustellen (zB wenn der Schiedsspruch von den einzelnen Schiedsrichtern im Versendungsverfahren unterzeichnet wird), sollte aus Gründen der Rechtssicherheit das im Schiedsspruch angegebene Datum nicht anzweifelbar sein. Daher erschien es geboten, die Fiktion auch auf den im Schiedsspruch angegebenen Tag seines Erlasses zu beziehen.

Nach Absatz 4 (Artikel 31 Abs. 4 ModG) ist jeder Partei ein von den Schiedsrichtern unterschriebener Schiedsspruch zu übersenden. Eine förmliche Zustellung ist also entbehrlich; es genügt die Übersendung auf dem Postweg, wobei in der Praxis die Übersendung per Einschreiben gegen Rückschein üblich ist. § 1039 Abs. 2 ZPO erfordert hingegen die Zustellung einer Ausfertigung an die Parteien, sofern diese nicht eine andere Art der Bekanntmachung vereinbart haben. Da die Parteien jedoch in aller Regel bezüglich der Bekanntmachung des Schiedsspruchs nichts vereinbaren, läuft die Parteiautonomie insofern weitgehend leer. Das Absehen von dem somit in aller Regel eingreifenden Erfordernis der förmlichen Zustellung geschieht im Interesse der Verfahrensökonomie. Vermieden werden soll insbesondere die in internationalen Schiedsverfahren andernfalls häufig notwendig werdende und zeitraubende Auslandszustellung nach § 199 ZPO, die vom staatlichen Gericht nach § 1036 ZPO zu veranlassen wäre.

Der in der deutschen Übersetzung des Artikels 31 Abs. 4 ModG verwendete Begriff der „Ausfertigung" erschien wegen seiner fest umrissenen Bedeutung im Prozessrecht zu eng. Er ist deshalb durch den Begriff des Schiedsspruchs selbst ersetzt worden.

Dieser erfasst sowohl das Original als auch die Abschrift; entscheidend ist, dass jedes Exemplar des Schiedsspruchs die Unterschrift der Schiedsrichter trägt.

§ 1054 ZPO-E enthält keine Bestimmung über die Niederlegung des Schiedsspruchs. Dies bedeutet, dass eine Niederlegung für die Wirksamkeit des Schiedsspruchs künftig nicht mehr erforderlich ist. § 1039 Abs. 3 ZPO geht dagegen vom grundsätzlichen Erfordernis der Niederlegung aus, gibt den Parteien aber die Möglichkeit, außer für den Fall der Vollstreckbarerklärung etwas anderes zu vereinbaren. Die Parteien denken jedoch hier regelmäßig ebensowenig wie beim Zustellungserfordernis daran, von der Parteimaxime Gebrauch zu machen, so dass die Niederlegung zum Wirksamwerden des Schiedsspruchs in aller Regel notwendig ist. Auch insoweit stellt das geltende Recht ein Erfordernis auf, das im internationalen Vergleich unüblich ist und verzichtbar erscheint.

Zu § 1055
Die Vorschrift entspricht dem geltenden § 1040 ZPO. Auch die Reformkommission hat sich für eine Beibehaltung des § 1040 ZPO ausgesprochen, obwohl das Modellgesetz eine vergleichbare Bestimmung nicht enthält. Die formelle Rechtskraft tritt mit Erfüllung aller Förmlichkeiten des § 1054 ZPO-E ein (vgl. § 705 ZPO). Hinsichtlich der materiellen Rechtskraft unterscheidet sich die Wirkung eines Schiedsspruchs von der eines rechtskräftigen Urteils lediglich dadurch, dass die Rechtskraft nicht von Amts wegen, sondern nur auf Einrede berücksichtigt wird.

Zu § 1056
Die Vorschrift behandelt die verschiedenen Möglichkeiten der Beendigung des Verfahrens. Sie entspricht – bis auf Absatz 2 Nr. 1 Buchstabe a – Artikel 32 ModG.
Nach Absatz 1 wird das schiedsrichterliche Verfahren entweder durch den Schiedsspruch oder durch einen Beschluss über die Beendigung des Verfahrens nach Absatz 2 Nr. 1 bis 3 beendet.
Absatz 2 Nr. 1 behandelt die Beendigungsgründe, die im Verhalten des Schiedsklägers ihren Grund haben. Nummer 1 Buchstabe a betrifft den Fall der unentschuldigten Säumnis des Klägers und greift ein, sofern die Rechtsfolge des § 1048 Abs. 1 ZPO-E von den Parteien nicht gemäß § 1048 Abs. 4 Satz 2 ZPO-E abbedungen wurde. Nach Nummer 1 Buchstabe b (Artikel 32 Abs. 2 Buchstabe a ModG) ist ein Beschluss über die Beendigung des Verfahrens zu erlassen, wenn der Kläger seine Klage zurücknimmt. Die Voraussetzungen der Klagerücknahme entsprechen im Wesentlichen denen des § 269 ZPO. Allerdings wird ein berechtigtes Interesse des Beklagten an der endgültigen Beilegung des Rechtsstreits gemäß § 269 Abs. 1 ZPO nach dem Beginn der mündlichen Verhandlung grundsätzlich anerkannt, während diese Frage im Entwurf offengelassen wird. Dies erklärt sich daraus, dass mündliche Verhandlungen in Schiedsverfahren nicht in gleichem Ausmaß die Regel sind wie in staatlichen Gerichtsverfahren und auch Schriftsätze Ausführungen zur Hauptsache enthalten. Daher ist es sinnvoll, das berechtigte Interesse des Beklagten je nach Sachlage vom Schiedsgericht beurteilen zu lassen.
Nach Absatz 2 Nr. 2 (Artikel 32 Abs. 2 Buchstabe b ModG) wird das Verfahren ferner dann durch Beschluss beendet, wenn die Parteien die Beendigung des Verfahrens vereinbaren. Dies ist zB denkbar, wenn der Beklagte den geltend gemachten Anspruch erfüllt hat oder die Parteien sich verglichen haben, ohne dass der Vergleich in der Form eines Schiedsspruchs mit vereinbartem Wortlaut festgehalten wurde. Die Vorschrift entspricht der beiderseitigen Erledigungserklärung nach § 91a ZPO.
Nach Absatz 2 Nr. 3 (Artikel 32 Abs. 2 Buchstabe c ModG) schließlich ist ein Beschluss über die Beendigung des Verfahrens zu erlassen, wenn die Parteien das Schiedsverfahren trotz Aufforderung des Schiedsgerichts nicht weiter betreiben oder die Fortsetzung des Verfahrens aus einem anderen Grunde unmöglich geworden ist. Der Entwurf zieht insoweit eine objektive Aussage der subjektiven Formulierung des Artikels 32 Abs. 2 Buchstabe c ModG (wonach das Schiedsgericht „der Auffassung" sein muss, dass die Fortsetzung des Verfahrens aus einem anderen Grunde unnötig oder unmöglich geworden ist) vor. Er vermeidet ferner den Begriff der „Unnötigkeit" der Verfahrensfortsetzung, da solche Fälle schwer vorstellbar sind. Statt dessen wird der Tatbestand, dass die Parteien das Verfahren trotz Aufforderung nicht weiter betreiben, als ein Fall der

Unmöglichkeit der Verfahrensfortsetzung ausdrücklich genannt. Als sonstige Fälle der Unmöglichkeit kommen insbesondere das Erlöschen der Schiedsvereinbarung (zB infolge ihrer Anfechtung oder parteieinvernehmlichen Aufhebung) oder eine Stimmengleichheit bei der Abstimmung über den Schiedsspruch in Betracht.

Nach Absatz 3 endet mit dem schiedsrichterlichen Verfahren auch das Amt des Schiedsgerichts, mit Ausnahme der Fälle, in denen nach § 1057 Abs. 2 ZPO-E ein gesonderter Schiedsspruch oder nach § 1058 ZPO-E ein Berichtigungs-, Auslegungs- oder Ergänzungsschiedsspruch zu erlassen ist oder das staatliche Gericht im Rahmen des Aufhebungsverfahrens die Sache gemäß § 1059 Abs. 4 ZPO-E an das Schiedsgericht zurückverweist.

Zu § 1057

Eine Kostenregelung ist weder im 10. Buch der ZPO noch im Modellgesetz enthalten, während die UNCITRAL Arbitration Rules in Artikel 38 ff. ausführliche Vorschriften über die Kosten vorsehen. Auch institutionelle Verfahrensordnungen beinhalten üblicherweise eine Regelung über die Kosten (zB § 22 der DIS-Schiedsgerichtsordnung), während Kostenbestimmungen in nationalen Verfahrensrechten die Ausnahme sind. Der Entwurf folgt der Ansicht der Reformkommission, dass das neue Recht eine Kostenbestimmung enthalten sollte, weil die Kosten beim Abschluss eines jeden Schiedsverfahrens von Bedeutung sind und diesbezügliche Parteivereinbarungen häufig nicht vorliegen. Mit § 1057 ZPO-E übernimmt er die im Diskussionsentwurf vorgeschlagene Kostenvorschrift (§ 1057 DiskE) in leicht abgewandelter Form.

Nach Absatz 1 Satz 1 hat das Schiedsgericht vorbehaltlich einer anderweitigen Parteivereinbarung im Schiedsspruch auch darüber zu entscheiden, zu welchem Anteil die Parteien die Kosten des Schiedsverfahrens zu tragen haben. Satz 2 enthält den Maßstab für die Kostenverteilung. Die Regelung sieht davon ab, die Kostenverteilungsgrundsätze der §§ 91 ff. ZPO auf das Schiedsverfahren zu übertragen und gibt stattdessen – insbesondere auch im Hinblick auf die Fälle des § 1056 Abs. 2 ZPO-E – einer flexiblen Lösung den Vorzug. In den meisten Fällen wird die Kostenquotelung allerdings den Grundsätzen der §§ 91 ff. ZPO folgen. Die Parteien können eine solche Bindung im übrigen von vornherein festlegen, weil auch Satz 2 unter dem Vorbehalt anderweitiger Parteivereinbarung steht.

Nach Absatz 2 Satz 1 hat das Schiedsgericht die von den Parteien zu tragenden Kosten auch der Höhe nach festzusetzen. Die ordentlichen Gerichte entscheiden zwar über die Kosten, ohne sie zu beziffern. Der Grundsatz „judex non calculat" erklärt sich aber bei den staatlichen Gerichten aus der Existenz des Kostenfestsetzungsverfahrens, das vom Rechtspfleger durchgeführt wird. Da es eine solche Einrichtung im Schiedsverfahren nicht gibt, besteht ein Bedürfnis dafür, dass die Kosten auch betragsmäßig vom Schiedsgericht festgesetzt werden. Dies kann allerdings nur hinsichtlich der Kosten geschehen, die bei Erlass des Schiedsspruchs der Höhe nach feststehen. Was die Gebühren der Schiedsrichter angeht, müssen diese ferner bereits vorschussweise gezahlt sein, weil das Schiedsgericht andernfalls in eigener Sache entscheiden würde. Ist die Kostenfestsetzung bezüglich der vorschussweise gezahlten Schiedsrichtergebühren nicht zutreffend, müssen die Parteien zuviel gezahlte Kosten außerhalb des Schiedsverfahrens von den Schiedsrichtern zurückverlangen; denn insoweit hat die Entscheidung nicht die Qualität eines Schiedsspruchs.

Absatz 2 Satz 2 trägt insbesondere den Fällen Rechnung, in denen die Höhe der Kosten bei Beendigung des schiedsrichterlichen Verfahrens noch nicht feststeht, was häufig hinsichtlich der Kosten von Sachverständigen, Zeugen und Prozessbevollmächtigten der Fall ist; ggf. ist über die Kosten in einem gesonderten Schiedsspruch zu entscheiden. Der Begriff des „gesonderten Schiedsspruchs" erfasst sowohl den Ergänzungsschiedsspruch im Sinne des § 1058 Abs. 1 Nr. 3 ZPO-E als auch den gesonderten Kostenschiedsspruch, der in den Fällen zu erlassen ist, in denen das Verfahren durch Beschluss nach § 1056 Abs. 2 ZPO-E beendet wurde.

Zu § 1058

Mit § 1058 ZPO-E wird die Vorschrift des Artikels 33 ModG über die Berichtigung, Auslegung und Ergänzung des Schiedsspruchs in dem von der Reformkommission vorgeschlagenen übersichtlicheren Aufbau übernommen.

Berichtigung und Ergänzung des Schiedsspruchs sind allgemein anerkannt, wenn auch in nationalen Verfahrensordnungen nur selten ausdrücklich geregelt (vgl. zB Artikel 1060, 1061 niederl. ZPO). Nach gegenwärtigem Recht finden insoweit die für staatliche Gerichtsverfahren geltenden Vorschriften des § 319 Abs. 1 ZPO (Berichtigung) und des § 321 Abs. 1 ZPO (Ergänzung) entsprechende Anwendung. Für eine Auslegung, dh eine Klarstellung von Teilen des Schiedsspruchs, die Missverständnisse erwecken können, findet sich dagegen in der ZPO keine Rechtsgrundlage. Der Entwurf übernimmt das Modellgesetz jedoch auch in diesem Punkt, weil eine Auslegung des Schiedsspruchs dazu beitragen kann, Aufhebungsverfahren zu vermeiden.

Absatz 1 regelt allgemein, dass die Parteien einen Antrag auf Berichtigung (Nummer 1), Auslegung (Nummer 2) oder Ergänzung (Nummer 3) des Schiedsspruchs stellen können. Nur die Berichtigung des Schiedsspruchs kann das Gericht gemäß Absatz 4 von sich aus vornehmen. Dies stimmt mit der Regelung des Modellgesetzes bis auf den Umstand überein, dass Anträge auf Auslegung und Ergänzung des Schiedsspruchs dort durch Parteivereinbarung ausgeschlossen werden können.

Gemäß Absatz 2 sind sämtliche Anträge nach Absatz 1 vorbehaltlich einer anderweitigen Parteivereinbarung innerhalb eines Monats nach Empfang des Schiedsspruchs zu stellen. Dies steht im Einklang mit dem Modellgesetz (Artikel 33 Abs. 1 und 3), wobei dieses allerdings auf Tagesfristen und nicht auf Wochen- oder Monatsfristen abstellt.

Absatz 3 regelt die Frist, innerhalb derer das Schiedsgericht über Anträge auf Berichtigung oder Auslegen (ein Monat) oder auf Ergänzung des Schiedsspruchs (zwei Monate) zu entscheiden hat. Diese Fristen entsprechen bis auf den Berechnungsmodus ebenfalls denen des Modellgesetzes. Ferner ist Absatz 3 als Sollvorschrift ausgestaltet, was auf das Gleiche hinausläuft wie die in Artikel 33 Abs. 4 ModG vorgesehene Möglichkeit des Schiedsgerichts, die ihm gesetzten Fristen zu verlängern.

Nach Absatz 5 (Artikel 33 Abs. 5 ModG) ist die Vorschrift des § 1054 ZPO-E über Form und Inhalt des Schiedsspruchs auf die Berichtigung, die Auslegung oder die Ergänzung des Schiedsspruchs anzuwenden. Dabei ist zu beachten, dass der Berichtigungs- und der Auslegungsschiedsspruch keine selbstständigen Schiedssprüche, sondern Bestandteile des ursprünglichen Schiedsspruchs sind. Das Modellgesetz bestimmt dies zwar ausdrücklich nur für den Auslegungsschiedsspruch (vgl. Artikel 33 Abs. 1 letzter Satz); erst recht muss dies jedoch für den Berichtigungsschiedsspruch gelten. Demgegenüber handelt es sich beim Ergänzungsschiedsspruch, in dem über im ursprünglichen Schiedsspruch nicht behandelte Ansprüche befunden wird, um einen selbstständigen Schiedsspruch, der den ursprünglichen Schiedsspruch zu einem Teilschiedsspruch macht mit der Folge, dass beide Schiedssprüche selbstständig für vollstreckbar erklärt werden können.

Hinsichtlich des Verfahrens bei der Berichtigung, Auslegung oder Ergänzung des Schiedsspruchs gelten die allgemeinen Vorschriften, also insbesondere auch § 1042 ZPO-E. Daraus folgt, dass die andere Partei von einem Antrag auf Berichtigung, Auslegung oder Ergänzung des Schiedsspruchs zu benachrichtigen und hierzu zu hören ist.

Zu § 1059

Als einzige Vorschrift des 7. Abschnitts regelt § 1059 ZPO-E die Aufhebung des Schiedsspruchs. Dabei entspricht die Regelung des Absatzes 1, wonach gegen einen

Schiedsspruch nur Antrag auf gerichtliche Aufhebung (nach den Absätzen 2 und 3) gestellt werden kann, dem geltenden Recht. Im Übrigen stimmt die Vorschrift in ihrer Struktur bis auf den zusätzlichen Absatz 5 mit Artikel 34 ModG überein. Die Aufhebungsgründe des Artikels 34 Abs. 2 ModG sind wörtlich aus dem UNÜE 1958 übernommen und weichen von § 1041 ZPO in einigen Punkten ab; insbesondere sind die Restitutionsansprüche des § 1041 Abs. 1 Nr. 6 ZPO nicht mehr als gesonderter Aufhebungsgrund aufgeführt. Eine weitere wichtige Änderung gegenüber dem geltenden Recht liegt darin, dass der Aufhebungsantrag für den Fall der förmlichen Zustellung des Schiedsspruchs an eine Frist von drei Monaten gebunden wird.

Absatz 2 enthält eine erschöpfende Aufzählung der Aufhebungsgründe, wobei die unter Nummer 2 genannten Gründe von Amts wegen zu berücksichtigen sind. Eine Inhaltskontrolle des Schiedsspruchs ist damit ebenso wie nach geltendem Recht ausgeschlossen.

Absatz 2 Nr. 1 Buchstabe a bestimmt als Aufhebungsgrund das Fehlen der subjektiven Schiedsfähigkeit und die Ungültigkeit der Schiedsvereinbarung. Beides führt – ebenso wie der in Nummer 2 Buchstabe a geregelte Aufhebungsgrund des Fehlens der objektiven Schiedsfähigkeit – im geltenden Recht zur Ungültigkeit des Schiedsvertrages gemäß § 1041 Abs. 1 Nr. 1 erste Alternative ZPO. Die Aufteilung dieses Aufhebungsgrundes in drei Unterfälle sowohl im Modellgesetz (vgl. Artikel 34 Abs. 2 Buchstabe a (i) und Buchstabe b (i)) als auch im UNÜE 1958 (vgl. Artikel V Abs. 1 Buchstabe a und Abs. 2 Buchstabe a) erklärt sich vor allem aus den unterschiedlichen Kollisionsregeln, die für die genannten einzelnen Aspekte der Unwirksamkeit der Schiedsvereinbarung maßgebend sind und die ein (auch) für internationale Schiedsverfahren geltendes Gesetzeswerk aus Gründen der Rechtsklarheit enthalten muss. Allerdings findet sich in Artikel 34 Abs. 2 Buchstabe a (i) ModG keine Kollisionsregel hinsichtlich der subjektiven Schiedsfähigkeit. Diese Lücke hat der Entwurf mit der Übernahme der diesbezüglichen Vorschrift des Artikels V Abs. 1 Buchstabe a UNÜE 1958 (ebenso Artikel VI Abs. 2 EuÜE 1961) geschlossen.

Abgesehen von der subjektiven und der objektiven Schiedsfähigkeit ist die Gültigkeit der Schiedsvereinbarung gemäß Artikel 34 Abs. 2 Buchstabe a (i) ModG in Ermangelung einer von den Parteien insoweit getroffenen Rechtswahl nach dem Recht „dieses Staates", also nach dem Recht des Schiedsortes, zu beurteilen. Gleiches gilt im Ergebnis nach Artikel V Abs. 1 Buchstabe c UNÜE 1958. Dies kann im Rahmen der Aufhebungsklage nur das deutsche Recht sein. Denn für alle in der Bundesrepublik Deutschland stattfindenden Schiedsverfahren soll künftig zwingend das deutsche Recht gelten (vgl. § 1025 Abs. 1 ZPO-E)

Absatz 2 Nr. 1 Buchstabe b (Behinderung in den Angriffs- oder Verteidigungsmitteln), Nummer 1 Buchstabe c (im Schiedsspruch geregelte Streitigkeit wird ganz oder teilweise nicht von der Schiedsvereinbarung erfasst) und Nummer 1 Buchstabe d (Verstoß gegen eine gesetzliche Vorschrift oder eine Vereinbarung der Parteien bei der Bildung des Schiedsgerichts oder der Durchführung des schiedsrichterlichen Verfahrens) stimmen mit Artikel 34 Abs. 2 Buchstabe a (ii), (iii) und (iv) ModG überein. Diese Fälle werden im geltenden Recht von § 1041 Abs. 1 Nr. 1 zweite Alternative ZPO („unzulässiges Verfahren") erfasst. Da ein Verfahrensmangel, der nicht unter die genannten Vorschriften fällt, kaum vorstellbar ist, bestehen keine Bedenken, diese anstelle der Generalklausel des § 1041 Abs. 1 Nr. 1 zweite Alternative ZPO zu übernehmen. Die Vorschrift des Absatzes 2 Nr. 1 Buchstabe d wurde dabei gegenüber Artikel 34 Abs. 2 Buchstabe a (iv) ModG straffer gefasst. Ferner wurde im Gesetzestext klargestellt, dass der Aufhebungsgrund nur durchgreift, wenn anzunehmen ist, dass der Verfahrensmangel sich auf den Schiedsspruch ausgewirkt hat. Diese Voraussetzung verhindert eine Aufhebung des Schiedsspruchs aus rein formalen Gründen und die Durchführung eines neuen Verfahrens, das zu demselben Ergebnis wie der aufgehobene Schiedsspruch führen müsste. Aus § 1027 ZPO-E folgt ferner, dass der Antragsteller eine entsprechende Rüge während des schiedsrichterlichen Verfahrens rechtzeitig, aber vergeblich, erhoben haben muss.

Absatz 2 Nr. 2 enthält in Übereinstimmung mit dem Modellgesetz (Artikel 34 Abs. 2 Buchstabe b) die beiden vom Gericht von Amts wegen zu berücksichtigenden Aufhebungsgründe. Auf die Geltendmachung dieser Gründe kann von den Parteien also nicht verzichtet werden.

Nach Absatz 2 Nr. 2 Buchstabe a ist der Schiedsspruch aufzuheben, wenn der Gegenstand des Streites nach deutschem Recht nicht schiedsfähig ist. Die Berücksichtigung dieses Aufhebungsgrundes von Amts wegen erklärt sich daraus, dass die Frage der Schiedsfähigkeit wichtige öffentliche Belange tangiert und über einen nicht schiedsfähigen Streitgegenstand nur das staatliche Gericht entscheiden kann. Die in der Vorschrift enthaltene Kollisionsregel hat daher auch Vorrang gegenüber der für die Gültigkeit des Schiedsvertrages allgemein geltenden Kollisionsregel des Absatzes 2 Nr. 1 Buchstabe a, was allerdings nur dann relevant wird, wenn die Parteien den Schiedsvertrag einem anderen als dem deutschen Recht unterstellt haben. Andernfalls würde den Parteien eine Dispositionsbefugnis hinsichtlich der objektiven Schiedsfähigkeit des Streitgegenstandes eingeräumt, die ihnen nicht zusteht.

Nach Absatz 2 Nr. 2 Buchstabe b ist der Schiedsspruch ferner von Amts wegen aufzuheben, wenn seine Anerkennung oder Vollstreckung der öffentlichen Ordnung widerspräche. Dabei handelt es sich, ohne dass dies ausdrücklich gesagt zu werden brauchte, um die öffentliche Ordnung der Bundesrepublik Deutschland, die nach moderner Rechtsprechung auch den „ordre public international" umfasst. Die Fassung der ordre public-Klausel weicht von § 1041 Abs. 1 Nr. 2 und § 1044 Abs. 2 Nr. 2 ZPO ab und ähnelt der Regelung des § 1044a Abs. 2 ZPO. Der Grund hierfür ist allein, dass der Begriff des ordre public weltweit vertraut ist, während die spezifische Bedeutung der Grundrechte (fundamental rights/droits fondamentaux) im Ausland nicht geläufig ist. Dass die Grundrechte zum Kern des ordre public gehören, ist selbstverständlich und bedarf daher keiner ausdrücklichen Erwähnung.

Die Tatsache, dass die in § 1041 Abs. 1 Nr. 6 ZPO genannten Restitutionsgründe in Absatz 2 Nr. 1 nicht mehr aufgeführt sind, bedeutet, dass sie künftig von der ordre public-Klausel des Absatzes 2 Nr. 2 Buchstabe b erfasst werden. Gleiches gilt für die in § 1041 Abs. 1 Nr. 3 und 4 ZPO genannten Aufhebungsgründe der nicht vorschriftsmäßigen Vertretung und der Nichtgewährung des rechtlichen Gehörs, die als Unterfälle des verfahrensrechtlichen ordre public anzusehen sind.

Aus Gründen der Rechtsvereinheitlichung verzichtbar erschien schließlich auch der in § 1041 Abs. 1 Nr. 5 ZPO genannte Fall der fehlenden Begründung des Schiedsspruchs. Da die Begründung des Schiedsspruchs gemäß § 1054 Abs. 2 ZPO-E zu dessen Wirksamkeitsvoraussetzungen gehört, stellt ein ohne Begründung ergangener Schiedsspruch die Verletzung einer Bestimmung dieses Buches im Sinne des Absatzes 2 Nr. 1 Buchstabe d dar.

Die in Absatz 3 vorgesehene Fristenregelung entspricht bis auf die Sonderregelung des Satzes 2 dem Modellgesetz (Artikel 34 Abs. 3) und stellt eine bedeutsame Änderung gegenüber dem geltenden Recht dar, wonach die Aufhebungsklage unbefristet erhoben werden kann. Die in Satz 1 vorgesehene Bindung des Aufhebungsantrags an eine Frist von drei Monaten hat den Sinn, nach einer angemessenen Zeit Klarheit über die Bestandskraft des Schiedsspruchs zu haben. Eine Dreimonatsfrist für die Aufhebung sehen beispielsweise auch das belgische Recht (Artikel 1707 Code Judiciare) und das niederländische Recht (Artikel 1064 Abs. 3 niederl. ZPO) vor, während das schweizerische Recht eine Frist von nur 30 Tagen festlegt (Artikel 89 Abs. 1 des Bundesgesetzes über die Organisation der Rechtspflege). Die Frist für den Aufhebungsantrag soll wie nach dem

Modellgesetz ausnahmslos gelten, also auch für die von Amts wegen zu berücksichtigenden Aufhebungsgründe des Absatzes 2 Nr. 2. Zwar werden insbesondere Restitutionsgründe im Sinne der § 1041 Abs. 1 Nr. 6 ZPO möglicherweise erst längere Zeit nach Erlass des Schiedsspruchs bekannt. Hierbei handelt es sich jedoch um seltene Ausnahmefälle, für die zudem das Schadensersatzrecht eine angemessene Lösung bietet.

Abweichend vom Modellgesetz soll nach Absatz 3 Satz 2 die Dreimonatsfrist allerdings erst mit einer qualifizierten Zustellung des Schiedsspruchs in Gang gesetzt werden, nämlich mit einer Zustellung nach den gesetzlichen Vorschriften oder einem von den Parteien besonders vereinbarten Zustellungsmodus. Diese Regelung, die dem französischen Recht (Artikel 1486 c. pr. c.) entnommen ist, soll bewirken, dass dem Schuldner durch einen besonderen, vom Gläubiger zu veranlassenden Akt die Notwendigkeit der baldigen Einleitung eines Aufhebungsverfahrens – insbesondere zur Vermeidung einer Präklusion der Aufhebungsgründe im Vollstreckbarerklärungsverfahren (vgl. § 1060 Abs. 2 Satz 3 ZPO-E) – deutlich gemacht wird. Ist nach der qualifizierten Zustellung des Schiedsspruchs ein Antrag auf dessen Berichtigung, Auslegung oder Ergänzung gestellt worden, bedarf es allerdings einer Verlängerung der Dreimonatsfrist schon deshalb, weil über diesen Antrag möglicherweise erst nach Ablauf dieser Frist entschieden wird. Absatz 3 Satz 3 sieht daher (abweichend von der insoweit von der Reformkommission vorgeschlagenen Regelung) vor, dass die in Satz 2 genannte Frist frühestens einen Monat nach Zugang der Entscheidung über den Antrag nach § 1058 ZPO-E abläuft. Dies bedeutet, dass sie sich um höchstens einen Monat nach Zugang dieser Entscheidung verlängern kann, nämlich dann, wenn dieser Zugang am Tag des Ablaufs der Dreimonatsfrist des Satzes 1 erfolgt. Keine Fristverlängerung tritt dagegen ein, wenn die Einmonatsfrist des Satzes 3 innerhalb der Dreimonatsfrist des Satzes 1 abläuft. Eine förmliche Zustellung der Entscheidung über den Antrag nach § 1058 ZPO-E fordert der Entwurf nicht.

Gemäß Absatz 3 Satz 4 soll ein Aufhebungsantrag nicht mehr gestellt werden können, wenn der Schiedsspruch von einem deutschen Gericht für vollstreckbar erklärt worden ist, der Schuldner also Gelegenheit hatte, Aufhebungsgründe im Vollstreckbarerklärungsverfahren vorzubringen.

Nach Absatz 4 kann das Schiedsgericht unter Aufhebung des Schiedsspruchs die Sache an das Schiedsgericht zurückverweisen. Das Schiedsgericht hat dann unter Beachtung der Gründe, welche für die Aufhebung des Schiedsspruchs maßgebend waren, einen erneuten Schiedsspruch zu fällen. Demgegenüber ist in Artikel 34 Abs. 4 ModG für diese Fälle eine Aussetzung des Aufhebungsverfahrens vorgesehen. Der Entwurf folgt insoweit jedoch der Auffassung der Reformkommission, wonach es sinnvoller ist, den Schiedsspruch aufzuheben. Da Aufhebungsgründe für den erneuten Schiedsspruch in aller Regel nicht mehr vorliegen werden, liegt es nahe, das Aufhebungsverfahren schon vor der erneuten Entscheidung des Schiedsgerichts abzuschließen.

Eine Vorschrift nach Art des Absatzes 5, wonach bei Aufhebung des Schiedsspruchs die Schiedsvereinbarung im Zweifel wieder auflebt, enthält das Modellgesetz nicht. Sie stellt auch gegenüber dem geltenden Recht eine Neuerung dar, da die herrschende Meinung davon ausgeht, dass mit der Aufhebung des Schiedsspruchs die staatliche Gerichtsbarkeit ihre gesetzliche Entscheidungskompetenz wiedererlangt. Auch insoweit schließt sich der Entwurf der Meinung der Reformkommission an, dass das Wiederaufleben der schiedsgerichtlichen Entscheidungskompetenz regelmäßig dem Willen der Parteien entspricht und diese deshalb nicht gezwungen sein sollten, eine erneute Schiedsvereinbarung zu schließen. Hinzu kommt, dass die Regelung des Absatzes 5 tendenziell eine Entlastung der staatlichen Justiz bewirkt. Sie entbindet die Parteien allerdings nicht von einer Neubildung des Schiedsgerichts, dessen Amt gemäß § 1056 Abs. 3 ZPO-E mit der Beendigung des schiedsrichterlichen Verfahrens erloschen ist.

Ausgewählte Texte zur Schiedsgerichtsbarkeit

Vorbemerkungen zum 8. Abschnitt (§§ 1060, 1061 ZPO-E)

Das Modellgesetz regelt in seinem VIII. und letzten Kapitel die Voraussetzungen für die Anerkennung und Vollstreckung von Schiedssprüchen, ohne hierbei einen Unterschied zwischen inländischen und ausländischen Schiedssprüchen zu machen. Dabei behandelt Artikel 35 ModG die formellen Voraussetzungen für die Vollstreckbarerklärung und Artikel 36 ModG (der Artikel V UNÜE 1958 entspricht) die Gründe für die Versagung der Anerkennung und Vollstreckung. Der Entwurf folgt – im Einklang mit den Vorschlägen der Reformkommission – insbesondere deshalb einer anderen Systematik, weil für die Anerkennung und Vollstreckung ausländischer Schiedssprüche künftig generell das UNÜE 1958 maßgebend sein soll (vgl. § 1061 ZPO-E). Von daher liegt es nahe, entsprechend § 1042 Abs. 2 ZPO bei der Vollstreckbarerklärung inländischer Schiedssprüche darauf abzustellen, ob ein Aufhebungsgrund im Sinne des § 1059 Abs. 2 ZPO-E vorliegt, wobei diese Vorschrift freilich mit Artikel 36 ModG und Artikel V UNÜE 1958 nahezu identisch ist. Im Übrigen wäre die im Modellgesetz vorgesehene Anerkennung inländischer Schiedssprüche ein Rückschritt gegenüber dem geltenden Recht, wonach inländische Schiedssprüche lediglich der Vollstreckbarerklärung bedürfen.

Zu § 1060

Die Vorschrift regelt die Vollstreckbarerklärung inländischer Schiedssprüche.

Absatz 1, wonach die Zwangsvollstreckung stattfindet, wenn der Schiedsspruch für vollstreckbar erklärt ist, entspricht dem geltenden Recht (vgl. § 1042 Abs. 1 ZPO; die auch gegenüber § 1060 Abs. 1 DiskE geänderte Formulierung berücksichtigt die Neufassung des § 794 Abs. 1 Nr. 4a ZPO durch Artikel 1 Nr. 1, der klarstellt, dass Vollstreckungstitel allein die Entscheidung über die Vollstreckbarerklärung des Schiedsspruchs ist, nicht aber dieser selbst). Das gleiche gilt für Absatz 2 Satz 1, wonach der Antrag auf Vollstreckbarerklärung unter Aufhebung des Schiedsspruchs abzulehnen ist, wenn einer der in § 1059 Abs. 2 ZPO-E bezeichneten Aufhebungsgründe vorliegt (vgl. § 1042 Abs. 2 ZPO). Diese Regelungen stimmen in der Sache auch mit dem Modellgesetz überein, welches insofern lediglich einer anderen Systematik folgt (vgl. Vorbemerkungen zum 8. Abschnitt).

Die übrigen Bestimmungen des Absatzes 2 finden im Modellgesetz keine Parallele. Satz 2 stellt klar, dass Aufhebungsgründe generell nicht zu berücksichtigen sind, soweit ein auf sie gestützter Aufhebungsantrag im Zeitpunkt des Antrages auf Vollstreckbarerklärung rechtskräftig abgewiesen ist. Gemäß Satz 3 können die Aufhebungsgründe nach § 1059 Abs. 2 Nr. 1 ZPO-E ferner dann nicht mehr geltend gemacht werden, wenn in dem genannten Zeitpunkt die in § 1059 Abs. 3 ZPO-E aufgeführten Fristen abgelaufen sind, ohne dass ein Antrag auf Aufhebung des Schiedsspruchs gestellt wurde. Im geltenden Recht folgt die Möglichkeit, Aufhebungsgründe zu jedem Zeitpunkt auch noch im Vollstreckbarerklärungsverfahren geltend machen zu können, zwangsläufig aus der Tatsache, dass in § 1041 ZPO keine Frist für die Aufhebungsklage vorgesehen ist. Die Bindung der Aufhebungsklage an eine Frist macht bei inländischen Schiedssprüchen jedoch nur Sinn, wenn nach fruchtlosem Ablauf der Frist Aufhebungsgründe im Vollstreckbarerklärungsverfahren nicht mehr vorgebracht werden können (während eine solche Präklusion bei ausländischen Schiedssprüchen wegen der Vorrangigkeit des UNÜE 1958 nicht vorgesehen werden kann). Andernfalls könnte der Schuldner in jedem Fall abwarten, bis der Gläubiger die Vollstreckbarerklärung beantragt. Das mit der Frist für die Aufhebungsklage verfolgte Ziel, schnell und endgültig Klarheit über die Bestandskraft des Schiedsspruchs zu schaffen, würde damit weitgehend verfehlt.

Die von Amts wegen zu berücksichtigenden Aufhebungsgründe des § 1059 Abs. 2 Nr. 2 ZPO-E müssen dagegen auch im Vollstreckbarerklärungsverfahren immer berücksichtigt werden können. Insofern weicht der Entwurf von § 1060 Abs. 2 Satz 2 DiskE, der auch den Aufhebungsgrund nach § 1059 Abs. 2 Nr. 2 Buchstabe a ZPO-E in die Fristenpräklusion einbezieht, ab. Bedeutung hat die Einschränkung der Präklusion insbesondere für die Fälle, in denen Restitutionsgründe im Sinne des § 1041 Abs. 1 Nr. 6 ZPO, die künftig von der ordre public-Klausel des § 1059 Abs. 2 Nr. 2 Buchstabe b ZPO-E erfasst werden, erst nach Ablauf der in § 1059 Abs. 3 ZPO-E genannten Fristen bekannt werden. Dass die Fristen selbst dagegen für sämtliche Aufhebungsgründe, also auch den des § 1059 Abs. 2 Nr. 2 Buchstabe b ZPO-E gelten, ist deshalb unbedenklich, weil die Nichtaufhebbarkeit des Schiedsspruchs als solche für den Schuldner noch keine unmittelbaren Nachteile mit sich bringt.

Anders als das geltende Recht (vgl. § 1043 ZPO) enthält der Entwurf keine Bestimmung mehr über die nachträgliche Aufhebungsklage. Diese hat im geltenden Recht keine praktische Bedeutung erlangt. Für die Hinauszögerung der Endgültigkeit des Schiedsspruchs durch die Möglichkeit der nachträglichen Aufhebungsklage besteht im Übrigen kein unabweisbares Bedürfnis, weil das Schadensersatzrecht weitgehend zu denselben Ergebnissen führen kann. Ferner ist der Schuldner gegen noch nicht durchgeführte Vollstreckungsmaßnahmen durch § 767 ZPO geschützt.

Zu § 1061

Gemäß Absatz 1 Satz 1 soll sich die Anerkennung und Vollstreckung ausländischer Schiedssprüche künftig generell nach dem UNÜE 1958 richten.

Anwendbar ist das UNÜE 1958 im Hinblick auf den von der Bundesregierung gemäß Artikel I Abs. 3 Satz 1 eingelegten Vertragsstaatenvorbehalt (BGBl. 1962 II S. 102) derzeit auf Schiedssprüche, die in einem anderen Vertragsstaat – gleich nach welchem Verfahrensrecht – ergangen sind (Artikel I Abs. 1 Satz 1), sowie auf solche Schiedssprüche, die im Inland nach dem Recht eines anderen Vertragsstaates erlassen wurden (Artikel I Abs. 1 Satz 2). Umgekehrt erfasst das UNÜE 1958 abgesehen von den Schiedssprüchen, die im Hoheitsgebiet eines Nichtvertragsstaates ergangen sind, auch solche Schiedssprüche nicht, die im Inland nach dem Recht eines Nichtvertragsstaates erlassen wurden und die als Folge der herrschenden „Vertragstheorie" im Inland als ausländische Schiedssprüche anzusehen sind. Die Vollstreckbarerklärung dieser Schiedssprüche richtet sich derzeit nach § 1044 iVm §§ 1042 ff. ZPO.

Die Geltung des UNÜE 1958 für alle im Ausland ergangenen Schiedssprüche legt es nahe, den von der Bundesregierung erklärten Vorbehalt nach Artikel I Abs. 3 Satz 1 des Übereinkommens zurückzuziehen, was die Bundesregierung beabsichtigt. Gegebenenfalls wäre die Anerkennung und Vollstreckung im Ausland ergangener Schiedssprüche künftig in umfassender Weise staatsvertraglich geregelt; der Verweisung in Absatz 1 Satz 1 auf das UNÜE 1958 käme rein deklaratorische Bedeutung zu. Solange der genannte Vorbehalt nicht zurückgezogen ist, sind die Vorschriften des UNÜE 1958 im Verhältnis zu Nichtvertragsstaaten als nationales Recht anzuwenden.

Alternative zu der vorgesehenen Lösung wäre eine Übernahme der Artikel 35, 36 ModG für ausländische Schiedssprüche ohne das Erfordernis der Gegenseitigkeit (das auch der geltende § 1044 ZPO nicht kennt) gewesen. Diese Lösung schied jedoch schon deshalb aus, weil ggf. in den Fällen, in denen das UNÜE 1958 aufgrund des Vertragsstaatenvorbehalts nicht gilt, eine gleichlautende Regelung – die Anerkennungsversagungsgründe des Artikels 36 ModG stimmen mit denen des Artikels V UNÜE 1958 überein – als nationales Recht zur Anwendung gekommen und damit der Vertragsstaatenvorbehalt ad absurdum geführt worden wäre. Dementsprechend war eine Übernahme des Artikels 36 ModG in nationales Recht von den Verfassern des Modellgesetzes in erster Linie für solche Staaten gedacht, die nicht Mitglieder des UNÜE 1958 sind. Auch von der Intention des Modellgesetzes her liegt es somit nahe, nach dem Vorbild der Schweiz (vgl.

Artikel 194 schweiz. IPRG) die Geltung des UNÜE 1958 auf alle ausländischen Schiedssprüche auszudehnen, zumal dieses übereinkommen ebenso wie die Anwendung des neuen 10. Buchs der ZPO für die Bundesrepublik Deutschland nicht auf Handelssachen beschränkt ist.

Der jetzige Anwendungsbereich des UNÜE 1958 erfährt durch das in § 1025 ZPO-E verankerte Territorialitätsprinzip insofern eine notwendige Änderung, als es zu Schiedssprüchen, die im Inland nach dem Recht eines anderen (Vertrags-)Staates ergangen sind, nicht mehr kommen kann. Alle in der Bundesrepublik Deutschland ergangenen Schiedssprüche sind vielmehr künftig als inländische Schiedssprüche anzusehen. Artikel I Abs. 1 Satz 2 UNÜE 1958 wird also für die Bundesrepublik Deutschland mit Inkrafttreten des § 1025 ZPO-E gegenstandslos.

Dagegen schließt § 1025 ZPO-E es nicht aus, dass ein Schiedsverfahren im Ausland auch künftig nach deutschem Verfahrensrecht durchgeführt wird, sofern nämlich das maßgebende ausländische Recht dem in dieser Vorschrift verankerten Territorialitätsprinzip nicht folgt. Im Ausland nach deutschem Verfahrensrecht ergangene Schiedssprüche müssen jedoch künftig ebenfalls als ausländische Schiedssprüche angesehen werden. Hierfür spricht, dass sich die Vollstreckbarerklärung solcher Schiedssprüche in Deutschland ohnehin nach dem UNÜE 1958 richtet (vgl. Artikel I Abs. 1 Satz 1 des Übereinkommens). Damit, dass sie gleichwohl aus deutscher Sicht nach der herrschenden Verfahrenstheorie als inländische Schiedssprüche mit den Folgen des Artikels 2 des Zustimmungsgesetzes zum UNÜE 1958 (Möglichkeit der Aufhebungsklage/Aufhebung des Schiedsspruchs, wenn die Vollstreckbarerklärung nicht nur aus den Gründen des Artikels V UNÜE 1958 zu versagen ist, sondern gleichzeitig ein Aufhebungsgrund nach § 1041 ZPO vorliegt) angesehen werden, nimmt bereits das geltende deutsche Recht im internationalen Vergleich eine schwer nachvollziehbare Sonderposition ein (vgl. Sandrock, RIW 1992, S. 786 mit Nachweisen). Für das neue, am Territorialitätsprinzip orientierte Recht lässt sich die Verfahrenstheorie jedenfalls nicht mehr aufrechterhalten. Dementsprechend sieht Artikel 2 § 2 des Entwurfs die Aufhebung des Artikels 2 des Zustimmungsgesetzes zum UNÜE 1958 vor, worin die Aufgabe der Verfahrenstheorie ihren äußeren Niederschlag findet.

Nach Absatz 1 Satz 2 sollen Vorschriften in anderen (multi- und bilateralen) Staatsverträgen über die Anerkennung und Vollstreckung von Schiedssprüchen unberührt bleiben. Dieselbe Einschränkung findet sich in Artikel VII Abs. 1 UNÜE 1958. Daher hätte die Vorschrift im Falle einer umfassenden staatsvertraglichen Geltung dieses Übereinkommens ebenfalls nur deklaratorische Bedeutung. In diesem Zusammenhang ist zu beachten, dass die von der Bundesrepublik Deutschland und bereits dem Deutschen Reich abgeschlossenen bilateralen Verträge betreffend die Anerkennung und Vollstreckung ausländischer Schiedssprüche (Nachweise bei Schwab/Walter, aaO., Kap. 59, S. 512 ff.; Bülow/Böckstiegel, Internationaler Rechtsverkehr in Zivil- und Handelssachen, Inhaltsverzeichnis) durch das für die meisten Fälle später in Kraft getretene UNÜE 1958 zT gegenstandslos geworden sind. Soweit das nicht der Fall ist, gilt im Verhältnis der bilateralen Verträge zu den multinationalen Übereinkünften in der Regel das Prinzip der Meistbegünstigung, wonach für die Frage der Anerkennung und Vollstreckung das anerkennungsfreundlichere Regelungswerk maßgebend ist.

Absatz 2 entspricht dem geltenden § 1044 Abs. 3 ZPO, Absatz 3 dem geltenden § 1044 Abs. 4 Satz 1 ZPO. Zu dem Fall, dass ein in Deutschland für vollstreckbar erklärter Schiedsspruch nachträglich im Ausland aufgehoben wird, kann es insbesondere dann kommen, wenn das ausländische Recht wie das geltende deutsche Recht keine Frist für die Aufhebung des Schiedsspruchs vorsieht. Allerdings sieht Absatz 3 im Gegensatz zum geltenden Recht (vgl. § 1044 Abs. 4 Satz 2 ZPO) von der Festlegung einer Antragsfrist ab, da eine solche Frist nicht erforderlich erscheint.

Vorbemerkungen zum 9. Abschnitt (§§ 1062 bis 1065 ZPO-E)
Das Modellgesetz enthält Vorschriften über das gerichtliche Verfahren nur insoweit, als es in Artikel 6 eine Zuständigkeitskonzentration empfiehlt und für Entscheidungen der staatlichen Gerichte in den Fällen der Artikel 11 Abs. 5, Artikel 13 Abs. 3, Artikel 4 Abs. 1 und Artikel 16 Abs. 3 ein Rechtsmittel ausschließt. Das gerichtliche Verfahren bedarf jedoch bei der Gesamtreform des Schiedsverfahrensrechts einer über diese Regelungen hinausgehenden grundlegenden Neugestaltung. Ausführliche Regelungen bestehen derzeit nur für das Vollstreckbarerklärungsverfahren (§§ 1042 ff. ZPO), während sich Vorschriften für die übrigen Verfahren lediglich in den Absätzen 2 und 3 des primär als Zuständigkeitsvorschrift ausgestalteten § 1045 ZPO finden. Das Vollstreckbarerklärungsverfahren ist im Übrigen zu zeitraubend und schwerfällig ausgestaltet. Wird beispielsweise dem Antrag auf Vollstreckbarerklärung durch Beschluss stattgegeben, findet gegen diese Entscheidung Widerspruch statt. Über den Widerspruch ist durch Endurteil zu entscheiden, welches wiederum den gewöhnlichen Rechtsmitteln (Berufung/Revision) unterliegt. Mit den Bestimmungen des 9. Abschnitts des Entwurfs – insbesondere denjenigen über die Einführung eines einheitlichen Beschlussverfahrens und den weitgehenden Ausschluss von Rechtsmitteln – soll dagegen eine zügige Durchführung der gerichtlichen Verfahren gewährleistet und gleichzeitig eine Entlastung der staatlichen Justiz erreicht werden.

Zu § 1062
Die Vorschrift regelt die Zuständigkeit der staatlichen Gerichte.
Die in Absatz 1 aufgeführten Zuständigkeiten enthalten alle Fälle, für die in den ersten acht Abschnitten des Entwurfs ein gerichtliches Tätigwerden vorgesehen ist. Der Katalog entspricht im wesentlichen den in § 1045 Abs. 1 und § 1046 ZPO aufgeführten gerichtlichen Tätigkeiten, für die nach geltendem Recht die Amts- oder Landgerichte zuständig sind.
Für alle gerichtlichen Aufgaben – bis auf die in § 1050 ZPO-E geregelten Fälle (vgl. Absatz 4) – sollen in Zukunft gemäß Absatz 1 die Oberlandesgerichte zuständig sein. Hiermit folgt der Entwurf einem Vorschlag der Reformkommission, welche die Frage der Eingangszuständigkeit der staatlichen Gerichte intensiv erörtert hat und zu dem Ergebnis gekommen ist, dass eine Eingangszuständigkeit der Oberlandesgerichte einer Eingangszuständigkeit der Landgerichte vorzuziehen sei. In den Stellungnahmen zum Diskussionsentwurf ist dieser Vorschlag überwiegend begrüßt worden, insbesondere auch von der großen Mehrzahl der Landesjustizverwaltungen.
Für eine Eingangszuständigkeit der Oberlandesgerichte sprechen folgende Gesichtspunkte:
Das Schiedsgericht hat mit seiner Entscheidung quasi die Aufgaben einer „ersten Instanz" bereits geleistet. Die Kontrolle, die das Aufhebungsverfahren gewährleisten soll, ist daher funktional einer stark eingeschränkten Berufung vergleichbar. Andere Rechtsordnungen, wie etwa die französische (Artikel 1482 c. pr. c.), betrachten es ohnehin als Regel, dass gegen den Schiedsspruch die Berufung zu den normalen Berufungsgerichten statthaft ist. Zum anderen lässt es aber auch der Gedanke der Effizienz des schiedsrichterlichen Rechtsschutzes ratsam erscheinen, für das Aufhebungsverfahren nicht zwei Tatsacheninstanzen und eine Rechtsinstanz vorzusehen. Die (vorläufige) Vollstreckbarkeit eines Schiedsspruchs über Jahre hinweg mit enormen Schadensersatzrisiken zu befrachten, ist nicht sinnvoll.
Die Eingangszuständigkeit der Oberlandesgerichte erweist sich ferner unter dem vorrangigen Gesichtspunkt einer Entlastung der staatlichen Justiz als die gegenüber einer Eingangszuständigkeit der Landgerichte sinnvollere Lösung. Eine Eingangszuständigkeit der Landgericht müsste diesem Anliegen gemäß – wenn man die höchstrichterliche

Rechtsprechung des Bundesgerichtshofs erhalten will – zur Folge haben, dass gegen die Entscheidung des Landgerichts in den Fällen des § 1065 Abs. 1 ZPO-E ebenfalls nur die Rechtsbeschwerde zum BGH eröffnet würde. Eine Rechtsbeschwerde vom Landgericht, dessen Entscheidung vielfach vom Einzelrichter gefällt wird, an einen mit fünf Richtern besetzten Senat des BGH vorzusehen, erscheint jedoch wenig angemessen und kaum durchsetzbar. Dies gälte auch dann, wenn die Länder oder einzelne Länder die Zuständigkeit für Entscheidungen in Schiedsgerichtssachen bei wenigen Landgerichten konzentrieren würden. Hinzu kommt in diesem Zusammenhang, dass die vorgesehene generelle Ausgestaltung des gerichtlichen Verfahrens als Beschlussverfahren und namentlich der nach dem Vorbild des Modellgesetzes zu Zwecken der Verfahrensstraffung in § 1065 Abs. 1 Satz 2 ZPO-E vorgesehene weitgehende Ausschluss von Rechtsmitteln gegen die Entscheidungen der staatlichen Gerichte nur bei einer Eingangszuständigkeit der Oberlandesgerichte bedenkenfrei, zumindest aber eher gerechtfertigt erscheinen als bei einer mit der Entscheidungsgewalt des Einzelrichters verbundenen Eingangszuständigkeit der Landgerichte. Die Mehrbelastung der Oberlandesgerichte kann jedenfalls nicht unter Außerachtlassung der mit der Zuständigkeitsverlagerung verbundenen Vereinfachung und Verkürzung des gerichtlichen Verfahrens gesehen werden. Im Ganzen betrachtet haben die vorgesehenen Neuregelungen eine erhebliche Entlastung der staatlichen Justiz im Zusammenhang mit Schiedsverfahren zur Folge, ohne dass gegen sie unter rechtsstaatlichen Gesichtspunkten ernsthafte Bedenken geltend gemacht werden könnten.

Die vorgeschlagene Lösung entspricht im Übrigen sowohl der Intention des Modellgesetzes, das mit Artikel 6 ModG eine Konzentration der gerichtlichen Zuständigkeiten bei einem oder wenigen staatlichen Gerichten beabsichtigt, als auch einem nachhaltigen Trend in der jüngsten Gesetzgebung europäischer Staaten zur Schiedsgerichtsbarkeit. Für die Aufhebung des Schiedsspruchs ist in der Schweiz das Bundesgericht erst- und letztinstanzlich zuständig (vgl. Artikel 191 schweiz. IPRG). In Frankreich gibt es je nach den Parteivereinbarungen und dem nationalen oder internationalen Charakter eines Schiedsspruchs die normale Berufung, die außerordentliche (auf wenige Anfechtungsgründe beschränkte) Berufung und die Nichtigkeitsbeschwerde. Für all diese Rechtsbehelfe sind die Berufungsgerichte zuständig (Artikel 1486, 1502, 1505 c. pr. c.). Entsprechendes gilt nach dem neuen spanischen Gesetz über die Schiedsgerichtsbarkeit (Artikel 46 Ley de Arbitraje 1988) und einer Vielzahl anderer nationaler Rechtsordnungen.

Freilich geht die im Entwurf vorgesehene Lösung insoweit zT über die genannten Vorbilder hinaus, als das Oberlandesgericht auch für die den staatlichen Gerichten obliegenden Entscheidungen während des Schiedsverfahrens zuständig sein soll. Hierbei handelt es sich jedoch zum einen um sehr seltene Fälle, wie sich anhand des entsprechenden Geschäftsanfalls nach geltendem Recht voraussehen lässt. Zum anderen kann ein Rechtsmittel das noch laufende Schiedsverfahren erheblich stören. Schließlich können solche Angelegenheiten durchaus heikel und schwierig sein, wenn man etwa an den Fall denkt, dass geltend gemacht wird, eine Partei habe bei der Konstituierung des Schiedsgerichts ein Übergewicht gehabt. Daher ist es gerechtfertigt, von einer Aufspaltung der erstinstanzlichen Zuständigkeiten in solche der Oberlandesgerichte und der Landgerichte abzusehen und das Oberlandesgericht auch über Angelegenheiten außerhalb des Aufhebungs- oder Vollstreckbarerklärungsverfahrens entscheiden zu lassen.

Örtlich zuständig soll das Oberlandesgericht sein, das im Schiedsvertrag als solches bezeichnet ist oder – soweit eine solche Bezeichnung nicht erfolgt ist – in dessen Bezirk der Ort des schiedsrichterlichen Verfahrens liegt. Der Entwurf geht davon aus, dass diese beiden Anknüpfungspunkte des § 1045 Abs. 1 Nr. 1 und 3 ZPO genügen und für die nach § 1045 Abs. 1 Nr. 2 ZPO dem territorialen Kriterium vorgeschaltete subsidiäre Anknüpfung an die hypothetische gerichtliche Zuständigkeit kein Bedürfnis besteht. Sofern die Parteien keine Vereinbarung über das örtlich zuständige Oberlandesgericht getroffen haben, erscheint es sachgerecht, das ortsnächste Gericht als zuständig anzusehen, zumal in internationalen Streitfällen ein für die gerichtliche Geltendmachung des Anspruchs zuständiges deutsches Gericht in der Regel nicht besteht.

Absatz 2 bestimmt das örtlich zuständige Oberlandesgericht, soweit in den Fällen des Absatzes 1 Nr. 2 erste Alternative, Nr. 3 und 4 kein deutscher Schiedsort besteht, das Schiedsverfahren also im Ausland stattfindet oder stattgefunden hat oder der Schiedsort noch ungewiss ist. Eine solche Vorschrift enthält das geltende Recht weder in § 1045 ZPO noch in Artikel 2 des Zustimmungsgesetzes zum UNÜE 1958, wo diese Frage von besonderer Bedeutung ist. Es erscheint sachgerecht, für die örtliche Zuständigkeit in diesen Fällen mehrere Anknüpfungspunkte (Sitz oder gewöhnlicher Aufenthalt des Antragsgegners oder der Ort, wo sich Vermögen des Antragsgegners oder der mit der Schiedsklage in Anspruch genommene oder von der Maßnahme betroffene Gegenstand befindet) vorzusehen. Hilfsweise soll das Kammergericht, also das den Oberlandesgerichten entsprechende Gericht der Bundeshauptstadt und des künftigen Sitzes der Bundesregierung, zuständig sein.

Absatz 3 legt das örtlich zuständige Oberlandesgericht für die Fälle fest, in denen ein Schiedsort noch nicht bestimmt ist. Hier folgt schon aus § 1025 Abs. 3 ZPO-E, der die internationale Zuständigkeit der deutschen Gerichte festlegt, dass insoweit das Oberlandesgericht zuständig sein muss, in dessen Bezirk der Sitz oder der gewöhnliche Aufenthalt des Schiedsklägers oder des Schiedsbeklagten liegt.

Absatz 4 enthält die einzige Ausnahme von der Eingangszuständigkeit der Oberlandesgerichte. Für die in § 1050 ZPO-E geregelte Unterstützung bei der Beweisaufnahme und sonstige richterliche Handlungen soll dasjenige deutsche Amtsgericht zuständig sein, in dessen Bezirk die richterliche Handlung nach den Grundsätzen der internationalen Zuständigkeit vorzunehmen ist. Dies erscheint wegen der Orts- und Praxisnähe der Amtsgerichte naheliegend und steht im Einklang mit § 157 GVG sowie den Regelungen und der Praxis der internationalen Rechtshilfe. Die Sonderregelung entspricht im übrigen auch der Intention des Modellgesetzes, das Artikel 27 ModG aus dem Katalog des Artikels 6 ModG mit der Begründung ausgenommen hat, dass Beweisaufnahmen sinnvollerweise durch das ortsnächste Gericht durchgeführt werden sollten (vgl. Holtzmann/Neuhaus, aaO., S. 240).

Über die Möglichkeit hinaus, in Orten mit reger Schiedsrichtertätigkeit durch interne Geschäftsverteilungsregelung die Schiedsgerichtssachen einem bestimmten Senat des Oberlandesgerichts zuzuweisen, sieht Absatz 5 zwei Konzentrationsermächtigungen für die Länder vor. Länder, in denen mehrere Oberlandesgerichte bestehen, sollen die Möglichkeit haben, durch Rechtsverordnung die Zuständigkeit bei einem Oberlandesgericht zusammenzufassen, wobei die Ermächtigung hierzu durch Rechtsverordnung auch auf die Landesjustizverwaltungen übertragen werden kann (Satz 1). Darüber hinaus sollen die Länder die Zuständigkeit eines Oberlandesgerichts über die Landesgrenzen hinweg bestimmen können (Satz 2). Beides soll eine möglichst effektive Rechtspflege in Schiedsgerichtsverfahren unter Berücksichtigung organisatorischer Belange der Länder gewährleisten.

Eine Ergänzung des § 567 Abs. 4 ZPO wird durch die vorgesehene Eingangszuständigkeit der Oberlandesgerichte nicht erforderlich, da der Katalog der Fälle, in denen nach § 567 Abs. 4 Satz 2 ZPO gegen Entscheidungen der Oberlandesgerichte ausnahmsweise die Beschwerde zum Bundesgerichtshof möglich ist, ohnehin nicht vollständig ist.

Zu § 1063

Die Vorschrift enthält diejenigen Verfahrensbestimmungen, die für alle oder – was Absatz 3 angeht – mehrere der in § 1062 ZPO-E aufgeführten gerichtlichen Verfahren gelten.

Eine bedeutsame Änderung gegenüber dem geltenden Recht beinhaltet Absatz 1 insoweit, als alle gerichtlichen Entscheidungen künftig im Beschlussverfahren ergehen sollen. Das Urteilsverfahren, welches das geltende Recht für die in § 1046 ZPO aufgeführten Entscheidungen sowie für Entscheidungen über den Widerspruch gegen einen Beschluss, durch den ein Schiedsspruch für vollstreckbar erklärt wird (vgl. § 1042c Abs. 2 Satz 2 ZPO), vorsieht, wird also durch ein vereinfachtes Beschlussverfahren ersetzt. Von einer allgemeinen Bestimmung nach Art. des § 1042b Abs. 1 ZPO, wonach dem Antrag die erforderliche Zahl von Abschriften beigefügt werden soll, ist abgesehen worden, weil sich dies bereits aus § 133 Abs. 1 ZPO ergibt.

Was die Notwendigkeit einer mündlichen Verhandlung angeht, so kann der Beschluss gemäß Absatz 1 Satz 1 – nach Anhörung des Antragsgegners – grundsätzlich ohne mündliche Verhandlung ergehen, ist die mündliche Verhandlung also fakultativ (ebenso § 1045 Abs. 2 ZPO). Abweichend von dieser allgemeinen Regel bestimmt Absatz 2, dass das Gericht im Aufhebungsverfahren immer und im Vollstreckbarerklärungsverfahren dann mündliche Verhandlung anzuordnen hat, wenn vom Antragsgegner Aufhebungsgründe geltend gemacht werden. In diesen Fällen, in denen es um den Bestand und die Durchsetzung des Schiedsspruchs geht, erscheint eine mündliche Verhandlung ebenso unabdingbar wie ein Rechtsmittel (vgl. § 1065 Abs. 1 Satz 1 ZPO-E). Im geltenden Recht ist beides dadurch gewährleistet, dass die genannten Verfahren gemäß § 1046 ZPO als Klageverfahren ausgestaltet sind. Über Anträge, welche die Zulässigkeit oder die Unzulässigkeit des schiedsrichterlichen Verfahrens betreffen, soll dagegen abweichend vom geltenden Recht künftig nicht mehr im Urteilsverfahren, sondern im Beschlussverfahren entschieden werden; außerdem ist für solche Verfahren auch eine mündliche Verhandlung nicht mehr zwingend vorgeschrieben. Auf ausdrücklichen Antrag einer Partei wird das Gericht allerdings im Hinblick auf Artikel 6 Abs. 1 Satz 1 der Europäischen Menschenrechtskonvention immer mündlich verhandeln.

Mit Absatz 3 übernimmt der Entwurf die von der Reformkommission als Sondervorschrift im Zusammenhang mit der Vollstreckbarerklärung von Schiedssprüchen vorgeschlagenen Regelung des § 1064 Abs. 3 DiskE als allgemeine Vorschrift, da sie auch bei Anträgen auf Vollziehbarerklärung vorläufiger oder sichernder Maßnahmen des Schiedsgerichts sinnvoll sein kann. Auch hier muss für das staatliche Gericht die Möglichkeit bestehen, die Vollziehung ohne vorherige Anhörung des Gegners anzuordnen, da der Zweck der Maßnahme andernfalls vereitelt werden könnte. Was Anträge auf Vollstreckbarerklärung des Schiedsspruchs betrifft, so kann im geltenden Recht ein schneller Vollstreckungszugriff aufgrund eines vorläufig vollstreckbaren Beschlusses nach § 1042c Abs. 1 ZPO, der ohne mündliche Verhandlung ergeht (vgl. § 1042a Abs. 1 ZPO), erfolgen. Im künftigen Recht entfällt diese Möglichkeit durch das vorgesehene einheitliche Beschlussverfahren mit obligatorischer mündlicher Verhandlung. Die Zulassung der Sicherungsvollstreckung, wie sie ähnlich auch in Artikel 39 EuGVÜ vorgesehen ist, erscheint daher auch insoweit durch praktische Belange geboten. Die Sicherungsvollstreckung ist dem Antragsgegner in beiden Fällen auch zumutbar, weil er sie abwenden kann, indem er Sicherheit durch Hinterlegung eines Betrages leistet, wegen dessen die Vollstreckung zugelassen wird (Satz 3).

In zahlreichen Fällen können nach der ZPO auch in Verfahren, für die an sich der Anwaltszwang gilt, Anträge und Erklärungen zu Protokoll der Geschäftsstelle ohne Anwaltszwang abgegeben werden (vgl. die Aufzählung bei Baumbach/Lauterbach, 54. Aufl., Rn. 6 zu § 129a ZPO). Um den mit der Eingangszuständigkeit der Oberlandesgerichte verbundenen generellen Anwaltszwang in schiedsgerichtlichen Angelegenheiten abzumildern, sieht Absatz 4 vor, dass die Parteien Anträge und Erklärungen zu Protokoll der Geschäftsstelle so lange abgeben können, wie eine mündliche Verhandlung nicht angeordnet ist.

Zu § 1064

Die Vorschrift enthält – über § 1063 Abs. 3 ZPO-E hinaus – besondere Regelungen für das Vollstreckbarerklärungsverfahren.

Nach Absatz 1 Satz 1 ist mit dem Antrag auf Vollstreckbarerklärung des Schiedsspruchs der Schiedsspruch selbst (im Sinne des § 1054 Abs. 4 ZPO-E) oder eine beglaubigte Abschrift des Schiedsspruchs vorzulegen. Eine besondere Form der Beglaubigung ist nicht erforderlich; sie muss jedoch die Unterschriften der Schiedsrichter erfassen (vgl. BGH NJW 1974, S. 1383 und NJW 1976, S. 2264 zu § 170 ZPO). Die Vorschrift des Satzes 1 ist im Hinblick darauf erforderlich, dass § 1054 ZPO-E eine Niederlegung des Schiedsspruchs nicht mehr verlangt, das Gericht also nicht bereits im Besitz des Schiedsspruchs ist. Das Modellgesetz, welches eine Niederlegung des Schiedsspruchs ebenfalls nicht vorsieht, enthält in seinem Artikel 35 Abs. 2 eine vergleichbare Bestimmung, verlangt dort allerdings zusätzlich die Vorlage der Urschrift oder einer ordnungsgemäß beglaubigten Abschrift der Schiedsvereinbarung. Hierfür besteht jedoch keine Notwendigkeit, weil die Schiedsvereinbarung regelmäßig im Schiedsspruch wiedergegeben und zumeist unbestritten sein wird. Wo dies nicht der Fall ist, kann das Schiedsgericht die Vorlage der entsprechenden Urkunde verlangen (vgl. § 142 ZPO).

Absatz 1 Satz 2 dient in Anlehnung an die Vorschrift des § 170 Abs. 2 ZPO der Verfahrensökonomie. Da für das gerichtliche Verfahren ohnehin Anwaltszwang besteht, liegt es nahe, eine Beglaubigung durch den verfahrensbevollmächtigten Rechtsanwalt zuzulassen.

Absatz 2 entspricht wörtlich § 1042c Abs. 1 ZPO. Diese Vorschrift ist auch für das neue Recht im Hinblick darauf beizubehalten, dass nach § 1065 Abs. 1 Satz 1 ZPO-E die Vollstreckbarerklärung des Schiedsspruchs der Rechtsbeschwerde unterliegt.

Die Vorschrift des Absatzes 3 entspricht § 1044 Abs. 1 ZPO. Danach sind bei ausländischen Schiedssprüchen vorrangig die in § 1061 Abs. 1 ZPO-E genannten Staatsverträge maßgebend, soweit diese Vorschriften über das Vollstreckbarerklärungsverfahren enthalten. Dabei ist der Vorbehalt des günstigeren Rechts zu beachten.

Zu § 1065

Die Vorschrift regelt die Rechtsmittel gegen die Entscheidungen der Oberlandesgerichte.

Im geltenden Recht ist gegen alle der in den §§ 1045 und 1046 ZPO aufgeführten gerichtlichen Entscheidungen ein Rechtsmittel gegeben, und zwar gegen Beschlüsse die sofortige Beschwerde gemäß § 1042c Abs. 3 bzw. § 1045 Abs. 3 ZPO oder Widerspruch gemäß § 1042c Abs. 2 Satz 1 ZPO, gegen Urteile die Berufung und gegen das Berufungsurteil ggf. die Revision. Demgegenüber sollen die Rechtsmittel künftig stark eingeschränkt sein.

Gemäß Absatz 1 Satz 1 soll die Rechtsbeschwerde zum Bundesgerichtshof in den Fällen des § 1062 Abs. 1 Nr. 2 und 4 ZPO-E (also gegen Entscheidungen betreffend die (Un-)Zulässigkeit des schiedsrichterlichen Verfahrens, die „Kompetenz-Kompetenz" des Schiedsgerichts, die Aufhebung des Schiedsspruchs oder dessen Vollstreckbarerklärung oder die Aufhebung der Vollstreckbarerklärung) unter den Voraussetzungen zulässig sein, unter denen gegen die Entscheidung, wäre sie statt durch Beschluss durch Endurteil ergangen, die Revision gegeben wäre. Dies bedeutet, dass die Rechtsbeschwerde in vermögensrechtlichen Streitigkeiten mit einem Streitwert über 6000 DM stets, in solchen mit einem Streitwert bis zu 60 000 DM und in nichtvermögensrechtlichen Streitigkeiten dagegen nur dann zulässig ist, wenn das Oberlandesgericht sie dem Beschluss zugelassen hat (vgl. im Einzelnen § 546 ZPO).

Nach Absatz 1 Satz 2 sollen die Entscheidungen der staatlichen Gerichte im Übrigen unanfechtbar sein. Der weitgehende Ausschluss von Rechtsmitteln entspricht dem Anliegen einer Entlastung der staatlichen Justiz und begegnet angesichts der erstinstanzlichen Zuständigkeit der Oberlandesgerichte keinen rechtsstaatlichen Bedenken. Er steht ferner im Einklang mit dem Modellgesetz, welches den Ausschluss von Rechtsmitteln gegen gerichtliche Entscheidungen im Zusammenhang mit der Schiedsrichterbestellung, der Schiedsrichterablehnung, dem Vorliegen von Gründen für die Beendigung des Schiedsrichtermandats und die Einrede der Unzuständigkeit des Schiedsgerichts im jeweilgen Sachzusammenhang anordnet (vgl. Artikel 11 Abs. 5, Artikel 13 Abs. 3, Artikel 14 Abs. 1 und Artikel 16 Abs. 2 ModG). Ausgedehnt wird der Ausschluss von Rechtsmitteln gegenüber dem Modellgesetz auf die dort nicht geregelten Entscheidungen über Anträge auf Vollziehbarerklärung vorläufiger oder sichernder Maßnahmen des Schiedsgerichts (vgl. § 1062 Abs. 1 Nr. 3 ZPO-E). Gegen die nach Artikel 16 Abs. 3 ModG unanfechtbare Entscheidung des staatlichen Gerichts über einen Zwischenentscheid, mit dem das Schiedsgericht seine Zuständigkeit bejaht hat (vgl. § 1062 Abs. 1 Nr. 2 zweite Alternative ZPO-E), soll dagegen unter den Voraussetzungen des Satzes 1 die Rechtsbeschwerde ebenso gegeben sein wie gegen die im Modellgesetz nicht thematisierten Entscheidungen über Anträge auf Feststellung der Zulässigkeit oder Unzulässigkeit des schiedsrichterlichen Verfahrens (Fälle des § 1062 Abs. 1 Nr. 2 ZPO-E).

Absatz 2 Satz 1 entspricht der Sache nach § 549 ZPO. Die in Satz 2 für entsprechend anwendbar erklärten Vorschriften des Revisionsrechts betreffen Einzelfragen des Revisionsverfahrens, die für die Rechtsbeschwerde in gleicher Weise gelten müssen. Die von der Reformkommission in § 1065 Abs. 1 Satz 3 DiskE vorgeschlagene Verweisungskette wurde um § 561 ZPO (Bindung des BGH an die tatsächlichen Feststellungen des OLG) erweitert. Ausgeklammert wurde demgegenüber § 547 ZPO; die Rüge, das Oberlandesgericht habe den das erstinstanzliche Verfahren einleitenden Antrag zu Unrecht als unzulässig verworfen, soll nur im Rahmen der allgemeinen Zugangsbeschränkungen erhoben werden können.

Eine Ergänzung des § 133 Nr. 2 GVG wird durch die Zuständigkeit des Bundesgerichtshofs für die Beschwerde gegen Entscheidungen der Oberlandesgerichte in den in § 1065 Abs. 1 Satz 1 ZPO-E aufgeführten Fällen nicht erforderlich, da sich diese Zuständigkeit unmittelbar aus § 1065 ZPO-E ergibt.

Zu § 1066

§ 1066 ZPO-E entspricht § 1048 ZPO. Für die Vorschrift besteht nach wie vor ein Bedürfnis, weil Schiedsgerichte nicht ausnahmslos durch Vereinbarungen der Parteien eingesetzt werden. Sie können vielmehr beispielsweise auch in letztwilligen Verfügungen sowie in Auslobungen und Stiftungsakten vorgesehen werden.

Während der vertragsrechtliche Charakter von Schiedsvereinbarungen im Rahmen von Personengesellschaften nicht zweifelhaft ist, unterfallen Schiedsklauseln in Vereinssatzungen, Satzungen von Aktiengesellschaften und Gesellschaften mit beschränkter Haftung nach herrschender Meinung ebenfalls § 1048 ZPO. Dies hat zur Folge, dass insbesondere das Schriftformerfordernis des § 1027 Abs. 1 ZPO für solche Schiedsvereinbarungen nicht gilt. Die Reformkommission hat sich dagegen der Mindermeinung angeschlossen, wonach solche Schiedsklauseln vertragsrechtlichen Charakter haben, es sich insoweit also ebenfalls um Schiedsvereinbarungen im Sinne des § 1029 ZPO-E handelt. Sie sah sich in ihrer Auffassung bestärkt durch das Urteil des Europäischen Gerichtshofs vom 10. März 1992 (RIW 1992, S. 492), wonach eine Gerichtsstandsvereinbarung in der Satzung einer Aktiengesellschaft als Vertrag anzusehen ist, der sowohl die Beziehungen zwischen den Aktionären als auch die Beziehungen zwischen diesen und der Gesellschaft regelt. Der Entwurf lässt diese Frage offen, um die Rechtsentwicklung im Anschluss an die zitierte Entscheidung des Europäischen Gerichtshofs nicht zu präjudizieren. Angesichts der liberalen Formvorschriften des § 1031 ZPO-E begegnen Schiedsklauseln in Vereinssatzungen und in Satzungen von Kapitalgesellschaften im Übrigen künftig auch dann keinen rechtlichen Bedenken, wenn man ihnen entgegen der herrschenden Meinung vertragsrechtlichen Charakter beimisst.

Sachregister

Die Zahlen bezeichnen die Randnummern

Abgrenzung der Schiedsgerichtsbarkeit von anderen Rechtsschutzformen 12 f
– alternative Methoden der Streiterledigung 17 ff.
– Schiedsgutachter 12 ff.
– Verbandsgericht 16
Ablehnung von Schiedsrichtern 121 ff.
– Gründe 121 ff.
– Verfahren 134 ff.
Ablehnungsgründe, Schiedsrichter 121 ff.
– Besorgnis der Befangenheit 122
– frühere Befasstheit 123
– Mehrfachbenennung 125
– Mitwirkung in früheren Verfahren 122
– Offenbarung 128 ff.
– Parteistellung 121
– Sozietätszugehörigkeit 126
– Vertretungsbefugnis für eine Partei 122
– Zeugen- oder Sachverständigenstellung 122
Abu Dhabi 724
action in factum 3
ad-hoc-Schiedsgerichte 51 ff.
Ägypten 724
Äthiopien 724
Afghanistan 724
AGG 102
Ajman 724
Albanien 724
Algerien 724
alternative Methoden der Streiterledigung 17 ff.
– conciliation 17
– Med-Arb 17
– mediation 17
– mini-trial 17
American Arbitration Association (AAA) vgl. institutionelle Schiedsgerichte
amicus curiae brief 421 ff.
Andorra 724
anti suit injunction 33
Antigua und Barbuda 724
Anwaltskosten 221
anwendbares materielles Recht 498 ff.
– allgemeine Rechtsgrundsätze 522 ff.
– amiable compositeur 525 ff.
– Anwendung ausländischen Rechts 518 ff.
– Anwendung deutschen Rechts 515
– Anwendung europäischen Rechts 516 f.
– Bedeutung des anwendbaren Rechts im Schiedsverfahren 498 ff.

– Bestimmung des anwendbaren Rechts 503 ff.
– engste Verbindung 508 f.
– Geldwäsche 531 ff.
– Grenzen der Rechtswahl 512 ff.
– Handelsbräuche 510 f.
– lex mercatoria 522 ff.
– Parteiautonomie 506 f.
– punitive damages 529 f.
– Vorlage an den EuGH 516 f.
anwendbares Schiedsverfahrensrecht 406 ff.
– Bedeutung des anwendbaren Rechts im Schiedsverfahren 406 ff.
– Bestimmung des anwendbaren Rechts 410 ff.
arbeitsrechtliches Schiedsverfahren 794 ff.
– Aufhebungsklage 813 f.
– Schiedsvereinbarung 796 ff.
 – Erlöschen der Schiedsvereinbarung 800
 – Wirkung der Schiedsvereinbarung 799
– Verfahren im Einzelnen 804
 – Abschluss des Verfahrens 809 f.
 – Beweisaufnahme 808
 – rechtliches Gehör 805
 – Vertretung 806 f.
– Vollstreckbarerklärung
– Zusammensetzung des Schiedsgerichts 801 ff.
Argentinien 724
Armenien 724
Armut im Schiedsverfahren 327 ff.
– internationale Schiedsvereinbarungen 333 ff.
– Undurchführbarkeit der Schiedsvereinbarung 332
– Verarmung des Schiedsbeklagten 330 f.
– Verarmung des Schiedsklägers 328 f.
Aserbaidschan 724
Aufhebung von Schiedssprüchen 754 ff.
– Anerkenntnisschiedssprüche 763
– Beschlüsse über die Berichtigung, Auslegung und Ergänzung des Schiedsspruchs 765 ff.
– Endschiedssprüche 758
– mangelnde objektive Schiedsfähigkeit 782 f.
– ordre public Klausel 784 ff.
– Restitutionsgründe 787
– Säumnisschiedssprüche 763
– Schiedssprüche, deren Aufhebung zulässig ist 754 ff.
– Schiedssprüche mit vereinbartem Wortlaut 764
– Schiedssprüche über den Grund 762
– schwere Verfahrensverstöße 779 ff.
– Teilschiedssprüche 759

- Überschreitung der Grenzen der Schiedsvereinbarung 777 f.
- Unwirksamkeit der Schiedsvereinbarung 770 ff.
- Verfahren der Aufhebung 788 ff.
- verfahrensbeendende Beschlüsse 768
- Versagung rechtlichen Gehörs 773 ff.
- Verzichtsschiedssprüche 763
- Vorbehaltsschiedssprüche 761
- Wirkung der Aufhebung 791 ff.
- Zwischenentscheide 760

Aufrechnung 535 ff
- anwendbares Recht 535
- Bestimmung der Jurisdiktionsgewalt des Schiedsgerichts durch die Schiedsklage 537
- Zulässigkeit 536

ausländische Schiedssprüche, Anerkennung und Vollstreckbarerklärung 687 ff.

Anerkennung und Vollstreckbarerklärung aufgrund anderer Staatsverträge 706 f.
- Anerkennung und Vollstreckbarerklärung nach UN-Übereinkommen 694 ff.
- Bedeutung eines ausländischen Urteils über die Wirksamkeit eines Schiedsspruchs, insbesondere die Vollstreckbarerklärung im Ausland aufgehobener Schiedssprüche 708 ff.
- Konkurrenz des Verfahrens nach § 1061 ZPO und anderer Verfahrensarten 690 ff.
- Nationalität des Schiedsspruchs 688 f.

Aufrechnung im Schiedsverfahren 534 ff.
- anwendbares Recht 535
- Jurisdiktionsgewalt des Schiedsgerichts 537
- Zulässigkeit 536

Aufrechnung im Vollstreckbarerklärungsverfahren 670 ff

Auslegung von Schiedsvereinbarungen 337 ff.
Außenhandelsschiedsgerichte 94
außergerichtliche Konfliktbeilegung 17 ff.
außervertragliche Schiedsgerichte 845 ff.
- durch Auslobung angeordnete Schiedsgerichte 859
- durch Satzung angeordnete Schiedsgerichte 854
- letztwillig angeordnete Schiedsgerichte 846 ff.

Australien 724

Bagatellsteitigkeiten 394 f.
Bahamas 725
Bahrain 725
Bangladesch 725
Barbados 725
Beendigung des Schiedsverfahrens 541 ff.
- Anfechtbarkeit des verfahrensbeendigenden Beschlusses 552
- einverständliche Verfahrensbeendigung 546
- Nichtbetreiben des Schiedsverfahrens durch die Parteien 547
- Nichteinreichung der Schiedsklage 542

- Rechtsfolgen des verfahrensbeendigenden Beschlusses 549 ff.
- Schiedsklagerücknahme 543 ff.
- Schiedsspruch 553 ff.
- Unmöglichkeit der Fortführung des Schiedsverfahrens 548
- verfahrensbeendigender Beschluss 542 ff.

Belarus 725
Belgien 725
Benin 725
Bermuda 725
besondere Verfahrensarten 613 ff.
- Betreuungsverfahren 637
- Drittwiderklage 499 f.
- Eheverfahren 637
- Kindschaftsverfahren 637
- Mahnverfahren 617
- Scheckverfahren 615 f.
- Urkundsprozess 614
- Verfahren des einstweiligen Rechtsschutzes 618 ff.
- Vollstreckungsgegenklage 638 ff.
- Wechsel und Scheckverfahren 615 f.
- Widerklage 642 ff.

Beteiligte des Schiedsverfahrens 51 ff.
Beteiligung Dritter am Schiedsverfahren 204 ff.
- Beiladung 217
- Drittwiderklage 216
- Hauptintervention 207
- Mehrfachtitel 218
- Prozessübernahme durch den benannten Urheber 207
- Rechtsnachfolge 208 ff..
- Streithilfe 205
- Streitverkündung 205

Beweis 378, 442 ff.
- Bestimmung der Beweisregeln 442 ff
  - Beweis nach common law 445, 454, 469
  - Beweisformen, neue 478 ff.

chess clock Verfahren 479 f.
witness conferencing 481 f.
Beweismittel 446 ff.-.
- Beweis durch Augenschein 447 ff.
- Beweis durch Auskunft 468
- Beweis durch Parteivernehmung 467
- Beweis durch Sachverständige 456 ff.
- Beweis durch Urkunden 462 ff.
- Beweis durch Zeugen 450 ff.

Beweiserhebung 469 ff.
- Beweiserhebung im Ausland 475 ff.
- Beweismittel 446 ff.
- Beweissicherung 483 f.
- Beweiswürdigung 469 ff.

Bhutan 725
Börsenschiedsverfahren 830 ff.
Bolivien 725
Bosnien und Herzegowina 725
Botswana 725
Branchenschiedsgerichte 94

Brasilien 725
Brüssel I VO und Schiedsgerichtsbarkeit 34
Brüssel Ia VO und Schiedsgerichtsbarkeit 34
British Virgin Islands 725
Brunei Darussalam 725
Bulgarien 725
Burkina Faso 725

Cayman Islands 726
Chile 726
China (Volksrepublik) 726
China International Economic And Trade Arbitration Commission (CIETAC) vgl. Institutionelle Schiedsgerichte
Class Arbitration 649
Cook-Inseln 726
Costa Rica 726

Dänemark 727
Deutsche Institution für Schiedsgerichtsbarkeit (DIS) vgl. institutionelle Schiedsgerichte
deutsch-amerikanischer Freundschaftsvertrag 31
deutsch-tunesischer Anerkennungs- und Vollstreckungsvertrag 31
discovery 465 f.
doctrine of merger 692
Dominica 727
Dominikanische Republik 727
Doppelexequatur 692
doppelrelevante Tatsachen und Rechtsfragen 341, 371 f.
Drittwiderklage 646 ff.
Dschibuti 727
Dubai 727
Dutco-Entscheidung 73, 196, 203

Ecuador 728
Ehesachen
– Schiedsfähigkeit, objektive 269
einstweiliger Rechtsschutz 618 ff.
– Arten des einstweiligen Rechtsschutze 622
– Derogation bei Vereinbarung eines ausländischen Schiedsgerichts 632
– Erfordernisse der Anordnung einer Maßnahme des einstweiligen Rechtsschutzes 623
– Form der Entscheidung 625
– Parteiautonomie 619 f.
– paralleler Rechtsschutz als gesetzliche Regel 621ff
– Schadensersatzanspruch wegen ungerechtfertigter Vollstreckung 633ff,
– Sicherheitsleistung 626
– Verfahren vor dem Schiedsgericht 624
– Vollziehung 627 ff.
El Salvador 728
Elfenbeinküste 728
England 728
Estland 728
EuGH, Vorlage 516 f.

Europäisches Übereinkommen v. 21.4.1961 über die internationale Handelsschiedsgerichtsbarkeit 29

Fiji 729
Finanztermingeschäfte
– Schiedsfähigkeit, objektive 832
fingierte Schiedsverfahren 396
Finnland 729
Frankreich 729
Fristen 485 ff.
Fujairah 729

Gabun 730
Geldwäsche 531 ff.
Genfer Abkommen 1927 29, 24, 549
Genfer Protokoll 1923 29, 24
Georgien 730
Gericht 225 ff.
– Anwaltszwang 238
– Aufgaben und Befugnisse im Schiedsverfahren 225 ff.
– Aufhebung von Schiedssprüchen 229ff,, 583 ff.
– Beeidigung von Zeugen und Sachverständigen 227
– Einholung einer Aussagegenehmigung zur Vernehmung von Beamten und Richtern 227
– Ernennung von Schiedsrichtern 226
– Ersetzung von Schiedsrichtern 226
– Ersuchen einer Behörde um Vorlage einer sich in deren Besitz befindlichen Urkunde 227
– Gerichtssprache 241
– Hilfsfunktionen im Schiedsverfahren 227
– Oberlandesgericht 238
– Rechtsbeschwerde 239
– Verfahren 237 ff.
– Vernehmung von Zeugen und Sachverständigen 227
– Vollstreckbarerklärung von Schiedssprüchen 231, 501 ff.
– Vorlage an den EuGH 227
– Zuständigkeit 232 ff.
gerichtliche Überprüfung von Entscheidungen des Schiedsgerichts 746 ff.
– Aufhebung von Schiedssprüchen 754 ff.
– Entscheidungen des einstweiligen Rechtsschutzes 753
– Entscheidung des Schiedsgerichts über die Befangenheit von Schiedsrichtern 752
– Entscheidung des Schiedsgerichts über seine Zuständigkeit (Kompetenz-Kompetenz) 751
– schiedsgerichtliche Entscheidungen im Einzelnen 746 ff.
– Sicherheitsleistung für die Prozesskosten 750
– Verfahrensverfügungen 749
– verfassungsrechtlich gebotene Nachprüfbarkeit von schiedsgerichtlichen Entscheidungen 747 f.

Geschichte der Schiedsgerichtsbarkeit 1 ff.
gesellschaftsrechtliche Klagen
– Schiedsfähigkeit, objektive 270 f.
gesellschaftsrechtliches Schiedsverfahren 837 ff.
Ghana 730
Griechenland 730
Guatemala 730
Guinea 730

Haiti 731
Handelsbräuche 510 f.
Hauptintervention 207
Honduras 731

IBA Rules Of Evidence 25
IBA Guidelines on Conflict of Interest 127
ICC-Schiedsgerichtsbarkeit vgl. Institutionelle Schiedsgerichte
Immunität 187 f., 720 f.
Indien 732
Indonesien 732
Inhalt der Schiedsvereinbarung vgl. Schieddsvereinbarung
inländische Schiedssprüche, Vollstreckbarerklärung 655 ff.
– Aufrechnung 670ff
– cautio iudicatum solvi 669
– Einleitung des Verfahrens 666 ff.
– Entscheidung 678 f.
– Erfordernisse der Vollstreckbarerklärung 655 ff.
– inländischer Schiedsspruch 659
– Prozessentscheidung 660
– Rechtsbehelfe 682
– Rechtsschutzinteresse 662 ff.
– révision au fond 680 f.
– Sicherungsvollstreckung 683 ff.
– Verfahren der Vollstreckbarerklärung 662 ff.
– Vorliegen von Aufhebungsgründen 661
insolvenzrechtliches Schiedsverfahren 840 ff.
– Insolvenzeröffnung während des Schiedsverfahrens 867
– Schiedsrichtervertrag in der Insolvenz 868 f.
– Schiedsvereinbarungen des Gemeinschuldners 862 ff.
– Schiedsvereinbarungen des Insolvenzverwalters 861
institutionelle Schiedsgerichte 54ff
– American Arbitration Association (AAA) 90 ff.
– Kosten 92
– Verfahren 91
– Vollstreckbarerklärung 93
– China International Economic And Trade Arbitration Commission 85 ff.
– Bedeutung 86
– Besonderheiten 88
– Kosten 89

– Deutsche Institution für Schiedsgerichtsbarkeit (DIS) 56 ff.
– Honorare und Kosten 57
– Sportschiedsgerichtsverfahren 60
– Schiedsordnung 56
– Dubai International Arbitration Centre 96
– Internationale Handelskammer Paris (ICC) 61 ff.
– Honorare und Kosten 69
– Schiedsordnung 62
– terms of reference 64
– Verfahrensregelungen und ihre Grenzen 68
– Internationales Handelsschiedsgericht (MKAS) bei der Handelsund Industriekammer der Russischen Föderation 96.
– Internationales Schiedsgericht der Wirtschaftskammer Österreich, Wien 70 ff.
– Honorare und Kosten 74
– Schiedsordnung 70
– Verfahrensregelungen und ihre Grenzen 72
– London Court of International Arbitration 81 ff.
– Adminstration 81
– Honorare und Koste 83
– Verfahren 83
– RegionalCentre for Arbitration, Kuala Lumpur 96
– Schiedsgericht dewr Schweiuzerischen Handelskammern (Schweizer Regeln) 78 ff.
– Honrare und Kosten 80
– teilnehmende Handelskammern 78
– Verfahrensordnung 79
– Schiedsgericht der Stockholmer Handelskammer78 ff.
– Adminstration 76
– Bedeutung 75
– Honorare und Kosten 77
– Singapore International Arbitration Centre (SIAC) 96
Internationale Handelskammer Paris vgl. Institutionelle Schiedsgerichte
Institutionelle Schiedsgerichtsbarkeit 54 ff.
– Adminstirierung des Verfahrens 55
– Bestimmung der Honorare und Kosten 55
– eigene Verwaltung 55
– Mitwirkung bei der Bestellung von Spruchkörpern 55
– Regelung des Verfahrens 55
– Standardschiedsklausel 55
– Unparteilichkeit 55
Internationales Handelsschiedsgericht (MKAS) bei der Handels- und Industriekammer der Russischen Föderation vgl. Institutionelle Schiedsgerichte
Internationales Schiedsgericht der Wirtschaftskammer Österreich, Wien vgl. Institutionelle Schiedsgerichte
Investitionsschiedsverfahren 870 ff.
– ad hoc Schiedsgerichte 879

Sachregister

– amicus curiae brief 421 ff.
– Energy Charter Treaty 875 ff.
– ICSID 872 ff.
– Investitionsstreitigkeiten 30, 75
Irak 732
Iran 732
Iran-United States Tribunal 25, 30
Irland 732
Island 732
Israel 732
Italien 732

Jamaika 733
Japan 733
Jemen 733
Jordanien 733
Jugoslawien (ehemaliges) 733

Kambodscha 734
Kamerun 734
Kanada 734
Kap Verde 734
kartellrechtliches Schiedsverfahren 826 ff.
– Beteiligung des Bundeskartellamtes 827
– Schadensersatz aus Kartellabsprachen 828
– Vorlage an den EuGH 827
Kartellstreitigkeiten
– Schiedsfähigkeit, objektive 268
Kasachstan 734
Katar 734
Kenia 734
Kindschaftssachen
– Schiedsfähigkeit, objektive 269
Kirgistan 734
Kolumbien 734
Kompetenz-Kompetenz 349 ff.
Korea 734
Kosovo 734
Kosten 600 ff.
– cautio iudicatum solvi 609 f. f.
– Entscheidung über die Kostentragungspflicht 601 ff.
– Festsetzung der Kosten 605 f.
Kostenfestsetzung zugunsten Dritter und der Schiedsrichter 607f
Kroatien 734
Kuba 734
Künstlerschiedsverfahren 815ff
Kuwait 734

Laos 735
Lesotho 735
Lettland 735
lex fori internationaler Schiedsgerichte 379 ff.
– Bedeutung 379 f.
– Bestimmung 381 ff.
lex mercatoria 522 ff.
Libanon 735

Liberia 735
Libyen 735
Liechtenstein 735
Litauen 735
lodo irrituale 695
London Court Of International Arbitration vgl. Institutionelle Schiedsgerichte
Londoner Schuldenabkommen 30
Luxemburg 735

Madagaskar 736
Malaysia 736
Mali 736
Malta 736
Markenlöschungsklage
– Schiedsfähigkeit, objektive 822
Marokko 736
Marshallinseln 736
Mauretanien 736
Mauritius 736
Mazedonien (ehemalige jugoslawische Rep.) 736
Mediation 17
Mediationsgesetz 19
Mediationsordnung 59
Mediationsrichtlinie 19
Mehrparteienschiedsgerichtsbarkeit 196 ff.
– Bestellung der Schiedsrichter 200 ff.
– Streitgenossenschaft 198 f.
Mexiko 736
Moldau 736
Monaco 736
Mongolei 736
Montenegro 736
Mosambik 736
Musterschiedsordnung 52 f.
Myanmar (Burma) 736

Nationalität des Schiedsspruchs 688 f.
Nepal 737
Neuseeland 737
Nicaragua 737
nichtvermögensrechtliche Ansprüche
– Schiedsfähigkeit, objektive 269
Niederlande 737
Niger 737
Nigeria 737
Norwegen 737

öffentlich-rechtliche Ansprüche
– Schiedsfähigkeit, objektive 268
Offenbarungspflicht 128 ff.
Österreich 738
Oman 738

Pakistan 739
Panama 739
Paraguay 739
patentrechtliches Schiedsverfahren 821 ff.

Parteien der Schiedsvereinbarung 184 ff.
– Bindung Dritter an die Schiedsvereinbarung 247 ff.
Parteien des Schiedsverfahrens 184 ff.
– arme Partei 194 f.
– Immunität 187 f.
Parteifähigkeit 185
Parteiherrschaft 374 ff.
Parteipflichten 384 f.
– Verfahrensförderung 385
– Zahlung von Honoraren, Gebühren, Auslagen und Vorschüssen 384
Parteivertreter 219 ff.
– ausländische Rechtsanwälte 220
– Ethikstandards 223
– Geschäftsführer 224
– Syndici 222
– Vertretung durch Rechtsanwälte 220 ff.
– Vertretung durch sonstige Bevollmächtigte 224
– Vorstandsmitglieder 224
patentrechtliches Schiedsverfahren 821 ff.
Peru 739
Philippinen 739
Polen 739
Portugal 739
Präzedenzwirkung 50
Prozessagent 224
Prozessfähigkeit 186
Prozesshandlungen der Parteien 434 ff.
– Prozesshandlungen im Schiedsverfahren 435 f.
– Wirksamkeit und Wirkung von Prozesshandlungen 435
Prozessübernahme durch den benannten Urheber 207
punitive damages 529 f., 697

rechtliches Gehör 386 ff., 773 ff.
Rechtsanwälte
– ausländische 220
– Parteivertreter 219 ff.
– Syndici 222
Rechtsnachfolge 248 ff.
– Abtretung 249 ff.
– Bürge 252
– Einzelrechtsnachfolge 210 ff., 249 ff.
– Gesamtsrechtsnachfolge 209, 248
– Gütergemeinschaft 215
– Insolvenzverwalter 212
– Schuldübernahme, einfache 213
– Schuldübernahme, privative 211
– Testamentsvollstrecker 212
– Vermögensübernehmer 214
Rechtsschutz durch Schiedsgerichte 391 ff.
– Arten der Schiedsklagen 391 ff.
– Abänderungsklage 393
– Drittwiderspruchsklage 393
– Rechtsschutzinteresse 394 f.
– Vollstreckungsgegenschiedsklage 392, 638 ff.

Rechtsverhältnis des Schiedsrichters zu den Parteien 149 ff.
Rechtsvergleichung 21 ff.
Regional Centre For Arbitration, Kuala Lumpur vgl. Institutionelle Schiedsgerichte
restitutionsrechtliches Schiedsverfahren 844
Restitutionssachen
– Schiedsfähigkeit, objektive 268
Rumänien 740
Russische Föderation 740
Rwanda 740

Sambia 741
San Marino 741
Saudi-Arabien 741
Schadensersatz wegen Verweigerung der Vollstreckbarerklärung 718 f.
Scheinschiedsspruch 756
Schiedsfähigkeit, objektive 267 ff.
– Betreuungsangelegenheiten 269
– Ehesachen 268
– Finanztermingeschäfte 268
– gesellschaftsrechtliche Klagen 270 f.
– Kartellstreitigkeiten 268
– Kindschaftssachen 269
– Markenlöschungsklage 268
– nichtvermögensrechtliche Ansprüche 269
– öffentlich-rechtliche Ansprüche 268
– Patentstreitigkeiten 268
– Restitutionssachen 268
– Unterhaltssachen 268
– vermögensrechtliche Ansprüche 267
– Wohnraum 272
Schiedsgericht ., 51 ff.
– ad-hoc-Schiedsgerichte 51 ff.
– als privates Gericht 6 ff.
– institutionelle Schiedsgerichte 54 ff..
– verfassungsrechtliche Zulässigkeit 9 ff.
Schiedsgericht der Stockholmer Handelskammer vgl. Institutionelle Schiedsgerichte.
Schiedsgerichtsbarkeit
– Geschichte 1 ff.
– Rechtsvergleichung 21 ff.
– Rechtsquellen 27 ff.
– verfassungsrechtliche Zulässigkeit 9 ff.
Schiedsgerichtssekretär 119 f.
Schiedsgutachten 12 ff.
– Bewertungen 14
– Qualitätsfeststellung 14
– Schadensfeststellung und -schätzung 14
– Wertermittlung 14
Schiedshängigkeit 413
Schiedsklage 413 ff. ff.
Schiedsklageerwiderung 419
– Vorbringen Dritter 421 ff
– Vorbringen der Parteien 419 f. f.
Schiedsort 397 ff.
– Auseinanderfallen von Ort des Schiedsverfahrens und Sitzungsort 403 f.

- Bestimmung des Orts des Schiedsverfahrens 398 ff.
- fehlende Bestimmung des Schiedsortes 405

Schiedsrichter 98 ff.
- Ablehnung 121 ff.
- Ablehnungsgründe 122 ff.
- Bestellung 103 ff.
- dienstrechtliche Genehmigung 101
- Dreierschiedsgericht 105
- Einzelschiedsrichter 106
- Ernennung durch das Gericht 113 f
- Ernennung durch die Partei 104 ff.
- Ernennung durch Dritte 110 ff.
- Ernennung durch ein ständiges Schiedsgericht 115 ff.
- Ersatzbestellung 147 f.
- frühere Befasstheit 124
- Geschäftsfähigkeit 99
- institutionelle Schiedsrichterernennung 118
- nicht ernannter 119 f.
- Offenbarung von möglichen Ablehnungsgründen 128 ff.
- Qualifikation 98 ff..
- Überlegenheitsklausel 108
- Verfahren der Ablehnung 134 ff.
- Wegfall 147 f.

Schiedsrichteramt
- Beendigung 141 ff.
- Beendigungsgründe 141 ff.
  - Unmöglichkeit der Erfüllung 142
  - Untätigkeit des Schiedsrichters 142
  - Verfahren der Geltendmachung der Beendigung 143 ff.

Schiedsrichtervertrag 149 ff
- ad-hoc-Schiedsverfahren 150 ff..
- Amtstheorie 154
- Auskunft 164
- Beendigung 173 ff.
- Befristung des Mandats 163
- Form 172
- gesamtschuldnerische Haftung 160
- Haftung 171
- Haftungsbegrenzung 171
- Inhalt 159 ff.
- institutionelle Schiedsverfahren 155 ff.
- internationaler 180 ff.
  - anwendbares Recht 181
  - Haftung 183
  - Vergütung und Auslagenersatz 182
- Mitwirkung am Schiedsverfahren 161
- Rechtsnatur 152 ff.
- Vergütung 165 f.
- Verschwiegenheit 162
- Vorschuss 167

Schiedsspruch 553 ff.
- Arten von Schiedssprüchen 570 ff.
  - Anerkenntnisschiedsspruch 575 f.
  - Säumnisschiedsspruch 575 f.
  - Teilschiedsspruch 572
  - Verzichtsschiedsspruch 575 f.
  - Vorbehaltsschiedsspruch 573 f., 612, 654
  - Zwischenschiedsspruch 571, 612, 654
- Auslegung 459, 598
- Berichtigung 596
- Bindung des Schiedsgerichts an Entscheidungen anderer Schiedsgerichte oder Gerichte 563 ff.
- dissenting opinion 566 ff.
- Ergänzung 597
- Erlass des Schiedsspruchs 553 ff.
- Form des Schiedsspruchs 558 ff.
- Formen des Antrags auf Berichtigung, Auslegung und Ergänzung 599
- Fristen für Antrag auf Berichtigung, Auslegung und Ergänzung 599
- Inhalt des Schiedsspruchs 558 ff.
- Kosten 600
- Mitteilung des Schiedsspruchs 577 f.
- Nationalität des Schiedsspruchs 688 f.
- Rechtsmittel gegen den Schiedsspruch 593 f.
- Vollstreckbarerklärung 655 ff.
- Wirkung 613
- Zustellung 578

Schiedsspruch mit vereinbartem Wortlaut 579 ff.
- Erfordernisse 582 ff.
- Antrag der Parteien 583
- Vereinbarkeit mit dem ordre public 585
- Vergleich 582
- Erlass 586 ff.
- Rechtsnatur 580 f.
- Vollstreckbarerklärung 592 f.
- Wirkungen 589 f.

Schiedsverfahren 374 ff.
- anwendbares materielles Recht 498 ff.
  - allgemeine Rechtsgrundsätze 522 ff.
  - ausländisches Recht 518 ff.
  - Bedeutung 498 ff.
  - Bestimmung 503 ff.

Grenzen der Rechtswahl 512 ff.
Handelsbräuche 510 ff.
Hilfsanknüpfung: engste Verbindung 508 f.
Parteiautonomie 506 f.
  - deutsches Recht
  - europäisches Recht und Vorlage an den EuGH 516 f.
  - lex mercatoria 522 ff.
- anwendbares Schiedsverfahrensrecht 406 ff.
- Beendigung 541 ff.
  - verfahrensbeendigender Beschluss 542 ff.
- fingiertes 396
- Gang 374 ff.
- Grundlagen 242 ff.
- Grundsätze 374 ff. ff.
- Parteiherrschaft 374 ff.
- Parteipflichten 384 ff.
- Verfahrensförderung 385
- Zahlung von Honoraren, Gebühren pp 384

– rechtliches Gehör 386 ff.
– Schiedsklage 413 ff.
– Schiedsort 397 ff.
  – Auseinanderfallen von Schiedsort und Sitzungsort 403
  – Bestimmung des Schiedsortes 398
  – Fehlende Bestimmung des Schiedsortes 405
– Undurchführbarkeit 332
– Verfahrenssprache 492 ff.
– Verfahrensvereinbarung 376 f.
– Vertraulichkeit 538 ff.
Schiedsort 378 ff.
Schiedsvereinbarung 242 ff.
– akzessorische Haftung 252 ff.
– als antezipiertes Legalanerkenntnis 321
– arme Partei 194 ff.
– Auslegung der Schiedsvereinbarung 337 ff.
– Bindung Dritter an die Schiedsvereinbarung 247 ff.
– Bindung im Konzern 255 f.
– Bindungswirkung bei Durchgriffshaftung 257
– Bindungswirkung bei Strohmanngesellschaften 258 f.
– Bindungswirkung im joint venture 261
– Bindungswirkung in der Insolvenz 262 ff.
– Form 284 ff.
– gerichtlicher Vergleich 294
– Gesetzesverstoß 282 f.
– Grenzen 266 ff.
– Haftung für fremde Schuld 252 ff.
– Inhalt der Schiedsvereinbarung 305 ff.
  – gebotener Inhalt 307 ff.
  – notwendiger Inhalt 306
– internationale Schiedsvereinbarungen 300 ff., 322 f,
– notarielle Beurkundungg 292 f.
– objektive Schiedsfähigkeit 267 ff.
– Parteien 246 ff.
– Rechtsnatur 244 f.
– rügelose Einlassung zur Hauptsache 295 ff.
– rechtsstaatlicher Mindeststandard 276
– Schiedsabrede 242
– Schiedsklausel 242
– Schiedsvereinbarungen ohne Verbraucherbeteiligung 288 ff.
– Schiedsvereinbarungen von und mit Verbrauchern 285 ff.
– Schriftform 286, 291
– Singularsukzession 249 ff.
– subjektive Schiedsfähigkeit 189
– Überprüfung der Schiedsvereinbarung 340 ff.
– Universalsukzession 248
– Vertrag zu Gunsten Dritter 260
– Wahrung der Grundsätze überparteilicher Rechtspflege 277 ff.
– Wegfall der Schiedsvereinbarung 325 ff.

– Wirkungen der Schiedsvereinbarung 316 ff.
  – materiellrechtliche Wirkungen
  – prozesshindernde Einrede 316 ff.
– Zweckmäßigkeit 36 ff.
  – Berücksichtigung der wirtschaftlichen Bedeutung 49
  – Durchsetzbarkeit des Schiedsspruchs 48
  – faires Verfahren 38 f.
  – Kosten 43
  – Präzedenzwirkung 50
  – Sachkunde 40
  – Verfahrensdauer 41 f.
  – Verfahrensgestaltung 45 f.
  – Vertraulichkeit 47.
– Zulässigkeit 266 ff.
Schottland 741
Schweden 741
Schweiz 741
Schweizerische Schiedsordnung vgl. Institutionelle Schiedsgerichte
Senegal 741
Serbien 741
Sharjah 741
Simbabwe 741
Singapore International Arbitration Centre vgl. institutionelle Schiedsgerichte
Singapur 741
Slowakei 741
Slowenien 741
Sowjetunion (ehemalige) 741
Spanien 741
Sportverbände
– Verbandsgericht 16
Sri Lanka 741
Streitgenossenschaft 198 f.
Streithilfe 205
Streitverkündung 205
St. Vincent und die Grenadinen 741
Südafrika 741
Sudan 741
Syndikus 222
Syrien 741

Taiwan 742
Tansania 742
Territorialitätsgrundsatz 27
Thailand 742
Torpedoklagen 34
Trinidad und Tobago 742
Tschechische Republik 742
Tschechoslowakei (ehemalige) 742
Türkei 742
Tunesien 742

„Überlegenheitsklausel" 108
Überprüfung der Schiedsvereinbarung 340 ff.
– doppelrelevante Tatsachen und Rechtsfragen 341, 371 f.
– Entscheidung 373

Sachregister 341

- Erhebung der Einrede 344 ff.
- internationale Zuständigkeit 363 f. f.
- Nachprüfung durch das staatliche Gericht in der präarbitralen Phase 361 ff.
- Nachprüfung im Rahmen der Einrede im Hauptsacheprozess 343 ff.
- Nachprüfung im Schiedsverfahren 349 ff.
- Nachprüfungstiefe 341
- Kompetenz-Kompetenz 349 ff.,.
- örtliche Zuständigkeit 362
- Rechtsschutzinteresse 365 ff.
- sachliche Zuständigkeit 362
- Verfahrenskonkurrenzen 347f,
Überprüfung von Entscheidungen des Schiedsgerichts 746 ff.
- überprüfbare Entscheidungen 749 ff.
  - Sicherheitsleistung für die Prozesskosten 730
  - Verfahrensverfügungen 749
- Überprüfung der Entscheidung des Schiedsgerichts über seine Zuständigkeit 353 ff.
  - Kompetenz-Kompetenz 349 ff.
  - Verfahren 353 ff.
  - Verfahrenskonkurrenzen 357 ff.
- verfassungsrechtlich gebotene Nachprüfbarkeit 747 f.
Uganda 743
Ukraine 743
Umm al Quwain 743
UN-Übereinkommen 1958 29
UNCITRAL-Modellgesetz 27, 137
Ungarn 743
Unterhaltssachen
- Schiedsfähigkeit, objektive 268
Uruguay 743
Usbekistan 743
USA 743

Vatikan 744
Venezuela 744
Verbandsgericht 16
- Parteien 16
- Sportverbände 16
Verbraucher
- Schiedsvereinbarungen 285 ff.
Vereinigte Arabische Emirate 744
Verfahrenssprache 492 ff.
vermögensrechtliche Ansprüche
- Schiedsfähigkeit, objektive 267
Vertraulichkeit im Schiedsverfahren 538 ff.
Vietnam 744
Vynior`s Case 4
Vollstreckbarerklärung von Schiedssprüchen 650 ff.
- Anerkennung und Vollstreckbarerklärung ausländischer Schiedssprüche 687 ff.
  - Immunität 720 f.
  - Konkurrenz der Verfahrensarten 690 ff.
  - Nationalität des Schiedsspruchs 688 f.

- Schadensersatz wegen Verweigerung der Vollstreckbarerklärung 715 f.
- Anerkennung und Vollstreckbarerklärung deutscher Schiedssprüche im Ausland 722 ff.
- Anerkennung und Vollstreckbarerklärung nach UN-Übereinkommen 694 ff.
  - Erfordernisse der Wirkungserstreckung 695 ff.
  - Verfahren der Wirkungserstreckung 701 ff.
- Anerkennung und Vollstreckbarerklärung aufgrund anderer Staatsverträge 706 f.
- Rechtsnatur der Vollstreckbarerklärung 651 ff.
Vollstreckbarerklärung im Ausland aufgehobener Schiedssprüche 708 ff.
Vollstreckbarerklärung inländischer Schiedssprüche 655 ff.
- Entscheidung 678f,
- Erfordernisse der Vollstreckbarerklärung 655
  - inländischer Schiedsspruch 659
  - keine reine Prozessentscheidung 660
  - kein Vorliegen von Aufhebungsgründen 661
  - wirksamer Schiedsspruch 656 ff.
- Rechtsbehelfe 682
- Sicherungsvollstreckung 683 ff.
- Verfahren der Vollstreckbarerklärung 662 ff.
  - Aufrechnung 670 ff.
  - cautio iudicatum solvi 669
  - Einleitung des Verfahrens 666 ff.
  - Einwendungen 680
  - keine révision au fond 680 f.
  - Rechtsschutzinteresse 662 ff.
Vollstreckungsgegenklage 392, 638 ff.,714 ff.
- Konkurrenz der Verfahrensarten 714 f.
- Zulässigkeit 716 f.
Voraussetzungen und Arten des Rechtsschutzes durch Schiedsgerichte 391 ff.
- Arten der Schiedsklagen 391 ff.
- Rechtsschutzinteresse 394 f.
Vorlegungsantrag 413 f.

Weltbankübereinkommen 30
Widerklage 642 ff.
- anwendbares Recht 643
- Erfordernisse der Widerklage 644
- Streitwert 645
- Vorschüsse 645
Wirkungen der Schiedsvereinbarung 316 ff.
- antezipiertes Legalanerkenntnis 321
- Ausschluss der Einrede 320
- internationale Schiedsvereinbarungen 322 f.
- materiellrechtliche Wirkungen der Schiedsvereinbarung 324
- prozesshindernde Einrede 316 ff.
Wohnraum
- Schiedsfähigkeit, objektive 272

Zentralafrikanische Republik 745
Zuständigkeit des Schiedsgerichts
- Entscheidung über 352

- Kompetenz-Kompetenz 349 ff.
- Nachprüfung im Schiedsverfahren 349 ff.
- Überprüfung der Entscheidung 353 ff.
- Nachprüfung durch das staatliche Gericht in präarbitraler Phase 361
- doppelrelevante Tatsachen und Rechtsfragen 371 f.
- Entscheidung 373
- internationale Zuständigkeit 363 f.
- örtliche Zuständigkeit 362
- sachliche Zuständigkeit 362
- Rechtsschutzinteresse 368 ff.
- Verfahren 368 ff
- Verfahrenskonkurrenzen 357 ff.

Zustellungen 424 ff.
- förmliche Zustellung 425 ff.
  - Auslandszustellung 329
  - Inlandszustellung 327 f.
- formlose Zustellung 430 ff.
  - persönliche Übergabe 431
  - Zustellung durch die Post 432
- Zustellung durch Kurierdienste 333

Zweckmäßigkeit einer Schiedsvereinbarung 36 ff.
- Berücksichtigung der wirtschaftlichen Bedeutung 49
- Durchsetzbarkeit des Schiedsspruchs 48
- faires Verfahren 38 f.
- Kosten 43
- Präzedenzwirkung 50
- Sachkunde 40
- Verfahrensdauer 41 f.
- Verfahrensgestaltung 45 f.
- Vertraulichkeit 47.

Zwischenentscheid des Schiedsgerichts 352, 354

Zypern 745